为用户设计制造的1700mm热连轧机组

大型数控镗铣床正在加工核电堆芯支承板

为秦山二期核电站制造的压力容器

安装在临港的350t＋350t起重机

60万kW核电稳压器正在装车发运

上重制造的中国名牌产品—HP中速磨煤机

核电控制棒驱动机构正在安装

地址：上海市闵行区江川路1800号

邮编：200245

电话：021-54726965 54721752

传真：021-54725084

http://www.shmp-sh.com

E-mail:zhglb@sechig.com

厚德载物 华东起重

●ISO9001国际质量管理体系认证 ●ISO14001环境管理体系认证 ●GB/T28001职业健康安全管理体系认证

总裁：韩永章

轮胎集装箱门式起重机

架桥机

QD型吊钩桥式起重机

河南华东集团

二重为奥钢联生产的波兰 2250mm 轧机

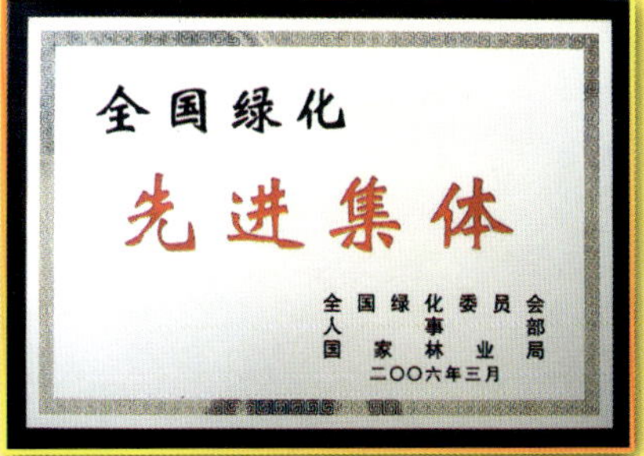

机械集团公司

SINOSTEEL

中钢集团西安重机有限公司（简称中钢西重）

始建于1958年，2005年加入中钢集团。经过50年的发展，中钢西重形成了年产机械加工件3万t、铸锻件1.6万t、结构件1.2万t的综合能力，获得了D1、D2类压力容器设计资格和BR1级压力容器制造资格，取得了中国冶金工业质量体系认证中心颁发的GB/T19001—1994（ISO9001：1994）质量体系认证证书。公司主导产品包括：高炉无料钟炉顶等炼铁设备，RH、LF、VOD精炼等炼钢设备，棒线材轧机、大口径焊管轧机等轧制设备以及轧材深加工设备。

中钢集团邢台机械轧辊有限公司(简称中钢邢机)

目前世界上大型的冶金轧辊专业生产企业，主导产品为冶金轧辊和冶金成台（套）设备，拥有独立自主知识产权及专业的设计研发机构，完整的铸钢、铸铁、锻钢轧辊生产线，产品范围涵盖板带材、型材、棒材、线材、管材等所有钢材的轧制，年产轧辊10万t，位居世界前列，国内市场占有率30%以上，高端轧辊占60%左右。冶金成台套设备主要有连铸机、焦炉护炉装置、干熄焦设备等。连铸机国内市场占有率30%，6m以上大型焦炉护炉装置达60%，干熄焦设备达40%。公司与宝钢、鞍钢、武钢等企业建立了长期战略合作关系，产品远销欧、美、亚、非40多个国家和地区。

中钢集团吉林机电设备有限公司(简称中钢吉林机电)

始建于1969年，2006年加入中钢集团。以矿热炉机电成套设备、炭素行业机电成套设备为主导产品，以钢厂机电成套设备、耐火纤维生产成套设备为战略产品，并可生产各类标准、非标电控设备，年生产能力1万t。公司已于1997年通过ISO9001质量体系认证，2003年通过了ISO9001：2000版转版审核。

中钢集团衡阳重机有限公司(简称中钢衡重)

原衡阳有色冶金机械总厂，2006年加入中钢集团。具有年产钢水10万t、异型铸锻件3万t、钢结构件1万t的综合能力和2.5万t的配套机加工及装配能力，是我国重型冶矿专业设备制造行业中综合实力雄厚的大型骨干企业。

公司主要产品有连铸机、电动挖掘机、井下铲运机、牙轮钻机、卷取机、轧机、破碎机、球磨机、烧结机、冶金炉窑等10大系列产品及大型耐热耐酸铸件，为全国冶金、矿山、有色等行业的近五百家企业和部分国外企业提供了大量的优质设备和备件。

设备生产现场

450mm轧机

地址：中国北京海淀区海淀大街8号
中钢国际广场
邮编：100080
电话：010—62686689
传真：010—62686688
E—mail：info@sinosteel.com
http：//www.sinosteel.com

河南重工起重机集团
地 址：河南省长垣起重机工业区6号
电 话：0373-8928888 8791369
传 真：0373-8712958
邮 编：453424
http：//zhonggongqz.com
E-mail：zhonggongqz@126.com
HNZG 河南重工集团

中国机械工业年鉴系列是由中国机械工业联合会主管，机械工业信息研究院主办，机械工业出版社出版的大型资料性、工具性年刊，创刊于1984年。

读者对象：

政府决策机构，机械工业相关企业决策者和从事市场分析、企业规划的中高层管理人员以及国内外投资机构、贸易公司、银行、证券、咨询服务部门和科研单位的机电项目管理人员等。

宣传：

定期参加国际、国内大型行业展览会

定期参加法兰克福、北京、东京、新加坡、中国香港等国际书展

定期组织中国机械工业年鉴编辑委员会议，中国机械工业年鉴特约编辑、作者及特约顾问单位会议

定期向机械工业主管部门赠送系列年鉴

地址：北京市西城区百万庄大街22号(100037)　电话：010-88379821 68326039

E-mail：cmiy@mail.machineinfo.gov.cn　http://www.cmiy.com

中国机械工业年鉴系列

中国重型机械工业年鉴

2007

中国机械工业年鉴编辑委员会
中 国 重 型 机 械 工 业 协 会 编

图书在版编目(CIP)数据

中国重型机械工业年鉴. 2007/中国机械工业年鉴编辑委员会，中国重型机械工业协会编. —北京：机械工业出版社，2008.3

ISBN 978-7-111-23592-7

Ⅰ. 中… Ⅱ. ①中…②中… Ⅲ. 重工业:机械工业—中国—2007—年鉴 Ⅳ. F426.42-54

中国版本图书馆 CIP 数据核字(2008)第 026597 号

机械工业出版社(北京市百万庄大街 22 号　邮政编码 100037)
责任编辑:董　蕾
责任印制:王书来
保定市中画美凯印刷有限公司印刷
2008 年 3 月第 1 版第 1 次印刷
210mm×285mm · 28.5 印张 · 40 插页 · 766 千字
定价:280.00 元

中国机械工业年鉴系列

作为『工业发展报告』

记录企业成长的每一阶段

中国机械工业年鉴

编辑委员会

中国重型机械工业年鉴

鉴证行业发展足迹

振兴重型装备工业

中国重型机械工业年鉴
执行编辑委员会

中国重型机械工业年鉴

鉴证行业发展足迹

振兴重型装备工业

中国重型机械工业年鉴编辑出版工作人员

总编辑 郭锐
主编 李卫玲
副主编 刘世博
责任编辑 董蕾
录入排版 刘超琼
编辑部主任 朱彩绵 电话(010)88379829 传真(010)68998970
广告部主任 赵敏 电话(010)88379812 传真(010)68997968
发行部主任 肖新军 电话(010)68326643 传真(010)68326039
设计部主任 李晶 电话(010)88379809
客户服务 黎平 金薇 江道芝 史丛敏
责任印制 王书来
地址 北京西城区百万庄大街22号
邮编 100037

E-mail:jxscb@263.net
http://www.cmiy.com

中国重型机械工业年鉴

展示知名企业品牌
助您提升行业地位

中国重型机械工业年鉴
特约顾问单位特约顾问

特约顾问单位	特约顾问
国茂减速机集团有限公司	徐国忠
上海电气重工集团	吕亚臣
河南华东起重机集团有限公司	韩永章
中国第二重型机械集团公司	石　柯
中国中钢集团公司	黄天文
浙江双鸟机械有限公司	张文忠
河南重工起重机集团有限公司	胡国和
鞍钢重型机械有限责任公司	毕志超
中国第一重型机械集团公司	马　克
淮北矿山机器制造有限公司	胡善宏
大连重工·起重集团有限公司	宋甲晶
燕山大学轧制设备及成套技术教育部工程研究中心	刘宏民
卫华集团有限公司	韩宪保
新乡市中原起重机械总厂有限公司	郝兆庆
上海山美重型矿山机械有限公司	杨安民
昆明力神重工有限公司	项佩泽
上海青浦起重运输设备厂有限公司	李　平
吉林大学工程装备实验中心	王国强
北京首钢机电有限公司	鲍生旭
山东山矿机械有限公司	马昭喜
四川矿山机器（集团）有限责任公司	杨　军
株洲天桥起重机股份有限公司	成固平
上海奉城工业园区开发有限公司	徐雪峰
哈尔滨众鑫重型机器有限责任公司	陈建伟
中原特钢股份有限公司	韩光武
本溪钢铁（集团）起重机制造有限公司	刘汉礼
上海特国斯传动设备有限公司	王孙同
无锡宏达重型锻压有限公司	张瑞庆
南昌矿山机械有限公司	刘　敏
松滋市金津矿山机械有限责任公司	伍发新
山东华特磁电科技股份有限公司	王兆连
南京开关厂有限公司	王　跃
上海雄风起重设备厂	沈慈宏
南京特种电机厂有限公司	孙重远
江西华伍起重电器（集团）有限责任公司	聂春华
河南省中原起重机械总厂	付彩廷

中国重型机械工业年鉴

展示知名企业品牌
助您提升行业地位

中国重型机械工业年鉴
特约顾问单位特约编辑

特约顾问单位	特约编辑
国茂减速机集团有限公司	周华伟
上海电气重工集团	陈　伟
河南华东起重机集团有限公司	赵东升
中国第二重型机械集团公司	朱家菊
中国中钢集团公司	王文军
浙江双鸟机械有限公司	韩　剑
河南重工起重机集团有限公司	陈　建
鞍钢重型机械有限责任公司	李朋昌
中国第一重型机械集团公司	林　兵
淮北矿山机器制造有限公司	李从军
大连重工·起重集团有限公司	邵龙成
燕山大学轧制设备及成套技术教育部工程研究中心	彭　艳
卫华集团有限公司	衡振虎
新乡市中原起重机械总厂有限公司	杨章顺
上海山美重型矿山机械有限公司	张元凯
昆明力神重工有限公司	张晓东
上海青浦起重运输设备厂有限公司	赵慧卿
吉林大学工程装备实验中心	成　凯
北京首钢机电有限公司	汤博逸
山东山矿机械有限公司	胡秀万
四川矿山机器（集团）有限责任公司	夏发明
株洲天桥起重机股份有限公司	曹星照
上海奉城工业园区开发有限公司	宋卫东
哈尔滨众鑫重型机器有限责任公司	孙惠艺
中原特钢股份有限公司	王国宣
本溪钢铁（集团）起重机制造有限公司	鄂立军
上海特国斯传动设备有限公司	杨培寿
无锡宏达重型锻压有限公司	董　燕
南昌矿山机械有限公司	徐坤河
松滋市金津矿山机械有限责任公司	张旭明
山东华特磁电科技股份有限公司	王　雨
南京开关厂有限公司	陈志勋
上海雄风起重设备厂	谢广林
南京特种电机厂有限公司	许宝山
江西华伍起重电器（集团）有限责任公司	李　丰
河南省中原起重机械总厂	李秀坤

前　言

重型机械行业（包括冶金机械、矿山机械、起重运输机械、重型锻压机械、大型铸锻件）主要服务于电力、钢铁、冶金、煤炭、交通、石化、国防、机械及水利等国民经济各部门，是我国装备制造业的重要组成部分，具有广阔的发展和市场前景。

国务院《关于加快振兴装备制造业的若干意见》提出“大力振兴装备制造业，是树立和落实科学发展观，走新型工业化道路，实现国民经济可持续发展的战略举措”，为重型机械行业的发展指明了方向，也带来了良好的发展机遇。2007年，重型机械行业主要经济指标均创历史新高，完成了工业总产值3 690亿元，比上年增长33.4%；工业销售产值3 573.6亿元，比上年增长33.8%。

近年来，重型机械行业特别是大型骨干企业加强了科技开发资金的投入，注重新技术的研究、新产品的开发，通过自主创新，研发了一批具有自主知识产权并且达到了国际先进水平的新产品，取得了很多项专利和国家、省部级科技成果奖，为推动行业技术进步发挥了积极作用。许多企业的产品达到了国内先进水平，被省质检局授予“省（市）名牌产品”称号；一部分达到（或接近）国际水平的产品，被中国名牌战略推进委员会授予“中国名牌产品”称号。

中国重型机械工业协会希望通过《中国重型机械工业年鉴》进一步与各界加强交流，增进了解，在激烈的市场竞争中把行业做强，产需双方共同努力，为实现重型机械行业的振兴而努力奋斗。

《中国重型机械工业年鉴》2007版对重型机械行业的整体发展情况，各分行业的发展情况，新产品、新技术、新工艺以及技术改造，主要企业概况，重型机械国内外市场，行业标准，科技成果，中国名牌，行业大事，行业协会活动以及重型机械行业的各项经济指标等内容进行了记载。

在《中国重型机械工业年鉴》编辑过程中，得到了各企业和相关用户的大力支持，在此一并诚挚感谢。中国重型机械工业协会将继续为各界朋友和广大用户提供真诚的服务。

中国重型机械工业协会理事长　汪建业

中国重型机械工业协会副理事长兼秘书长　徐善继

二〇〇八年二月

广告索引

展示知名企业品牌
助您提升行业地位

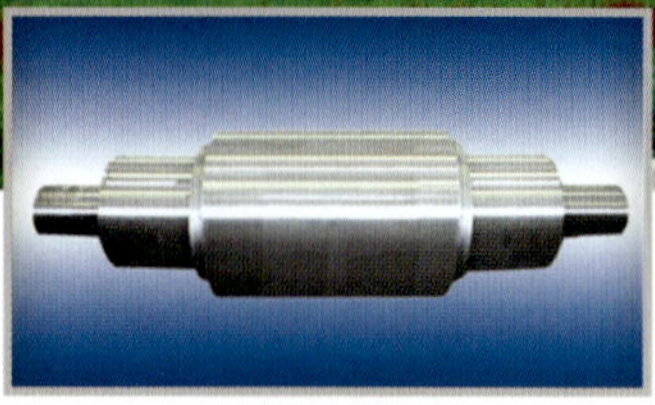

目　　录

综　　述

行　业　篇

市　场　篇

中国第一重型机械集团公司

一重15000t水压机

核电AP1000锥形筒体

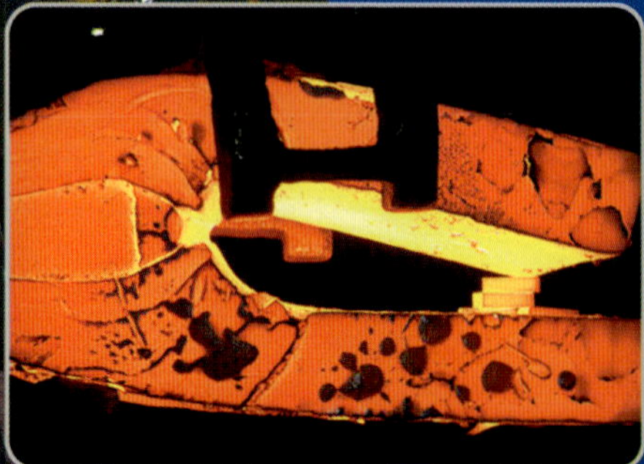

船用曲轴曲拐锻件

2000t级煤液化反应器

支承辊

超超临界火电转子

装配中的鞍钢5m轧机

企 业 篇

统 计 资 料

标准与质量

政策法规

大事记

附录

Contents

Overview

Industry

Markets

Enterprises

Statistical Data

Standards and Quality

Policies & Legislations

Calendar

Appendix

西安重型机械研究所（简称西重所）创建于1956年，系我国装备工业较早建立的国家应用技术开发研究院所之一（行业技术归口所）。1999年改制为科技型企业，2006年在西重所基础上组建了中国重型机械研究院（简称中国重型院）。现有在岗员工1100人，其中，中国工程院院士1人，专业技术人员500余人，高级专业技术职务200余人。

业务范围：专业从事钢铁与有色金属的炉料制备、冶炼与精炼、连续铸钢、金属板管轧制、辅机及深加工、锻压与挤压成形以及环污治理设备和相关配套的液压、电气传动以及自动化系统、传动基础件技术与装备的开发研制、设计成套、安装调试和工程总包。并具有国家相关主管部门颁发的建筑行业建筑工程设计甲级资质及冶金行业、市政公用燃气工程设计乙级资质；具有工程咨询甲级资质和工程总包资质。还承担标准、规划、检测等行业技术归口工作。

1999年公司通过ISO9001质量体系认证，2003年被授予"全国守合同重信用企业"证牌，2006年被国家确定为全国103个"创新型企业"试点单位之一，在重大技术装备国产化和振兴装备制造业工作中做出重要贡献并受到国家表彰。荣获全国国有企业创建"四好"领导班子先进集体。

建所50年来，西重所为国内外用户提供1800多台（套）先进的设备和成套装备，累计取得900余项科技成果，其中数百项填补了国内空白，创造了100多项中国企业新记录，取得授权专利188件，220余项研究成果荣获国家、省部级科学技术奖。

中国重型机械研究院　西安重型机械研究所
地址：中国　西安　丰家庙
邮编：710032
电话：029-86322300
传真：029-86713965
E-mail：office@xaheavy.com
http：//www.sino-heavymach.com
www.xaheavy.com

中国重型机械研究院企业精神：溯源　创新　诚信　奋进

燕山大学——轧制设备及

2007年1月，轧制设备及成套技术教育部工程研究中心在燕山大学组建。

工程研究中心职能：面向用户进行本领域前沿技术开发及研究成果中间试验，重点为冶金工业、国防工业和制造业等行业服务。研发项目来自上述行业中全套装备的技术改造、重点攻关、消化新进技术及超前技术开发等。

工程研究中心根本任务：促进本领域的科技进步，不断创新，始终保持领先水平；广泛联合该领域的高校、科研院所及相关企业，使科研成果和先进技术尽快装备到实际生产中去；组织承担国家、省、部、委下达的科研任务，瞄准世界先进水平进行跟踪和开发，做好全方位的国际合作和交流。

900mm平整机组成套设备

IGC650HCW精密冷带轧机成套设备研制及关键技术研究

二辊万能可转换轧机

成套技术教育部工程研究中心

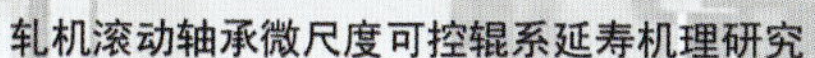
轧机滚动轴承微尺度可控辊系延寿机理研究

四辊冷带轧机

金属型材三维拉弯

大型锻件锻造新工艺及关键技术

H型钢万能实验机

燕山大学——轧制设备及成套技术教育部工程研究中心
地址：河北省秦皇岛市河北大街西段438#(燕山大学院内)　邮编：066004
电话：0335-8387652　传真：0335-8387651
http://erc.ysu.edu.cn　E-mail:erc@ysu.edu.cn

国茂减速机

国茂减速机集团有限公司（以下简称国茂集团）是综合型的国家企业集团，创建于1993年，原名江苏国茂国泰减速机集团有限公司，2006年变更为国茂减速机集团有限公司。现拥有总资产4.5亿元，占地面积25万m^2，拥有员工2000余名，各类专业技术人员占员工总数的20%，2006年集团实现销售产值8.2亿元。

国茂集团以“国茂”牌系列减速机为主要产品，拥有减速机研发、设计、制造的全套技术力量和先进的测试手段，可生产十几个系列上百个品种，具备36万台减速机的年生产能力，其中摆线针轮减速机的生产规模和年生产能力均为全国同行业前列。

国茂集团始终以“持续发展，争创一流”为企业宗旨，以“追求完美品质，始终满足客户”为质量方针，质量管理体系完善，产品质量控制严格。从德国引进了Niles成型磨齿机、日本引进了OKUMA卧式加工中心、齿轮检测中心和三坐标测量仪等一大批国内外先进设备和检测仪器，精良的设备、先进的管理理念、高素质的员工队伍、有效的质量保障体系再加上全国80多家分公司的联网服务，极大地满足了客户需求。

2004年，集团公司获得了“江苏省名牌产品”荣誉称号，“国茂”商标被认定为“江苏省著名商标”，并连续多年被授予“武进区成长型企业”、“江苏省AAA级资信企业”、“信用（合同）AAA级企业”、“武进区工业先进企业”等荣誉称号，2005年被常州市评为“明星企业”。

董事长兼总经理徐国忠竭诚欢迎广大客户莅临指导，合作双赢，为共创美好未来而携手共进！

集团有限公司

产地：日本大隈公司
品名：OKUMA卧式加工中心
型号：MA-60HB-R/MA-50HB-R

产地：德国.Niles公司
品名：成形磨齿机
型号：ZE1000

GK系列减速电机

B系列

X系列

ZDY系列

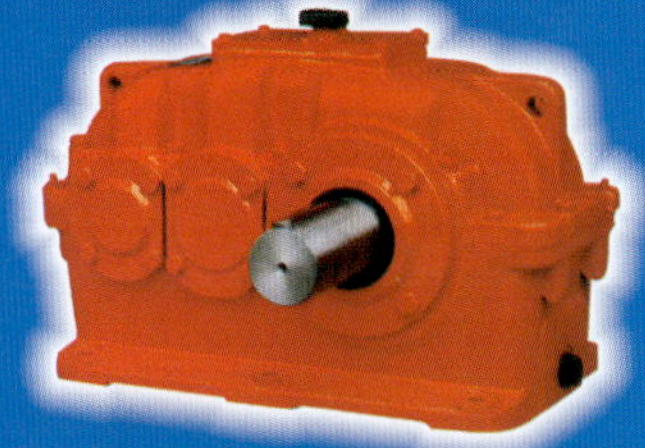

ZLY系列

ZSY系列

地址：江苏省常州市湖塘人民西路21号　　邮编：213161
电话：0519-86552810 86578002 86588878　　传真：0519-86561677 86551815
http://www.guotai-cn.com　　E-mail：gt@guotai-cn.com

卫华集团
WEI HUA GROUP

卫华集团有限公司始建于1988年，经过近20年的不断努力，已发展成为集起重机械研发、设计、制造、销售、安装、服务、进出口业务为一体的大型企业集团。形成了强大的综合技术创新体系，具备机械加工、热处理、焊接、装配、检测计量和包装发运等配套齐全的先进生产装备和大规模生产能力。主要产品有桥、门式起重机，港口机械，电动葫芦，钢结构建筑等9大系列200多个品种，广泛应用于机械、冶金、电力、铁路、水利、港口等多种行业。在全国近30个省、市、自治区建有集营销和服务为一体的经营点，产品远销俄罗斯、中亚、南亚、非洲等国家和地区。

卫华集团是中国重型机械工业协会常务理事单位，桥式起重机专业委员会副理事长单位和中国物料搬运机械工作委员会副理事长单位。集团下设河南卫华重型机械股份有限公司、上海宏岸起重装备有限公司、河南省中杰起重机有限公司、郑州卫华钢结构有限公司等9个子公司。目前有员工3600余人，总占地面积82万m^2，各种生产检测设备3000多台（套），2007年销售收入突破18亿元。

办公楼

6万m^2钢结构生产车间

225t冶金起重机

300t双梁桥式起重机

yuqi 豫起

新乡市中原起重

董事长兼总经理：郝兆庆

公司始建于1985年，是中国重型机械工业协会理事单位、中国重型机械工业协会桥式起重机专业委员会常务理事单位、国家二级计量合格单位，是长垣县起重机械行业先期建立实施ISO9001国际质量管理体系认证的企业，2002年复评换发ISO9001：2000国际质量管理体系、ISO14000：2004环境管理体系认证、GB/T28001—2001职业健康安全管理体系认证证书。有全套单双梁门式、桥式、防爆、绝缘、抓斗、冶金铸造、造船、多功能等各类起重机生产许可证。我公司研发制造的全自动多功能管坯生产移送装置堆码机，填补了起重机行业的空白。

企业占地面积18万㎡，公司设备先进，技术力量雄厚，总资产1.6亿元，产值6.8亿元，现有员工2680人，有高级工程师38人，中高级技术人员166人。公司在全国30个省、市、自治区设有经销处，产品行销工矿、建材、化工、冶金、电力、交通、铁路、油田、港口等行业，远销越南、蒙古、新加坡等国家。

董事长兼总经理郝兆庆同志以勤劳朴实、执着追求的工作作风，自力更生、艰苦奋斗、奋力拼搏的精神，不怕困难、永不言败的毅力、气魄和胆略，不仅使公司快速、健康、稳定发展，获得多项国家、省、市、县殊荣，自己也赢得了各级党委、政府及社会的信任和支持。几年来，郝兆庆同志被河南省青年乡镇企业协会、河南省合同管理协会等吸收为会员，新乡市质量检验协会推荐为协会理事，又荣任中国重型机械工业协会第四届理事；2004年被长垣县民营企业家联谊会选举为常务理事，长垣县起重协会副会长；2006被蒲东区委评为“优秀共产党员”。

中原“豫起”坚持用户至上、质量第一、以人为本、诚实守信的准则，愿与国内外新老朋友在生产、技术、市场、人才、资本等领域进行广泛的交流与合作。

科技演绎内涵　诚信铸就未来

法人代表：郝兆庆　地址：河南省长垣县东外环南段路西　邮编：453400　电话：0373-8893567　8812875

机械总厂有限公司

传真：0373-8810258　　http://www.xxzyqz.com　　E-mail:hzh6785@126.com

東 起

河南省东风起

公司是集研发、生产、销售于一体的高水平企业。“东起”牌产品主要是生产起重机及配件。起重产品有单、双梁桥门式起重机；绝缘桥式、防爆桥式起重机；单梁悬挂、定柱式悬臂起重机；钢丝绳电动葫芦等。配件产品主要有各种型号、系列规格的车轮组、卷筒组、吊钩组、滑轮组、联轴器等5大类600余种。公司具有设计各种非标起重机的技术水平和过硬的安装维修能力。“东起”牌产品目前销售全国各地，并得到用户的好评。

公司以“质量第一、跟踪服务”的诚实信念、完善的质量检测手段、严格的控制程序、灵活的经营机制，为企业的发展奠定了基础，为产品质量提供了保证。2002年5月份顺利通过了ISO9001质量管理体系认证。

峥嵘岁月，硕果累累。奋进中的东起公司先后获得了“河南省技术创新十佳单位”、“河南省高新技术企业”、“计量合格确认企业”、“守合同重信用企业”、“十佳品牌企业”、“中国行业十大影响力品牌”、“质量管理先进单位”、“全国质量信誉跟踪产品”、“信用AAA企业”等荣誉称号。2006年获“河南省优质产品”称号，2007年获“河南省名牌产品”、“河南省著名商标”、“河南省质量管理先进企业”等荣誉称号。

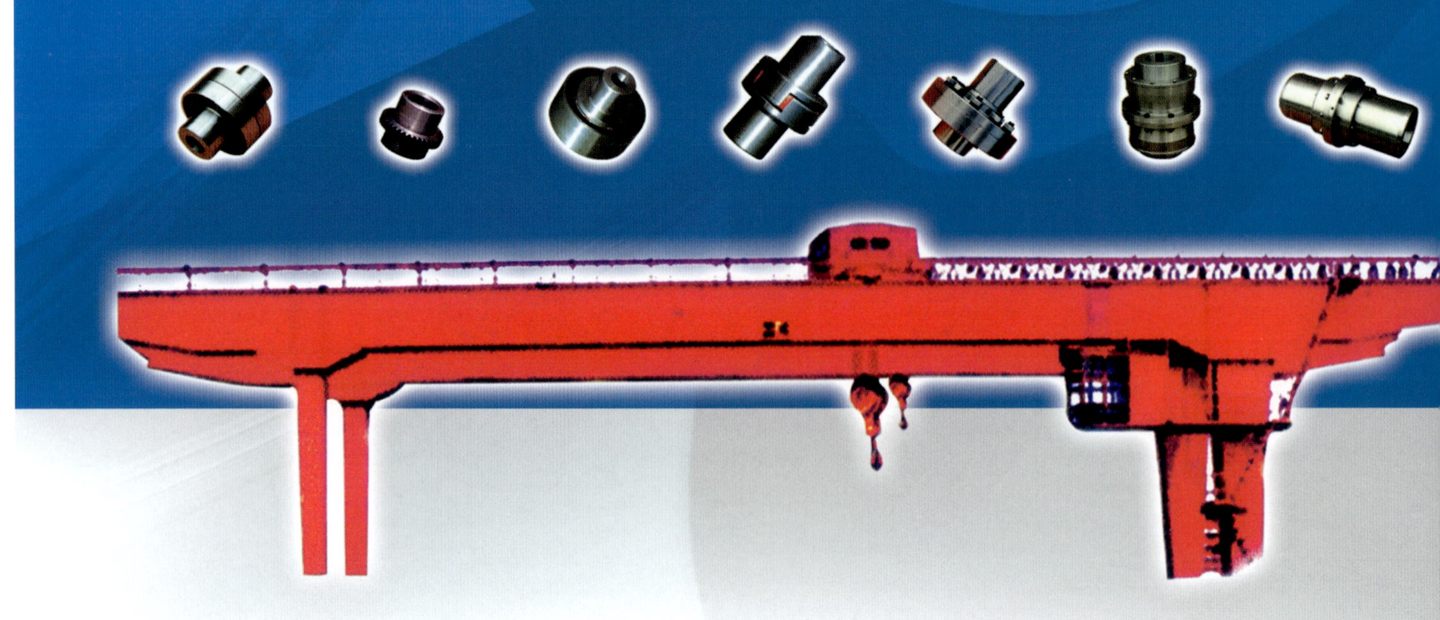

重机械有限公司

昆明力神重工有限公司

昆明力神重工有限公司（原昆明重工（集团）股份有限公司），系机械工业重点骨干企业，于 1990 年晋升为国家二级企业，于1994年列为全国百户现代企业制度试点企业，是机械工业技术进步百家示范企业之一。1998 年，企业通过 ISO9001 质量体系认证。计量管理先期荣获国家计量检测体系合格证书，为国家一级计量单位。

昆明力神重工技术力量雄厚，加工能力强，检测手段完备，产品质量优良，是集科研、开发、制造为一体的大型企业，是云南省提供大型成套设备综合能力超强的机械制造企业和铸锻件生产中心。

昆明力神重工现主要生产冶金、矿山、起重、工程、化工等重型机械产品和成套成线设备及商品铸锻件，以中小型精密轧机、直线式拉丝机为代表的冶金设备及塔式起重机在国内享有较高知名度，产品出口到 20 多个国家和地区。

六辊 HC 可逆成套冷轧机组

碳块堆垛桥式起重机

昆明力神重工生产区

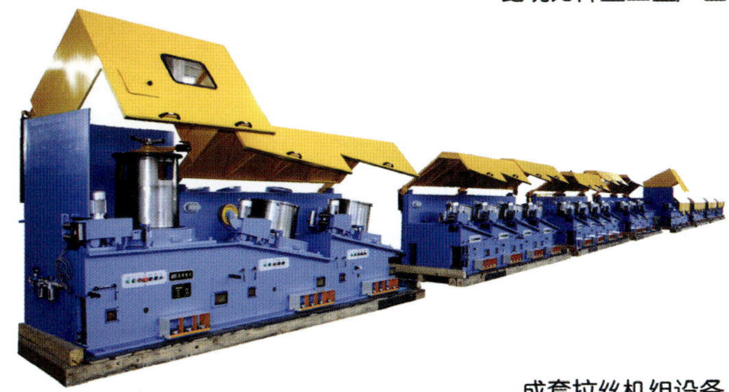

成套拉丝机组设备

昆明力神重工塔式起重机服务于元江特大桥

董事长：范卫民　　总经理：项佩泽
地址：云南省昆明市盘龙区茨坝路 31 号
邮编：650203
电话：0871-6085007　6085010
传真：0871-6085085
营销电话：0871-6085259　6085220
http://www.khig.com.cn
E-mail:khig@mail.km.yn.cninfo.net

上海青浦起重运输设备厂有限公司

上海青浦起重运输设备厂有限公司是起重机械及输送机械的专业制造企业，是中国重型机械工业协会理事单位以及上海市机械工程学会会员单位、上海市特种设备管理协会会员单位。公司占地面积83500m²，建筑面积53600m²，位于上海市青浦工业园区华青路815号（一区）和华盈路2288号（二区）的两厂区均在主干道旁，距虹桥国际机场仅18km，交通便捷。

公司现有员工435人，其中中高级工程技术人员36名，具有强大的技术力量。公司于2001年通过ISO9001：2000质量体系认证（注册号：2001.078），2001年通过上海市质监部门计量合格认证（证书编号：229023），并取得起重机生产许可证（证书编号：TS2410186-2007/TS2431010-2009）、带式输送机生产许可证（证书编号：XK06-206-00630）和“A”类特种设备安装改造维修许可证（证书编号：TS3431077-2008）。

公司为宝钢生产制造了位列亚洲前列的堆垛机起重机和炉顶吊起重机，以及各种规格的铸造起重机，并为济南钢厂、湘潭钢厂、梅山集团等提供了数量大、难度高的各种规格起重机，还可提供电厂起重机以及船厂用起重机。

公司生产的带式输送机主要服务于国内大型煤矿、电力系统、钢铁系统等，同时为宝钢集团马迹山工程、上钢一厂2500m³高炉工程、济钢原料场工程、沙钢烧结工程提供规格多、批量大的带式输送机，为上海港务局罗泾港二期提供全部带式输送机系统（总长度为20km）。

2005年初，公司为晋城生产制造了一条大功率大倾角大运量的带式输送机（3×1850km）；2006年初为神华集团大柳塔矿制造18km（3×6km）超长运距智能化带式输送机。目前在国内带式输送机所有制造企业中，无论在产能规模、产量、产值上公司均名列前二位。

公司生产的桥（门）式起重机、带式输送机还远销澳大利亚、加拿大、苏丹、俄罗斯、越南等国家。

公司曾获“全国重合同守信用企业”、国家工商部门“光彩之星”、上海市“成长型企业”、上海市“高新技术企业”等荣誉称号，带式输送机连续多年被评为“上海市名牌产品”。

“认认真真做事，老老实实做人”是公司的宗旨，欢迎各界人士、新老客户来公司考察指导。

董事长：李平
地址：上海青浦工业园区华青路815号（一期）
上海青浦工业园区华盈路2288号（二期）
邮编：201700
电话：021-69211568
传真：021-69211138
http://www.qiyunsb.com
E-mail:qp815@163.com qpshangyi@vip.163.com

吉林大学工程装备实验中心

吉林大学工程装备实验中心隶属于吉林大学，由原吉林工业大学工程机械实验室和矿山机械实验室合并成立，于2001年2月21日通过了中国实验室认可委员会的国家实验室认可和国家质量技术监督部门的国家计量认证，并在2006年11月6日通过中国合格评定国家认可委员会组织的复评审，可对外开展多种工程机械、建筑机械、矿山机械的检测任务。

吉林大学工程装备实验中心具有很强的测试和检验能力，具备多套国外先进的测试仪器和数据处理仪器，既能在实验中心内开展多项工程装备的测试和检验，又能到现场进行整机和零部件的各种性能参数测试和检测。

中心主要开展土方机械翻车和落物保护结构试验与认证，已经为国内工程机械产品出口认证进行300多台次的试验。

目前，吉林大学工程装备实验中心的认可检测能力范围包括：土方机械翻车和落物保护结构、液压挖掘机司机安全保护装置、轮胎式装载机、履带式推土机、液压挖掘机、平地机、铲运机、振动压路机、轮胎式压路机、光轮压路机、叉车、液力变矩器和修井机。

工程装备实验中心实验室

吉林大学工程装备实验中心
地址：吉林省长春市人民大街5988号吉林大学南岭校区机械学院
邮编：130025
联系人：王国强
电话：0431-85094404
传真：0431-85095078

北京首钢机电有限公司

连铸机大包回转台

北京首钢机电有限公司是隶属于首钢集团的法人全资子公司，目前下设10个独立经营的工厂和1个设计研究院。主要从事设计制造冶金成套设备、矿山设备、工程机械、非标准机械设备和零配件、金属结构件、压力容器、液压成套设备、各种电机、变压器等机电产品。具有设计、制造、安装、服务和技术咨询的综合能力。近年来，与西马克、奥钢联、达涅利、波米泥、康卡斯特、CMI、ANDRITZ、DMS等国际知名企业合作，相继在国内外工程招标中，承接了薄板坯和常规板坯连铸连轧设备制造，冷、热板带轧钢设备，炼钢和焦化设备制造等一批具有国际20世纪90年代制造水平的项目。其中薄板连铸项目中的结晶器、扇形段系统的研制获得了“九五国家重点科技攻关计划优秀科技成果”奖。公司拥有一批具有国际90年代水平的加工和检测设备，加工制造水平跃入国内同行的先进行列，可以满足保证用户对产品的各种要求。

北京首钢机电有限公司将以市场为导向、以科技进步为动力、以顾客满意为宗旨，竭诚为广大用户提供一流装备、一流服务，共同发展、共同进步，与您携手，共创辉煌。

连铸机扇形段

2160热带轧机飞剪

320t鱼雷型混铁车

2160热带轧机板卷箱

地址：北京市石景山区老山西里　邮编：100049
电话：010-68861354　传真：010-88295181

山东山矿机械有限公司

公司始建于1970年，是中国重型机械工业协会常务理事单位，矿山机械分会、破碎粉磨分会、带式输送机分会及中国电器工业协会牵引电气分会副理事长单位，是一个拥有总资产4亿元，年产值逾5亿元，利税3000万元，9项专利的集科、工、贸、学为一体的集团型企业。公司通过了ISO9001：2000标准质量体系和ISO14001环境体系认证，为山东省高新技术企业，中国机械500强企业，荣获山东省信誉等级ＡＡＡ企业、2006年山东省机械行业十大自主创新品牌企业荣誉称号，公司“声远楼”商标被评为山东省著名商标。

公司主导产品为破碎筛分粉磨机械、带式输送机械、煤炭洗选机械、竖井掘进机械、工矿电机车、建材机械等六大系列300多品种规格，带式输送机、破碎机为山东名牌产品。带式输送机主要有DTⅡ型、JKD型、DT75型、气垫式、可伸缩式、大倾角、管状式等类型。破碎机有锤式、颚式、（齿）辊式、反击式、PCFK系列可逆反击锤式及各种强力破碎机等。产品广泛应用于电力、煤炭、冶金、矿山、建材、水利、港口码头、化工等行业。产品覆盖全国市场，并出口加拿大、德国、孟加拉、尼日利亚、印度、印尼、越南等国家，以优质的产品和满意的服务在用户中享有较高的信誉。

HCSC重型环锤

PCFK系列可逆反击锤式破碎机

获得国家专利的直线螺旋给料机

运行于现场的带式输送机

运行于用户现场的管带机

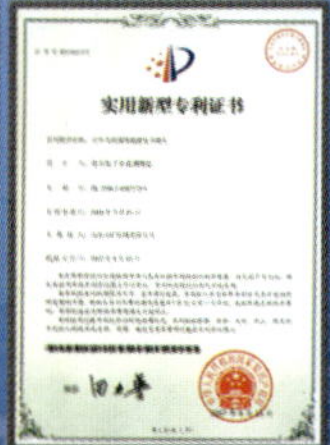

董事长、总经理：马昭喜
地址：山东省济宁市济安桥北路11号　邮编：272041　电话：0537-2226931　传真：0537-2228529
E-mail:master@sdkj.com.cn　http://www.sdkj.com.cn

TQCC 株洲天桥起重机股份有限公司

株洲天桥起重机股份有限公司（英文简称TQCC）注册成立于1999年11月，是由机械工业定点生产门、桥式起重机的重点专业企业——株洲起重机厂改制成立的股份制企业，是中国重型机械工业协会常务理事单位、桥式起重机分会副理事长单位、物料搬运机械工作委员会副理事长单位、国家起重机A类企业。

株洲天桥起重机股份有限公司地处湖南省株洲市田心高新工业园区，毗邻京珠、沪瑞高速公路和南方大型的铁路枢纽株洲北站，交通极为便利。

公司注册资本1.2亿元，总资产逾3.5亿元。公司占地面积23万m^2，建筑面积6.4万m^2，生产面积5.4万m^2，还拥有4万m^2的金属结构焊接厂房，主要工艺设备近300台套。公司现有职工600余人，其中各类专业管理、技术专业人才近200人。

公司主要产品有5～200t单双梁桥式起重机、5～125t单双梁门式起重机、港口机械、冶金起重机、集装箱专用门式起重机、水电站用单双向门式起重机，还有公司的主打特色产品电解、焙烧多功能机组，堆垛起重机以及其他特殊用途的起重机械等，年生产能力达25000t。目前，“天桥”品牌起重机已成功打入国际市场。

提梁机

门座起重机

阳极碳块焙烧多功能机组

四梁铸造起重机

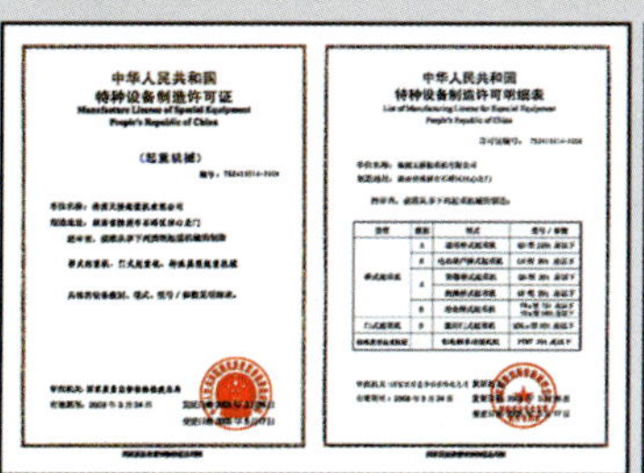

企业法人营业执照

数控切割机

地址：湖南省株洲市田心北门　　邮编：412001
电话：0733-8432961　8437098　　传真：0733-8435573
http：//www.tqcc.cn　　E-mail：tqcc@2118.cn

广州起重机械有限公司

广州起重机械有限公司制造

175/50 吨

广州起重机械有限公司成立于1956年，年销售额近亿元，年产各类起重机近800台，2003年与世界起重机优秀生产企业芬兰科尼起重机公司合资成立了泰克力起重机公司。1996年起“广起”牌起重机连续获得广州市名牌产品、全国桥式起重机优等品、全国起重运输机械行业“信得过产品”，公司获质量信誉双保障单位等荣誉称号。1996年底通过了ISO9001国际质量体系认证。

“广起”牌起重机是具有高知名度的品牌。40多年来，公司采用现代设计理念，应用先进的CAD系统，为国内及港澳台、东南亚地区近百家单位和企业提供了大量的优质起重机，用户遍布国内外。主要产品包括：0.5～16t电动单梁起重机、5～200t通用双梁桥式起重机和冶金专用起重机、5～200t门式起重机以及各种专用起重机械设备、液压升降机械、金属结构、生产线工程等。产品应用范围涉及机械行业、冶金行业、石油化工行业、能源、造纸、环保、一般制造业等。

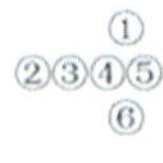

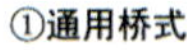

①通用桥式
②电动单梁
③电动葫芦桥式
④立柱式旋臂吊
⑤电动单梁悬挂式
⑥通用门式

公司地址：广州市广园中路283号（公司本部）
广州市花都区北兴镇花都大道北28号（生产厂区）
电　话：020-86592003　86592004
传　真：020-86577651
邮　编：510405
http://www.gzcranes.cn
E-mail:market@gzcranes.cn　　gzcrane@tom.com

上海滨海国际物流装备城

SHANGHAI SEASHORE INTERNATIONAL LOGISTICS EQUIPMENT PARK

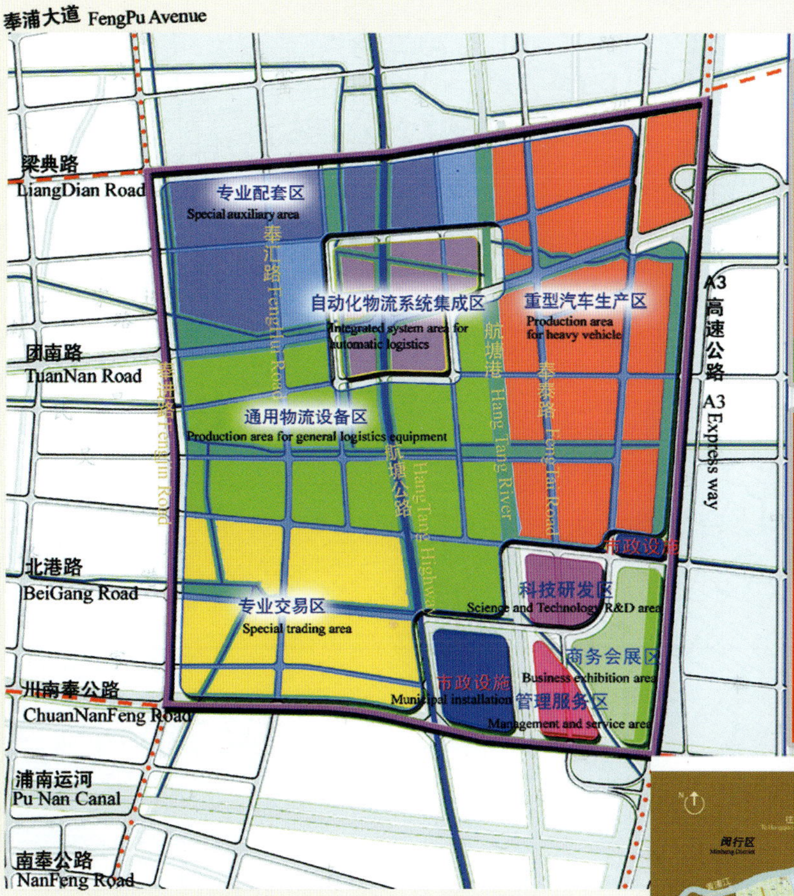

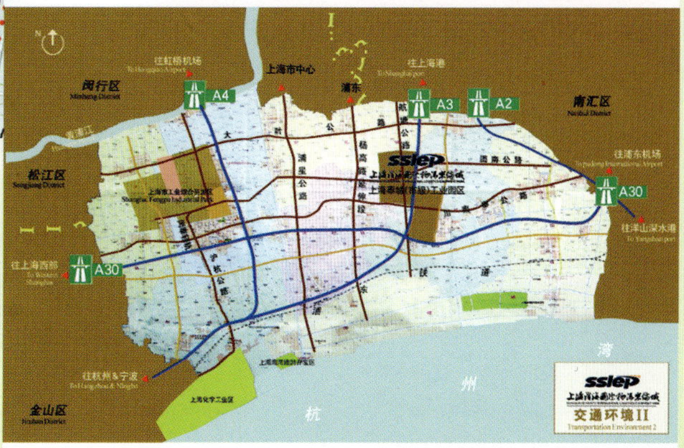

上海滨海国际物流装备城暨上海奉城工业园区开发有限公司是经批准设立的市级开发区，是国家的物流装备产业基地。

上海滨海国际物流装备城位于上海市南部的奉贤区，地处奉城镇、青村镇与金汇镇交界（航塘公路两侧），占地总面积8.64km^2，是集先进制造、研发创新、产业配套、检测认证、教育培训、会展交易、整合营销和现代物流等为一体的具备国际领先管理服务标准的产业链集聚型开发区。

开发区规划建设汽车生产区、自动化物流系统集成区、通用物流设备区、专业配套区、专业交易区、商务会展区、科技研发区、管理服务区。同时，装备城秉承“网罗天下物流装备”的运营理念，打造国内大型的物流装备采购交易平台——上海物流装备交易中心，通过展示、采购、交易、配送、商务办公等服务平台为国内外物流装备企业提供全方位服务。

热忱欢迎国内外物流装备企业来园区考察投资，实现双赢！

上海奉城（市级）工业园区

地址：中国上海市奉贤区航塘公路3888号

电话：021－53825588

传真：021－63841188

http://www.sslep.com

E-mail：sslep@sslep.com

哈尔滨众鑫重型机器有限责任公司

MQ6000.51.5型门式斗轮取料机

ZC3000型直型式装船机

哈尔滨众鑫重型机器有限责任公司是由原哈尔滨重型机器厂经改制注入优良资产后组建的国有控股有限责任公司，继承原企业的全部业务及资质。公司位于哈尔滨市高新技术开发区(哈平路集中区)，总投资6亿元，年生产能力26000t。专业生产斗轮堆取料机、装船机、装车机、露天矿采煤机等松散物料装卸机械。产品遍及电力、冶金、煤炭、建材、化工、港口码头等行业。近销国内30个省、市、自治区，远销亚洲、欧洲等地，国内市场占有率65%以上。

公司技术力量雄厚，可自行设计和制造额定生产能力100～6000t/h、回转半径12～60m，适合客户不同需求的各种规格、各种型式的散状物料搬运设备。

QLG1500.40型滚筒式混匀取料机

DQL3000.3600.45型斗轮堆取料机

DB3600.41.5型堆料机

港口用斗轮堆取料机

地　址：哈尔滨市高新技术开发区(哈平路集中区)大连北路15号
电　话：0451-86818888　　传　真：0451-86818888
http://www.hazhong.com

J系列 大功率硬齿面减速机

T系列 斜齿轮-锥齿轮减速机

P系列 平行轴斜齿轮减速机

E系列 斜齿轮蜗杆减速机

D系列 斜齿轮减速机

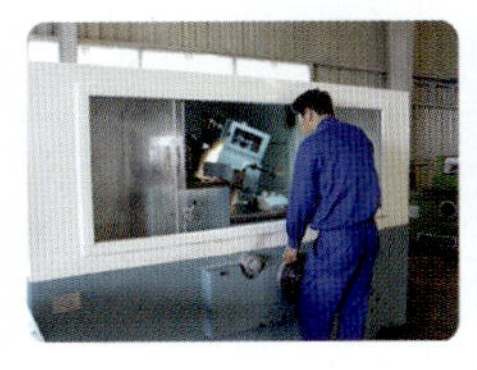

上海特国斯传动设备有限公司

地址：上海市曲阜西路268号恒安大厦（1302）室
邮编：200070
电话：021-63812226　63812166　63815901
传真：021-63810571
E-mail:shtgs@263.net
http://www.shtgs.com

地址：浙江省平阳经济开发区（东海工业园区）
邮编：325401
电话：0577-63631862　63629930　63629931
传真：0577-63635393
E-mail:dhccn@263.net
http://www.dhctgs.com

hongduan

宏达锻压集团

HONGDA FORGING GROUP

宏达锻压集团是中国重型机械工业协会和中国锻造协会的重要成员之一，其大型锻件年产量位列全国各专业厂家之三甲，尤其以拥有全行业一流的工艺和技术人才而见长。

集团公司现拥有无锡宏达重型锻压有限公司和南京博大重型锻造有限公司2个大型锻件生产企业，产品遍布电力、石油、化工、冶金、机械、轻工、造船、航空、航天、交通、建材等领域，行销海内外。

无锡宏达重型锻压有限公司现有1600t自由锻水压机，2t蒸空两用锤，1t、560kg、400kg空气锤各1台。年生产能力16000t，其中环形、饼形锻件最大直径 ϕ2200mm，轴类锻件最大单重10t。

南京博大重型锻造有限公司拥有3600t自由锻水压机，1t、750kg、500kg、400kg、160kg空气锤各1台，年生产能力18000t。水压机锻件最大单重30t，其中环形锻件最大直径 ϕ3200mm，饼形锻件最大直径 ϕ3000mm。

公司于1998年经中国船级社认证公司认定通过ISO9002国际质量保证体系认证，同年12月，经ASME规范产品专业委员会确认为ASME网员单位，从1997年至今连续被江苏远东国际评估咨询有限公司评为“AAA级资信等级企业”。

1600t自由锻水压机

12MW发电机转子加工

3600t自由锻水压机

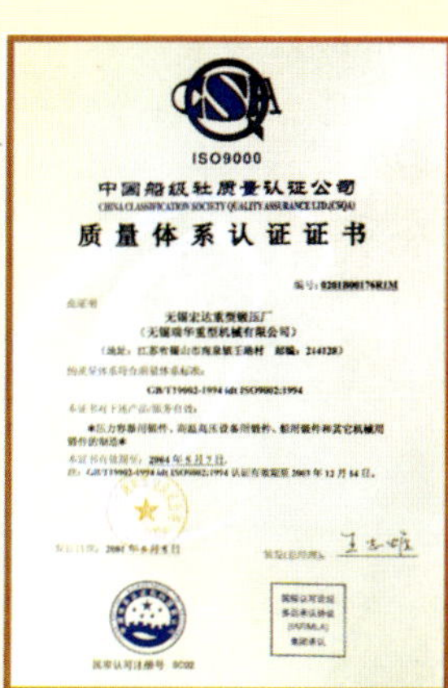

ISO9000
中国船级社质量认证公司
质量体系认证证书

无锡宏达重型锻压有限公司
地址：江苏省无锡市滨湖区南泉壬港
邮编：214128
电话：0510-85952557 85952612 85958019
传真：0510-85953536
http://www.wxhongda.com
E-mail：sales@wxhongda.com

南京博大重型锻造有限公司
地址：江苏省南京市大厂区
（南化公司化机厂内）
邮编：210048
电话：025-57793561
传真：025-57064783

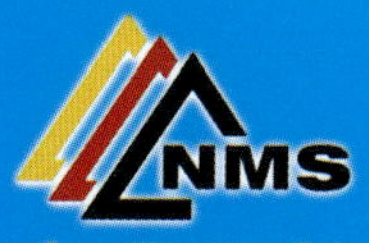

南昌矿山机械有限公司

NANCHANG MINERAL SYSTEMS CO., LTD.

南昌矿山机械有限公司坐落于中国江西省南昌市湾里区，是生产洗选设备、破碎筛分设备的重点骨干企业。公司以给料设备系列、破碎设备系列、筛分设备系列、螺旋洗砂（石）设备系列以及其他各种洗选设备的开发、生产、销售为核心业务。

公司技术力量雄厚，设备齐全，拥有数控切割机、自动焊接机、大型折弯机、30x3000mm卷板机、T6216C型镗床、2x6m 龙门刨床、5m、3.5m双柱立车、5m滚齿机、内外圆磨床等先进的加工设备。并建立了为公司持续发展提供智力支持和人才保障的产品研发中心，研发中心现有工程技术人员近30人，其中教授级高级工程师1人，高级工程师5人。

产品远销三峡水利、黄河小浪底、云南小湾、湖北水布垭、广西龙滩、贵州索风营等国内知名水电工程公司以及巴基斯坦、苏丹、埃塞俄比亚、阿尔及利亚等国外大型水电工程公司，开滦、大同、晋城、平顶山、霍州等国内各大矿务局和武钢、洛阳栾川钼业、福建紫金、德兴铜矿等冶金行业，产品质量、售后服务获得了广大用户的市场认同，在行业内树立了良好的品牌效应。

公司坚持以“专业领先，诚信至上”的企业宗旨。不断谋划企业新的发展，过去的辉煌显示我公司的雄厚实力，面对未来，南昌矿山机械有限公司将在“中国制造”的浪潮中开拓创新!

总经理：龚友良

2WCD洗砂机系列

棒条给料机系列

圆锥破碎机系列

2YKR圆振动筛系列

3YKR圆振动筛系列

PF反击式破碎机系列

广西龙滩水电站大法坪砂石系统

FC分级机系列

地址：江西省南昌市湾里区盘龙路23号　邮编：330004
电话：0791-3760893　3782888　传真：0791-3761006
http：//www.nmsystems.cn

山东华特磁电科技股份有限公司

国际一流磁分选设备制造基地

中国科学院技术合作企业　国家专利产品　国家重点高新技术企业　山东省免检产品　山东省著名商标

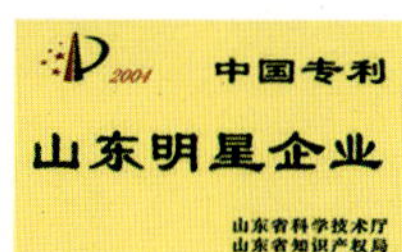

山东省认定 企业技术中心

山东华特磁电科技股份有限公司，是由潍坊华特磁电设备有限公司和潍坊华特粉体设备有限公司作为发起人联合其他境内投资者共同发起设立的现代化企业，是国家指定的生产磁电、粉体设备的重点骨干企业，是中国重型机械工业协会洗选设备委员会副理事长单位，国家重点高新技术企业。企业占地面积 31000m²，拥有固定资产 9000 多万元，年产值过亿元。

公司主要生产超导除铁器、磁选机、电磁及永磁除铁设备、磁选设备、电磁及永磁搅拌设备、起重电磁及永磁设备、金属探测设备、除尘设备、粉碎设备、分级设备、给料设备、电选及涡流分选设备、色选机、磨矿及选矿设备等八大类三十多个系列、二百多种规格型号产品，年生产能力 8000 台套。产品广泛应用于水泥、建材、冶金、电力、煤炭、矿山、非矿、磨料、陶瓷、电池材料、造纸、化工等行业，并远销德国、美国、挪威、意大利、日本、印度、巴基斯坦等十几个国家和地区。

CTB（S、N）湿式永磁筒式磁选机

RCDEJ 强迫油循环电磁除铁器

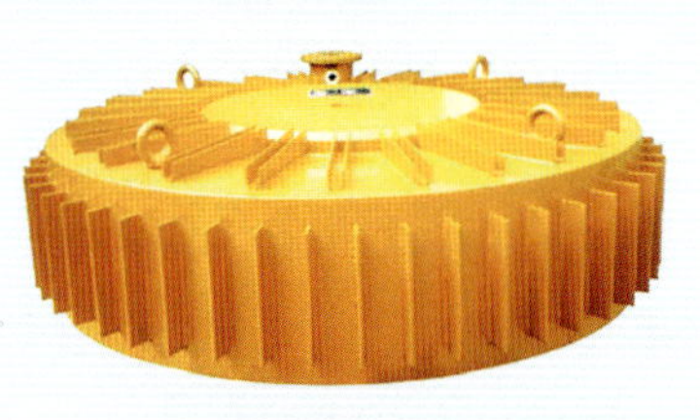

RCDB 干式电磁除铁器

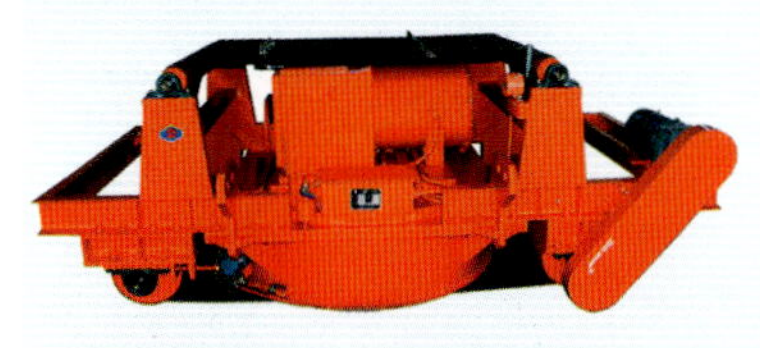

RCDZ2 蒸发冷却自卸式电磁除铁器

RCYD 永磁自卸式除铁器

RCDD 干式自卸式电磁除铁器

董事长：王兆连　13791661888
联系人：刘　梅　13455657888
http://www.sdhuate.com
E-mail:htcd@sdhuate.com

地址：山东省临朐经济开发区华特路
电话：0536-3158866 3214543 3158877
传真：0536-3110552
邮编：262600

南京开关厂有限公司

南京开关厂有限公司创建于1956年，是定点生产低压电器元件、起重控制电器和电气成套装置的骨干企业之一。公司于2003年整体改制，2004年搬迁至省级开发区——南京江宁滨江开发区，共投资3000万元，厂区面积35000m^2，一期工程厂房面积12000m^2。公司现有工程技术人员65人，其中高级技术职称28人。

顺利完成改制后，公司对产品结构和市场定位进行了果断调整，即立足于起重行业配套，大力发展电控成套设备，带动电器元件。公司不断吸收国内外先进技术，完善QK系列电动葫芦控制箱和DK系列单梁起重机控制箱性能品质，经过几年努力，该产品市场覆盖面已达80%以上，市场份额达到20%以上。随着滨江新厂区的建成和生产条件的完善，又先后投产了QS系列起重机司机室，THQ1、TQK、TQ1系列联动控制台，XQ1、XQD系列起重机保护箱，XQS、XQY、XQZ系列起重机交流控制箱，QJ6S—8S起重机自激动力制动调速控制箱，BKX系列隔爆葫芦控制箱，BLXZ1系列隔爆断火限位器和BDAK系列隔爆按钮控制站等一大批新产品，产品配套于三峡水电、首钢搬迁、内蒙煤电等国家重点建设工程中。

2006年，公司自行研制的起重机运行制动控制手柄获得国家专利（专利号：2004200547373）；2007年，先后承接制造了港口门座式起重机变频控制系统、国家环保秸杆发电起重机变频控制系统和造纸行业特种起重机遥控变频控制系统。与南京熊猫集团共同研发的变频调速葫芦控制箱正在申报国家发明专利。公司还先后为上海新火车站、南京禄口国际机场、华能电厂、大港油田、南京长江二桥等著名工程提供电器成套产品。

公司具有先进完备的企业管理体系和质量管理体系，1999年通过ISO9002质量体系认证，相关产品于2003年获“3C”认证，所有产品均被中国国际贸易促进委员会和法国科技质量监督评价委员会列入“中国进入WTO推荐产品”。CJ40系列、CJ20NKJ节电型系列接触器和QK20电动葫芦控制箱荣获1999年度“华东优秀科技产品奖”，“紫峰”牌交流接触器起重控制器在2000年被江苏省质量管理协会评为“用户满意产品”。

自2003年起，公司连续被评为“重合同守信用企业”，在2004年的“中国质量万里行”活动中公司被评为“全国起重电器的产品质量稳定合格企业”。

起重机变频自控系统

港机变频控制系统

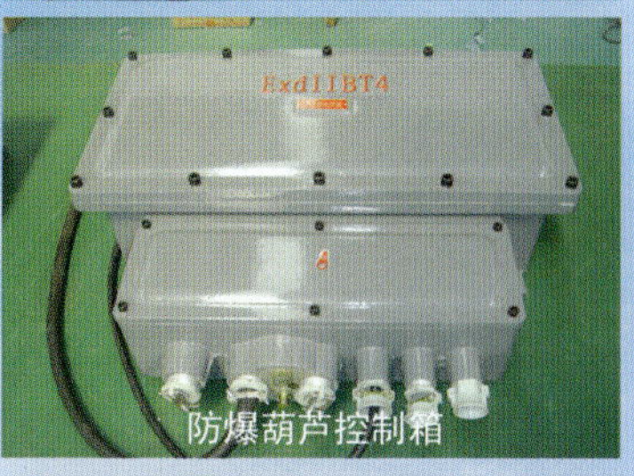

防爆葫芦控制箱

秸杆发电起重机电气室

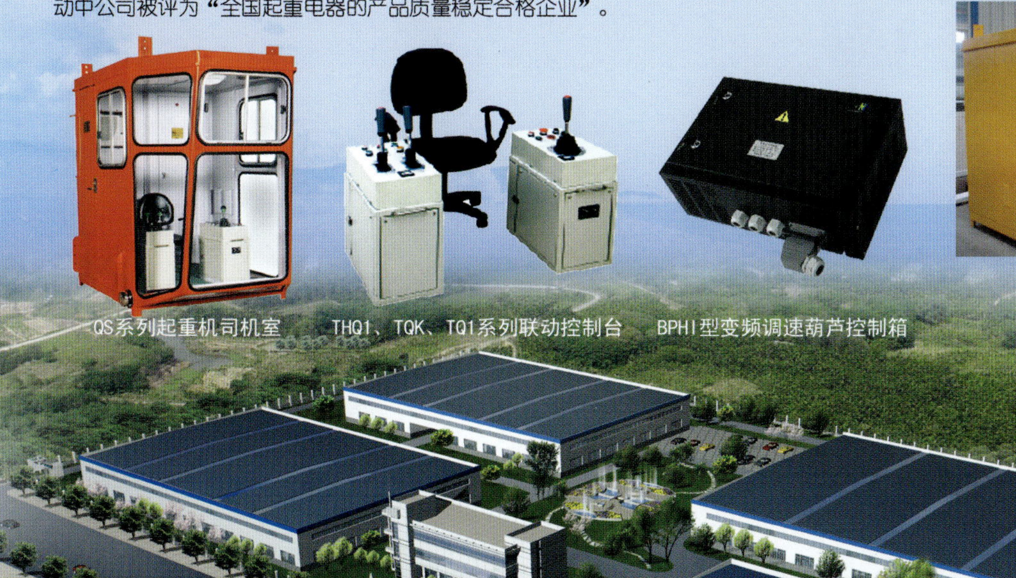
QS系列起重机司机室　　THQ1、TQK、TQ1系列联动控制台　　BPHI型变频调速葫芦控制箱

鸟瞰图

南京开关厂有限公司
地　址：南京江宁滨江经济技术开发区绣玉路2号
邮　编：211178
电　话：025-86106952　86106955　86106608
传　真：025-86105615

销售公司
地　址：南京秦淮区升州路133号
邮　编：210004
电　话：025-84610721　84613175　84616297　86624115
传　真：025-84610721

上海雄风起重设备厂

企业简介

上海雄风起重设备厂是以现代企业管理为理念的新型的股份制企业，专业生产起重运输机械，是中国重型机械工业协会葫芦单、双梁起重机专业委员会理事单位，注册资金1808万元，占地面积7.5万m²，总资产1.2亿元。工厂已通过ISO9001：2000版的国际质量体系认证，员工315人，其中管理人员25人，技术人员35人，高级工程师5人。钢丝绳式电动葫芦被评为上海市“名牌产品”，2006年工厂获上海市中小企业“名牌企业、名牌产品”和企业合同信用AAA级证书。在“质量为本，诚信至上”的经营理念指导下，2006年销售额达1.5亿元。

隔爆型电动葫芦

QD型双梁桥式起重机

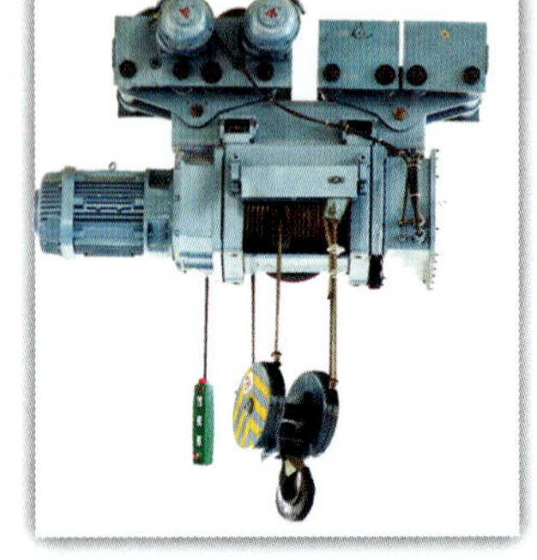
CM钢丝绳型电动葫芦

LH型葫芦双梁桥式起重机

集装箱门式起重机

A型门式起重机

造船专用桥式起重机

主要产品：

ZD、ZDY、ZDS型锥形起重电动机	规格0.2～24kW
BZD、BZDY隔爆型锥形起重电动机	规格0.2～24kW
CD型、MD型、A型普通和变频型钢丝绳电动葫芦	规格0.25～20t
CM12型钢丝绳电动葫芦	规格0.3～60t
HB型、HB−A型隔爆式钢丝绳电动葫芦	规格1～50t
DIP防尘点燃型钢丝绳电动葫芦	规格1～50t
LX型电动单梁悬挂起重机	规格1～10t
LXDB型隔爆式电动单梁悬挂起重机	规格1～10t
LD型电动单梁桥式起重机	规格1～25t
LB型隔爆式单梁桥式起重机	规格1～25t
LDP型电动单梁桥式起重机	规格3.2～12.5t
LBP型隔爆式电动单梁桥式起重机	规格3.2～12.5t
LH型电动葫芦双梁桥式起重机	规格1～60t
LHB型隔爆式电动葫芦双梁桥式起重机	规格1～50t
QD型电动双梁桥式起重机	规格5～150t
BQD型隔爆式电动双梁桥式起重机	规格5～20t
VS型旋臂式起重机	规格0.5～5t
VSB型隔爆区旋臂起重机	规格0.5～5t
L型门式起重机	规格5～50t
A型门式起重机	规格5～100t
集装箱门式起重机	规格16～50t系列

地址：上海市松江区佘北公路2199号 邮编：201602
电话：021-57793116 传真：021-57796566
http://www.xfqzj.com E-mail:sfgzsp_sj@online.sh.cn

南京特种电机厂有限公司

南京特种电机厂有限公司专业制造锥形转子电机35年来，励精图治，开拓创新，以振兴民族工业为己任，不断为全国起重机械、建筑机械、冶金机械等行业推出高品质的配套电机产品。是我国规模较大的锥形电机生产企业之一，现为中国电器工业协会、中国中小型电机分会、中国建筑机械工业协会成员单位；中国重型机械工业协会葫芦、单双梁起重机专委会理事单位。

公司占地面积66000m²，建筑面积31000m²，拥有各类机械加工设备300余台（套）。专业化程度高，年综合生产能力185万kW。注册商标“合力”牌是江苏省“著名商标”，产品荣获江苏省“名牌产品”称号。南特电机以其高质量、高稳定性深受业内用户信赖，并成为全国用户优先选用的品牌电机。

江苏名牌产品证书

勤奋敬业　务实创新　匠心致和　勇争一流

地址：江苏省南京市六合区雄州东路289号　　邮编：211500
电话：025－57759838　57512555　　传真：025－57107279
http://www.njtzdj.com　　E-mail：tzdj@njtzdj.com

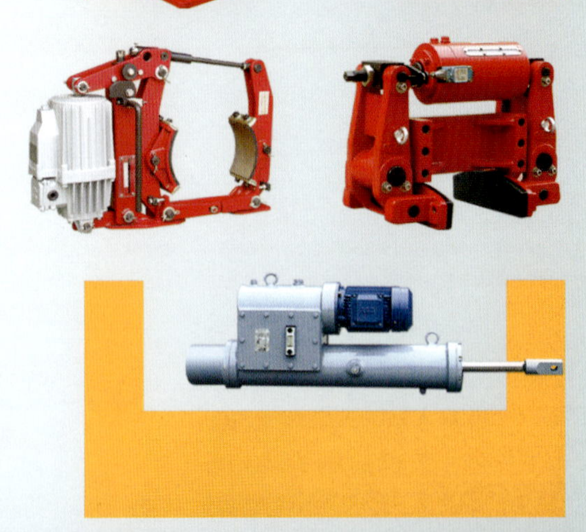

ZPMC

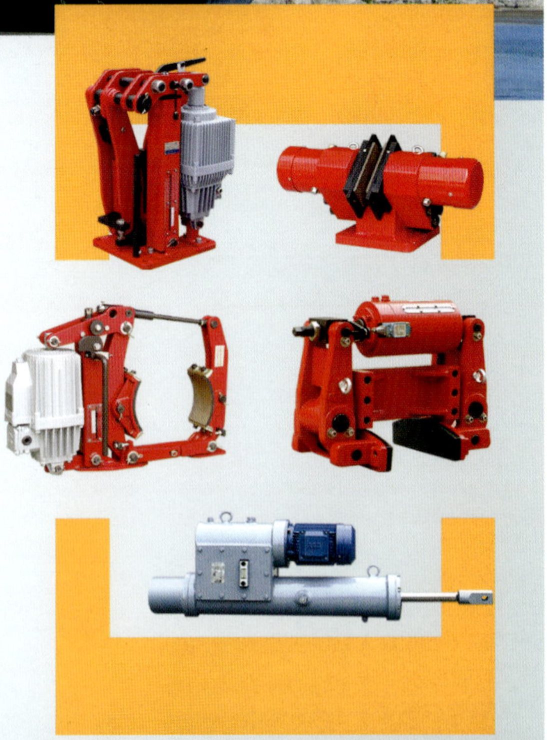

河南长垣起重工业园区欢迎您

河南长垣起重工业园区是省级特色产业经济开发区，辖行政村20个、44315人，控制面积35km²，规划面积20km²，建成区9km²。经过4年拼搏，按照大手笔规划、市场化运作、产业化发展的思路，投资基础设施建设8.5亿元，修建道路10纵16横65km²，修建变电站3座，铺设供排水、天然气、强弱电管线265km，实现建成区“九通一平”及亮化、绿化。引导社会投资60亿元，建厂房160万m²，绿地162.5万m²。已入驻企业211个，配件及经营企业900个，年产起重机20万台、配件160万台(套)。整体通过ISO14001环境管理体系认证。

河南长垣起重工业园区是中国重型机械工业协会常务理事单位，中国民营科技促进会理事单位，相继被命名评定为“河南省民营科技园区”、“河南省中小企业创业基地”、“中国自主创新示范基地”、“全国起重产业科技示范园”、“国家火炬计划特色产业基地”，并获“全国民营科技创新奖”。园区党委书记、管委会主任滑学之被评为“中国改革百名优秀人物”、“河南省十大经济新闻人物”、“全国民营科技创新先进工作者”。

起重园区今后将进一步细化、修订科学发展规划，加大对科技服务平台、公共技术服务平台建设的投资力度，大力引导企业向产业集群和创新集群深化升级，重点培养骨干企业、知名品牌和龙头企业。坚持以起重机械为主，把产业链适当向运输机械、矿山机械、工程机械和相关联的高附加值门类延伸，真正把园区建成具有现代化、产业集群、环境优美、天蓝水碧的生态开发区，真正成为企业家安居创业的乐园。

河南长垣起重工业园区时刻欢迎您的到来。

2008中国（上海）国际矿山、起重运输机械展览会

2008 China(Shanghai)International Mining&Material Handling Machinery Exhibition

矿山机械、起重运输机械是重型装备制造业的重要组成部分，主要为国家能源、电力、石化、冶金、矿山、交通、造船、机械等工业领域提供产品和服务，也是我国参与国际市场竞争的重要领域。

《国务院关于加快振兴装备制造业的若干意见》为重型机械行业提供了良好的发展机遇，特别是国家“十一五”将要实施的多个重大项目开工，电力、钢铁、石化、煤炭等国民经济的发展和城市基础设施建设，国家发展循环经济、建设节约型社会所需装备等都给企业带来了巨大的市场。国内市场需求旺盛将成为矿山、起重运输机械行业发展的巨大的推动力。

在这大好形势下，为了继续扩大矿山、起重运输机械行业的影响，向用户和相关部门展示矿山、起重运输机械行业企业的中国名牌、省级名牌和优秀产品、新产品、新技术，为企业和用户提供互利双赢的商机，搭建合作发展、市场开拓和科技交流的平台，主办方在成功举办2006（北京）国际矿山、起重运输机械展览会的基础上，经国家相关部门批准，由中国机械工业联合会和中国重型机械工业协会主办、中国重型机械工业协会和北京五洲卓越国际展览有限公司承办、中国重型机械工业协会下属11个分会协办的“2008中国（上海）国际矿山、起重运输机械展览会”将于2008年4月5日—7日在上海国际展览中心隆重举行。展会将展示近年来矿山机械、起重机械、散料装卸机械、物流仓储设备、输送机械、工业车辆、轻小型起重设备、润滑液压设备、矿山、起重运输机械配套件等领域的新产品和新技术。展会将成为国内机械制造业的又一次盛会和国内外商家的聚焦点，同时又是企业铸造形象、展示品牌的又一良机。

在有关政府部门和中国机械工业联合会的大力支持下，2006（北京）国际矿山、起重运输机械展览会取得了圆满的成功。太原重型机械集团有限公司、大连重工·起重集团有限公司、中信重型机械公司、沈阳重型机械集团有限公司、沈阳矿山机械集团有限公司、上海建设路桥机械设备有限公司、卫华集团有限公司等国内大型重型机械制造企业以及起重运输机械行业重点骨干企业和长垣起重机展团等国内外一百多家知名厂商参加了展出。

我们真诚地期待着您的关注与参与，我们将以丰富的展会内涵和优质的服务使所有“2008中国（上海）国际矿山、起重运输机械展览会”的参与者都能满载而归。

展览会联系方式：

中国重型机械工业协会
地址：北京市复兴路甲23号
邮编：100036
电话：+86-10-68296147　68296155
传真：+86-10-68296074
网址：www.chmbnet.com

北京五洲卓越国际展览有限公司
地址：北京市北苑家园清友园2-1608
邮编：100012
电话：+86-10-84967955
传真：+86-10-84967955
网址：www.excrane.com

综合索引

鉴证行业发展足迹
振兴重型装备工业

中国机械工业年鉴系列

《中国机械工业年鉴》

《中国电器工业年鉴》

《中国工程机械工业年鉴》

《中国机床工具工业年鉴》

《中国通用机械工业年鉴》

《中国机械通用零部件工业年鉴》

《中国模具工业年鉴》

《中国液压气动密封工业年鉴》

《中国重型机械工业年鉴》

《中国农业机械工业年鉴》

《中国石油石化设备工业年鉴》

《中国齿轮工业年鉴》

《中国磨料磨具工业年鉴》

《中国机电产品市场年鉴》

中国工业年鉴出版基地

编辑说明

一、《中国机械工业年鉴》是由中国机械工业联合会主管、机械工业信息研究院主办的大型资料性、工具性年刊，创刊于1984年。

二、根据行业需要，1998年中国机械工业年鉴编辑委员会开始出版分行业年鉴，逐步形成了中国机械工业年鉴系列。该系列现已出版了《中国电器工业年鉴》、《中国工程机械工业年鉴》、《中国机床工具工业年鉴》、《中国通用机械工业年鉴》、《中国机械通用零部件工业年鉴》、《中国模具工业年鉴》、《中国液压气动密封工业年鉴》、《中国重型机械工业年鉴》、《中国农业机械工业年鉴》、《中国石油石化设备工业年鉴》、《中国齿轮工业年鉴》、《中国磨料磨具工业年鉴》和《中国机电产品市场年鉴》。

三、《中国重型机械工业年鉴》作为该年鉴系列之一，2005年创刊，每年出版，2007年为第3期。该年鉴集中反映了重型机械行业的发展情况，全面系统地提供了重型机械行业及其企业的主要经济技术指标。

四、《中国重型机械工业年鉴》2007年版内容由综述、行业篇、市场篇、企业篇、统计资料、标准与质量、政策法规、大事记及附录9部分构成，统计资料中的数据由中国重型机械工业协会提供，数据截止至2006年12月31日。

五、本年鉴在编纂过程中得到了中国重型机械工业协会及所属分会、研究院所和企业的大力支持和帮助，在此深表谢意。

六、未经中国机械工业年鉴编辑部的书面许可，本书内容不允许以任何形式转载。

七、由于水平有限，难免出现错误及疏漏，敬请批评指正。

中国机械工业年鉴编辑部

2008年2月

中国重型机械工业年鉴2007

综述

回顾2006年重型机械行业发展状况，记载2006年获“中国名牌”及“中国世界名牌”的重型机械产品，公布2006年中国机械工业科学技术奖奖项

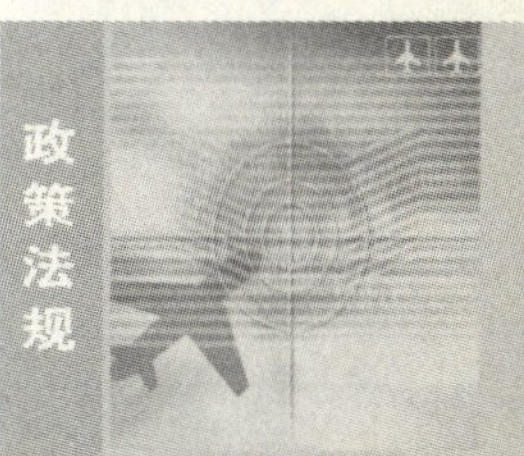

PARTNERS SYNERGY
BUSINESS

SINOSTEEL

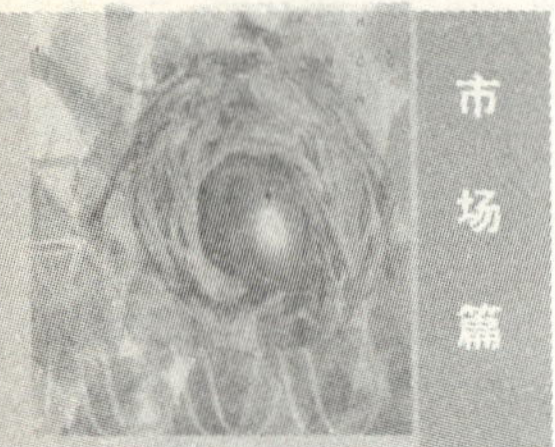

2006 年重型机械行业总体发展情况

一、“十五”期间重型机械行业总体发展简况

重型机械行业(以下简称重机行业)在不同时期有不完全相同的内涵,从本义(狭义)上讲,重机行业是指重型机械装备制造业(也特指冶金设备等制造业)。我们说它是为国民经济基础工业和国防工业提供重型、成套技术装备,关系到国家经济安全,体现我国国际竞争实力和水平的产业之一,就是指这一概念和范围。

因中国重型机械工业协会负责全国冶金专用设备制造业(代码 3615)、矿山(采矿采石)专用设备制造业(代码 3611)、有轨工矿车辆制造业(代码 3712)和起重运输机械制造业(代码 353)等行业的归口管理,从行业归口(广义)上讲,重机行业又是全国冶金机械、矿山(采矿采石)机械、有轨工矿车辆和起重运输机械制造业的合称,没有特别说明,则指行业归口的广义的概念。

由于国家标准《国民经济行业分类 GB/T4754—2002》及国家统计局行业统计中,起重运输设备行业中类还包括叉车等工业车辆、汽车起重机等流动式起重机、塔式起重机、电梯与自动扶梯及港口机械制造业等(这在国际上通称为物料搬运机械行业),使现今的重机行业产业结构与原机械工业部时期有重大区别。而以原国家八大重型机械厂为代表的重型装备制造企业都归属于冶金矿山机械制造业,故按照行业特点的不同,将重机行业分成冶金矿山机械制造业(属于专用设备制造业)和物料搬运(起重运输)机械制造业(属于通用设备制造业)等两大行业来叙述,更能反映本行业的基本情况和特点。因有轨工矿车辆行业产、销占重机行业的比重不足 1%,故本文不作介绍。

2000 ~ 2005 年重机行业主要经济指标完成情况见表 1。

表 1　2000 ~ 2005 年重机行业主要经济指标完成情况

指标名称	单位	2000 年	2001 年	2002 年	2003 年	2004 年	2005 年	年均增长(%)
1. 企业数	个	1 021	1 110	1 193	1 357	2 385	2 179	16.37
其中:冶金矿山机械行业	个	483	488	511	603	1 002	931	14.02
物料搬运(起重运输)机械行业	个	494	561	653	727	1 361	1 225	19.92
2. 工业总产值(当年价)	亿元	518.33	658.44	837.40	1 101.50	1 711.76	2 138.85	32.77
其中:冶金矿山机械行业	亿元	174.92	200.89	249.32	351.11	568.83	784.18	35.00
物料搬运(起重运输)机械行业	亿元	317.40	421.38	534.64	729.07	1 126.02	1 334.98	33.28
3. 工业增加值	亿元	134.99	168.53	204.56	271.66	456.30	577.16	33.72
其中:冶金矿山机械行业	亿元	46.69	52.57	64.71	92.34	149.86	204.42	34.35
物料搬运(起重运输)机械行业	亿元	81.79	107.05	127.32	173.94	302.29	370.33	35.26
4. 主营业务收入	亿元	499.80	634.42	813.18	1 067.13	1 639.51	2 071.75	32.89
其中:冶金矿山机械行业	亿元	167.20	187.74	241.64	338.57	540.92	765.17	35.55
物料搬运(起重运输)机械行业	亿元	307.16	411.80	522.73	708.23	1 082.74	1 289.04	33.22
5. 利润总额	亿元	5.67	16.11	29.45	40.66	70.87	108.49	80.45
其中:冶金矿山机械行业	亿元	−5.14	−4.87	−0.26	4.27	13.07	30.32	7.09 亿元
物料搬运(起重运输)机械行业	亿元	10.88	20.44	27.88	36.92	58.10	77.91	48.25
6. 产品主营业务利润(总额)率	%	1.13	2.54	3.62	3.81	4.32	5.24	0.83 百分点

（续）

指 标 名 称	单位	2000年	2001年	2002年	2003年	2004年	2005年	年均增长（%）
其中：冶金矿山机械行业	%	-3.10	-2.60	-0.10	1.26	2.42	3.96	1.41百分点
物料搬运（起重运输）机械行业	%	3.54	4.96	5.33	5.21	5.37	6.04	0.51百分点
7.全员劳动生产率	万元/人	2.35	3.39	4.10	5.38	7.88	9.81	33.08
其中：冶金矿山机械行业	万元/人	1.38	2.00	2.43	3.46	5.21	7.20	39.15
物料搬运（起重运输）机械行业	万元/人	3.80	5.02	6.01	7.78	10.69	12.52	26.93
8.从业人员年均人数	万人	57.39	49.65	49.90	50.52	57.92	58.85	0.52
其中：冶金矿山机械行业	万人	33.76	26.30	26.62	26.72	28.78	28.41	-3.39
物料搬运（起重运输）机械行业	万人	21.54	21.31	21.19	22.35	28.29	29.57	6.60
9.资产总值	亿元	1 051.46	1 144.85	1 227.06	1 393.64	1 852.25	2 121.38	15.07
其中：冶金矿山机械行业	亿元	496.71	501.89	561.47	620.74	809.64	973.64	14.41
物料搬运（起重运输）机械行业	亿元	526.08	614.61	630.39	742.77	1 027.47	1 131.61	16.55

注：1.原始数据来源于国家统计局规模以上企业行业年报资料，其中，2004年为全国经济普查统计数据，其他年份为日常年度统计数据。

2.表中物料搬运（起重运输）机械行业包括工业车辆、流动式起重机、塔式起重机及电梯与自动扶梯等制造业。

2001～2005年重机行业主要经济指标占全国机械工业的比重见表2。

表2　2001～2005年重机行业主要经济指标占全国机械工业的比重

年份	行业名称	企业数（个）	占行业比重（%）	工业总产值（当年价）（亿元）	占行业比重（%）	主营业务收入（亿元）	占行业比重（%）	利润总额（亿元）	占行业比重（%）	资产总值（亿元）	占行业比重（%）
2001	全国机械工业	39 712	100.00	20 391.30	100.00	19 124.60	100.00	835.50	100.00	25 778.70	100.00
	重机行业	1 100	2.77	658.44	3.23	634.42	3.32	16.11	1.93	1 144.85	4.44
	冶金矿山机械行业	488	1.23	200.89	0.98	187.74	0.98	-4.87	-0.58	501.89	1.95
	物料搬运机械行业	561	1.41	421.38	2.07	411.80	2.15	20.44	2.45	614.61	2.38
2002	全国机械工业	32 626	100.00	18 599.00	100.00	17 751.30	100.00	1 003.90	100.00	21 391.20	100.00
	重机行业	1 193	3.66	837.40	4.50	813.18	4.58	29.45	2.93	1 227.06	5.74
	冶金矿山机械行业	511	1.57	249.32	1.34	241.64	1.36	-0.26	-0.03	561.47	2.62
	物料搬运机械行业	653	2.00	534.64	2.87	522.73	2.94	27.88	2.78	630.39	2.95
2003	全国机械工业	36 984	100.00	25 624.80	100.00	24 707.10	100.00	1 564.60	100.00	26 452.20	100.00
	重机行业	1 357	3.67	1 101.50	4.30	1 067.13	4.32	40.66	2.60	1 393.64	5.27
	冶金矿山机械行业	603	1.63	351.11	1.37	338.57	1.37	4.27	0.27	620.74	2.35
	物料搬运机械行业	727	1.97	729.07	2.85	708.23	2.87	36.92	2.36	742.77	2.81
2004	全国机械工业	57 916	100.00	35 045.40	100.00	33 832.60	100.00	1 981.20	100.00	34 210.40	100.00
	重机行业	2 385	4.12	1 711.76	4.88	1 639.51	4.85	70.87	3.58	1 852.25	5.41
	冶金矿山机械行业	1 002	1.73	568.83	1.62	540.92	1.60	13.07	0.66	809.64	2.37
	物料搬运机械行业	1 361	2.35	1 126.02	3.21	1 082.74	3.20	58.10	2.93	1 027.47	3.00

（续）

年份	行业名称	企业数（个）	占行业比重（%）	工业总产值（当年价）（亿元）	占行业比重（%）	主营业务收入（亿元）	占行业比重（%）	利润总额（亿元）	占行业比重（%）	资产总值（亿元）	占行业比重（%）
2005	全国机械工业	55 782	100.00	41 786.70	100.00	40 779.60	100.00	2 196.30	100.00	38 126.20	100.00
	重机行业	2 179	3.91	2 138.85	5.12	2 071.75	5.08	108.49	4.94	2 121.38	5.56
	冶金矿山机械行业	931	1.67	784.18	1.88	765.17	1.88	30.32	1.38	973.61	2.55
	物料搬运机械行业	1 225	2.20	1 334.98	3.19	1 289.04	3.16	77.91	3.55	1 131.61	2.97

注：全国机械工业数据来源于中国机械工业联合会年报资料。

二、2006 年重机行业总体经济发展情况

2006 年重机行业总体经济运行主要特点：

（1）生产销售继续保持高速增长态势，主要指标再创历史新高，其他经济指标也有较大提高。2006 年，重机行业规模以上企业实现工业总产值 2 771.78亿元，比上年增长 29.59%；行业主营业务收入 2 634.46 亿元，比上年增长 27.16%，均保持高位增长态势。

（2）主要产品出口额大幅度增长，进出口额由多年的逆差转为顺差。2006 年，重机行业主要产品合计出口 57.75 亿美元，进口 50.96 亿美元，进出口总额 108.71 亿美元，分别比上年增长 46.61%、10.71% 和 27.27%。进出口由多年的逆差转为顺差，实现顺差 6.79 亿美元。

2006 年重机行业主要经济指标完成情况见表 3。2006 年重机行业部分主要生产企业生产销售指标见表 4。2006 年重机行业主要产品进出口情况见表 5。

表 3　2006 年重机行业主要经济指标完成情况表

行业名称	单位	重型机械行业	1. 冶金矿山机械行业	2. 物料搬运（起重运输）机械行业
企业数	个	2 494	1 131	1 336
比上年增长	%	14.46	21.48	9.06
工业总产值（当年价）	亿元	2 771.78	1 098.62	1 654.64
比上年增长	%	29.59	40.1	23.94
出口交货值	亿元	389.54	50.37	332.37
比上年增长	%	37.03	57.75	35.95
工业增加值	亿元	738.08	322.79	409.82
比上年增长	%	27.88	57.9	10.66
主营业务收入	亿元	2 634.46	1 019.42	1 599.32
比上年增长	%	27.16	33.23	24.07
主营业务利润	亿元	421.72	162.90	257.07
比上年增长	%	33.67	44.70	27.88
负债合计	亿元	1 761.47	898.39	851.32
比上年增长	%	19.14	21.1	9.66
利润总额	亿元	162.95	54.51	108.93
比上年增长	%	50.20	79.78	39.82
资产合计	亿元	2 586.78	1 238.65	1 333.04
比上年增长	%	21.94	27.22	23.82
全员劳动生产率	万元/人	12.16	10.71	13.73
比上年增长	%	23.96	48.75	9.66
主营业务利润（总额）率	%	6.19	5.35	6.81
比上年增长	百分点	0.95	1.39	0.77

注：原始数据来源于国家统计局年报数据。

表 4 2006 年重机行业部分主要生产企业生产销售指标

序号	企业名称	工业总产值（当年价）（亿元）	序号	企业名称	主营业务收入（亿元）
1	上海振华港口机械(集团)股份有限公司	175.2	1	上海振华港口机械(集团)股份有限公司	161.5
2	中国第一重型机械集团公司	71.2	2	大连重工·起重集团有限公司	65.1
3	太原重型机械集团有限公司	65.0	3	太原重型机械集团有限公司	55.2
4	大连重工·起重集团有限公司	63.9	4	北方重工集团有限公司(沈重、沈矿)	53.4
5	北方重工集团有限公司(沈重、沈矿)	61.5	5	中国第一重型机械集团公司	51.5
6	广州广日集团有限公司	52.0	6	中信重型机械公司	51.3
7	中信重型机械公司	50.2	7	广州广日集团有限公司	49.2
8	中国第二重型机械集团公司	40.9	8	中国第二重型机械集团公司	43.4
9	上海重型机器厂有限公司	34.8	9	广州机电集团(控股)有限公司	34.1
10	广州机电集团(控股)有限公司	34.6	10	安徽叉车集团公司	32.1
11	安徽叉车集团公司	31.9	11	上海重型机器厂有限公司	25.7
12	上海港机重工有限公司	20.6	12	江苏通润机电集团有限公司	22.6
13	江苏通润机电集团有限公司	20.6	13	上海港机重工有限公司	19.8
14	郑州煤矿机械集团有限公司	19.6	14	浙江杭叉工程机械股份有限公司	18.6
15	浙江杭叉工程机械股份有限公司	18.8	15	邢台机械轧辊(集团)有限公司	16.9
16	邢台机械轧辊(集团)有限公司	16.8	16	郑州煤矿机械集团有限公司	16.0
17	巨力集团有限公司	12.8	17	张家口煤矿机械有限公司	13.2
18	浙江开山集团	10.6	18	巨力集团有限公司	13.1
19	上海建设路桥机械设备有限公司	9.9	19	上海建设路桥机械设备有限公司	10.7
20	卫华集团有限公司	9.9	20	卫华集团有限公司	10.2

注:1. 数据来源于中国重机协会统计网年报资料及中国机械工业联合会部分年报资料(未报统计资料的企业未列入),未列电梯制造企业。

2. 北方重工集团有限公司系由沈阳重型机械集团有限公司和沈阳矿山机械(集团)有限公司于 2006 年重组而成。

表 5 2006 年重机行业主要产品进出口情况

海关货品名称	出口额（亿美元）	比上年增长（%）	进口额（亿美元）	比上年增长（%）	进出口总额（亿美元）	比上年增长（%）	进出口差额（亿美元）	比上年增长（%）
重型机械产品合计	57.75	46.16	50.96	10.71	108.71	27.27	6.79	-200.02
1. 冶金矿山机械合计	9.77	73.23	22.40	18.14	32.17	30.77	-12.6	-5.11
2. 物料搬运设备合计	47.99	42.19	28.55	5.47	76.54	25.85	19.4	191.30

注:表中原始数据来源于海关总署 2006 年 1~12 月资料,编者按国内外通行的产品分类及名称作了调整。

2006 年,物料搬运(起重运输)机械行业的工业总产值、主管业务收入、利润总额、资产总计等指标分别占重机行业的 59.70%、60.71%、66.85% 和 51.53%。2006 年重机行业产业结构见表 6。2006 年重机行业利用外资情况见表 7。

表 6 2006 年重机行业内产业结构

行业名称	企业个数（个）	占行业比重（%）	工业总产值（当年价）（亿元）	占行业比重（%）	主营业务收入（亿元）	占行业比重（%）	利润总额（亿元）	占行业比重（%）	资产总计（亿元）	占行业比重（%）
重型机械行业	2 494	100.00	2 771.78	100.00	2 634.48	100.00	162.95	100.00	2 586.78	100.00
其中:										
冶金机械行业	336	13.47	448.02	16.16	415.99	15.79	20.00	12.27	536.27	20.73
矿山机械行业	795	31.87	650.60	23.47	603.44	22.91	34.51	21.18	702.38	27.15
有轨工矿车辆行业	27	1.08	18.51	0.67	15.72	0.60	-0.49	-0.30	15.09	0.58
物料搬运(起重运输)机械行业	1 336	53.57	1 654.64	59.70	1 599.32	60.71	108.93	66.85	1 333.04	51.53

表7　2006 年重机行业利用外资情况

指标名称	实收资本（亿元）	吸收境外资本（亿元）	占实收资本比重（%）
重机行业合计	504.42	95.26	18.89
其中：			
1. 冶金矿山机械行业	220.06	13.37	6.08
占重机行业比重（%）	43.63	14.04	
2. 物料搬运（起重运输）机械行业	280.33	80.91	28.86
占重机行业比重（%）	55.57	84.74	

〔撰稿人：中国重型机械工业协会臧义成　审稿人：中国重型机械工业协会徐善继〕

重型机械制造业是国家工业的脊梁

一、概述

重型机械制造业是主要为矿山开采、能源开发、原材料生产等基础工业和国防工业提供重大技术装备和大型铸锻件的基础工业。重型机械制造业涉及国家经济安全和国防安全，在国民经济中占有重要地位，对冶金、煤炭、电力、化工、建材、交通和水利等基础工业和国防工业的生产发展和技术进步有着重大影响。

按传统的分工，重型机械制造业分为五个行业，即冶金机械制造业、重型锻压机械制造业、矿山机械制造业、起重运输机械制造业和大型铸锻件制造业。随着科学技术的发展和市场需求的变化，重型机械制造业的服务领域在不断扩展，经营发展多方位，以不断适应国民经济发展的需要。如重型机械制造业有很多企业在产品开发方面，是既立足重机，又跨越重机，除了生产冶金机械、矿山机械、起重运输机械、重型锻压机械以外，还开发和研制水利机械、工程机械、电力机械、军工机械等。

二、重型机械制造业的特点

重型机械具有五大特点：

(1)产品大型化。重型装备产品整机和零件以大、重、复杂为特点。如，大型轧机的一片牌坊就有200～500t；一根30万kW、60万kW的发电设备转子、定子，使用的钢锭均在100t以上。因此，铸造、锻造和冷加工这样的大型复杂零件，没有大型冷、热加工装备是无法完成的。

(2)产品多样性，生产工艺性强。重型装备服务于煤炭、电力、冶金、航空、化工、交通、水利、环保等国家的基础产业，为人们提供专用的产品，产品多变；而且为适应不同生产工艺的生产规模，绝大多数产品属“量体裁衣”定做的，要求装备具有很强的服务于生产工艺性能力。

(3)装备成套性。重型装备提供的产品很多是成套设备（除大型铸锻件外），很多产品为几台甚至上百台设备组成的成套产品，相互之间的关联和衔接十分重要。成套设备中的设备与设备之间的关联和衔接称之为“成套技术”，重型装备的“成套技术”也属核心技术之一。

(4)技术先进性。重型装备产品的成套性决定了其产品的技术先进性，成套重型装备是集机、电、液、计算机技术和信息控制技术于一体的。

(5)创新性。重型机械制造业是为国家重大工程建设提供重大装备的产业，由于每个重大工程的建设规模不同、地域不同、生产工艺条件不同，对装备有不同的技术要求，这就决定了重型机械制造业不可能给用户提供相同的装备产品，用户对每台重型机械产品都有“创新”的要求。所以人们说，重型机械产品的经济合同是一张纸，技术合同是一本书，这是重型机械与汽车、彩电、冰箱等消费型机电产品制造业的最大区别。

三、重型机械制造业在国民经济中的地位与作用

（一）在国民经济中的地位

从世界经济发展过程来看，装备制造业为各个经济大国的立国之本，党的“十六大”特别提出了振兴装备制造业的伟大战略决策，2006 年 6 月 19 日，我国还颁布了具有战略决策性的《国务院关于加快振兴装备制造业的若干意见》，提出要以实现十六个重大装备制造领域为目标，充分体现出装备制造业是国家的支柱，重大装备制造业是国家的脊梁。

重型装备制造业水平的高低直接决定了其他产业国际竞争力的强弱，是衡量一个国家工业发展水平和国际竞争力的重要标志，是决定国家在经济全球化过程中国际分工与地位的关键因素，当今世界工业强国无一不是以重大技术装备为主要代表的装备制造强国。同时，重型装备制造业的发展也是我国实现后工业化建设的必要条件，是关系国家安全、在国民经济建设中占有重要地位的支柱性产业。

我国重大装备制造企业是我国装备制造领域的引领企业，肩负着推动我国装备制造业技术进步、提升国际竞争力的历史重任，是打破国际垄断、保证国家安全和推动我国工业化进程的重要力量。

（二）重型机械制造业在国民经济中的作用

1. 推动我国现代化进程的主要力量

几十年来，重型机械制造业为我国钢铁、有色、煤炭、石油化工、建材、电力、铁路等基础工业部门的发展和国际地位的提升作出了突出贡献，为地下核试验、航天发射、兵器工业、汽车工业、水利建设的发展提供了大量的技术装备。

近 20 年来，为适应市场的需求，提高冶金、能源等行业企业的竞争力，中国第一重型机械集团公司、中国第二重型机械集团公司、太原重型机械集团有限公司、大连重工·起重集团有限公司、沈阳重型机械集团有限责任公司、沈阳矿山机械集团有限责任公司、上海重型机器厂有限公司、中信重型机械公司等用新技术、新工艺、新装备改造企业落后的工艺和装备，向各钢铁厂、矿山开采和能源企业提供了大量大型成套装备，如各类纵横剪切设备、磨煤设备、堆取料设备、带式运输设备等，达到了世界同期先进水平。

2. 国家重大技术装备研制的主力军

我国重型装备制造业设计制造的产品创造了若干项中国第一，填补了多项国内空白，在我国重大技术装备研发领域处于引领地位。

近 20 年来，重型机械企业已研制完成的重大技术装备有：宝钢二期成套设备（高炉、焦炉、烧结机、1 900mm 板坯连铸机、2 050mm 热连轧板机、2 030mm 冷连轧板机、制氧机等），宝钢三期成套设备（1 450mm 板坯连铸机，1 580mm 热连轧板机，1 400mm、1 550mm 冷连轧板机等），首钢水厂铁矿 1 000万吨级露天开采成套设备（10m^3 电铲、108t 电动轮自卸车等），平朔煤矿 2 000 万吨级露天开采成套设备（16m^3 电铲、23m^3 电铲、154t 电动轮自卸车等），秦皇岛三期、四期的港口煤炭输送成套设备，第一汽车制造厂 12 500t 前梁生产线设备，三峡工程用的世界上最大的 1 200t 桥吊，石油裂解用的 1 000 吨级加氢反应器以及 30 万 kW、60 万 kW 火力发电机组和秦山核电站需用的大型铸锻件等 20 多个重大成套设备。沈阳重型机械集团有限责任公司的 450m^2 烧结机、各类钢的板带材剪切设备、露天矿的大型斗轮挖掘机等，沈阳矿山机械集团有限责任公司的堆取料机和带式运输机等均为宝钢工程和秦皇岛煤码头工程建设作出重大贡献。

3. 对稳定进口重大装备价格、提高经济效益起到重要作用

重型装备制造业具有很强的重大装备国产化制造能力，在我国设备引进中，对降低或稳定进口重型装备的价格、提高经济效益起到了关键作用。

据统计，在电力、冶金、石化等工业部门建设投资中，设备采购约占工程投资金额的 30% ~40% 左右，其国产化重大技术装备一般都较进口同类设备节约资金 1/3 以上。

4. 为国防和尖端科学的发展作出了重大贡献

多年来，我国重型机械制造业为航空工业提供了上百万件各类铸锻件，为我国宇航事业和核工业的发展作出了突出贡献。

5. 是我国工业化水平进一步提高的重要保障

目前,重型机械企业有能力提供年产600万吨级钢铁联合企业用常规流程的成套设备(包括4 350m^3高炉、6m焦炉、450m^2烧结机、方坯、圆坯、板坯连铸机、大型热连轧板机、冷连轧板机、无缝钢管热连轧机、高速线材轧机、大型中厚板轧机及大型螺旋焊管机组等成套设备),提供年产2 000万吨级露天矿、年产60~70吨级以下金属矿、年产500万吨级井下煤矿、年处理300万~400万吨级选煤厂、单系列年处理能力300万吨级选矿厂、日产4 000~8 000吨级熟料干法工艺水泥厂成套装备,能装备15万~30万辆轿车零件锻造生产线和冲压生产线、50 000m^3刨花板生产线成套设备和30 000m^3中密度纤维板生产线成套设备等。

6. 对我国装备工业的发展具有较强的控制力、影响力和带动力

作为我国重大装备行业技术研发和实施进口替代主体的重型机械制造业企业,其重大装备制造技术水平的提升和扩散,为带动我国装备工业整体制造能力的提高、降低进口装备的市场占有率以及扩展国产装备的市场作出了突出的贡献。重型机械制造企业技术水平的进步、业务能力的提升,也带动了一大批与之配套的中小装备企业的发展,直接影响了我国重大装备行业布局与结构的形成和变迁。

重型机械制造业最近两年对我国装备市场的控制力较强,直接的体现就是主业产品的市场占有率较高,重型机械配件、大型铸锻件、冶金设备、重型锻压设备、大型炼油化工(重型锻焊结构容器)等多种装备产品的市场占有率均处于绝对领先地位。此外,控制力还体现在技术的先进和独占性上,如沈阳重型机械集团有限责任公司的磨煤设备等产品甚至占有大部分市场份额。全行业进出口实现了顺差,利用其技术附加值高的特点获得了较高水平的收益,在市场竞争和风险规避中均处于有利地位。

四、国内外重型机械发展的状况

(一)国外重型机械发展的状况

重型装备产业是规模经济效益突出的行业,企业的规模大小在一定程度上直接决定了企业技术开发能力、抗风险能力和市场竞争能力的强弱。因此,国外重型机械企业的规模经济优势明显。

一是技术水平高。首先是技术研发投入大,技术超前研发并能够进行技术储备,从而带动了制造技术和生产工艺的总体水平,处于国际领先地位。二是抗风险能力强。国外企业规模大,产品领域广,具有设备成套技术和专业设备制造技术,在面对个别市场风险时,可以有选择地进行规避。三是市场竞争能力强。企业具有雄厚的资金实力,可以针对重型机械产品单位价格高的特点为用户提供买方信贷,提高产品市场竞争力,同时可以投入较多的资金进行销售渠道的建设,建立稳定的产品销售网络。四是实施品牌战略,有实力创建和维护品牌,巩固其国际跨国公司的地位。

世界经济大国,已走完了“重化工”的经济发展期,为此,发达国家已经把重型机械制造业塑为国力形象的“大制造业”之一。重型机械制造业本身所创造的经济指标在国民经济中的比例已显得不十分重要,或者说很小的比例,但重型机械制造企业生产的装备,为国民经济发展所创造的社会价值不可估量。在发达国家,把重型机械制造企业作为避免受制于其他国家的装备制造能力,而其自身经济效益高低显得并不重要,但是它是保障国家对外政治地位、对内经济安全实力的表现。

在20世纪40~80年代,世界上发达国家的重型机械制造业曾十分显赫,至今均实现了以机械制造业为载体、向以服务业为重心的后工业化社会和知识经济方向发展。把重型机械制造业向“大制造业”的方向转化,其涉及的概念和领域正逐渐发生着巨大的转变和整合。

在重型机械制造业很强的美国、德国和日本,这种转变和整合表现得特别突出。美国在推进知识经济过程中,是最早将重型机械制造业转移到其他国家的。

德国在20世纪60~90年代,是世界上重型机械制造的强国,尤其以出口大型成套矿山设备和冶金设备著称。但在20世纪末期,开始向“大制造业”方向发展,将德马克公司和西马克公司整合为曼彻斯曼西马克公司,以保持其重型机械制造业的形象。

日本在过去的几年内,首先将重型机械制造业

两个巨头三菱重工与日立整合为三菱日立金属机械公司，川崎重工与 JSP（JP Steel Plantech）公司也在进行整合。可以说，在 20 世纪 80 ~ 90 年代一度称雄的日本重型机械制造业，也在向“大制造业”方向整合。

国际上除俄罗斯外，很少有与中国重型机器厂相同产品结构和规模的企业。像德国的西马克、德马克公司，日本的三菱重工、日立造船、石川岛播磨、神户制钢所，法国的 CLI，韩国重工等公司，它们的产品结构十分宽广，是从炼钢、铸锻件到设计制造发电设备（火电、核电、水电、燃气轮机）、冶金设备、水泥设备、石化设备、起重设备、土建钢结构、大型柴油机等，并承建工程项目的大型综合性企业，其技术水平、工艺装备以及规模、效益都强于我国重型机械企业。

例如，日本三菱重工总公司在东京，总公司技术中心在横滨，设有 11 个事业总部和 9 个分公司、营业所以及 10 个海外代表处、驻在处。三菱重工在各式各样的领域进行开拓，其培育的基础技术与未来的尖端技术有机地融合，及时捕捉急速变化的社会需要，以长年培育的丰富的技术力量为基础，不断开发下一代的新技术，不断进行技术革新，开拓未知的领域。

（二）我国重型机械制造业的发展状况

1949 年新中国成立开始，国家把建设重型机械制造业作为我国工业的基础。首先恢复和改造了沈阳重型机器厂以及大连工矿车辆厂（后称大连重机厂）等企业。沈阳重型机器厂曾创造性地用简易设备替代 200mm 镗床加工制造了圆锥破碎机的架体，当时在国内产生了重要的带动作用。沈阳重型机器厂还制定了我国重型机械行业第一部重型机械标准并培养了技术人才，被誉为重型机械行业的摇篮。经过半个多世纪的努力，目前我国重型机械制造业已形成了自己的产品、技术体系和企业群体，为我国的钢铁、能源、汽车、港口、矿山、石化、交通运输、水利、环保等行业及国防军工制造了大量的成套技术装备和高新技术产品。

进入 21 世纪，伴随着我国经济高速、稳定的增长，重型机械制造业出现了前所未有的经济良性循环和科技创新能力不断增强的大好局面。

1. 行业经济运行保持高速稳定增长的态势

重型机械行业经济运行指标见表 1。

表 1　重型机械行业经济运行指标

年　份	工业总产值（当年价）（亿元）	利润总额（亿元）	进出口总额（亿美元）	进出口差额（亿美元）
2000	518.3	5.7	23.82	-6.60
2001	658.4	16.1	27.37	-6.66
2002	837.4	29.5	38.34	-12.62
2003	1 101.5	40.6	52.81	-20.35
2004	1 711.8	70.9	73.25	-20.31
2005	2 138.8	108.5	85.29	-6.61
2006	2 771.8	163.0	108.71	6.73
2007 年 1 ~ 5 月	1 313.9	75.7	52.79	10.90

由表 1 可见，我国重型机械行业年工业总产值保持约 30% 的速度稳定快速增长；产品销售利润率为 6.04%，达到历史最好水平；进出口总额不断增长，2006 年出现顺差，标志我国重型机械已走出国门，开始装备世界。

2. 科技成果丰硕，体现重型机械行业独具的创新属性

2001 ~ 2006 年，重型机械行业共申报 234 项科技成果，经中国机械工业科学技术奖评审委员会评审，共有 139 项获得中国机械工业科学技术奖。其中，一等奖 12 项，二等奖 54 项，三等奖 73 项。

“十五”期间，重型机械行业共有 6 项科技成果获得“国家科技进步奖”。其中，一等奖 2 项，它们是西安重型机械研究所、上海重型机器厂有限公司、山东丛林集团研制的万吨双动卧式油压机；上海振华港口机械（集团）股份有限公司研制的全自

动化双小车岸边集装箱起重机。二等奖4项，它们是太原重型机械集团有限公司研制的三峡1 200t起重机；中国第一重型机械集团公司和鞍山钢铁集团公司共同研制的1 700mm连铸连轧成套设备；太原科技大学和燕山大学共同研制的轧机自卫轴承座；燕山大学研制开发的连轧板型控制软件。在我国装备制造业的各分行业中，还没有一个五年内取得2项国家科技进步一等奖和3项国家科技进步二等奖的。这充分说明，重型机械行业是以研制国家所需重大装备为己任，它的每个产品都必须有自己的技术创新，只有创新才能孕育重型机械成套设备，创新是重型机械产品的属性。

总之，进入21世纪以来，重型机械行业迎来两个实质性的重大转变，一是经济运行由粗放型向效益型转变，二是科技进步由仿制型向创新型转变。这两个转变是史无前例的，也将带动行业经济的更大发展，大多数重机企业将彻底摆脱效益低下的局面，重机行业将呈现又好又快的发展态势。

五、我国重型机械行业发展趋势分析

21世纪前20年，是我国经济社会发展的重要战略机遇期，也是装备制造业发展的重要战略机遇期。在这一时期，人类为了自身生存质量，就必须为解决世界性的能源问题、环境问题、交通问题和信息技术问题开辟新的途径，这些问题的解决和新途径的开辟，没有装备制造业的参与是无法实现的。为此，2006年我国召开了全国科学技术大会，《国家中长期科学和技术发展规划纲要》启动实施，发布了具有政策背景、代表国家意志的《国务院关于加快振兴装备制造业的若干意见》。在这一历史背景下，加大技术研发力度、自主创新、经济稳定高速发展是我国未来20年的主旋律。重型机械行业的指导思想应该是：选准方向、自主创新、重点跨越、支持发展、引领未来。具体发展措施为：

1. 采取“重组”措施，扩大企业经济规模

为了增强企业抗风险能力，保证企业有足够资金投入创新能力的建设，企业必须扩大规模。目前国内最有效的扩大规模的措施就是国有企业强强“重组”，或者是兼并“重组”，或者搬迁“重组”。重组不仅可以扩大企业经济规模，而且可以实现企业资本多元化，还可以加速企业的产品结构调整，进一步推动产业结构的调整。目前沈阳重型机械集团有限责任公司和沈阳矿山机械集团有限公司的搬迁重组，正是实践这种扩大企业经济规模的最好形式。

2. 立足重机，跨越重机，实现重机企业产品结构和产业结构重大调整

重型机械企业为国家和社会提供单件小批生产的重大技术装备，企业长期以来效益低下，为此，重机企业在保持单件小批提供国家所需的重大技术装备的同时，也应强有力地开辟具有重型机械特征、批量生产的产品。如沈阳重型机械集团有限责任公司快速决策进入大型全断面掘进机领域、大连重工·起重集团有限公司进入风电机组领域、中国第一重型机械集团公司进入轧辊领域、太原重型机械集团有限公司进入大型挖掘机领域、中国第二重型机械集团公司进入风电机所需的增速机领域、中信重型机械公司进入低温余热发电领域等等。这些不仅给企业产品结构和产业结构调整以及经济带来重大的变化和提升，而且将对我国国民经济发展产生重大影响。

3. 走出中国、装备世界

在我国重型机械企业实现扩大经济规模和调整产业结构后，根据世界贸易存在的经济壁垒和技术壁垒障碍，我国重型机械企业为了自身发展，不但产品走出国门，资本和技术也将走出国门，建立跨国公司。

根据世界经济发展的规律，对于我国重型机械未来15～20年的发展，我们充满信心。重型机械行业不仅在我国国民经济和社会发展中会有更大的作为和贡献，我国重型机械装备也会真正迈进国际市场、装备世界。

〔撰稿人：中国重型机械工业协会汪建业　审稿人：中国重型机械工业协会徐善继〕

中央大型重型装备制造企业结构调整的探讨

重型装备制造业是我国装备制造业的重要组成部分，主要为我国的能源、原材料、交通运输等基础行业和国防建设提供技术装备和大型铸锻件等投资类商品，包括成套、单机、零部件和技术支持服务。按传统分工，重型装备制造业分为5个子行业，即冶金机械制造业、重型锻压机械制造业、矿山机械制造业、起重运输机械制造业和大型铸锻件制造业。

一、中央大型重型装备制造企业战略布局的历史回顾

第一重型机械集团公司(以下简称一重)和第二重型机械集团公司(以下简称二重)是我国为打破国际垄断，自力更生提供重大技术装备建立起的国有企业，是我国重型装备企业中大型铸锻件加工、冶金和电力装备大型关键件生产能力最强、规模最大的企业。

一重前身为第一重型机器厂，是"一五"期间原苏联援建的156项重点工程之一，1960年建成投产，是国家首批57个大型试点企业集团之一，是国家520户重点企业之一。1999年，被国务院确定为涉及国家安全和国民经济命脉的39个特别重要国有骨干企业之一，是我国民族工业的支柱企业。周恩来总理曾称一重为"国宝"企业。

40多年来，一重共为国民经济建设提供机器产品百多万吨，填补了我国工业产品技术空白300多项，开发研制新产品240余项，使我国重型机械产品的制造水平跻身国际先进行列。经过40多年的发展，一重形成了以重型装备为主导产品，集科研、设计、制造、运输和安装于一体的大型企业集团，主要产品重型锻压设备、大型铸锻件、冶金设备、大型炼油化工设备(重型锻焊结构容器)的市场占有率分别达到了35%、40%、45%和95%。

二重前身为第二重型机器厂，是由我国自行设计建造的，始建于1958年，1971年建成投产。二重是为国民经济和国防建设提供重大技术装备的国有重点骨干企业，1993年被国家确定为全国120个试点企业集团之一，1995年被国家确定为57个计划单列企业集团，1999年被列入39户关系国家安全和国民经济命脉的重点骨干企业，是我国21个"国家重大技术装备国产化基地"之一。二重的建设和发展曾得到了我国三代领导人的关心和勉励，邓小平同志在20世纪60年代就提出了"要把德阳建成我国的母机工业基地"的战略思想，江泽民总书记也多次对二重的改革和建设寄予了希望。

二重主要服务于国民经济的基础产业，为国家冶金、能源、石油化工、交通运输、航空航天、水利、军工等行业提供重大技术装备和大型铸锻件产品。其中，大型轧制设备、大型电站铸锻件、大型船用铸锻件等主体制造能力在国内重型装备制造业中是最强的。二重具有较强的产品开发、设计和制造水平，具有一次冶炼700吨级钢水、浇铸400吨级钢锭、加工300吨级锻件的成套能力，技术总体水平和制造规模在国内同行业中处于领先地位，具有较强的竞争力。

二、中央大型重型装备制造企业在国民经济中的地位与作用

(一)在国民经济中的地位

重大技术装备是指"技术难度大、成套性强，对国民经济有重大意义、对国计民生有重大影响，跨部门、跨地区才能完成的成套设备"，集中体现了国家的综合经济技术实力和装备工业水平，是国家的战略性产业。发达的装备制造业，是实现工业现代化的必备条件，是衡量一个国家国际竞争力的重要标志，是决定国家在经济全球化过程中，国际分工地位的关键因素。当今世界工业强国无一不是以重大技术装备为主要代表的装备制造业的强国，在工业化的进程中，都要依赖重大装备制造业的发展和带动。

一重、二重是我国重大装备制造业的代表性企业，承担了促进我国重大装备制造业技术进步与规模扩展的重担，推动了我国重大装备制造业的发展。一重、二重代表了我国装备制造业的能力，是保证国家安全、提高国家综合国力、推动我国工业化进程的重要企业。

（二）在国民经济中的作用和贡献

1. 推动我国现代化进程的重要力量

几十年来，一重、二重为我国钢铁、有色金属、煤炭、石油化工、建材、电力、铁路等基础工业部门的发展和国际地位的提升，为地下核试验、航天发射、兵器工业、汽车工业、水利建设等其他部门的发展做出了突出的贡献。

六七十年代，以一重和二重为主的重型装备企业自力更生研制了“九大设备”，例如为西南铝加工厂提供的 12 500t 有色金属卧式挤压水压机、2 800mm铝板热轧机、2 800mm 铝板冷轧机、30 000t 模锻水压机等，为加快我国工业化发展、确立中国在世界上的国际地位、保证国家安全、提高国家的综合国力打下了坚实的基础。

近 20 年来，为适应市场的需求，提高冶金、能源等行业企业的竞争力，一重、二重等用新技术、新工艺、新装备改造企业落后的工艺和装备，向各钢铁厂和矿山开采企业提供了大量大型成套装备，为冶金、能源等行业的现代化作出了积极贡献。先后提供了 $23m^3$ 大型矿用挖掘机、小松系列压力机、3 000t三辊立式弯板机、千吨级热壁加氢反应器、30 万 kW 高中低压电站转子、出口巴基斯坦的 300MW 核电站压力容器以及被鞍钢誉为“希望工程”的 1 780mm热连轧机等数十台套先进产品。

2002 年自行研制的“三峡”水轮机叶片打破了外商的垄断，取得重要突破；2003 年与神华成功签订了国际上第一台套重达 2 000t 的煤液化反应器制造合同；2004 年承制的被称为“轧机之王”的宝钢 5m 轧机，达到了世界同期先进水平。

2. 国家重大技术装备研制的主力军

近 20 年来，以一重、二重为主的重型装备企业已研制完成的重大技术装备有：宝钢二期成套设备，宝钢三期成套设备，首钢水厂铁矿 1 000 万吨级露天开采成套设备，平朔煤矿 2 000 万吨级露天开采成套设备，秦皇岛三期、四期的港口煤炭输送成套设备，第一汽车制造厂 12 500t 前梁生产线设备，三峡工程用的世界上最大的 1 200t 桥吊，石油裂解用的 1 000 吨级加氢反应器以及 30 万 kW、60 万 kW 火力发电机组和秦山核电站需用的大型铸锻件等 20 多个重大成套设备。

3. 对稳定进口重大装备价格、提高经济效益起到重要作用

一重、二重具有很强的重大装备国产化制造能力，在我国设备引进中，对降低或稳定进口重型装备的价格、提高经济效益起到了关键作用。

据统计，在电力、冶金、石化等工业部门建设投资中，设备采购约占工程投资金额的 30% ~40% 左右，而采用进口设备更是要高于 40%。国产化重大技术装备一般都较进口同类设备节约资金 1/3 以上。例如：三峡工程水轮机转轮叶片，外商初始报价每片 320 万元，得知二重研制成功后，降为每片 220 万元，一个叶片就降低了 100 万元；石油化工用热壁加氢反应器，原引进价格 10 万元/t，一重研制成功后，引进价格下降到 7 万元/t，后又进一步下降到 6 万元/t 以下；轧机液压压下油缸，外商报价为 1 000 万元/个，一重能够生产后（一重报价仅 110 万元/个），外商报价降到了 200 万元/个。

鞍钢 1 780mm 冷连轧机组由一重技术总成包，费用分别是：设计费用 6 500 万元、设备费用 71 565 万元，合计 78 065 万元，而由国外技术总成包的费用分别是：设计费用 23 090 万元、设备费用 110 500 万元，合计 133 590 万元。以上数字说明，一条相同技术水平的冷连轧机组，国内采购费用只相当于外方的 58.4%。

4. 为国防和尖端科学的发展作出了重大贡献

一重、二重多年来为航空工业提供了上百万件模锻件，为军队提供了 1 000 多门大口径、大威力、远射程火炮以及海军战舰用的主力战炮等。

1968 年，二重承担了我国高通量工程试验反应堆的主体制造，并负责整体成套交货。该反应堆的功率规模和中子通量水平均达到世界前列，是 20 世纪七八十年代亚洲最大的一座反应堆，为我国打破垄断、独立自主发展核事业立下了汗马功劳。

5. 是我国工业化水平进一步提高的重要保障

以一重、二重为主的重型装备企业有能力提供年产600万吨级钢铁联合企业用常规流程的成套设备，提供年产2 000万吨级露天矿、年产60～70吨级以下金属矿、年产400万吨级井下煤矿、年处理300～400万吨级选煤厂、单系列年处理能力300万吨级选矿厂、日产4 000吨级熟料干法工艺水泥厂成套装备，能装备15～30万辆轿车零件锻造生产线和冲压生产线、50 000m^3 刨花板生产线成套设备、30 000m^3 中密度纤维板生产线成套设备等。

6. 对我国装备工业的发展具有较强的控制力、影响力和带动力

作为我国重大装备行业技术研发和实施进口替代的重要企业，一重、二重重大装备制造技术水平的提升和扩散，为带动我国装备工业整体制造能力的提高、降低进口装备的市场占有率、扩展国产装备的市场作出了突出的贡献。一重、二重技术水平的进步，业务能力的提升，也带动了一大批与之配套的中小装备企业的发展，直接影响了我国重大装备行业布局与结构的形成和变迁。

一重、二重对我国装备市场的控制力较强，直接的体现就是其主业产品的市场占有率较高，重型机械配件、大型铸锻件、冶金设备、重型锻压设备、大型炼油化工（重型锻焊结构容器）等多种装备产品的市场占有率均处于领先地位。控制力还体现在其技术的先进和独占性上。一重、二重利用其技术的领先优势，控制了我国重型装备高科技产品的大部分市场，某些产品甚至是全部市场份额，利用其技术附加值高的特点获得了较高水平的收益，在市场竞争和风险规避中均处于有利地位。

三、中央重型装备企业生产经营现状

近年来，一重积极进行改革、改组、改造，抓住有利时机突出主业、做大做强、提升自我实力，解决历史遗留问题，经营和生产情况好转，各项指标有了明显的进步。2003～2006年一重集团主要经济指标见表1。

表1　2003～2006年一重集团主要经济指标

数据名称	2003年	2004年	2005年	2006年
主营业务收入（亿元）	14.1	16.9	25.5	51.5
利润总额（亿元）	0.04	0.1	0.38	3.23
净利润（亿元）	-0.1	0.1		
成本总额（亿元）	11.0	13.2		
资产总额（亿元）	46.3	54.1	57.7	94.5
总资产报酬率（%）	1.7	1.9		6.8
净资产（亿元）	7.6	8.8		
净资产收益率（%）	-1.5	2.8		
资产负债率（%）	74.8	83.7		85.6
所有者权益总额（亿元）	7.6	5.2		13.6
国有资产总量（亿元）	7.6	5.2		
全年平均职工人数（万人）	1.51	1.5	0.88	1.15
不良资产（亿元）	3.9	0.1		

随着国家企业改革政策的不断到位，近年来二重增加了投入，改善了企业经营生产条件，发展趋势良好，发展潜力巨大。2003～2006年二重集团主要经济指标见表2。

表2　2003～2006年二重集团主要经济指标表

数据名称	2003年	2004年	2005年	2006年
主营业务收入（亿元）	13.7	21.0	30.2	43.5
利润总额（亿元）	0.06	0.2	0.41	1.21
净利润（亿元）	0.0	0.1		
成本总额（万元）	11.3			
人工成本（亿元）	3.4	4.3		
资产总额（亿元）	38.2	47.0	70.1	76.8

（续）

数据名称	2003 年	2004 年	2005 年	2006 年
总资产报酬率(%)	0.8	1.2		5.7
净资产(亿元)	6.2	9.2		
净资产收益率(%)	0.5	3.8		
资产负债率(%)	68.0	80.4		82.2
所有者权益总额(亿元)	6.2	4.4	11.4	7.0
国有资产总量(亿元)	6.2	4.4		
年末职工人数(万人)	1.4	1.3	1.18	1.19
不良资产(亿元)	5.0	0.4		

四、重型装备企业竞争力分析

（一）我国重型装备市场总量与产品结构

1993～1998 年，重型机械行业的年工业总产值在 322 亿～441 亿元之间徘徊，行业销售收入在 382 亿～470 亿元徘徊，而行业利润总额则由 15 亿元降至 -0.03亿元。从 1999 年起，我国重型机械行业进入了新的快速发展时期。到 2003 年，全行业实现产品销售收入 1 088.25 亿元，工业总产值（不变价）1 111.61 亿元，利润总额 39.73 亿元，进出口逆差 20.52 亿美元，国内市场需求量约为 1 258.57亿元（按 1 美元∶8.3 元人民币计）。1999～2003 年间，重型机械行业的工业总产值增长 134.4%，平均每年增长 23.7%；销售收入增长 138.5%，平均每年增长 24.3%；行业利润总额增长 1 135.9%，平均每年增长 87.5%。

从行业的构成来看，起重运输设备制造业占了相当大的比重，销售收入占一半以上，利润达到了 96.15%。2003 年我国重机行业收入及利润构成见图 1。

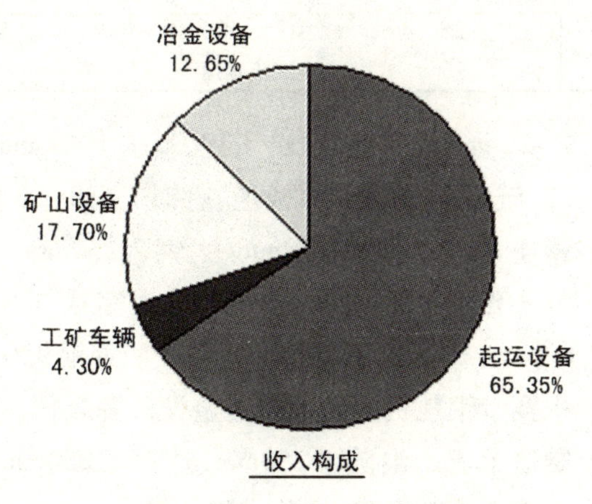

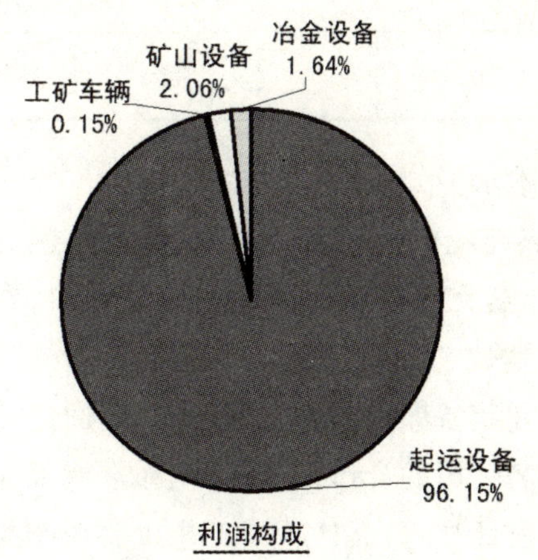

图 1　2003 年我国重机行业收入及利润构成

（二）中央大型重型装备制造企业竞争力分析

1. 产品市场分析

一重根据市场需求，按照走“新型工业化道路”的思路，着力进行技术创新，研发相关的关键技术和核心技术，先后研发成功拥有自主知识产权并具有当代国际先进水平的鞍钢 1 700mm 带钢热连轧机和 1 780mm 热、冷连轧机，为用户节约了大量投资，为国家节约了大量外汇，缩短了建设周期、夺回了部分由国外企业占领的市场份额。在开发炼油核心装置——锻焊结构热壁加氢反应器的过程中，始终坚持自主创新，紧跟国际先进水平，如今已承担了世界上首台 2 000t 级的煤直接液化反应器的制造任务。此外，一批重大项目如海水淡化（已在棉花岛投入使用）设备、铸钢支承辊、超临界电站铸锻件、低温容器用钢等课题也有很大进展。

二重主要生产以大型冶金装备为代表的成套设备和大型铸锻件产品。在成套设备方面，热轧设备和中厚板轧机主机和轧线上的滚切式双边剪、定尺剪、热卷箱、矫直机等精整设备大多具有自主知识产权和较强的设计制造能力。大型冶金成套设备的竞争能力主要体现在具有较强的转化设计和加工制造能力上。经过多年的发展，二重的成套设备总装水平已达到世界先进水平。在大型铸锻件方面，二重的制造技术和能力在国内居领先地位，特别是在大型电站铸锻件领域具有较强的优势。

2. 创新能力分析

(1) R&D 投入比例。受资金来源的限制，一重、二重的研发投入占主营业务收入的比重较低。虽然一重近年来加大了科研开发投入的力度，R&D投入比例有所上升，但总体水平仍然不高，二重更是出现了研发投入比例下降的现象。2002 ~ 2004 年一重、二重 R&D 投入见表 3。

表 3　2002 ~ 2004 年一重、二重 R&D 投入

		2002 年	2003 年	2004 年
一重	研发费用(亿元)	0.17	0.31	0.64
	占销售收入比(%)	1.6	2.2	3.8
二重	研发费用(亿元)	0.27	0.20	0.20
	占销售收入比(%)	2.6	1.5	1.0

(2) 科研人员构成。截止至 2003 年底，一重、二重在岗职工共计 23 704 人，各类专业技术人员合计 6 982 人，高级技术人员 1 682 人。2003 年一重、二重科技人员构成见表 4。

表 4　2003 年一重、二重科技人员构成表

	在岗职工（人）	科研人员		高级技术人员	
		人数(人)	比重(%)	人数(人)	比重(%)
一重	11 875	3 982	34	1 082	9
二重	11 829	3 000	25	600	5
合计	23 704	6 982	29	1 682	7

3. 技术水平分析

(1) 热连轧机。一重经过 40 年在热连轧领域的科研、开发及技术创新，取得了突出成果，在国内处于领先地位，享有较高声誉，基本上能与国际热连轧技术和装备保持同步发展，尤其是通过与国际上几大知名公司的合作，不仅消化和掌握了大部分热连轧机设计技术，而且通过工艺攻关在产品的制造安装和调试方面已具备了大型成套设备的承制能力。到 2004 年，已经成功地完成了宝钢1 580mm 热连轧机、宝钢 2 050mm 热连轧机、鞍钢 1 780mm 热连轧机、武钢 2 250mm 热连轧机、包钢 1 560mm 薄板坯连铸连轧机、唐钢1 680mm超薄带钢热连轧机等联合设计与制造项目。不仅如此，一重还先后开发出了本钢1 700mm、鞍钢 1 700mmHCW、建龙 800mm、新抚钢 450mm 等热连轧机，之后又签订了建龙 1 780mm、鞍钢2 150mm热连轧机的设计制造合同。

二重也成功地完成了上钢一厂 1 780mm 不锈钢热连轧机，太钢 1 549mm、本钢 1 700mm、梅钢 1 422mm热连轧机改造工程，新丰 1 450mm 中薄板坯、涟钢 1 750mm 薄板坯、唐钢 1 680mm 薄板坯连铸连轧机，武钢 2 250mm、太钢 2 250mm 热连轧机等合作制造任务。同时还自主完成了唐山建龙 800mm 热连轧机、川威 950mm 和泰钢 950mm 热轧中宽带钢轧机。与国内冶金设计院合作，自主设计制造了唐山港陆 1 250mm、达钢 1 250mm、新疆八一钢厂 1 750 mm 热轧带钢轧机。

一重、二重部分产品已形成了具有自主知识产权的设计制造能力，保持着在该行业中的优势。但是，在大型计算机数学模型软件、新工艺研究领域等方面，一重、二重与国外企业相比仍存在着一定差距。

(2) 冷连轧机。一重多年来一直致力于冷轧设备的开发和研制。20 世纪 80 年代就开发出了 450mmUCMW、650mmUCM、700mmMS、900mmMS 等六辊及 1 200mmHCW 四辊冷轧机机组，这些项目都取得了巨大成功。在此基础上，一重吸收国外的先进技术和经验，于 2002 年开发和研制出了具有自主知识产权的1 780mm五机架大型冷连轧机机组；2003年开发了1 500mm五机架全六辊冷连轧机；2004年开发了2 130mm五机架冷连轧机机组，其技术含量和现代化程度达到了世界先进水平。同时，二重与国外知名公司合作完成了涟钢冷轧—酸洗项目、本钢冷轧—酸洗项目，邯钢冷轧—平整机项目也达国际水平。

目前，我国冷轧设备研制与国外的主要差距是高水平大型成套设备技术总成能力不够，轧制工艺技术和控制技术方面还存在一定差距。

(3)加氢反应器。热壁加氢反应器技术含量高、开发难度大，20世纪80年代以前，这类设备百分之百依靠进口。90年代初为镇海炼油厂提供了第一台直径4m、重达400t的加氢反应器。1995年，在燕山石化总公司现场成功地组焊2台340t的加氢反应器，开辟了国内现场制造大型热壁加氢反应器的先河。1998年底，一重为齐鲁石化公司成功地制造了国内首台千吨级加氢反应器，为以后千吨级反应器立足国内生产创造了条件。

一重在加氢反应器材料研究、单台容器重量、现场组焊技术方面已处于世界先进水平，但在空心钢锭应用、锻造余量的控制等方面与世界先进水平相比还有较大差距。

二重目前通过技术开发、结构调整，在组建重型容器生产线，也已具备了生产千吨级加氢反应器的能力。

(4)锻压设备。按照我国汽车工业的发展规划，在2005～2010年期间，汽车年产量将达到800万～1 000万辆。轿车比例将增加到60%左右，高质量模锻件产量将达到120万t以上；农用汽车、摩托车、基础件行业对模锻件的需求将在未来5～10年内增加到210万t。因此在锻压设备领域，一重将重点发展重型卡车的曲轴前轴锻造用160～180MN热模锻曲柄压力机及制坯设备，还将重点开发带传送装置的30～50MN热模锻压力机、适于轿车锻件的小于10MN的高速热模锻压力机、12～16MN多工位冷和温锻压力机，并加快机械压力机的自动化连线及多工位开发步伐。

(5)大型铸锻件。水电方面，目前国外主要采用混流式水轮机组，水轮机的制造趋向大型化，现在世界上最大的单机容量已达800MW。一重已成功研制了700MW水轮机不锈钢铸造叶片。二重为三峡700MW水轮机提供了上冠、叶片、下环等部件，还生产了国内最大的贯流式机组用主轴(锻件重达125t)。

火电方面，一重、二重已具备亚临界300MW火电机组铸锻件，如转子、护环、汽轮机缸体的制造能力。一重以河南沁北2台60万kW及江苏常熟2台超临界机组为依托，完成超临界汽轮机缸体的制造；以江苏徐州阚山电厂2台超超临界机组为依托，实现汽轮机缸体和汽轮机转子锻件的制造。

核电方面，一重已成功为巴基斯坦提供了300MW核反应堆压力容器、水泵泵壳及全套核岛A508—Ⅲ钢锻件。已经掌握了核反应堆压力容器的制造技术，经过对棉花岛生产基地的扩建和技术改造，有能力制造百万千瓦核压力容器和全套核岛锻件。

一重主要轧辊类产品为Cr4及Cr5锻钢支承辊、高铬镍钼离心复合热轧工作辊、冷轧工作辊等。Cr4、Cr5材质的锻钢支承辊性能优越，在国内处于领先地位，以其优异的性能深受用户青睐，产品供不应求。

二重为用户提供高铬轧辊，其技术性能与国际水平保持同步。而离心复合热轧工作辊、铸钢支承辊等在制造技术方面与国际水平差距较大。

二重为宝钢铸造了国内最大的5m轧机机架，2000年以来铸造的大型轧机机架达80多片。并铸造了大齿圈、大轮带、6m端盖等大型水泥设备部件。

从大型铸锻件整体技术、企业的设备效率和稳定铸件的质量技术上，有待进一步提高。

(三)与国际同业、同质企业对比分析

在国际上，同业、同质的企业如德国的西马克·德马克(以下简称西马克)、日本的三菱、韩国的斗山(原韩国重工)等，是一重、二重最有力的竞争对手。现以西马克与斗山公司作为对标企业进行对比分析。2003年一重、二重与国外企业经济指标对比表见表5。

表5　2003年与国外企业经济指标对比表

指标性质	指标	单位	一重	二重	斗山	西马克
规模性指标	资产总额	亿元	46.3	38.2	233.6	179.8
	销售收入	亿元	14.2	13.8	169.1	214.6
	雇员人数	千人	15.1	13.8	3.5	10.11
盈利能力指标	销售利润率	%	0.3	0.5	2.2	0.3
	总资产报酬率	%	1.7	0.8	1.6	0.4
	净资产收益率	%	-1.5	0.5	3.0	1.8
成长性指标	销售收入增长率	%	35.8	30.1	-25.4	-2.2
	总资产增长率	%	25.5	15.9	-1.9	-7.4
	净资产增长率	%	9.3	92.0	-4.7	-15.8
运营性指标	总资产周转率	%	0.3	0.4	0.7	1.2
	流动资产周转率	%	0.5	0.6	1.4	6.4
	人均销售收入	万元	9.4	10.0	682.6	274.6

与国外竞争对手相比，国内企业资产规模小、销售收入少、职工人数较多。以资产经营规模相对较大的一重为例：在资产总额方面，一重仅为斗山重工的19.82%，是西马克的25.75%；在销售收入方面，一重是斗山重工的8.37%，仅为西马克的6.59%；在职工总数方面，一重是斗山重工的4.31倍，是西马克的1.49倍。2003年一重、二重与国外企业规模性指标对比见图2。2003年一重、二重与国外企业运营性指标对比见图3。

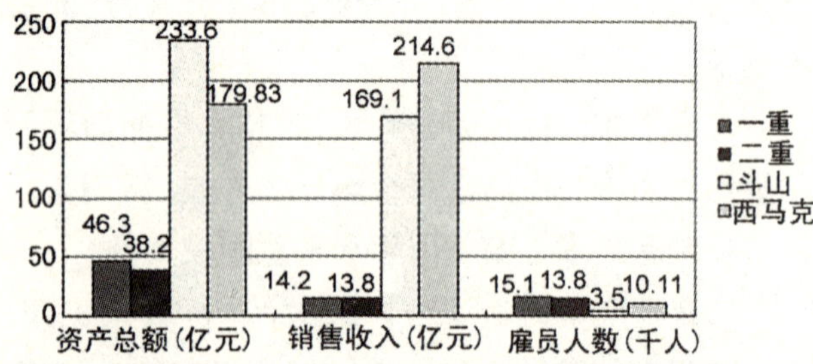

图2　2003年一重、二重与国外企业规模性指标对比

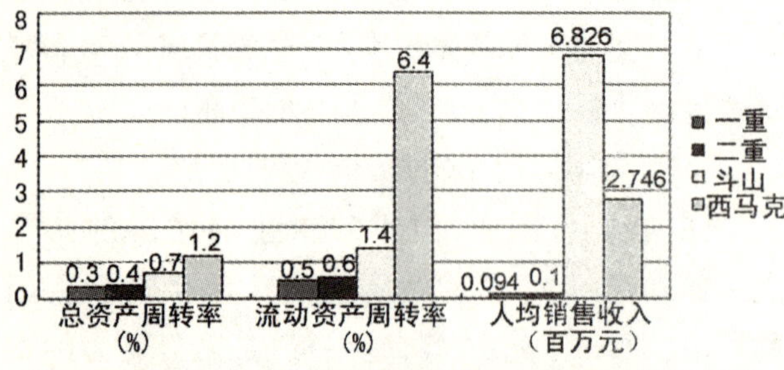

图3　2003年一重、二重与国外企业运营性指标对比

总资产周转率与流动资产周转率相对较低，反映出一重、二重运营效率低，产品交货时间长，流动资金占用情况严重。而人均销售收入指标，即使考虑汇率因素和我国重机产品价格偏低的事实，一重、二重的水平仍远远落后于国外企业，反映出企业生产、运营效率低，管理水平落后以及营销能力薄弱等问题。

五、重型装备市场需求分析

（一）未来市场需求

1. 市场需求状况

重型机械企业是国家工业的脊梁，国民经济的快速发展为重型机械企业提供了良好的发展机遇。西电东送、南水北调等重大工程的开工，电力、钢铁、石化、煤炭等国民经济各部门的快速发展和城市基础设施建设为其提供了巨大的市场空间。

（1）冶金工业。我国钢铁工业近几年取得了快速发展。2005年，钢产量3.52亿t，钢材3.97亿t；到2010年，钢产量将达到4.5亿t，钢材4.7亿t左右。21世纪前50年，钢铁产品仍将是主要的结构材料。我国已成为最大的钢铁生产和钢材消费国，钢铁消费潜力巨大。

2004年进口的冶金设备18.89亿美元，占冶金设备市场的40.44%，冶金设备市场有近一半被国外企业占据。若我国加强开发，可增加120亿元的市场空间。

我国有色金属工业基本保持稳定增长。2005年10种主要有色金属产量为1 635万t，比上年增长13.2%，其中铜产量260万t，比上年增长18.1%。我国电解铝工业发展迅速，2004年原铝产量677万t，表观消费量为602万t。据预测，2010年我国对原铝的需求量为1 380万t。

（2）电力工业。2005年发电量达24 747亿

kW·h,比上年增长12.3%,新增装机容量6 326万kW。全国发电装机总容量突破5亿kW,进一步减缓了全国缺电的压力。

水电是清洁能源,要大力发展水电。2004年底,我国水电常规机组的装机容量达到97 400MW,已超过美国跃居世界首位。根据国家规划,2010年和2020年,我国水电装机将分别达到160 000MW和270 000MW(水电比重约为30%)左右,平均每年要新增装机容量800万kW以上。

风能是一种典型的可再生能源,按国家发展和改革委员会规划,"十一五"期间,我国风电新增装机容量将达300万kW,增长300%。据有关人士分析,2006~2010年风电设备年均市场容量为13亿~23亿元,2011~2020年年均市场容量为62亿~98亿元。风力发电将有较快的发展。

(3)石油化工工业。我国原油是短缺资源,每年需要大量进口原油才能满足经济增长的需要,2005年原油产量1.81亿t,增长2.8%。

乙烯是重要的基础原料,是一个国家石油化学工业发达程度的标志。2005年乙烯产量为756万t,比上年增长20%。

据石油化工集团公司相关人士介绍:石化行业建设速度加快,规模扩大,对大型石化装备的需求加大。"十一五"期间,全行业固定资产投资规模每年将达1 000亿元左右,而全国石化装备投入每年将达300亿元左右。

(4)煤炭工业。2005年产煤21.9亿t,比上年增长9.9%。预计2010年达25亿t左右,2020年达30亿t左右。按需求预测的高端方案,未来20年中国需新增煤矿产能17亿t,年均8 500万t;按需求预测的低端方案,未来20年中国需新增煤矿产能13亿t,年均6 500万t。"十一五"期间,煤炭工业重点发展大型矿井综合采掘技术和洗选设备现代化。

(5)造船工业。2005年我国造船产量达到1 200万t,占世界市场份额的18%左右。特别是近3年来,我国造船业平均增速高达45%,呈现快速发展态势。

造船业的发展对船用中厚板、船用铸锻件有长期需求。按一万吨级船舶用钢量3 000~4 000t计算,未来5年将消耗大量钢板和铸锻件。同时,也再次把国产化船用组合曲轴的任务摆在了重机厂家面前。

(6)汽车工业与重型锻压设备。2005年汽车产量达570万辆,比上年增长12.1%,其中轿车产量277万辆,比上年增长19.7%,汽车制造业将成为中国未来10年经济增长的产业平台之一。专家预测,到2010年,汽车年产量将达到800万~1 000万辆,2020年将达到1 200万~1 300万辆。

汽车工业目前的装备国内满足率仅为30%,预计未来2~3年内,重型锻压机械需求约1 800台;国内满足率要不低于60%,因此市场前景十分美好。

(7)交通运输业。2005年末,全国公路总里程达到195万km左右,仅仅是美国公路总里程的1/20。据《国家高速公路网规划》介绍,我国计划用30年投资2万亿元,将形成8.5万km高速公路网,前10年是重点。2005年新增高速公路6 457km。2010年以前我国将每年投资1 400亿~1 500亿元用于高速公路建设,2010~2020年高速公路建设年投资额仍将保持在1 000亿元左右。

2004年,我国新建铁路1 433km,总通车里程为7.44万km。2005年新建铁路1 203km。全国铁路工作会议提出,"十一五"是我国大规模铁路建设最关键的阶段,铁路新线建设将达1.7万km,续转和新安排建设项目达200多个。未来5年,将加快铁路基础设施建设,提升路网运输能力,加快推进铁路装备技术现代化。

未来5年,我国将建设客运专线项目28个,总长7 000km,建设总投资达12 500亿元。

(8)"南水北调"与基础建设工程。"南水北调"已列入我国跨世纪工程,东、中、西三线总投资要超过4 500亿元,东线一期工程需各类大型输水泵250多台,价值十几亿元的设备要从国内采购,中线需要混凝土布料机、混凝土衬切机、养护台车和工作桥等施工机械。目前国内尚无成熟经验。西线工程需要大量的高原大功率推土机、挖掘机等施工机械,最长隧道长达100多km,需要大量的全断面岩石掘进机等机械。

据有关人士介绍,"十一五"期间,我国准备建设轨道交通的城市已有十多个，线路总长达400多km，建设投资约1 400亿元。预计到2010年，我国将建设轻轨线路约450km，到2020年建设轻轨线路约900km，规划轨道交通网总里程达3 500km。拟建的南水北调西线工程设计方案仅一期工程就有240km的隧洞。

在未来的20年中，全国铁路、公路、水利水电、油气管道、地铁、市政隧道及煤矿等完成5 800km的地下隧道，平均每年约290km。这些工程建设施工需要盾构机和岩石掘进机近百台。

（9）水泥工业。2005年我国水泥产量10.6亿t，比上年增长10.0%，是世界上最大的水泥生产、消费和出口大国。2005年我国水泥产量占世界总产量的48%左右，在世界水泥市场上的地位举足轻重。2005年新型干法水泥产量达4.73亿t，新型干法水泥的比重已达44.45%。2005年建成投产110条新型干法水泥生产线，新增能力10 137万t，新型干法水泥生产线达615条，其中4 000t以上生产线104条。水泥结构调整取得突破进展。到2010年水泥预期产量12.5亿t，新型干法水泥比重提高到70%，5 000～10 000t/d的水泥成套设备有很好的发展机遇。

（10）港口码头。2004年我国港口万吨级码头泊位新增吞吐能力11 958万t，2005年新增港口万吨级码头泊位吞吐能力18 989万t。“十一五”期间，我国将把加快水运发展摆在更加突出的位置，沿海港口将新增吞吐能力80%以上，适应度接近1:1。集装箱、煤炭、进口油气和铁矿石中转运输系统，改善港口航道条件等将成为未来5年的建设重点。

“十一五”期间，将在长江航道投资100亿元，重点用于浅险水道的综合整治及河势控制工程、航路改革航道配套建设工程以及航道生产用房、码头等生产设施的建设和长江航道信息化建设等方面。

（11）大型铸锻件的需求。目前我国大型铸锻件的生产能力为每年50万t左右，每年还需从韩国、日本和俄罗斯等国家进口发电设备、造船等所需铸锻件，说明大型铸锻件的市场需求是很强劲的。

据我国至2020年的经济发展预测，以下几个领域对特殊大型铸锻件将有很大需求：

一是我国三峡需18套70万kW的水轮机组和14个大型水电站项目的大型铸锻件；二是冶金大型冷、热轧设备所需的大型轧钢机牌坊和轧辊；三是化工工业的发展需各种热壁加氢反应器；四是火电每年需30～40套30万～60万kW及以上机组的大型铸锻件；五是每年平均2～3套百万千瓦级的核电站所需大型铸锻件。

（二）企业重点发展方向与目标

为实现企业的可持续发展，企业必须依据发展战略与规划进行产品结构的调整，必须适应在未来若干年内进行投资建设和技改方向积极调整带来的市场需求和供给变化。

一重计划用10年左右的时间，建设成为集亚洲最大的铸锻钢、超大型设备及重大技术装备研究能力为一体的，具有系统成套和工程总承包能力的，机械产品相关多元化和技术服务并存的大型国际化企业集团。主业发展目标为：2010年前，总产值达到100亿元、年均增长率30%以上。近3～5年发展的主要目标：钢水年产量22万～25万t、锻件年产量10万t、铸件年产量3万～4万t、各类机器产品年产量15万t、商品年产值55亿元。

二重拟通过技术改造，调整产业结构，在2010年以前形成4大类产品，作为产业结构调整的主要目标。加强核电站核岛设备、水电铸锻件、轧机、石化容器制造能力，扩展加工范围。

二重的发展战略是，以技术改造和技术进步推动产品结构的优化，构建中国最大最强的重大装备基地和铸锻钢基地。主业发展目标是：在2010年前，完善和形成6条生产线，即大型成台套、大型铸锻件、压力容器、备件、大型航空模锻件和火炮生产线，总产值达到75亿元。

六、企业发展环境分析

（一）宏观经济、政策环境

在国家振兴装备工业、振兴东北老工业基地、开发西部、贴息贷款、债转股等政策的扶持下，重型装备企业逐步走出了困境，摆脱了20世纪90年代末期亏损的局面，扭转了生产经营被动局面，走上较正常运行轨道。

国家对大型成套设备实行进口免税政策，使薄板坯连铸连轧成套设备和冷、热连轧机成套设备国营钢铁企业大量进口，严重影响了我国重型装备企业的发展。据估计，若能取消进口成套设备免税政策，国内重型装备企业可以挽回一半以上冶金设备的制造任务。

（二）技术创新环境

我国政府对中央重型装备制造企业的技术发展与创新工作十分重视，对企业重大技术创新项目注入国家资本金，并从各方面支持其产业化。企业对此也有了深刻的认识和信心，创新环境得到了改善。但由于企业的技术基础和技术创新体制与机制的制约，在高新产品技术创新上仍然存在以下问题：

（1）原有工程设计院、设备研究单位、制造企业各属不同地区、不同部门管理，很难集中力量快速提升我国成套设备的研究水平。

（2）虽然加入 WTO 以后，国外先进技术设备大量进入我国，有利于学习国外先进经验，推动我国经济的发展，但由于国企改革较慢，不适应市场经济的发展要求，削弱了企业的竞争力和原创力。

（3）目前一重、二重尚没有形成相当规模的重型装备工程总承包公司，不利于企业整合现有的技术创新资源，实现技术创新在个别产品、个别项目、个别方向上的突破，进而达到提高总体设计生产能力的目的。

（三）地区经济与政策环境

一重立足于齐齐哈尔，在带动地区经济发展的同时充分享有国家和地方政府给予东北老工业基地的各种政策优惠措施。同时，一重利用大连、天津的许多优惠政策，实现了设计院落户大连经济开发区、国家重大工程研究中心落户天津开发区的“走出去”战略的第一步。

二重地处西部活跃的川渝经济区，川渝经济区是国家重点支持发展的区域，重大装备制造业是四川省政府全力打造的支柱产业。随着国家西部大开发战略的推进，四川省确定了将德阳建成重大装备制造基地的发展战略，为二重加速发展创造了机遇。特别是近期在三峡建设与核电发展项目上，积极推行重大装备国产化政策，将对二重发挥中国重大技术装备国产化基地的功能起到积极的作用。

七、国际主要竞争对手基本情况及其在我国的竞争情况分析

经过长期的发展和各种方式的竞争，国际重型装备制造市场的竞争格局已经形成。各发达国家的装备工业根据国情形成了一定的产业、产品分工，在2～3个主导领域形成了较大的优势，如韩国以重型装备制造业和电子产品为主，瑞典以工程机械为主，日本以电气机械为主，这些具有比较优势的产业和产品都显示了强大的装备制造能力和水平，成为世界龙头。发达国家装备制造领域的优势是通过组建大型的国际跨国公司、集团来实现的，韩国的斗山重工、日本的三菱重工、德国的西马克公司等都是本国装备制造优势的集中所在，这些国际跨国公司的资产规模巨大，技术水平领先，占有相当的国际市场份额，从而能够进行规模化的生产，盈利能力较强。

1. 跨国公司规模实力突出，代表国家进行国际竞争

由跨国公司的发展历程可以看出，通过兼并重组，发达国家工业化早期多个企业竞争的产业结构已经发生了根本的变化。兼并重组后，资产规模巨大、资本运作能力突出、生产规模经济效应明显、成套技术供应能力强的跨国公司成为国家参与国际竞争的代表。

实际上，在经济全球化的背景下，为获得国际市场竞争中的主动权，各个国家都加强了对本国企业的兼并重组、组建大型跨国公司的支持力度，以最大限度地占领国际市场。跨国公司竞争的实质已经演变为全球范围内的国与国之间政治经济的竞争。

2. 跨国公司正加快实施在我国重型装备市场的战略布局

全球重型装备市场的寡头竞争格局已经形成，而全球重型设备主要的竞争市场已逐步转移到我国，跨国公司凭借深厚的政治背景以及丰富的资源和强大的实力，借我国加入 WTO 后开放贸易市场的优厚条件，正全力进入我国重型装备市场。种种情况表明，作为全球最大的重型装备市场之一，我国已成为各个跨国公司争夺的重要目标，而跨国公司在我国竞争的前提就是要首先完成在我国的战

略布局。

八、中央大型重型装备制造企业布局与结构调整的动因

随着未来数十年我国工业化程度的不断提高,中央大型重型装备制造企业面临着良好的发展机遇。各方面的因素决定了中央大型重型装备制造企业必须加快布局和结构的战略性调整,以适应不断变化的市场竞争的需要。

(一)战略性调整是重型装备制造业产业结构升级的必然要求

重型装备制造业是技术与资金高度密集的行业,进入壁垒较高。1988 年我国规模以上的重机厂有 320 多个,2003 年上升到 1 300 多个。企业数量的增加使大型企业热加工生产能力利用率仅为 60% ~80%。

我国重型装备制造业的现有布局是在特定历史条件下形成的,产业结构极其不合理,产业的规模经济效应不明显、产业总体生产能力严重过剩等问题迫切需要解决。

(二)战略性调整是整合我国重型装备制造资源、参与国际竞争的必然要求

我国重型装备制造企业的技术水平与跨国公司相比具有较大的差距,即使通过合资合作的方式获得了一定的技术转让,但仍然无法掌握核心技术。近年来,随着我国重型装备市场需求的不断扩大,国际跨国公司加快进入中国市场,借助我国重型装备制造企业数量众多和生产能力过剩的有利条件积极实现本地化生产的战略部署,我国重型装备市场竞争国际化的态势正在逐步形成。同时,跨国公司不仅在产品和技术上对我国企业进行牵制,而且逐步开始提高技术转让的门槛,对我国重型装备制造产业的战略发展构成了极大威胁,如果没有积极的应对措施,将直接威胁到我国重型装备制造业的存亡。

(三)战略性调整是企业自身发展的必然要求

在一重、二重集团的经营过程中,出现了一些制约企业发展的问题。

1. 生产流动资金严重短缺

一重、二重两集团均存在流动资金短缺的现象,造成流动资金短缺的主要原因是重型装备企业的产品多为大型、成套设备,生产周期一般需 12 ~18 个月,而用户的预付金仅有 10% ~20%,需大量流动资金垫付购买原材料、配套件,以维持生产经营。

2. 开发、创新资金投入少

国外同类企业十分重视技术开发,每年投入的开发资金占销售收入的 4% ~5%,有的甚至达到了 10%。而一重因资金紧张,对开发的投入一直徘徊在 2% 左右,二重的开发投入更低(由于销售收入的基数不同,绝对数字更是无法比较)。开发投入的不足,严重影响新产品开发和设计制造技术的提高,在技术开发和创新能力方面与国际先进水平有相当大的差距。

3. 社会负担沉重

由于历史的原因,一重、二重承担了多项社会职能,包括教育、医疗、物业管理、公安保卫、武装、离退休职工管理、居委会等等,严重削弱了企业的市场竞争力。

九、中央重型装备制造企业战略布局和结构调整的措施及建议

(一)实施规划布局和结构调整的措施

1. 联合重组、分步实施

联合重组是资源优化配置的手段,重组后企业核心竞争能力的提升是目的,联合重组的操作方式、方法和时机把握是成功的关键。在重组中,要严格按照有关法律法规,制定详细、可行的职工安置计划和各种配套措施,尽量减少对社会的负面影响,避免损害职工的合法权益。

(1)与国内企业间的联合重组。近期,一重、二重集团公司应积极与其他相关联企业开展多种方式的联合与重组,共同组建以股权为纽带、以资本控制为模式、业务领域宽、产业链条长、规模经济效应明显、盈利能力强并具有较强抗风险能力的装备制造集团公司。

中远期,新组建的集团公司在有效整合内部资源的基础上,选择适当的时机,进行更高层次上的整合,与其他中央重大装备制造企业共同组建中国重大装备企业集团公司。

(2)与国外企业的联合重组。在国有企业内部联合重组的基础上,中央重型装备制造企业应继续

与国外跨国公司进行合资合作,引进先进技术和管理经验,带动我国重型装备制造业的发展。借鉴国际跨国公司的成长经验,提高自身的资本运作能力;凭借自身的规模和实力,探索通过国际范围内的兼并重组或战略合作以获得先进技术及其研发能力的途径。

2. 进行体制机制创新,建立和完善符合我国《公司法》规范的现代企业制度

建立公司股东会、董事会、监事会、经理层相互制衡的机制,形成责任明确、界限清晰的高效母子公司管理体制。加快推进三项制度改革,充分利用国家出台的各项有利政策,加快分离办社会的步伐,减少冗员。

3. 实现产权结构的多元化,提高企业的资本运作能力

在联合与重组的基础上,一重、二重应按照现代企业制度,发起设立股份公司,公开对外招募股本,吸收民间资本,按照企业未来发展战略与规划,集中优良资本,同时实现企业的资本扩张,最终形成有进有出、合理流动的资本运营模式。

(二)有关政策建议

(1)积极支持一重、二重的技术改造和技术中心的建设,加大国家资本金的注入,提高其工艺装备水平和开发能力,提高企业经济运行质量及参与国际竞争的能力。

(2)修改大型成套设备进口免税政策,在我国重大经济建设项目中鼓励采用国产重型装备,为国内企业培育发明、创新的环境,发展有自主知识产权的技术和装备。

(3)给予企业相应的税收政策的支持,继续实行出口退税政策。出口退税是提高本国企业国际竞争力的一条非常有效的措施。应继续执行出口退税政策,完善出口退税制度。

(4)制定相关法律法规,提高重型装备产品入市标准,禁止或淘汰低等级产品的生产。通过政府采购鼓励采用先进技术装备,限制、淘汰技术水平低、役龄超过一定期限、耗能高、污染严重的装备。

〔撰稿人:中国重型机械工业协会李昌荣、汪建业　审稿人:中国重型机械工业协会徐善继〕

认清行业形势　增强市场竞争力
促进起重运输机械行业发展

一、我国起重运输机械行业发展概况

我国起重运输机械行业始建于20世纪五六十年代,经逐步发展壮大,现已形成门类产品齐全的庞大的企业群体,服务于国民经济的各行各业。据2006年12月统计,规模以上企业达1 336个,其中大型企业14个,中型企业151个;行业从业人员近30万人。主要产品有6大类,包括起重机械、输送机械、装卸机械、物流机械、工业搬运车辆、电梯及自动扶梯,有1 400多个品种规格。

随着我国经济的快速发展,起重运输机械行业取得了长足的进步,“十五”期间年均增长超过30%。2005年起重运输机械行业销售额为1 289亿元,比上年增长19%,其中起重机械销售额654.2亿元(占起重运输机械行业销售额的51%),比上年增长16.2%;2006年起重运输机械行业销售额达1 599.32亿元,比上年增长24.07%,其中起重机械销售额750亿元(占起重运输机械行业销售额的46.9%),比上年增长14.6%。2007年,起重运输机械产品目前市场前景依然看好。

“十一五”期间,国家重点发展能源、交通、电力、石化、冶金、造船等领域。这些行业均需要大型桥、门式起重机,冶金起重机,港口起重机,造船门机,大型集装箱装卸成套设备,大型散料装卸输送成套设备,煤矿开采、输送成套设备,厂内物流仓储、搬运设备等。随着世界市场对起重运输(物料搬运)设备总体需求的不断增长,加之我国产品在

国际市场上的竞争能力不断增强，物料搬运设备的出口将会较快而稳定地发展。2005 年出口额达 34 亿美元，“十五”期间年均增长率达 43.6%；预计到 2010 年出口额将达 61 亿美元，年增长率达12.4%。即使受国家宏观调控的影响，起重运输机械制造行业仍能保持年均 15% ~20% 的较快增长速度，其中桥、门式起重机械的市场需求年均增长 10% ~16%，但起重运输机械产品的增长速度将与我国 GDP 增长速度同步下降。

随着社会主义市场经济的蓬勃发展，国企的改制、改革已逐步到位。全国起重机械行业的大、中型企业通过技术改造，增强了自身装备能力，凝聚了人才，加大了科技投入，研制出许多新产品。许多企业正在制订和实施“十一五”规划目标，呈现出欣欣向荣的景象，步入良性循环的发展道路。

上海振华港口机械股份有限公司，2005 年销售额 120 亿元，2006 年销售额 161.5 亿元。公司生产的集装箱起重机产品荣获“中国名牌产品”、“世界名牌产品”称号，70% 以上的产品出口到美国、欧洲、加拿大、日本等主要工业国家和地区。

大连重工·起重集团有限公司经过重组、改造，投资 9 亿元购置工艺装备，已成为世界同行业一流水平的工厂。2005 年销售额 51.5 亿元，2006 年销售额 65 亿元，其中桥、门式起重机械 14.5 亿元，装卸机械 12 亿元。桥、门式起重机械被评为“中国名牌产品”。

太原重型机械集团公司在山西省政府支持下进行了重组，兼并了太原矿山机器集团有限公司、榆次液压集团有限公司等企业，实力大增。2005 年销售额 44.7 亿元，2006 年 55.2 亿元，其中起重机械 12 亿元，以冶金起重机为代表的桥、门式起重机是“中国名牌产品”。

在辽宁省沈阳市政府主持下，由原沈阳重型机械集团有限责任公司和沈阳矿山机械（集团）有限责任公司合并组成的北方重工集团有限公司，2005 年销售额 38.3 亿元，2006 年销售额 53.4 亿元，其中散料装卸输送设备 11 亿元。

卫华集团有限公司有明确的发展战略，近几年来在我国中部崛起，2006 年销售额 10.2 亿元，生产的桥、门式起重机械是“中国名牌产品”。

上海港机重工有限公司 2006 年销售额 19.8 亿元，主要生产港口起重机械等 6 大类产品，是竞争实力非常强的企业。

其他发展势头比较好的企业有：上海起重运输机械厂有限公司、山东山矿机械有限公司、山东起重机厂、衡阳起重运输机械有限公司、株洲天桥起重机有限公司、新乡起重设备厂、广州起重机有限公司以及河南长垣地区几个重点起重机企业等近 20 个企业。

由于起重运输机械产品的特殊性，该类产品不可能集中在某一地区生产，特别是大型港口起重机械的生产需要靠近沿海、沿江的码头。

综上所述，我国在未来 10 年将形成各具特色的起重运输机械制造区域或基地：

（1）以上海为龙头，江苏省和浙江省为侧翼的长三角地区；

（2）以大连为龙头的渤海湾经济区（包括辽宁省、天津市、山东省）；

（3）山西、河南的中部地区；

（4）以广州为中心的珠江三角洲地区（扩展至湖南省）；

（5）泛北部湾经济区；

（6）城乡统筹的成渝“综合配套改革试验区”。

二、我国起重运输（物料搬运）机械与国外先进水平的主要差距

“十五”期间，国产起重运输（物料搬运）机械取得长足进步，部分产品已达到国际上较为先进的水平。但总体上与国际先进水平比较，在大型设备的产品开发和系统成套能力，通用设备的品种规格和性能，产品的零部件、元器件和整机的可靠性，产品的外观造型与涂装，以及人机关系与环保要素等方面，还存在着一定差距。

1. 产品性能一般

大型骨干企业的产品性能可满足用户的要求。但是许多不上规模的企业因自身水平低，加之降低质量标准，进行低价无序竞争，零部件技术水平低、质量不过关，整机水平低。

2. 产品开发能力较弱

产品更新换代较慢，外形尺寸大，结构笨重。科技人员素质、研发经费、测试手段和管理水平仍为提升产品开发能力的较薄弱环节。大型关键设备的产品研发和系统成套能力、通用起重运输机械的模块化设计与制造,以及计算机辅助设计和可靠性设计的普遍应用等,尚待进一步完善和提高。

3. 制造工艺水平较低

大多数企业的自身装备较为薄弱,缺少高精度的数控加工装备,对计算机辅助制造、钢材预处理和自动焊接等先进制造工艺的应用,尚待进一步推广和普及。

4. 产品检测水平不高

检测手段较为薄弱,往往仅考核产品的一些出厂性能指标,而对产品的可靠性等长期性能指标,如平均无故障工作时间(MTBF)、平均首次无故障工作时间(MTTFF)、可用度(A)等较少涉及。许多不上规模企业的产品故障较多、寿命较短、市场信誉较差。

5. 配套件供应和质量问题影响较大

起重运输机械行业的品种规格繁多,配套件与原材料的供应和质量问题尤为关键。一些国产的主要配套件如减速器、制动器、电控设备和元器件等性能和质量尚未达到一流水平,一些国产轨道型材、结构用的异形型材、薄壁型材等品种规格较少,供应较为短缺。

6. 产品技术标准更新滞后,实施乏力

我国产品技术标准的制定采取跟踪国际标准和先进国家标准的方式,但消化创新能力不足,更新滞后期较长。为了迁就行业中大量中小企业的制造水平,降低了标准水平,因此难以参与国际市场的竞争。

三、我国起重运输机械发展的重点

在国务院关于加快发展装备制造业的方针指引下,“十一五”期间重点发展的起重运输(物料搬运)机械产品:

(1)煤炭开采、运输、洗选等相关装卸输送成套设备;

(2)火力电站输煤系统成套设备及环保排灰输送设备、长距离气力输送装置等;

(3)大型散料港口装卸运输系统成套设备,大型集装箱装卸搬运成套设备;

(4)大型港口/公路、铁路货运的集装箱装卸运输系统成套设备;

(5)大型自动化立体仓库及各式仓储物料搬运装卸成套设备;

(6)大型物流配送分捡中心及信息自动化系统等成套装备;

(7)大型机械式立体停车系统成套设备;

(8)以大型水电站专用起重机、大型冶金起重机为重点的桥、门式起重机械;

(9)汽车、造船和机械制造业生产线所需的各种智能化、柔性化物料搬运成套设备;

(10)城市固体垃圾分捡处理系统所需的垃圾搬运设备。

四、2006~2020年起重运输机械行业发展预测

“十一五”期间,起重运输机械行业的工业总产值、销售收入和利润总额的年均增长率将会超过15%。到2010年,行业的工业总产值将达到2 685亿元,销售收入将达到2 593亿元,利润总额将达到156.7亿元;出口额约达61亿美元,年均增长12.4%。“十一五”期间,国内市场增长的速度将会逐年小幅递减,其主要原因是国内市场开放程度大幅度提高,我国市场对高质量高水平的起重运输(物料搬运)机械需求旺盛,而我国起重运输机械在高技术产品方面,又竞争乏力,难以抵御国外高技术产品的涌入。2006~2020年我国起重运输机械行业发展预测见表1。

表1 2006~2020年我国起重运输机械行业发展预测

指标名称	“十五”期间		预测“十一五”期间		预测2010~2020年期间	
	2005年	比上年增长(%)	2010年	年均增长率(%)	2020年	年均增长率(%)
工业总产值(亿元)	1 334.98	18.56	2 685	~15	4 374	5
销售收入(亿元)	1 289.04	19.05	2 593	~15	4 223.7	5
利润总额(亿元)	77.91	34.10	157	~15	308.2	7

（续）

指标名称	“十五”期间		预测“十一五”期间		预测 2010～2020 年期间	
	2005 年	比上年增长（%）	2010 年	年均增长率（%）	2020 年	年均增长率（%）
全员劳动生产率（万元/人）	12.52	17.12	20.16	～10	39.66	7
出口额（亿美元）	33.75	43.63	60.82	～12.5	157.75	10
进口额（亿美元）	27.07	2.81	45.61	～11	98.50	8
国内市场需求额（亿元）	1 234.93	～20	2 494.14	～15	3 517.6	5
国内市场占有率（%）	82.2	2.0	88.0	–	87.82	0.5

1. 桥、门式起重机械行业

桥、门式起重机械行业 2006 年销售量超过 4 万台，销售额约 170 亿元，其中 380 个企业的销售额总计 161 亿元，2011 年将达到 283.6 亿元。

前 10 名企业向大型化、集团化发展，2006 年销售额共计 67.2 亿元，2006～2010 年年均增速 20%～25%，且逐年递增 1%；2011 年销售额将达到 189 亿元，生产集中度由目前的 40% 上升至 67%。

前 30 名企业向中型骨干企业发展，其中少数大型企业为经营多元化企业（规模门槛为 2.1 亿元/年），2006 年销售额共计 87.6 亿元，2006～2010 年年均增速 20%～22%，且逐年递增 0.5%；2011 年销售额将达到 231 亿元，生产集中度由目前的 52% 上升至 81.45%。

剩下的 350 个企业占据的市场份额只有 50 亿元，平均每个企业不足 1 500 万元/年，规模太小，竞争能力很差，经济效益低下，相当一部分企业将会亏损，预计 30%～50% 的企业将退出桥、门式起重机械行业。以上预测分析说明，桥、门式起重机械市场竞争是非常激烈的。2006 年桥、门式起重机行业部分企业主要经济指标见表 2。2006～2011 年桥、门式起重机械销售收入预测见表 3。

表 2　2006 年桥、门式起重机行业部分企业主要经济指标

序号	企业名称	起重机产品销售收入（万元）	工业总产值（万元）	净利润（万元）	全员劳动生产率（万元/人）
1	大连重工·起重集团有限公司	145 300	702 000		138
2	太原重型机械集团有限公司	120 000	650 000		132
3	卫华集团有限公司	94 822	102 371	3 643	29
4	上海起重运输机械厂有限公司	45 380	51 000	52	72
5	河南省新乡市矿山起重机有限公司	44 639	52 227	3 107	51
6	河南省矿山起重机有限公司	42 470	45 970	2 078	38
7	中原圣起有限公司	39 736	47 370	3 173	35
8	新乡市起重设备厂	38 500	45 400	248	49
9	山东起重机厂有限公司	35 536	36 358	675	37
10	大连起重矿山机械有限公司	33 260	35 000	1 850	55
11	重庆起重机厂	27 556	21 000	1 220	33
12	株洲天桥起重机有限公司	26 700	22 300	2 100	56
13	河南重工起重机集团有限公司	23 220	32 000	1 612	26
14	新乡市中原起重机械总厂	23 000	28 000	920	33
15	广州起重机械有限公司	20 010	20 010	1 045	60

表 3　2006～2011 年桥、门式起重机械销售收入预测

年份	全行业 380 个企业销售额（亿元）	比上年增长（%）	前 10 名企业销售额（亿元）	比上年增长（%）	前 30 名企业销售额（亿元）	比上年增长（%）
2005	140.0	16	56.0		73.0	
2006	161.0	15	67.2	20	87.6	20.0
2007	183.5	14	81.3	21	105.5	20.5
2008	207.4	13	99.2	22	127.7	21.0
2009	232.3	12	122.0	23	155.2	21.5
2010	257.8	11	151.3	24	189.3	22.0
2011	283.6	10	189.0	25	231.0	22.0

主要生产企业中只有大连重工·起重集团有限公司、太原重机改制重组后完成了技术改造，工艺装备能力和水平大幅提升，建立了实力雄厚的技术中心，集中了一批高水平的优秀科技人才，研发了新一代桥、门式起重机产品。其他企业即使是骨干企业也尚有一定的差距，制造装备能力落后，生产的产品技术、性能、质量水平一般。而中小型企业的差距就更大了，在市场竞争中随时有被淘汰的危险。行业整体水平与国外先进水平有较大的差距。近年来，国外主要工业国家纷纷在中国开办独资和中外合资企业，德国德马格公司在上海建立了德马格（上海）起重机公司；芬兰科尼公司在上海建立了科尼（上海）起重机公司，与广州起重机公司合资组建了泰克力起重机有限公司。外资企业的产品属于高端产品，性能好、质量高，但价格高，只被高档用户所采用，目前竞争力尚未凸现，总体规模不大，但发展的潜力非常大，应引起全行业的关注。

经过激烈的市场竞争，预计未来 5～8 年，桥、门式起重机的生产集中度将会大幅度提高，并将形成 4 个层次的市场格局：

（1）第一层次：3 个龙头企业，每个企业年生产规模 20 亿～30 亿元。

（2）第二层次：6～8 个重点骨干企业，每个企业年生产规模 8 亿～10 亿元。

（3）第三层次：10～15 个骨干企业，每个企业年生产规模 3 亿～5 亿元。

（4）第四层次：一批生产厂，每个企业年生产规模 0.5 亿～1 亿元。

2. 带式输送机行业

带式输送机可分为固定通用带式输送机、移动带式输送机、波状挡边带式输送机、气垫带式输送机、井下专用带式输送机、圆管带式输送机以及成件物品专用的带式输送机等，其中应用最广泛的是固定通用带式输送机。带式输送机生产厂家有 500 多个，其中具有一定规模和技术能力的企业有 40～50 个。而能生产带宽 1 400mm 以上、大运量、长距离、高带速的大型带式输送机的企业，只有沈阳矿山机械（集团）有限责任公司、山东山矿机械有限公司、衡阳起重运输机械有限公司等五六个企业。从 20 世纪 80 年代到 2000 年，全国带式输送机年产量 40 万～70 万 m，2000 年以后逐年快速增长，2004 年全国总产量达 300 万 m，2005 年全国总产量约 350 万 m。2005 年带式输送机主要生产企业产品产量见表 4。2006～2011 年带式输送机销售收入情况预测见表 5。

带式输送机行业 2006 年大约生产了 400 万 m，销售额约 120 亿元，其中 230 个企业大约生产了 360 万 m。前 10 名企业生产了 70 万 m，销售额 26 亿元，分别占全行业的 17.5% 和21.7%，说明该行业的生产集中度是非常低的。随着大中型企业改革重组和改制，企业的科技力量增强、装备能力提高，在市场的拉动下，到 2011 年全行业销售额将突破 210 亿元，其中前 10 名企业预计将达到 89.3 亿元，生产集中度将提高到 42.2%。

表4　2005 年带式输送机主要生产企业产品产量

序号	生 产 企 业	产值（万元）	产量（万 m）
1	沈阳矿山机械(集团)有限责任公司	51 657	12.5
2	山东山矿机械有限公司	40 300	10.0
3	衡阳起重运输机械有限公司	30 120	7.5
4	上海青浦起重运输设备厂有限公司	18 000	6.6
5	四川自贡运输机械有限公司	17 619	4.4
6	安徽攀登机械股份有限公司	14 000	3.5
7	唐山冶金矿山机械厂	11 013	2.8
8	河南东联机械制造有限公司	9 130	2.3
9	马钢股份运输设备制造公司	8 400	2.2
10	钢陵蓝天股份有限公司	8 300	2.2
11	东莞龙泰实业有限公司	8 300	2.1
12	焦作起重运输机械有限公司	8 000	2.0

表5　2006～2011 年带式输送机销售收入情况预测

年份	全行业销售额（亿元）	比上年增长（%）	前 10 名企业销售额（亿元）	比上年增长（%）	前 10 名企业销售额占全行业销售额的比重（%）
2005	104		20.8		20.0
2006	120	15	26	25	21.7
2007	136.8	14	32.76	26	24.0
2008	154.6	13	41.6	27	26.9
2009	173.1	12	53.25	28	30.8
2010	192.2	11	68.7	29	35.7
2011	211.4	10	89.3	30	42.2

由于带式输送机产品技术含量一般，制造比较简单，所以中小型企业特别多，行业生产集中度低。长距离大型的带式输送机系统、特种用途的带式输送机技术难度大，只有少数龙头企业具有设计、制造能力，发展前景比较好。

主要生产企业中，北方重工沈阳矿山机械集团有限公司即将完成技术改造，并建立了实力雄厚的技术中心和设计研究院，集中了一批高水平的优秀科技人才，研发了 9.8km、带宽 2 200mm 的胶带输送机；山东山矿机械有限公司、衡阳起重运输机械有限公司均已生产长距离大运量的带式输送机；四川自贡运输机械有限公司研制出管带式输送机等具有自主知识产权的新产品，扩大了使用范围，得到了用户的好评。一般中小型企业由于技术开发能力差，制造设备落后，只能生产带宽 1 400mm 以下的通用带式输送机，缺乏市场竞争力，停留在价格战阶段。散料装卸输送系统在国外市场需求量很大，外商正在我国采购质高价低的中国制造的带式输送机，如北京同力约基机械制造有限公司每年出口已超过 1 亿元。

“十一五”期间，重点骨干企业将以 25%～30% 的速度增长，将挤垮相当多的小型企业，成为带式输送机生产的主力军。

五、促进起重运输机械行业发展的措施

我国起重运输机械行业第二阶段的竞争浪潮已拉开序幕。经过 10 年左右的激烈竞争，起重运输机械行业将形成新的层次分明的格局，淘汰一大批竞争能力不强的中小型企业，并将崛起一些新企业。

随着我国国民经济的持续快速发展，起重运输机械行业应当抓住以下 4 个方面：

(1)增强资金实力。重点骨干企业应认真制订“十一五”发展规划，加大投资力度，增加流动资金，建设高规格厂房，增添先进工艺装备，提高制造能力,加快产品的升级换代。

(2)壮大人才优势。建立培训基地,加强与高校合作培养人才,重点培养和引进高级管理人才、科技人才、营销人才和高级技工。

(3)增强科技投入,建立强有力的科技创新体系。培育自主创新能力,坚持引进国外先进技术消化吸收再创新、集成创新的技术路线,发展具有自主品牌的新产品,替代进口并扩大出口。建立产、学、研相结合的研发中心,生产一代、研发一代、预研一代产品,以提高产品的市场竞争能力。

(4)提高产品质量和品牌意识,创省名牌、行业名牌和中国名牌产品。通过实施名牌战略,以行业名牌产品引导市场,冲击、淘汰落后产品和企业,使行业走出低水平、低价恶性竞争的困境。

〔撰稿人:中国重型机械工业协会徐善继　审稿人:中国重型机械工业协会傅树利〕

我国交通运输业发展概况及其对起重运输机械行业的要求

一、我国交通运输业的主要形式

改革开放以来,由于现代化大生产的持续稳定发展,产品种类越来越多,原辅材料的需求、产品的产量均大幅度上升,区域间的物资交流日趋频繁,大大促进了各种客、货运输形式的发展和运输能力的提高。

我国客、货运输的主要形式可归纳为:

1. 铁路运输

铁路运输是我国陆地上长距离运输的主要形式,沿轨道运行,自成系统,不受其他运输条件的影响,运营费用相对较低。但是,运输的起点和终点需要装卸搬运作业配合,以及汽车的转运,不易做到"门到门"的运输服务。

2. 公路运输

公路运输是现行最普遍的运输方式,在空间和时间上具有充分的自由性和适应性,不受线路和车站的限制和约束,容易做到"门到门"的运输服务。

货运汽车种类繁多,如卡车、箱式货车、拖车、冷藏车等,可完成各种运输服务。

3. 水路运输

水路运输分海运和河运,适于远距离运送大型、超大型和超重型的货物,运输线路是海洋与河流,不受道路的限制,可与其他运输方式构成"多式联运"。

4. 航空运输

航空运输以高速及时、破损少为长项,用于运送价高易损、生鲜物品等。

5. 管道运输(归口国家石油天然气管道局)

管道运输基本没有运动部件,维护费用便宜,公害少,运输成本低。

二、我国交通运输业发展的基本情况

"十五"期间,我国交通运输业持续稳定、协调、快速发展,货运方面成绩尤其显著。2005 年,铁路运营里程达 7.54 万 km,公路运营里程达 193 万 km;货运量达 186 亿 t,货物周转量达 80 258 亿 t·km;沿海主要港口货物吞吐量达 292 777万 t,2005 年中国的港口集装箱吞吐量达到 7 500标准箱,居世界第一位。"十五"期间我国交通运输业(货运)基本概况见表 1。

表 1 "十五"期间我国交通运输业(货运)基本概况

指　标	2001 年	2002 年	2003 年	2004 年	2005 年
货运量总计(万 t)	1 401 786	1 483 446	1 561 422	1 706 412	1 862 066
铁路	193 189	204 955	221 178	249 017	269 296

（续）

指　　标	2001 年	2002 年	2003 年	2004 年	2005 年
公路	1 056 312	1 116 324	1 159 957	1 244 990	1 341 778
水运	132 675	141 832	158 070	187 394	219 648
民航	171	202	219	28	31
管道	19 439	20 133	21 997	24 734	31 037
货物周转量(亿 t・km)	47 710	50 686	53 859	69 445	80 258
铁路	14 694	15 658	17 247	19 289	20 726
公路	6 330	6 782	7 099	7 841	8 693
水运	25 989	27 511	28 716	41 429	49 672
民航	44	52	58	72	79
管道	653	683	739	815	1 088
沿海主要港口货物吞吐量(万 t)	142 634	166 628	201 126	246 074	292 777
运输线路长度(万 km)					
铁路	7.01	7.19	7.30	7.44	7.54
公路	169.80	176.52	180.98	187.07	193.05
高速公路	1.94	2.51	2.97	3.43	4.10
内河	12.15	12.16	12.40	12.33	12.33
民航	155.36	163.77	174.95	204.94	199.85
管道	2.76	2.98	3.26	3.82	4.40

资料来源:《中国统计年鉴》2006 年。

2006 年 1～10 月,我国交通运输业继续保持平稳快速增长的运行态势,与上年同期相比,客运量、货运量的增幅分别为 8.7% 和 9.3%。

铁路运输完成货运量 20.24 亿 t,同比增长 6%,其中煤炭 9.26 亿 t,同比增长 6%。铁路全行业完成固定资产投资 1 422.59 亿元,是上年同期的两倍多。

公路运输累计完成货运量 116.83 亿 t,同比增长 9%;货运周转量 7 775.06 亿 t・km,比上年同期增长 11.8%,公路通车总里程达 348 万 km,高速公路达 4.54 万 km。

水运全行业围绕沿海港口并以长江黄金水道为重点,沿海建设完成投资 760 亿元,同比增长 31.9%,沿海港口万吨级以上泊位达到 991 个;内河全行业投资完成 140 亿元,同比增长24.4%,内河可通航千吨级船舶的三级航道达8 634km;民航全行业完成固定资产投资 260 亿元,同比增长 18.2%,通航机场达到 147 个。总体上看,2006 年交通运输发展基本适应国民经济增长和百姓出行的需要,交通运输滞后国民经济发展的局面得到进一步改善。

此外,国家用于物料输送和存储方面的费用相当可观,"九五"、"十五"期间运输、存储总费用占 GDP 比例见表 2。

表 2 "九五"、"十五"期间运输、存储总费用占 GDP 比例(%)

年份	运输费用	存储费用
1996	11.2	7.5
1997	11.0	7.7
1998	11.0	6.8
1999	11.6	6.2
2000	11.2	6.5
2001	11.2	6.4
2002	11.6	6.4
2003	12.0	6.3
2004	12.1	6.2
2005 年 1～9 月	11.4	6.5

资料来源:中国国际航贸网。

1. 交通运输业与物流业的关系

交通运输业是社会物流的重要组成部分。2006 年,全国社会物流总费用为 38 414 亿元,比上年增长 13.5%(按现价计算),增速比上年上升 0.6 个百分点;物流总费用与 GDP 的比率为 18.3%,比上年下降 0.2 个百分点。

从全国社会物流总费用结构来看,运输费用继续增长,占物流总费用的比重有所下降。2006 年,运输费用为 21 018 亿元,比上年增长 12.8%,占社会物流总费用的54.7%，比2005年下降0.3%。 2006年不同方式的运输费用见表3。

表3 2006年不同方式的运输费用

运输方式	运输费用（亿元）	比上年增长（%）	增幅增长（百分点）	占运输费用的比例（%）	与上年相比
道路	13 255	12.7	0.3	63.1	持平
铁路	2 265	11.6	4.4	10.8	减少0.1个百分点
水上	2 757	12.2	-7.6	13.1	减少0.1个百分点
航空	213	28.3	12.4	1.0	增加0.1个百分点
管道	152	29.5	21.6	0.7	增加0.1个百分点
装卸搬运及其他	2 376	13.1	1.4	11.3	持平

2. 我国交通运输业的发展现状

（1）多渠道投资推动基础设施建设和规模扩张。2005年底，我国交通运输设施网络里程达到220万km，较2000年增长37%。交通基础设施规模建设和扩张的主要原因是投融资体制的改革，政策调动了社会各种资金进入交通运输基础设施建设领域，特别是在高速公路和港口投资、建设方面。银行资本、国家投资、企业投资和民营资本的集中、规模进入，大大加快了投资步伐，投资规模上升到一个新的台阶，彻底改变了交通基础设施建设与发展主要依靠政府投入的局面。

（2）市场竞争带动运输市场规模迅速扩大。2005年，各种运输方式完成货运量约186亿t，比2000年增长32%；货物周转量80 258亿t·km，增长61%。由于铁路能力改善的步伐仍然没有公路快，加上农村公路的改善使农村运输得到发展，公路运输在市场中继续保持了较强的竞争力；中国成为世界工厂成为现实，国际贸易的快速发展导致海运发展迅速，市场比重逐步加大；航空运输在模式创新和跨国企业的示范下，继续快速增长，以至于铁路、公路等运输方式必须面对航空在中、长途运输上的激烈竞争。通过各种运输方式在技术特点、市场范围和市场营销方面的竞争与发展，运输服务质量不断提升，价格趋向合理，运输需求得到很好的培育，市场规模迅速扩大。

（3）技术进步加快运输装备水平的提升。先进科学技术的开发和广泛应用，大大提升了综合交通体系技术装备水平，运力结构显著改善，运输能力不断提高，与国际先进水平的差距明显缩小，为中国交通运输及其装备的现代化创造了条件。通过技术引进和自主开发，铁路大功率机车、时速200km的旅客动车组、高档载客汽车和大型化专业化载货汽车、大型专业化远洋船舶、现代支线飞机等装备的应用程度得到提高。上海磁悬浮示范运营线路的成功运行，表明我国交通正在向以高技术集成为显著特征的现代运输方式迈进。

（4）管理提升加快服务质量的改善。①交通信息化建设稳步推进。全国航空、海运信息化管理已接近国际先进水平，铁路运输管理信息系统、航空票务和结算系统、船舶交通管理系统、公路不停车收费和联网收费系统、管道运输数据采集与监控系统等已得到应用，智能运输系统技术研究及应用在全国开始启动，特大城市建立了信息化交通管理指挥中心等，这些使全国交通运输管理水平上了一个新台阶。②运输服务质量有了较大改善。以便捷、高效为目标的货物运输服务体系正在形成，货物运输代理、物流服务、多式联运、快递业务、信息公布与查询等运输服务方式发展迅速，货物运输及时性和拓展性有所提高。

（5）兼顾公平与效率，促进城乡共同发展。①区域交通运输建设迈上新台阶。为促进各个地区的协调发展，在区域经济合作和交通运输协调发展的基础上，区域交通建设出现新局面。东部地区进一步扩大了运输基础网络规模，初步构建起现代综合交通网络。中部地区在建设区内运输基础网络的同时，重点建设和完善了一批联络各大经济区的主通道，发挥“东联西引”的作用。在实施西部大开发战略中，交通建设以扩大覆盖面、提高通达度和建立联通东中部及周边国家运输通道为重点，使西部12个省、区、市交通基础设施规模迅速扩大，增长速度高于东、中部地区，建设了一批带有标志性的重大交通基础设施。其中，青藏铁路全线铺通标志着我国铁路网已通达所有省份，西气东输工程对改善我国能源结构、促进西部地区经济发展作用明显。②农村公路建设快速发展。2005年，我国实现了99.9%的乡镇、96%的建制村通公路，分别比2000年提高0.7和5.2个百分点。农村公路技术状况明显改善，除西藏外，基本实现了东部地区“油路到村”、中部地区“油路到乡”、西部地区“县与县通油路”。农村公路建设在着力解决“三农”问题和推进城镇化进程中发挥了重要作用。

3.“十一五”交通运输建设要点

在“九五”、“十五”的基础上，国家发展和改革委员会提出“十一五”的交通运输建设重点：

铁路：建设北京至上海、北京到广州至深圳、哈尔滨至大连、郑州至西安、上海至宁波至深圳、南京至武汉至成都等客运专线，北京至天津、上海至南京、上海至杭州、南京至杭州、广州至珠海等城际轨道交通，向塘至湄州湾、兰州至重庆、太原至中卫（银川）铁路和青藏铁路延伸线，大同至秦皇岛、朔州至黄骅铁路扩能改造。

公路：建设北京至上海、北京至福州、北京至中国香港（中国澳门）、北京至昆明、北京至哈尔滨、沈阳至海口、包头至茂名、青岛至银川、南京至洛阳、上海至西安、上海至重庆、上海至昆明、福州至银川、广州至昆明等高速公路。

港口：建设大连、唐山、天津、青岛、上海、宁波—舟山、福州、厦门、深圳、广州、湛江及防城等沿海港口的煤炭、进口油气、进口铁矿石中转运输系统和集装箱运输系统，适时建设华东、华南地区煤炭中转储存基地。

水运：建设长江口深水航道治理三期工程、珠江口出海航道工程，长江水系、珠江水系和京杭运河航道整治工程，加快重庆、武汉、南京等内河港口建设。

机场：扩建北京、上海、广州、杭州、成都、深圳、西安、乌鲁木齐、郑州机场。

4.交通运输业快速发展中存在的主要问题

（1）铁路投资相对滞后。尽管2005年铁路建设步伐开始加快，投资规模在历史上也是最大的，但在我国5种运输方式中，铁路运输能力整体上最紧缺，其投资和建设规模与能力的紧缺更是形成了强烈的反差。需求强烈而投资不足，使得基础设施建设缓慢，相关政策的针对性和适应性不强等问题凸显。

（2）高速公路投资与建设不平衡。2005年，中国高速公路的布局整体上仍呈现东部地区密度较高、中部地区次之、西部地区相对落后的状态，这种发展格局与经济社会发展所产生的现实需求是对应的，符合运输的发展规律和经济社会对运输的需求。但是，从经济开发和营造高效率公路运输环境的角度看，我国高速公路投资与建设方面存在明显不平衡问题。

（3）港口建设存在过热隐患。2005年，在国家宏观调控政策的作用下，钢铁、电力、能源等产生大运量的行业发展速度得到合理控制，近些年根据这些行业的超常发展进行港口规模扩张的思路与做法，必须得到合理有效的控制和引导，否则，将产生港口投资过度的隐患。

（4）机场投资与建设缺乏整体与前瞻性。机场下放地方后，经过2005年的发展，显现两种发展格局，一是具有经济实力做后盾的中心城市机场，需求较为旺盛，机场建设与发展积极性较高；二是经济实力不够、需求不足的城市，机场成为地方财政的负担，其发展的积极性受到很大影响。从航空运输发展现状不难看出，机场投资与建设不能从整体布局和未来的发展需求角度进行规划和建设，是存在的主要问题。

（5）管道建设缺乏合理引导。国家和地方政府对管道运输的政策和规划指导存在明显的不足，企业从自身需要角度进行管道的建设和布局，往往因竞争等因素缺乏合理性和整体的经济性，因此，在管道运输基础设施的发展中，在以企业建设运营为主体模式的情况下，必须加强政府政策的引导与协调。

5.交通运输业应注意的问题

尽管交通运输业发展势头很好，但也要清楚地看到交通运输对国民经济发展的“瓶颈”制约尚未根本消除，交通运输发展的任务依然很重。未来一段时间内，交通运输业仍应坚持发展为主题，贯彻落实科学发展观，走可持续发展的路子。国家发展和改革委员会副主任张茅在中国交通运输协会第六届理事大会上的讲话指出，我国交通运输业今后的工作重点应该是：

(1)把握好发展机遇，充分认识交通运输网络的形成期的重要性，继续保持交通运输较快的发展速度，尽快完善自身体系，形成网络。

(2)全面贯彻落实科学发展观，切实转变增长方式，优化运输结构，注重各种运输方式的衔接和协调，努力实现交通运输的可持续发展。包括在发展中优化交通运输结构，最大限度地节约土地资源和能源资源，依靠科技进步提高运输效率、降低污染排放率。

(3)要突出重点，量力而行，注重投资效益。

(4)继续深化改革，充分发挥市场配置交通运输资源的基础性作用，理顺政府与市场的关系。

三、装卸搬运——交通运输的瓶颈

交通运输业里有两句俗话“跑在中间，误在两头”、“不怕慢，就怕站”，也就是说运输速度再快，在出发和到达的站/场/港，装卸措施跟不上，很难提高运输效率。因此，搬运装卸作业成为交通运输业的“瓶颈”和重要组成部分。

(1)运输的起点是以“装”为主的作业，终点是以“卸”为主的作业，它们是运输的主要环节。

(2)搬运装卸作业不仅次数频繁，而且还是劳动密集型、耗费人力的作业。在运输费用中，搬运装卸费用一般约占20%～30%；在运输的全过程中，搬运装卸所占的时间约为全部运输时间的50%左右。

(3)搬运装卸的对象复杂，品类众多，需要各种类型的起重运输机械来完成搬运装卸作业。

装卸搬运在交通运输业中的主要作业场所有：

(1)铁路：货运枢纽站场、货运站、货场和仓库，铁路的行包快运企业以及综合物流服务中心等；

(2)公路：公路货运站场和枢纽，与铁路、水运、空运衔接的枢纽型物流配送中心等；

(3)水运：沿海集装箱码头，煤炭、油气、铁矿砂等专用码头，内河航运码头；

(4)空运：货运站、货邮集散中心以及货运仓库。

四、交通运输业发展对起重运输机械行业的要求

1. 一般要求

为满足快速发展的交通运输作业要求，在“十一五”期间需提供足够品类和数量的高质量、性能先进的起重运输机械。

(1)提供专用的成套设备，如：港口散料装卸成套设备、港口和公路、铁路货运集装箱装卸运输成套设备、仓储及自动化搬运装卸成套设备等；

(2)提供专用的各式仓储设备，如：各式巷道堆垛起重机、自动化立体仓库等；

(3)提供通用的铁路货运枢纽站场、货运站、货场和仓库、铁路的行包快运企业以及综合物流服务中心等需求的起重运输机械，如：各式叉车、各式桥/门式起重机、翻车机和各式传送带等；

(4)提供通用的沿海集装箱码头，煤炭、油气、铁矿砂等专用码头，内河航运码头等需求的起重运输机械，如：各式装船/卸船机、各式斗轮/门式取料机等；

(5)提供通用公路货运站场和枢纽以及与铁路、水运、空运衔接的枢纽型物流配送中心等需求的起重运输机械，如：各式叉车、各式桥/门式起重机、各式传送带等；

(6)提供通用的空运货运站、货邮集散中心以及货运仓库等需求的起重运输机械，如：各式叉车、升降平台和牵引车辆等。

2. 各类运输物料对起重运输机械的要求

交通运输的物料对象，可分为件杂货与散料两大品类。在上述对起重运输机械一般要求的前提下，本文对快速发展的交通运输业所涉及的各类运输物料，使用哪种起重运输机械为宜以及应具备的特点分述如下。

(1)件杂货运输设备：要求把件杂货装入具有一定规格尺寸的集装箱、货箱、集装袋等容器具或按一定排列方式堆放在标准托盘上，形成货物的单元，并以单元方式成组进行运输和装卸搬运作业。因此，完成件杂货的集装单元化运输和装卸搬运作业，往往需要成套的起重运输机械。

集装化物流成组化、规格化、标准化的运输和装卸搬运方式适宜机械化、自动化操作，便于大量运输，能大幅度提高运输和装卸搬运的效率，减少货损货差，节省人力和物力，降低运输成本。特别是集装箱物流，中途无需开箱，通过连续的运输和装卸搬运便可直接送达收货人。因此，集装化物流

是现代物流和社会供应链中应用最广、适应性最强的一种先进物流运输和装卸方式，货物集装箱化后更便于计算机管理，体现了现代物流信息化的重要特征。

集装化物流大体可分为集装箱物流、集装袋物流和托盘成组式物流等不同类型，其中集装箱物流最具代表性，在集装化物流中占有主导地位；集装袋物流主要用于邮政物流；托盘成组式物流主要用于物流配送中心、自动化主体仓库等场合。有时3种物流方式也可集成在一起同时出现，例如可将装有货物的托盘直接装入集装箱，也可将集装箱装在托盘上。

集装箱运输的优势有：

(1)最有效地提高件杂货的装卸效率。件杂货是国际贸易中的主要货种，现代岸边集装箱起重机平均每小时可以作业30～40箱，每个TEU以11t计，即每小时装卸350～400t。过去装卸件杂货采用起重量为10t的门座起重机，但由于件杂货堆码、出舱不便，平均生产率只有30～35t/h。采用现代集装箱搬运后，件杂货的装卸效率提高了十几甚至几十倍(多机作业)。

(2)保证货物在运输和装卸过程中的安全。过去，由于装卸设备和装卸过程中种种原因的限制，1%～2%的货损和货差是难免的，玻璃类易碎货物则高达10%以上。集装箱运输基本消灭了货损货差，并可采用"门锁加封闭"的措施从根本上解决件杂货在运输过程中的防盗问题。

(3)保证船舶装卸实现全天候作业。过去，每逢雨天，件杂货码头为减少货损，作业规程规定必须关闭舱口，停止作业。在多雨季节，不少码头几乎有1/3的时间不能作业。集装箱运输应从根本上解决了这个问题。

(4)充分利用堆存货场的面积和空间，基本实现"零"库存。过去，件杂货到岸后必须进入仓库，即便放在货场，也需遮盖。集装箱运输应利用原箱堆码在货场，即可防雨又可防盗。一般集装箱堆场可以堆码4～5个箱高，少风地区的堆码高度高达7个(国际的设计规定每箱承压9个高度)，充分利用了码头前沿的堆场面积和空间。

(5)集装箱应重复使用。除去产品自身的外包装以外，作为一组货物必须有成组包装，采用金属钢质的集装箱，可以多次重复使用，大大降低了包装支出成本。除船用公司拥有货箱以外，国际上出现了集装租赁业，为开展集装箱运输提供了方便。

(6)实现"门到门"的货物搬运。如何减少货物中间装卸环节，是提高货物运输效率、降低成本的一大课题。过去，货物由产到销的物流过程常需8～10个装卸环节(铁路货场、装车、船码头、船运、入库存放、经公路或铁路运输、库场存放、进入市场售货)，每个环节都要有装卸作业，要花费机具和劳动，易出现货损货差。而采用集装箱运输后，由于货物始终装在特制的箱子内，由生产厂到用户，不必开箱倒载，实现高效安全的"门到门"作业。

(7)最大限度地降低运输成本。如上所述，不论从节省码头建设投资，还是从提高装卸效率来看，集装箱运输都大幅度地降低了运输成本。例如，目前从上海到美国西海岸每个标箱的运费大约为1 000美元，每标箱按11t货物计，低的越洋货物运费仅为0.1美元。低越洋运费是促进国际贸易大发展，实现全球经济一体化的重要前提。

(8)缩短货物运输时间。集装箱运输是定点、定向、定船、定期的运输。在两港之间航线相对固定、船舶固定，到达和启程时间也比较稳定。航运公司向世界公布各航线到达首尾港、中间港的船期和收货时间，因而可以准确预知货物启程和到达的时刻，从而最有效地计划货物的产销周期。现代集装箱船航速高达44.4～51.9km，高速集装箱班轮缩短了路途时间。

集装箱起重机的发展趋势：

(1)大型化、高速化和专用化。在全球集装箱物流网络中，港口是网络的节点，连接港口之间的航线则是网络的边。通常，较大的船具有较低的运输费用，因此，近几年国际上集装箱船向大型化发展的趋势比较明显。1997年，世界上名列前茅的马士基海陆船公司订购了装箱量为6 600标准箱的"Sovereign Maersk"号并投入运营，随后该公司和其他知名船公司又投入运营14艘该船的姐妹船，其型长347m、型宽43m，与1987年美国总统船运公司订购的装箱量为4 300标准箱的船相比，其型长和型宽分别多出72m和74m。2001年，第一艘装箱量为7 500标准箱的Hamburg Express系列集装箱船交付使用。把港航(包括港口和航线)集装箱物流系统作为一个整体,把整个系统的费用最低作为优化目标进行的研究表明,8 000标准箱左右的船可作为优化船型。

港口为了接泊这些尺度很大的船,需要增加装卸设备并疏浚航道,船型大型化就需要港口具备大型的集装箱起重机。2005年,中国的港口吞吐量达到50亿t,成为港口强国;港口集装箱吞吐量达到7 500标准箱,居世界第一位;上海港实现4.43亿t吞吐量,成为世界第一大港;10个港口跻身亿吨大港。上海振华港机公司(ZPMC)从1999年起已成为最大的集装箱物流机械特别是岸边集装箱起重机的供应商。例如,ZPMC为美国奥克兰港生产的6台前伸距65m的岸边集装箱起重机,可以适应装卸用板上积载多达23列集装箱的船舶。2001年ZPMC为德国汉堡港生产的接力式双小车岸边集装箱起重机,配置了自动导向车(AGV)组成的集装箱装卸系统,单机生产率可达60标准箱/小时,对装载量超过66 000标准箱超巴拿马型船,可同时投入5台起重机作业,每小时装卸作业可达300标准箱以上。

起重量越来越大,工作速度越来越高,并对能耗和可靠性提出更高的要求。起重机已成为自动化生产流程中的重要环节,不但要求容易操作和维护,而且安全性要好,可靠性要高,要求具有优异的耐久性、无故障性、维修性和使用经济性。目前世界上最大的履带起重机起重量已达3 000t,最大的桥式起重机起重量达1 200t,集装箱岸边装卸小车的最大运行速度已达到350m/min,堆垛起重机最大运行速度240m/min,垃圾处理用起重机的起升速度达100m/min。

工业生产方式和用户需求的多样性,使专用起重机的市场不断扩大,品种也不断更新,以特有的功能满足特殊的需要,发挥出最佳的效用。例如冶金、核电、造纸、垃圾处理专用起重机,防爆、防腐、绝缘起重机和铁路、船舶集装箱专用起重机的功能不断增加,性能不断提高,适应性比以往更强。德国德马格公司研制出飞机维修保养专用起重机,在国际市场打开了销路。这种起重机安装在房屋结构上,跨度大、起升高度大、可过跨、停车精度高,在起重小车下面安装有多节伸缩导管,与飞机维修平台相连,并可作360°旋转。通过大车和小车的位移、导管的升降与旋转可使维修平台到达飞机的任一部位,维护和修理极为快捷方便。

(2)自动化、智能化和数字化。集装箱起重机的更新和发展,在很大程度上取决于电气传动与控制的改进。将机械技术和电子技术相结合,将先进的计算机技术、微电子技术、电力电子技术、光缆技术、液压技术、模糊控制技术应用到机械的驱动和控制系统,实现起重机的自动化和智能化。变压变频调速、射频数据通信、故障自诊监控、激光查找起吊物重心、近场感应防碰撞技术、现场总线、载波通信及控制、无接触供电及三维条码技术等将广泛得到应用,起重机具有更高的柔性,以适合多批次少批量的柔性生产模式,提高单机综合自动化水平。大型高效起重机新一代电气控制装置已发展为全电子数字化控制系统,主要由全数字化控制驱动装置、可编程序控制器、故障诊断及数据管理系统、数字化操纵给定检测等设备组成。要重点开发以微处理机为核心的高性能电气传动装置,使起重机具有优良的调速和静动特性,可进行操作的自动控制、自动显示与记录,起重机运行的自动保护与自动检测,特殊场合的远距离遥控等,以适应自动化生产的需要。

(3)产品组合成套化、集成化和柔性化。在件杂货起重机单机自动化的基础上,通过计算机控制把各种件杂货起重运输机械组成一个物料搬运集成系统,通过中央控制室的控制,与生产设备有机结合,与生产系统协调配合。这类起重机自动化程度高,具有信息处理功能,可将传感器检测出来的各种信息实施存储、运算、逻辑判断、变换等处理加工,进而向执行机构发出控制指令。同时还具有较好的信息输入输出接口,实现信息全部、准确、可靠地在整个物料搬运集成系统中的传输。通过系统集成,形成不同机种的最佳匹配和组合,取长补短,发挥最佳效用。目前重点发展的有工厂生产搬运自动化系统、柔性加工制造系统、商业货物配送集散系统、集装箱装卸搬运系统、交通运输和邮电部门行包货物的自动分拣与搬运系统。

(4)构造新型化、美观化、实用化。结构方面采用薄壁型材和异形钢、减少结构的拼接焊缝，提高抗疲劳性能。采用各种高强度低合金新材料，提高承载能力，改善受力条件，减轻自重和增加外形美观。桥式起重机的桥架结构型式大多采用箱形四梁结构，主梁与端梁采用高强度螺栓联接，便于运输与安装。

在机构方面进一步开发新型传动零部件，简化机构。“三合一”运行机构是当今世界轻、中级起重机运行机构的主流，将电动机、减速器和制动器合为一体，具有结构紧凑、轻巧美观、拆装方便、调整简单、运行平稳、配套范围大等优点，国外已广泛应用到各种起重机运行机构上。为使中小吨位的起重小车结构尽量简化，同时降低起重机的高度、减小轮压，国外已大量采用电动葫芦作为起升机构。为了减轻自重，提高承载能力，改善加工制造条件，增加产品成品率，零部件尽量以焊代铸，如减速器壳体、卷筒、轮滑等都用焊接结构，减速器齿轮都采用硬齿面，以减轻自重、减少体积、提高承载能力、增加使用寿命。液压推杆盘式制动器的应用范围也越来越大。此外，各机构采用的电动机都向高转速发展，从而减小电动机基座，减轻重量、减小外形尺寸，并可配用制动力矩小的制动器。

(2)散料运输和装卸设备：散料连续输送和装卸设备可分为机械式和流体式两大类。

机械式输送和装卸设备包括带式输送机、斗轮式堆取料机、翻车机、斗式提升机、链式输送机、振动输送机和螺旋输送机等；流体式输送设备包括气力输送设备、水力输送设备、浆体输送设备和容器式管道输送设备。

散料运输和装卸设备应具备：①环境保护设施完备，要求设备无尘、无噪声、防爆、安全可靠；②采用各种传感器，实现设备和系统的全自动运转；③多品种少量生产系统使生产在库、销售压库量最少，也就是“用必要的料在所需的时间内制造需要的量”，这是一种具有弹性且可及时灵活调整的生产系统，用于制造部门、机器人、自控的精密加工设备，是由无人搬运车和输送设备组成、由计算机控制加上必要的信息构成的系统，使制造部门提高质量管理水平，实现高效化和合理化；④洁净卫生化，防止在输送过程中物料破碎、掺混入异物；⑤高效化、高速化、高浓度化，达到进一步节能的效果；⑥对超细物料产业发展带来的诸如防止粘附、凝集、起拱以及超细料的输送、收尘、分级、计量待配套技术的研究和综合应用；⑦在对资源再生利用和环保综合技术的研究开发中实现低成本化和可靠性化。

“十一五”期间，应着重开发下列散料输送技术和设备：

(1)密闭断面型带式输送机。带式输送机是所有连续输送机中能耗最低、应用最广泛的机种，但它存在输送过程落料、进料和转料以及卸料处发尘或混入异料的可能，因此输送机主要用于水平直线配置，倾斜输送受一定限制。

国外现已开发成功应用的有多种密闭断面型带式输送机，它们克服了上述不足点。从构造型式上，有吊挂托辊式、滑轮夹钩式、导轨式、圆管带式等。圆管带式输送机仅日本石桥公司就已经有700余套的用户业绩，单机最长距离达5 000m，最大管带直径为700mm；扁管带式可使用通用的带式输送机托辊等配件且转弯最小半径为1m，可进行倾斜和垂直输送也引起用户的广泛关注。

(2)灵活设置的三维连续输送技术和设备。为了有效利用空间，可作循环输送，运行功率小，密闭且节能，已有成功应用的三维链槽板式输送机，在圆管中的圆板式输送设备也极具发展前途。

(3)洁净卫生型料斗式连续输送机。这种输送机适用于药品、食品、化学品等造料、整粒料、成型品和附加值高的物料输送。其特点是在输送中料斗几乎无振动，不会损伤物料以及引起分级和变质。料斗和链条用合成树脂和橡胶制造，不会生锈。

(4)连续输送机的高可靠性和高自动化。随着电气控制技术、传感技术、计算机技术的进步和发展，在系统和设备控制中应用诸如可编程序控制和变频控制技术，从而实现系统和设备的可靠、节能和性能的提高，同时实现小型化和轻型化。

(5)低输送风速、高浓度气力输送技术。以往耗能大的气力输送技术获得可与机械式连续输送相抗衡的地位。在食品原料、建材水泥、化工原料、医药品原料、能源工业中的煤粉和粉煤灰、石化业中的大量粉体工程中获得广泛应用。这是因为当今用户对输送过程中防止破碎、粘附、凝集以及防止异物混入和粉尘爆炸提出了更高的要求，这些又可以发挥气力输送独到的优点。

(6)机械式连续输送技术和流体式连续输送技术的结合。国外，机械式连续输送技术和流体式连续输送技术的结合在港口散装卸设备中已得到充分的体现，例如夹带式、螺旋式、刮板链式、链斗式等各种卸船设备。可以预见，在未来的连续输送机技术中会有更多复合式的系统和设备出现。上述新设备的技术关键集中在供料部和转接部，它是研究和开发的重点。

随着各产业部门粉体工程散装和散运比例的增大，散料连续输送的作用将继续增大并被更广泛地应用。由于输送工程是各生产工艺过程中的动脉，故在设计时应对整个系统作充分的了解和把握，以实现最优的连续输送技术和设备配置。

〔撰稿人：中国重型机械工业协会石一兵　审稿人：中国重型机械工业协会徐善继〕

冶金矿山机械设备进出口状况及前景分析

一、“十五”期间冶金矿山机械设备进出口情况

冶金机械和矿山机械的出口额在2004年都突破了1亿美元，并持续快速增长，特别是冶金设备在2005年、2006年的出口增长速度均超过80%。冶金设备和矿山设备的进口额在2001～2004年快速增长，贸易逆差逐年扩大，2004年以后，贸易逆差开始减少。

冶金机械和矿山机械进出口贸易情况的变化从一个侧面凸显了我国冶金矿山机械设备的制造能力以及在国内外市场的竞争能力在不断提高。“十五”期间冶金矿山机械设备进出口情况见表1。

表1　“十五”期间冶金矿山机械设备进出口情况

产品类别	指标名称	出口额（亿美元）	进口额（亿美元）	进出口差额（亿美元）	国内需求（亿元）	国内市场占有率（%）	行业销售收入（亿元）
冶金机械	2001年	0.8	4.5	-3.7	110.9	66	79.8
	2002年	0.7	9.9	-9.1	179.9	54.5	104.1
	比上年增长(%)	-8.8	117.4	144.4	62.3	降低11.5个百分点	30.4
	2003年	1.0	12.1	-11.1	240.8	58.5	149.2
	比上年增长(%)	42.9	22.2	21.1	33.8	增加4.0个百分点	43.3
	2004年	1.6	13.0	-11.4	338.5	68.3	244.3
	比上年增长(%)	59.6	7.4	14.5	40.6	增加9.8个百分点	63.7
	2005年	3.6	14.3	-10.8	417.7	72.2	330.4
	比上年增长(%)	125.9	10.6	-6.4	23.4	增加3.9个百分点	35.2
	2006年	6.7	16.3	-9.6	491.7	84.2	416.0
	比上年增长(%)	86.1	13.8	-11.0	17.7	增加12.0个百分点	25.9
矿山机械	2001年	0.6	1.7	-1.1	117.1	88.2	107.9
	2002年	0.7	2.9	-2.2	155.9	84.5	137.6
	比上年增长(%)	26.8	75.9	100.9	33.2	增加3.7个百分点	27.5
	2003年	0.7	5.1	-4.4	225.7	81.1	189.3
	比上年增长(%)	4.2	76.0	99.1	44.8	降低3.4个百分点	37.6

（续）

产品类别	指标名称	出口额（亿美元）	进口额（亿美元）	进出口差额（亿美元）	国内需求（亿元）	国内市场占有率（%）	行业销售收入（亿元）
矿山机械	2004 年	1.2	6.1	-4.9	336.8	85.1	296.6
	比上年增长（%）	63.5	18.1	10.5	49.2	增加 4.0 个百分点	56.7
	2005 年	2.3	4.5	-2.3	453.3	94	434.8
	比上年增长（%）	86.8	-25.2	-53.1	31.6	增加 8.9 个百分点	46.6
	2006 年	3.0	6.1	-3.04	627.4	92.4	603.4
	比上年增长（%）	34.5	33.9	33.3	41.4	降低 1.6 个百分点	38.8

注：表中 1 美元在 2004 年以前按 8.27 元，2005 年 8.1 元，2006 年 7.9 元计算。

二、2006 年冶金、矿山设备主要进出口产品类别及地区分布

2006 年，我国冶金设备出口超过 1 000 万美元的产品类别有：焦炉零件，炉外精炼设备，炉外精炼设备零件，其他钢坯连铸机零件，其他转炉、浇包、锭模及铸造机零件，冷轧管机，板材热轧机，板材冷轧机，型钢轧机，线材轧机，其他金属轧机，金属轧机轧辊及其他金属轧机零件等 16 类产品，合计出口金额为 62 094 万美元，占当年冶金设备出口额的 92.5% 和冶金矿山设备出口总额的 63.5%。

单类产品出口超过 500 万美元的销往国家（地区）有：焦炉零件——巴西 5 275 万美元，炉外精炼设备——中国台湾 528 万美元、印度 616 万美元，其他锭模及浇包——日本 905 万美元，板坯连铸机——波兰 877 万美元，炉外精炼设备零件——日本 514 万美元，其他转炉、浇包、锭模及铸造机零件——日本 3 965 万美元、美国 1 883 万美元、印度 4 041万美元、土耳其 914 万美元、乌克兰 744 万美元，金属轧机用轧辊——美国 1 078 万美元、中国台湾 742 万美元、马来西亚 617 万美元，其他金属轧机零件——波兰 3 276 万美元、美国 1 493 万美元、日本 1 995 万美元、德国 888 万美元、马来西亚 874 万美元、土耳其 582 万美元、泰国 530 万美元。

冶金机械单类产品进口超过 1 000 万美元的产品类别有炉外精炼设备，板坯连铸机，炉外精炼设备零件，连铸机用振动装置（无数），其他钢坯连铸机零件，其他转炉、浇包、锭模及铸造机零件，热轧管机，其他金属管轧机，板材热轧机，板材冷轧机，其他金属轧机，金属轧机轧辊及其他金属轧机零件等 13 个产品类别。单类产品进口超过 500 万美元的货源国家有德国、日本、美国、奥地利、意大利、韩国、英国、法国、瑞典、巴西等 10 个国家。2006 年我国冶金机械进出口 1 000 万美元以上的产品类别和相应 500 万美元以上的国家（地区）见表 2。

表 2　2006 年我国冶金机械进出口 1 000 万美元以上的产品类别和相应 500 万美元以上的国家（地区）

商品代码	商品名称	国家（地区）名称	数量单位	出口数量	出口金额（万美元）	进口数量	进口金额（万美元）
84179020	焦炉零件		t	11 792	5 275	29	68
	其中：	巴西	t	7 092	3 990		
84542010	炉外精炼设备		台	315	2 183	59	9 317
	其中：	奥地利	台			9	4 430
		德国	台			10	2 866
		意大利	台			8	1 008
		中国台湾	台	27	528	4	61
		印度	台	97	616		
84542090	其他锭模及浇包		台	6 096	2 413	271	690
	其中：	日本	台	771	905		
84543022	板坯连铸机		台	103	1 434	21	1 633

（续）

商品代码	商品名称	国家（地区）名称	数量单位	出口数量	出口金额（万美元）	进口数量	进口金额（万美元）
	其中：	波兰	台	50	877		
		奥地利	台			20	1 631
84549010	炉外精炼设备零件		t	9 892	1 838	1 306	1 342
	其中：	日本	t	2428	514	18	162
84549029	其他钢坯连铸机用零件		t	3 779	1 539	10 629	8 175
	其中：	意大利	t	364	76	1 068	2 487
		德国	t	132	143	540	1 661
		奥地利	t			288	1 611
		美国	t	85	27	7 399	1 128
		韩国	t	42	16	1 197	916
84549090	其他转炉浇包锭模铸机零件		t	82 768	14 953	3 418	7 437
	其中：	德国	t	1 641	286	990	2 385
		日本	t	23 546	3 965	653	1 479
		美国	t	16 587	1 883	512	1 191
		奥地利	t	28	7	96	720
		印度	t	19 995	4 041		
		意大利	t	1 109	199	506	555
		土耳其	t	2 119	914		
		乌克兰	t	1 716	744		
84551010	热轧管机		台	20	35	8	2 006
	其中：	德国	台			3	1 846
84551020	冷轧管机		台	197	1 846	18	720
	其中：	美国	台	54	1 308		
84551090	其他金属管轧机		台	429	148	36	1 606
	其中：	德国	台			4	995
84552110	板材热轧机		台	35	1 288	22	13 945
	其中：	德国	台	9	168	5	6 732
		英国	台			13	3 854
		日本	台	1	14	2	2 947
		越南	台	2	921		
84552120	型钢轧机		台	351	1 583		
	其中：	阿曼	台	3	751		
84552130	线材轧机		台	1 319	1 465	17	935
84552210	板材冷轧机		台	952	2 088	52	11 730
	其中：	德国	台	7	76	17	8 286
		法国	台			1	1 261
		意大利	台	1	17	3	545
84552290	其他金属冷轧机		台	863	2 128	72	1 237
	其中：	德国	台	3	8	7	700
84553000	金属轧机用轧辊		个	100 490	6 972	14 686	31 433
	其中：	美国	个	4 373	1 078	1 803	7 488
		日本	个	6 091	309	5 788	6 844
		德国	个	811	130	1 102	4 105
		英国	个	624	100	568	3 088
		韩国	个	857	169	1 258	2 378
		意大利	个	3 721	214	1 611	1 753
		巴西	个	3 067	74	222	1 619
		奥地利	个			218	1 143

（续）

商品代码	商品名称	国家（地区）名称	数量单位	出口数量	出口金额（万美元）	进口数量	进口金额（万美元）
		法国	个	38	7	268	1 083
		瑞典	个	39	3	212	784
		中国台湾	个	2 257	742	920	156
		马来西亚	个	2 746	617	53	1
84559000	其他金属轧机零件		t	49 998	15 089	44 532	52 484
	其中：	德国	t	1 761	888	6 686	15 440
		日本	t	6 527	1 995	8 053	13 665
		美国	t	6 971	1 493	21 051	13 625
		法国	t	57	6	2 303	4 148
		意大利	t	2 556	610	1 698	2 384
		英国	t	939	310	2 620	1 933
		韩国	t	874	264	1 027	599
		波兰	t	9 080	3 276		
		马来西亚	t	1 386	874		
		土耳其	t	1 306	582		
		泰国	t	2 239	530		
		越南	t	1 148	496		

从进出口超过1 000万美元的产品类别及单位价值比较可以看出，出口产品的成套性比较差，多为单机、零部件类产品，产品档次和附加值都比较低。金属轧机用轧辊和其他金属轧机零件进出口均超过1 000万美元，两类产品进出口数量及价格比较见表3。

表3　两类产品进出口数量及价格比较

产品类别		数量	金额（万美元）	平均单价
金属轧机用轧辊	出口	100 490（个）	6 972	694 美元/个
	进口	14 686（个）	31 433	21 403 美元/个
其他金属轧机零件	出口	49 998（t）	15 089	3 018 美元/t
	进口	44 532（t）	52 484	11 786 美元/t

从表3可以看出，出口轧辊平均每根价格为694美元，而进口轧辊平均每根价格为21 403美元，是出口价格的31倍。出口金属轧机零件平均每吨价格为3 018美元，进口金属轧机零件平均每吨价格为11 786美元，相差近3倍。

我国矿山机械出口超过1 000万美元的产品类别有：水泥回转窑，自推进的截煤机、凿岩机及隧道掘进机，非自推进的截煤机、凿岩机及隧道掘进机，固体矿物质的分类、筛选、分离或洗涤机械，齿辊式固体矿物质的破碎或磨粉机械，球磨式固体矿物质的破碎或磨粉机械，其他固体矿物质的破碎或磨粉机械。

单类矿山机械出口超过500万美元的销往国家（地区）有：非自推进的截煤机、凿岩机及隧道掘进机——中国香港666万美元、美国622万美元，固体矿物质的分类、筛选、分离或洗涤机械——美国962万美元，球磨式固体矿物质的破碎或磨粉机械——印度1 122万美元、越南970万美元、土耳其603万美元，其他固体矿物质的破碎或磨粉机械——印度1 747万美元、阿拉伯联合酋长国1 612万美元、哈萨克斯坦758万美元、印度尼西亚508万美元。可以看出，各类破碎、磨粉设备是矿山设备中的出口拳头产品，已经形成批量出口的能力，主要出口到周边亚州国家。

2006年我国矿山机械进出口1 000万美元以上的产品类别和相应500万美元以上的国家（地区）见表4。

表4　2006年我国矿山机械进出口1 000万美元以上的产品类别和相应500万美元以上的国家(地区)

商品代码	商品名称	国家(地区)名称	出口量(台)	出口额(万美元)	进口量(台)	进口额(万美元)
84178030	水泥回转窑		31	1 460	4	765
	其中:	德国			3	702
84303100	自推进的截煤机、凿岩机及隧道掘进机		839	3 255	96	14 906
	其中:	德国			10	5 532
		英国	2	12	3	1 782
		奥地利			6	1 712
		日本	1	9	9	1 531
		美国			8	1 469
		瑞典			36	1 430
		芬兰			19	1 022
84303900	非自推进的截煤机、凿岩机及隧道掘进机		13 585	1 812	65	5 385
	其中:	德国			15	4 372
		美国	144	622	4	859
		中国香港	1	666		
84305039	其他采矿钻机		122	53	189	1 908
	其中:	美国			12	1 374
84741000	固体矿物质的分类、筛选、分离或洗涤机械		24 701	7 132	2 450	13 795
	其中:	美国	4 489	962	778	4 616
		澳大利亚	215	37	181	2 425
		德国	163	10	217	2 171
		日本	3 099	295	252	961
		英国			46	883
		南非	43	66	120	764
		法国	28	20	29	559
84742010	齿辊式固体矿物质的破碎或磨粉机械		5 997	1 926	180	4 161
	其中:	德国	9	6	20	1 305
		英国	1 743	9	31	927
		日本	66	51	10	642
84742020	球磨式固体矿物质的破碎或磨粉机械		1 254	5 042	154	1 688
	其中:	德国		2	28	1 050
		印度	341	1 122		
		越南	111	970		
		土耳其	14	603		
84552290	其他固体矿物质的破碎或磨粉机械		6 861	9 985	862	17 499
	其中:	德国	32	52	238	4 943
		瑞典			74	3 181
		丹麦			14	1 966
		巴西	13	38	33	1 323
		日本	206	102	85	1 290
		美国	321	416	88	1 253
		中国台湾	60	56	61	1 124
		法国	5	16	47	964
		印度	242	912		
		阿拉伯联合酋长国	43	1 612		
		哈萨克斯坦	108	758	231	905
		印度尼西亚	435	508		

三、2005 年以来冶金、矿山设备的主要出口产品品种及销往国家(地区)

1. 中国第一重型机械集团公司

1450 冷轧机、平整机改造——马来西亚;

连铸机扇形段——俄罗斯、乌克兰、沙特阿拉伯、巴西;

反应堆压力容器、核电锻件——韩国;

冷、热轧机支承辊——马来西亚、中国台湾等。

2. 中国第二重型机械集团公司

出口产品有:2250 热连轧机、辊道、轧机备件、平整冷轧设备、压力容器、汽轮机零件、破碎机零件、工矿备件、锻辊等,出口到美国、英国、德国、意大利、瑞士、丹麦、日本、印度、新加坡、越南以及中国台湾等。

3. 大连重工·起重集团有限公司

出口产品有:汽轮机缸体(含百万千瓦级超临界机组汽轮机缸体)、钢包回转台、混铁水车、焦炉机械等,出口到德国、美国、比利时、澳大利亚、印度、日本、韩国、土耳其、波兰等。

4. 北方重工沈重集团

旋回破碎机、MGS4351 双进双出磨煤机、14X17 球磨机——美国;

中速磨煤机——日本;

自磨机、纤维板热压机——俄罗斯;

水泥设备、198m^2 烧结机——巴西;

破碎机——朝鲜;

MLS3626 立式辊磨机——越南等。

四、我国冶金矿山机械出口前景分析

2004~2006 年冶金机械出口增长率分别达到 59.6%、125.9%、88.5%,2004~2006 年矿山机械出口增长率分别达到 63.5%、86.8% 和 34.5%,这说明冶金矿山机械出口已进入快速增长期,前景良好。

从单类产品出口超过 1 000 万美元的产品类别和几个主要冶金矿山设备制造企业近几年出口的主要产品品种看,焦炉机械、水泥机械、连铸及轧钢机械、破碎粉磨机械均有较强的出口能力。尤其是破碎粉磨机械已实现批量出口,具有很好的出口前景。有条件的企业应在出口战略指导下,进一步强化产品结构和生产组织调整,扩大批量生产能力,降低生产成本,提高出口竞争能力。焦炉、烧结、水泥及连轧机成套设备已具备相当的国际竞争能力,将进入出口快速增长时期,有条件的企业应尽快完善相应措施,以迎接出口快速增长的挑战。以铸锻件为基础的各种产品零件(含轴及轧辊类产品)在出口总额中占了很大比例,但随着我国能源政策和环境保护政策的调整,中低档次铸锻件产品的出口将可能得不到政策支持甚至受到限制,加大高质量、高附加值铸锻件产品的出口力度,应是铸锻件产品出口企业的努力方向。

〔撰稿人:中国重型机械工业协会傅树利　审稿人:中国重型机械工业协会汪建业〕

2006 年度“中国机械工业科学技术奖”重型机械行业榜

2006 年,“中国机械工业科学技术奖”共奖励机械工业优秀科技成果 207 项,其中特等奖 1 项、一等奖 16 项、二等奖 74 项、三等奖 116 项。

2006 年 8 月 5~7 日,重型机械行业科技评审会在山东省青岛市召开,与会 20 名专家按专业分组对全行业企业、科研单位、大专院校申报的 43 项中国机械工业科学技术奖项目进行审查。由于 2006 年是我国“十五”计划全面完成的一年,很多项目技术水平高,自主创新内容增多,共有 28 项成果获得专家好评。经“中国机械工业科学技术奖”评审委员会审定,中国重型机械行业 2006 年度共荣获“中国机械工业科学技术奖”28 项,其中一等奖 3 项、二等奖 12 项、三等奖 13 项。

2006 年“中国机械工业科学技术奖”重型机械

行业获奖项目见表1。

表1　2006年“中国机械工业科学技术奖”重型机械行业获奖项目

获奖等级	项目名称	单位名称
一等奖	宝钢5 000mm宽厚板轧机研制	中国第二重型机械集团公司、宝山钢铁股份有限公司
	连铸机张力板簧导向蜗线齿轮变速非正弦振动技术及装备	燕山大学、鞍钢新轧钢股份有限公司
	MPF1713辊盘式磨煤机	沈阳重型机械集团有限责任公司
二等奖	600t×182m造船门式起重机	大连重工·起重集团有限公司
	850mm中宽带钢热连轧机	中国第一重型机械集团公司
	人工制砂系统关键技术研究	洛阳矿山机械工程设计研究院、中信重型机械公司
	金属功能材料高精度四辊液压轧机	西安重型机械研究所、上海钢铁研究所
	可翻卸解列及不解列铁路敞车翻车机卸车系统	大连重工·起重集团有限公司、秦皇岛港务集团有限公司、山东省科学院海洋仪器仪表研究所、交通部水运科学研究所
	30mm×2 400mm滚切式定尺剪	沈阳重型机械集团有限责任公司
	日产万吨水泥生产线辅助料场ϕ80m顶堆侧取堆取料机	沈阳矿山机械(集团)有限责任公司
	高效柱分离方法与煤炭深度降灰脱硫技术研究	中国矿业大学
	41t—50m轨道式集装箱门式起重机	上海港口机械制造厂
	烧结机环保节能改造——风箱外高负接触头尾密封技术	燕山大学
	ϕ5.03m×8.3m溢流型球磨机	中信重型机械公司、洛阳矿山机械工程设计研究院、河南省机械设计与传动系统重点实验室
	MQS—T2754脱硫湿式球磨机	沈阳重型机械集团有限责任公司
三等奖	火车车轮轧制工艺研究	北京科技大学、太原重型机械集团公司
	R73连铸机辊子材料及工艺研究	中国第一重型机械集团公司
	河南驻马店豫龙水泥厂8.139km长距离带式输送机设计制造	衡阳起重运输机械有限公司
	新型热镀锌板光整工艺及光整机关键技术的开发研制	西安重型机械研究所
	全自动装箱机械手及伺服控制系统	江苏大学
	PR模块式齿轮减速器	南京高精齿轮集团有限公司、南京高速齿轮制造有限公司
	NS1252型125t全液压铁路起重机的研制	中国北车集团兰州机车厂
	铜材连续挤压技术和设备	大连交通大学
	沈阳某部自动化立体库房物流系统	北京起重运输机械研究所
	大功率重载行星齿轮箱系列	西安重型机械研究所
	20kg铝锭连续铸造机组	兰州理工大学
	1 725mm热轧联合剪切机组	沈阳重型机械集团有限责任公司
	JFSJ—200积放式悬挂输送机	江苏天奇物流系统工程股份有限公司

〔撰稿人:中国重型机械工业协会张维新　审稿人:中国重型机械工业协会汪建业〕

2006 年重型机械行业"中国名牌产品"、"中国世界名牌产品"及其生产企业

推进名牌战略对促进我国经济高速发展、增强国际竞争力非常重要。国家质检总局成立了中国名牌战略推进委员会，具体负责组织实施。具体实施的步骤是，首先由中国机械工业联合会组织各专业协会，按以下原则提出中国名牌产品评价目录：①符合国家产业结构发展方向，有利于节约资源，保护环境，具有可持续发展的前景。②关系国计民生，在国民经济发展中具有重要影响，行业规模较大。③行业集中度较高，主要企业的产品市场占有率较大，具有较高的顾客满意程度和品牌知名度。④产品采用国际标准或国外先进标准，实物质量达到国际同类产品水平，具有较强的国际竞争力。此外，对具有一定生产规模、拥有自主知识产权和核心技术的产品应优先考虑；对出口创汇产品（必须有一定比例的自主品牌）和替代进口产品要适当倾斜；农业类产品应经过标准化生产或加工，具有较高的产业化程度和一定的科技含量。

2006 年，由中国机械工业联合会组织各有关专业协会共同申报了机械工业 30 多项条目，经多次评审，最终审定 14 项，其中重型机械行业有 2 项被列入评价目录。在此基础上，按照《中国名牌产品管理办法》规定的程序，在企业自愿申请的基础上，经各省、自治区、直辖市初审、公示并审核推荐，各相关专业委员会综合评价，中国名牌战略推进委员会全体委员会议审议通过，确定中国名牌产品。

中国名牌战略推进委员会 2006 年 9 月 1 日发布 2006 第 6 号公告，公布了 2006 年中国名牌产品名单，共有 91 类 556 个产品，其中重型机械行业有 2 类 8 个产品。2006 年重型机械行业获"中国名牌产品"见表 1。

表 1　2006 年重型机械行业获"中国名牌产品"

产品名称	注册商标	生产企业
桥、门式起重机械	DCW 牌	大连重工·起重集团有限公司
	TZ 牌	太原重型机械集团有限公司
	卫华牌	卫华集团有限公司
破碎粉磨设备		
磨煤机	沈重牌	沈阳重型机械集团有限责任公司
	SEC 牌（上海电气）	上海重型机器厂有限公司
	济重牌	济南重工股份有限公司
球磨机	LK 牌	中信重型机械公司
破碎机	山宝牌	上海建设路桥机械设备有限公司

中国名牌战略推进委员会 2006 年 9 月 1 日发布 2006 年第 7 号公告，公布 2006 年度中国世界名牌产品名单，共有 4 个产品，其中重型机械行业企业有 1 个产品，即：上海振华港口机械（集团）股份有限公司生产的"ZPMC"牌集装箱起重机。

〔撰稿人：中国重型机械工业协会徐善继　审稿人：中国重型机械工业协会汪建业〕

2006 年重型机械行业十大新闻

一、我国重型机械行业 2006 年完成工业总产值 2 771.78 亿元，主营业务收入 2 634.46 亿元，再创历史新高。其中，冶金矿山机械行业完成工业总产值 1 098.62 亿元，主营业务收入 1 019.42 亿元；物料搬运（起重运输）机械行业完成工业总产值 1 654.64 亿元，主营业务收入 1 599.32 亿元，均创历史新高。

二、1 月 9 日，西安重型机械研究所谢东钢所长出席了在北京召开的全国科学技术大会，并作为全国约 400 个改制研究院所的代表在 11 日闭幕式上发言。2 月 6 ~ 10 日国务院总理温家宝在中南海主持召开四次座谈会，征求对即将提请全国人大审议的《政府工作报告》和《中华人民共和国国民经济和社会发展第十一个五年规划纲要（草案）》的意见。谢东钢所长作为科技界代表，出席了教育、科技、文化、卫生和体育界代表座谈会，汇报了西重所 6 年来企业化转制和科技创新的成果，并就贯彻全国科学技术大会精神、推进自主创新等问题提出了建议。

三、4 月 4 日中共中央政治局委员、国务院副总理曾培炎，7 月 16 日中共中央政治局常委、国务院总理温家宝，11 月 15 日中共中央政治局常委、全国人大常委会委员长吴邦国先后在河南视察时，均莅临中信重型机械公司视察工作，体现了党和国家领导人对振兴我国装备制造业的关怀和重视，也是对我国重型机械行业企业的鼓舞和鞭策。他们在察看了新建的现代化厂房、引进的世界一流设备和大型产品的生产情况后，对具有 50 年历史的老国企能发展到今天，感到高兴。并指出，要走出一条振兴国企的道路，就要大力开展技术创新和技术改造，赶超世界先进水平；以节能降耗为重点进行技术改造，发展循环经济，既有经济效益，又有社会效益和环境效益，希望中信重机为促进中部崛起做出更大的贡献。

四、4 月 27 日，沈阳重型机械集团有限责任公司“金星—1 号”双护盾硬岩掘进机在重装车间隆重剪彩。这台用于青海引水工程，盾头直径达 5.93m、长 160m 的硬岩掘进机，标志着我国首台自主成套、达国际先进水平的盾构机诞生。

五、6 月 19 日，国务院振兴装备制造业工作会议召开，《国务院关于加快振兴装备制造业的若干意见》正式发布，标志着具有政策背景、代表国家意志的振兴装备制造业工作正式启动。会议表彰了在重大技术装备国产化工作中做出突出贡献的单位和先进个人，其中重型机械行业受到表彰的单位有：中国第一重型机械集团公司、中国第二重型机械集团公司、西安重型机械研究所、上海振华港口机械（集团）股份有限公司；受到表彰的个人有：中国第一重型机械集团公司总经理吴生富、中国第二重型机械集团公司副总经理曾祥东、太原重型机械集团有限公司董事长高志俊。

六、9 月 1 日，中国名牌战略推进委员会公布 2006 年“中国名牌产品”名单，共有 91 类 556 个产品，其中重型机械行业企业产品有 2 类 8 个产品，它们是：005 桥、门式起重机械“DCW”牌（大连重工 · 起重集团有限公司）、“TZ”牌（太原重型机械集团有限公司）、“卫华”牌（卫华集团有限公司）；013 破碎粉磨设备：磨煤机“沈重”牌（沈阳重型机械集团有限责任公司）、“SEC”牌（上海重型机器厂有限公司）、“济重”牌（济南重工股份有限公司）；球磨机“LK”牌（中信重型机械公司）；破碎机“山宝”牌（上海建设路桥机械设备有限公司）。

同日，中国名牌战略推进委员会公布 2006 年度“中国世界名牌产品”名单，共有 4 个产品，其中重型机械行业企业有 1 个产品，即“ZPMC”牌集装箱起重机（上海振华港口机械（集团）股份有限公司）。

七、11 月 8 ~ 9 日，中国重型机械工业协会四届三次理事扩大会议在北京召开，约 120 个单位的

210名代表出席会议。协会副理事长兼秘书长徐善继作了题为“深化为行业服务，增强协会的凝聚力，开创协会工作的新局面”的工作报告。汪建业理事长作了《发挥“十五”行业的蓄势潜能，推进“十一五”企业自主创新》专题发言。在会上，中国重型机械工业协会表彰了以包起帆为代表的50名“十五”期间在科技进步方面做出突出贡献的科技工作者，并授予河南省长垣县“中国起重机械之乡”称号。

八、12月18日，太原重型机械集团有限公司研制的900t大型架桥机、$27m^3$矿用挖掘机通过验收，这将对我国铁路架桥设备和矿山挖掘设备的自主创新和研发有巨大的推动作用。

九、12月30日，中国第一重型机械集团公司自行设计制造的世界上吨位最大、技术最先进的15 000t重型自由锻造水压机试车成功。中共中央政治局委员、国务院副总理曾培炎发来贺信，强调15 000t水压机成功试车和投产，是我国1958年研制成功万吨水压机之后的又一重大装备成果，将为生产大型锻件提供重要的硬件条件，极大地提升电力、冶金、石化、船舶行业的设备制造水平，对加快振兴重大装备制造业具有重大意义。

十、12月31日，中国第二重型机械集团公司完成了波兰米塔尔钢铁公司克拉科夫钢厂生产的2 250mm热连轧机全线设备，这是国内首次承担对外出口热连轧机成套机械项目，其高达3 250万欧元的合同额创下国内重型行业出口项目合同金额之最。二重成功生产了包括粗轧、立辊、精轧、飞剪、辊道、夹送辊、机架、卷取机、层流装置、保温罩等全线设备，机器产品产量近1万t。这是二重和重机行业加强与世界著名大公司合作迈出的重要一步，对重机行业大力实施“走出去”战略、提高国际贸易水平和参与国际竞争意义重大。

〔撰稿人：中国重型机械工业协会李广孝　审稿人：中国重型机械工业协会徐善继〕

行业篇

从生产发展情况、市场及销售、产品进出口、科技成果及新产品等方面阐述重型机械各分行业2006年的发展情况

综述

行业篇

市场篇

企业篇

统计资料

标准与质量

政策法规

大事记

附录

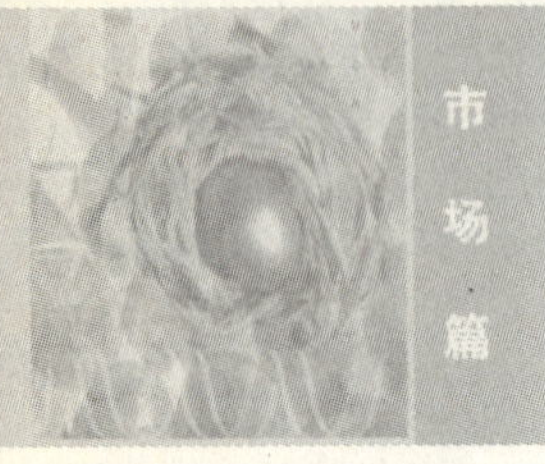

行业篇

冶金矿山机械

一、行业简况

冶金矿山机械行业为炼焦、烧结、冶炼、轧制、矿山开采、提升、破碎粉磨、煤矿采掘、洗选、竖井及隧道挖掘、水泥、重型锻压等行业提供大型成套设备及相关配套产品，以及为能源、原材料、化工、造船、军工提供大型铸锻件。由于该行业的主要产品多为重大基本建设项目的核心设备，因此在国民经济建设和增强国家制造实力方面占有非常重要的地位。

进入21世纪以来，特别是在中央振兴东北老工业基地及加强重大成套设备国产化的政策支持下，该行业进入了快速发展的时期。冶金矿山机械行业在2000～2005年工业总产值平均年增长34.99%的基础上，2006年又为“十一五”的发展实现了开门红，工业总产值历史上第一次突破1 000亿元，达到1 098.6亿元，比上年增长40.1%。随着行业经济规模的迅速增长，经济效益明显改善。在2003年全行业扭转连续多年的亏损局面并实现利润总额4.3亿元的基础上，2006年全行业实现利润总额54.5亿元，比上年增长79.9%。尤其是行业中的大型企业，经济效益快速增长，2006年22个大型企业实现利润总额14.7亿元，比上年增长145%。随着行业经济实力的增强，开发和创新的力度也加大，在很多重大成套设备领域都有了国内自主制造的产品，结束了完全依靠国外技术的局面，以连轧成套设备为代表的许多重大成套设备已开始出口。

2000～2005年冶金矿山机械行业主要经济指标见表1。2000～2005年冶金矿山机械行业主要经济指标占重型机械行业的比重见表2。

表1　2000～2005年冶金矿山机械行业主要经济指标

指标名称	单位	2000年	2001年	2002年	2003年	2004年	2005年	年均增长（%）
企业数	个	483	488	511	603	1 002	931	14.02
工业总产值（当年价）	亿元	174.9	200.9	249.3	351.1	568.8	784.2	35.00
工业增加值	亿元	46.7	52.6	64.7	92.3	149.9	204.4	34.35
主营业务收入	亿元	167.2	187.8	241.7	338.6	540.9	765.2	35.55
利润总额	亿元	-5.1	-4.9	-0.3	4.3	13.1	30.3	7.08亿元
主营业收入利润（总额）率	%	-3.1	-2.6	-0.1	1.3	2.4	4.0	增长1.41百分点
全员劳动生产率	万元/人	1.4	2.0	2.4	3.5	5.2	7.2	39.11
从业人员年均人数	万人	33.8	26.3	26.6	26.7	28.8	28.4	-3.42
资产总值	亿元	496.7	501.9	561.5	620.7	809.6	973.6	14.41

注：表中原始数据来源于国家统计局有关年份规模以上企业行业年报资料，其中2004年为全国经济普查资料，其他数据为日常年度统计数据。

表2　2000～2005年冶金矿山机械行业主要经济指标占重型机械行业的比重

年份	行业名称	企业数（个）	占行业比重（%）	资产总值（亿元）	占行业比重（%）	工业总产值（当年价）（亿元）	占行业比重（%）	主营业务收入（亿元）	占行业比重（%）	利润总额（亿元）	占行业比重（%）
2000	重型机械行业	1 021	100.00	1 051.46	100.00	518.30	100.00	499.80	100.00	5.67	100.00
	冶金矿山机械	483	47.31	496.71	47.24	174.90	33.74	167.20	33.45	-5.14	-90.65

（续）

年份	行业名称	企业数（个）	占行业比重（%）	资产总值（亿元）	占行业比重（%）	工业总产值（当年价）（亿元）	占行业比重（%）	主营业务收入（亿元）	占行业比重（%）	利润总额（亿元）	占行业比重（%）
2001	重型机械行业	1 100	100.00	1 144.85	100.00	658.40	100.00	634.42	100.00	16.11	100.00
	冶金矿山机械	488	44.36	501.89	43.84	200.90	30.51	187.74	29.59	-4.87	-30.23
2002	重型机械行业	1 193	100.00	1 227.06	100.00	837.40	100.00	813.18	100.00	29.45	100.00
	冶金矿山机械	511	42.83	561.47	45.76	249.30	29.77	241.64	29.72	-0.26	-0.88
2003	重型机械行业	1 357	100.00	1 393.64	100.00	1 101.50	100.00	1 067.13	100.00	40.60	100.00
	冶金矿山机械	603	44.44	620.74	44.54	351.10	31.87	338.57	31.73	4.30	10.50
2004	重型机械行业	2 385	100.00	1 852.3	100.00	1 711.80	100.00	1 639.5	100.00	70.90	100.00
	冶金矿山机械	1 002	42.01	809.6	43.71	568.80	33.23	540.9	32.99	13.10	18.5
2005	重型机械行业	2 179	100.00	2 121.4	100.00	2 138.80	100.00	2 071.7	100.00	108.50	100.00
	冶金矿山机械	931	42.73	973.6	45.89	784.20	36.67	765.2	36.94	30.30	27.93

二、2006年经济运行情况

1. 基本情况

2006年产业结构见表3。2006年行业主要经济指标完成情况见表4。2006年行业主要企业经济指标完成情况见表5。2006年行业主要产品产量见表6。2005~2006年冶金矿山机械主要产品进出口情况见表7。2004~2006年冶金矿山机械国内市场需求及国产设备占有率见表8。2006年我国冶金机械进出口1 000万美元以上的产品类别和相应500万美元以上的国家（地区）见表9。2006年我国矿山机械进出口1 000万美元以上产品类别和相应500万美元以上的国家（地区）见表10。

表3　2006年产业结构

行业名称	企业数（个）	占行业比重（%）	工业总产值（当年价）（亿元）	占行业比重（%）	主营业务收入（亿元）	占行业比重（%）	资产总计（亿元）	占行业比重（%）	利润总额（亿元）	占行业比重（%）
冶金矿山机械行业	1 131	100.0	1 098.6	100.0	1 019.4	100.0	1 238.7	100.0	54.5	100.0
冶金机械行业	336	29.7	448.0	40.8	416.0	40.8	536.3	43.3	20.0	36.7
矿山机械行业	795	70.3	650.6	59.2	603.4	59.2	702.4	56.7	34.5	63.3

表4　2006年行业主要经济指标完成情况

指标名称	单位	冶金矿山设备行业	其中：大型企业	中型企业	小型企业	其中：全国资企业	私营企业	其他内资企业	三资企业
企业数	个	1 131	22	109	1 000	128	527	398	78
比上年增长	%	21.5		11.2	23.3	-12.3	38.0	17.8	20.0
工业总产值（当年价）	亿元	1 098.6	464.9	272.7	361.0	486.3	207.5	311.3	93.6
比上年增长	%	40.1	56.6	41.4	37.6	38.4	50.4	39.5	76.3
出口交货值	亿元	50.4	29.1	11.2	10.0	27.5	2.9	6.6	13.4
比上年增长	%	58.0	59.9	82.4	32.1	54.5	9.9	15.6	131.7
工业销售产值	亿元	1 042.8	431.7	260.8	350.3	451.1	200.9	299.2	91.7
比上年增长	%	38.7	45.4	35.3	33.5	28.4	48.8	40.4	43.2
工业增加值	亿元	322.8	110.5	98.8	113.5	137.2	62.1	88.6	34.8
主营业务收入	亿元	1 019.4	420.3	255.6	343.5	435.4	197.4	295.4	91.3
比上年增长	%	33.2	36.8	33.1	29.2	21.2	47.2	38.8	54.2
主营业务成本	亿元	851.3	356.7	208.0	286.6	369.6	163.6	246.7	71.4
比上年增长	%	31.2	34.9	28.9	28.5	21.5	43.3	35.0	49.7

（续）

指标名称	单位	冶金矿山设备行业	其中:大型企业	中型企业	小型企业	其中:全国资企业	私营企业	其他内资企业	三资企业
主营业务利润	亿元	162.9	61.6	46.5	54.8	63.5	32.5	47.1	19.8
比上年增长	%	44.7	48.1	56.0	32.9	19.4	71.1	62.5	75.2
利润总额	亿元	54.5	14.7	18.5	21.3	16.0	13.2	15.6	9.7
比上年增长	%	79.9	145.5	103.3	39.2	63.3	65.0	100.0	104.2
资产合计	亿元	1238.7	640.7	343.0	254.9	733.2	120.7	301.8	83.0
比上年增长	%	27.2	30.2	27.0	20.6	18.2	53.6	36.2	56.3
流动资产平均余额	亿元	747.2	398.9	197.7	150.7	440.2	66.3	184.5	56.4
比上年增长	%	30.3	37.8	29.5	14.8	24.8	45.4	33.3	54.5
固定资产净值平均余额	亿元	266.5	139.9	66.4	60.2	160.3	33.3	58.8	14.2
比上年增长	%	31.9	36.5	23.2	32.0	18.1	56.3	59.3	75.3
总资产贡献率	%	7.66	4.9	8.54	13.44	4.59	17.26	9.32	14.85
2005 年	%	6.72	3.93	7.29	12.49	4.59	18.09	7.36	12.09
流动资金周转率	次	1.36	1.05	1.29	2.28	0.99	2.98	1.6	1.62
2005 年	次	1.33	1.06	1.26	2.02	1.02	2.94	1.54	1.62
主营业务收入利润率	%	15.98	14.56	18.2	15.95	14.59	16.46	15.96	21.65
2005 年		14.71	13.54	15.52	15.49	14.82	14.15	13.65	19.15
主营业务收入利润总额率	%	5.35	3.5	7.24	6.2	3.68	6.68	5.29	10.59
2005 年	%	3.96	1.95	4.72	5.74	2.73	5.97	3.65	8.02
工业增加值全员劳动生产率	万元/人	10.71	11.02	10.90	10.27	10.73	11.69	8.52	21.36
2005 年	万元/人	7.20	8.21	5.76	7.61	6.55	8.91	6.78	13.46
成本费用利润率	%	5.65	3.62	7.66	6.72	3.77	7.38	5.59	11.82
2005 年	%	4.11	1.99	4.77	6.17	2.75	6.44	3.8	8.85
工业资金利税率	%	9.36	5.83	11.09	16.25	5.6	20.93	11.57	17.47
2005 年	%	7.48	3.91	8.5	14.19	4.75	20.09	8.69	13.62

注:表中全国资企业是指国有企业、国有联营企业和国有独资公司合称,以下简称国有企业。

表 5　2006 年行业主要企业经济指标完成情况

企业名称	工业总产值(当年价)(亿元)	主营业务收入(亿元)	年末资产总计(亿元)
中国第一重型机械集团公司	71.2	51.5	94.5
中国第二重型机械集团公司	40.9	43.4	76.5
大连重工·起重集团有限公司	63.9	65.0	85.3
太原重型机械集团有限公司	65.0	55.3	92.4
中信重型机械公司	50.2	51.5	38.8
沈阳重型机械集团有限责任公司	31.0	24.8	82.1
沈阳矿山机械(集团)有限责任公司	30.6	27.6	30.9
上海重型机器厂有限公司	20.7	20.5	31.9
上海建设路桥机械设备有限公司	9.9	10.7	7.4
中钢集团邢台轧辊有限公司	16.6	16.9	22.1

表6　2006年行业主要产品产量

产品名称	2006年（万t）	2005年（万t）	比上年增长（%）
冶炼设备	36.87	29.04	26.96
金属轧制设备	40.34	29.75	35.60
矿山设备	198.05	163.46	21.16
水泥专用设备	35.13	36.52	-3.81

表7　2005~2006年冶金矿山机械主要产品进出口情况

（单位：万美元）

海关货品名称	2005年				2006年				出口额比上年增长（%）	进口额比上年增长（%）
	出口额	进口额	进出口总额	进出口差额	出口额	进口额	进出口总额	进出口差额		
合计	56 379	189 581	245 960	-133 202	97 651	224 020	321 671	-126 369	73.2	18.2
冶金设备合计	35 650	143 370	179 020	-107 720	67 278	163 204	230 481	-95 926	88.7	13.8
炼焦炉、海绵铁回转窑等	2 158	385	2 543	1 773	6 080	596	6 676	5 485	181.7	54.8
金属冶炼设备及零件	16 940	23 923	40 863	-6 983	27 064	34 149	61 213	-7 085	59.7	42.7
金属轧机及零件小计	15 833	111 232	127 065	-95 400	33 273	119 298	152 572	-86 025	110.1	7.3
冷拔机、拔丝机等小计	718	7 829	8 548	-7 111	860	9 161	10 021	-8 301	19.8	17
矿山设备合计	20 729	46 211	66 940	-25 482	30 373	60 816	91 189	-30 443	46.5	31.6
采掘设备及钻机小计	3 404	14 653	18 058	-11 249	6 945	23 568	30 513	-16 623	104.3	60.8
筛选、洗涤、破磨机器小计	16 910	31 546	48 456	-14 637	23 185	37 142	60 327	-13 957	37.1	17.7
矿山卷扬（提升）设备小计	415	12	427	403	243	107	350	136	-41.5	791.6

注：表中原始数据来源于国家海关总署统计资料，编者按国内外通行的产品分类及名称作了适当调整和修改。

表8　2004~2006年冶金矿山机械国内市场需求及国产设备占有率

年份	指标名称	单位	冶金矿山机械	其中：(1)冶金机械	(2)矿山机械
2004	主营业务收入	亿元	540.92	244.28	296.64
	出口额	亿元/亿美元	23.07/2.79	13.07/1.58	10.01/1.21
	进口额	亿元/亿美元	157.46/19.04	107.26/12.97	50.20/6.07
	国内市场需求总额	亿元	675.31	338.47	336.83
	国产设备市场占有率	%	76.68	68.31	85.10
2005	主营业务收入	亿元	765.17	330.35	434.82
	出口额	亿元/亿美元	45.68/5.64	29.16/3.6	16.77/2.07
	进口额	亿元/亿美元	153.58/18.96	115.83/14.30	37.4/4.6
	国内市场需求总额	亿元	873.07	417.02	455.50
	国产设备市场占有率	%	82.41	72.20	91.80
2006	主营业务收入	亿元	1019.40	415.99	603.44
	出口额	亿元/亿美元	77.18/9.77	53.2/6.73	24.02/3.04
	进口额	亿元/亿美元	176.96/22.4	128.93/16.32	48.03/6.08
	国内市场需求总额	亿元	1119.18	491.72	627.44
	国产设备市场占有率	%	84.19	73.78	92.35

注：表中1美元2004年以前按8.27元、2005年按8.1元、2006年按7.9元计。

表9　2006年我国冶金机械进出口1 000万美元以上的产品类别和相应500万美元以上的国家(地区)

商品代码	商品名称	数量单位	出口量	出口额（万美元）	进口量	进口额（万美元）
84179020	焦炉零件	t	11 792	5 275	29	68
	其中:巴西	t	7 092	3 990		
84542010	炉外精炼设备	台	315	2 183	59	9 317
	其中:奥地利	台			9	4 430
	德国	台			10	2 866
	意大利	台			8	1 008
	中国台湾	台	27	528	4	61
	印度	台	97	616		
84542090	其他锭模及浇包	台	6 096	2 413	271	690
	其中:日本	台	771	905		
84543022	板坯连铸机	台	103	1 434	21	1 633
	其中:波兰	台	50	877		
	奥地利	台			20	1 631
84549010	炉外精炼设备零件	t	9 892	1 838	1 306	1 342
	其中:日本	t	2 428	514	18	162
84549029	其他钢坯连铸机用零件	t	3 779	1 539	10 629	8 175
	其中:意大利	t	364	76	1 068	2 487
	德国	t	132	143	540	1 661
	奥地利	t			288	1 611
	美国	t	85	27	7 399	1 128
	韩国	t	42	16	1 197	916
84549090	其他转炉浇包锭模铸机零件	t	82 768	14 953	3 418	7 437
	其中：德国	t	1 641	286	990	2 385
	日本	t	23 546	3 965	653	1 479
	美国	t	16 587	1 883	512	1 191
	奥地利	t	28	7	96	720
	印度	t	19 995	4 041		
	意大利	t	1 109	199	506	555
	土耳其	t	2 119	914		
	乌克兰	t	1 716	744		
84551010	热轧管机	台	20	35	8	2 006
	其中：德国	台			3	1 846
84551020	冷轧管机	台	197	1 846	18	720
	其中：美国	台	54	1 308		
84551090	其他金属管轧机	台	429	148	36	1 606
	其中：德国	台			4	995
84552110	板材热轧机	台	35	1 288	22	13 945
	其中:德国	台	9	168	5	6 732
	英国	台			13	3 854
	日本	台	1	14	2	2 947
	越南	台	2	921		
84552120	型钢轧机	台	351	1 583		
	其中:阿曼	台	3	751		

（续）

商品代码	商品名称	数量单位	出口量	出口额（万美元）	进口量	进口额（万美元）
84552130	线材轧机	台	1 319	1 465	17	935
84552210	板材冷轧机	台	952	2 088	52	11 730
	其中：德国	台	7	76	17	8 286
	法国	台			1	1 261
	意大利	台	1	17	3	545
84552290	其他金属冷轧机	台	863	2 128	72	1 237
	其中：德国	台	3	8	7	700
84553000	金属轧机用轧辊	个	100 490	6 972	14 686	31 433
	其中：美国	个	4 373	1 078	1 803	7 488
	日本	个	6 091	309	5 788	6 844
	德国	个	811	130	1 102	4 105
	英国	个	624	100	568	3 088
	韩国	个	857	169	1 258	2 378
	意大利	个	3 721	214	1 611	1 753
	巴西	个	3 067	74	222	1 619
	奥地利	个			218	1 143
	法国	个	38	7	268	1 083
	瑞典	个	39	3	212	784
	中国台湾	个	2 257	742	920	156
	马来西亚	个	2 746	617	53	1
84559000	其他金属轧机零件	t	49 998	15 089	44 532	52 484
	其中：德国	t	1 761	888	6 686	15 440
	日本	t	6 527	1 995	8 053	13 665
	美国	t	6 971	1 493	21 051	13 625
	法国	t	57	6	2 303	4 148
	意大利	t	2 556	610	1 698	2 384
	英国	t	939	310	2 620	1 933
	韩国	t	874	264	1 027	599
	波兰	t	9 080	3 276		
	马来西亚	t	1 386	874		
	土耳其	t	1 306	582		
	泰国	t	2 239	530		
	越南	t	1 148	496		

表 10　2006 年我国矿山机械进出口 1000 万美元以上的产品类别和相应 500 万美元以上的国家（地区）

商品代码	商品名称	出口量（台）	出口额（万美元）	进口量（台）	进口额（万美元）
84178030	水泥回转窑	31	1 460	4	765
	其中：德国			3	702
84303100	自推进的截煤机、凿岩机及隧道掘进机	839	3 255	96	14 906
	其中：德国			10	5 532
	英国	2	12	3	1 782
	奥地利			6	1 712
	日本	1	9	9	1 531

（续）

商品代码	商品名称	出口量（台）	出口额（万美元）	进口量（台）	进口额（万美元）
	美国			8	1 469
	瑞典			36	1 430
	芬兰			19	1 022
84303900	非自推进的截煤机、凿岩机及隧道掘进机	13 585	1 812	65	5 385
	其中：德国			15	4 372
	美国	144	622	4	859
	中国香港	1	666		
84305039	其他采矿钻机	122	53	189	1 908
	其中：美国			12	1 374
84741000	固体矿物质的分类、筛选、分离或洗涤机械	24 701	7 132	2 450	13 795
	其中：美国	4 489	962	778	4 616
	澳大利亚	215	37	181	2 425
	德国	163	10	217	2 171
	日本	3 099	295	252	961
	英国			46	883
	南非	43	66	120	764
	法国	28	20	29	559
84742010	齿辊式固体矿物质破碎或磨粉机械	5 997	1 926	180	4 161
	其中：德国	9	6	20	1 305
	英国	1 743	9	31	927
	日本	66	51	10	642
84742020	球磨式固体矿物质破碎或磨粉机械	1 254	5 042	154	1 688
	其中：德国		2	28	1 050
	印度	341	1 122		
	越南	111	970		
	土耳其	14	603		
84552290	其他固体矿物质的破碎或磨粉机械	6 861	9 985	862	17 499
	其中：德国	32	52	238	4 943
	瑞典			74	3 181
	丹麦			14	1 966
	巴西	13	38	33	1 323
	日本	206	102	85	1 290
	美国	321	416	88	1 253
	中国台湾	60	56	61	1 124
	法国	5	16	47	964
	印度	242	912		
	阿拉伯联合酋长国	43	1 612		
	哈萨克斯坦	108	758	231	905
	印度尼西亚	435	508		

2. 冶金矿山机械行业经济运行的基本特点

（1）行业生产、销售继续保持快速增长态势。行业工业总产值（当年价）历史上第一次突破1 000亿元，达到1 098.6亿元，产品销售收入1 019.4亿元，均创历史新高，分别比上年增长40.1%和33.2%。从统计表看，三资企业和大型企业的工业总产值、产品销售收入的增长率比较高，分别为76.3%、54.2%和56.6%、36.8%。

（2）行业经济效益继续提高，再创历史最好水平。行业利润总额达54.5亿元，比上年增长79.9%；主营业务收入利润（总额）率为5.35%，比上年增长1.39个百分点。其中，大型企业22个，利润总额为14.7亿元，比上年增长145.5%，主营业务收入利润（总额）率为3.5%，虽然仍低于行业平均水平，但比上年增长1.55个百分点；国有企业128个，利润总额为16.0亿元，比上年增长63.3%，主营业务收入利润（总额）率3.68%，比上年增长0.95个百分点。近几年来，国有企业的经济效益明显改善，但和三资企业、私营企业相比还存在相当大的差距。从统计数据可以看出，国有企业的工业总产值占全行业的比重44.3%，利润总额只占全行业的29.36%；而三资企业和私营企业的工业总产值占行业的27.40%，利润总额却占42.10%；反映到主营业务收入利润（总额）率上，国有企业只有3.68%，三资企业和私营企业则分别达到10.59%和6.68%。从统计资料可以看出，2006年国有企业的负债总额和应收账款总额的增长率是最低的，从业人数呈现负增长，这说明国有企业的改革逐步显现成效，特别是国有企业中的大型企业，已经进入快速发展轨道。

（3）产品出口额高速增长，进出口逆差继续减少。2006年，冶金矿山机械出口额为9.77亿美元，进口额为22.40亿美元，进出口总额为32.17亿美元，分别比上年增长73.23%、18.14%和30.77%；进出口逆差12.64亿美元，比上年下降5.11%。

出口额较多的产品类别依次为：金属轧机及零件3.33亿美元，金属冶炼设备及零件2.70亿美元，矿物筛分洗选与破磨设备2.32亿美元。

进口额较多的产品类别依次为：金属轧机及零件11.93亿美元，其中轧辊3.14亿美元，金属轧机零件5.25亿美元，金属轧机3.54亿美元；矿物筛分、洗选、破磨设备3.71亿美元，其中破碎与磨粉设备2.33亿美元，筛分洗选设备1.38亿美元；金属冶炼设备及零件3.41亿美元，其中金属冶炼设备1.42亿美元，金属冶炼设备零件1.99亿美元。从统计资料可以看出，行业出口交货值的83.91%是由行业中的大型企业和三资企业实现的，其中22个大型企业实现的出口交货值占全行业的比重为57.74%，78个三资企业实现的出口交货值占全行业的比重为26.67%。

（4）国有企业处于行业主导地位，私营企业数比重增加，三资企业数比重未变化。国有企业128个，工业总产值占行业总产值的44.26%，出口交货值、资产总额、利润总额的占比分别为54.6%、59.19%和29.36%，国有企业仍是本行业经济发展的主力军。

但与2005年相比，国有企业数占行业企业数比重下降5.6个百分点（上年为16.9%），三资企业数比重上升1.7个百分点（上年为5.2%），私营企业数比重上升7.2个百分点（上年为39.4%），其他内资企业数比重下降3.3个百分点（上年为38.5%）。

三、重大科技成果

中国第一重型机械集团公司、鞍山钢铁集团公司、中冶南方工程技术有限公司联合研制的“鞍钢1 780mm大型宽带钢冷连轧生产线工艺装备技术国内自主集成与创新项目”获2006年度国家科技进步一等奖；中国第二重型机械集团公司、攀枝花钢铁（集团）公司等单位联合研制的“国产1450热连轧关键技术及设备研究与应用”、唐山钢铁股份有限公司等单位联合研制的“唐钢超薄热带钢生产线技术集成与自主创新”、冶金自动化研究设计院等单位联合研制的“大功率轧机传动交交变频调速系统及推广应用”、太原理工大学研制的“带钢轧机运行安全保障和生产环节智能控制”、燕山大学研制的“无缝钢管减径产品工艺优化及其质量控制”等5项获2006年度国家科技进步二等奖。

燕山大学等单位研制的“连铸机张力板簧导向蜗线齿轮变速非正弦振动技术及装备”、中国第二重型机械集团公司等单位联合研制的“宝钢5 000mm宽厚板轧机研制”及沈阳重型机械集团有限责任公司研制的“MPF1713辊盘式磨煤机”等3项获中国机械工业科学技术一等奖。

沈阳矿山机械（集团）有限责任公司研制的“日产万吨水泥生产线辅助料场ϕ80m顶堆侧取堆取料机”、燕山大学研制的“烧结机环保节能改造

——风箱外高负接触头尾密封技术”、中国第一重型机械集团公司研制的“850mm中宽板带钢热轧机”、中信重型机械公司等单位联合研制的“ϕ5.03m×8.3m溢流型球磨机”、中国矿业大学研制的“高效分离方法与大型浮选设备研究”、沈阳重型机械集团有限责任公司研制的“MPS—T2754脱硫湿式球磨机”和“30mm×2 400mm滚切式定尺剪”、西安重型机械研究院等单位研制的“金属功能材料高精度四辊液压轧机等8项获中国机械工业科学技术二等奖。

沈阳重型机械集团有限责任公司研制的“1 725mm热轧联合剪切机组”、中国第一重型机械集团公司研制的“R73连铸机辊子材料及工艺研究”、大连交通大学研制的“铜材连续挤压技术和设备”、江苏大学研制的“全自动装箱机械手及伺服控制系统”、太原重型机械集团有限公司等单位研制的“火车车轮轧制工艺研究”、西安重型机械研究所研制的“大功率重载行星齿轮箱系列”和“新型热镀锌板光整工艺及光整机关键技术的开发研制”、中信重型机械公司等单位联合研制的“人工制砂系统关键技术的研究”、兰州理工大学研制的“20kg铝锭连续铸造机组”等8项获中国机械工业科技进步三等奖。

中国第二重型机械集团公司研制的“950热带钢连轧机主要设备设计与研制”、“4m×(13+22)m大型台车式全自动控制热处理炉研制、设计、制造”、“70MN强力高刚度轧机主机研制”、“煤液化或加氢用超纯净钢材料开发及大型筒体制造技术研究”及“大型锻件内部缺陷的预防与修复研究”获四川省科技进步三等奖。太原重型机械集团有限公司研制的“ZYC1500—75W大型油膜轴承的研制”和“薄板坯连铸连轧机油膜轴承研制”、“特大型转炉炼钢设备倾动装置”分获山西省科技进步二等奖和三等奖。

四、政策措施建议

从统计资料看，在几种不同所有制类型的企业中，国有企业特别是中小型国有企业的成长性指标最差。建议国家和地方政府继续加大对推进冶金矿山机械行业国有企业改革的支持力度，特别是中小国有企业的改革力度，对国有企业的历史欠帐应加大减负的支持力度。

建议国家进一步落实有关支持推进重大成套技术装备本地化的政策措施，特别是要真正落实支持以国内为主研制开发的重大、成套技术装备参与投标（也就是所谓获得业绩的首台应用）的有关政策措施，真正解决长期存在的重大、成套技术装备重复进口的问题。

建议国家加大对冶金矿山机械行业建设出口基地的资金扶持力度，在行业内尽快形成能规模、批量出口的企业群和一批优势出口产品。

〔撰稿人：中国重型机械工业协会傅树利　审稿人：中国重型机械工业协会徐善继〕

冶金设备

生产发展情况　冶金设备行业主要为冶金工业领域提供成套冶金设备，产品主要包括烧结、焦炉、窑，金属冶炼铸造设备（高炉、转炉、炉外精炼、方坯连铸机、板坯连铸机、铸造机设备等），金属轧制设备（板带材热轧机、板带材冷轧机、热轧管机、冷轧管机、型钢轧机、线材轧机、有色金属轧机）等。冶金设备品种规格繁多，多属于高精尖的重型机械。

随着我国汽车、造船、建筑、石油化工、油气输送等国民经济各个领域的飞跃发展，以钢铁冶金行业发展为龙头的冶金机械突现出盛而不衰的态势。国内许多大型钢铁企业在原有生产能力及工艺装备的基础上扩大产能、增加品种，纷纷上马一些先进的冶金工艺设备，如大型冷、热连轧机，宽厚板轧机，大型型钢轧机，大型铝板带轧机，大型连铸机及转炉，高炉等设备。例如，宝钢集团公司投产的国内第一套5 000mm宽厚板轧机、2 300mm大板坯连铸机及1 420mm冷连轧机，鞍山钢铁集团公司上马和投产的2 150mm大型热连轧机、2 130mm五机架六辊冷连轧机、1 580mm冷热连轧机及5 500mm宽厚板轧机，天钢集团公司投产的3 500mm双机架宽厚板轧机，武钢集团公司上马的1 580mm热连轧机，西南铝业集团有限公司上马的一套2 000mm铝板热连轧机等。国内一些中小钢铁企业，甚至是民营钢铁企业也纷纷上马中宽带钢热连轧机、中宽带钢冷连轧机和单、双机架可逆式冷轧机、型钢轧机等。

钢铁冶金行业的大发展带动了以冶金机械为主导产品的重型机械制造业的高速增长。即使在经历了2005年的观望和调整阶段，高速增长得以有效的控制后，仍然保持适度增长。其主要特点为：

1. 冶金成套设备及备件的合同额成交量大幅度增长

不仅代表我国重型机械实力的八大重型机械集团公司的合同签订数额和产值成倍增长，而且一些中小型民营和个体机械制造厂的生产能力也被占满。

市场需求的过热和集中，使得重型机械行业的主要制造能力显得“供不应求”。各家企业在市场高潮到来之际都在不失时机地调整生产和经营方式，加大技术改造力度，开足马力进行扩张，以满足市场的需求。中国第一重型机械集团公司、大连重工·起重集团有限公司、太原重型机械集团有限公司2006年的合同额及产值都突破60亿元，呈现出快速发展的态势。各重型机械制造厂家都在通过改变生产方式、购买新设备和培养合作制造伙伴等方式来增加自己的能力，如中国第一重型机械集团公司、大连重工·起重集团有限公司、上海重型机器厂有限公司充分调动社会资源发展承制能力，抢占市场。一些主要制造厂家，如中国第一重型机械集团公司、中国第二重型机械集团公司，为了保信誉，制订了一系列慎重的市场营销战略，根据自己的资源和能力不得不在价格和交货期上抬高门槛，实行有选择的竞争退避。

2. 冶金成套设备的高端产品市场呈现出国内外重型机械制造商平分秋色的局面

过去，国内使用的先进的大型冶金成套设备，曾一度被国际上几大知名重型装备制造商垄断。在我国进入WTO后，进口关税大幅下调的情况下，2006年却有相当一部分市场份额被国内几家重型装备制造厂家从外商手中抢夺过来，这不仅在合作制造方面提高了分交比，而且更重要的是提高了自主设计和制造的成套集成能力。中国第一重型机械集团公司、中国第二重型机械集团公司自行成套设计制造的大型冶金设备，如大型冷、热连轧机，中厚板轧机等正在向着系列化和个性化方向进展，已经形成较强的市场竞争力和相当的覆盖面，并呈现出与国外知名企业抗衡的态势。

在冶金装备实现本地化的进程中，出现了以宝钢为代表的国外引进合作制造型向国产化转变和以鞍钢为代表的国内自主成套型两大冶金用户群，国内重型机械行业正是在为这样两大冶金用户服务中不断进步。一方面在合作制造中消化、吸收、创新，另一方面在自行设计成套设备过程中形成和扩大自主知识产权，并推动我国重型机械制造业的进步。

3. 冶金成套设备向工程总承包方向发展

随着冶金工业国际化进程的加快以及国内自主集成成套能力的增强，以民营企业为代表的冶金用户提出了冶金项目工程总承包和交钥匙工程的需求，许多国有大中型冶金企业也由“点菜式”向着独家成套方式转变，这样的趋势为冶金机械的发展搭建新的平台，以中国第一重型机械集团公司、中国第二重型机械集团公司为代表的重型冶金集团正在发挥着积极作用。2006年冶金设备行业经济状况见表1。

表1　2006年冶金设备行业经济状况

企业数（个）	工业总产值		产品销售收入（亿元）	总资产（亿元）
	当年价（亿元）	比上年增长（%）		
全行业	448.02	34.9	416.0	536.3

市场及销售　近几年来，由于国家为扩大内需采取了积极的财政政策，冶金、化工、能源等行业接受国家贴息贷款，都加快了技术改造的步伐，冶金设备的市场前景非常好。2006年冶金设备行业主要产品产量见表2。

表2　2006年冶金设备行业主要产品产量

产 品 名 称	产量（万t）
冶炼设备（14个企业）	10.72
金属轧制设备（12个企业）	29.75

2006 年，世界年产钢量约 12 亿 t，我国钢产量也呈快速增长态势。世界范围内每年新上的冶金设备项目，60% 以上的市场都由 SMSD、VAI、DANIELY、MITSUBISHI 等几家公司占据着。这些公司已将他们的市场重心向我国转移，并且占据着 50% 以上的中国冶金市场。虽然我国每年也有冶金成套设备出口并呈增长态势，但数量很有限，而且大多都集中在东南亚国家，只有少量进入欧美国家。2006 年，我国中国第一重型机械集团公司、中国第二重型机械集团公司等都有冶金成套项目的出口合同，并且有增长的趋势，但受到工艺技术水平和产品质量等方面的限制，要进一步扩大出口额以至扩大国外市场，仍然需要时间和努力，通过与国外公司合作及自主集成设计总包的方式，逐步做大国外市场。2006 年冶金设备行业产品进出口额见表 3。

表 3　2006 年冶金设备行业产品进出口额

产品名称	进口金额（万美元）	出口金额（万美元）
冶金设备	163 204	67 278
其中：冶炼设备	34 745	33 145
金属轧制设备	128 459	34 133

2006 年，冶金设备的主要生产企业有：中国第一重型机械集团公司、中国第二重型机械集团公司、太原重型机械集团有限公司、大连重工·起重集团有限公司、中信重型机械公司、沈阳重型机械集团有限责任公司、上海重型机器厂有限公司、中钢集团邢台机械轧辊有限公司、秦皇岛冶金机械有限公司、沈阳冶金机械有限公司、唐山冶金矿山机械厂、中钢集团衡阳重机有限公司、上海沪江机器厂、山东冶金机械厂、宝钢常州冶金机械厂、中冶陕压重工设备有限公司、乐山斯堪机械制造有限公司、太原矿山机器集团有限公司、天津天发重型水电设备制造公司、昆明力神重工有限公司和上海冶金矿山机械厂。

科技成果及新产品　行业主要生产企业在引进、消化、吸收世界先进国家同类产品的基础上，自主开发了具有自主知识产权的重大装备新产品，使我国冶金装备的许多新产品水平接近或达到了国际先进水平，许多项目获国内各种科学技术奖。

中国第一重型机械集团公司、鞍山钢铁集团公司、中冶南方工程技术有限公司联合研制的“鞍钢 1 780mm 大型宽带钢冷连轧生产线工艺装备技术国内自主集成与创新项目”获 2006 年度国家科技进步一等奖；中国第二重型机械集团公司、攀枝花钢铁(集团)公司等单位联合研制的“国产 1450 热连轧关键技术及设备研究与应用”、唐山钢铁股份有限公司等单位联合研制的“唐钢超薄热带钢生产线技术集成与自主创新”、冶金自动化研究设计院等单位联合研制的“大功率轧机传动交交变频调速系统及推广应用”、太原理工大学研制的“带钢轧机运行安全保障和生产环节智能控制”、燕山大学研制的“无缝钢管减径产品工艺优化及其质量控制”等 5 项获 2006 年度国家科技进步奖二等奖。

燕山大学等单位研制的“连铸机张力板簧导向蜗线齿轮变速非正弦振动技术及装备”、中国第二重型机械集团公司等单位联合研制的“宝钢5 000 mm 宽厚板轧机研制”等 2 项获中国机械工业科技进步一等奖。

中国第一重型机械集团公司研制的“850 中宽带钢热连轧机”、沈阳重型机械集团有限责任公司研制的“30mm ×2 400mm 滚切式定尺剪”、西安重型机械研究所等单位研制的“金属功能材料高精度四辊液压轧机”等 3 项获中国机械工业科技进步二等奖。

沈阳重型机械集团有限责任公司研制的“1 725mm热轧联合剪切机组”、中国第一重型机械集团公司研制的“R73 连铸机辊子材料及工艺研究”、大连交通大学研制的“铜材连续挤压技术和设备”、太原重型机械集团公司等单位研制的“火车车轮轧制工艺研究”、西安重型机械研究所研制的“大功率重载行星齿轮箱系列”和“新型热镀锌板光整工艺及光整机关键技术的开发研制”、兰州理工大学研制的“20kg 铝锭连续铸造机组”等 7 项获中国机械工业科技进步三等奖。

冶金机械的标准工作由机械工业冶金设备标准化技术委员会归口、组织编制和实施，国家标准与行业标准共 86 项，联合企业标准由中国重型机械工业协会批准发布。

冶金机械的标准经 4 次修订，最近版的《重型机械标准》共四卷，其中产品标准 85% 以上等效采用了国外先进标准(主要是德国西马克公司标准)。目前中国重型机械工业协会正在组织行业重新修订。

〔撰稿人:中国重型机械工业协会冶金压延机械分会王光儒　审稿人:中国重型机械工业协会傅树利〕

物料搬运(起重运输)机械

一、近五年行业发展简况

按照国家标准《国民经济行业分类 GB/T 4754—2002》及国家统计局的规定,起重运输机械行业中类(行业代码353)范围除包括起重机械、连续搬运机械(包括输送机和提升机、装卸机械、给料机械等)等制造业外,还包括叉车等工业车辆、汽车起重机等流动式起重机、塔式起重机、门座起重机以及电梯与自动扶梯等制造业,在国际上通称为物料搬运机械行业,与原机械工业部系统的起重运输机械行业概念和范围有重大区别。为与国际通行名称相衔接,在涉及国家统计局起重运输机械行业概念及统计数据时,采用物料搬运(起重运输)机械行业名称;在涉及原机械部归口的起重运输机械行业概念和范围时,则仍采用起重运输机械名称。

目前,因《国民经济行业分类 GB/T 4754—2002》国家标准及国家统计局,没有将物料搬运(起重运输)机械行业中类划分行业小类,故以行业代码3530进行行业小类统计。根据国内外物料搬运(起重运输)机械行业发展趋势,物料搬运(起重运输)机械行业可划分为以下几个行业小类:

(1)轻小起重设备制造业:主要生产销售滑车、手动葫芦、电动葫芦、卷扬机(绞盘)、千斤顶、汽车举升机等轻小起重设备及其专业配套件。

(2)起重机制造业:主要生产销售桥式、门式起重机、装卸桥、缆索起重机、门座起重机、塔式起重机、流动式起重机、悬臂起重机及其他类型起重机及其专业配套件(也可与轻小起重设备制造业合并为起重机械制造业)。

(3)工业车辆制造业:主要生产销售电动叉车、内燃叉车、各类低起升搬运车、固定平台搬运车、短距离牵引车及其专业配套件。

(4)电梯自动扶梯制造业:主要生产销售各类电梯、升降机、自动扶梯、自动人行道及其专业配套件。

(5)连续搬运设备制造业:主要生产销售各类输送机和提升机,装船机、连续卸船机、堆取料机等装卸机械,各种给料机及其专业配套件等。

(6)其他搬运设备制造业:主要生产销售除上述产品以外的搬运设备及其专业配套件。

在欧美发达国家,物料搬运(起重运输)机械行业是由行业协会归口管理,如美国物料搬运工业协会(MHIA)、欧洲物料搬运协会(FEM)、德国物料搬运和物流技术协会、英国物料搬运联合会(BMHF)等就是这些国家的物料搬运机械行业协会,此外,还有起重机、输送机、工业车辆、电梯等专业的行业协会组织。我国物料搬运(起重运输)机械行业由中国重型机械工业协会物料搬运工作委员会归口,但因历史原因,汽车起重机等流动式起重机、叉车等工业车辆、塔式起重机及电梯自动扶梯等产品的行业管理,则由中国工程机械工业协会及中国电梯协会等行业协会具体归口,本文对这类产品不作专门介绍。

2000~2005年物料搬运(起重运输)机械行业主要经济指标见表1。2001~2005年物料搬运(起重运输)机械行业主要经济指标及其占比见表2。

表1　2000～2005年物料搬运(起重运输)机械行业主要经济指标

指标名称	单位	2000年	2001年	2002年	2003年	2004年	2005年	年均增长(%)
企业数	个	494	561	653	727	1 361	1 225	19.92
工业总产值(当年价)	亿元	317.40	421.38	534.64	729.07	1 126.02	1 334.98	33.28
工业增加值	亿元	81.79	107.05	127.32	173.94	302.29	370.33	35.26
主营业务收入	亿元	307.16	411.80	522.73	708.23	1 082.74	1 289.04	33.22
利润总额	亿元	10.88	20.44	27.88	36.92	58.10	77.91	48.25
主营业务利润总额率	%	3.54	4.96	5.33	5.21	5.37	6.04	0.51 百分点
全员劳动生产率	万元/人	3.80	5.02	6.01	7.78	10.69	12.52	26.93
从业人员年均人数	万人	21.54	21.31	21.19	22.35	28.29	29.57	6.60
资产总值	亿元	526.08	614.61	30.39	742.77	1 027.47	1 131.61	16.55

注:表中原始数据来源于国家统计局有关年份规模以上企业行业年报资料。其中,2004年为全国经济普查统计资料,其他年份系日常年度统计数据,由编者整理。

表2　2001～2005年物料搬运(起重运输)机械行业主要经济指标及其占比

年份	行业名称	企业数(个)	占行业比重(%)	工业总产值(亿元)	占行业比重(%)	主营业务收入(亿元)	占行业比重(%)	利润总额(亿元)	占行业比重(%)	资产总值(亿元)	占行业比重(%)
2001	重型机械行业	1 110	100.00	658.44	100.00	634.42	100.00	16.11	100.00	1 144.85	100.00
	物料搬运机械行业	561	50.54	421.38	64.00	411.80	64.91	20.44	126.88	614.61	53.68
2002	重型机械行业	1 193	100.00	837.40	100.00	813.18	100.00	29.45	100.00	1 227.06	100.00
	物料搬运机械行业	653	54.74	534.64	63.85	522.73	64.28	27.88	94.67	630.39	51.37
2003	重型机械行业	1 357	100.00	1 101.50	100.00	1 067.13	100.00	40.66	100.00	1 393.64	100.00
	物料搬运机械行业	727	53.57	729.07	66.19	708.23	66.37	36.92	90.80	742.77	53.30
2004	重型机械行业	2 385	100.00	1 711.76	100.00	1 639.51	100.00	70.87	100.00	1 852.25	100.00
	物料搬运机械行业	1 361	57.06	1 126.02	65.78	1 082.74	66.04	58.10	81.98	1 027.47	55.47
2005	重型机械行业	2 179	100.00	2 138.85	100.00	2 071.75	100.00	108.49	100.00	2 121.38	100.00
	物料搬运机械行业	1 225	56.22	1 334.98	62.42	1 289.04	62.22	77.91	71.81	1 131.61	53.34

二、2006年行业经济运行情况

2006年物料搬运(起重运输)机械行业经济运行特点是:

1. 生产、销售继续保持快速增长态势,主要经济指标创历史新高,经济效益水平继续提高

2006年,行业工业总产值1 654.64亿元,主营业务收入1 599.32亿元,分别比上年增长23.94%和24.07%,均创历史新高。生产起重设备269.5万t、输送机械182.15万m、叉车10.66万台,分别比上年增长40.62%、16.35%和40.13%。

2006年,行业利润总额108.93亿元,比上年增长39.82%;全员劳动生产率13.73万元/人,比上年增长9.66%;主营业务收入利润(总额)率6.81%,比上年增长0.77个百分点。其中,14个大型企业实现利润总额63.43亿元,比上年增长72.96%;主营业务收入利润(总额)率9.44%,比上年增长1.80个百分点。87个国有企业实现利润总额为8.69亿元,比上年增长210.44%;主营业务收入利润(总额)率3.58%,比上年增长1.30个百分点,行业主要经济效益指标水平继续提高。

2006年,上海振华港口机械(集团)股份有限公司工业总产值达175.2亿元,占行业总产值的10.59%;主营业务收入161.5亿元,占行业总值的10.10%,是本行业最有影响的企业,经济效益也名列前茅。徐州工程机械集团有限公司、大连重工·起重集团有限公司、太原重型机械集团有限公司、沈阳矿山机械(集团)有限公司、安徽叉车集团公司、上海港机重工有限公司、江苏通润机电集团有

限公司、浙江杭叉工程机械股份有限公司、卫华集团有限公司、四川长江工程起重机有限公司、上海起重运输机械厂有限公司、巨力集团有限公司等企业也是行业中具有重要影响的企业。

2. 产品出口额大幅度增长，进出口顺差成倍提高，起重机类出口额占比和连续搬运设备进口额占比仍居行业首位

2006 年，物料搬运设备出口 47.99 亿美元，进口 28.55 亿美元，进出口总额 76.54 亿美元，分别比上年增长 42.19%、5.47% 和 25.85%；进出口顺差 19.43 亿美元，比上年增长 191.45%。

产品出口额依次排列为：起重机类 18.75 亿美元，占出口总额的 39.07%；轻小起重设备类 7.26 亿美元，占出口总额的 15.13%；物料搬运设备零件类 6.95 亿美元，占出口总额的 14.48%；电梯自动扶梯类 6.40 亿美元，占出口总额的 13.34%；工业车辆类 4.76 亿美元，占出口总额的 9.92%；连续搬运设备及其他类 3.88 亿美元，占出口总额的 8.09%。

出口的国家（地区）195 个，其中出口金额前 10 位的国家（地区）是：美国（6.56 亿美元）、中国香港（3.23 亿美元）、日本（2.47 亿美元）、阿拉伯联合酋长国（2.23 亿美元）、韩国（2.20 亿美元）、印度（1.90 亿美元）、荷兰（1.75 亿美元）、澳大利亚（1.41亿美元）、德国（1.19 亿美元）、泰国（1.08 亿美元）等。合计向 10 个国家（地区）出口 24.04 亿美元，占出口总额的 50.09%。

产品进口额依次排列为：连续搬运设备及其他类 12.03 亿美元，占进口总额的 42.14%；起重机类 5.40 亿美元，占进口总额的 18.91%；物料搬运设备零件类 3.21 亿美元，占进口总额的 11.24%；工业车辆类 2.43 亿美元，占进口总额的 8.51%；轻小起重设备类 3.03 亿美元，占进口总额的 10.61%；电梯自动扶梯类 1.78 亿美元，占进口总额的 6.23%。

进口的国家（地区）61 个，其中，进口金额前 10 位的国家（地区）是：日本（6.58 亿美元）、德国（6.28亿美元）、中国台湾（2.02 亿美元）、美国（1.86亿美元）、韩国（1.70 亿美元）、瑞典（1.22 亿美元）、意大利（1.13 亿美元）、法国（0.92 亿美元）、英国（0.89 亿美元）等。合计从 10 个国家（地区）进口 24.20 亿美元，占进口总额的 84.76%。

产品进出口顺差依次排列为：起重机类（13.35 亿美元）、电梯自动扶梯类（4.62 亿美元）、轻小起重设备类（4.22 亿美元）、物料搬运设备零件类（3.37亿美元）、工业车辆类（1.66 亿美元）。产品进出口逆差最大的是连续搬运设备及其他类，达到 8.15 亿美元。

3. 行业大型企业及三资企业处于相对主导地位，国有企业及三资企业数比重下降，私营企业数比重增加

2006 年，14 个大型企业仅占行业企业总数的 1.05%，但占行业工业总产值的 41.46%，主营业务收入的 42.01%，出口交货值的 61.95%，资产总额的 40.61%，利润总额的 58.23%，处于行业主导地位。从经济类型看，206 个三资企业占行业企业总数的 15.42%，但占行业工业总产值的 46.06%，主营业务收入的 46.54%，出口交货值的 76.63%，资产总额的 48.54%，利润总额的 62.58%，也处于行业主导地位。

2006 年，国有企业占行业企业总数的 6.51%，比上年减少 1.08 个百分点；三资企业占行业企业总数的比重，也比上年减少 0.50 个百分点；私营企业数占行业企业总数的 49.40%，比上年增长 1.64 个百分点。

4. 国家对冶金、水泥等投资过热行业的宏观调控，未见对本行业发展有直接的影响

2004 年初，国家对冶金、水泥等投资过热行业采取宏观调控措施。2004 年，行业工业总产值及主营业务收入分别比上年增长 31.58% 和 32.55%（按日常年度统计）；2005 年，两个指标分别比上年增长 18.64% 和 21.68%；2006 年两个指标分别比上年增长23.94% 和24.07%，高于2005 年的增幅。2006 年，起重设备、输送机械、叉车等主要产品产量的总体增幅也比 2005 年高。可见，国家对冶金、水泥等投资过热行业采取宏观调控措施后，对本行业发展有直接的影响。

2006 年物料搬运（起重运输）机械行业不同类型企业主要经济指标完成情况见表 3。2006 年物料搬运（起重运输）机械行业生产销售超 2 亿元的

部分企业见表4。2006年物料搬运（起重运输）机械产量见表5。2006年行业部分企业起重机械产量见表6。2006年行业部分企业输送机械、装卸机械、给料机产量见表7。2006年物料搬运（起重运输）机械产品进出口额见表8。2006年我国物料搬运机械产品进出口额前10位国家（地区）见表9。2006年物料搬运机械产品进出口额超1亿美元产品及其前5位的进出口国家（地区）见表10。2005～2006年物料搬运（起重运输）机械国内市场需求及国产设备占有率估算见表11。

表3　2006年物料搬运（起重运输）机械行业不同类型企业主要经济指标完成情况

指标名称	企业数（个）	比上年增长（%）	工业总产值（当年价）（亿元）	比上年增长（%）	出口交货值（亿元）	比上年增长（%）
物料搬运（起重运输）机械行业	1 336	9.06	1 654.64	23.94	332.37	35.95
其中：大型企业	14	27.27	686.08	43.02	205.89	58.40
中型企业	151	4.14	532.38	5.08	97.47	12.59
小型企业	1 171	9.54	436.19	25.11	29.01	3.87
其中：国有企业	87	-6.45	249.22	10.46	20.31	66.61
私营企业	660	12.82	293.80	25.61	14.63	31.21
其他内资企业	383	8.81	349.52	18.97	42.00	23.89
三资企业	206	5.64	762.10	31.02	255.42	36.41
其中：国有控股企业	130		554.85		188.83	
集体控股企业	142		134.70		8.14	
私人控股企业	900		499.66		49.99	
三资控股企业	164		465.43		85.41	

指标名称	工业增加值（亿元）	比上年增长（%）	主营业务收入（亿元）	比上年增长（%）	主营业务利润（亿元）	比上年增长（%）
物料搬运（起重运输）机械行业	409.82	10.66	1 599.32	24.07	257.07	27.88
其中：大型企业	146.23	2.88	671.81	40.02	112.77	60.44
中型企业	137.15	4.20	518.18	7.08	83.33	0.68
小型企业	126.44	30.92	409.33	25.83	60.96	27.13
其中：国有企业	51.24	26.18	242.80	12.43	29.40	12.82
私营企业	82.77	28.01	278.00	26.71	39.42	31.14
其他内资企业	95.55	20.16	334.26	24.88	51.59	30.38
三资企业	180.27	-2.84	744.27	26.87	136.66	29.74
其中：国有控股企业	118.03		532.49		84.52	
集体控股企业	37.58		126.17		12.48	
私人控股企业	138.70		472.89		15.41	
三资控股企业	115.51		467.79		78.20	

指标名称	利润总额（亿元）	比上年增长（%）	负债合计（亿元）	比上年增长（%）	资产合计（亿元）	比上年增长（%）
物料搬运（起重运输）机械行业	108.93	39.82	851.32	17.62	1 333.04	17.80
其中：大型企业	63.43	72.96	349.31	26.72	541.35	26.53
中型企业	24.73	-0.16	286.80	5.46	432.36	3.88
小型企业	20.77	26.11	215.22	22.16	359.33	24.95
其中：国有企业	8.69	210.36	153.31	-8.36	190.59	-12.35
私营企业	13.88	30.33	128.74	23.10	208.91	21.04

（续）

指标名称	利润总额（亿元）	比上年增长（%）	负债合计（亿元）	比上年增长（%）	资产合计（亿元）	比上年增长（%）
其他内资企业	18.19	50.58	161.04	21.29	286.44	24.13
三资企业	68.17	30.14	408.24	27.92	647.09	26.68
其中：国有控股企业	37.34		371.55		537.62	
集体控股企业	8.14		50.62		85.84	
私人控股企业	25.09		220.82		373.87	
三资控股企业	38.36		208.33		335.71	

指标名称	流动资产平均余额（亿元）	比上年增长（%）	固定资产净值平均余额（亿元）	比上年增长（百分点）	全员劳动生产率（万元/人）	比上年增长（%）
物料搬运（起重运输）机械行业	845.49	15.74	255.77	6.67	13.73	9.66
其中：大型企业	350.24	26.24	93.31	2.14	19.63	0.61
中型企业	275.55	-0.08	83.30	5.23	13.53	6.70
小型企业	219.70	23.91	79.16	19.02	10.31	28.07
其中：国有企业	112.98	-14.36	38.66	-28.11	9.70	57.47
私营企业	122.54	21.13	50.20	22.68	10.48	18.28
其他内资企业	165.54	20.92	62.53	10.40	10.66	14.99
三资企业	444.42	23.27	104.38	18.02	23.40	-10.34
其中：国有控股企业	334.95		97.48		13.17	
集体控股企业	53.56		15.21		13.21	
私人控股企业	221.40		89.32		10.44	
三资控股企业	235.59		53.76		24.27	

指标名称	主营业务收入利润率（%）	比上年增长（百分点）	主营业务收入利润（总额）率（%）	比上年增长（百分点）	资产负债率（%）	比上年增长（百分点）
物料搬运（起重运输）机械行业	16.07	0.48	6.81	0.77	63.86	-0.10
其中：大型企业	16.79	2.14	9.44	1.80	64.53	0.11
中型企业	16.08	-1.02	4.77	-0.35	66.33	0.99
小型企业	14.89	0.15	5.07	0.01	59.89	-1.37
其中：国有企业	12.11	0.04	3.58	2.28	80.44	0.50
私营企业	14.18	0.48	4.99	0.14	61.63	1.04
其他内资企业	15.43	0.65	5.44	0.93	56.22	-1.32
三资企业	18.36	0.39	9.16	0.22	63.09	0.61
其中：国有控股企业	14.97		7.01		69.11	
集体控股企业	13.79		6.45		58.97	
私人控股企业	15.12		5.31		59.06	
三资控股企业	18.91		8.20		62.06	

指标名称	总资产贡献率（%）	比上年增长（百分点）	百元固定资产创利润（元）	比上年增长（元）	流动资产周转率（次）	比上年增长（次）
物料搬运（起重运输）机械行业	11.42	0.63	42.59	10.10	1.89	0.13
其中：大型企业	14.36	2.60	67.98	26.62	1.92	0.19
中型企业	8.89	-1.09	29.69	0.41	1.88	0.13

（续）

指 标 名 称	总资产贡献率（%）	比上年增长（百分点）	百元固定资产创利润（元）	比上年增长（元）	流动资产周转率（次）	比上年增长（次）
小型企业	10.03	−0.50	26.24	1.48	1.86	0.03
其中：国有企业	7.71	2.28	22.48	17.27	2.15	0.51
私营企业	11.59	−0.17	27.65	1.63	2.27	0.10
其他内资企业	10.49	0.54	29.09	7.76	2.02	0.06
三资企业	12.86	−0.27	65.31	6.08	1.67	0.04
其中：国有控股企业	8.80		38.31		1.59	
集体控股企业	14.25		53.53		2.36	
私人控股企业	11.33		28.09		2.14	
三资控股企业	14.98		71.34		1.99	

注：表中原始数据来源于国家统计局年报数据，由编者整理。国有企业包括国有联营企业和国有独资公司。

表4　2006年物料搬运（起重运输）机械行业生产销售超2亿元的部分企业

序号	企 业 名 称	工业总产值（当年价）（亿元）	序号	企 业 名 称	主营业务收入（亿元）
1	上海振华港口机械（集团）股份有限公司	175.2	1	上海振华港口机械（集团）股份有限公司	161.5
2	安徽叉车集团公司	31.9	2	安徽叉车集团公司	32.1
3	上海港机重工有限公司	20.6	3	江苏通润机电集团有限公司	22.6
4	江苏通润机电集团有限公司	20.6	4	上海港机重工有限公司	19.8
5	浙江杭叉工程机械股份有限公司	18.8	5	浙江杭叉工程机械股份有限公司	18.6
6	巨力集团有限公司	12.8	6	巨力集团有限公司	13.1
7	诺尔起重设备（中国）有限公司	10.3	7	卫华集团有限公司	10.2
8	卫华集团有限公司	9.9	8	四川长江工程起重机有限公司	7.7
9	四川长江工程起重机有限公司	7.7	9	大连叉车有限公司	6.6
10	大连叉车有限公司	7.0	10	上海起重运输机械厂有限公司	4.4
11	上海起重运输机械厂有限公司	5.1	11	河南省新乡市矿山起重机有限公司	4.4
12	河南省新乡市矿山起重机有限公司	4.8	12	新乡市起重设备厂有限公司	3.9
13	新乡市起重设备厂有限公司	4.5	13	江阴凯澄起重机械有限公司	2.8
14	北京多田野（北京）起重机有限公司	2.8	14	北京多田野（北京）起重机有限公司	2.7
15	江阴凯澄起重机械有限公司	2.7	15	安徽攀登机械股份有限公司	2.3
16	新乡市中原起重机械厂	2.7	16	承德输送机集团有限公司	2.3
17	江西起重机械总厂	2.4	17	新乡市中原起重机械厂	2.2
18	安徽攀登机械股份有限公司	2.3	18	杭州武林机器有限公司	2.1
19	承德输送机集团有限公司	2.2	19	河南省矿山起重机有限公司	2.1
20	杭州武林机器有限公司	2.1	20	江西起重机械总厂	2.0

注：表中数据来源于中国重型机械工业协会统计网年报资料及中国机械工业联合会部分年报资料（未报统计资料的企业未列入），未列电梯制造企业。

表5　2006年物料搬运（起重运输）机械产量

产 品 名 称	单位	2006年	2005年	比上年增长（%）
起重设备	万t	269.50	191.65	40.62
输送机械	万m	182.15	156.56	16.35
叉车	万台	10.66	7.61	40.13

注：表中数据来源于国家统计局年报资料。

表6　2006年行业部分企业起重机械产量

序号	企 业 名 称	单位	产量
起重机械			
1	上海振华港口机械(集团)股份有限公司	万t	86.3
2	徐州工程机械集团有限公司	万t	19.3
3	卫华集团有限公司	万t	8.6
4	上海港机重工有限公司	万t	7.1
5	大连重工·起重集团有限公司	万t	4.9
6	新乡市起重设备厂有限公司	万t	4.5
7	太原重型机械集团有限公司	万t	4.2
8	山东起重机厂有限公司	万t	2.7
9	上海起重运输机械厂有限公司	万t	2.5
10	杭州华新机电工程有限公司	万t	2.4
11	河南省新乡市矿山起重机有限公司	万t	2.2
12	江阴凯澄起重机械有限公司	万t	1.4
13	浙江临海机械有限公司	万t	1.4
14	株洲天桥起重机有限公司	万t	1.2
15	大连起重矿山机械有限公司	万t	1.1
16	宁夏银起重型机器股份有限公司	万t	1.0
17	广州广日集团有限公司	万t	0.8
18	西子电梯有限公司	万t	0.6
19	杭州武林机器有限公司	万t	0.6
20	天津起重设备有限公司	万t	0.6
其中:电动双梁桥式起重机			
1	新乡市起重设备厂有限公司	台	506
2	上海起重运输机械厂有限公司	台/万t	187/2.3
3	太原重型机械集团有限公司	台/万t	157/4.2
4	天津起重设备有限公司	台	168
5	广州广日集团有限公司	台	166
6	重庆起重机厂	台	150
7	银川市起重运输机械厂	台	130
8	湖北银轮蒲起机械有限责任公司	台	98
9	宁夏银起重型机器股份有限公司	台	93
10	福建起重运输机械总厂	台	86
11	杭州华新机电工程有限公司	台	75
12	杭州电机有限公司	台	59
13	昆明神力重工有限公司	台	51
14	新疆通用机械有限公司	台	28
15	江苏三马起重机械制造有限公司	台	26
其中:电动单梁起重机			
1	天津起重设备有限公司	台	516
2	重庆起重机厂	台	352
3	广州广日集团有限公司	台	213
4	江苏三马起重机械制造有限公司	台	199
5	湖北银轮蒲起机械有限责任公司	台	193
6	新乡市起重设备厂有限公司	台	182

(续)

序号	企 业 名 称	单位	产量
7	西子电梯有限公司	台	150
8	福建起重运输机械总厂	台	106
9	银川市起重运输机械厂	台	96
10	杭州电机有限公司	台	67
11	昆明力神重工有限公司	台	35
12	新疆通用机械有限公司	台	30
13	宁夏银起重型机器股份有限公司	台	14
14	上海起重运输机械厂有限公司	台	11
其中:门式起重机			
1	西子电梯有限公司	台	43
2	福建起重运输机械总厂	台	28
3	广州广日集团有限公司	台	28
4	上海起重运输机械厂有限公司	台	24
5	新乡市起重设备厂有限公司	台	9
6	新疆通用机械有限公司	台	9
其中:电动葫芦			
1	江阴凯澄起重机械有限公司	台	24 450
2	江苏三马起重机械制造有限公司	台	8 154
3	杭州武林机器有限公司	台	6 038
4	杭州电机有限公司	台	4 269
5	天津起重设备有限公司	台	2 716
6	湖北银轮蒲起机械有限责任公司	台	2 016
其中:千斤顶			
1	江苏通润机电集团有限公司	万台	966.0
2	安徽宁国中鼎密封件有限公司	万台	237.9
3	浙江临海机械有限公司	万台	121.7
4	亚新科噪声与振动技术(安徽)有限公司	万台	116.9
5	嘉兴市大通机械厂	万台	91.0
其中:手动葫芦			
1	杭州武林机器有限公司	万台	26.1
2	南阳市起重机械厂	万台	2.8

注:表中数据来源于中国重型机械工业协会企业报表及中国机械工业联合会部分年报资料。

表7　2006年行业部分企业输送机械、装卸机械、给料机产量

序号	企 业 名 称	单位	产量
输送机械			
1	沈阳矿山机械(集团)有限公司	万 m/万 t	21.2/7.4
2	山东山矿机械有限公司	万 m/万 t	11.6/4.2
3	承德输送机集团有限责任公司	万 m/万 t	24.1/1.6
4	四川省自贡运输机械有限公司	万 m	11.5
5	淮南舜立机械有限公司	万 m	9.8
6	西北煤矿机械二厂	万 m	6.7
7	安徽攀登机械股份有限公司	万 m	6.3
8	芜湖起重运输机器厂	万 m	6.2

（续）

序号	企业名称	单位	产量
9	衡阳起重运输机械有限公司	万 m	3.7
10	淮南市煤矿机械厂	万 m	2.2
11	唐山冶金矿山机械厂	万 m	2.1
12	铜陵蓝天股份有限公司	万 m	2.0
13	许昌永盛达煤矿机械制造有限公司	万 m	1.3
14	安徽省无为神力运输机器有限公司		1.2
15	广西百矿股份有限公司		1.0
16	宜昌市宜都机电集团有限责任公司		0.5
其中:斗式提升机			
1	安徽攀登机械股份有限公司	t	1 290
2	宜都机电集团有限公司	t	536
其中:螺旋输送机			
1	安徽攀登机械股份有限公司	m	835
2	昆明输送机有限公司	台	51
3	宜都机电集团有限公司	台	12
其中:带式输送机			
1	沈阳矿山机械(集团)有限公司	万 m/万 t	16.3/6.6
2	山东山矿机械有限公司	万 m/万 t	11.6/4.2
3	淮南舜立机械有限公司	万 m	9.8
4	西北煤矿机械二厂	万 m	6.7
5	安徽攀登机械股份有限公司	万 m	6.3
6	衡阳起重运输机械有限公司	万 m	3.7
7	淮南煤矿机械有限公司	万 m	2.2
8	唐山冶金矿山机械厂	万 m	2.1
9	铜陵蓝天股份有限公司	万 m	2.0
10	许昌永盛达煤矿机械制造有限公司	万 m	1.3
其中:板式输送机			
1	宜昌市宜都机电集团有限责任公司	台	155
2	淮南舜立机械有限公司	台	132
其中:悬挂输送机			
1	承德输送机集团有限责任公司	万 m/t	24.1/16 110
装卸机械——堆取料机械			
1	沈阳矿山机械(集团)有限公司	台/t	127/28 960
2	长沙重型机器厂	台/t	91/19 700
3	哈尔滨重型机器厂	台/t	9/2 260
4	昆明神力重工有限公司	台/t	2/150
给料机			
1	沈阳矿山机械(集团)有限公司	台/t	224/16 000
2	上海建设路桥机械设备有限公司	台/t	18/1 670
3	唐山冶金矿山机械厂	t	410

注:表中数据来源于中国重型机械工业协会企业报表及中国机械工业联合会部分年报资料。

表 8　2006 年物料搬运(起重运输)机械产品进出口额

(单位:亿美元)

海关货品名称	出口额	比上年增长(%)	进口额	比上年增长(%)	进出口总额	比上年增长(%)	进出口差额	比上年增长(%)
物料搬运设备合计	47.99	42.19	28.55	5.47	76.54	25.85	19.44	191.45
轻小型起重设备小计	7.26	22.02	3.03	-7.62	10.29	11.48	4.22	58.05
起重机类小计	18.75	43.35	5.40	-19.40	24.15	22.09	13.35	109.25
工业车辆小计	4.76	0.63	3.09	27.16	7.85	40.43	1.66	127.40
电梯、自动扶梯及升降机小计	6.40	58.02	1.78	5.95	8.18	42.76	4.62	94.94
连续搬运设备及其他小计	3.88	54.58	12.03	16.68	15.92	24.18	-8.15	4.49
物料搬运设备零件小计	6.95	39.28	3.21	20.22	10.16	32.46	3.73	60.78

注:表中原始数据来源于海关总署 2006 年 1~12 月资料,编者按国内外通行的产品分类及名称作了适当调整。

表 9　2006 年我国物料搬运机械产品进出口额前 10 位国家(地区)

国家(地区)名称	出口额(亿美元)	占总出口额比重(%)	国家(地区)名称	进口额(亿美元)	占总进口额比重(%)
物料搬运机械合计出口	47.99	100.00	物料搬运机械合计进口	28.55	100.00
其中:美国	6.56	13.68	其中:日本	6.58	23.05
中国香港	3.23	6.73	德国	6.28	21.99
日本	2.47	5.15	中国台湾	2.03	7.09
阿拉伯联合酋长国	2.23	4.65	美国	1.86	6.51
韩国	2.20	4.59	韩国	1.70	5.94
印度	1.90	3.95	中华人民共和国	1.61	5.62
荷兰	1.75	3.65	瑞典	1.22	4.26
澳大利亚	1.41	2.94	意大利	1.13	3.96
德国	1.19	2.49	法国	0.92	3.22
泰国	1.08	2.26	英国	0.89	3.12
小计	24.04	50.09	小计	24.22	84.76

注:表中原始数据来源于海关总署 2006 年 1~12 月资料,由编者整理。

表 10　2006 年物料搬运机械产品进出口额超 1 亿美元产品及其前 5 位的进出口国家(地区)

商品代码	商品名称国家(地区)名称	出口量(台)	出口额(万美元)	进口量(台)	进口额(万美元)
84261942	集装箱装卸桥	172	95 744	20	10 817
	中华人民共和国			20	10 817
	中国香港	28	14 762		
	美国	17	11 980		
	荷兰	23	9 929		
	埃及	9	6 052		
84261930	龙门式起重机	658	27 967	70	2 917
	中华人民共和国			30	2 634
	中国香港	51	4 548		
	荷兰	20	3 002		
	西班牙	20	2 594		
	埃及	21	2 546		

（续）

商品代码	商品名称国家（地区）名称	出口量（台）	出口额（万美元）	进口量（台）	进口额（万美元）
84254210	其他液压千斤顶	18 576 023	24 683	38 441	5 130
	德国			25 937	3 509
	美国	6 308 588	10 892	225	821
	俄罗斯联邦	608 023	1 475		
	加拿大	509 147	1 030	22	3
84253100	其他电动的卷扬机及绞盘	957 873	13 443	20 554	12 561
	德国			3 667	3 189
	日本			3 934	2 374
	美国	543 317	3 908	212	165
	韩国	4 154	1 465	1 701	741
	法国	35 142	1 406	4 982	923
84283990	未列名连续提升机及输送机	16 032	9 837	22 014	42 259
	日本	1 211	1 215	5 527	9 565
	德国	355	126	4 753	8 222
	中国台湾	203	219	6 138	7 211
	英国			324	3 962
	中国香港	1 803	2 593		
84289000	未列名升降、搬运、装卸机械	882 834	13 812	27 862	36 444
	日本	30 737	1 315	8 702	11 601
	德国	35 601	315	1 241	4 786
	中国台湾	26 012	167	3 157	4 018
	美国	299 194	2 788	2 710	3 894
	法国	36 848	182	342	3 230
84283300	带式连续提升机及输送机	5 325	6 591	7 982	13 080
	日本	589	372	1 251	2 836
	新加坡	261	89	655	2 690
	中国台湾	212	130	2 013	2 224
	德国	14	56	246	1 113
84283920	辊式连续提升机及输送机	3 484	3 135	3 218	10 300
	韩国	95	33	406	2 655
	日本	243	153	789	2 414
	中国台湾	26	29	1 450	1 695

表 11　2005～2006 年物料搬运（起重运输）机械国内市场需求及国产设备占有率估算

年份	指 标 名 称	单位	物料搬运（起重运输）机械
2005	主营业务收入	亿元	1 289.04
	出口额	亿元/亿美元	273.38/33.75
	进口额	亿元/亿美元	219.27/27.07
	国内市场需求总额	亿元	1 234.93
	国产设备市场占有率	%	82.24
2006	主营业务收入	亿元	1 599.32
	出口额	亿元/亿美元	379.12/47.99
	进口额	亿元/亿美元	225.55/28.55
	国内市场需求总额	亿元	1 445.75
	国产设备市场占有率	%	84.40

注：2005 年 1 美元按 8.1 元计，2006 年 1 美元按 7.9 元计。估算值仅反映行业大概关系。

三、行业重大科技工作及科技成果

近几年，国内大中型企业改革取得巨大成效，物料搬运（起重运输）机械行业技术开发和创新能力有了长足的提高，每年都有一批新产品研制成功，不少项目荣获国家科学技术进步奖和中国机械工业科学技术奖。

2006 年，物料搬运（起重运输）机械行业获中国机械工业科学技术奖 8 项。其中，二等奖 3 项：上海港口机械制造厂研制的 41t－50m 轨道式集装箱门式起重机，大连重工·起重集团有限公司研制的 600t－182m 造船门式起重机和可翻卸解列及不解列铁路敞车翻车机卸车系统；三等奖 5 项：北京起重运输机械研究所研制的沈阳某部自动化立体库房物流系统，衡阳运输机械有限公司研制的某水泥厂 8139km 长距离带式输送机设计制造，江苏天奇物流系统工程股份有限公司研制的 JFSJ—200 积放式悬挂输送机，中国北车集团兰州机车厂研制的 NS1252 型 125t 全液压铁路起重机等。

2005～2006 年，行业新研制完成的部分重大科技成果有：上海振华港口机械（集团）股份有限公司研制的 ZPMC 新型集装箱自动化堆场无人堆码系统，首创使用双小车 RMG、双向防摇技术，是国内第一个集装箱自动化装卸系统，达到世界先进水平；沈阳矿山机械（集团）有限公司研制的堆料直径 120m、取料能力 2 000t/h 的 YGC2000/120 型顶堆侧取堆取料机；大连重工·起重集团有限公司研制的最大取料能力 6 000t/h，回转半径 55m 的 QL6000·55 型斗轮取料机，最大取料能力 8 625t/h，回转半径 47m 的 DBK7500·47 型堆料机；太原重工股份有限公司完成的 450/80t 铸造起重机，并与意大利爱登公司合作完成的世界首台具有过隧道功能的 900t 铁路架桥机；山东山矿机械有限公司研制的管径 450mm 的管状带式输送机；卫华集团有限公司研制的三合一传动电动平车等多项成果获国家专利。北京起重运输机械研究所研制的 200～300m/min 快速运行有轨巷道堆垛机、处理能力达 1 500t/d 新一代垃圾抓斗起重机等，也均处同类产品国内领先水平。

四、产业结构、经济类型及利用境外资本情况

1. 行业产业结构情况

物料搬运（起重运输）机械行业中类，应根据国内外发展趋势细分为起重机械行业（或分为轻小起重设备制造业和起重机制造业）、工业车辆行业、电梯自动扶梯行业、连续搬运设备行业及其他搬运设备行业等 5 个行业小类，但由于国家标准及国家统计局没有划分行业小类，2006 年也没有收集到全行业企业的统计资料，故 2006 年无法按行业小类反映行业产业结构情况。以工业总产值和主营业务收入为例，2006 年物料搬运（起重运输）机械行业各行业小类占物料搬运（起重运输）机械行业比重大体如下：起重机械行业约占 50%～52%，电梯自动扶梯行业约占 29%～31%，工业车辆行业、连续搬运设备行业及其他搬运设备行业合计约占 17%～21%。

2. 行业经济类型情况

2006 年，三资企业对物料搬运（起重运输）机械行业生产、销售发展的贡献率达到 46.06% 和 46.54%，利润总额贡献率达到 67.24%，超过了其他经济类型企业，成为行业经济发展的主导力量。

2006 年，国有企业数占行业企业总数比重比上年下降 1.08 个百分点，三资企业数比重比上年减少 0.50 个百分点，私营企业数比重比上年增长 1.64个百分点，其他内资企业数比重下降了 0.06 个百分点。2006 年物料搬运（起重运输）机械行业企业经济类型构成见表 12。

表 12　2006 年物料搬运（起重运输）机械行业企业经济类型构成

行业名称	企业数（个）	占行业比重（%）	工业总产值（亿元）	占行业比重（%）	主营业务收入（亿元）	占行业比重（%）	利润总额（亿元）	占行业比重（%）	资产合计（亿元）	占行业比重（%）
物料搬运（起重运输）机械行业	1 336	100.00	1 654.64	100.00	1 599.32	100.00	108.93	100.00	1 238.65	100.00
其中：国有企业	87	6.51	249.22	15.06	242.80	15.18	8.69	7.98	190.59	14.30
私营企业	660	49.40	293.80	17.76	278.00	17.38	12.75	13.66	208.91	15.67
其他内资企业	383	28.67	349.52	21.12	334.26	20.90	16.70	15.50	286.44	21.49
三资企业	206	15.42	762.10	46.06	744.27	46.54	62.58	67.24	647.09	48.54

3. 利用境外资本情况

2006年，物料搬运(起重运输)机械行业吸收境外资本80.91亿元，比上年增长12.81%。其中大型企业利用境外资本18.32亿元，比上年增长35.20%；中型企业利用境外资本37.28亿元，比上年下降7.86%；小型企业利用境外资本25.30亿元，比上年增长42.78%。中型企业利用境外资本最多，占利用境外资本的46.08%，而小型企业利用境外资本增长率最高。2006年物料搬运(起重运输)机械行业利用境外资本情况见表13。

表13　物料搬运(起重运输)机械行业利用境外资本情况

行业及企业类别	单位	实收资本	吸收境外资本	占实收资本比重(%)
物料搬运(起重运输)机械行业	亿元	280.33	80.91	28.86
其中:大型企业	亿元	76.75	18.32	23.87
占行业比重	%	27.38	22.64	
中型企业	亿元	96.70	37.28	38.55
占行业比重	%	34.50	46.08	
小型企业	亿元	106.87	25.30	23.67
占行业比重	%	38.12	31.27	

五、行业存在的主要问题及建议

近几年，物料搬运(起重运输)机械行业经济发展连年创历史新高，但也存在潜在的危机和突出的问题，如行业工业总产值和产品销售收入等主要指标，多年来年均增长率保持在30%以上，按照一般发展规律这并非正常现象，反映了某些行业投资过热问题并没有完全得到控制。由于行业总体生产能力过剩，行业内不同企业的经济发展和经济效益很不平衡，国有企业及产品技术水平相对较低的中小企业，特别是输送机械及简易起重机械生产企业经济效益较差的情况没有改变。生产能力过剩、重复建设、技术进步缓慢以及低价竞争，仍是输送机械及简易起重机械生产企业经济运行质量不佳的基本原因。

建议国家应进一步加强对投资过热行业的宏观调控，继续采取措施控制原材料涨价问题，解决企业低价竞争、假冒伪劣产品生产和低水平重复建设问题。

〔撰稿人:中国重型机械工业协会臧义成　审核人:中国重型机械工业协会徐善继〕

轻小起重设备

千　斤　顶

生产发展情况　千斤顶产品按工作原理主要分为油压千斤顶和机械千斤顶，其中，油压千斤顶包括立式油压千斤顶、卧式油压千斤顶、分离式油压千斤顶等，机械千斤顶包括螺旋千斤顶、剪式千斤顶等。千斤顶产品按市场销路可大致分为商用千斤顶、汽车配套千斤顶及特种用途千斤顶。特种用途千斤顶是传统千斤顶产品的扩展和延伸，将为千斤顶行业创造新的发展空间。

与发达国家相比，我国千斤顶生产起步较晚，而且受计划经济体制的影响，在较长时间内没有形成专业化、规模化生产企业。改革开放以后，行业内不少企业因为未能适应市场经济规则而先后遭淘汰出局。与此同时，外资不断注入国内千斤顶行业，部分境外千斤顶生产企业转移到国内，推动了国内千斤顶行业的发展。江苏通润机电集团有限公司(原常熟市千斤顶厂)认准了走全球化市场经营的道路，以国际市场为导向，通过10年的努力，成为国内最大的千斤顶生产出口基地。

为了满足不断增长的新的需求，生产企业特别是行业内的骨干企业投入了较大的人力、财力、物力开发设计出大量新产品，改变了原来比较单一的产品结构，改进了加工工艺，提高了产品性能。目前超过300种不同规格、不同型号的千斤顶产品极大地丰富了市场、满足了顾客需求。

市场及销售 千斤顶制造行业在我国国民经济中起着重要的作用。千斤顶产品以其科学的设计、可靠的结构、较大的起重能量、小巧便携等特点，被广泛地应用于国民经济的各个领域，特别是流动性起重作业和汽车行业将其作为随车与维修场所必备的起重装备，起着起重、支撑、调整水平等作用。

2006年，国内千斤顶生产企业60多个，主要分布在江苏、浙江和广东。2006年这3个省份的千斤顶销售收入分别占全国千斤顶销售收入的56.4%、14.7%和9.5%。千斤顶行业继续向产品质量高、规模效益好、管理成本低、国际竞争能力强的东南沿海经济发达地区的大、中型企业集中，但随着这些地区劳动力成本的持续提高，这种集中的趋势有可能延缓，甚至产业区域结构有可能发生变化。

千斤顶产品国际市场需求量极大，商用千斤顶大致为3 000万台，汽车配套千斤顶大致为6 000万台。我国千斤顶产品主要出口到北美、欧洲、东亚、大洋洲等地区的130多个国家。2006年出口总量约为2 600万台，占国际市场份额的1/4强，进一步提升了世界千斤顶生产出口基地的地位。2006年千斤顶主要生产企业主营业务收入见表1。

表1 2006年千斤顶主要生产企业主营业务收入

序号	企业名称	主营业务收入（万元）
1	江苏通润机电集团有限公司	226 000
2	伟富（台山）机电有限公司	49 473
3	奉化南方机械有限公司	25 000
4	杭州天恒机械有限公司	15 728
5	嘉兴金鹏工具有限公司	12 086
6	海盐金腾机械有限公司	5 609

国内千斤顶生产企业面临着新的机遇：

（1）国内消费市场活跃，增速加快。2006年，石油及制品增长36.2%，汽车类增长26.3%。

（2）在国家《汽车发展产业政策》中，千斤顶的发展获政策扶持；同时作为物料搬运机械，在《重型机械工业"十一五"发展规划》中被列入重点发展的产品。

（3）加入世贸组织以来，我国市场经济地位越来越多地被发达国家认可，国内企业参与国际竞争的能力越来越强，经验越来越丰富。

（4）国际分工越来越细，世界著名汽车制造企业正逐渐将汽车配套千斤顶外移。

国内千斤顶生产企业同时也面临着风险和挑战：

（1）人民币的升值将影响企业的出口和效益。

（2）发达国家对千斤顶产品反倾销苗头的出现，威胁着企业的生产经营。

（3）出口退税降低势在必行，部分出口企业将转向国内，加剧国内市场竞争。

（4）对于节能、减排不达标的企业来说，国家环保政策和能源政策的实施将使国内千斤顶生产企业面临再一次洗牌。

质量及标准 行业内油压千斤顶生产企业执行JB/T 2104—2002标准。该标准由江苏通润机电集团常熟通润汽车零部件有限公司、北京起重运输机械研究所起草，已达到国际先进水平。由江苏通润机电集团常熟通润汽车零部件有限公司负责修订的《螺旋千斤顶》和《车库用油压千斤顶》标准已基本完成，这两项标准参考了国际先进工业国家的相关标准，在国内达到先进水平。

行业中的江苏通润机电集团有限公司和奉化市南方机械制造有限公司生产的千斤顶产品，获得国家质量监督检验检疫总局和中国名牌战略推进委员会颁发的"中国名牌"称号。主要生产企业的产品性能和质量水平大部分已达到国际先进水平，通过了ISO9001:2000质量管理体系认证。主要企业产品质量分别达到了美国ASME、英国BS、德国DIN、澳大利亚AS、日本JIS标准要求。江苏通润机电集团有限公司还通过了汽车制造行业的TS16949:2002认证，并推行了OHSAS18000职业健康安全管理体系和职业安全卫生管理体系认证。

〔撰稿人：中国重型机械工业协会千斤顶分会王祥元 审稿人：中国重型机械工业协会徐善继〕

电动葫芦

电动葫芦包括钢丝绳电动葫芦、环链电动葫芦和单相微型电动葫芦等。2006 年,行业内企业上规模、建新厂,努力做强做大。部分企业积极开发新产品,进行产品更新换代,部分企业在重组与改制。

市场及销售 国产 CD、MD 型钢丝绳电动葫芦占国内市场 90% 左右,有少量出口;引进的 AS 型电动葫芦和 KONE—CXT 型电动葫芦、DEMAG—DR 型电动葫芦等中高档葫芦占国内市场销售量的 10% 左右。环链电动葫芦目前主要在国内销售,单相微型葫芦 90% 以上的产量供出口。

电动葫芦的出口市场主要在东南亚、欧美和日本等国家。2006 年,江阴凯澄起重机械有限公司实现出口 298 万美元,卫华集团有限公司出口 93.4 万美元。2006 年钢丝绳电动葫芦行业主要企业产销情况见表 1。

表 1 2006 年钢丝绳电动葫芦行业主要企业产销情况

序号	企业名称	产量（台）	产值（万元）	销量（台）
1	江阴凯澄起重机械有限公司	24 450	27 657	24 950
2	卫华集团有限公司		18 675	20 522
3	江苏三马起重机械制造有限公司	8 300	14 000	8 500
4	杭州武林机器有限公司	6 038	1 159	5 581
5	杭州电机有限公司	4 269	3 724	4 188
6	天津起重设备有限公司	2 716	5 777	2 302
7	湖北银轮蒲起机械有限公司	2 106	3 681	1 952

质量及标准 2006 年,电动葫芦行业已获得葫芦式起重机、各种电动葫芦、配套产品厂家及电气配套产品等相应产品的制造许可证和相应的防爆产品许可证。还配合全国起重机械标准化技术委员会,组织了相关企业参与起草修订电动单梁起重机、电动单梁悬挂起重机、电动葫芦桥式起重机和电动葫芦门式起重机等行业标准工作。

合作交流 2006 年,南京起重机械总厂有限公司与英国公司进行了技术引进与合作,生产和返销钢丝绳电动葫芦;芬兰科尼公司在上海建立了市场葫芦式起重机的合资厂——上海科轻起重机有限公司,在广州建立了泰克力起重机有限公司,在江阴也建立了合资厂。2006 年,葫芦单双梁起重机专业委员会组织行业企业赴芬兰科尼公司本部进行实地考察,参观了科尼公司的起重机厂、电动葫芦厂,并进行了技术交流,收获很大。此外还组织了相关企业赴中国台湾与台湾中华起重升降机具协会进行了技术交流,参观了台湾诚岱起重机等企业。2006 年,专委会还组织了多次内部技术交流,选派多名专家去企业进行技术咨询指导、技术讲座等多种形式的技术交流等。

〔撰稿人:中国重型机械工业协会葫芦单双梁起重机专业委员会李玉梅 审稿人:天津起重设备有限公司官本智〕

桥、门式起重机

生产发展情况 我国的桥、门式起重机械制造业在“十五”期间取得长足的发展,年均增速超过 30%,其中 2004 年增长速度最快,达 39%。

“十一五”期间,国家将重点发展能源、电力、石化、冶金、造船、交通等工业领域。其中,电力工业:以大型高效环保机组为重点,优先发展水电,建设大型煤电基地,各种电站专用的桥、门式起重机将有较大的需求。冶金工业及原材料工业:钢铁工业着力解决产能过剩问题,加速淘汰落后工艺、装备和产品,加大结构调整力度,重点进行以节能降耗、减少环境污染的技术改造。有色金属工业:稳定增长,鼓励发展深加工和新型合金材料，因此对各种冶金起重机将有较大的需求。造船工业：将扩建重点船舶制造基地并进行技术改造，完善基础设施，扩大造船能力，大跨度、大起重量的造船用桥、门式起重机将有较大需求。交通运输业：我国计划2010年以前每年投资1 400亿～1 500亿元用于高速公路建设，铁路建设每年将投资1 000亿元。沿海港口重点建设上海、宁波、天津、大连、青岛、深圳等集装箱码头和专业化码头，这些都将需要大量的起重设备。

总之，上述行业的快速发展均离不开起重设备，这也确保了“十一五”期间桥、门式起重机市场仍将以超过15%的速度增长。2006年起重机械产品的市场需求仍呈旺盛态势。据不完全统计，2006年全行业桥、门式起重机销售量达4万余台，销售额达170亿元，国产起重机产品已有一定量的出口，10个主要生产企业的起重机产品销售收入达64亿元，比上年增长30%。起重机产品销售收入前35名的企业的入门值为8 000万元，其中大连重工·起重集团有限公司、太原重型机械集团有限公司、卫华集团有限公司、上海起重运输机械厂有限公司、河南省新乡市矿山起重机有限公司、河南省矿山起重机有限公司、中原圣起有限公司、新乡市起重设备厂有限责任公司、山东起重机厂有限公司和大连起重矿山机械有限公司等10个企业的起重机产品销售收入均超过3亿元。2006年桥、门式起重机行业销售收入前35位企业主要经济指标见表1。2006年桥、门式起重机进出口情况见表2。

表1　2006年桥、门式起重机行业销售收入前35位企业主要经济指标

序号	企业名称	起重机产品销售收入（万元）	工业总产值（万元）	利税总额（万元）	全员劳动生产率（万元/人）
1	大连重工·起重集团有限公司	145 300	702 000	42 000	138
2	太原重型机械集团有限公司	120 000	650 000	23 441	132
3	卫华集团有限公司	94 822	102 371	4 270	29
4	上海起重运输机械厂有限公司	45 380	51 000	1 882	72
5	河南省新乡市矿山起重机有限公司	44 639	52 227	3 107	51
6	河南省矿山起重机有限公司	42 470	45 970	2 078	38
7	中原圣起有限公司	39 736	47 370	3 173	35
8	新乡市起重设备厂有限责任公司	38 500	45 400	1 748	49
9	山东起重机厂有限公司	35 536	36 358	1 675	37
10	大连起重矿山机械有限公司	33 260	35 000	1 850	55
11	重庆起重机厂	27 556	21 000	1 220	33
12	株洲天桥起重机有限公司	26 700	22 300	2 100	56
13	河南重工起重机集团有限公司	23 220	32 000	1 612	26
14	新乡市中原起重机械部厂	23 000	28 000	920	33
15	广州起重机械有限公司	20 010	20 010	1 045	60
16	河南郑起起重设备有限公司	17 200	18 000	1 620	27
17	江苏三马起重机械制造有限公司	17 098	19 500	1 580	34
18	上海豪力起重机有限公司	16 800	18 200	1 230	66
19	上海青浦起重运输设备厂有限公司	16 000	34 500	2 500	85
20	山东泰峰起重设备制造有限公司	15 930	14 690	1 020	36
21	河南省华东起重机有限公司	15 840	19 800	1 540	27
22	江西起重机械总厂	15 162	23 957	1 446	32
23	浙江众擎起重机械制造有限公司	14 550	15 200	970	38
24	河南起重机器有限公司	13 000	18 000	1 500	22
25	无锡大力起重机械有限公司	12 960	14 000	938	70
26	柳州起重机器有限公司	11 350	11 500	950	38
27	河南洛阳起重机厂	11 274	11 044	930	17
28	上海雄风起重设备厂	10 900	15 000	1 300	48

（续）

序号	企业名称	起重机产品销售收入（万元）	工业总产值（万元）	利税总额（万元）	全员劳动生产率（万元/人）
29	杭州起重机械有限公司	10 560	10 560	792	30
30	广东永通起重机械实业有限公司	9 550	10 170	735	28
31	湖北银轮蒲起机械有限责任公司	9 442	9 322	732	24
32	南京起重机械总厂有限公司	9 034	14 000	868	23
33	石家庄动力机械厂	8 320	46 800	1 165	35
34	本钢起重机制造有限公司	8 276	10 347	786	15
35	山东安信起重设备有限公司	8 060	8 200	800	38

注：按起重机产品销售收入排序。

表2　2006年桥、门式起重机进出口情况

产品名称	进口量（台）	进口额（万美元）	出口量（台）	出口额（万美元）
桥式起重机	1 404	5 746	1 071	3 123
门式起重机	70	2 917	658	27 967

科技成果与新产品　2006年，行业主要生产企业在引进、消化、吸收世界先进工业国家同类产品技术的基础上，紧跟国家发展趋势，分别开发了不少具有市场前景、并各具特色的起重机产品。

大连重工·起重集团有限公司为烟台来福士船业有限公司设计、制造了一台起重量20 000t的桥式起重机。该台起重机横跨大型船坞，可一次将20 000t以下的“大分段”提升到70m，实现“大分段”制造工艺，完成钻井平台“上层模块”的整体安装。使用这种起重机建造一个钻井平台，可为用户节省100万个工时，减少80%的水上高空作业工作量，缩短建造周期。这台当今世界提升重量最大的起重机的问世，将引领世界造船业掀起一场革命，有很大的潜在市场。

太原重型机械集团有限公司为秦山核电站成功制造2台190t+190/10t环行起重机，起升高度40多m，其大车轨道是一个直径为35.4m的整圆，将在高温喷淋水、酸性辐射和绝对压力等因素的影响下平稳运行。该环行起重机在计量、定位、检测、人机对话等方面应用了很多先进的实用控制检测技术。

卫华集团有限公司为张河湾水库蓄能电站设计制造起升高度达400m的门式起重机。该项目由于起升高度高，钢丝绳的储量大，易造成钢丝绳的无序排列以及钢丝绳相互缠绕等技术难题。面对这些技术难题，卫华集团有限公司创造了两项实用专利和一项发明专利，很好地解决了这些难题。该项目已通过省科技厅组织的新产品科技成果鉴定。

上海起重运输机械厂有限公司结合上海临港工程用户的要求，开展了新型结构桥式起重机的研制，在模块化设计、CAD及CAM、有限元分析、关键零部件工艺的开发改进等方面从事了大量研究工作。起重机的小车、起升机构、运行机构采用新型布置方法，减轻了设备自重，提高了产品的竞争力。产品覆盖范围5～400t。

新乡市起重设备厂有限责任公司、重庆起重机厂针对我国水电行业的发展，分别设计开发了适用于大型发电机组的安装、拆卸与组装的超低型变频调速起重机，产品覆盖范围分别为500～800t和75～250t。该产品采用变频调速、PCL控制、运转监控、故障显示等技术，使起重机安全可靠、运行平稳、定位精度高，并能有效降低土建成本。

株洲天桥起重机有限公司针对我国高速铁路的迅速发展，开发制造了450t提梁机，该产品与运梁机、架桥机等组合，是高效铺设铁路不可缺少的主要吊运设备，具有很好的市场前景。

山东起重机厂有限公司、河南郑起起重设备有限公司、河南省华东起重机有限公司、本钢起重机制造有限公司等，针对我国冶金工业的发展，分别设计制造了一批冶金起重机。其中，山东起重机厂有限公司设计制造的160/40t铸造起重机获“山东省科技创新项目奖”，本钢起重机制造有限公司设计制造的 260/65/15t 铸造起重机获“辽宁省科技成果转化”三等奖。

河南重工起重机集团有限公司、上海豪力起重机有限公司、浙江众擎起重机械制造有限公司、无锡大力起重机械有限公司、柳州起重机器有限公司、广东永通起重机械实业有限公司等,面对“十一五”期间我国造船工业的迅速发展,通过自行设计或依靠专业院所的技术支持,制造了一批大跨度、大起重量的造船桥、门式起重机。

杭州起重机械有限公司为沙特创新设计了牵引式双梁门式起重机。该起重机采用新型结构,并自带 VOLVO 发电机供电,降低了产品自重,提升了产品性能。由此,杭起的起重机进军中东市场,进入了富饶的石油世界。

大连重工·起重集团有限公司研制的 600t × 182m 造船门式起重机项目和上海港口机械制造厂研制的 41t - 50m 轨道式集装箱门式起重机项目均获“中国机械工业科学技术奖”二等奖。

基本建设及技术改造 受市场需求趋旺的拉动,各生产企业为了满足市场和用户的要求、提高企业的竞争能力,都加大了基础设施建设和技术改造的投资。2006 年 70% 的被统计企业进行了基础设施建设和技术改造。

2006 年,桥、门式起重机行业投资额度较大的基本建设和技术改造项目有:大连重工·起重集团有限公司、太原重型机械集团有限公司均投入大量资金,建造了中、小型起重机的生产基地。卫华集团有限公司为扩大生产能力,建造了 6 万 m^2 的大型结构车间,建立了集开卷、矫平、喷丸表面处理、数控切割下料于一体的生产线,添置了大型数控铣镗床、300t 起重机的整机试验台,并投资 1 500 万元建成了理化试验大楼。上海起重运输机械厂有限公司,实施上海市政府的核电成套起重运输设备技术改造项目,项目固定投资 5 亿元,占地面积 21 万 m^2,计划于 2008 年 5 月建成,达纲后,可年产包括核电起重运输设备在内的各种大、重型起重机械、矿山设备、海洋工程设备等 400 ~ 500 台套。山东起重机厂有限公司根据地方政府“退城进园”的战略,投资 2 000 万元在公司新区东邻,购得 10 万 m^2 工业用地的使用权,新建、改建厂房面积 2.5 万 m^2;投资 8 000 万元进行技术改造,添置各种设备 200 余台套,整合公司资源,优化生产要素配置,为公司未来提供更大的发展空间。

2006 年,投入较大资金进行基本建设和技术改造的企业还有河南郑起起重设备有限公司、河南省华东起重机有限公司、江西起重机械总厂、上海雄风起重设备厂等,分别对各自的桥、门式起重机生产线进行了较大规模的扩建和改造。

〔撰稿人:中国重型机械工业协会桥式起重机分会陶庆华　审稿人:中国重型机械工业协会徐善继〕

带式输送机

生产发展情况 带式输送机是输送机械的主要产品,是煤炭、交通、能源、建材、冶金、矿山、化工等国民经济部门不可缺少的主要设备。带式输送机可分为固定通用带式输送机、移动带式输送机、波状挡边带式输送机、气垫带式输送机、井下专用带式输送机、圆管带式输送机以及成件物品专用带式输送机等各种形式,其中应用最广泛的是固定通用带式输送机。带式输送机生产厂家很多,具有一定规模和技术能力的企业有 40 ~ 50 个,其中多数是带式输送机分会的会员单位,而能生产带宽 1 600mm以上,大运量、长距离、高带速的大型带式输送机的企业,只有沈阳矿山机械(集团)有限责任公司、山东山矿机械有限公司、衡阳起重运输机械有限公司等约 10 个企业。从 20 世纪 80 年代到 2000 年,全国带式输送机年产量 40 万 ~ 70 万 m,2000 年以后逐年快速增长,2004 年全国总产量达 400 万 m,2005 年全国总产量约 450 万 m,2006 年突破 500 万 m。2006 年带式输送机主要企业产品产量见表 1。

表1　2006 年带式输送机主要企业产品产量

序号	生产企业	产值（万元）	产量（万 m）	出口额（万元）
1	沈阳矿山机械(集团)有限责任公司	63 453	21.2	16 400
2	山东山矿机械有限公司	53 244	14.0	4 787
3	衡阳起重运输机械有限公司	36 600	13.3	1 385
4	唐山冶金矿山机械厂	30 000	10.0	800
5	上海青浦起重运输设备厂有限公司	27 600（不含胶带、驱动装置）	13.0	
6	四川自贡运输机械有限公司	24 812	9.1	
7	中国华电工程公司物料输送部	20 000	7.0	
8	焦作起重运输机械有限责任公司	18 900	6.3	
9	东莞市龙泰实业有限公司	15 560	5.2	
10	北京约基同力机械制造有限公司	13 500	4.5	10 649
11	安徽攀登机械有限公司	12 500	4.8	2 520
12	安徽扬帆机电设备制造有限公司	12 130	4.5	3 500

随着行业快速发展和改革的不断深入，行业内企业基本上完成了改制，其中 1/3 的企业完成了厂区搬迁和技改工程。通过几年的艰辛积累，行业企业添置了新设备，加强了人才培养，行业整体研制能力显著提高。

沈阳矿山机械(集团)公司、中国华电工程公司物料输送部等单位，近几年开拓服务领域，由单机设计生产转向系统设计，提供成套工程，取得显著效果。2006 年，沈阳矿山机械(集团)公司先后完成了宝钢罗泾港矿石码头的二期工程胶带机系统、淮北煤业集团临涣选煤厂扩建工程的输送机系统、八一钢铁公司铁前项目工程的三大原料场胶带机系统等的设计与制造。马钢公司输送机械设备制造公司在厂区搬迁时增添了全自动化托辊生产线。

市场及销售　“十一五”规划实施以来，煤炭、交通、冶金、电力、建材等部门调整产业结构，加快发展步伐，固定投资规模稳定，带式输送机的市场仍然良好，带式输送机的服务领域也不断扩大。另外，随着带式输送机行业技术水平的提升，出口项目也获得了快速发展。据不完全统计，2006 年全行业工业总产值已达 150 亿元，其中主要企业(12 个单位)产品销售收入达 32.83 亿元，产量达 112.84 万 m，出口额超过 4 亿元。

科技成果与新产品　行业主要企业在引进、消化国外先进技术的基础上，不断开发新产品，取得显著成果。沈阳矿山机械(集团)公司研制的用于海螺集团的 2 条平面转弯长距离带式输送机，机长 10.8km，转弯半径 2 500m，运量 1 800t/h。衡阳起重运输机械有限公司研制的用于泾阳水泥厂的长距离胶带机，水平机长 9 842m，带速 3.15m/s，驱动功率 3×400kW。自贡运输机械有限公司研制的用于莱芜钢铁集团公司的 2 台管状带式输送机，机长 4 660m，输送量 800t/h；用于贵州格目底矿业公司的 3 台管状带式输送机，机长 4 350m，带速 3.55m/s，输送量 850t/h。

质量及标准　带式输送机属于发放生产许可证的产品，由国家起重运输机械质量监督检验中心等单位对整机及主要部件如托辊等进行检测，合格后由国家质量监督检验检疫总局颁发生产许可证。输送机械有 77 项国家标准和行业标准，涉及带式输送机的标准有 16 项，多数标准是 20 世纪 90 年代参考国外有关标准制定的。主要标准有 GB/T 10595—1989《带式输送机　技术条件》、GB/T 14784—1993《带式输送机安全规范》、MT/T 467—1996《煤矿用带式输送机设计计算》、MT/T 654—1997《煤矿用带式输送机安全规范》等。目前正在进行 GB/T 10595—1989《带式输送机技术条件》等标准的修订和《带式输送机保护装置》行业标准的制订，《带式输送机工程设计规范》国家标准报批稿已上报待批。

〔撰稿人：中国重型机械工业协会带式输送机分会李群　审稿人：中国重型机械工业协会徐善继〕

散料装卸机械

生产发展情况　散料装卸机械是为煤炭、矿石、水泥等大宗散状固体原料、燃料和材料转运、储运、存放、混匀、取样的重大关键设备，广泛应用于交通、冶金、电力、建材、化工、水利等国民经济的重要基础工业部门。散料装卸机械包括堆取料机、翻车机、装卸船机等3大类产品，约40个品种和近百个不同型号、规格的单机和成套产品，有臂式、门式、混匀式、圆形料场、侧式刮板（刮斗）、桥式刮板、堆取料机、斗轮取料机、堆料机、翻车机、装船机、卸船机等产品。现有的产品品种、规格、系列及性能基本可以满足国内需求，同时可以出口。截止至2006年底，包括大型国企、股份制企业、民营企业、中外合资企业在内，我国境内具有设计研发与生产制造散料装卸机械能力且有影响力的骨干企业有10个。据散料装卸机械分会对行业10个主要主机生产企业的统计，全行业的工业总产值超过315.38亿元，比上年增长32.5%，其中散料装卸机械工业总产值超过64.52亿元，比上年增长21.27%；销售收入超过305.04亿元，比上年增长32.62%。散料装卸机械产品分类及主要生产企业见表1。2006年散料装卸机械行业主要经济指标完成情况见表2。2006年散料装卸机械产品出口情况见表3。

表1　散料装卸机械产品分类及主要生产企业

产品分类	主要生产企业名称
门式、混匀式、圆形料场、侧式刮板（刮斗）、桥式刮板式堆取料机	沈阳矿山机械集团有限公司
	大连重工·起重集团有限公司
	哈尔滨众鑫重型机器有限公司
	长春发电设备有限责任公司
	长沙重型机器厂
	上海电力环保设备总厂有限公司
斗轮堆取料机、斗轮取料机、堆料机	大连重工·起重集团有限公司
	哈尔滨众鑫重型机器有限公司
	长春发电设备有限责任公司
	长沙重型机器厂
	上海港机重工有限公司
	上海电力环保设备总厂有限公司
	华泰重工制造有限公司
	沈阳矿山机械集团有限公司
	上海振华港口机械（集团）股份有限公司
翻车机	大连重工·起重集团有限公司
	武汉电力设备厂
装船机、卸船机	上海振华港口机械（集团）股份有限公司
	大连重工·起重集团有限公司
	上海港机重工有限公司
	长春发电设备有限责任公司

表 2　2006 年散料装卸机械行业主要经济指标完成情况

指 标 名 称	单位	散料装卸机械
企业数	个	10
工业总产值(当年价)	万元	3 153 735
比上年增长	%	32.5
其中:散料机械	万元	645 234
比上年增长	%	21.3
工业增加值	万元	332 273
产品销售收入	万元	3 050 311
产品销售税金	万元	122 900
利润总额	万元	205 757
固定资产原价	万元	1 668 059
固定资产净值	万元	1 422 408
流动资产合计	万元	2 234 900
流动资产平均余额	万元	1 933 353
流动负债合计	万元	2 138 929
流动负债平均余额	万元	1 914 091
所有者权益	万元	889 431
全员劳动生产率	元/人	294 203

表 3　2006 年散料装卸机械产品出口情况

产 品 名 称	出口量(台)	出口额(万美元)
堆取料机	15	3 276
装卸船机	11	5 373
翻车机	9	5 044

近年来,我国国民经济持续快速增长,能源需求拉动煤炭行业发展,钢铁产业对矿石的巨大需求刺激大型矿石码头建设,基本建设与房地产热点促进建材行业大发展。冶金、能源、港口、建材等各行业都在加大技术改造投入,以适应越来越激烈的国内外市场竞争,这大大推动了散料装卸机械行业重大技术装备技术水平的提高以及生产能力的提升。散料装卸机械正在向超大型、国产化发展,产品国内市场占有率达 90% 以上,并进军国际市场。如,大连重工·起重集团有限公司 2006 年内采取合作生产方式先后为澳大利亚制造了 3 台 10 000t/h 堆料机、12 500t/h 斗轮取料机;哈尔滨众鑫重型机器有限公司、上海振华港口机械(集团)股份有限公司、长春发电设备有限责任公司、长沙重型机器厂等企业已具备生产 3 000 ~6 000t/h 大中型斗轮堆取料机的能力。上海振华港口机械(集团)股份有限公司生产的环保型差动卸船机、上海港机重工有限公司生产的 8 000t/h 装船机均为市场增添新的品种。另外,行业结构又有新变化。重组后的大连重工·起重集团有限公司、上海振华港口机械(集团)股份有限公司发展势头强劲,已进入全国 500 强企业;沈阳矿山机械集团有限公司与沈阳重型集团已实现战略重组,成立北方重工集团;哈尔滨众鑫重型机器有限公司完成异地搬迁改造;新成立的华泰重工制造有限公司继续加大固定资产投资,行业崛起的新生力量将打破原有格局,加剧市场竞争。

对于原来需要进口或与国外合作生产的大型堆取料机、双车、三车翻车机、大型装卸船机等产品,行业内各企业通过消化吸收国外先进技术,加大技术创新力度,引创结合,在自主知识产权方面取得令人瞩目的成果。但是,认真分析可以看出,行业的根本性问题还没有很好解决,产品标准化、系列化、通用化还有待统一规范,水平还有待提高。由于市场因素的制约,各企业产品在逐步形成批量和规模化的同时,更应重视产品的标准化、系列化、通用化以及设计的模块化。

产品分类产销量　2006 年,散料装卸机械行业生产臂式、门式、混匀式、圆形、侧式刮板(刮斗)、桥式刮板、堆取料机、斗轮取料机、堆料机、翻车机、装船机、卸船机等产品 533 台(套),比上年增长 5.97%;产量(吨位)24.61 万 t,比上年增长 20.44%。实际销量 535 台(套),比上年增长 11%;销量(吨位)24.74 万 t,比上年增长 22.15%。总体增长幅度比上年减缓,但在较大基数基础上仍有两位数增长,充分说明市场需求仍很旺盛。2006 年散料装卸机械分行业主要产品分类产销量见表 4。

表4　2006年散料装卸机械分行业主要产品分类产销量

产品名称	单位	产量		销量	
		数量	比上年增长(%)	数量	比上年增长(%)
翻车机	套/t	55/23 595	14.2	50/20 845	4.1
装卸船机	台/t	76/84 606	31.2	76/84 606	32.2
堆取料机	台/t	402/137 932	15.0	409/141 905	18.8

科技成果与新产品　各企业在不断引进国外先进技术的同时，通过联合设计、合作制造及消化吸收国外先进技术，推出符合用户需求的新产品、新技术，一批具有自主知识产权的新产品获得国家相关部门和用户的认可。如大连重工·起重集团有限公司具有自主知识产权的6 000t/h斗轮取料机，3 000t/h、5 000t/h斗轮堆取料机、可翻卸解列与不解列翻车机分别荣获机械工业科技进步一等奖、辽宁省优秀新产品二等奖和大连市技术发明一等奖。长春发电设备有限责任公司的3 000/4 500.50悬臂斗轮堆取料机荣获吉林省科技进步二等奖。沈阳矿山机械集团有限公司的ϕ80m顶堆侧取堆取料机荣获机械工业科技进步二等奖、沈阳市科技进步一等奖，大型混匀堆取料机分别荣获辽宁省科技成果转化奖、沈阳市科技振兴奖，石灰石料场堆取料机荣获沈阳市科技进步二等奖。各企业在重视新产品开发的同时，更加重视知识产权的保护，散料装卸机械中各类产品约有40余项发明和实用新型专利。

质量及标准　2006年，自全国工业产品生产许可证办公室颁布实施《港口装卸机械产品生产许可证实施细则》以后，行业协会邀请专家认真宣讲实施细则，各企业认真贯彻执行实施细则并以此推动散料装卸机械产品设计、制造和质量的规范化。

强化质量管理，各企业在取得ISO9001：1994版基础上，开展了质量管理体系转版换证工作，通过了ISO9001：2000版质量体系认证，加强了质量体系运行控制，完善了质量管理责任制，抓好质量信息处理、传递及重点项目的质量档案管理和质量分析通报工作，重大项目实施了检验负责制，制定检验计划，编制检验报告。目前各大类产品除执行国家标准外，还执行JB/T 4149—1994《臂式斗轮堆取料机技术条件》、JB/T 7326—1994《斗轮堆取料机安全规范》、JB/T 7328—1994《斗轮堆取料机验收技术规范》、JB/T 7015—1993《回转式翻车机》等行业标准以及装卸船机执行用户技术规格书。

斗轮堆取料机、翻车机和装卸船机的产品设计和制造质量有一定的提高，但仍需进一步提升和改进。在产品结构、机构的设计细节处理上与国外先进产品尚存在比较大的差距，提高产品细节的设计水平和制造水平是国内各企业需要迫切解决的问题。

部分新产品在机构与结构设计上仍采用相对保守与落后的技术，结构上既存在部分设备自重相对偏大现象，也存在因设备重量过轻而导致刚度和强度不足的问题，产品设计需进一步加强规范化。

电气与控制系统在硬件上与国外公司产品基本上没有太大的区别，而在PLC软件设计上存在一定的差距，包括产品设计的可靠性、PLC程序编制的规范性、一次仪表的设计和选型的可靠性等。在液压系统设计和制造方面，一些产品的系统设计原理不够完善和合理，液压站、液压管路的制造和安装质量还有待进一步提高。上述问题归根结底还是在于设计和制造的细节工作。

基本建设及技术改造　2006年，行业内各企业为满足产业结构调整及扩大产出规模的要求，在不断培育扶持协作产业链的同时，继续加大基本建设和技术改造投入力度，有效地缓解了制造能力不足的矛盾。2006年，行业基本建设及技术改造总投资额336 609万元，其中，基本建设投资207 981万元，技术更新改造投资128 628万元。

对外合作　为快速提升行业产品技术水平，2006年相关企业先后与德国、英国、意大利、奥地利等国际著名公司合作，分别引进斗轮堆取料机、翻车机、圆管带式输送机技术，产品分别出口马来西亚、印度、印度尼西亚、泰国、菲律宾、澳大利亚、美国和巴西。

〔撰稿人：中国重型机械工业协会散料装卸机械与搬运车辆分会邵龙成　审稿人：大连重工·起重集团有限公司邹胜〕

仓 储 机 械

生产发展情况 截止到2006年底，包括国有企业、股份制企业、民营企业、外商独资企业和中外合资企业在内，我国仓储机械产品生产企业有几百个。2006年在我国境内建设自动化立体库超过80座，共生产400多台不同规格型号的有轨巷道堆垛机产品，生产的各式货架总重量超过10万t，以托盘为储存单元的（包括利用叉车进行托盘上下架作业的货架）货位数超过200万个，生产了托盘料箱等各类器具接近100万个。

我国仓储机械产品分类及主要生产企业见表1。

表1 我国仓储机械产品分类及主要生产企业

产 品 分 类	主要生产企业名称
自动化立体库项目总承包	北京起重运输机械研究所、昆明船舶设备集团公司、北京机械工业自动化研究所、太原刚玉仓储设备公司、德马泰克（苏州）有限公司、北京中邮科技有限公司、北京高科物流设备研究所、日东科技（控股）有限公司、沈飞工业集团仓储物流设备制造有限公司、沈阳新松自动化工程公司、瑞士物流、大福自动化物流设备（上海）有限公司、村田机械、日本株式会社冈村制作所
堆垛机	北京起重运输机械研究所、德马泰克（苏州）有限公司、村田机械株式会社、日东科技（控股）有限公司、太原刚玉仓储设备公司昆明船舶设备集团公司、奥地利ROBOTEC、大福自动化物流设备（上海）有限公司、北京高科物流设备研究所、沈阳新松自动化工程公司
货架	上海精星仓储设备工程有限公司、南京音飞货架制造有限公司、镇江东联仓储设备有限公司、上海十通储存设备有限公司、江苏省常州市东方仓储设备有限公司、江苏顺力钢业集团、江苏六维物流设备实业有限公司、南京新众亚货架有限公司、南京爱维斯货架制造有限公司
输送设备	贵阳普天万向物流技术股份有限公司、湖州德马输送机械有限公司、广东信源邮政设备有限公司
自动导向车（AGV）	昆明船舶设备集团公司、沈阳新松自动化工程公司、北京机科发展有限公司、瑞典ROCLLA、美国丹纳赫传动公司
自动分拣设备	范德兰德物流自动化系统（上海）有限公司、奥地利KNAPP公司、瑞典山特维克分拣系统、贵阳普天万向物流技术股份有限公司、湖州德马输送机械有限公司、瑞典FKI LOGISTEX
自动货柜	沈飞工业集团仓储物流设备制造有限公司、上海华枫机械设备公司、德国亨乃尔全自动货柜、中国电子科技集团第二研究所、瑞典KADEX公司
托盘、网箱、塑料箱盒等物流器具	大森塑料工业（苏州）有限公司、上海物豪塑料有限公司、上海冠恒工业设备有限公司

市场及销售 到目前全国累计建成的自动化物流仓储系统（以自动化立体库为主要特征）接近700座，而其中的70%是近10年建成的，所建成的项目呈如下发展趋势：

1. 规模越来越大

目前建设的自动化立体库超过10个巷道规模的很常见，货位数一两万个甚至更多，高度一般均在20m左右。

2. 系统越来越复杂

2000年以前建设的自动化立体库由于巷道少，前端的输送设备一般不超过50台。近几年所建设的自动化立体库中，有不少输送机数量超过200台，而且要求具备多点出入库作业功能。

3. 应用范围更广

2006 年，储存油漆及相关原料等易燃品的自动化立体库的需求不小，同时储存食品和奶制品的冷库市场也在大幅度增长，自动化立体库应用领域越来越广。

近几年，物流仓储机械行业总体发展迅速，年增长率超过 30%。2006 年物流仓储机械市场总量在 20 亿元左右，其中自动化立体库项目市场份额在 5 亿元左右，各类输送设备（托盘式输送设备含在自动化立体库中）包括自动分拣设备市场总量在 3 亿元左右，叉车库货架和人工拣选类货架市场总量在 5 亿元左右，托盘货箱和塑料盒等物流器具市场总量在 5 亿元左右，其他物流设备市场总量在 2 亿元左右。

产品进出口 国外著名物流厂商为抢占中国市场，对货架、托盘以及设备中的结构件等技术含量低的配套产品采取在中国采购的配套方式，以降低总体价格，提高产品竞争力。2006 年，从国外全套进口（主要是外商独资企业以投资方式从国外全套进口）的自动化立体库不超过 5 座，而堆垛机等关键设备进口约 30 台，占全国总销售量的 15%。

中国物流仓储机械的出口主要集中在货架等技术含量低、劳动密集型的廉价低端产品，出口方向主要是东南亚、韩国、日本等邻近国家，也有较少的外资企业在中国加工部件或主机后返销海外。

科技成果及新产品 目前主要企业提供的有轨巷道堆垛机产品完成了全面升级换代，普遍采用变频调速、绝对认址和红外通信方式，性能参数大幅度提高，主要技术指标接近 20 世纪末欧美国家先进水平。

随着大吨位自动化立体库的需求涌现，目前国内部分厂家已可以提供单元重量 5t 左右的伸缩货叉式有轨巷道堆垛机。

中国成为世界加工中心后，生产企业产能不断扩大，自动化立体库规模也在不断扩大。但由于土地资源短缺，立体库只能向高处发展，为降低总体造价，部分高度在 30m 左右的立体库采用库架合一方式，目前用户主要集中在台资和韩资企业。要让中国客户认同，必须先让消防等主管审批部门接受这种结构型式，并在法规上做出相应调整，如被审批部门接受，预计今后 10 年内该型式立体库将占到总市场份额的 30% ~40%，市场前景非常看好，目前首要问题是必须突破审批瓶颈。

〔撰稿人：中国重型机械协会物流与仓储机械分会祁庆民　审稿人：中国重型机械工业协会傅树利〕

机械式停车设备

基本情况 我国机械式停车设备行业已经走过 10 年的发展历程。1997 年，全国只有 9 个机械式停车设备生产企业，只有 11 个省、市、自治区的 13 个城市拥有机械式停车设备。到 2006 年底，全国的机械式停车设备企业已发展到 100 多个，已有 27 个省、市、自治区的 94 个城市拥有机械式停车设备。目前，绝大多数主机生产企业和配套设备生产企业已经加入行业协会，获得制造许可证的企业有 109 个，能够生产全部 9 大类的机械式停车设备，除了满足国内需求外，产品还出口到 14 个国家和地区。

2006 年，机械式停车设备销售总额 20.23 亿元，比上年增长 29%。其中，国内销售额 18.50 亿元，比上年增长 26%；出口额 1.73 亿元，比上年增长 70%，出口泊位 7 523 个。

据对 35 个企业的统计，国内市场销售额在 5 000万元以上的企业有 17 个，销售额合计达 16 亿元，占国内销售总额的 86.5%；销售额在 3 000 万 ~5 000万元的企业有 2 个，合计 0.7 亿元，占销售总额的 3.78%；销售额在 1 000 万 ~3 000 万元的企业有 7 个，合计 1.35 亿元，占销售总额的 7.3%；销售额在 1 000 万元以下的企业有 9 个，合计 0.28 亿元，占销售总额的 1.5%。

2006 年，国内销售额前 10 名企业共实现销售额 12 亿元，占国内销售总额的 64.9%；销售 54 980 个泊位，占泊位总数的 63.4%。

拥有量 截止到 2006 年底，全国机械式停车库（泊位）拥有量达到 284 752 个，比 2005 年增加

86 790 个，增幅约 44%。其中北京、上海、江苏、浙江、广东、山东、山西 7 省市的拥有量分别为108 451个、36 191 个、28 605 个、26 363 个、18 461 个、14 944个、12 198 个，共计 245 213 个，占全国拥有总量的 86%。2001 ~ 2006 年全国机械式停车库(泊位)地区拥有量见表 1。

表 1　2001 ~ 2006 年全国机械式停车库(泊位)地区拥有量

(单位:个)

序号	地区	2001 年	2002 年		2003 年		2004 年		2005 年		2006 年	
		拥有量	新增量	拥有量	新增量	拥有量	新增量	拥有量	新增量	拥有量	新增量	拥有量
1	北京	7 541	14 906	22 447	14 696	37 143	22 362	59 505	24 403	83 908	24 543	108 451
2	上海	5 731	3 380	9 111	4 631	13 742	6 719	20 461	7 473	27 934	8 257	36 191
3	天津	181	335	516	514	1 030	555	1 585	514	2 099	1 092	3 191
4	重庆	87	84	171	157	328		328	1 085	1 413	777	2 190
5	广东	3 129	1 650	4 779	1 820	6 599	3 174	9 773	4 594	14 367	4 094	18 461
6	广西	66	78	144		144	937	1 081	1 271	2 352	961	3 313
7	福建	105	219	324	60	384	0	384	485	869	462	1 331
8	江苏	1 543	622	2 165	3 805	5 970	4 794	10 764	5 998	16 762	11 843	28 605
9	浙江	632	1 320	1 952	2 788	4 740	5 235	9 975	7 963	17 938	8 425	26 363
10	山东	54	314	368	1 582	1 950	3 194	5 144	4 192	9 336	5 608	14 944
11	黑龙江	373	280	653	745	1 398	486	1 884	153	2 037	1 603	3 640
12	辽宁	660	323	983	190	1 173	428	1 601	1 772	3 373	1 614	4 987
13	河北	28	226	254	30	284	447	731	1 259	1 990	663	2 653
14	河南	53	68	121	131	252	171	423	343	766	1 378	2 144
15	安徽	41		41	443	484	194	678	902	1 580	1 063	2 643
16	江西	24		24		24	35	59		59	50	109
17	湖北	19	95	114	228	342	51	393	794	1 187	329	1 516
18	湖南	170		170		170	122	292		292	506	798
19	四川	776	313	1089	260	1 349	313	1 662	1 956	3 618	1 353	4 971
20	贵州				292	292	243	535	202	737	89	826
21	云南	122	60	182	48	230		230		230	346	576
22	山西	13	160	173	633	806	878	1 684	1 100	2 784	9 414	12 198
23	陕西	97	29	126	578	704	731	1 435	657	2 092	1 212	3 304
24	甘肃				50	50		50		50	63	113
25	青海	13		13		13		13		13		13
26	新疆		45	45	75	120	56	176		176		176
27	吉林										1 045	1 045
总　计		21 458	24 507	45 965	33 756	79 721	51 125	130 846	67 116	197 962	86 790	284 752

截止到2006年底，机械式停车库泊位数保有量中，绝大多数是升降横移类（PSH），达246 755个；其次是简易升降类（PJS），达11 172个，这两类占拥有总量的90.6%。2006年国内各种类型机械式停车库所占比例见图1。

新增量 2006年，北京、上海、江苏、浙江、广东、山东、山西7省市的新增泊位数分别为24 543个、8 257个、11 843个、8 425个、4 094个、5 608个、9 414个，共计72 184个，占全国新增泊位数的83%。1997～2006年机械式停车库（泊位）逐年新增走势见图2。2006年新增泊位排名前7位地区见表2。

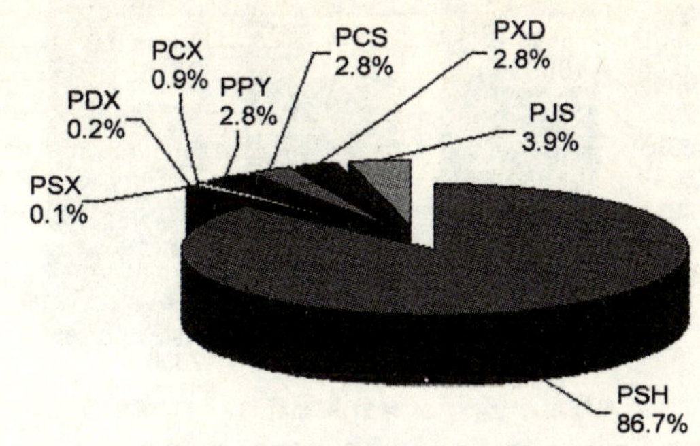

图1 2006年国内各种类型机械式停车库所占比例

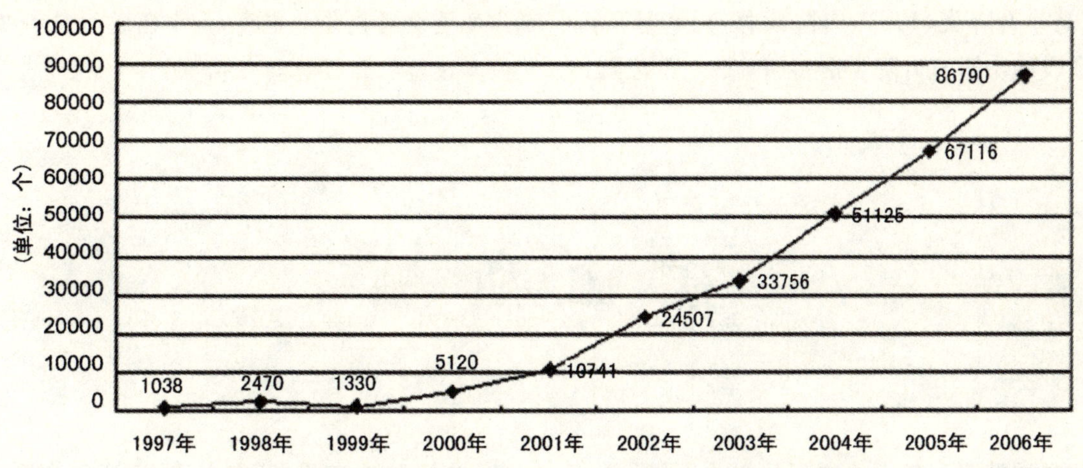

图2 1997～2006年机械式停车库（泊位）逐年新增走势

表2 2006年新增泊位排名前7位地区

地 区	新增泊位（个）	占全国新增泊位（%）
北京	24 543	28.3
江苏	11 843	13.6
山西	9 414	10.9
浙江	8 425	9.7
上海	8 257	9.5
山东	5 608	6.5
广东	4 094	4.7
其他地区	14 606	16.8

2006年，新增的机械式停车库（泊位）中，升降横移类（PSH）占绝大多数，达77 495个，占89.3%；其次是简易升降类（PJS），为3 554个，占4.1%。2006年新增机械式停车库（泊位）类型分布见表3。

表3 2006年新增机械式停车库（泊位）类型分布

设备类型	新增泊位（个）	比例（%）
升降横移类（PSH）	77 495	89.3
简易升降类（PJS）	3 554	4.1
平面移动类（PPY）	2 761	3.2
巷道堆垛类（PXD）	1 247	1.4
垂直循环类（PCS）	1 598	1.8
多层循环类（PDX）	135	0.2

用户群 2004～2006年，住宅小区拥有的机械式停车库占比最大，且车库数量呈逐年上升趋势；单位用户与公共配套设施的机械式停车库数量占比较接近，但2006年单位用户机械式停车库数量大幅增加，比上年增长73.9%，占比也由上年的19%骤增至27%，比公共设施配套占比高5个百分点。2004～2006年机械式停车库用户群分布见图3。

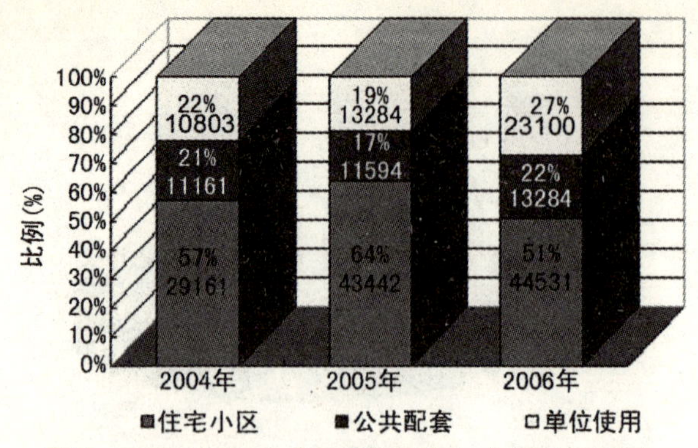

图3　2004～2006年机械式停车库用户群分布

就使用类型分，住宅小区使用的车库类型以多层循环类（PDX）居多，另外还有巷道堆垛类（PXD）、简易升降类（PJS）、升降横移类（PSH）等。公共配套设施中垂直升降类居多(PCS)。单位则使用平面移动类（PPY）较多。2006年机械式停车设备应用类别分布见表4。

表4　2006年机械式停车设备应用类别分布

（单位:%）

设备类型	住宅小区	公共配套	单位使用
升降横移类(PSH)	53	21	26
简易升降类(PJS)	63	11	26
垂直循环类(PCS)	5	63	32
平面移动类(PPY)	12	41	47
巷道堆垛类(PXD)	63	37	
多层循环类(PDX)	100		

〔撰稿人:中国重型机械工业协会停车设备工作委员会明艳华　审稿人:中国重型机械工业协会停车设备工作委员会任伯淼〕

矿　山　机　械

生产发展情况　矿山机械行业是为固体原料、材料和燃料的开采和加工提供装备的重要装备行业之一，其产品广泛服务于黑色和有色冶金、煤炭、建材、电力、化工、核工业等重要基础工业部门，在交通、铁道、建筑、水利水电等基础部门的基本建设中也有大量应用。矿山机械包括建井设备、采掘设备、矿井提升运输设备、破碎和磨矿设备、筛分设备、洗煤和选矿设备、焙烧设备等7大类产品，约300多个品种和数千种规格。矿山机械行业是以单件小批生产为主的机械制造行业。

据国家统计局统计，2006年矿山机械行业有751个企业，从业人员平均数为190 273人。2006年矿山机械行业主要经济指标见表1。

表1　2006年矿山机械行业主要经济指标

指标名称	单位	2006年	比上年增长(%)
资产总计	万元	6 171 098.8	24.65
负债总计	万元	4 417 453.4	22.15
主营业务收入	万元	5 595 273.8	35.76
利润总额	万元	287 779.9	47.34
工业总产值(当年价)	万元	6 072 947.7	35.21
新产品产值	万元	869 846.4	48.45
工业销售产值	万元	5 844 767.5	35.47
出口交货值	万元	178 024.5	62.58
资产负债率	%	71.58	减少1.47个百分点
固定资产周转率	次	4.59	增加0.43个百分点
成本费用利润率	%	5.40	增加0.51个百分点

（续）

指 标 名 称	单 位	2006 年	比上年增长(%)
销售增长率	%	35.76	
劳动生产率(按工业总产值计)	万元/人	31.92	26.00

数据来源:中国机经网及按其计算值。

2006 年矿山机械行业经济运行的特点是:

(1)生产销售继续保持高于重型矿山机械行业(平均 32%)的高速增长态势,但低于 2005 年 43.77%的增长速度。

(2)利润总额达到历史最好水平,比上年增长 47.3%,但仍有 89 个小型企业亏损,占企业总数的 11.85%。

(3)矿山设备的产量达历史最高水平。281 个主要企业的产量达 1 810 161t,比上年增长 28.64%;59 个主要企业的水泥专用设备产量达 351 327 万 t,比上年下降 2.93%。矿山设备主要企业的产量排序见表2。水泥专用设备主要企业产量排序见表3。

表 2　矿山设备主要企业的产量排序

序号	企 业 名 称	2006 年(t)	2005 年(t)	比上年增长(%)
1	郑州煤矿机械集团有限责任公司	132 243	105 261	25.63
2	日立建机(中国)有限公司	128 403	75 373	70.36
3	张家口煤矿机械有限公司	65 652	53 490	22.74
4	平顶山煤矿机械厂	65 263	34 724	87.95
5	宝鸡石油机械厂	64 180	44 563	44.02
6	北京煤矿机械厂	64 022	51 312	24.77
7	沈阳重型机械集团有限责任公司	63 462	57 182	10.98
8	上海建设路桥机械设备有限公司	55 918	47 402	17.97
9	上海重型机器厂有限公司	53 686	62 215	-13.71
10	宁夏西北奔牛实业集团有限公司	53 263	46 086	15.57
11	南充巨强机械有限公司	52 642	668	7 780.54
12	山西平阳重工机械有限责任公司	49 437	30 814	60.44
13	太原重型机械集团有限公司	41 972	35 999	16.59
14	中信重型机械公司	35 599	14 389	147.40
15	河北省金马矿山机械集团公司	31 526	34 671	-9.07
16	新泰市光正制修有限公司	31 049	20 587	50.82
17	重庆大江信达车辆股份有限公司	29 649	26 398	12.32
18	微山县安特矿用材料有限公司	26 803	9 888	171.07
19	中农机辽源重型机器有限公司	23 709	2 929	709.36
20	淮北矿业(集团)有限责任公司	22 581	17 714	27.48

数据来源:《重机行业经济运行简报》2006 年 12 月期。

表 3　水泥专用设备主要企业产量排序

序号	企 业 名 称	2006 年(t)	2005 年(t)	比上年增长(%)
1	江苏鹏飞集团股份有限公司	42 143	30 967	36.09
2	中信重型机械公司	36 991	90 141	-58.96
3	唐山盾石机械制造有限责任公司	31 132	19 006	63.80
4	中天仕名重型机械有限公司	25 203	22 646	11.29
5	朝阳市重型机械厂	21 145	16 250	30.12
6	中天仕名(徐州)重型有限公司	18 796	17 071	10.10
7	沈阳重型机械集团有限责任公司	18 776	17 461	7.53

（续）

序号	企 业 名 称	2006 年 (t)	2005 年 (t)	比上年增长 (%)
8	四川矿山机器(集团)有限责任公司	16 718	13 713	26.91
9	成都市利君实业有限责任公司	14 908	15 943	-6.49
10	江苏海建股份有限公司	13 278	10 174	30.51

数据来源:《重机行业经济运行简报》2006 年 12 月期。

(4)全行业有很高的生产集中度。销售收入超过4 亿元的企业有 23 个,约占行业企业总数的 3%,资产总额占全行业的 42.2%,产品销售收入占全行业的 45.5%,利润总额占全行业的 37.4%,新产品产值几乎占全行业的 100%,出口额占总出口额的 45%。产品销售收入超 4 亿元的 23 个企业生产销售情况见表 4。

表 4　产品销售收入超 4 亿元的 23 个企业生产销售情况

企 业 名 称	主营业务收入 (亿元)	工业总产值 (当年价) (亿元)	新产品 产值 (亿元)	出口 交货值 (万元)	从业人员 平均人数 (人)
中信重型机械公司	51.30	50.17	24.14	22 809	9 144
沈阳矿山机械(集团)有限责任公司	28.19	30.56	13.32	16 420	4 501
沈阳重型机械集团有限责任公司	25.17	30.97	14.73	32 788	5 439
郑州煤矿机械集团有限责任公司	16.41	20.39			3 330
张家口煤矿机械有限公司	13.48	12.83	3.34	4 452	4 296
福建龙岩工程机械(集团)有限公司	11.14	11.21	1.89	4 029	558
上海建设路桥机械设备有限公司	10.65	9.91	1.01	14 795	978
北京煤矿机械厂	9.48	9.24			2 576
浙江开山集团	9.09	9.06	0.81	2 269	2 845
宁夏西北奔牛实业集团有限公司	7.72	8.92	4.65		1 943
山东矿机集团有限公司	6.91	7.85		816	1 229
山东金宝集团总公司	6.58	6.79			2 790
煤炭科学研究总院太原分院	6.22	7.95			997
平顶山煤矿机械厂	6.22	6.94			1 406
山西平阳重工机械有限责任公司	6.09	9.05			3 815
煤炭科学研究总院重庆分院	5.73	5.07	1.33		1 275
山东华星工程机械有限公司	5.72	6.12			976
申克(天津)矿业设备有限公司	5.59	5.69		3 765	240
山东山矿机械有限公司	5.30	4.53	1.36	1 310	1 366
河北省金马矿山机械集团公司	4.56	4.64			965
佳木斯煤矿机械有限公司	4.49	4.57	2.36		1 440
正定县鑫山煤矿机械厂	4.45	5.04			85
济南重工股份有限公司	4.05	4.27	1.01	580	2 054

数据来源:中国机经网。

(5)新产品产值占工业总产值的 15.5%,达到历史最高水平。新产品开发和制造能力大幅提高,大多数产品具有自主知识产权,如 27m³ 大型矿用挖掘机、ϕ5m 以上矿用磨机等,缩小了与先进国家的差距。

(6)产品出口额高速增长,比上年增长45.1%。2006 年矿山机械主要产品进出口情况见表 5。

表5　2006年矿山机械主要产品进出口情况

（单位：万美元）

海关货物名称	出口额	进口额	进出口总额	进出口差额
1. 矿山采掘设备及零件	5 979	23 294	29 273	－17 315
截煤机、凿岩机、隧道掘进机	5 067	20 293	25 360	－15 226
采矿钻机	63	1 908	1 972	－1 845
矿用电铲	849	1 093	1 942	－243
2. 筛选、洗涤、破磨机器	23 185	37 142	60 237	－13 957
矿物分类、筛选、分离和洗涤机器	6 231	13 795	20 025	－7 564
矿物破碎或磨粉机器	16 954	23 347	40 301	－6 393
3. 矿山卷扬（提升）设备	243	107	350	136
圆筒直径在2m以上的矿井卷扬机	61		61	61
其他矿井卷扬机	59	76	135	－16
其他矿井口卷扬装置	123	31	154	91
合　计	29 407	60 543	89 950	－31 135

数据来源：《重机行业经济运行简报》2006年12月期。

（7）大型企业和国有企业处于行业的主导地位，私营企业数比重增加，三资企业数比重下降。大型企业和国有企业资产总计分别占行业资产总计的37.7%和57.1%，工业总产值分别占行业工业总产值的32.3%和38.0%。小型企业是全行业的重要力量，尽管资产仅占全行业的27.7%，但工业总产值和利润总额却分别占全行业的42.7%和53.8%。2006年按企业分类主要经济指标完成情况见表6。

表6　2006年按企业分类主要经济指标完成情况

企业类型及占比	企业数（个）	资产总计（亿元）	比上年增长（%）	产品销售收入（亿元）	比上年增长（%）	利润总额（亿元）	比上年增长（%）	工业总产值（当年价）（亿元）	比上年增长（%）	新产品产值（亿元）	比上年增长（%）
一、按企业规模											
大型企业	12	232.7	19.5	179.3	33.0	4.5	65.7	196.4	35.1	61.1	53.8
占行业比重（%）	1.6	34.7		32.0		15.6		32.3		70.2	
中型企业	65	213.7	22.7	139.8	24.4	8.8	29.3	151.4	19.3	21.1	29.9
占行业比重（%）	8.7	31.8		25.0		30.5		24.9		24.3	
小型企业	674	170.7	35.3	240.4	45.7	15.5	58.7	259.5	46.7	4.8	81.3
占行业比重（%）	89.7	27.7		43.0		53.9		42.7		5.5	
二、按注册类型											
国有企业	106	352.1	16.8	207.3	15.9	7.1	32.7	230.8	27.0	69.6	47.1
占行业比重（%）	14.1	57.1		37.1		24.7		38.0		80.0	
私营企业	338	69.2	44.1	132.4	47.1	7.9	61.2	139.7	47.1	4.0	110.6
占行业比重（%）	45.0	11.2		23.7		27.4		23.0		4.6	
其他内资企业	268	161.3	34.2	179.5	39.0	10.3	61.0	195.1	38.9	12.0	45.3
占行业比重（%）	35.7	26.1		32.1		35.8		32.1		13.8	
三资企业	39	34.5	36.5	40.2	27.1	3.5	32.6	41.6	30.4	1.3	22.8
占行业比重（%）	5.2	5.6		7.2		12.1		6.9		1.5	

数据来源：中国机经网。

市场及销售　2006年，矿山机械行业的工业总产值、产品销售收入、新产品产值、工业销售产值、出口交货值、利润总额等经济运行指标全面好于上年，达到历史最好水平。产品质量的提高和新产品开发能力的增强，特别是大型关键产品的开发能力有了明显的提高，在一定程度上表明我国矿山机械行业已进入成熟期。

1. 国内市场及销售分析

2006 年，矿山机械国内市场采购额为 583.82 亿元（1 美元按 7.8 元人民币计），比上年增长 36.9%；国产设备国内市场占有率为 91.91%，比上年提高近 1 个百分点，矿山机械行业在国内市场与国外公司竞争能力有所提高。但是，从进口产品的品种、规格、成套性、技术性能和质量上，却显现出国内矿山机械产品在与国外产品竞争中的弱势。

2. 进出口贸易分析

与上年相比，全行业的出口额、进口额与进出口总额均有所增加，但进出口逆差减小，而矿井提升机已连续两年保持进出口顺差，但进出口基数太小，对进出口逆差影响不大。2005 ~ 2006 年矿山机械进出口见表 7。

表 7　2005 ~ 2006 年矿山机械进出口

（单位：亿美元）

海关货物名称	出口额		进口额		进出口总额		进出口顺差	
	2006 年	2005 年	2006 年	2005 年	2006 年	2005 年	2006 年	2005 年
矿山采掘设备及零件小计	0.60	0.294	2.33	1.385	2.93	1.680	-1.73	-1.09
筛粉、洗涤、破磨机器小计	2.32	1.691	3.71	3.155	6.03	4.846	-1.40	-1.46
矿山卷扬（提升）设备小计	0.02	0.042	0.01	0.012	0.03	0.043	0.01	0.04
合计	2.94	2.027	6.05	4.514	9.00	6.568	-3.11	-2.51

资料来源：《重机行业经济运行简报》2006 年 12 月期及《中国重型机械工业年鉴》（2006）。

科技成果及新产品　2006 年，行业企业开发了一批重大技术装备新产品，如合作生产的 4100XPC 型矿用挖掘机，斗容为 $58.5m^3$ 是世界上同类产品的最大规格。涌现出一批具有自主知识产权的大型先进产品，缩小了与先进国家的差距，主要有：$20m^3$ 和 $27m^3$ 大型机械式矿用挖掘机、可拆式 2 000t/h 双齿辊露天矿用破碎站、ϕ12m 卡盘式竖井钻机、ϕ4m 凿井提升机、EBZ—160 型煤巷半煤巷自由断面掘进机等，推动了矿山机械制造业的技术进步。2006 年矿山机械行业获中国机械工业科学技术奖项目见表 8。

表 8　2006 年矿山机械行业获中国机械工业科学技术奖项目

序号	项目名称	获奖等级	主要完成单位
1	MPF1713 辊盘式磨煤机	一等奖	沈阳重型机械集团有限责任公司
2	日产万吨水泥生产线辅助料场 ϕ80m 顶堆侧取堆取料机	二等奖	沈阳矿山机械集团有限责任公司
3	ϕ5.03m × 8.3m 溢流型球磨机	二等奖	中信重型机械公司、洛阳矿山机械工程设计研究院、河南省机械设计与传动系统重点实验室
4	MQS—T2754 型脱硫湿式球磨机	二等奖	沈阳重型机械集团有限责任公司
5	人工制砂系统关键技术研究	二等奖	洛阳矿山机械工程设计研究院、中信重型机械公司

资料来源：《中国机械工业科学技术奖公报》（2006）。

质量及标准　2006 年，全国矿山机械标准化技术委员会共组织完成《单绳缠绕式矿井提升机》等 6 项国家标准和《HP 型碗式磨煤机》等 16 项机械行业标准的制修订任务；完成《“十一五”重型矿山机械行业标准化发展规划》的编制工作；按照国家发展和改革委员会和中国机械工业联合会的要求，完成归口范围内 120 项机械行业标准的复审工作；开展了科技部科研院所公益研究专项《矿用设备安全技术标准研究》项目的实施工作；完成国家标准化委员会科研项目《矿山机械行业国际标准化跟踪研究》项目的申报。2006 年，在机械工业标准化工作会议上，全国矿山机械标准化技术委员会被评为

“十五”机械工业标准化先进集体。

国家矿山机械质量监督检验中心自1997年通过中国实验室国家认可委员会“三合一”评审验收以来，几经复查、扩权，现授权检验的产品为采掘设备、提升储运设备、破碎粉磨设备、筛分设备、矿山辅助设备和矿用减速器、港口装卸机械、起重机械、工程机械、建材机械等共78种产品，是国家质检总局指定的调度绞车、堆取料机产品生产许可证检验机构。国家安全生产洛阳矿山机械检测检验中心于2004年5月被国家安全生产监督管理总局授予国家安全生产检测检验甲级资质，检验业务范围包括：单、多绳矿井提升机，13种矿用绞车，窄轨运输车辆，罐笼、箕斗、连接装置等共24种提升运输机械产品。授权安全标志检验的业务范围为：单绳缠绕式矿井提升机、多绳摩擦式提升机、矿用提升绞车、凿井绞车及非煤矿山采掘运输机械类产品。

2006年，完成的矿山机械质量监督检验工作有：①根据全国工业产品生产许可证办公室的部署，对11个企业的21台调度绞车进行了抽样检验；参加完成了港口装卸机械产品生产许可证实施细则的编制。②受河南省煤矿安全监察局的委托，对160多台在用矿井提升机进行了安全检验；按国家安全生产监督管理总局的安排，参与了5个企业共17种规格的“煤矿用绞车类”产品安全标志现场评审工作；对4个企业3种类型16种规格的矿井提升机产品进行了安全标志现场评审工作，生产未合格产品的受评企业正在整改或审查中。开通了国家矿山机械质量监督检验中心网站，网址是www. kszj. org。

〔撰稿人：洛阳矿山机械工程设计研究院张荣宽 审稿人：洛阳矿山机械工程设计研究院邹声勇〕

破碎粉磨设备

生产发展情况 近几年随着国民经济迅速发展，破碎粉磨设备的需求量不断增大，产品正向着大型、成套、系列化方向发展。破碎粉磨设备的技术含量不高，从事破碎粉磨设备生产的企业不断增加，中、小型设备制造企业数量及制造能力都在快速提升。2006年，协会内部的会员单位努力抢占大型设备市场，部分中、小企业在抢占市场过程中，为发展自身能力，成套大型设备均选用协会内企业进行调剂，以适应大型设备市场需求。从行业生产发展的形势看，有能力的企业都在积极地投资，购置大型加工设备，以提高大型破碎粉磨成套设备的制造能力和技术要求。

2006年，行业上报统计的13个单位年产值26.37亿元，与2005年上报的13个单位同比增加1.07亿元，增幅4.26%；2006年行业上报企业利润总额0.66亿元，同比增加0.10亿元，增幅17.41%。行业企业已基本形成完整的自主开发与生产制造体系，大型化和成套化设备产量增多，其技术水平与国际先进水平之间的差距正逐渐缩小。主机的高速增长态势，也将破碎粉磨设备配套件行业推向新的发展时期。2006年破碎粉磨设备行业经济指标见表1。2006年破碎粉磨设备行业不同类型企业数量见表2。

表1 2006年破碎粉磨设备行业经济指标

指标名称	单位	股份制企业	民营企业	国外合资企业	国有控股企业
工业总产值(当年价)	万元	104 592	56 154	99 096	39 466
比上年增长	%	168.8	193.5	8.5	45.6
工业增加值	万元	26 043	7 456	18 350	7 861
产品销售收入	万元	90 059	51 122	106 727	47 664
产品销售税金及附加	万元	4 069	729	170	501
利润总额	万元	3 293	2 613	1 837	1 532
年末固定资产原价	万元	35 846	14 811	18 155	23 796

（续）

指标名称	单位	股份制企业	民营企业	国外合资企业	国有控股企业
年末固定资产净值	万元	23 423	9 455	13 145	10 926
流动资产合计	万元	73 673	25 458	60 621	58 407
流动资产平均余额	万元	69 979	19 749	36 099	57 160
流动负债合计	万元	79 935	24 529	59 077	60 486
流动负债平均余额	万元	7 727	18 571	33 355	59 716
所有者权益	万元	16 184	8 887	15 107	22 394
全员劳动生产率	元/人	905 851	1 244 680	137 250	497 354

表2　2006年破碎粉磨设备行业不同类型企业数量

指标名称	单位	股份制企业	民营企业	国外合资企业	国有控股企业
企业数	个	7	8	1	3
破碎机专业生产企业数	个	4	8	1	3
磨机专业生产企业数	个	3	2	1	3
破碎粉磨设备均生产的企业数	个	3	2	1	3

2006年，上海建设路桥机械设备有限公司的大型设备产量高速增长，其中仅反击式破碎机就生产350多套，特别是PF1315反击式破碎机产量是2005年的2倍，总销售量达100多套；液压圆锥破碎机销售22套，已制造出ϕ4.6m球磨机和ϕ4.8m×70m垃圾焚烧窑4台套以及ϕ5.1m×24.5m混合机。山东山矿公司2006完成产值5.3亿元，比上年增长5.82%；产品销售收入5.1亿元，比上年增长7.1%；实现利税2753万元，比上年增长42.17%；利润比上年增长17.14%；工业增加值1.03亿元，比上年增长10.6%。四川矿山机械公司2006年完成销售收入4亿元，产量3万t，实现利润2 800万元。河北金马矿山机械集团主攻轴承结构磨机，已形成轴承结构磨机国内技术研发基地，企业目前生产的水泥磨机，球、棒磨机等都是选用轴承结构，市场占有量在同行业中比例最大，目前已将轴承高细高产水泥磨机推向市场，前景很好。近年来，在争夺大规格设备市场上，破碎粉磨协会的中、小企业是不可小视的力量。在年产值4 000万元至1亿元的企业中，大规格产品的比重逐年增大。浙江矿山机械有限公司、江苏鹏胜矿业机械制造有限公司、上海龙阳机械厂、溧阳市重型机械厂有限公司、湖北枝江峡江矿山机械有限责任公司等民营制企业加大了投资力度，提高了生产制造能力，已经成为行业专业设备制造单位。北京锋必达矿山机械有限责任公司，近两年来连续开发了PE900mm×1 200mm颚式破碎机，PFY1320、PFY1010硬岩反击破碎机，PCL850、PCL1000制砂机，工业总产值比上年增长18.36%，产品相继出口6个国家。郑州一帆机械设备有限公司成功地将整形反击式破碎机推向市场后，又先后开发了立式冲击、移动式破碎筛分联合机组，在制砂行业市场占有较大比例。2006年破碎粉磨设备行业部分企业经济指标见表3。2006年超亿元企业产品产量完成情况见表4。

表3　2006年破碎粉磨设备行业部分企业经济指标

企业名称	工业总产值		工业增加值（万元）	产品销售收入（万元）	产品销售税金及附加（万元）	利润总额（万元）
	当年价（万元）	比上年增长（%）				
上海建设路桥机械设备有限公司	99 096	8.5	18 350	106 727	170	1 837
山东山矿机械有限公司	45 281	10.5	10 390	51 157	2 271	571
四川矿山机器(集团)有限责任公司	27 439	15.1	5 688	35 750	219	901
河南焦矿机器有限公司	23 108	117.7	6 932	20 325	1 578	686

（续）

企业名称	工业总产值		工业增加值（万元）	产品销售收入（万元）	产品销售税金及附加（万元）	利润总额（万元）
	当年价（万元）	比上年增长（%）				
溧阳市重型机械厂有限公司	16 588	50.0	1 565	14 987	25	1 330
河南省群英机械制造有限责任公司	14 094	-8.0	3 291	12 411	38	301
河北金马矿山机械集团有限公司	11 590		1 300	10 288	30	31
常熟仕名重型机械有限公司	13 590	8.1	4 075	10 198	64	1 162
常州常矿起重机械有限公司	8 241	27.0	815	8 054		475
江苏鹏胜矿业机械制造有限公司	6 440	14.5	690	6 133	29	546
郑州一帆机械设备有限公司	5 800	15.0	1 800	5 000	11	36
上海龙阳机械厂	5 724	4.9	462	5 704	153	68
浙江矿山机械有限公司	5 500	22.2	1 063	5 300	56	341
湖北枝江峡江矿山机械有限责任公司	5 200	73.0		4 800	130	750
北京锋必达矿山机械有限责任公司	4 552	18.4	1 146	4 043	224	38
广西桂林矿山机械厂	3 786	3.5	1 358	3 860	282	156
哈尔滨国海星轮传动有限公司	2 080	26.0	665	1 005	90	28
海门市重型矿山机械厂	1 200	10.0	120	1 000	100	50

企业名称	年末固定资产		流动资产		流动负债		所有者权益（万元）	全员劳动生产率（元/人）
	原价（万元）	净值（万元）	合计（万元）	平均余额（万元）	合计（万元）	平均余额（万元）		
上海建设路桥机械设备有限公司	18 155	13 145	60 621	36 099	59 077	33 355	15 107	137 250
山东山矿机械有限公司	8 168	5 315	34 573	33 952	33 038	32 782	5 923	75 920
四川矿山机器(集团)有限责任公司	19 061	7 645	52 378	51 345	55 280	54 427	16 548	28 454
河南焦矿机器有限公司	18 786	11 511	21 150	19 016	30 221	28 441	2 487	87 017
溧阳市重型机械厂有限公司	2 063	1 597	9 872	7 209	10 088	7 063	2 522	306 403
河南省群英机械制造有限责任公司	4 496	3 164	6 635	6 131	7 325	7 048	2 714	179 767
河北金马矿山机械集团有限公司	4 304	2 881	4 200	3 558	7 024	5 737	404	
常熟仕名重型机械有限公司	2 671	2 168	7 287	7 016	6 309	6 079	2 414	617 000
常州常矿起重机械有限公司	2 451	2 091	2 594	2 429	2 059	2 114	2 986	437 650
江苏鹏胜矿业机械制造有限公司	877	658	2 125	2 042	2 400	2 381	646	631 373
郑州一帆机械设备有限公司	1 200	800	1 600	1 260	1 350	1 200	660	23 500
上海龙阳机械厂	398	179	727	712	594	583	634	580 000
浙江矿山机械有限公司	1 653	341	642	635	188	190	794	250 000
湖北枝江峡江矿山机械有限责任公司	2 000	1 900	1 000	166	180	0	2 720	260 000
北京锋必达矿山机械有限责任公司	2 093	1 177	6 585	5 458	4 382	3 244	1 035	152 251
广西桂林矿山机械厂	2 284	1 190	3 435	3 386	3 147	3 175	2 860	31 250
哈尔滨国海星轮传动有限公司	849	608	1 903	1 822	642	539	2 000	410 000
海门市重型矿山机械厂	1 100	580	832	750	723	554	118	180 000

表4　2006年超亿元企业产品产量完成情况

企业名称	破碎机产量（t）	粉磨机械产量（t）
上海建设路桥机械设备有限公司	73 289	5 576
山东山矿机械有限公司	6 662	1 742
四川矿山机器(集团)有限责任公司	1 848	17 437
河南焦矿机器有限公司	7 986	12 155
溧阳市重型机械厂有限公司	14 490	498
河南省群英机械制造有限责任公司	2 528	6 979
河北金马矿山机械集团有限公司	1 273	8 664

市场及销售　目前,国内对破碎粉磨设备的市场需求仍处在稳步上升阶段,其中对低附加值、低技术含量的设备需求量较大。公路、铁路、建材行业对破碎设备采购量继续增长,按设备寿命周期计算,除老设备带病运转外,新设备市场投放量仍达15%～20%。就国内市场需求分析,鉴于目前国外破碎粉磨技术的引进和国外企业在国内办厂速度的加快,传统技术设备市场已经受到较为严重的冲击,这一情况早已引起协会企业的高度重视。所以,近年来液压圆锥破碎机、新系列球棒磨机及机电液一体化成套设备等产品已成为主要产品。为此,协会企业加快了产品更新换代步伐,努力打造自主开发与生产破碎粉磨设备制造体系,不断适应市场发展的需求。

国内市场目前仍是行业发展的基础,而国外市场则是行业发展的必由之路。在国际市场上,破碎粉磨设备需求仍呈增长态势,今后两年内美国市场销售额预期增长3%以上,加拿大增长10%以上,非洲和东南亚国家的销售量还将有较大幅度的提高。我国破碎粉磨设备在国际市场所占份额低,出口前景比较好。

2006年,股份制企业销售总额为90 058万元,民营企业51 122万元,国有控股企业106 727万元,国外合资企业47 664万元,行业转制后民营企业销售额比重量增大。

就上报统计的企业数据看,破碎类产品销售额大于粉磨类设备。破碎类设备中,颚式破碎机和反击式破碎机的销售量大,从发展趋势看,圆锥破碎机特别是液压圆锥、高能圆锥破碎机的销售量今后将有较大幅度提高。粉磨设备中$\phi 2.8$m至$\phi 3.8$m规格产品销售比重大,轴承磨机今后在行业销售量中的比例将会增加。2006年,破碎粉磨设备在国内的销售板块主要有:内蒙古地区快速发展的采矿业、几大钢厂矿业和港口开发、城市群的开发及珠三角、长三角和环渤海经济区以及建材碎石市场。

2006年,破碎粉磨设备出口产值达3 988.55万美元,比2005年增加2 413.57万美元,整体出口已成上升趋势。2006年主要企业销售收入及产品分类构成见表5。2006年破碎机出口企业销往国家及地区见表6。

表5　2006年主要企业销售收入及产品分类构成

企业名称	国内销售收入（万元）	破碎机械销售收入（万元）	粉磨机类销售收入（万元）
上海建设路桥机械设备有限公司	101 642	7 860	78 999
山东山矿机械有限公司	51 157	7 494	2 077
四川矿山机器(集团)有限责任公司	35 750	1 848	17 437
河南焦矿机器有限公司	20 325	7 562	12 762
溧阳市重型机械厂有限公司	14 987	13 893	597
河北金马矿山机械集团有限公司	10 288	1 273	8 664
常熟仕名重型机械有限公司	10 198		10 198
江苏鹏胜矿业机械制造有限公司	6 440	6 133	
上海龙阳机械厂	5 724	5 704	
浙江矿山机械有限公司	5 500	5 300	
郑州一帆机械设备有限公司	5 800	5 000	
湖北枝江峡江矿山机械有限责任公司	4 800	3 750	
北京锋必达矿山机械有限公司	4 043	3 978	65
广西桂林矿山机械厂	3 860	263	2 821
常州常矿起重机械有限公司	3 740	3 740	
河南省群英机械制造有限责任公司	12 411	2 528	6 979
海门市重型矿山机械厂	1 000	1 000	

表 6　2006 年破碎机出口企业销往国家及地区

企业名称	国家及地区	出口量（台）	出口额（美元）
上海建设路桥机械设备有限公司	印度尼西亚	144	1 545 233
	印度	12	377 002
	孟加拉国	47	346 941
	哈萨克斯坦	5	1 301 119
	澳大利亚	12	208 963
	意大利	11	258 210
山东山矿机械有限公司	印度	10	300 000
	意大利	33	500 000
	德国	7	680 000
常熟仕名重型机械有限公司	沙特阿拉伯	2	1 330 000
	土耳其	2	3 300 000
	柬埔寨	2	2 430 000
	越南	3	3 660 000
北京锋必达矿山机械有限公司	布基纳法索	33	460 000
	蒙古国	36	390 000
	阿尔及利亚	15	260 000
	危地马拉	52	260 000
	乌克兰	4	200 000
	其他	29	230 000
浙江矿山机械有限公司	印度尼西亚		100 000
	柬埔寨		470 000
	埃塞俄比亚		10 000
	索马里		60 000
海门市重型矿山机械厂	印度尼西亚	3	69 230
郑州一帆机械设备有限公司	俄罗斯	3	220 000
	西亚	1	25 000
	中亚	2	23 000
	非洲	2	20 000
上海龙阳机械厂	安哥拉、卢旺达		732 894
	哈萨克斯坦		539 473
	越南		60 243
	阿富汗		1 225 000
	尼日利亚		780 263
	印度尼西亚		388 157
河北金马矿山机械集团有限公司	蒙古国		15 000
常州常矿起重机械有限公司	泰国	2	270 000

（续）

企 业 名 称	国家及地区	出口量（台）	出口额（美元）
	越南	2	230 000
	南非	1	150 000
	韩国	3	450 000
	英国	6	1 510 000
溧阳市重型机械厂有限公司	秘鲁		180 000

科技成果及新产品 2006 年，破碎粉磨协会会员单位针对市场需求不断开发新产品，破碎设备中的液压圆锥破碎机已有 4 个单位开发成功，新产品市场占有率提升速度较快。其中上海建设路桥机械设备有限公司已开发出 PYF、PYG 和 AF 等圆锥破碎机，并已批量投入市场；多灵沃森公司已开发出 HP700 大型高能圆锥破碎机。颚式破碎方面，上海建设路桥机械设备有限公司已开发出国内最大的 PEY1 500mm ×1 800mm 液压颚式破碎机，并已在马鞍山钢厂投入使用。该企业同时还开发出煤矿井下替代进口产品的 2PGS850、625 筛分式双辊破碎机，已在神华集团神东煤矿投入使用；开发的 4MRX、5MRX 超细摆式磨粉机已批量投产，产值已达 1 330 万元。广西桂林矿山机械厂在新型摆式磨粉机开发上投入了大量精力，新开发的“H”研磨装置、机器处理能力可提高 50%、电耗降低 30%，获得国家实用新型专利，并已批量生产。山东山矿机械有限公司利用德国先进技术研制的环保脱硫球磨机，已批量推向火电市场；开发的管状带式输送机、秸杆输送用直线螺旋给料机、大型振动筛、重型环锤式碎煤机等产品，已占据一定市场份额。四川矿山机器（集团）有限责任公司开发的 JKMD3.5 × 4 低速直联多绳摩擦提升机成功推向市场，成为公司主导产品之一；φ4.6m ×150m 水泥回转窑在四川宜宾一次点火成功；大型球磨机已成为该企业主打产品，磨机类产品产量已名列国内前茅。郑州一帆机械设备有限公司生产的整形反击式破碎机，比同规格设备产量提高 1/3，针片状落料含量可降低 3% ~5%，已获得国家专利。北京锋必达矿山机械有限公司由专业生产破碎机向生产磨机类产品发展，并已产出轴承磨机，为产品成套创造了有利条件。河南焦矿机器有限公司 2006 年通过二次改制后，产品主攻方向由火电设备延伸到水泥建材市场，2006 年研制完成了 5 000t/d 水泥生产线以及 φ5m ×10.5m 风扫磨机、φ4.6m ×13.5m 中卸原料球磨机、φ4.2m 滑履水泥磨机及脱硫磨机。2006 年，该企业开始生产制造 PYB2200 大型圆锥破碎机，填补了企业大型破碎机的空白，提高了破碎设备制造能力。2006 年新产品新技术开发项目见表 7。

表 7 2006 年新产品新技术开发项目

单位	项 目 名 称	主要技术性能	获奖项目及等级	专利情况
上海建设路桥机械设备有限公司	2PCF—2022 单段锤式破碎机	出料粒度≤25 ~75mm，成品量占 95%；给料粒度≤1 000mm ×1 200mm ×500mm；生产能力 900 ~1 400t/h；电动机功率 2 ×800kW；转子回转速度 300r/min；打击线速度 31.5m/s；重量（不含电动机）142t	上海市专利新产品	已申请 1 项发明专利，已授权 4 项实用新型专利
	ZY8638/25.5/55D 型掩护式液压支架	外形尺寸 8 020mm ×1 650mm ×2 550mm，支撑高度 2.55 ~5.5m，移架速度 <8s，支护强度 >1.3MPa	2006 年中国国际工业博览会铜奖	已申请 5 项发明专利，已授权 4 项实用新型专利
	PE—1500mm ×1800mm 颚式	外形尺寸 5 100mm ×4 700mm ×4 300mm，给料粒度≤1 200mm，出料粒度≤300mm，处理能	上海市专利新产品	已授权 4 项实用新型专利，1 项外

（续）

单位	项 目 名 称	主要技术性能	获奖项目及等级	专利情况
	破碎机	力1 000t/h,电动机功率2 810kW,重量(不含电动机)160t		观设计专利
	SX1000制砂机	进料粒度≤45mm,出料粒度≤4.75mm,处理能力67~128t/h,电动机功率185~220kW,重量(不含电动机)13t	上海市高新技术成果转化项目A级	已授权5项实用新型专利,1项外观设计专利
	AF36圆锥破碎机	进料粒度≤100mm,出料粒度≤5mm,处理能力145t/h,电动机功率132kW,重量(不含电动机)12t	上海市高新技术成果转化项目A级	已申请2项实用新型专利,3项发明专利
	2PGS筛分式双辊破碎机	进料粒度≤800mm,出料粒度≤250mm,处理能力3 500t/h,辊筒转速49r/min,轴距850mm,电动机功率400kW,重量(不含电动机)47t		已授权5项实用新型专利
	5MRX4419型超细摆式磨粉机	磨辊尺寸ϕ440mm×1 900mm,磨辊数量5套,磨圈尺寸ϕ1 270mm×200mm,主机转速108r/min,风量23500m^3/h,风压7700Pa,进料粒度≤30mm,成品细度≤1 250目,主机功率75kW,分级机功率30kW		
	PEY—1500mm×1800mm液压颚式破碎机	进料粒度≤1 300mm,出料粒度≤130mm,过铁排泥粒度≤250mm,处理能力450~1000t/h,电动机功率280kW		已申请9项实用新型专利,4项发明专利
	SCBL1000整粒机	最大给料尺寸45mm×60mm×80mm,处理能力250t/h,电动机功率220kW,主机重量(不含电动机)11.2t,外形尺寸5 300mm×2 880mm×3 120mm		已申请2项发明专利,1项实用新型专利,已授权1项使用新型专利
	PYF型复合型弹簧圆锥破碎机	排料口调整范围19~51mm,最大给料尺寸205mm,处理能力172~349t/h,主动电动机功率160kW,机器重量22 460kg		已申请6项发明专利
	PYG型液压圆锥破碎机	排料口调整范围8~25mm,最大给料尺寸60mm,处理能力120~220t/h,主电动机功率220kW,机器重量18 500kg		已申请5项实用新型专利,3项发明专利
山东山矿机械有限公司	环保脱硫球磨机	借鉴德国技术,采用中心传动,减轻了磨机重量;采用较为合理的密封结构彻底解决了湿式球磨技术和新型轴承结构以及新型润滑方式问题,大大延长了轴承寿命	国内领先	无
	管状带式输送机	经多年的探索与研究、开发出淮钢跨运河管状带式输送机。该管带机参数为:管径450mm,带速1.6m/s,机长4.25m,输送物料最大粒度200mm,输送能力220t/h。该管状机抗拉风力12级,还能满足大桥横向摆动350mm的工况要求,是目前国内管径较大的管带机。项目技术难度较大,影响面较广	国内先进水平	无
北京锋必达矿山机械有限公司	木材剥皮机	适用于ϕ2~20cm,弯曲度<6%的木材		ZL032608381

（续）

单位	项 目 名 称	主要技术性能	获奖项目及等级	专利情况
河北金马矿山机械集团有限公司	上推型颚式破碎机	生产能力高，破碎比大，易损件使用寿命是普通型的2～3倍		ZL200420115957.2
常熟仕名重型机械有限公司	颚式破碎机	生产能力300～600t/h		专利号：200620070985.6
	锤式破碎机	生产能力500t/h，出料粒度<25mm占95%		专利号：200610097695.5
	重型板式给料机	生产能力1 000～1 250t/h		
	重型板式给料机	生产能力200t/h		
河南焦矿机器有限公司	焦浆磨机	ϕ2.4m×11m		
	反应炉	ϕ3.6m×42m		
	水泥磨	ϕ42m×12.5m		
	湿式格子型球磨机	ϕ2.7m×4.5m		
海门市重型矿山机械厂	PC钢棒生产线			
河南省群英机械制造有限责任公司	洗煤工艺及设备造型制造	主要设备智能控制		
郑州一帆机械设备有限公司	一种立式冲击破碎及其中的圆叶轮	提高叶轮的使用寿命		专利技术
湖北枝江峡江矿山机械有限责任公司	高效制砂机桥式起重机		湖北名牌	
广西桂林矿山机械厂	摆式磨粉机新型研磨装置	机器处理能力提高50%以上，单位功耗降低35%以上		国家实用新型专利
上海龙阳机械厂	城市生活垃圾焚烧炉	Q=50～300t/h		申办中

质量情况 破碎粉磨设备行业各企业始终坚持质量制胜的原则，自觉加强质量监管机制建设，加快产品质量标准制定，在质量管理中实现标准化、制度化和规范化，全行业所有企业均通过了ISO9000认证。截止至2006年，全行业43%的企业产品先后荣获省、市级名牌产品称号，本次统计的17个企业中有14个企业产品分别荣获省、市名牌产品称号，上海建设路桥机械设备有限公司“山宝”牌产品荣获“中国国家机械名牌”称号。

近年来，企业购置了大量的现代化设备，如数控切割机，5m、8m滚齿机，8m立车，数控镗铣床和加工中心等，制造设备逐步实现大型化、数字化、专业化和现代化。通过加强技术队伍建设、引进先进技术和先进工艺，企业的整体实力大大提高；通过结构调整，克服了传统管理模式的弊端，加强了售后服务工作，大大提高了企业的信誉。2006年，破碎粉磨协会有2个企业通过了国家级检测中心的质量检测。

技术改造 随着国内、外市场需求的不断扩大，用户对产品性能和技术的要求日益提高，破碎粉磨机械产品的出口门槛也越来越高。为适应市场变化，2006年全行业企业用于基本建设及技术改造扩建项目的投资不断增加，以满足增加新品种、实现产品大型化和调整产业结构的要求。上海建设路桥机械有限公司为配合2010年上海世博会建设将整体搬迁，仅2006年工程预算投资就达7 738万元；投入607万元用于引进新设备与进行设备数字化改造。河北金马集团2006年基本建设投资3 000万元，其中购置大型设备投入1 300万元。焦作群英机械制造有限责任公司投资2 151万元用于增加生产设备和技术改造。四川矿山机器集团有限责任公司投资400万元用于技术改造。山东山矿机械有限公司投资326万元购置生产设备，增加生产能力。北京锋必达矿山机械有限公司投入40万元用于设备更新和改善生产环境。2006年，全行业基本建设投资近2.8亿元，技术改造总投资9 269万元。2006年破碎粉磨设备行业固定资产投资情况见表7。

表7　2006年破碎粉磨设备行业固定资产投资情况

企业名称	固定资产投资总计（万元）	其中：基本建设投资	技术更新改造投资
上海建设路桥机械设备有限公司	8 345	7 738	607
河北金马矿山机械集团有限公司	4 300	3 000	1 300
河南省群英机械制造有限责任公司	3 494	1 343	2 151
河南焦矿机器有限公司	2 500	1 600	900
溧阳市重型机械厂有限公司	1 589	1 589	
常州常矿起重机械有限公司	1 534	1 327	207
常熟仕名重型机械有限公司	1 500	300	1 200
湖北枝江峡江矿山机械有限责任公司	1 000	800	200
四川矿山机器（集团）有限责任公司	1 000	600	400
上海龙阳机械厂	5 00	200	300
山东山矿机械有限公司	326		326
北京锋必达矿山机械有限公司	200	160	40
郑州一帆机械设备有限公司	170	20	150
哈尔滨国海星轮传动有限公司	141	103	38
浙江矿山机械有限公司	80		80
广西桂林矿山机械厂	40	25	15
海门市重型矿山机械厂	17	12	5

〔撰搞人：中国重型机械工业协会破碎粉磨分会杨发孝　审稿人：中国重型机械工业协会破碎粉磨分会刘桂泉〕

洗选设备

生产发展情况　2006年洗选设备专委会已有会员58个，其中设计、科研院所11个，大学4个，制造企业43个。主要制造企业有沈阳矿山机械（集团）公司、中信重型机械有限公司、鞍山矿山机械股份有限公司、鞍山重型矿山机器股份有限公司、上海建设路桥机械设备有限公司、河南太行振动机械股份有限公司、淮北矿山机械制造有限公司、抚顺隆基磁电设备有限公司、镇江电磁设备厂有限责任公司、潍坊华特磁电设备有限公司等。

2006年洗选设备行业主要制造企业经济指标见表1。2006年洗选设备行业主要制造企业产品产销情况，见表2。

表1　2006年洗选设备行业主要制造企业经济指标

序号	企业名称	所有制	工业总产值 当年价（万元）	工业总产值 比上年增长（%）	工业增加值（万元）	产品销售收入（万元）	产品销售税金及附加（万元）	利润总额（万元）
	合　计		613 123		150 956	557 720	150 956	21 159
1	沈阳矿山机械(集团)公司	国有	305 563	37.5	59 122	281 859	476	1 517
2	上海建设路桥机械设备有限公司	合资	99 096	8.5	18 350	106 727	170	1 837
3	河南太行振动机械股份有限公司	股份	48 600	48.1	15 800	45 800	146	10 946
4	抚顺隆基磁电设备有限公司	合资	35 276	102.0	11 109	23 357	1 163	1 540
5	潍坊华特磁电设备有限公司	民营	30 500	101.0	10 520	18 700	1 050	750
6	河南群英机械制造有限公司	民营	14 094	−8.0	3 291	12 411	38	301
7	北京矿冶研究总院机械所	全民	13 000	30.0	3 900	12 500	240	1 700
8	鞍山重型矿山机器股份有限公司	股份	12 000	12.0	7 200	9 900	71	123
9	海安县万力振动机械有限公司	股份	11 054	48.2	3 024	10 867	51	769
10	镇江电磁设备厂有限责任公司	股份	8 800	25.7	1 500	8 600	65	182
11	南昌矿山机械有限公司	私企	8 085	32.0		3 205	14	60
12	湖南新磁机器有限公司	民营	5 114		1 861	4 950	195	372
13	淮北矿山机器制造有限公司	私企	5 000	30.0	1 500	3 955	34	220
14	钟祥市新宇机电制造有限公司	股份	4 696	−2.9	2 916	3 913	28	49
15	镇江市鸿兴磁选设备有限公司	私企	3 860	22.5	470	4 330	13	178
16	大同市矿山机械有限责任公司	民营	3 021	16.0	721	1 632	3	52
17	新乡市瑞丰机械设备有限公司	股份	2 500	18.0	777	2 150	5	210
18	唐山汇力科技有限公司	民营	1 764			1 764	88	353
19	淮北市一环矿山机械有限公司	民营	1 100	10.0	300	1 100	56	

序号	企业名称	所有制	年末固定资产 原价（万元）	年末固定资产 净值（万元）	流动资产 合计（万元）	流动资产 平均余额（万元）	流动负债 合计（万元）	流动负债 平均余额（万元）	所有者权益（万元）
	合　计		160 375	109 154	378 281	304 946	364 727	306 748	116 218
1	沈阳矿山机械(集团)公司	国有	82 518	45 899	234 135	212 693	229 290	223 788	36 628
2	上海建设路桥机械设备有限公司	合资	18 155	13 145	60 621	36 099	59 077	33 354	15 106
3	河南太行振动机械股份有限公司	股份	21 065	17 338	31 107	4 984	22 874	3 808	29 160
4	抚顺隆基磁电设备有限公司	合资	5 746	6 354	9 670	9 230	8 540	8 530	8 200
5	潍坊华特磁电设备有限公司	民营	3 081	2 125	1 660	15 230	9 120	8 876	6 320
6	河南群英机械制造有限公司	民营	4 400	3 164	6 635	6 131	7 325	7 048	2 714
7	北京矿冶研究总院机械所	全民	6 900	5 800	4 000				
8	鞍山重型矿山机器股份有限公司	股份	9 300	7 300	8 400	300	5 400	200	7 600
9	海安县万力振动机械有限公司	股份	1 525	749	2 968	2 303	2 510	1 927	509
10	镇江电磁设备厂有限责任公司	股份	1 360	456	3 120	2 980	2 460	2 060	1 980
11	南昌矿山机械有限公司	私企	1 014	425	2 272	2 111	2 447	2 305	942
12	湖南新磁机器有限公司	民营	261	123	1 857	1 502	1 109	1 035	612
13	淮北矿山机器制造有限公司	私企	1 787	1 325	2 256	2 086	2 254	2 100	1 700
14	钟祥市新宇机电制造有限公司	股份	1 552	596	2 662	2 693	2 589	2 722	1 530
15	镇江市鸿兴磁选设备有限公司	私企	1 250	1 106	1 386	1 275	1 360	1 108	1 500
16	大同市矿山机械有限责任公司	民营	3 649	2 753	4 272	4 119	7 112	6 677	147
17	新乡市瑞丰机械设备有限公司	股份	518	496	1 260	1 210	1 260	1 210	1 570
18	唐山汇力科技有限公司	民营	650						
19	淮北市一环矿山机械有限公司	民营							

表2　2006年洗选设备主要制造企业产品产销情况

序号	企业名称	单位	产量		销量	
			数量	比上年增长(%)	数量	比上年增长(%)
1	河南太行振动机械股份有限公司	台	2 255	12.0	2 330	10.0
2	上海建设路桥机械设备有限公司	台	55 918	18.0	55 588	14.9
3	南昌矿山机械有限公司	t	5 100	35.0	5 100	
4	新乡市瑞丰机械设备有限公司	台	343	20.0	343	20.0
5	抚顺隆基磁电设备有限公司	台	4 337	44.7	4 240	44.6
6	潍坊华特磁电设备有限公司	台	2 850	56.0	2 375	63.0
7	镇江电磁设备厂有限责任公司	台	1 600	19.4	1 561	18.1
8	大同市矿山机械有限责任公司	t	2 415	10.7	2 410	11.2
9	鞍山重型矿山机器股份有限公司	台	1 070	12.0	1 070	12.0
10	北京矿冶研究总院机械所	台	1 600	25.0	1 590	25.0
11	湖南新磁机器有限公司	台	607		606	
12	淮北矿山机器制造有限公司		145	37.0	132	35.0
13	南昌矿山机械有限公司	t	5 700	83.0	5 700	
14	海安县万力振动机械有限公司	台	5 140	45.5	4 704	35.1

2006年,洗选设备行业19个企业有产品出口,2006年洗选设备产品出口情况见表3。

表3　2006年洗选设备产品出口情况

产品名称	单位	出口量	出口额(万元)
除铁器	台	592	1 085.2
矿山设备	t	12 131	18 265
振动筛	台	99	4 612.2
磁选机	台	5	160
浮选机	台	75	2 250

科技成果及新产品　我国的矿产资源中多数矿石的矿物组成较复杂,有用组分含量较低,必须经过选矿才能将多种矿物分离,提高有价成分含量。为此,近年来各科研和生产部门研制了一批水平较高适合国情的洗选设备新产品。

1. 磁选机

马鞍山矿山研究院研制的ϕ1 050系列永磁筒式磁选机,IC、NCT系列中磁场磁选机,CEDG系列大块矿石干式磁选机,LP系列立盘永磁磁选机,CS系列电磁感应辊式强磁选机,YCG系列永磁辊式强磁选机;长沙矿冶研究院研制的SHP系列仿"琼斯"强磁选机;江西赣州冶金研究所研制的SQ系列环式磁选机、SLON系列立环脉动高梯度磁选机;沈阳矿山机械(集团)有限责任公司研制的SKT—1230永磁筒式铁矿专用磁选机;抚顺隆基磁电设备有限公司研制的HMDS系列强磁高效磁选机等。此外,鞍山科技大学也研制了磁选机。

2. 浮选机械

先后研制了几种先进的浮选机机型,如XJQ型浮选机、BS—M型浮选机、JJF型浮选机、XJZ型浮选机、SF型浮选机、棒型浮选机、XJC型浮选机、CHF—X型浮选机、BS—X型浮选机、KYF型和BS—K型浮选机等,产品逐步向大型化发展,槽体容积达到40m^3、50m^{3}和160m^3,并已具备制造世界上最大浮选机(200m^3)的能力。

3. 重选设备

大体上可分为摇床、溜槽选矿设备、跳汰机和重介质选矿设备4类。近年来,出现了不少新型设备,如新型螺旋选矿机、动筛跳汰机、离心跳汰机等,这些设备在沙金和选煤等矿物上得到了广泛的应用。

4. 选煤设备

除了侧鼓式跳汰机和筛下空气跳汰机外,近年来又研制了先进的动筛跳汰机,主要有YDT型、TD型和TDY型动筛跳汰机。选煤用重介质旋流器得到了很大发展,已经成为选煤的主要设备,主要生产企业有辽源市重型机器有限公司、煤科院唐山分院和大同矿机厂等企业。代表性产品一是辽源市重型机器有限公司引进技术制造的重介质旋流器,现已成为我国选煤厂的主要生产设备;另一是煤科院唐山分院研制的 NZX 有压给料重介质旋流器系列，已形成多品种多规格的重介质旋流器系列，完全适用于我国不同类型选煤厂的要求。

5. 筛分机械

有圆振动筛、直线振动筛、椭圆振动筛、高频振动筛、弧形筛、等厚筛、概率筛、冷矿筛、节肢筛等，以及各种振动给料机械，多达 50 多个系列近 1 000 种规格，基本上能满足国内经济建设的需要。

2006 年洗选设备行业（19 个企业）新产品新技术开发项目见表 4。

表 4　2006 年洗选设备行业（19 个企业）新产品新技术开发项目

序号	项 目 名 称	主要技术性能	奖项名称	获奖等级	完成单位
1	SX1000 制砂机	进料粒度≤45mm，出料粒度≤4.75mm，处理能力 67～128t/h，电动机功率 185～220kW，重量（不含电动机）13t	上海市高新技术成果转化项目	A 级	上海建设路桥机械设备公司
2	HMDS 型强磁高效磁选机	重介分选	辽宁省最佳创新产品奖		抚顺隆基磁电设备有限公司
3	有色金属分选机	弱磁性分选	国家创新基金、中国国际专利技术及产品交易会金奖	金奖	抚顺隆基磁电设备有限公司
4	除铁器	磁感强度	省科技进步奖	三等奖	潍坊华特磁电设备有限公司
5	除铁器	国内先进	省级新产品		镇江电磁设备厂有限责任公司
6	特大型振动筛	采用三轴驱动、强迫椭圆运动原理，结合双层等厚筛分技术			河南太行振动机械股份有限公司
7	34m^2 超大型振动筛	生产能力 2 000t/h	市科技进步奖	一等奖	鞍山重型矿山机器股份有限公司
8	粗颗粒浮选机	40m^3，外充气浮选机	协会科技进步奖	一等奖	北京矿冶研究总院机械所
9	洗煤工艺及设备选型制造	主要设备智能控制			河南省群英机械制造有限公司

基本建设及技术改造　2006 年洗选设备行业企业固定资产投资情况见表 5。

表 5　2006 年洗选设备行业企业固定资产投资情况

（单位：万元）

序号	企 业 名 称	总计	基本建设投资	技术更新改造投资
1	上海建设路桥机械设备公司	8 345	7 738	607
2	河南太行振动机械股份有限公司	7 400	4 827	2 573
3	河南省群英机械制造有限公司	3 494	1 343	2 151
4	鞍山重型矿山机器股份有限公司	3 250	1 200	2 050
5	镇江电磁设备厂有限责任公司	650	500	150
6	抚顺隆基磁电设备有限公司	600	170	430
7	淮北矿山机器制造有限公司	580	460	120
8	潍坊华特电磁设备有限公司	500	100	400
9	南昌矿山机械有限公司	250	154	96
10	钟祥市新宇机电制造有限公司	103	53	50
11	唐山汇力科技有限公司	92	42	50
12	湖南新磁机器有限公司	56		56
13	北京矿冶研究总院机械所	50		50
14	海安县万力振动机械有限公司	28		28
15	大同市矿山机械有限责任公司	27	9	18

质量及标准　洗选设备目前执行的标准包括国家标准(1999 年、2002 年)、机械行业标准(1999 年)和联合企业标准及企业标准。

〔撰稿人:中国重型机械工业协会洗选设备专业委员会冯朝阳　审稿人:北方重工沈阳矿山机械集团有限公司杨好志、中国重型机械工业协会李广孝〕

大型铸锻件

综合情况　2006 年,我国大型铸锻件行业取得了前所未有的发展,各主要生产企业的商品产值、主营业务收入和商品产量以及外贸出口均达到了历史新高,行业的发展速度和经济运行质量都超过了预期,呈现出一派生机勃勃的良好态势。由于各企业注重新产品开发的投入,加大了技改力度,所以在 2006 年整个行业不仅取得很好的发展,而且为 2007 年的冲刺积蓄了能量。主要企业在 2007 年都制定出更高、更快的发展目标和要求。

"十五"期间,技改作用的显现和新产品开发力度的加大,使各大型铸锻件企业逐步走上持续、健康发展的道路。预计在"十一五"期间,整个行业将逐步由粗放型向效益型转变,科技进步将由引进仿制向技术创新型转变。各企业已经充分认识到创新的作用,并将企业的技术创新能力作为提高企业核心竞争力的首要衡量指标。《国务院关于加快振兴装备制造业的若干意见》的颁布和实施更是为大型铸锻件行业的发展注入了后劲。最近,一份旨在集中攻克一批制约产业发展的共性关键技术、提升我国装备行业整体技术水平和自主创新能力的《"十一五"国家重大技术装备研制和重大产业技术开发专项规划》即将出台。《若干意见》和《专项技术》中都包括了发电、冶金、化工以及船舶等设备的大型铸锻件产品。这对大型铸锻件行业又是一个利好消息,必将对大型铸锻件产品的国产化和大型铸锻件行业的发展起到重大的促进作用。

从 2006 年大型铸锻件行业总体运行情况来看,总产值和主营业务收入都增长 25% 以上,出口创汇和实现利润也均有很大幅度的增长。2006 年大型铸锻件企业主要经济指标完成情况见表 1。

表 1　2006 年大型铸锻件企业主要经济指标完成情况

序号	企业名称	商品产值(亿元)	比上年增长(%)	产量(万 t)	比上年增长(%)	主营业务收入(亿元)	利润总额(亿元)	外贸出口
1	中国第一重型机械集团公司	66.0	100.0	16.7	65.0			7 620 万美元(外贸订货 5 亿元)
2	中国第二重型机械集团公司	45.0	50.0	11.2	4.0		1.0	2 538 万美元
3	大连重工·起重集团有限公司	70.2	24.9			65.0	4.2	1.2 亿美元
4	中信重型机械公司	43.8		11.0(其中锻件 5 万 t)		40.0	3.0	1.1 亿美元
5	上海电气重工集团上海重型机器厂有限公司	43.6		10.0		25.7	1.2	
6	太原重型机械集团公司	51.6						外贸订货 6.8 亿元
7	北方重工沈阳重型机械集团公司	40.3				28.7	0.5	4 720 万美元
8	鞍钢重型机械有限责任公司	19.0				19.1		4 899.1 万元
9	中钢集团邢台机械轧辊有限公司	16.9	48.0			16.9		外贸订货 1.8 亿元
10	中原特钢股份有限公司	10.5					0.7	
11	内蒙北方重工集团公司	40.0	23.1			32.0		

注:本表只统计了上报企业的数据以及公开资讯的数据,未上报的企业未列入。

技术经济指标情况

1. 中国第一重型机械集团公司(以下简称一重)

2006年是一重集团公司推进改革与创新、加快调整、实现突破和跨越的一年。全年实现商品产值66亿元,比上年翻了一番;完成商品产量16.7万t,比上年增长65%;商品产值、商品产量、主营业务收入、钢水产量、机加工时、锻造合格量等各项经济指标均创历史最好水平。出口贸易额不断增长,2006年直接出口创汇达7 620万美元,与外商成交额突破5亿元大关,创历史同比新高;完成加氢产品产值23亿元,取得了历史上最好水平。2007年,加氢反应器制造任务量饱满,全年商品产值目标31亿元。2007年,一重集团公司将向着80亿元的大目标继续奋斗。

2. 中国第二重型机械集团公司(以下简称二重)

2006年,二重在"十一五"的第一年,取得了精彩开局。在大力推进技术创新、加大新产品开发力度和技改力度方面取得了关键性的突破;提高了管理水平,践行"大制造"理念,取得了累累硕果。各项工作得到了快速的发展,各项经济指标创历史新高。

2006年,完成商品产值45亿元,比上年增长50%,其中,船用产品商品产值已达到1.3亿元,首次突破亿元大关,比上年增长65%;完成工业总产值40亿元;实现利润1亿元以上;完成机器产品产量11.2万t。

2006年二重经营订货工作再创新高,全年经营订货实现60亿元,为2005年的125%。订单总量不仅增加了,而且产品结构发生了质的变化,核电容器、传动件、轧辊的订单比重加大,多元化的产品格局正在形成。在巩固和发展国内市场的同时,积极开拓国际市场,在国际上树立二重品牌。实现外贸订货2 538万美元,为年计划的126.9%,在欧洲市场初步赢得良好声誉,并首次进入南亚市场。

2007年,二重将向着"6080"的大目标继续前进,即实现商品产值60亿元,主营业务收入60亿元,货款回收60亿元;实现经营订货80亿元;实现重大伤亡事故为零、重大质量事故为零、重大设备事故为零。

3. 中信重型机械公司

提前一个月全面超额完成全年任务。机器产品产量完成近11万t(其中锻件产量接近5万t);商品产值完成43.81亿元;主营业务收入突破40亿元;经营利润超过3亿元;当年新增订货完成67.53亿元,累计已有订货98.53亿元;以"三大工程"为标志的重点技改项目按计划全面完成。完成投资额3.5亿元。

在经营订货方面,2006年中信重型机械公司累计订货突破100亿元。其中成台套订货达12.39亿元,外贸订货突破1.08亿元。20%的大客户为公司带来了76%的订单,同比增长6个百分点。大型铸锻件订货额也实现了成倍增长。

2007年计划完成机器产品产量12万t,铸锻件12万t(其中铸钢件6万t、锻钢件5万t、铸铁件1万t),商品产值60亿元,主营业务收入60亿元,新增订货60亿元,利润总额4亿元。

4. 大连重工·起重集团有限公司

2006年,实现产值70.2亿元,比上年增长24.9%;主营业务收入65亿元,比上年增长27.1%;工业增加值14亿元,比上年增长22%;出口创汇1.21亿美元,比上年增长17.4%;利税总额4.2亿元,比上年增长15.8%;全员劳动率达到29万元/人,为同行业平均水平的2倍。大连重工·起重集团华锐铸钢公司铸钢件产值达到6亿元,铸钢件产量达4.2万t。

2007年,大连重工·起重集团将站上一个新的台阶,全年计划实现商品产值100亿元。

5. 太原重型机械集团公司

主营业务收入突破55亿元,是"十五"初的5倍多;实现利税5亿元,是"十五"初的9倍多。生产经营规模以每年10亿元以上的速度递增,经济效益显著提高,各项主要经济指标年均增幅均在45%以上。

在市场方面,2006年太原重型机械集团公司认真研究了国家宏观调控政策对公司经营的影响,一方面着力做好重大项目、重点用户的订货,另一方面积极开拓国际市场,从过去以国内市场为主逐渐转变到国内国际市场并进,2006年实现出口订货

6.8亿元，创出历史最好水平。

2007年，太原重型机械集团公司正朝着全年实现销售收入70亿元，实现利润较大增长的目标而努力。

6. 上海电气重工集团上海重型机器厂有限公司

实现主营业务收入25.7亿元，工业总产值35亿元，机器产品产量10万t，实现利润11 700万元，并实现经营订货承接合同40亿元。

7. 北方重工沈阳重型机械集团公司

2006年，北方重工沈阳重型机械集团公司的营销工作紧紧围绕提升经济效益主线，顺利完成了全年的营销任务并给2007年的工作打下了良好基础。

8. 鞍钢重型机械有限责任公司

鞍钢重型机械有限责任公司自2005年4月成功改制以来，在国家政策和鞍钢集团公司的大力扶持下，以全新的运行机制轻装上阵，在设备改造、新产品研发、市场拓展等方面取得了长足的进步，企业经济效益连年递增，实现了跨越式发展。铸钢厂、锻造厂、金属结构厂和轧辊厂等大型铸锻件专业生产厂在2006年取得了很好的经济效益。2006年各项经济指标实现稳步增长，从业人员劳动生产率大大提高，2006年达到了65 921元/人。

9. 内蒙古北方重工集团公司

北方重工把2006年定为"经济效益年"，并把工作的重点放在了生产组织、降本增效、产品销售和资金供应4个环节。完成商品产值40亿元，比上年增长23.13%；完成主营业务收入31.99亿元；员工收入较大幅度增加；所属合资公司——北方股份，完成工业总产值7.86亿元。

下属的生产大型铸锻件的特殊钢厂2006年完成销售收入8.5亿元，商品产值9亿元，完成钢水产量7万t，锻件4万t，实现利润9 000万元，出口交货值300多万元。2007年计划完成商品产值10亿元。

下属的锻造分公司主要产品为火车轴。2006年火车轴销售收入达到3亿多元，赢利1 000万元，国内市场占有率达到23%，市场份额位列全国第一。

10. 中钢集团邢台机械轧辊有限公司

2006年，中钢邢机公司随着技术改造和技术进步，产能快速扩张，经济技术指标有很大的提高。完成商品产值16.89亿元，比上年增长48%，其中，新产品产值达到7.76亿元，比上年增长78%；热加工利润达到1.11亿元，比上年增长45%；劳动生产率近10万元/人，比上年增长118%。

订货量由"十五"初期的4亿元猛增到2006年的22亿元，出口创汇也达到历史最好水平。出口总量33.16万t，比2005年增长139.2%；出口创汇1.33亿美元，比上年增长28%，主要出口产品品种为轧辊和成台设备。在全球轧辊招标采购大会上，仅和韩国浦项光阳钢厂就签订了215支工作辊和6支厚板支承辊的合同。

2007年，邢台机械轧辊有限公司的产值计划达到17亿元，预计总利润1.35亿元。

11. 内蒙古第一机械制造集团公司

热加工产值1.8亿元，预计2007年完成2.8亿元，主要产品为铁路用阀体等。

12. 中原特钢股份有限公司

完成产值10.5亿元，实现利润7 000万元，产品出口7 000万元，锻件产量8 500t，钢水产量12万t。2007年计划完成产值13亿元，力争增长幅度超过30%，2007年预计出口1.5亿元，比上年增长50%。

重大科技成果和新产品 2006年，大型铸锻件行业的科研和新产品开发保持了良好的势头。绝大多数企业的科研和新产品开发投入大大增加，投入产出达到了历史最高水平。大部分大型铸锻件生产企业建立国家级或省级的技术中心和工程中心，逐步形成并不断完善企业的技术创新和自主创新体系体制，增强了企业的核心竞争力。

在科研和新产品开发投入上，大型铸锻件行业各主要企业的投入占总产值的比例逐年快速增加，有的已经接近甚至达到国外先进企业的投入水平。2006年，大部分企业的新产品开发投入已经占到总产值的3%～5%，新产品产值占总产值的比例也大大提高，部分企业的新产品产值已经占到总产值的50%。这说明我国大型铸锻件行业生产企业的自主创新能力和核心竞争能力已经大大增强。

2006年我国大型铸锻件主要企业的重大科研成果和新产品开发情况如下。

1. 中国第一重型机械集团公司

2006 年,一重的新产品开发投入超过了总产值的 4%,具有自主知识产权的重型容器、轧辊等大型铸锻件产品和冶金轧制设备大批量投放市场,赢得了市场占有率。“生产一代,试制一代,研发一代、构思一代”的创新模式和“一研(天津)、一院(大连)、三部、四所”的组织结构,为企业的科研开发和技术创新工作提供了有力的支撑。目前,一重在天津和大连的 2 个科研机构已形成完整的研发设计链条,正发展成为新的技术创新基地。2006 年主要的科研和技术工作有:

(1)锻件的大型化以及质量的提高。以产品为依托,围绕锻件的大型化和质量的提高,开展了精炼技术、空心钢锭等基础技术的研究。

(2)火电超临界机组转子和铸件的研制。完成了火电超临界机组用 12Cr 高压内缸的开发和研制,产品达到日本东芝电站标准。

(3)核电接管段的制造。冶炼成功国内最大的锻件用钢锭,共用 312t 钢水,该钢锭用于制造秦山核电二期 65 万 kW 核反应堆压力容器接管段锻件。通过采用独特的锻造技术,生产出的压力容器接管段比国外同类型产品节约钢水 120t。

(4)核电反应堆容器的研制工作进展顺利。根据 2006 年 12 月签订的红沿河百万千瓦级核电站 1 号机组反应堆压力容器供货协议,开展多项研究解决项目实施中的技术问题。6 个接管正在锻造和热处理中,项目中另一关键节点过渡段、堆芯筒体及下封头的研制工作也在进行之中。

(5)重型容器的研制。完成了神华煤液化项目的煤直接液化反应器的开发试制。这台煤液化反应器总长 63m,内径 4 812mm,壁厚 336mm,单重 2 040t,不仅是中国首台煤直接液化反应器,也是世界上最大的锻焊结构的压力反应器。

(6)加氢反应器国产化成功。为中石油大连石化分公司研制了 1 400t 特大型加氢反应器,这是我国目前自主建造的最大吨位原油冶炼装备,也是中石油大连石化分公司 2 000 万 t 原油加工项目中最关键的催化反应设备。压力容器总长 45m,由 15 个筒节组成,单节重量 80 多 t。

(7)冶金设备铸锻件的生产。浇铸了单件最重的整体铸钢件——鞍钢 5.5m 宽厚板轧机机架。整个机架采取 5 包合浇的方式,钢水总重 743t,铸件重 480t,铸件长 15.9m、宽 4.67m,立柱厚 2.3m。

(8)大型整体铸钢轧辊的研制。与英国皇家科学院、中国科学院金属研究所联合攻关,采用了先进的工艺设计方法及计算机模拟技术,成功开发出大型整体铸造的铸钢支承辊,经检测各项指标全部达标。

(9)研制世界最大的矿用挖掘机。2006 年 3 月,一重与美国 P&H 公司签约合作,为中国煤炭集团平朔安太堡露天煤矿制造 P&H4 100XPC 型矿用挖掘机。该挖掘机斗容为 58.5m^3,是目前世界上同类产品中斗容最大的。此次共签约生产挖掘机 3 台,一重承制的整机设备占总重量的 80%。

2. 中国第二重型机械集团公司

在新产品开发方面创下了公司发展史上的 7 个第一:第一次进入大吨位级的加氢反应器市场,第一次进入有色金属轧机市场,第一次进入风电市场,第一次进入地铁市场,第一次进入 100 万 kW 核电站高中压汽缸市场,第一次进入大型水电上冠、下环精加工市场,第一次进入空冷发电机转子市场。近 6 年来,二重的科研经费投入由 2 800 万元增加到了 1.65 亿元。2006 年全年技术开发完成 9 项,科研课题完成 20 项,管理创新立项 47 项。“大型阀体管套分模静压成型技术开发”等 7 个项目被纳入 2006 年省技术创新项目,宝钢 5m 宽厚板轧机研制获国家机械工业科技成果一等奖。主要的科研和技术工作有:

(1)超大型模锻件研制成功。完成了超大型模锻件的研制,并形成了生产能力,产品已经交付用户使用。

(2)风电增速机技术引进消化吸收以及试制。完成了风电增速机技术引进消化吸收以及试制,签订了风电增速机试制产品技术协议。已经全部掌握了 1.5MW 风电增速机的技术,具备了制造 2 ~ 5MW 风电增速机的能力。

(3)火电超临界转子、超超临界机组转子和铸件的研制。试制成功的 60 万 kW 超临界机组用超纯净低压转子的纯净度和各项指标都达到国际先进标准要求,产品已经交付主机厂。超临界机组用

12% Cr 高中压转子的试制产品材料已经投料生产。

(4)建立和完善了具有专业化、现代化生产水平的汽轮机缸体生产线。利用该生产线共生产大型汽缸 68 套,中小型汽缸 103 套,其中包括我国最大的百万千瓦等级核电机组的汽轮机缸体。

(5)第三代核电管板、核电压力容器及主管道模拟件的研制。

(6)大型空冷转子的研制。首次成功地为南京汽轮机厂生产了 3 支 350MW 空冷转子,为集团公司今后生产 1 000MW 级空冷转子奠定了基础。

(7)1 000MW 级核电汽轮机和发电机半速转子的攻关已经进入实质性阶段,并与东方电机股份公司签订了 2 件半速转子的供货合同,转子重量达 226t。

(8)重型容器产品的开发研制,重型容器产品已经成为二重的主导产品之一。为上海金山石化成功制成了首台 330 万 t 精制加氢反应器,该反应器长 26m、高 6.5m。该反应器的制造成功,标志着二重已掌握了石化设备的核心制造技术,为进一步拓展石化设备市场奠定了坚实基础。

(9)大型支承辊的研制。现已形成完整的具有自主知识产权的 EBR 系列材料支承辊的批量生产能力,共计 6 种钢号,能满足各类轧机不同工况的需要。已为唐钢及其他厂家 3 500mm 轧机批量提供了国内最大的支承辊,该支承辊直径 2 100mm,锻件重量 161t。开展了 800MN 模锻液压机的研制,已经完成机械、电气、液压的总体设计、技术设计以及关键零部件的详细设计。

在基础工艺技术以及热加工共性技术的研究方面,完成了超大型钢锭模的设计研制,大型轴类锻件的锻造和热处理工艺优化,30Cr1Mo1V 高中压转子锻件冷、热工艺优化,风电主轴材料控制冶金质量以及浇铸方法的研究,缩短树脂砂地坑造型保温时间的研究,日产 2 500t、3 000t 立磨成套产品的机械、液压、电气控制技术设计等。

3. 上海电气重工集团上海重型机器厂有限公司

上海电气重工集团上海重型机器厂有限公司坚持体制机制创新和技术装备创新,坚持以科技推动、项目带动和产学研联动的方式提高自主创新能力。连续几年,上海电气重工集团上海重型机器厂有限公司的科研开发投入都超过了总产值的 4%,专利技术转化实施率不低于 90%,专利申请量每年保持 30% 以上的增长速度。2006 年的主要科技工作有:

设计制造的当今世界上最大的 165MN 自由锻造油压机有望在 2007 年投入使用。这台油压机由数控操作机卡住锻件进行操作,效率可以提高 30% ~40%。同时,由于通过控制两台计算机运作,可以把加工误差从 25 ~40mm 缩小到 2.5mm。这台油压机上重达 453t 的上横梁铸件是上重冶铸厂自己制造的,该铸件长 10 700mm、宽 5 300mm、高4 150mm,工艺技术复杂,铸造难度极高。这台油压机投产后,上海重型机器厂也将具有生产 60 万 kW 及以上的发电机转子、叶片和船用曲轴等大型部件的能力。

完成了大型船用曲轴的研制和批量化生产,并对"船用曲轴精加工数值仿真分析"进行科技攻关,提高了曲轴的精加工效率和质量,降低了制造成本。2006 年共生产 20 根大型 20 船用组合曲轴;开展了 90 机工厂认可试验的科技攻关,产品已经获得 MAN 公司柴油机专利生产的各种规格柴油机曲轴的技术认可,其 6S60MC—C 曲轴首次出口韩国 STX 公司。

2006 年,上海曲轴有限公司完成曲轴 16 根;2007 年,计划完成 50 ~80 根曲轴,而临港二期工程达产后,年生产能力将达到 240 根;到 2010 年上海船用曲轴有限公司可年产大型船用曲轴 240 根,跻身世界曲轴制造企业前 3 名。

开展了大型不锈钢轴类锻件的试制,生产出化工设备用的国内最细长、最重的马氏体不锈钢轴类锻件。该锻件材料为 X39CrMo17—1,锻件长达 11m,细长比达到 30,完全替代了国外同类产品。

锻造完成了重达 50t 国内最大吊钩,该吊钩用于一艘 4 000t 全旋转浮吊。同时,还为一艘 7 000t 全旋转浮吊制造了两只吊钩。建造可吊 4 000t 四爪吊钩和 7 000t 浮吊用的 3 500t 吊钩,是世界制造业的难点,国内尚没有锻造如此大起重量的吊钩的先例,在国际上也只有德国能制造。

完成了油压双动铝挤压机的研制,为山东丛林集团制造了万吨油压双动铝挤压机。挤压机整机高9.57m、宽11.6m、长30m,总重量达1 630t,公称挤压力为9 000t、10 000t,试车最高挤压力可达1.35万t,已成功挤压出直径为375~500mm的无缝铝管。该设备主要用于制造新型轨道列车、大型船舶和航天航空设备。

4. 中信重型机械公司

实施了首席设计师制、重大科研项目招标制、科研津贴制和奖励办法等激励性的技术研发体制;建立了国家级的技术中心和实验室等科研开发平台;初步形成了从技术研发到新产品开发、从工艺开发到工程开发的比较完整的技术创新体系。2006年的主要科研和新产品开发工作有:

完成了特大水泥窑大型铸锻件主部件的研制,为沙特SCC公司3条万吨窑成功地制造加工了3个净重140t的特大轮带、6套大型托轮和18个托轮轴。该轮带直径7.65m,截面厚度0.65m,截面高度1.45 m,毛坯重191t,钢水量345t,是中信生产的最大轮带。

开展了大型水轮机部件的研制,完成了用90t钢锭试制大型水轮机推力头锻件;开展了破碎机主轴的研制,完成了用90t钢锭试制两件破碎机主轴锻造;自主研发、拥有完全自主知识产权的国内最大的ϕ8m×2.8m自磨机通过了验收。

5. 大连重工·起重集团有限公司

2006年,大连重工·起重集团有限公司加大了技术研发和新产品开发,企业的技术研发和新产品开发经费支出占产品销售收入的比例逐年递增,到2006年已达到5.05%。采用引智创新、引进创新和集成创新3种手段收到了很好的效果,主要的研发工作有:

300~600MW汽轮机缸体试制和生产;1 000MW超超临界汽轮机缸体试制,并为东芝公司提供了两套缸体;完成了250~700MW大水电机组不锈钢铸件的试制,并为德国西门子公司斯林项目250MW水电机组制造了ASTM A 743A—6NM不锈钢下环,该下环直径7m,毛坯重量86t;700MW机组的水轮机铸件正在研究之中。

完成了铸钢二次扩容改造项目,使公司拥有了60t电炉、100t LF炉、100t VOD炉、大型数控高温燃气热处理炉以及先进的加工和检测设备,以及可一次提供360t真空精炼超低碳不锈钢钢水的能力,具备了年产70万kW及以上水电机组成套铸件5台份能力,并具备了百万千瓦级的火电超临界机组、100万kW核电机组、9F级大型燃气轮机组、70万kW混流式/贯流式抽水蓄能水轮发电机组等发电设备用铸钢件的生产能力。

大型船用曲轴的研发工作取得了良好的进展和成果,曲轴项目总投资8.5亿元。

开展了1.5MW风电球铁轮毂试制,并具备了批量生产条件,其中低温冲击指标已达到国内一流水平。企业可承制增速机、偏航系统、塔架、轮毂、主框架5大核心部件,控制系统由国外进口,其他部件在国内配套,国产化率可达85.7%。为了进一步扩大风电设备的产能,风电设备公司从日本引进了仓敷130数控加工中心。

成功制造了国内首台百万千瓦核电厂房环形起重机,该设备联合起吊重量407t,主起升高度42m,跨距35.4m。

6. 太原重型机械集团公司

2006年新产品开发和技术研发的投入比例达到了销售收入的4.9%,新产品的销售收入占总销售收入的50%,技术开发的设计工作量已经达到25亿元。主要科研工作有:

(1)煤化工设备的研制。进行了煤气炉、加压气化炉、加压变换炉等产品的开发及ϕ3.8m加压气化炉等产品的研制开发,投资1亿多元新建了煤化工设备生产基地。

(2)火车轮轴的生产。取得了AAR的认证,开拓了国际市场,加大了出口份额。完成了南非864车轮产品的研制和生产,高速列车动车组轮对产品的开发正在进行中。

(3)与秦山核电站签约2台环行起重机,总签约额逾5 000万元。这是我国首次自行设计制造的环行起重机,起升高度达40多m,其大车轨道是直径为35.4m的整圆。

(4)80MN快锻机以及80t-m锻造操作机的研制。与中国钢铁集团邢台机械轧辊有限公司签订了80MN快锻机以及80t-m锻造操作机的合同,项目成交额超过1亿元。这台设备将是我国首台具有自主知识产权的最大吨位的快锻机。

（5）大型挖掘机和大型架桥机项目。完成了900t架桥机和27m³挖掘机机试。900t架桥机具有目前同类产品所不具备的过隧道时不用拆卸、能够自动收缩等新性能，大大提高了工作效率。27m³挖掘机是目前我国具有完全自主知识产权的第一台大型矿用挖掘机，打破了我国露天煤矿20～50m³大型矿用挖掘机长期被国外公司垄断的局面。这一设备已达到国外同类产品先进水平，但价格只有国外产品的70%，运行费用只有国外产品的50%，这台挖掘机将用于中国电力投资集团霍林河煤业集团。

7. 北方重工沈阳重型机械集团公司

2006年北方重工沈阳重型机械集团公司的技术和新产品开发取得重大突破，科研和新产品开发投入经费达13 088万元，比上年增长48.1%，新产品订货额达到19.2亿元，几乎占到全部产值的50%。2006年共完成科研项目165项，其中新产品开发项目19项，新工艺、新材料项目42项（热工艺科技攻关及新材料研制项目20项），老产品改造、技术合作、标准制修订以及专利信息项目101项，项目完成率达到98%。2006年主要的科技工作有：

（1）形成并不断完善护环产品生产线。北方重工沈阳重型机械集团公司一直致力于护环的研制，采用外补液液压胀形冷扩法生产的护环已经成功地应用于生产，已经开发并生产了30万kW机组的18—18—N护环，正在研制60万kW机组的18—18—N护环。

（2）形成盾构机生产能力。2006年9月，与中铁十八局签下价值4 500万元的盾构机合同；2006年12月，中建一局（集团）沈阳地铁一号线项目部和沈重集团、日本石川岛公司正式签下沈阳地铁一号线盾构机生产合同。沈重集团和日本石川岛公司共同签约标志着沈重已经从大型铁路隧道扩展到地铁盾构机领域，实现TBM及泥水平衡、土压平衡等模式的盾构机生产，成为国内惟一一个能够生产3种盾构机的企业。

（3）重型模锻液压机的研制。与清华大学成立了联合开发研究所完成了350MN模锻液压机的全部设计，该液压机采用钢丝缠绕和坎合结构等制造技术，已完成中试样机研制和测试并具备了投入制造条件。

（4）研发出国内首台25MN快锻液压机。该快锻机在结构上改变了以往此类产品的三梁四柱的连接方式，采用了缠绕式结构，这也是国内首台采用缠绕工艺的快锻机。

（5）大型磨煤机自主化生产。自主开发出我国第一批MPS型中速磨煤机、第一批BBD双进双出磨煤机等，率先装备于我国目前最大的100万kW超临界发电机组。

8. 内蒙古北方重工集团公司

主要已经转向民品生产，新产品产值已占到全部产品产值的60%。主导产品有厚壁高压锅炉管、冷轧工作辊、船用锻件、风电主轴、铸管模以及模具钢。2006年主要的科技工作有：

开展了大口径厚壁无缝钢管的研制，H＝6mm、ϕ200mm以下的各种高压锅炉管目前都能生产，正在研发P91、P92管；船用尾轴、中间轴、齿轮轴的研制，产值已经达到6 000多万元；研制出Cr3、Cr5型冷轧工作辊，产值已经达到7 000多万元；风电主轴已经形成了一条生产线（包括表面处理）；15CrMo94钢铸管模的研制项目通过了内蒙古自治区的鉴定；LZ50钢火车轴通过“国家火炬计划”项目验收，2006年火车轴销售收入超过3亿元，赢利1 000万元，市场占有率达到23%，市场份额位列全国第一。

9. 中钢集团邢台机械轧辊有限公司

2006年，中钢在科研和新产品开发方面有了较大的突破。在提高产品质量的同时，增加产品品种，提高产品中间环节的操作质量；品种钢主要钢种数从2005年的8个增加到12个。近年来，中钢集团邢台机械轧辊有限公司积累了雄厚的人才和技术力量，掌握了优质离心铸造轧辊制造技术、大型复合铸钢支承辊制造技术、大型锻钢冷轧辊制造技术和成套冶金设备制造技术；拥有了世界先进的深淬硬层锻钢冷轧辊生产装备和理化检测设备；培养锻炼了一支拥有3 000多名轧辊设计、研发和制造的高水平专业人才队伍，先后研发了50多项替代进口的产品，培育了100多项具有自主知识产权的专有技术。主要科技工作有：

开展了高速钢轧辊的批量生产研究，产品已在国内钢铁企业 CSP 机组批量应用；在高 Cr 系列轧辊的研究中，完成了 Cr5 改进型新材质开发，Cr8 系列冷轧辊等一批最新型产品的研制也获得重大突破；在电渣重熔冷轧辊坯工艺优化中开发出适用于 Cr2、Cr3、Cr5 的预熔型渣系，研究确定预熔渣重熔工艺技术方案，探索了工业化生产应用的可行性；在铸造热作模具钢 BD 轧辊的研制中，完成了产品试制和市场开发；在新型冷轧硅钢工作辊的研制中，开发出了型锻钢冷轧工作辊；大型离心复合高速钢轧辊 2006 年 12 月通过了省级新产品鉴定。

10. 鞍钢重型机械有限责任公司

研制成功三峡发电机组下环、叶片。2006 年 12 月，鞍钢重型机械公司试制的三峡水电站右岸机组水轮机转轮下环通过了国务院三峡工程建设委员会三峡工程重大设备制造检查组的评审。2007 年 6 月，由鞍钢重型机械有限责任公司生产的国产第一件三峡发电机组下环、第三片叶片从鞍钢装车启运。下环最大直径 10.52m，高 1.9m，净重58.7t，一次性需要浇注钢水量 185t，经超声波检测、表面质量检测，各项指标均达到了国外同类产品的水平。该产品的成功制造，表明鞍钢重型机械有限责任公司具备了生产大型先进水轮机转轮部件的能力。

鞍钢重型机械有限责任公司研发的 6MC60、90 船用复合曲轴曲拐锻制成功。

2007 年，鞍钢重型机械有限责任公司的《大型水轮机转轮铸件制造技术研究及产业化课题》已列入国家"十一五"支撑项目，获得 6 000 万元的国拨资金支持。

11. 中原特钢股份有限公司

对 ϕ 300mm 的大口径限动芯棒、石油钻具、铸管模等主要产品进行了深度开发并取得了较大的成效；对 P91、P92 材质的高压锅炉管进行了研制开发和试制；进行了风电主轴的开发和试制。

12. 中船重工集团武汉重工铸锻有限责任公司

攻克了产品研制中的曲轴锻造、单件和整体的红套、整体加工 3 大技术难关，成功生产出了船用大型柴油机曲轴，2006 年 10 月底建成开始试生产。

技术进步和技术合作

1. 中国第一重型机械集团公司

一重的天津研发中心通过了高新技术企业认证，2006 年 10 月被授予"国家工程研究中心"称号。启用了新的技术准备系统，该系统以一重技术中心为核心，包括下辖的天津研发中心、大连加氢公司、富拉尔基铸锻钢基地三大地区的设计、工艺、采购、外协、包装、档案管理、技术支持服务、计算机辅助管理等诸多相关部门。2006 年 5 月，一重申报的核电、水电大型铸锻件国产化项目及关键技术攻关课题通过了由国家发展和改革委员会授权中国机械工业联合会组织的评审；自主设计和制造的 150MN 自由锻水压机在一重试车成功。2006 年 12 月，与中国广东核电公司共同签署了"辽宁红沿河核电站 1 号机组核反应堆压力容器协议书"，承制拥有自主知识产权的国内首台 CPR1000 百万千瓦级核反应堆压力容器。与哈尔滨动力设备股份有限公司签订核电联合体协议，今后将就部分核电设备进行联合投标，以提高核电装备制造的整体水平；2006 年 9 月，一重与燕山大学签署了企校合作协议。

2. 中国第二重型机械集团公司

《第三代核电锻件国产化技术改造可行性研究报告》、《实现大型水电铸锻件国产化技术改造可行性研究报告》、《自主化建设大型热连轧机成套设备可行性研究报告》等获国家发展和改革委员会批复；签订了风电、大水电、核电、立磨、工程中心（实验室）等项目的贷款合同，"大型阀体管套分模静压成型技术开发"等 7 个项目被纳入 2006 年省技术创新之列；圆满完成"125"工程中的"引进两项技术"工作；国家科技部等五部委正式授牌二重集团公司技术中心为国家认定的企业技术中心。

2006 年 11 月，国家核安全局正式批准二重换发国家民用核承压设备制造资格许可证，有效期为 5 年；与中国最大造船厂大连造船厂首次签订了精加工齿轮的供货合同；与三井造机签订了 80、90 机的制造合同；与武重签订了 1 台国际最大的 DL250 数控 5m 超重型卧车的供货合同；与神华煤制油集团有限公司签署了《中国神华煤制油有限公司与二重战略合作协议》；与重庆港正式签订了物流运输战略合作框架协议；二重、东方电气集团和中广核签订了广核新项目核级锻件国产化合作协议。

2007 年 6 月开始，二重 ISO14001 环境管理体系进入试运行。二重环境管理方针是：遵纪守法，清洁生产，全员环保，构建环境友好型企业。环境管理总目标是：逐步提高全员环境保护意识；各类污染物达标排放，杜绝重大环境污染事故，到 2010 年，万元产值综合能耗在 2005 年基础上降低 30%，污染物排放总量在 2005 年基础上降低 15%，各项节能减排指标在同行业中领先。

3. 中信重型机械公司

2006 年 10 月，中信重型机械公司的技术中心正式建成。中信重型机械公司拥有首批国家级企业技术中心，工程技术人员 1 200 多人，享受政府津贴专家 38 人。中信重型机械公司分别与洛阳轴承有限公司和济南发电厂签订了大型锻件供货协议；与长江动力集团签订了总价值 3.3 亿元的 2007 年电站锻件总合同和 2008 年电站锻件意向合同。与徐州罗特艾德回转支承有限公司签订了 2007 年订货合同，合同内容包括水压机锻件、轧环机锻件等，合同金额 6 000 多万元；与常州宝菱重工机械有限公司签订了 2007 年度铸钢件订货协议，包括 7 种机架共 40 件，计 6 000 多万元。

4. 大连重工 · 起重集团有限公司

与福依特西门子水电公司签订了长期战略合作协议。根据协议内容，福依特西门子水电公司每年将在大连重工 · 起重集团有限公司采购不少于 1 500t的铸件，合作批量生产 70 万 kW 大型水轮机组转轮上冠、下环、叶片等不锈钢铸件。福依特西门子水电公司还将派专家对大连重工 · 起重集团有限公司铸钢公司的冶炼技术、质量控制以及综合管理进行多方位的指导和培训。华锐铸钢获得英国劳氏船级社认证。2007 年 5 月，英国劳氏船级社审核专家对华锐铸钢制造全过程进行了“MQS”（材料质量体系）审核认证，华锐铸钢获得产品免检资格认证，这是华锐铸钢继英国劳氏工厂认可后又一次获得世界级权威机构的审核认证。

组建大连华锐曲轴有限公司。大连重工 · 起重集团有限公司于 2005 年实施船用曲轴项目，2006 年 8 月，大连重工 · 起重集团、中船重工等 4 个单位合资组建了大连华锐曲轴有限公司。公司注册资本 1.2 亿元，项目总投资 8 亿元，其中一期工程投资 4.8 亿元，产品定位为 700mm 以上的大缸径大型船用柴油机曲轴，到 2008 年形成 75 支的生产能力，到 2010 年形成 150 支的生产能力。

5. 北方重工沈阳重型机械集团公司

沈重集团公司技术中心 2006 年正式被国家发展和改革委员会、财政部、海关总署和税务总局认定为国家级技术中心。2007 年 6 月 29 日，沈阳重型机械集团有限责任公司（以下简称沈重集团公司）重组、组建北方重工股份有限公司的框架协议正式签字。沈重铸钢产业公司、锻压分厂、热处理分厂和沈矿铸钢车间、锻压车间组成一个共同体，沈阳铸造厂、沈阳压缩机铸铁分厂、沈阳水泵铸钢分厂组成另一个共同体，为使生产专业化、集约化，这两大共同体又组成一个新的共同体——沈西铸锻工业有限公司。

6. 上海电气重工集团上海重型机器厂有限公司

2006 年 12 月，与中钢设备公司签订战略合作协议，共同应对国内外的市场竞争和发展；获得国家核安全局颁发的核一级锻件和 1 000MW 压水堆主管道等制造资格许可证。

7. 鞍钢重型机械公司

公司研发的 6MC60、90 船用复合曲轴曲拐锻制成功。在取得中国船级社颁发的工厂认可证书的基础上，公司获得了丹麦 MAN－B&W 总部颁发的“大型船用柴油机曲轴锻件制造许可证书”，成为国内第一家申请六家船级社认证并且生产缸径范围最广的大型船用柴油机曲轴锻件企业。

鞍钢重机公司自 2005 年改制以来，先后通过了 ISO9001:2000 版质量管理体系认证，取得了法国 BVQI 公司授信的质量管理体系认证证书；获得了中国国家实验室认可委员会（CNAL）颁发的国家实验室认可证书，公司生产制造的产品在理化检测数据上得到 33 个国家的认可。

搭建信息平台、完善计算机信息系统，建立现代化的生产调度指挥系统，促进企业生产管理、技术管理、技术开发和市场开拓等方面上台阶，为企业进入国际竞争领域，实现管理现代化、科学化、信息化奠定坚实的基础。公司建立了 CAPP（计算机辅助工艺设计）信息化平台，为企业工艺编制和生产效率的提高，提供有效的现代化保障。

8. 太原重型机械集团公司

获电子信息产业发展基金50万元贴息贷款。取得国家安全质量标准化一级认证、ISO 14000环境管理体系认证和ISO 18001职业健康安全管理体系认证，大大提高了企业的素质。

9. 中钢集团邢台机械轧辊有限公司

近年来，中钢集团邢台机械轧辊有限公司在技术创新和技术进步方面取得了长足的进步。目前，中钢邢机已能生产国内钢铁企业现代化轧机所需的全部轧辊品种，已形成高技术含量轧辊9万t的生产能力。

公司携手宝钢加快推进高端轧辊国产化进程。2006年8月，邢台轧辊机械制造有限公司正式加盟中钢集团。此时，宝钢正式和隶属于中钢集团的邢台机械轧辊有限公司签订了轧辊采购的三年期一揽子协议。

近年来，中钢集团邢台机械轧辊有限公司与国内外20多个重点钢铁企业建立了战略联盟关系，与大客户携手研发高端轧辊。以与宝钢合作为例，早在2002年启动的1 580热连轧精轧前段用高速钢工作辊的开发项目，试制成功的两批高速钢工作辊已在宝钢1 580轧机成功上线；在热连轧精轧后段F4—7工作辊改进型的国产化项目中，双方成功结束了外商垄断的历史，并形成1项专利。

10. 内蒙古北方重工有限公司

北方重工安东特殊钢制造合资项目投资近1.6亿元，占地面积133 333m²，将建成可以生产万只石油钻具和千支铸管模产品的合资公司。合资公司由内蒙古北方重工业集团有限公司以其全资子公司包头北方深孔制造有限公司经评估后的净资产出资，安东石油技术（集团）有限公司以现金出资成立。2006年6月，北方重工高压锅炉管项目获得兵器工业集团公司立项批复，并经自治区备案，开展了项目施工建设、设备制造招标等工作。

11. 中原特钢股份有限公司

2007年8月29日，中原特钢顺利完成股份公司制改造，公司由原"河南中原特殊钢集团有限责任公司"更名为"中原特钢股份有限公司"，已经挂牌，争取2007年年底上市。

12. 天津市天重江天重工有限公司

2006年1月，由天津天重重型机器有限公司、天津市江天实业发展有限公司与天津机电工业控股集团旗下天津鑫皓投资发展有限公司共同出资组建了天津市天重江天重工有限公司。天津市天重江天重工有限公司是重型机械的专业化热加工公司，注册资本1.8亿元，占地面积逾153万m²。新组建的江天重工有限公司，形成了炼钢、铸钢、锻造、金属热处理、机械加工及生产用气供应等一体化的产业链，以铸钢件、冷轧辊、合金钢锭、镦锻曲轴等为主导产品，面向冶金、造船、发电等行业，大力开发所需的各种大型铸锻件，争取建成国内重要的铸锻件生产基地。

技术改造

1. 中国第一重型机械集团公司

国家发展和改革委员会于2006年5月正式批复了一重集团公司《发展国家重大技术装备战略规划及中期总体改造项目可行性研究报告》，在该改造项目中，一重将投入10.8亿元对富拉尔基厂区和基础生产设施以及大连棉花岛厂区进行改造。在"十一五"期间，一重计划在现有的技术改造基础上瞄准以下目标进行下一阶段的热加工技改：

年产钢水50万t，最大钢锭600t，铸钢件年生产能力6万~7万t，锻件的大型化和高质量，热处理满足炼钢、铸造和锻造的改造要求。

产品定位：改造后的产品定位目标瞄准大型轧辊、电站、核电、大型容器和大型曲轴毛坯等。

2. 中国第二重型机械集团公司

2006年二重技改基建系统围绕"五项工程建设"积极开展各项工作，较好地完成了各工程项目阶段目标，投资管理、监督程序更加规范完善。全年投资完成约4亿元，投资项目完成率100%，五大技改工程正按计划推进，新增大水电项目已全面启动。2006年10月，二重新增的国内最大的起重机正式通过验收启用，该设备用于吊装大型容器锻件，最大起重能力为550t。

2006年12月，第三代核电锻件国产化技术改造项目和大型水电机组铸锻件本地化改造项目的可行性研究报告同时获国家发展和改革委员会批准。项目主要建设内容包括新增1台1.4万t水压机、550t行车、配套14台加热炉和热处理炉及9 000余m^2的厂房，新增1台150t钢包精炼炉等；水压机改造和扩建工程，主要内容为自主设计和制造160MN水压机，增加相关的配套设施；轴类件生产线扩建工程，主要内容为四金工车间扩建，铸造分厂扩建，树脂砂生产线建设、铸件加工能力提升及新增铸造分厂特殊冶炼能力。

3. 中信重型机械公司

全面完成以"三大工程"为标志的重点技改项目，年完成投资额3.5亿元。完成中信重机重型铸锻厂的技改项目，将原10t电炉改造为30t电炉，新建40t钢包精炼炉；新建清理跨、造型跨、皮带送砂等大型铸钢件铸造跨扩建工程；新建30m×135m和30m×90m双跨大型铸钢件生产厂房，总面积6 750m^2，项目建成后，可增加年产值1亿元。"新重机工程"全面启动，"新重机工程"是中信重机公司"十一五"规划的重大技改工程，重点将新增热加工装备，扩大铸锻件作业面积，增强中信重机公司在铸锻件市场的竞争力。整个工程系统投资12.22亿元，计划在两年时间内建成，工程投产后，公司的冶炼铸锭能力将从目前一次提供钢水360t跃升到700t，铸件最大生产能力从现在的190t增加到400t，钢锭和锻件的最大生产能力分别从现在的75t和45t提高到600t和350t；能够生产的环形锻件的最大外径将突破ϕ7.5m，每年可新增大型锻件5万t，总锻件产量可达到10万t；铸件的年产量可达65 000t，年新增产值30亿元，将极大地提高大型铸锻件的生产能力和产品水平，为重机公司发展奠定坚实的基础。

4. 大连重工·起重集团有限公司

完成了大连重工·起重华锐铸钢公司砂再生系统的改造及铸钢新车间的扩容改造，扩容改造工程总投资2.3亿元。技改内容为新建厂房、造型地坑、新增热处理窑、混砂机等，主要定位于大中型高端铸件市场。改造后的新铸钢厂，不仅拥有60t电弧炉、60t/h连续混砂机、200t抛丸机、最大单机起重能力260t的行车和总过滤面积为1.65万m^2的电炉除尘系统，更拥有目前国内铸造行业最大的11m×13m×5m的数控高温热处理炉，整套装置处于国际先进水平。项目投产后的铸钢厂可以一次性提供真空冶炼优质钢水300～360t；采用全树脂砂造型、三维动态凝固模拟软件铸造工艺，生产的最大铸件单重可达200t，可提供双真空的300t钢锭，可满足单重小于200t轧钢机成套铸件；所有铸件均可达到粗、精加工要求，大型铸件年生产能力由1.5万t提高到3万t。

5. 太原重型机械集团公司

总投资3亿元建设了煤化工装备制造基地，第一期投资约1亿元，总建设面积25 245m^2。新厂房配置了大型煤气加热炉、大型热处理炉、大型探伤间、三辊卷板机、数控下料机和窄间隙成套焊接机等一批大型先进设备。项目全部完成后太重将具备制造壳牌、德士古、GSP、鲁奇等加压型气化设备，合成氨、合成尿素、复合肥等化肥成套装备，合成甲醇、二甲醚、合成油设备，焦炉煤气、煤层气转化设备及煤焦油深加工设备等的生产能力，产品基本覆盖了整个煤化工生产环节，年产值有望达到10亿元以上。太原重型机械集团公司将成为山西省煤化工装备制造能力最大的生产企业和全国煤化工装备制造基地。

"十一五"期间，太原重型机械集团公司计划投资新增80t电炉、100tLF炉以及大型水压机，建立华北最大的国内一流的特种钢铸锻件生产基地，以电站锻件、不锈钢铸件为主要产品。

6. 北方重工沈阳重型机械集团公司

北方重工沈阳重型机械集团公司从2006年起实施整体搬迁改造。新址位于沈阳经济技术开发区，占地面积111万m^2，总投资19亿元，预计工期24个月。正在建设中的大型铸锻件生产基地总投资16.98亿元，整个工程的目标是全面提升热加工总体生产能力和制造水平，使生产能力平均提高1倍。工程分两期进行，一期工程计划2008年4月达产。一期工程投产后，可年产各种铸锻件产品12.5万t，产值12.5亿元。冶炼能力可由原来的每年7万t提升到13万t，最大钢锭能力将提升到50t，多包浇铸的最大钢水量提升到170t，并实现全部精炼化。铸造全部采用树脂砂铸造生产线和钢水精炼化，铸件的生产能力由原来的年产2.5万t提高到3万t，最大铸件等级提高到120t；铸铁件产量将达到国内第一，年产量达2.5万t，最大铸铁件可达60t。提升锻造能力，完善锻造厂的工艺布局和配套设施，使生产能力提高到1.5万t/a。提高热处理配套能力，从原来的年产1.5万t提高到2万t。

7.上海电气重工集团上海重型机器厂有限公司

实施了闵行基地热加工技术改造、大锻件生产能力提升项目，整个热加工改造项目总投资13.3亿元，主要新增设备：2 500kN/6 300kN·m轨道式锻造操作机（进口设备）1台、165MN锻造压机1台、锻造加热炉5台、锻后热处理炉10台、台车式/井式/坑式性能热处理炉13台、烘箱1台、双梁桥式起重机16台、电动平车4台等工艺装备共计128台（套）。100t电弧炉、120tLFV精炼炉、烘炉、真空罐等冶炼浇注设备，30t/h移动混砂机、80t振动落砂机、斗式提升机等造型砂处理设备，热处理炉、抛丸机、电焊机、打磨机等精整设备及行车、检测设备等共计98台（套）。项目完成后，钢产量将达到25万t/a，大型铸钢件产量2万t/a。大型锻钢件用钢锭产量18万t/a，大型锻钢件产量12万t/a。最大一次性钢水量720t，单件铸钢件最重达450t、双真空钢锭最重达600t、单件锻钢件最重达350t，将全面满足AP1000核反应堆用大型铸锻件向超大、超重、高技术发展的要求，可实现年产压力容器、蒸发器、稳压器、堆内构件及主管道等核电主锻件5 000t的能力。实施了临港重型装备基地建设项目，该项目包括以下几个子项目：

（1）核岛和常规岛主设备生产能力提升项目：投资32.66亿元，形成具有承制年产2套百万千瓦级压水堆的核岛主设备（压力容器、蒸发器、稳压器等）、1 700MW第三代压水堆常规岛半速机组和195MW高温气冷堆压力壳、蒸发器等关键设备的能力；建设6跨联合重型厂房，最大起重能力为1 400t。

（2）百万千瓦级核电堆内构件和控制棒驱动机构项目：投资3.65亿元，建设目标为年产4.5套核电堆内构件和控制棒驱动机构。

（3）核电成套起重运输设备制造国产化项目：投资9.54亿元，建设目标为主要生产核电站环行起重机、核电站装卸料机、超大型起重机、超大型矿用电铲、海洋工程结构分段等，年产量5.6万t。

（4）核电数字化仪控系统和核级自动化仪表研究及产业化项目：投资2.1亿元（国家发展和改革委员会2.1亿元国债项目），建设目标为：将核电数字化仪控系统和核级自动化仪表研究及产业化项目成果用于大型先进压水堆核电站，提高其安全性和经济性，建设工期至2010年。

（5）船用半组合曲轴国产化二期工程。2006年6月30日，上海船用曲轴公司二期厂房正式竣工。项目投资5.92亿元，新建厂房约24 000m²，新增曲轴车床、曲拐立车等专用设备32台，新增年产200根曲轴的生产能力。

8.鞍钢重型机械有限责任公司

鞍钢重型机械有限责任公司完成了灵山机械厂装配车间新厂房扩建工程、粉材厂还原炉生产线、曲轴加工车间厂房基础施工、锻造厂8 000t水压机配套设施和热处理车间等重点技改工程项目，热处理三大作业区（大型热处理区、支承辊热处理区、井式炉热处理区）形成规模。改造后的热处理淬火油槽、水槽、卧式差温加热和喷淬设备工艺、技术能力和装备能力大大提高，进一步提升了公司的设备能力和铸锻件专项产品的生产规模和生产能力。

9.中钢集团邢台机械轧辊有限公司

"十一五"期间投入20亿元进行大规模的技术改造，其中2006年、2007年投入就达13亿元，分别用于建立国家级技术中心和大型板带冷热连轧机用轧辊的产能扩张和技术改造。截止至2006年底，已安排技术改造项目56项，投资额已达7.8亿多元。

2006年新增1台30MN压机，计划2007～2008年新增1台80MN油压机（委托太重生产），配80t－m操作机，主要用于大型锻钢轧辊的生产，并正在论证新增150MN大压机的可行性。

10.内蒙古北方重工集团公司

2006年，投资近4 000万元顺利实施了特钢厂高压锅炉管工程、铸钢公司2万t铸钢生产线补充、新增3 000支钻铤生产线改造、专用汽车生产线改造、工程机械公司煤机生产线5大技改项目，

2006～2007年，北方重工特钢厂技改内容包括：炼钢车间新增150t高功率电炉、50t钢包精炼炉配VOD炉，新增15t电渣炉、30MN油压机。

11. 内蒙古第一机械制造集团公司

完成了履带板生产线改造，主要对生产线的重型鳞板进行更新改造，满足了生产线满负荷的需求；完成了铸造厂房的扩建改造，投资400万元新增有机酯再生砂生产线，投资420万元新增3台整体射型机等。

12. 中原特钢股份有限公司

2006～2007年，计划技改投资3亿元，2006年已经完成技改投资1.5亿元。新增40t LF炉和VD包，新增3台电渣炉，改造16MN油压机，新增45MN油压机，目标瞄准石油钻具、限动芯棒、连铸辊及铸管模等现有产品的深加工，产品领域由以低中合金钢坯件、半成品为主向以中高合金钢坯件、制成品为主拓展。

13. 中船重工集团武汉重工铸锻有限责任公司

实施了海西湾船用大型曲轴建设项目。该项目分两期进行，总投资超过10亿元，一期总投资3亿元，建设目标是生产50cm、60cm缸径大型船用柴油机曲轴，形成年产50支半组合卧式曲轴的装配机械加工生产能力。二期建设目标是年产150根曲轴，二期建成后生产能力将进一步扩大。武汉重工铸锻有限责任公司计划投资20亿元，再建一个规模更大的生产基地。计划新增80t电炉1台、120t钢包精炼炉1台、100MN水压机1台。

14. 天津市天重江天重工有限公司

天重江天重工公司自2006年组建投入运营后，先行投入1.5亿～2亿元对原天重资产实施扩能升级的技术改造，确保每年产销值达到5亿元以上。已将原60MN水压机升级为80MN等级，改造了ϕ1.6m×11.8m井式炉，新增10余台热处理炉及轧辊磨床和大型数控机床、树脂砂铸钢造型生产线等。

计划利用3年分3期投资15亿元，新购置土地80万m^2，建筑面积近40万m^2，新建炼钢厂、轧钢厂、铸铁厂、铸钢厂、锻造厂、金属热处理厂、重型容器厂（铆焊厂）、自控设备厂、粗加工厂、机械加工装配厂共11个生产厂及配套的11kV·A电站、氧气厂、煤气厂、水循环处理站等。计划新增的典型设备有：100t超高功率电弧炉、120t钢包精炼炉，950轧机、万能轧机，40t混砂机的树脂砂铸钢造型线，150MN水压机及操作机，ϕ3.5m×5m井式炉等大型热处理炉，16m数控立车、6m×15m数控龙门铣镗床、6m×18m数控落地镗床、25m深孔钻床、10m数控磨床等大型机加工设备等。技术改造以及新建项目达产后，将年产大型铸铁、铸钢件8万t，大型高端锻件15万t，H型钢及大型材80万～90万t，重型成套设备10万t，年产值达150亿元。

15. 无锡宏达重型锻压有限公司

投资800多万元提高生产能力。主要项目为新增3台热处理炉，新建变电所以及扩建锤锻车间和水压机车间等。

技术质量和标准化　在2007年1月9日组织召开的全国机械工业标准化工作会议暨中国机械工业标准化技术协会四届二次理事会会议上，机械工业大型铸锻件标准化技术委员会获机械工业“十五”标准化先进集体荣誉称号。

组织修订了2005～2007年标准化发展规划中的22项大型铸锻件行业标准，2006年12月27日，国家发展和改革委员会批准并发表了大型铸锻件行业的11项产品标准，并规定这批标准于2007年5月1日起实施。大型铸锻件行业标准见表2。

表2　大型铸锻件行业标准

标准号	标准名称
JB/T 10663—2006	25～200MW汽轮机无中心孔转子和主轴锻件技术条件
JB/T 10664—2006	25MW及25MW以下汽轮机无中心孔转子和主轴锻件技术条件
JB/T 3733—2006	大型锻造合金钢热轧工作辊
JB/T 4120—2006	大型锻造合金钢支承辊
JB/T 6396—2006	大型合金结构钢锻件技术条件
JB/T 6397—2006	大型碳素结构钢锻件技术条件

（续）

标准号	标 准 名 称
JB/T 6398—2006	大型不锈耐酸耐热钢锻件
JB/T 6402—2006	大型低合金钢铸件
JB/T 6405—2006	大型不锈钢铸件
JB/T 7031—2006	大型磨机类端盖铸钢件
JB/T 4010—2006	汽轮发电机钢质护环超声波探伤标准

近期要研究的关键技术及装备 为解决我国重大装备制造中一批关键技术和共性技术问题，实现重大装备及其成套技术的自主研发，科技部在“十一五”国家科技支撑计划中设立了“大型铸锻件制造关键技术及装备研制”项目，将重点完成如下几方面工作：

（1）重点围绕三峡700MW水电机组对大型铸锻件国产化的迫切需求，开展水轮机转轮等关键铸锻件制造技术的研究和工艺试验，攻克制造工艺关键技术，实现为三峡700MW水电机组及其他大型）水电机组的配套应用。

（2）重点围绕百万千瓦级核电设备对大型铸锻件国产化的迫切需求，开展大型铸锻件制造工艺关键技术的研究和试验，掌握关键制造技术，实现在核电设备主机中的配套应用。

（3）重点围绕600～1 000MW超临界及超超临界汽轮机高中压转子和低压转子的制造，开展高纯净度大型钢锭冶炼工艺、铸锭工艺的技术研究；开展锻造工艺参数试验与优化技术、锻造质量控制技术的研究；开展燃气—蒸汽联合循环发电机组用高低压复合转子锻件分区热处理技术的研究和模拟试验，汽轮机缸体高纯净度钢铸造、热处理技术及铸件质量保证技术的研究。

〔撰稿人：中国重型机械工业协会大型铸锻件分会王孜　审稿人：中国重型机械工业协会大型铸锻件分会蒋新亮、毛天宏〕

基　础　件

减　速　器

行业概况 近几年来，我国减速器行业呈现前所未有的高速发展态势，固定资产投资及产销量均呈跳跃式增长。企业规模、综合实力及产品质量也均有显著提升，行业整体实力得到明显增强。究其原因，应首先归结于我国经济近几年持续高速发展而产生的强劲内需，特别是钢铁、有色、煤炭、石化、工程、建材、环保、风力发电等设备制造业跨越式规模扩张产生的需求；其次是国内近20年来减速器行业通过产品结构调整、升级换代，综合技术水平大幅提升，促进了产品出口的快速增长。根据国内外经济发展动向，预计这种行业景气状况还能持续数年。

我国经济及减速器行业的高速发展，自然也引起全球减速器制造商的高度关注，Flender、SEW、FORK、布雷维尼、邦飞利、力士乐等国际著名传动件制造商，也先后在我国设立制造厂或扩大制造规模。国外产品目前在我国高端用户中占有较大比例，并有不断向中端客户延伸的趋势。这一现象应引起国内厂商的高度重视，并应加强技术开发和综合管理工作，进一步提升产品档次，提升与国外产品同台竞争的实力。同时行业也应尽快实现资源整合，通过合并、兼并、股权收购等各种方式，构建几个大规模的制造企业和若干有市场影响力的市场品牌，以进一步提升国内减速器行业的整体竞争力和市场影响力。

市场及销售 2006 年减速器行业全年完成销售额 250 亿元，整体销售规模较上年增长约 25%。应当说明的是，除专业减速器厂的产销量近几年迅速增长外，国内的几大重机厂，如中国第一重型机械集团公司、中国第二重型机械集团公司、太原重型机械集团有限公司及大连重工·起重集团有限公司、中信重型机械公司等近几年也都投巨资扩大了减速器的产能，这使得国内减速器的产能及销售额得到快速提升。目前国内减速器的主要制造商除上述几大重机制造企业外，还有下述企业：

重庆齿轮箱有限责任公司、杭州前进齿轮箱集团有限公司、南京高精齿轮集团公司、江苏泰隆机械集团公司、宁波东力传动设备有限公司、洛阳中重齿轮箱有限责任公司、江苏泰星减速机股份有限公司、江苏国茂国泰减速机集团有限公司、沈矿减速机制造总公司、浙江长城减速机有限公司、浙江通力减速机有限公司、杭州万杰减速机有限公司、江苏金象减速机有限公司、常州减速机总厂有限公司、山西省平遥减速机厂、荆州市巨鲸传动机械有限公司等。

在各市场领域销售比重中，冶金、有色设备制造业由于近几年产能的快速扩张，对减速器的需求呈爆发式增长，成为对减速器总销售规模贡献最大的行业。近几年，国内连铸成套设备，冷、热连轧成套设备，各类精轧设备等的规格和产能都迅速加大。由此也使得配套减速器的规格同步加大，这一现象在石化、煤炭、水泥等设备制造业也普遍存在，有力地促进了国内减速器行业能力的提升和水平的提高。

在其他需求增长较快的行业中，水泥行业由于近几年关停立窑水泥、限制低产能干法水泥生产线等调控措施的实行，对新增产能提出了迫切要求，且新上生产线多以日产 5 000t 以上为主，因此也使得棒（球）磨机、辊磨机、辊压机向大型化发展，为其配套的减速机规格也同步加大，因此使得水泥设备制造业也成为重载减速机需求增长最为迅速的行业之一。重载减速器需求增长较快的行业和产品还有风力发电行业的增速箱、煤炭行业的矿井提升机减速器、石化行业的大型挤出机减速器、石油行业的大型钻机减速器等。上述产品近几年的销售额均有大幅度提升。此外，为工程机械和起重机械配套的齿轮箱需求量增长也十分迅猛。

在主流硬齿面减速器需求快速增长的同时，应当引起注意的是，国家早已宣布淘汰的软齿面齿轮减速器 2006 年销量也有一定程度的增长。该类产品目前主要应用于砖瓦机械、建筑机械及一些小型起重、轻工、水工及农业机械。这不仅造成原材料、能源的浪费，同时也影响了相应配套主机的档次和水平，有关部门应力促其尽快改造及升级，使其与国内整体工业水平及减速器技术同步发展。

科技成果及新产品 减速器行业的持续高速发展，也促进了国内相关企业加大新产品的开发投入力度，新产品、新成果不断涌现，有力地促进了行业的技术进步和整体实力的提升。

风力发电行业是近几年发展十分迅猛的一个行业，其关键配套件——行星齿轮增速箱的需求十分旺盛，但由于设计开发及制造的难度较大，市场供应十分紧张。为满足国内风电发展的迫切需要，近几年，重庆齿轮箱有限责任公司、南京高精齿轮集团有限公司、大连重工·起重集团公司、中国第二重型机械集团公司及中国重型机械研究院等单位都在积极进行各类增速齿轮箱的开发工作，目前国内已形成小批量生产的能力，最大产品规格为 2MW，预计再经过 3～5 年的努力，国内即可形成 2MW 以内齿轮箱的批量生产及供货能力。

在其他重载传动减速器，如大型连轧设备主减速器、大型矿井提升机减速器、大型磨机主减速器的开发方面，国内许多相关单位也都完成了大量工作，由此也使得我国重载减速器的设计制造能力大大提升，已替代了大量进口产品，且已有产品出口至其他国家。

针对我国通用减速器系列产品急需更新换代的迫切需求，中国重型机械研究院组织国内相关生产厂家对大中规格模块式通用齿轮减速器开展新系列产品的开发和标准制订工作，中国齿轮专业协会也组织行业厂家进行中小规格模块式齿轮减速器新系列产品的开发及标准制订工作，上述工作的完成将大大提升我国现有通用减速器产品的技术水平和市场竞争力。

2006 年，减速器行业共有 4 项科技成果获得了"中国机械工业科技进步奖"。2006 年减速器行业获中国机械工业科技进步奖项目见表 1。

表 1　2006 年减速器行业获中国机械工业科技进步奖项目

序号	项 目 名 称	完 成 单 位	获奖等级
1	大功率重载行星齿轮箱系列	中国重型机械研究院	三等奖
2	PE 模块式齿轮减速器	南京高精齿轮集团有限公司	三等奖
3	基于 Bertrand 共轭原理的斜航式法向圆弧锥齿轮传动原理与技术	沈阳工业大学	三等奖
4	无渗漏高效采油螺杆泵地面驱动装置	大庆油田有限责任公司采油工程研究院	三等奖

2006 年，由中国重型机械工业协会组织的重型基础件考察团赴欧洲考察了德国、英国的相关公司及传动机械协会，对国外同行的技术水平有了更直接、更深入的了解，这有助于进一步吸收国外先进的工艺及技术，进一步促进国内相关企业加强管理、提升创新及开发能力，增强在国际市场上的竞争实力。

技术改造　减速器销售市场的火爆也成为各相关企业加大技改投入的直接驱动力，据粗略统计，近几年行业企业投入技改的资金超过 50 亿元，许多企业实现了生产厂区的整体搬迁和规模扩张。如中国第二重型机械集团公司、大连重工·起重集团有限公司投入上亿元资金对风电齿轮箱生产线进行技改，除购置先进的加工设备外，还建起了相应的重载试验台。此外，宁波东力传动设备有限公司、荆州巨鲸传动机械有限公司、常州减速机总厂有限公司、洛阳中重齿轮箱有限公司等，也都在技改上投入巨资，使装备手段和生产能力上了一个大台阶，为企业后续发展打下了良好的基础。

行业各企业普遍强化质量管理的相应手段和措施，整体质量管理水平明显提升，行业产品质量稳步上升，较好地满足了各行业对产品高品质、高可靠性的要求。

〔撰稿人：中国重型机械工业协会重型基础件分会赵玉良　审稿人：中国重型机械工业协会傅树利〕

制　动　器

中国重型机械行业中的制动器分行业主要是为起重运输机械、冶金矿山机械等提供配套制动器产品的专业行业。2006 年在我国重型机械行业继续高速发展的大好形势下，制动器分行业也获得较快的发展。许多企业以市场为导向，为提高自身的竞争能力、更好地满足市场需求，积极开发新产品，拓展新的市场领域，为企业的持续发展奠定了基础。

生产发展情况　我国整个制动器行业共有生产企业 180 余个，较上年有所增加，增加的企业主要集中在河南省、浙江省等，都为个体私营企业，生产的产品都为常规的普通产品。2006 年制动器行业主要经济指标完成情况见表 1。

表 1　2006 年制动器行业主要经济指标完成情况

指 标 名 称	单位	数值
企业数	个	180
工业总产值(当年价)	万元	82 000
工业增加值	万元	29 400
主营业务收入	万元	75 700

（续）

指 标 名 称	单位	数值
产品销售税金及附加	万元	4 500
利润总额	万元	6 000
年末固定资产原价	万元	41 000
流动资产	万元	53 000

2006 年，制动器行业工业总产值比上年增长 13.9%，工业增加值比上年增长 63.3%，主营业务收入比上年增长 11.3%，产品销售税金及附加比上年增长 543%，利润总额比上年增长 20%，年末固定资产原价比上年增长 7.9%，流动资产比上年增长 112%。2006 年制动器行业主要企业经济指标完成情况见表 2。

表 2　2006 年制动器行业主要企业经济指标完成情况

企 业 名 称	主营业务收入（万元）	利润（万元）
江西华伍起重电器(集团)有限公司	26 300	2 380
焦作制动器股份有限公司	22 500	2 160
焦作市起重控制电器厂	5 350	280
焦作市长江制动器有限公司	4 200	180
上海伯瑞制动器有限公司	2 380	198
沈阳市起重电器厂	1 600	120
焦作市虹发制动器有限公司	1 170	120
焦作市制动器开发有限公司	1 100	230

2006 年，制动器行业生产发展的主要特点是：

(1) 生产企业数量增加，市场竞争加剧。近几年制动器的市场需求量增大，导致非制动器生产企业纷纷投资建厂生产制动器，加剧了制动器市场竞争的激烈程度。

(2) 质量意识、品牌意识在增强，以优取胜的理念被越来越多的企业所接受。许多企业清醒地认识到品牌在市场竞争中的重要性，更加注重产品质量，注重经营品牌，不以低价位竞争，而以自已的品牌产品参与竞争。

(3) 低价竞争的现象依然存在。相当一部分小企业为争夺市场，以牺牲产品质量的手段，一降再降产品价格，抢占市场，扰乱了市场秩序。

(4) 主动调整产品结构，注重开发新产品。一些企业为持续发展，努力开发新产品，积极开拓新市场领域。如焦作制动器股份有限公司投资 7 690 万元异地建厂，生产 ABS 气动防抱死系统，年生产能力达 10 万套，并先后开发出 ZPQ 气动全盘制动器、YP2 液压盘式制动器等产品；江西华伍起重电器(集团)有限公司在南昌长凌开发区投资建厂，占地面积 11.1 万 m^2，已基本完工；焦作市长江制动器有限公司开发出新型石油机械产品；焦作市制动器开发有限公司开发出液压盘式制动器，申请了 1 项发明专利和 1 项实用新型专利；沈阳市起重电器厂、焦作市起重控制电器厂积极开拓国际市场，产品出口到俄罗斯，出口量不断增长。

产品分类产量　电力液压块式制动器还是主导产品，占制动器总产量的 67.8%；电力液压盘式制动器的产量虽比上年增长近 1 倍，但各类盘式制动器只占制动器整机生产量的 8%。

2006 年制动器行业各类产品产量见表 3。2006 年制动器行业主要企业产品产量见表 4。

表 3　2006 年制动器行业各类产品产量

产 品 名 称	产量（台） 2006 年	产量（台） 2005 年
电力液压块式制动器	162 800	130 000
电力液压盘式制动器	11 000	6 000
直流电磁铁块式制动器	5 500	7 000
交流电磁铁块式制动器	13 800	9 000
钳盘制动器	8 200	7 000
双杆推动器	40 000	80 000
单杆推动器	37 800	60 000

表 4　2006 年制动器行业主要企业产品产量

企 业 名 称	产量（台）
江西华伍起重电器(集团)有限公司	36 080
焦作制动器股份有限公司	46 800
焦作市起重控制电器厂	42 000
焦作市长江制动器有限公司	34 400
上海伯瑞制动器有限公司	5 940
沈阳市起重电器厂	10 380
焦作市虹发制动器有限公司	12 500
焦作市制动器开发有限公司	8 910

〔撰稿人：中国重机协会传动部件专业委员会樊长录　审稿人：中国重型机械工业协会傅树利〕

油膜轴承

概况 滚动轴承和滑动轴承是轴承的两大类型,油膜轴承是滑动轴承的一大分支。随着现代工业的发展,油膜轴承得到日益广泛的应用。

油膜轴承又称流体润滑轴承,因其工作过程中轴与轴承自始至终被流体隔开,不会发生金属刚体之间的直接接触。因此油膜轴承具有摩擦系数小、摩擦损耗低、使用寿命长、刚性好、运行精度高、工作安全可靠等优点,这是一般滑动轴承和滚动轴承无法比拟的。因而油膜轴承在航天、航空、电力、矿山、冶金等行业的高、精、尖及重型、关键设备上应用较多。重型机械行业最常见的轧机油膜轴承,是典型的重载型油膜轴承。迄今为止,世界先进的工业国家和大多数发展中国家的轧钢机械,尤其是中厚板轧机、热连轧机、冷连轧机和线材轧机等大都使用轧机油膜轴承。

中国轧机油膜轴承的发展充分显示了我国冶金、机械、化工不同领域的相互协作以及大专院校、科研院所、生产单位和使用单位之间密切配合的优势。自20世纪50年代始,我国自力更生、奋发图强,依靠集体的智慧和力量,从研制油膜轴承零部件开始,建立了一套完整的润滑理论应用体系、安全有效的设计方法、精密完备的制造技术和方便快捷的服务方式,成为继美国、前苏联以后第三个能够完全独立自主进行轧机油膜轴承的理论研究、设计制造和安全使用的国家之一,不仅满足了我国高速发展的钢铁和有色金属轧制行业对油膜轴承的需求,还逐步出口到世界其他国家。我国已成为世界上设计、制造轧机油膜轴承品种最多、数量最大的国家。

轧机油膜轴承因技术性强、科技含量高,研制单位少,故世界上迄今为止仅有中国、美国、俄罗斯三国能独立批量生产,并拥有各自独立的知识产权。英国、法国、日本等工业发达国家虽然轧机技术先进,但与轧机配套的油膜轴承还必须由上述三国设计制造。近年来我国陆续也有少数厂家涉足这一领域,但因种种原因也只能停留在测绘、仿制阶段,还未能真正形成规模,不具备独立开发产品的能力。

随着钢铁工业的发展,油膜轴承从润滑理论、加工工艺到材料和结构形式都在不断地改进和完善,尤其是润滑系统、润滑方式、润滑管理和油液分析、监控监测等领域都在不断发展和进步,但与滚动轴承相比,人力、物力、财力的投入还是相对较少,因此发展缓慢。此外,油膜轴承的市场竞争不太激烈,也减缓了油膜轴承的发展速度。今后加大油膜轴承的科技投入和研究开发力度,大力培养和提高专业技术人才的素质应是油膜轴承发展的关键。另外,加强科研设计机构、制造单位、大专院校和用户之间的信息交流和合作攻关也是油膜轴承技术发展不可缺失的基本条件。

生产发展情况 油膜轴承用途广泛,分属于各种不同的行业和领域。对重型机械行业来说仅以轧机油膜轴承为主,太原重型机械集团有限公司和沈阳冶金设备总厂是目前国内主要的大型轧机油膜轴承供应商,其中只有太原重型机械集团有限公司拥有独立自主的知识产权,研发、制造水平达到世界先进水平。

2006年,太原重型机械集团有限公司实现工业总产值(当年价)650 448万元,比上年增长26.4%;实现工业增加值152 457万元;实现产品销售收入553 485万元;实现利润总额16 926万元;实现全员劳动生产率407 447元/人;年末固定资产原价368 893万元,固定资产净值228 536万元;流动资产合计603 838万元,流动资产平均余额557 140万元。2006年,太原重型机械集团有限公司生产油膜轴承4 172t,比上年增长33.6%;销售油膜轴承4 231t,比上年增长51.3%。

太原重型机械集团有限公司以生产板、带材轧机油膜轴承为主,近几年已很少生产线材轧机油膜轴承。2006年,太原重型机械集团有限公司的板、带材轧机油膜轴承销售量约占全国销售总量的61%(其中中厚板轧机油膜轴承销售量约占全国总量的90%);沈阳冶金设备总厂约占全国销售总量的4.2%,进口油膜轴承占32%,其余2.8%为国内非专业企业生产。国内需求的线材轧机油膜轴承45%依赖进口，尤其是高速线材轧机油膜轴承，进口比例在80%以上。太原重型机械集团有限公司的"TZ"牌轧机油膜轴承2005年被国家质量监督检验检疫总局和中国名牌战略推进委员会评选为"中国名牌产品"。

市场及销售 2006年是我国钢铁行业整合兼并、注重节能环保、提高和稳定发展的一年，轧机油膜轴承的销售也逐步归于平稳。

我国油膜轴承的出口近几年才刚刚起步，以出口油膜轴承备件为主，逐步发展到整机油膜轴承的出口。我国的轧机油膜轴承产品已先后出口到德国、越南、日本、韩国等地。2006年，太原重型机械集团有限公司出口油膜轴承145t，实现出口额83万美元。

科技成果及新产品 油膜轴承技术的创新和进步是油膜轴承发展的基础。近年来，我国油膜轴承的技术进步是在生产单位、科研院所、大专院校和钢铁企业的协同攻关配合下取得的。

太原重型机械集团有限公司拥有国家级技术中心、轧机油膜轴承研究所和实验室，同清华大学、吉林大学、上海大学、上海交通大学、西安交通大学、太原科技大学等大专院校科研机构联合，不断对新技术、新材料进行探索，对轧机油膜轴承的原理进行深入的研究。针对宝钢、酒钢、攀钢等钢铁企业的不同情况进行创新和设计，开发了多项专利产品并获得多项科技进步奖。2006年油膜轴承分行业新产品、新技术开发项目见表1。

表1 2006年油膜轴承分行业新产品、新技术开发项目

项目名称	主要技术性能	奖项名称	获奖等级	主要完成单位
ZYC1500—75大型油膜轴承	油膜轴承直径 ϕ1 520mm 轧机轧制压力109 160kN	山西省科技进步奖	二等奖	太原重型机械集团有限公司
薄板坯连铸连轧机油膜轴承研制	油膜轴承直径 ϕ945mm 轧机压力30 000kN，速度0～2.8m/s	山西省科技进步奖	三等奖	太原重型机械集团有限公司

质量及标准 油膜轴承产品执行中华人民共和国机械行业标准JB/T 9049—1999《轧辊油膜轴承》，该标准由太原重型机械集团有限公司制定。太原重型机械集团有限公司在设计、制造过程中，在执行《轧辊油膜轴承》标准的同时，还吸收了部分国外先进标准的合理部分，使油膜轴承产品规范化、标准化，达到当代国际先进水平。

摩根型(MORGOIL)油膜轴承是美国摩根公司20世纪初开始研制的，经过不断地开发研制，摩根型油膜轴承已成为世界先进的油膜轴承之一。太原重型机械集团有限公司与美国摩根公司油膜轴承产品主要技术指标对照见表2。

表2 太原重型机械集团有限公司与美国摩根公司油膜轴承产品主要技术指标对照

项目		单位	指标	
			太原重型机械集团有限公司	美国摩根公司
锥度	工作直径公差	mm	h6	h6
	工作直径粗糙度 R_a	μm	0.05	0.1
	锥孔锥度公差	mm	≤0.03	≤0.03
	内外圆同轴度	mm	GB/T 1184—1996表B4中5级	
衬套	轴承合金与钢体结合强度	N/mm^2	≥60	≥60
	内孔公差	mm	h6	h6
	内孔粗糙度 R_a	μm	0.8	0.8
	内外径同轴度	mm	GB/T 1184—1996表B4中6级	
	使用寿命	h	18 000	
	外圆粗糙度	μm	3.2	6.3
密封件寿命		h	1 200	

基本建设及技术改造 油膜轴承的技术进步离不开试验研究，油膜轴承的产品质量离不开高精度的装备。近年来太原重型机械集团有限公司对大型轧机油膜轴承试验装置加大了资金投入和技术改造力度，对油膜轴承的加工设备也加大了投资，从意大利引进了加工特大型油膜轴承的双立柱内外圆数控组合磨床，企业的制造水平和产品质量达到世界领先水平。为了扩大油膜轴承产品的生产能力，太原重型机械集团有限公司又投资 8 000 万元用于新厂房建设，新厂房投入使用后生产规模将大幅度提高。

对外合作 油膜轴承是轧制机械的配套产品，太原重型机械集团有限公司已与世界四大轧机设计制造商德国西马克（SMS）公司、日本三菱（MITSUBISHI）公司、奥地利奥钢联（VAI）公司、意大利达涅利（DANIELI）公司开展了广泛的技术合作，外商设计轧机，太原重型机械集团有限公司设计配套油膜轴承。双方工程技术人员进行技术合作交流，设计制造后对产品进行功能性负荷运行，各项技术指标均达到外方的规定要求，赢得了用户的赞赏。宝钢上钢一厂 1 780mm 热连轧机、太钢 2 250mm 轧机不锈钢精轧机组、马钢 2 250mm 轧机精轧机组、宝钢 1 880mm 热连轧机、本钢 BSP 热连轧机，还有新余、湘潭、酒钢、秦皇岛、舞阳等钢厂的中、宽厚板轧机项目的油膜轴承均由太原重型机械集团公司设计制造，替代了进口产品，为国家和钢厂节约了大量的外汇。

〔撰稿人：太原重型机械集团公司丁光正　审稿人：中国重型机械工业协会傅树利〕

润滑液压设备

生产发展情况 润滑液压产品是冶金、矿山、石油、建材、水利、发电、起重、船舶、运输、工程、锻压和机床等机械设备的主要配套产品，在提高设备运行效率、保证设备运行质量、减少设备运行维护以及在节约能耗、保护环境等方面，发挥着越来越重要的作用，也被越来越多的设备制造单位和设备使用单位重视。用户要求提供成套润滑系统方式的出现促使润滑液压设备生产企业提高了生产配套能力，扩大了产品品种范围。产品的使用范围涵盖了干油润滑、稀油润滑、喷射润滑、油气油雾润滑、工艺润滑等各个方面。2006 年，润滑液压设备行业的工业总产值比上年增长 33.7%，配套出口的产品产量也比 2005 年有了很大的提高。2006 年润滑液压设备行业经济指标完成情况见表 1。

表 1　2006 年润滑液压设备行业经济指标完成情况

指标名称	单位	数值
企业数	个	27
工业总产值（当年价）	万元	115 587
比上年增长	%	33.7
工业增加值	万元	27 430
产品销售收入	万元	103 939
产品销售税金及附加	万元	3 359
利润总额	万元	8 283
固定资产原价	万元	36 513
固定资产净值	万元	22 177
流动资产总计	万元	65 069
流动资产平均余额	万元	60 202
流动负债合计	万元	50 964
流动负债平均余额	万元	47 518
所有者权益	万元	46 031
全员劳动生产率	元/人	80 558

注：表中全员劳动生产率是按当年工业增加值和企业人数计算的。

产品分类产量 润滑液压设备按名称分为润滑产品和液压产品两大类。润滑产品又分为稀油润滑产品、干油润滑产品、油气润滑产品和工艺润滑产品 4 个部分。液压产品主要有 Z＊B 型斜轴式高压大功率轴向柱塞泵、液压马达、冶金设备液压系统、综合采煤机液压元件和系统。2006 年润滑液压设备行业主要产品产量见表 2。

表2　2006年润滑液压设备行业主要产品产量

产品名称	单位	产量	比上年增长（%）
稀油站	台(套)	8 291	61.4
干油站	台(套)	14 950	-2.9
冷却器	台	7 808	16.6
干油分配器	块	149 403	16.4
油气润滑系统	台(套)	316	5.7
轴向柱塞泵	台	110	31.0

市场及销售　润滑液压设备是冶金、矿山、建材等机械设备不可缺少的配套产品。2006年，虽然新建项目有所减少，但增加了很多改造项目，因此，润滑液压设备的需求量仍呈上升态势，稀油站、液压柱塞泵的市场销量大幅增长，其他产品销量也有不同程度增长。2006年润滑液压设备行业主要产品销售情况见表3。

表3　2006年润滑液压设备行业主要产品销售情况

产品名称	单位	销量	比上年增长（%）
稀油站	台(套)	7 825	60.3
干油站	台(套)	14 671	3.6
冷却器	台	7 528	14.5
干油分配器	块	134 691	9.8
油气润滑系统	台(套)	302	1.3
液压柱塞泵	台	110	31.0

润滑液压产品随出口主机设备的配套出口量仍呈上升趋势，并且在贸易额上呈顺差。2006年润滑液压产品进出口情况见表4。

表4　2006年润滑液压设备产品进出口情况

进出口类别	产品名称	单位	数量	金额（万美元）
进口	冷却器	台	22	35
	稀油泵	台	14	6
	控制阀	件	410	98
	干油站	台	45	40
	干油分配器	块	520	16
	双筒过滤器	台	60	18
出口	稀油润滑系统	台(套)	324	287
	干油润滑系统	台(套)	490	75
	干油分配器	块	7 779	48
	冷却器配件			5

润滑液压设备的主要生产企业有：太原矿山机器润滑液压设备有限公司、常州市华立液压润滑设备有限公司、启东润滑设备有限公司、上海润滑设备厂、西安润滑设备厂、沈阳润滑设备厂、四平维克斯换热设备有限公司、启东市南方润滑液压设备有限公司、上海澳瑞特润滑设备有限公司、大连重工·起重集团有限公司液压装备厂、宁波盛发液压有限公司、启东江海液压润滑设备厂、江苏澳瑞思液压润滑设备有限公司、沈阳市北方润滑设备制造厂、博山润滑设备厂、温州润滑设备厂、温州市龙湾润滑液压设备厂、温州市三丰润滑设备制造有限公司、沈阳市大金润滑设备厂、南通市南方润滑液压设备有限公司、启东安升润液设备有限公司、苏州博诚液压设备制造有限公司、沈阳市北方润华冷却设备有限公司、启东中冶润滑设备有限公司、四川川润液压润滑设备有限公司、四平市隆百洲机电科技有限公司、启东丰汇润滑设备有限公司。

新产品　根据用户的要求以及设备润滑的特征，新产品开发与老产品改造并举是见效更快的发展方式。新技术不仅应用在新产品上，也应用在老产品上，还扩大了润滑产品的应用领域。

博山润滑设备厂开发研制的WDB（32MPa）多点直供润滑泵，在桥式起重机行业重点推广，取得良好的效果。温州市龙湾润滑液压设备厂开发研制了VOE—B系列油气混合给油器，改进创新了原DJB—200的电动加油泵，使加油压力由6.3MPa提高到16MPa。四川川润液压润滑设备有限公司将稀油润滑系统推广到水泥机械，大大提高了设备的运转效率。这些新产品和改进产品的推出，不仅增加了企业的产品品种，扩大了市场，提高了企业的效益，同时也为用户提供了更多的选择，创造了更大的社会效益。

质量与标准　在市场的竞争中，除了面临国内同行业的竞争，还有来自国外同行业的竞争，因此，在发展民族工业、创立民族品牌的工作中，都把质量工作放在了头等位置。各生产企业在扩大生产规模的同时，更加重视产品质量的控制，不仅抓住产品的内在质量，也在产品的外在质量上狠下功夫，结合本单位的实际情况，制造出各有特色的产品。

标准是指导产品生产的有效文本，也是控制产品质量的依据。要生产出高质量的产品，就必须先有高水平的标准。润滑液压设备标准在5次修订后，于2005年开始了第六版的修订工作，2006年确定了第六版的修订内容，并在2007年颁布执行。

基本建设和技术改造 各生产企业为了满足市场和用户的要求，提高企业竞争能力，更新了投资观念，更加注重技术更新改造的投资。2006年，润滑液压设备行业从事基础设施建设和技术改造投资的企业，占到统计企业数目的73%，共实现固定资产投资11 365万元，其中基本建设投资5 464万元，技术更新改造投资5 901万元。

〔撰稿人：中国重型机械工业协会润滑液压设备分会侯星光 审稿人：中国重型机械工业协会润滑液压设备分会戴国强〕

分析冶金机械、矿山机械、物料搬运机械以及大型铸锻件的国内、国外市场情况

市场篇

冶金机械产品国内市场及进出口情况

一、2006年行业经济运行情况及其特点

1. 主要经济指标完成情况

冶金机械(设备)行业(代码3615)主要是为钢铁和有色金属制造业提供成套机械装备的行业。"十五"以来,在冶金工业,特别是钢铁工业迅猛发展的市场需求带动下,我国冶金机械行业在产品研制、开发、设计、制造和成套能力及其技术水平方面有了很大提高,特别是重大冶金成套装备的技术水平和自主研发、系统集成和制造能力有了很大提高。

2006年冶金机械行业主要经济指标完成情况见表1。2006年冶金机械行业产品产量见表2。2006年冶金机械行业主要产品进出口情况见表3。

表1　2006年冶金机械行业主要经济指标完成情况

指标名称	单位	完成值	比上年增长(%)
工业总产值	亿元	448.02	33.8
产品销售收入	亿元	415.99	26.3
利润总额	亿元	20.00	77.0
行业亏损面	%	12.20	
主营业务收入利润(总额)率	%	4.81	增加1.38个百分点

数据来源:《重机行业经济运行简报》2006年12月期。

表2　2006年冶金机械产品产量

产品名称	2006年产量(万t)	2005年产量(万t)	比上年增长(%)
金属冶炼设备(60个企业)	36.87	33.61	9.7
金属轧制设备(58个企业)	40.34	29.43	37.1

数据来源:《重机行业经济运行简报》2006年12月期。

表3　2006年冶金机械主要产品进出口情况　　(单位:亿美元)

海关货物名称	出口额	进口额	进出口总额	进出口差额
冶金设备合计	6.98	18.46	25.44	-11.48
炼焦炉、海绵铁回转窑小计	0.61	0.06	0.67	0.55
金属冶炼设备及零件小计	2.96	5.56	8.52	-2.60
金属轧制设备及零件小计	3.33	11.93	15.26	-8.60
拉拔设备等小计	0.09	0.92	1.01	-0.83

数据来源:《重机行业经济运行简报》2006年12月期。

2. 行业经济运行特点

(1)生产销售继续保持高速增长态势。2006年,冶金机械行业实现工业总产值448.02亿元,比上年增长33.75%;产品销售收入415.99亿元,比上年增长26.32%。

2006年,冶金机械行业继续保持高速增长态势。金属冶炼设备(60个企业)产量36.87万t,比上年增长9.7%;金属轧制设备(58个企业)产量40.34万t,增幅高达37.07%,行业产销指标再创历史新高。

(2)经济效益继续提高。2006年，冶金机械行业利润总额达20亿元，产品销售收入利润(总额)率4.81%，行业经济效益继续提高。

(3)产品出口额高速增长，进出口逆差继续减少。冶金机械一直是我国进出口逆差的大户之一，2006年这一状况得到明显改善。2006年，我国冶金机械产品进口额为18.46亿美元，比2005年的16.0亿美元增长15.4%；而出口额达6.98亿美元，比2005年的4.1亿美元增长70.2%。出口增速高出进口增速54.8个百分点。

(4)需求旺盛推动技术进步，企业自主创新意识大大增强。2006年，在旺盛的国内外市场需求带动下，冶金机械行业企业自主创新意识大大增强，自主创新项目增多，技术水平明显提高。在激烈的市场竞争下，越来越多的企业认识到技术的重要性，注重创新机制的培育，积极建立工程技术中心，给予创新人才更多奖励，调动企业员工的积极性，敢于冲锋陷阵，敢打技术攻坚战，主动担当起引领产业发展的重任。

2006年冶金机械行业既是精彩纷呈的一年，又是面临转折的一年。这里所谓的转折，不仅意味着冶金机械行业进入一个相对快速的发展周期，同时还意味着从主要依靠量的扩张转向主要依靠质的提升阶段，也就是产业的升级。

2006年冶金机械行业研制的国内首台(套)，并达到国际领先水平的装备有很多。如："轧机之王"——5 000mm宽厚板轧机落户宝钢、7.63m焦炉机械抗衡国际对手等等。近6年来，中国第二重型机械集团公司的科研经费投入由2 800万元增加到1.65亿元，产值从6.2亿元跃升到59.2亿元。年销售额100多亿元的中国第一重型机械集团公司(以下简称一重集团)在研发上的投入也超过销售额的4%。他们自主研发生产的高端冷热轧机、核电主容器等重大装备的国内市场占有率达到70%以上。

2006年，中国第二重型机械集团公司和宝山钢铁股份有限公司合作研制的5 000mm宽厚板轧机、燕山大学和鞍钢新轧合作研制的连铸机张力板簧导向蜗线齿轮变速非正弦振动技术及其装备分别获"中国机械工业科学技术奖"一等奖；一重集团研制的850mm中宽带钢热连轧机、中国重型机械研究院和上海钢铁研究所合作研制的金属功能材料四辊液压轧机、沈阳重型机械集团有限责任公司研制的30mm×2 400mm滚切式定尺剪、燕山大学的烧结机环保节能改造——风箱外高负接触头尾密封技术获"中国机械工业科学技术奖"二等奖。

二、冶金机械产品国内市场分析

据不完全统计，2006年冶金机械产品产量见表4。

表4　2006年冶金机械产品产量

行业及企业	产量排序	2006年产量(t)	2005年产量(t)	比上年增长(%)
冶金机械合计		772 120	630 361	22.5
金属冶炼设备(60个企业) 其中:		368 705	336 053	9.7
大连重工·起重集团有限公司	1	60 110	44 278	35.8
唐山冶金矿山机械厂	2	35 617	27 489	29.6
秦皇岛冶金机械有限公司	3	23 972	20 060	19.5
包头北雷高新技术开发有限公司	4	16 991	26 089	-34.9
沈阳冶金机械有限公司	5	14 800	9 040	63.7
中钢集团西安重机有限公司	6	13 124	13 046	0.6
中信重型机械公司	7	12 779	1 681	660.2
张家港市化工机械有限公司	8	11 860	4 900	142.0
扬州冶金机械有限公司	9	9 778	9 120	7.2
太原重型机械(集团)有限公司	10	9 704	12 457	-22.1
河南焦矿机器有限公司	12	9 465		
上海建设路桥机械设备有限公司	16	8 729	13 466	-35.2

（续）

行业及企业	产量排序	2006 年产量（t）	2005 年产量（t）	比上年增长（%）
沈阳重型机械集团有限责任公司	17	8 475	7 978	6.2
陕西重型机器厂	24	5 591	7 457	-25.0
山东煤矿莱芜机械厂	25	4 642	5 126	-9.4
中国第一重型机械集团公司	27	3 659	3 430	6.7
衡阳衡冶重型机械有限公司	29	3 033	2 923	3.8
中国第一重型机械集团公司大连加氢反应器制造厂	32	2 461	7 818	-68.5
张家港长力机械有限公司	33	2 402	1 914	25.5
上海冶金矿山机械厂	34	2 364	1 934	22.2
上海重型机器厂有限公司	37	1 925	426	351.9
金属轧制设备（58 个企业）其中：		403 415	294 308	37.1
中国第二重型机械集团公司	1	75 587	47 337	59.7
中国第一重型机械集团公司	2	71 718	48 795	47.0
中国第一重型机械集团公司大连加氢反应器制造厂	3	40 115	11 883	237.6
太原重型机械集团有限公司	4	39 055	27 662	41.2
陕西压延设备厂	5	25 349	19 884	27.5
上海重型机器厂有限公司	6	19 805	25 828	-23.3
江阴市吉鑫机械有限公司	7	19 569	3 300	493.0
常州宝菱重工机械有限公司	8	16 283		
乐山斯堪纳机械制造有限公司	9	12 200	11 476	6.3
大连重工·起重集团有限公司	10	6 754	7 685	-12.1
沈阳重型机械集团有限责任公司	11	6 658	4 328	53.8
中信重型机械公司	12	6 006	8 371	-28.3
昆明力神重工有限公司	15	4 477	2 781	61.0
衡阳衡冶重型机械有限公司	16	4 390	5 702	-23.0
中钢集团西安重机有限公司	21	2 645	2 108	25.5
张家港长力机械有限公司	23	2 059	2 252	-8.5

数据来源：《重机行业经济运行简报》2006 年 12 月期。

2006 年，冶炼设备产量增幅继续回落（2005 年为 10.9%），而轧制设备增幅更趋强劲（2005 年为 29.9%），仍保持高增长率，这与钢铁产品结构调整对冶金设备的市场需求是一致的。总之，2006 年冶金机械的国内市场需求仍然很旺。

2006 年国内冶金机械市场需求旺盛的原因可归结为，一是我国国民经济继续保持平稳较快发展，对原材料市场的需求强劲；二是世界工厂格局正在形成（装备及其下游产品）。我国粗钢产量突破 4 亿 t，达到 4.187 8 亿 t；粗钢表观消费量达到 3.980 5亿 t，比上年增长 13% 左右；出口钢材钢丝 5 204.25万 t。

2006 年，冶金行业完成固定资产投资 2 602.99 亿元，比上年增长 0.81%，比全国固定资产投资增幅低 23.69 个百分点。从钢铁工业投资结构看，截止至 2006 年 12 月末，在建施工项目计划投资 6 860.56亿元，其中，炼铁项目 407.77 亿元，占 5.94%；炼钢项目 2 285.2 亿元，占 33.31%；钢加工项目 4 167.58 亿元，占 60.75%。投资的重点已转移到钢材深加工和优化产品结构上来，同国家宏观调控的方向是一致的。

重大冶金成套装备研制的鲜明特点是：需求弹性大、产业关联程度高；研制周期长，需要投入大量资金；成套性强，需要各行业的紧密配合；技术难度大，需要各种高技术的高度集成；科技含量高，对经济增长具有很强的带动作用，对国民经济发展、产业结构调整具有重要意义。因此，重大冶金成套装备的研制水平一直是我国冶金机械发展和技术水平提升的重要标志。

2006 年,国家出台了一系列有关“加快振兴装备制造业”的政策和措施,特别是对国家确定重点发展的,包括重大冶金成套装备在内的 16 项重大技术装备自主化工作提出了明确要求,从而使装备制造业迎来难得的发展机遇。8 月 28 日,国家发展和改革委员会主持召开了国家重大技术装备自主化经验交流会。

2006 年,国内冶金机械市场的一个重要特点是:国产装备、技术已成市场的绝对主角,大型冷、热连轧板机从自主设计到加工制造已取得突破性进展。一重集团与鞍钢集团公司协作建成的鞍钢西部现代化板材精品基地,开创了多项国内外第一:拥有国内最大的 260t 转炉、全世界第一条双机四流连铸生产线、国内第一条宽达 2 000mm 以上的热连轧和冷连轧国产化生产线等,国产化率超过 95%,技术水平完全达到国际先进水平。在工艺设计、计算机控制、软件开发等方面均拥有完全自主知识产权;工程自主技术创新和设备国产化程度均创国内冶金行业之最,同时建设周期和投资额也均降至全国最低水平。

鞍钢集团公司不仅坚持使用国产冶金成套设备,还积极参与国产冶金重大技术装备的研发工作。近年来,作为一重集团的战略合作伙伴,鞍钢为一重集团自主创新提供了良好的舞台和发展机遇。鞍钢 2 150mm 热连轧机项目有上百台(套)设备,产品重量达 1 万多 t。若由国外技术总成,合作制造一套 2 150mm 热连轧机生产线,约需人民币 60 亿元,而自主设计制造该套热连轧机仅需 28 亿元。

一重集团为鞍钢提供的 2 130mm 冷连轧机组是目前国内具有自主知识产权的特大型现代化冷连轧机组,主要用于生产超宽幅高级汽车面板。该轧机轧制速度高、年产量大、装机水平国际先进,有效地推动了冶金装备的国产化进程,为我国冷连轧技术走向世界奠定了基础。

太钢新建不锈钢工程于 2006 年 8 ~ 9 月热试成功,该工程包括不锈钢炼钢和轧钢系统及其配套工程 4 350m^3 高炉等项目,采用了当今世界最先进的工艺和技术装备。项目建成后,太钢不锈钢产能从 100 万 t 跃升到 300 万 t,位居世界第一,成为全球最大的不锈钢生产企业。

2 250mm 热轧工程是太钢新建不锈钢工程的关键项目和效益工程,是世界不锈钢行业内宽度最大、最先进的热轧机组,国内企业承担工程的总体设计、工厂设计、部分非标设计和软件编程及调试。工程从 2004 年 9 月 21 日到 2006 年 6 月 29 日一次过钢成功,总工期仅 21 个月,建设工期 19 个月,一次热负荷试车成功,创造了世界热连轧机组建设史上的新纪录。

武钢 7.63m 焦炉引进德国先进技术,由德国伍德公司和中冶焦耐工程技术有限公司联合设计,由大连重工·起重集团有限公司承担设备制造。焦炉自动化程度高,采用了自动加热系统;推焦和装煤计划的自动编制系统可自动显示焦炉机械操作状况,实现炼焦过程的在线控制和监管;系统还采用车辆自动定位系统、四大车联锁系统和车辆自动操作系统,可实现全自动无人操作。同时,7.63m 焦炉不仅工艺技术先进,产能相当于 2 座 6m 焦炉,还具有高环保性能,达到了世界先进国家的焦炉环保要求。

当前,我国已能生产 2 150mm 以下热连轧机、2 130mm以下冷连轧机、3 500mm 中厚板连轧机等具有国际先进水平的冷热连轧机、5m 特厚板轧机、板坯连铸机、大型烧结机、4 063m^3 高炉、7.63m 焦炉,以及大型粗铅冶炼的艾隆炉、烟化炉、焙烧炉等。

在冶金机械产品的市场需求中,除成套设备外,关键零部件的需求量很大。但由于以往只重视成套,而对关键零部件和原材料引进消化的重视相对不足,这些领域目前发展滞后,严重制约了我国装备制造业的健康发展。曾培炎副总理曾专门指出:“重大装备国产化项目中,大型关键铸锻件依靠进口供货,国产件能力、质量难以满足需求,已成为重大装备制造业发展的瓶颈,并受制于人。”因此,重视冶金机械关键零部件的研发,对满足冶金机械市场需求具有重要意义。

三、进出口情况

2006 年,我国进口冶金机械 18.46 亿美元,出口 6.98 亿美元,分别比上年增长 15% 和 70%;进出口逆差 11.48 亿美元，比上年下降 3.61%，进出口逆差继续缩减。2006 年冶金机械进出口见表 5。

表 5　2006 年冶金机械进出口

海关货物名称	数量单位	出口量	出口额（万美元）	进口量	进口额（万美元）	进出口顺差（万美元）
冶金机械设备合计			69 805		184 628	-114 824
焦炉、回转窑等小计			6 080		596	5 485
焦炉	台	16	60	1	526	-467
焦炉零件	kg	11 792 313	5 275	28 845	68	5 207
海绵铁回转窑零件	kg	2 621 866	745	225	2	744
冶炼设备及其零件小计			29 591		55 573	-25 982
转炉	台	358	1 054	76	1 820	-766
炉外精炼设备	台	315	2 183	59	9 317	-7 135
方坯连铸机	台	79	940	7	690	250
板坯连铸机	台	103	1 434	21	1 633	-199
其他钢坯连铸机	台	937	154	15	69	85
其他锭模及浇包	台	6 096	2 413	271	690	1 722
其他铸造机	台	532	2 527	1 176	21 424	-18 898
精炼设备零件	kg	9 891 619	1 838	1 306 099	1 342	496
连铸机用结晶器	kg	709 134	536	486 080	1 743	-1 207
连铸机用振动装置	kg	74 926	21	430 105	1 232	-1 211
连铸机其他零件	kg	3 779 238	1 539	10 628 694	8 175	-6 636
其他零件	kg	82 768 376	14 953	3 418 218	7 437	7 516
轧制设备及其零件小计			33 273		119 298	-86 025
板材热轧机	台	35	1 288	22	13 945	-12 657
板材冷轧机	台	952	2 088	52	11 730	-9 642
型材轧机	台	351	1 583			1 583
线材轧机	台	1 319	1 465	17	935	529
热轧管机	台	20	35	8	2 006	-1 971
冷轧管机	台	197	1 846	18	720	1 127
定、减径轧管机	台	16	115	12	645	-530
其他轧管机	台	429	148	36	1 606	-1 458
冷、热联合轧机	台	72	518	47	2 558	-2 039
其他冷轧机	台	863	2 128	72	1 237	890
轧辊	台	100 490	6 972	14 686	31 433	-24 461
其他轧机零件	kg	49 997 574	15 089	44 532 194	52 484	-37 395
拉拔设备等小计	台	774	860	1 313	9 161	-8 301
300t 及以下冷拔管机	台	46	178	47	718	-539
其他冷拔管机	台	6	2	1	2	0
拉丝机	台	388	371	986	5 490	-5 119
其他杆、管、型材等拉拔机	台	334	308	279	2 951	-2 643

数据来源：《重机行业经济运行简报》2006 年 12 月期。

在18.46亿美元的进口额中，轧制设备及其零件11.93亿美元，占64.63%；冶炼设备及零件5.56亿美元，占30.12%。在进口产品中，按进口额的多少依次是：

（1）轧机零件83 917万美元，占进口总额的45.46%，其中轧辊31 433万美元，占轧机零件进口额的37.46%。

（2）专用铸造机械设备21 424万美元，占进口总额的11.59%。

（3）板材热轧机13 945万美元，占进口总额的7.55%。

（4）板材冷轧机及其他冷轧机12 967万美元，占进口总额的7.02%。

（5）连铸机用零件11 150万美元，占进口总额的6.04%，其中结晶器1 743万美元，结晶器振动装置690万美元。

（6）炉外精炼设备及精炼设备零件10 659万美元，占进口总额的5.77%，其中精炼设备零件1 342万美元。

（7）转炉及其他冶炼设备零件9 257万美元，占进口总额的5.01%，其中其他转炉、浇包、锭模及铸造机零件7 437万美元。

（8）拉丝机等拉拔设备8 441万美元，占进口总额的4.57%，其中拉丝机5 490万美元。

（9）热轧管机及其他轧管机4 977万美元，占进口总额的2.70%，其中热轧管机2 006万美元。

在进口产品中，冶金机械用零部件进口额占半数以上，约56.3%。这些产品基本上都是一些技术含量高的高端产品，例如：轧辊、结晶器、结晶器振动装置、液压系统元件、控制系统元件等。

在6.98亿美元的出口额中，轧制设备及其零件3.33亿美元，占47.70%；冶炼设备及零件2.96亿美元，占42.4%。在出口产品中，按出口额的多少依次是：

（1）轧机零件22 061万美元，占出口总额的31.61%，其中轧辊6 972万美元，占轧机零件出口额的31.60%。

（2）冶炼设备零件14 953万美元，占出口总额的21.42%。

（3）板材、型材、线材轧机6 424万美元，占出口总额的9.20%。

（4）焦炉零件5 275万美元，占出口总额的7.56%。

（5）板坯、方坯等连铸机及其零件4 624万美元，占出口总额的6.62%。

（6）铸造机及锭模、浇包4 021万美元，占出口总额的5.76%。

（7）炉外精炼设备及其零件4 021万美元，占出口总额的5.76%。

（8）冷轧管机及其他冷轧机（除板材冷轧机）3 974万美元，占出口总额的5.69%。

冶金机械一直是我国进出口逆差大户之一，2006年这一状况得到了明显改善，进出口逆差继续减少。尽管出口额比上年增长70%，但由于基数小，冶金机械的进出口逆差仍然达11.48亿美元，而整个重型机械产品已首次实现进出口顺差。

2006年，冶金机械出口中的一大亮点，就是中国第二重型机械集团公司为波兰米塔尔钢铁公司生产的2 250mm热连轧机。在13个月的时间里，成功生产了包括粗轧、立辊、精轧、飞剪、辊道、夹送辊、机架、卷取机、层流装置、保温罩等全线设备，产量近1万t。这是国内首次承担对外出口热连轧机成套机械项目，对二重大力实施“走出去”战略、提高国际贸易水平和参与国际竞争意义重大。米塔尔公司副总裁迪里尔撒格对该项目的评价是“质量非常好，非常令人满意”。

2006年2月，哈尔滨航空工业（集团）有限公司与德国西马克公司签订了棒材轧机出口合同，西马克公司一次购买22台短应力棒材轧机整机及4台轧机配件，8月初交付全部设备及配件。2002年，哈航集团开始涉足短应力棒材轧机领域，至今已先后为国内多个钢厂制造200多台轧机。西马克公司是国际知名的冶金机械制造企业，为进一步增强国际竞争能力，该公司决定在中国寻找长期合作伙伴，哈尔滨航空工业（集团）有限公司成为西马克的首选。

四、冶金机械产品市场走势预期

1．行业工业总产值将再创历史新高，并保持20%左右的增长速度

冶金工业虽然受到国家宏观调控政策的影响，

全行业固定资产投资增幅回落,但仍会在较高的水平上稳定发展。因此,冶金机械产品的市场需求仍然很旺,冶金机械行业工业总产值将再创历史新高,并保持20%左右的增长速度。

随着国家对"加快振兴装备制造业"相关政策支持力度的加大,市场政策环境进一步改善,在行业工业总产值进一步增长的同时,行业经济效益也将进一步提高。

2. 冶金工业的产品结构优化和节能降耗将推动冶金机械产品结构调整

据专家分析,冶金工业在投资方向上,将明显向后部深加工工序转移。全行业产品结构调整的方向是提高钢材总量中高技术含量、高附加值产品的比重,如冷轧薄板卷、镀层板、涂层板、电工钢板,这4大类高附加值品种的钢材生产总量将有较大幅度的增长。

冶金工业是我国能源消耗的"大户",全行业节能减排任务艰巨,能够节能降耗、减少污染物排放的冶金机械设备将迎来更大的市场需求。冶金机械行业要与用户紧密结合,在自主创新的基础上,积极开发高效、节能、节材、低污染的新产品,为冶金企业提供更多先进可靠的机械设备。

板带材生产和深加工技术装备、提高冶金产品品种和质量的技术装备以及节能降耗、改善环境的技术装备等将成为市场热点,冶金机械行业要紧跟市场,积极调整产品结构。

3. 着力提高关键零部件的自主创新能力

冶金机械用零部件进口额占冶金机械进口总额的半数以上,约56.3%。只有提高关键零部件的自主研制能力,才既能满足国内市场需求,又能扩大出口,大幅度减少冶金机械进出口逆差,实现进出口顺差。

4. 努力扩大出口,积极开拓国外市场

2006年冶金机械出口额6.98亿美元,比上年增长70%;进出口逆差虽然有所减少,但仍达11.48亿美元。2007年要努力扩大出口,积极开拓国外市场,争取再经过几年实现进出口的基本平衡。

当前,总体环境对冶金机械制造业的影响依然看好。我国冶金机械制造业的产品价格明显低于国际市场平均价格,因此,对于常规冶金机械成套设备和单机,以及大量冶金机械设备的备品备件、易损件、易耗件,我国在国际市场与国外企业的竞争中占有明显优势,具有广阔的国外市场发展前景。

行业企业应当进一步总结二重集团公司、哈航集团等在冶金机械出口中的经验,积极与世界著名公司联手,扩大国外市场份额。

5. 迎接新的黄金发展时期

根据权威部门对21世纪前20年我国制造业的发展展望,装备制造业将是未来5~10年增长速度最快的一个产业。大力发展我国冶金装备制造业,使之参与国际市场竞争,除了要保持我国原有的性价比优势之外,必须提高冶金装备制造企业的自主创新能力,使我国冶金装备产品在性能、工艺、稳定性、可靠性等指标方面能够赶上世界步伐或超越世界先进水准。

装备制造业的发展在"十一五"期间将得到政府空前的高度重视,目前已将振兴装备制造业列为"十一五"重大发展战略,并出台了《振兴装备制造业若干意见》,明确提出到2010年,要发展一批有较强竞争力的大型装备制造企业集团,增强具有自主知识产权的重大技术装备的制造能力,基本满足能源、交通、原材料等领域及国防建设的需要等目标;确定了主要任务和重点突破领域,并制定了振兴措施,明确了工作方向,并强化了在税收、资金支持、融资支持、国产首台重大设备订购、进出口税收调整、研发投入税前抵扣等政策方面给予装备制造企业的支持力度。

分析显示,装备制造业有部分子行业的景气高涨来自于内因和外因的多重驱动力量,冶金设备制造业是这部分子行业之一。相比装备制造业的其他子行业,冶金设备制造业较长时间内仍将保持较高的景气度,增长潜力或成长性可能更高。

随着我国经济的不断快速增长,冶金机械制造企业自主创新能力的不断提高和全球竞争意识的增强,我国将有更多的冶金装备制造企业参与到国际竞争之中,也必将涌现出一批具有国际竞争力的知名企业。

〔撰稿人:中国西安重型机械研究院王建国、孟令忠、吴凤梧　审稿人:中国重型机械工业协会汪建业〕

矿山机械产品国内市场及出口情况

一、概述

矿山机械行业在 GB/T4754—2002《国民经济行业分类》标准和国家统计局统计分类中,属专用设备制造业的采矿、采石设备制造小类,代码为3611。按国家矿山机械标准化技术委员会(SAC/TC88)现行标准规定,矿山机械包括建井设备、采掘设备、提升运输设备、破碎粉磨设备、矿用筛分设备、洗选设备及矿用其他设备 7 大类。其中,提升运输设备中含井下有轨运输车辆,目前在 GB/T4754 中属交通运输设备制造业的 3 712 小类。矿山机械行业服务于黑色和有色冶金、煤炭、建材、电力、化工、核工业等重要基础工业部门,其产品在交通、铁道、建筑、水利水电等基础部门的基本建设中也有大量应用。

从 2000 年开始,在国内基础工业和基础建设大发展的拉动下,矿山机械市场需求旺盛,工业总产值和销售额快速提升,特别是 2003 ~ 2006 年,增速稳定在 38% ~46% 之间。市场需求在带动矿山机械制造业经济增长的同时,更促进了整个行业的技术进步,涌现出一批具有自主知识产权的大型先进产品,缩小了与先进国家的差距。经济的增长、效益的提高,促使更多的矿山机械制造企业对自身装备和工艺进行现代化改造。这种改造加上设计技术的进步,扩大了矿山机械在国内市场的占有份额,加快了出口增长速度。2000 ~ 2006 年矿山机械行业主要经济指标见表 1。2000 ~ 2006 年矿山机械主营业务收入走势见图 1。2000 ~ 2006 年矿山机械产量走势见图 2。

表 1　2000 ~ 2006 年矿山机械行业主要经济指标

项　　目	单位	2000 年	2001 年	2002 年	2003 年	2004 年	2005 年	2006 年
工业总产值	亿元	105.24	113.36	146.32	209.18	303.04	433.81	607.29
主营业务收入	亿元	99.22	107.94	137.58	192.59	280.91	405.41	559.53
产量	万 t	30.50	36.29	47.45	79.08	103.13	144.27	181.06

数据来源:《重型机械行业经济运行简报》。

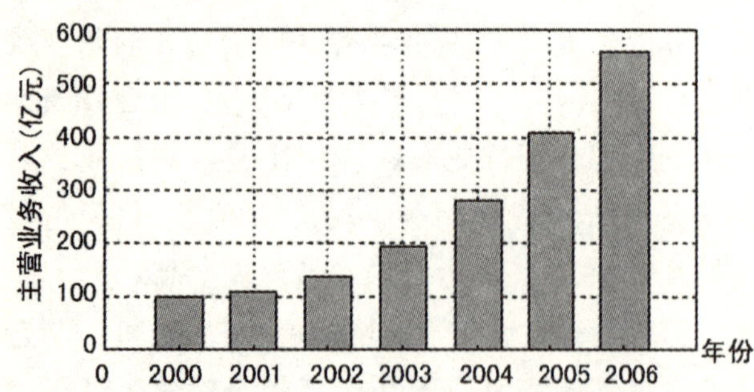

图 1　2000 ~ 2006 年矿山机械主营业务收入走势

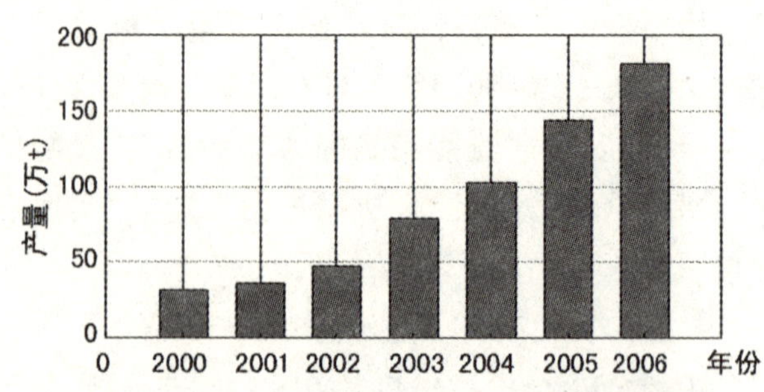

图 2　2000 ~ 2006 年矿山机械产量走势

二、国内市场概况

1. 国内市场容量变化趋向

近 5 年来,矿山机械的国内市场以超过 37.9% 的速度增长。2006 年矿山机械国内市场容量是 2002 年的 3.74 倍,达到 583.82 亿元,而国内矿山机械制造企业为国内市场提供的矿山机械是 2002 年的 4.6 倍,达到 536.6 亿元,均再创历史新高。2000 ~ 2006 年矿山机械国内市场状况见表 2。

表2　2000～2006年矿山机械国内市场状况

项 目 名 称	单位	2000	2001	2002	2003	2004	2005	2006
国内市场容量	亿元	104.18	117.12	155.95	236.49	321.39	426.36	583.82
比上年增长	%		12.4	33.2	51.6	35.9	32.7	36.9
国内供应量	亿元	89.10	86.89	116.53	151.57	277.37	388.56	536.60
比上年增长	%	-0.8	-2.5	34.1	30.1	83.0	40.1	38.1
国产设备国内市场占有率	%	85.5	74.2	74.7	64.1	86.3	91.1	91.9

数据来源：中国重型机械工业年鉴(2006)、重机行业经济运行简报(2006年12月期)。

2. 国内市场容量分析

国内市场容量，系指每年国内矿山机械市场的成交销售额，即国内矿山机械制造企业的国内销售额与矿山机械进口额之和。2000～2006年矿山机械国内市场容量、国内供应量及进口额走向见图3。图3是国内市场容量、国内供应量及进口额的散点连线图，显现了2000年以来，国内矿山机械市场、国内外供应量的走势，其中国内市场容量的散点呈对数函数或指数函数曲线，预计今后几年仍将按这一规律发展。

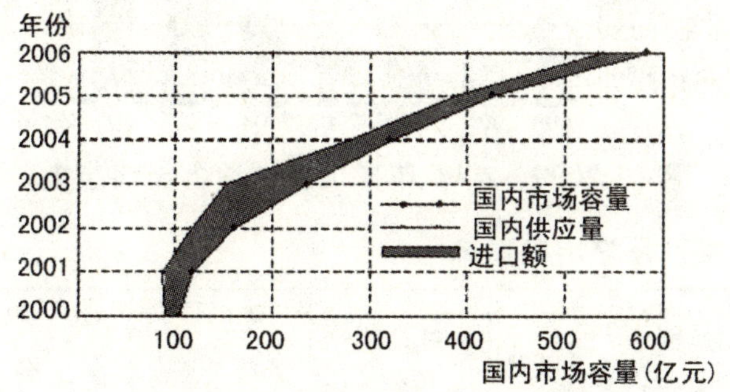

图3　2000～2006年矿山机械国内市场容量、国内供应量及进口额走向

影响国内市场的因素很多，但最主要的是国家对基础工业和基础建设(它们是矿山机械最主要的服务对象)的调控政策，以及随着世界经济的发展国际国内对原材料、民用设施的需求。显然这里存在宏观调控和市场需求两大因素，但前者是主要的。多年来，矿山机械行业能够快速、平稳地发展应该说是宏观调控的结果。对数函数或指数函数曲线均反映随着自变量的增加，因变量也增加，但增加的速度(斜率)呈逐渐减小的趋势。随着我国矿山机械行业逐步由大变强，预计2007年国产矿山机械的国内市场占有率还会略有提高，就是说国内矿山机械市场对进口设备的依赖，从市场容量上看将会减弱。上述这一发展趋向，反映出我国矿山机械设备制造业随着工业化的进程加快而步入了成熟期。

3. 支持设备进口的技术因素分析

影响设备进口的因素很多，除了政府的政策法规之外，还有销售方式、销售方法、销售手段、品牌与业绩等等，主要是产品的性能、价格、交货期和服务。而性能是影响最大的因素，它主要包括：品种、规格、技术性能(包括拖动与控制)参数、工作可靠性、节能节材与节水效果、环境保护效果、劳动卫生与安全性能、维护检修性等等。2000～2006年矿山机械进出口情况见表3。

表3　2000～2006年矿山机械进出口情况

指 标 名 称	单位	2000年	2001年	2002年	2003年	2004年	2005年	2006年
国内市场容量	亿元	104.18	117.12	155.59	236.49	321.39	426.36	583.82
进口额	万美元	12 557	16 576	29 179	60 320	59 970	45 412	60 543
出口额	万美元	6 641	5 553	7 131	7 619	11 411	20 266	29 407
进出口总额	万美元	19 198	22 192	36 310	67 939	71 381	65 678	89 950
进出口顺差	万美元	-5 956	-11 023	-22 048	-52 701	-48 559	-25 146	-31 135
产品外销率	%	5.41	4.29	4.32	3.30	3.38	4.16	4.10

数据来源：《中国重型机械年鉴2006》，《重机行业经济运行简报》2006年12月期。

纵观近几年的进口项目，属矿山机械的采掘、洗选和矿井提升设备中，几乎全部是采掘和洗选设备。2005年该类设备占全部进口设备的99.97%，2006年占99.82%。其原因是：①随着矿山的强化开发，要求设备具有大规格，国内虽有同种类产品并具备一定制造能力，但无设计经验，只好引进设备，分交生产，如 58.5m^3 挖掘机、采煤机大功率采煤机组、ϕ9m 自磨机等。②有些产品我国的基础不好、发展缓慢落后，不能满足国民经济快速发展的需要，国外技术又拒绝转让，自主开发尚待时日，只好进口搞分交，如硬岩全断面联合掘进机（TBM）、大直径盾构机等。③有些工程由国外或与国外联合设计，合同条款中规定了国外设备的份额，自然在设备选型中就很难采用国产设备了，如半连续开采工艺的露天矿破碎站等。

这里值得一提的是，国产的传统矿井提升设备，具有自主知识产权，在规格、技术性能参数和工作可靠性等方面，与国外产品接近，且价格上更具竞争力。

三、设备出口概况

近 3 年来，矿山机械的出口发生了较大变化。

1. 实现了对传统品种、成套性和技术性等要求较高的大规格设备的出口

这主要得益于多年的技术积累。在已经具有自主知识产权的基础上，仍在不断地发展和提高，技术水平更加接近或达到国外先进水平。再加上国家政策的支持和价格优势，在国外市场的竞争中有了最基础的竞争阵地，如大型牙轮钻机、大型矿井提升机、大型矿用球磨机等。

2. 出口量显著增长

2006 年，矿山机械的出口额比上年增长45.4%，达到29 407 万美元，是2000 年的4.43 倍。出口额的增长体现在 3 个方面，一是出口产品“质”的提高促进了出口额的增加；二是传统出口产品出口量的增加，如矿物破碎或粉磨设备的出口额比 2005 年增长30.3%，达到16 953 万美元，占当年全部矿山机械出口总额的57.6%；三是进口产品，特别是大型关键设备进口的增加而带动的出口额增加，即在这些设备进口时，按合同规定国内分交的部分视同出口，这部分产品在出口总额中占有相当比重。

2000～2006 年矿山机械设备出口走向见图 4。2006 年矿山机械分类产品进出口情况见表 4。

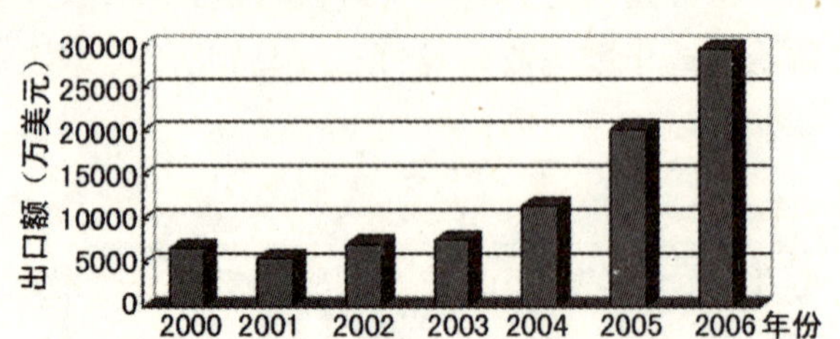

图 4　2000～2006 年矿山机械设备出口走向

表 4　2006 年矿山机械分类产品进出口情况

海关货物名称	单位	出口量	出口额（万美元）	进口量	进口额（万美元）	进出口总额（万美元）	进出口顺差（万美元）
矿山设备合计			29 407		60 543	89 950	－31 135
矿山采掘设备及零件小计			5 979		23 294	29 273	－17 315
自推进截煤机、凿岩机及隧道掘进机	台	839	3 255	96	14 906	18 161	－11 650
非自推进截煤机、凿岩机及隧道掘进机	台	13 585	1 812	65	5 387	7 199	－3 576
矿用电铲	台	2	1	6	688	689	－687
牙轮孔径在 380mm 及以上的采矿钻机	台	3	10			10	10
其他采矿钻机	台	122	53	189	1 908	1 962	－1 855
矿用电铲用零件	t	3 496	848	350	405	1 253	443
筛选、洗涤、破磨机器小计	台	38 761	23 185	3 646	37 142	60 327	－13 957
矿物分类、筛选、分离或洗涤机器	台	24 649	6 231	2 450	13 795	20 025	－7 564
齿辊式矿物破碎或粉磨机器	台	5 997	1 926	180	4 161	6 087	－2 234
球磨式矿物破碎或粉磨机器	台	1 254	5 042	154	1 688	6 730	3 355
其他矿物破碎或粉磨机器	台	6 861	9 985	862	17 499	27 484	－7 514
矿山卷扬（提升）设备小计	台	1 420	243	20	107	350	136
圆筒直径在 2m 以上的矿井卷扬机	台	35	61			61	61
其他矿井卷扬机	台	253	59	9	76	135	－16
其他矿井口卷扬装置	台	1 132	123	11	31	154	91

资料来源：《重机行业经济运行简报》2006 年 12 月期。

〔撰稿人：洛阳矿山机械工程设计研究院张荣宽　审稿人：洛阳矿山机械工程设计研究院邹声勇〕

物料搬运机械进出口市场分析

物料搬运机械包括起重机械、输送机械、装卸机械、工业车辆、仓储机械、架空索道等几大类产品。根据《中华人民共和国海关统计商品目录》的分类统计，物料搬运机械所涉及的商品共有4类，用4位数字来表示的商品代码分别为8425、8426、8427和8428，其中8425为滑车及起重葫芦、卷扬机及绞盘、千斤顶等；8426为起重机、移动式吊运架、跨运车等；8427为叉车，包括其他装有升降装置或搬运装置的工作车；8428为其他升降、搬运、装卸机械，包括：各种输送机、电梯、自动扶梯、架空索道等。本文提及的物料搬运机械还包括上述4类商品的相关零部件，这部分列在商品代码8431中，另外还有单独列在其他商品类别中的电子皮带秤、其他输送带上连续称货的秤等。

一、进出口市场概述

2006年与我国发生物料搬运机械进出口贸易的国家或地区共有194个，进出口总额达到73.81亿美元，比上年增长24.05%。其中进口总额为27.82亿美元，比上年增长5.53%，进口国家为61个；出口总额为46亿美元，比上年增长38.55%，出口国家为193个；贸易顺差为18.18亿美元。进出口贸易总额超过1亿美元的国家或地区共19个，前3名国家分别是日本（8.95亿美元）、美国（8.33亿美元）和德国（7.02亿美元）。值得注意的是，我国与印度的进出口贸易首次进入前10名，达到1.83亿美元；与泰国和俄罗斯的贸易额也大幅度增长，并首次超过1亿美元。2006年物料搬运机械进出口贸易总额超过1亿美元的国家或地区见图1。

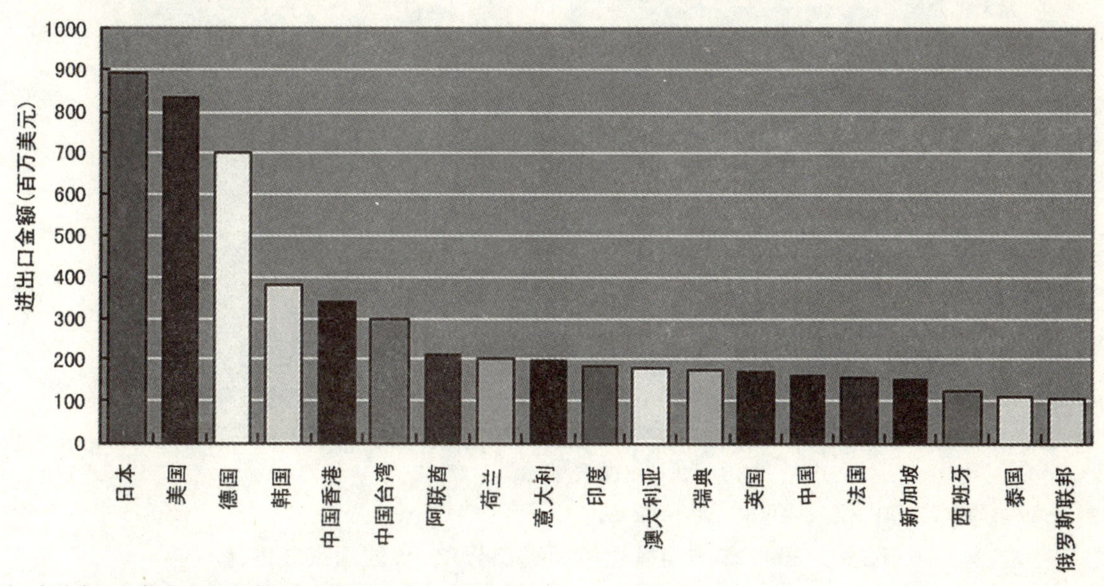

注：有关中国的数字表示从我国各地保税区进出口的金额。

图1　2006年物料搬运机械进出口贸易总额超过1亿美元的国家或地区

2006年，我国31个省、市、自治区发生了物料搬运机械进出口贸易，排名前10位省市的进出口贸易总额为68.59亿美元，占全国贸易总额的92.93%，其中上海、江苏、广东、浙江和北京5个省市的贸易总额为54.98亿美元，占全国贸易总额的74.49%。除北京、安徽外，进出口贸易总额排名前10位的省市都处于沿海地区。2006年物料搬运机械进出口贸易总额前10位省市见图2。

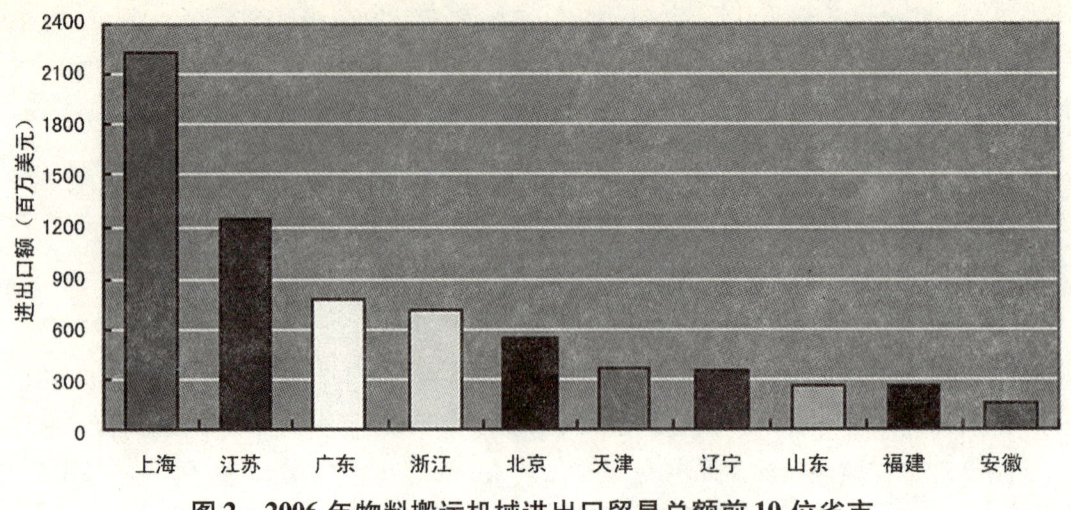

图2　2006年物料搬运机械进出口贸易总额前10位省市

二、进口市场分析

2006年，我国从61个国家或地区进口物料搬运机械，进口总额为27.82亿美元，比2005年的26.3亿美元增长5.53%。其中从日本和德国进口额分别为6.52亿美元和5.83亿美元，分别占物料搬运机械进口额的23.44%和21%，远远超过排名其后的美国、韩国等国家及中国台湾。2006年物料搬运机械进口额前10位国家或地区见图3。

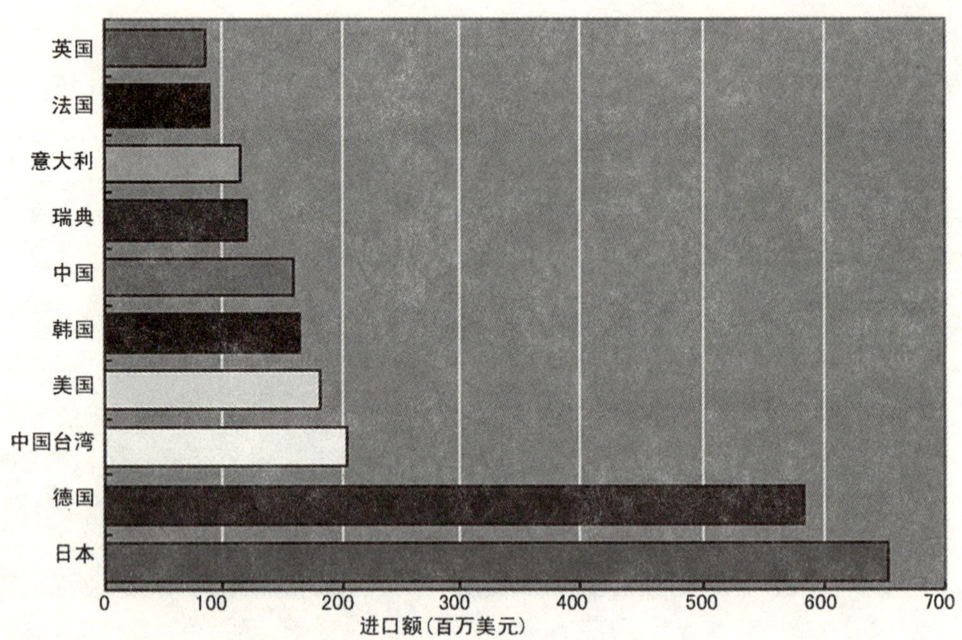

注：有关中国的数字表示从我国各地保税区进口的金额。

图3　2006年物料搬运机械进口额前10位国家或地区

2006年，我国物料搬运机械进口额前10位省市主要集中在沿海地区。进口额最大的是江苏省，为4.88亿美元，占全国进口市场份额的17.54%；江苏、广东、上海和北京4个省市的进口额共计17.92亿美元，占全国进口总额的64.6%。2006年物料搬运机械进口额前10位省市见图4。

2006年进口商品按产品大类分类统计，输送装卸机械、电梯、索道等的占比最大，进口额达到13.78亿美元，占进口总额的49.56%，其中电梯的进口额为1.49亿美元。2006年物料搬运机械进口额分类产品占比见图5。

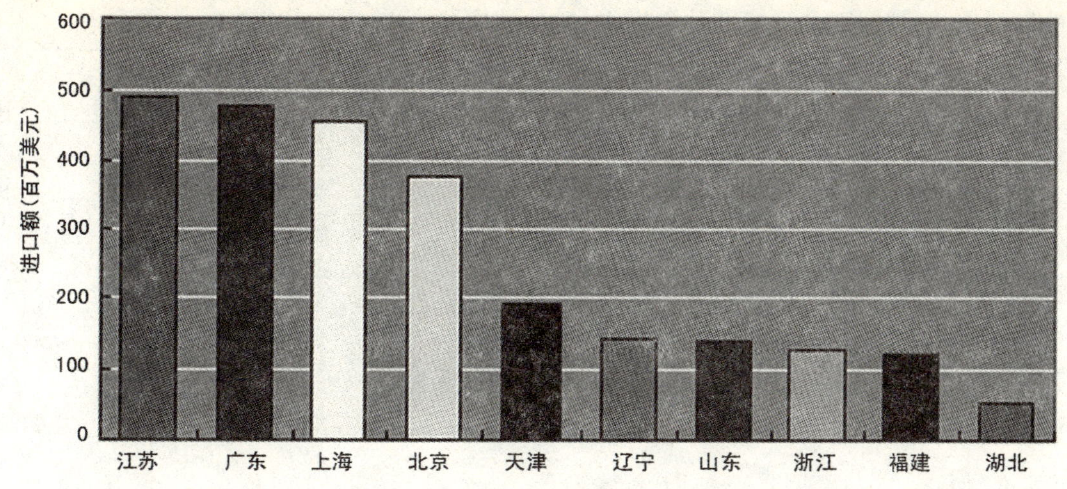

图 4　2006 年物料搬运机械进口额前 10 位省市

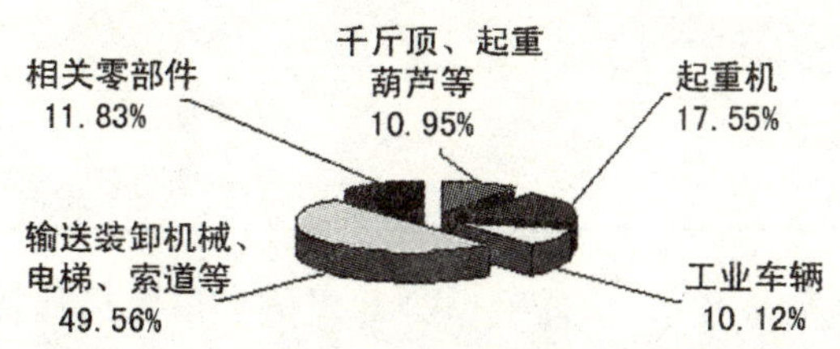

图 5　2006 年物料搬运机械进口额分类产品占比

2006 年，一般贸易、外商投资企业投资进口设备和物品仍然是我国物料搬运机械进口贸易的主体。2006 年我国物料搬运机械不同贸易方式的进口额占比见图 6。

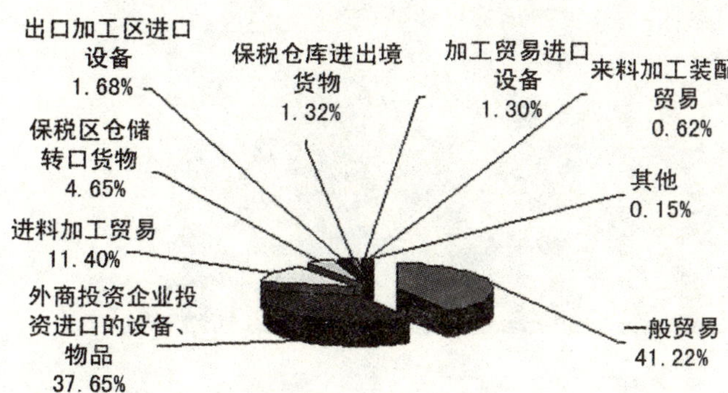

图 6　2006 年我国物料搬运机械不同贸易方式的进口额占比

2006 年，外商独资企业、国有企业和合资企业是进口贸易的 3 大板块，其中外商独资企业所占比例最大为 31.62%，与 2005 年的 28.71% 相比，增长 2.91 个百分点；私人企业进口额所占比例从 2003 年的 4% 增至 2006 年的 7.37%。2006 年物料搬运机械不同性质企业的进口额占比见图 7。

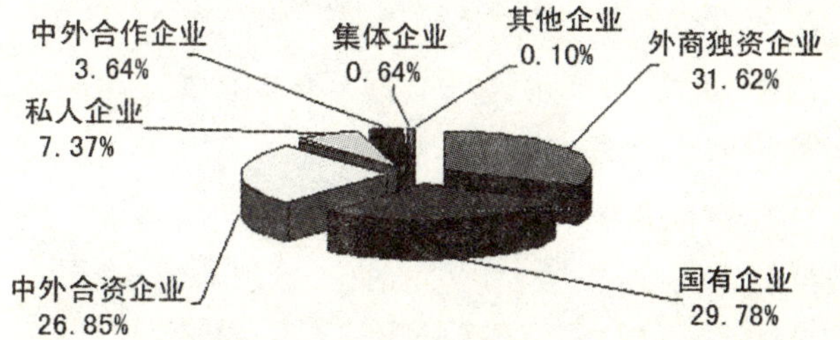

图 7　2006 年物料搬运机械不同性质企业的进口额占比

三、出口市场分析

2006 年我国物料搬运机械出口总额为 46 亿美元，比 2005 年的 33.2 亿美元增长 38.55%，增长势头强劲。其中出口额最大的国家是美国，达 6.5 亿美元，比 2005 年的 5.29 亿美元增长 22.87%。2006 年物料搬运机械出口额超 1 亿美元的国家或地区见图 8。

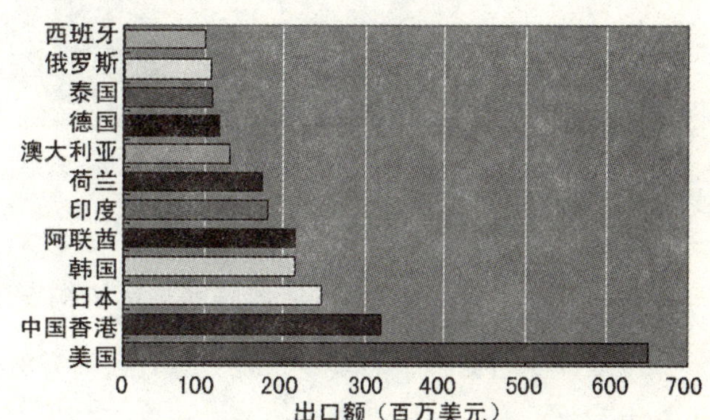

图 8　2006 年物料搬运机械出口额超 1 亿美元的国家或地区

2006 年，我国物料运输机械对传统出口贸易国的出口贸易继续保持稳定增长，与印度、泰国、俄罗斯、埃及等新的贸易伙伴的出口贸易额也在快速增长。我国物料搬运机械的性能、质量和技术水平已被大多数国家或地区接受，出口呈现前所未有的强劲增长态势。2006 年出口额超过 5 000 万美元的国家或地区的出口增幅见表 1。

表 1　2006 年出口额超过 5 000 万美元的国家或地区的出口增幅

国家或地区	出口额比上年增长（%）
美国	22.94
中国香港	-11.72
日本	25.74
韩国	17.50
阿拉伯联合酋长国	10.97
印度	249.22
荷兰	115.55
澳大利亚	60.27
德国	6.66
泰国	95.44
俄罗斯	136.24
西班牙	154.85
埃及	131.58
中国台湾	61.68
越南	65.17
新加坡	-31.71
英国	32.69
巴拿马	52.13
意大利	96.53
沙特阿拉伯	177.84
比利时	248.14
印度尼西亚	17.92
法国	-17.62
马来西亚	38.88
加拿大	-41.65
土耳其	86.12
瑞典	166.91
巴西	137.77
巴基斯坦	53.24
南非	80.30

2006 年，我国的物料搬运机械出口贸易伙伴中，发展中国家占有极其重要的地位。单一国家的出口贸易额在逐年增长，较大出口贸易国在增加，2005 年物料搬运机械出口额超过 5 000 万美元的国家为 6 个，2006 年则增至 13 个。2006 年物料搬运机械出口额超 5 000 万美元的发展中国家见图 9。

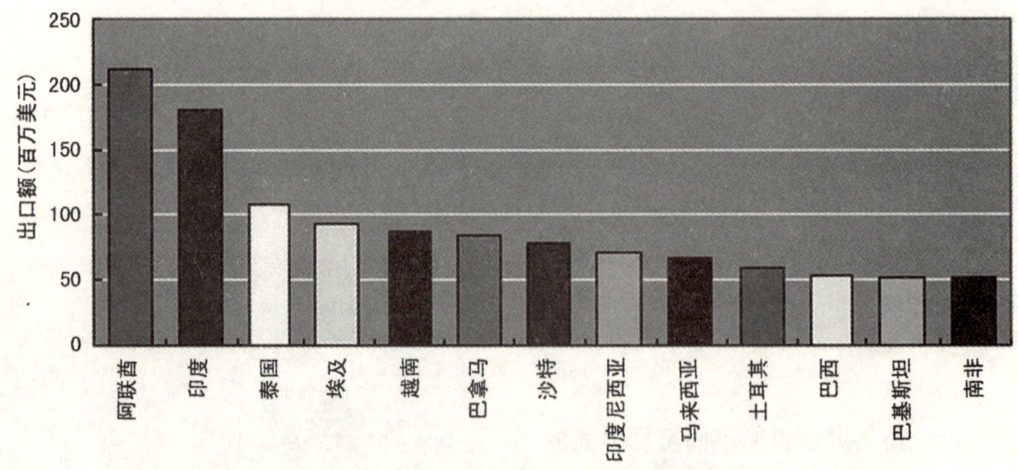

图 9　2006 年物料搬运机械出口额超 5 000 万美元的发展中国家

2006 年，上海市物料运输机械的出口额达17.8 亿美元，占全国出口总额的 38.7%，比 2005 年的 13.7 亿美元增长 29.93%。排名前 4 位省市上海、江苏、浙江和广东的出口额共占物料运输机械出口总额的 74.35%。2006 年物料运输机械出口额前 10 位省市见图 10。

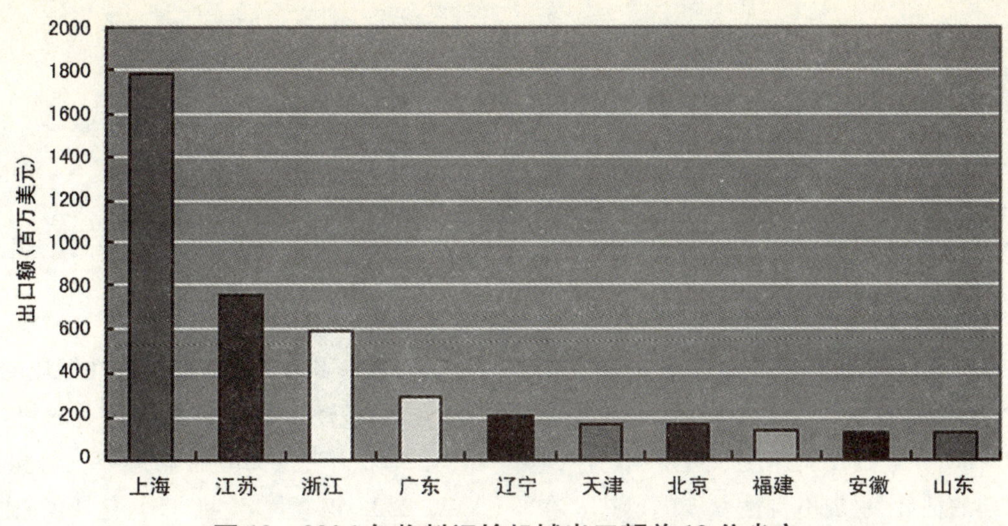

图10　2006年物料运输机械出口额前10位省市

2006年，出口额超过1亿美元的商品包括：集装箱装卸桥，自动梯及自动人行道，升降机、倒卸式起重机或自动梯的零件，门式起重机，载客电梯，液压千斤顶，叉车，8427所列机械的零件，未列名叉车等装有升降或搬运装置的工作车，塔式起重机，未列名升降、搬运、装卸机械，其他电动的卷扬机及绞盘以及其他8428所列机械的零件等13种商品，其中出口额最大的是集装箱装卸桥，达9.57亿美元。从出口商品的种类来看，传统出口商品如千斤顶、手动起重葫芦、手动托盘搬运车等劳动密集型产品已经不是物料搬运机械出口的主力军，代之以技术含量较高的商品，如集装箱装卸桥、门式起重机、叉车等。2006年物料运输机械各大类产品的出口额占比见图11。

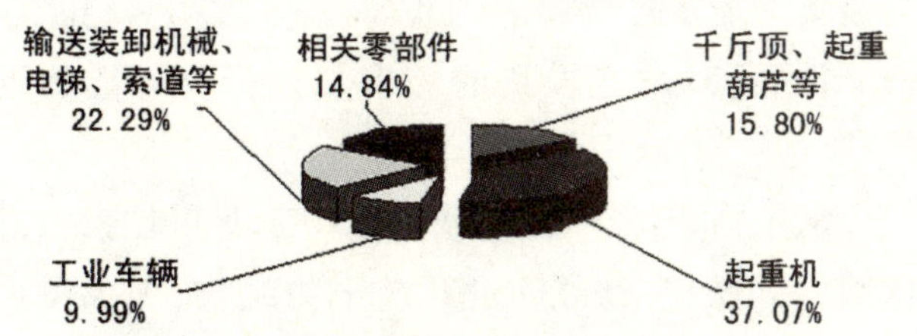

图11　2006年物料运输机械各大类产品的出口额占比

我国物料运输机械的出口贸易主要为一般贸易和进料加工贸易，中外合资企业仍然是我国物料搬运机械出口的主力。2006年物料搬运机械不同贸易方式的出口额占比见图12。2006年物料搬运机械不同性质企业的出口额占比见图13。

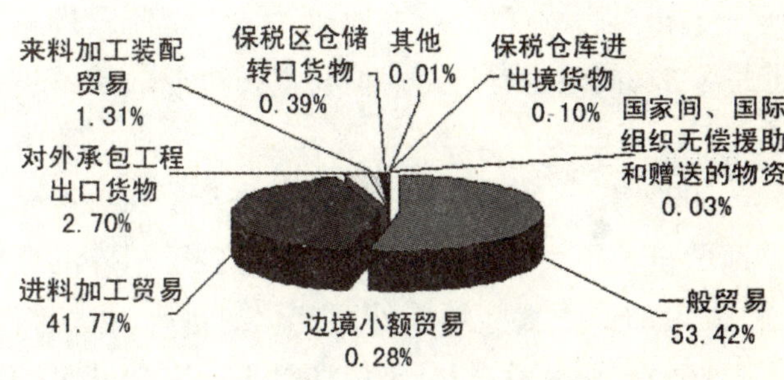

图12　2006年物料搬运机械不同贸易方式的出口额占比

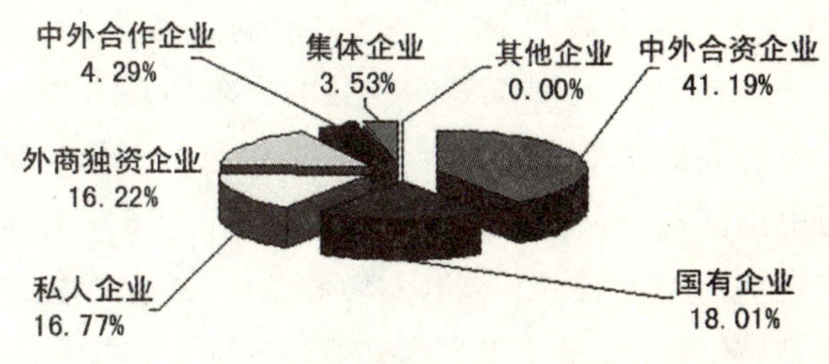

图13　2006年物料搬运机械不同性质企业的出口额占比

〔撰稿人：中国重型机械工业协会物料搬运机械工作委员会肖立群　审稿人：北京起重运输机械研究所张喜军〕

大型铸锻件国内外市场分析

2006年是我国"十一五"规划的开局之年,大型铸锻件行业取得了前所未有的发展,各主要生产企业完成的主要经济技术指标以及外贸出口均达到了历史的新高,行业的发展速度和经济运行质量都超过了预期的估计,呈现出良性发展的态势。在市场方面也呈现前所未有的良好局面,经营订货和出口创汇均达到历史的最高点,原来预测的适度回落情况在2006年并没有出现。与此密切相关的是电站、石化、冶金、造船等设备制造业的需求仍然处于一个相当高的峰值,有力地拉动了大型铸锻件行业的发展,同时也促进了大型铸锻件行业的技术进步。

2006年,一些主要的大型铸锻件产品在国产化方面取得了很大的突破,有的产品打破了国外的垄断,大大加快了大型铸锻件国产化的进程,也取得了很好的市场效益,但是仍然还是不能完全满足国内市场的需求,还有较大一部分产品需要从国外进口。

2006~2007年,国家相继发布了冶金、电站、石化以及造船等设备制造业的中长期发展规划,以及"十一五"的发展目标和重点。根据这些规划,在"十一五"期间大型铸锻件产品的需求还将维持在一个较高的水平。2006年,大型铸锻件的需求达到历史最高点,预计在2007年乃至今后几年还会有很旺盛的市场需求。核电大型铸锻件、超临界机组大型铸锻件、大型化工容器等典型的大型铸锻件产品将成为"十一五"期间市场需求的重点。

一、电站设备大型铸锻件需求情况

大型铸锻件是电站设备的关键基础件,其制造技术是电站设备重大制造技术中的关键技术之一,其质量直接影响到电站设备的整体水平和运行可靠性。随着我国电力工业向高效率和大机组方向发展,对电站设备大型铸锻件的需求也更为迫切,因此,大型电站设备仍然是我国大型铸锻件产品的主要市场。

旺盛内需带动了大型铸锻件行业的健康发展,强劲出口拉动了大型铸锻件行业的快速增长。截止至2006年底,我国的电力装机总量约6.24亿kW。2006年新增装机1.1亿kW,比上年增长27%,其中,水电机组1 435.77万kW,比上年增长47%;火电机组9 568.78万kW,比上年增长25%,均创下历史最高纪录。与此同时,河南沁北电厂60万kW超临界机组的研制成功,标志着国内超临界火电技术的良好起步。虽然如此,按人均装机容量计算,2006年我国的人均装机容量仅仅为0.47kW,远远低于发达国家人均1kW的装机水平,因此可以说我国未来电力工业的发展空间仍相当广阔。据保守预计,今后如果我国GDP年增长保持9%,那么,电力年新增装机容量也会在6 000万kW左右,故未来中长期,发电设备制造业将会保持稳定增长的态势。

根据国家电力企业联合会的预计,2007年我国将新增电力装机9 000万kW左右,年末全国电力总装机将突破7亿kW大关,位居全球第二。预计在2008年以后,我国电力需求将会趋于缓和,对电力装备的需求也将会进入正常状态。"十一五"后两年,国家对发电设备的需求规模仍有可能达到6 000万~7 000万kW。

从电力资源结构看,我国电力工业正在大力进行结构调整,主线之一是优化电力结构,加大可再生能源和新能源的开发力度,2050年新能源占能源消费总量的比重将达30%~40%。

根据国家发展和改革委员会能源局的资料,到2010年,我国电力装机总容量将达到8.4亿kW。其中,水电装机将达1.9亿kW,核电装机1 200万kW,风电装机500万kW,生物质发电装机550万kW,天然气发电装机3 600万kW,煤电装机5.93亿kW。2020年,电力总装机容量将要达到9亿~

9.6 亿 kW。

根据我国“十一五”发展规划和2006年发电行业以及电站设备的制造情况，预计在2007年乃至更长一段时间内，我国电站设备大型铸锻件的市场需求趋势如下：

1. 核电大型铸锻件

考虑到国家安全、能源安全、环境安全等问题，考虑到石油和天然气将更多地依赖国际市场，燃煤发电对环境的压力将越来越大，水能的开发余地也将越来越少，作为可大规模发展的替代能源，核能将会有长期开发的空间，它在我国能源发展中将占有重要的地位。因此，大型核电铸锻件将是我国在2020年之前发展的一个重要产品市场。

我国现役运行的核电机组9台，装机容量701.4万 kW，占电力装机总容量的1.6%，占发电总量的2.2%。2007年3月，国家发展和改革委员会向国务院上报了《核电中长期发展规划（2005～2020年）》。根据《规划》提出的发展目标，2010年我国大陆地区核电运行装机容量达1 200万 kW；到2020年，核电运行装机容量争取达到4 000万 kW；核电年发电量达到2 600亿～2 800亿 kW·h，核电占全部电力装机容量的比重将从现在的不到2%提高到4%。在目前在建和运行核电容量1 696.8万 kW 的基础上，至2020年将新投产核电装机容量约2 300万 kW。同时，考虑核电的后续发展，2020年末在建核电容量应保持1 800万 kW左右。这就需要在今后10多年间新开工建设40多台百万千瓦级核电机组，即从现在起每年要开工建设3～4台百万千瓦级的核电站。按照15年内新开工建设和投产的核电建设规模估算，核电项目建设资金需求总量约为4 500亿元。由此看来，我国核电建设将进入由“适度发展”到“积极发展”的快速增长期。

从世界上看，根据国际原子能机构（IAEA）的预测，在今后15年内，全世界将新建约130个核电机组（63GWe）。

我国核电的发展今后将以百万千瓦级机组为主。根据我国核电发展规划，到2020年核电装机容量将达到3 600万～4 000万 kW，平均每年新增3～4套百万千瓦级核电机组。一套百万千瓦级压水堆核电机组核岛部分的压力容器、蒸汽发生器和稳压器的壳体及管板、主管道等锻件按3 070t计算，保守估计，未来15年需要核电锻件约9万～15万 t，平均每年需要在万吨级水压机上生产的核电锻件0.6万～1万 t。从锻件毛坯到成品锻件的收得率按50%计算，年均毛坯锻件需求量在1.2万～2万 t。

2. 火电大型铸锻件

根据国家发展和改革委员会有关数据，2006年全国电力总装机容量的6.24亿 kW 中，火电所占比例接近80%，约近5亿 kW，预计到2010年，火电装机将达到5.93亿 kW。根据我国的“十一五”规划，600MW 以上的主力机组中超临界机组和超超临界的比例将达到40%左右（平均每年15台套），“十二五”～“十三五”期间将占到80%左右（平均每年24台套）。“十一五”期间燃气轮机组要新增1 000万～1 500kW，也是一个不容忽视的市场。

因此，在今后较长一段时间内，火电将仍然是我国电力构成中一个最主要的部分。今后，我国火电机组将以60万 kW 超临界机组和百万千瓦级超超临界机组为主，同时发展大型燃气轮机组。

在“十一五”期间，我国电力发展规划的重点之一是优化火电结构，提高发电效率和节约资源、减少排放。因此，2006～2007年，我国火电的一个重要政策就是启动“上大压小”，目的是进一步促进节能减排。由于13.5万 kW 及以下机组发电标煤煤耗比30万 kW、60万 kW 机组标煤煤耗分别高出15%和26%左右，因此关停小火电机组对提升我国整个电力行业结构的意义重大。2007年，中国首次提出淘汰30万 kW 以下的纯凝汽式燃煤火电机组，仅在2007年就将要关停1 000万 kW 小火电，而一大批大型、高效的机组在小火电退场的同时纷纷“重装上阵”。2007年，我国新增火电装机中高效、大容量机组已成为“绝对主力”，30万 kW 以上机组占新投产容量的比例超过80%。从2006年开始，单机100万 kW 的火电机组已逐渐投入运营。

2007年，国内单机容量最大、运行参数最高的燃煤发电机组——华能玉环电厂100万 kW 超超临界机组正式运营，这是国内首台超超临界机组。其热效率高达45.4%，达到国际先进水平。机组采用首台中国制造的百万千瓦级发电机核心设备，国产化率达到70%以上，是我国当前国产化程度最高的超超临界火力发电机组。据悉，目前一批百万千瓦级超超临界机组项目正在建设中，国内制造厂家已拥有34台(套)百万千瓦级超超临界机组的订单。

根据国家电力发展规划，国内在今后10～15年内将新增单机容量60万kW及以上大型燃煤机组620多台。按每台大型燃煤机组需要大型锻件230t计算，预计国内需求大型火电锻件14.2万t，年均需求量0.95万～1.42万t。从锻件毛坯到成品锻件的收得率按55%计算，年均需求毛坯锻件1.73万～2.58万t。

3. 水电大型铸锻件

我国可开发的水力资源达到5亿多kW，中国"十一五"规划纲要明确提出优先发展水力发电。截至2005年底，中国的水电装机总容量已达1.17亿kW，占发电设备总装机容量的22.8%，虽然已居世界第1位，但仅占可开发总量的24%左右。国家的电力发展规划提出，到2010年我国的水电装机将达到1.9亿kW，占发电装机容量的25%，开发程度为33%；到2020年，水电装机将达到3亿kW，占发电总装机的30%，开发程度为55%，将接近经济发达国家水平。由此可见中国水电建设和发展已进入一个"黄金时代"。2007年，拥有自主知识产权的我国首台特大型70万kW的我国产化水轮发电机组在三峡电站的正式投运，将更进一步加快水电发展的进程。

根据我国电力行业"十一五"和2020年发展规划，在未来10～15年间，我国水电年均新增装机容量将保持在1 300万kW左右。由于我国今后水电的发展将以混流式的70万kW以上机组和用于抽水蓄能的轴流式机组为主力机型，所以在2020年前，中国将投产的单机容量在70万～80万kW的混流机组约150台，单机容量30万～40万kW的抽水蓄能机组约150台；单机容量3万～6万kW的大型贯流机组约150台。根据建设总量计算，国内在今后15年内将新增单机容量50万kW及以上大型水电机组380多台。每台大型机组需要配套一个上冠、下环、镜板、两根轴和13～17个叶片。单个叶片净重10～22t，尺寸可达到4m×5m×1.4m。按每台大型水电机组需要大型锻件200～240t计算，预计2020年前国内需求大型水电锻件7.2万～9万t，年均需求量0.48万～0.6万t；成品锻件的收得率按60%计算，平均每年需要在万吨级水压机上生产的毛坯锻件为0.8万～1万t。到2020年，大型混流式水轮机叶片总需求量约2 000片，铸造、加工总产值约100亿元，再加上其他中型水电机组的叶片需求，铸造、加工总产值将达150亿元。此外，大型抽水蓄能机组、轴流式机组及贯流式机组的主轴锻件以及大型轴流式机组的转轮叶片铸件等也将有较大的市场需求。

4. 风电锻件

在我国2006年电力总装机容量的6.24亿kW中，风电所占比例很小，仅为0.3%，约188万kW；在2006年全国总发电量中，风电发电的比例仅占0.1%。因此，考虑到环境保护和可持续发展，同时为改变过于依赖不可再生的煤炭资源的现状，大力发展可再生能源、清洁能源等新能源将是我国电力发展的重要决策，也是未来电力投资的方向之一。可再生能源和清洁能源未来装机容量将会快速增长，并在电力结构中占据日益重要的地位。而在各类新能源开发中，风电具有装机容量增长空间大、成本下降快、安全以及能源永不耗竭等优势，是技术相对成熟、并具有大规模开发和商业开发条件的发电方式。随着成本下降，风电已经适用于大规模并网发电。而且，我国风能资源丰富，可开发利用的风能储量约10亿kW，其中，陆地上实际可开发的风能资源储量为2.53亿kW(陆地上以离地10m高度资料计算)，近海风场的可开发利用的风能资源储量是陆上的3倍，约7.5亿kW，陆地加上近岸海域可利用风能资源合计约10亿kW，大于我国的水能资源储量。"十五"期间，中国的并网风电得到了迅速发展。据国家发展规划提出的目标，到"十一五"末期，全国风电总装机容量将达到500万kW。仅2006年一年，中国新增风电装机就达133.7万kW，占全球新增装机的8.9%，比上年增长165.83%。2007年我国风力发电的装机容量有望达到500万kW，提前3年实现国家提出的目标。按这一发展速度，保守估计到2010年我国的风电装机容量将达到1 000万kW，中国的能源规划中制定的2010年和2020年的风电装机目标将轻易被突破。

按此规模计算，风电设备市场将可达到350亿~450亿元的规模，年均份额在100亿元左右。风电设备制造企业无疑将迎来巨大的市场机会及业绩爆发性增长的时期。2006年，中国市场上风电机组的平均价格约4 000元/千瓦，据此可以估计2006年中国风电机组市场容量约50亿元。按对中国风机市场新增装机的估计，假设2010年和2020年风机价格分别下降30%和50%，中国风机市场容量约分别为180亿元和800亿元，这是一个巨大而且诱人的市场。考虑到中国强大的制造基础，较低的人力成本，另外再考虑到中国的风力发电设备还将开拓和进入国际市场，由此看来，中国的风机制造业将进入一个黄金发展期。2006年，全球新装风电设备价值达230亿美元，已经形成一个很大的产业。预计至2010年和2020年，全球风电设备市场容量将分别达到320亿美元和1 200亿美元。但从目前中国风机市场看，国外制造商依然占据了优势地位。来自国外制造商的风电机组2006年占新增装机的55.10%，占国内累计总装机的65.92%。其中Vestas、Gamesa、GE Wind占据前三位，分别占据中国累计总装机的18.73%、18.63%和10.74%。由此看来，风电设备的国产化迫在眉睫，中国风机制造面临良好发展机遇。

目前，我国国内的风电主力机型为1.5MW机组，主要铸锻件有增速器系统锻件、传动件锻件、增速箱、叶片等。

二、石化设备大型锻件需求情况

我国是一个缺油、少气、富煤的国家，原油对外依存度接近50%，所以国家非常重视替代能源工作，并一再强调发展替代能源要走以优势能源替代稀缺能源、以可再生能源替代化石能源之路，因此，我国适度发展煤制油、煤化工，有助于缓解中国能源问题。在国务院颁发的《关于加快振兴装备制造业的若干意见》中，国家对石油石化装备制造业提出了三点要求：即以一批大型项目国产化为依托工程，通过引进关键技术消化吸收再创新和自主开发，实现百万吨级大型乙烯成套设备国产化；开发大型海洋石油工程设备、30万t矿石和原油运输船、海上浮动生产储油轮、LNG运输船；研制和开发大型煤化工成套设备，满足我国能源结构的调整要求。2007年，国家发展和改革委员会又发布了《煤化工产业中长期发展规划》，目的是大力推进我国的煤化工产业，解决我国日益紧张的能源需求问题。根据这个方案，今后15年，我国的四大煤化工产品煤制甲醇、二甲醚、煤烯烃和煤制油将获得大发展。到2010年、2015年和2020年，煤制油规划的年产量分别为150万t、1 000万t和3 000万t（2015年和2020年，煤制油占成品油的比例分别为4%和10%）。掺烧于汽油的二甲醚的规划是，在上述3个时间点上年产分别为500万t、1 200万t和2 000万t。煤烯烃的规划是，在上述时间点上年产分别为140万t、500万t和800万t，占烯烃总量比例分别为3%、9%和11%。煤制甲醇的规划增长速度也很快，在上述时间点上年产分别达1 600万t、3 800万t和6 600万t，到2020年，煤制甲醇占甲醇总量的94%。二甲醚和煤烯烃由甲醇转化而来，两者合计在2010年、2015年、2020年共约用甲醇1 170万t、3 300万t和5 400万t。

根据我国2006年的统计，石油化工设备的80%依赖进口，国产设备因无业绩参加投标非常困难。为了进一步加大石化设备的国产化力度，发展和改革委员会2007年《关于进一步推进大型石化装备国产化实施方案》的讨论稿规定，石化企业上新项目需提交装备清单，国内已有能力国产化并已推广使用的设备，一律禁止进口。《方案》还要求，“十一五”期间，大型石化装备基本立足国内生产；以国产设备的价值与设备总投资的比例计算，百万吨乙烯及深加工等大型石化成套设备国产化率不低于75%。这对于石化装备制造业是极大的支持。

根据规划内容，2006~2020年，我国煤化工规划总投资逾1万亿元大力发展煤化工产业，其中装备费用占50%，技术费用占10%；计划在全国打造7大煤化工基地，20个炼油基地，并斥资200多亿元修建4大管线，这些输送管线将确保规划中的新型煤化工产品能源源不断地输送到需求地区。目前正是国内石化装备需求最为旺盛的阶段，全国石化行业设备年需求约1 000亿元，按照国家75%国产化的要求，我国石化装备国产化将开辟750亿元大市场。

在炼油及乙烯设备中，主要的大型铸锻件产品为加氢反应器、高压分离器、循环氢脱硫塔等厚壁重型容器；在PTA项目（精对苯二甲酸）项目中，主要的产品为加氢反应器等；在煤化工项目中，主要的产品为加氢反应器、高压分离器等。这类项目中的加氢反应器，特别是加氢裂化反应器，重量一般为700多t，甚至上千吨。而千吨级加氢反应器（主要指锻焊结构的反应器），为了减轻设计重量，材料也由2.25Cr—1Mo改进为2.25Cr—1Mo—0.25V。这种加钒材料的冶炼、锻造、焊接技术都比2.25Cr—1Mo的技术难度高，产品附加值也远高于2.25Cr—1Mo材料的加氢反应器。2007年，以镇海炼化加氢脱硫装置为依托的我国首台锻焊结构2.25Cr—1Mo—0.25V钢加氢反应器研制成功，满足了国内大型加氢反应器用材的需求，大幅度降低了国内石化企业重大设备的采购成本，开创了我国加氢反应器国产化的新局面。

石油工业方面，中海油百亿元深水石油战略启动，中国海洋石油总公司计划投资100亿元研制深海石油开发专用设备，到2010年将推出国内首个深海石油钻井船。同时，我国海洋油气开发力度加大，钻采装备需求旺盛，包括深水半潜式钻井平台、深水钻井浮船等钻井装备；浮（船）式生产储油卸油系统（FPSO）、半潜式平台生产系统（含张力腿平台生产系统）、自升式平台生产系统和驳船式生产系统等移动式海上采油（生产）装备、浮式起重机、铺管船等。因此，在“十一五”后期，海上平台用张力腿锻件、大型锻造节点、石油钻探用锻件及结构件、大型输油管道等必将有较大的需求量。

三、冶金设备大型铸锻件产品

我国冶金工业在“十一五”的主要任务是提高质量、提高水平和增加品种。从2006年的情况看，我国冶金设备的投资热度较前几年有所减弱，但任务仍然饱满，特别是国内部分冶金设备制造企业开始进入国际市场，国外订单陆续增多。

冶金设备用大型铸锻件产品包括轧机轧辊、轧机机架以及轧辊用大型轴承座等。大型优质冶金轧辊在2006年仍处于供不应求的状态，国际市场订货也很紧张，有的已经排到2009年。特别是大型支承辊，因其产能有限，需求缺口更大，同时价格上也比较有优势。因此国内的制造企业在2006～2007年也在加紧改造，扩大和完善轧辊生产线，提高产能，以应对目前国内轧辊的需求。

目前国内生产制造的多为Cr3～Cr5系列的轧辊，Cr5系列的优化以及Cr5以上更高Cr的轧辊也正在开发研究之中。大型离心复合高速钢轧辊的研究也取得了突破性的进展，打破了国外的垄断局面。

四、船用铸锻件产品

中国已经跻身世界“造船强国”之列，未来几年，中国船舶工业将迎来重要战略机遇期。到2010年，中国自主开发、建造的主力船舶将达到国际先进水平，年造船能力达到2 300万载重吨，造船产量占世界份额的25%以上，船舶出口金额达到120亿美元，主流船型本土化船用设备超过60%。根据英国劳埃德船舶协会公布的数字，2006年中国手持订单首次超过日本，位居全球第二，仅次于韩国。在2006年国家发展和改革委员会、国防科工委联合颁布的《船舶工业中长期发展规划》中提出要有规划、有重点地支持船用设备发展，提高船用设备生产本土化水平；优先发展船用动力装置、甲板机械等已具备一定基础和优势的产品，打造国际品牌；大力发展低速柴油机曲轴、船用大型铸锻件、锅炉、发电机组等对产业发展具有较大影响的产品。

除此之外，出于国家安全和国防建设的需要，军用船舰的需求也十分紧迫。船用大型铸锻件包括船用柴油机、齿轮、轴舵、汽缸、锚系等铸锻件。2006年，我国大型船用曲轴的研制取得突破性的进展，并且都持有大量的订单在手，未来几年，曲轴等大型船用铸锻件仍然有很好的市场。

五、大型模锻件

1.航空模锻件

航空模锻件包括结构钢锻件和高温合金钢锻件以及钛合金锻件。大飞机项目的重启立项，引发了我国飞机制造工业的新一轮发展。据预测，未来20年中国航空市场将呈现爆炸性增长，民用客机数量将达2 900架，市场容量大约为2 800亿美元，波音公司则预言中国将成为美国以外最大的民用航空市场。此外，军用飞机也将有一个质的突破。就锻件材料而言，新型飞机大量地采用钛合金和适量的铝合金以及高强高韧合金结构钢，锻件制成的零件重量已经占到飞机机体结构重量的20%～40%。近年来越来越多的国外航空器制造公司来中国寻求航空锻件材料的生产供应商，所以航空模锻件将会有一个巨大的市场。

而我国大飞机的研制要求整体结构锻件尺寸更大、质量更高，因此，在未来10余年的时间内，大型飞机的研制也必将大大推动我国重型模锻设备和航空模锻件的发展，使其跻身于世界强国之列。

2. 其他特殊模锻件

其他特殊模锻件包括发电设备用大型燃机轮盘锻件、各种大型模锻叶片以及动力设备用轮盘等，也是一个不可忽略的大市场。

2006年，随着我国经济的稳步增长以及需求的增加，我国大型铸锻件的需求量呈爆发性增长，产品基本供不应求，也由此引发了新一轮的大型热加工设备的投资热。以大型锻造设备为例，目前全国在建的和拟建的80MN及以上大型水（油）压机共约10台，还不包括已经升级改造的大型水压机；此外，还有大功率的电炉等在建热加工设备，这些设备建成投产后，将大大增加我国大型铸锻件的产能。但是，目前不能满足国内某些市场需要的不仅仅是能力问题，更有核心技术问题。因此，下一步我国大型铸锻件行业能否持续稳定发展的关键在于，不仅拥有足够的产能，同时应掌握核心制造技术，拥有自主创新能力。

〔撰稿人：中国重型机械工业协会大型铸锻件分会王孜　审稿人：中国重型机械工业协会大型铸锻件分会蒋新亮、毛天宏〕

中国重型机械工业年鉴2007

2006年重型机械行业主要企业运行情况，重点企业经营理念、文化建设及发展规划

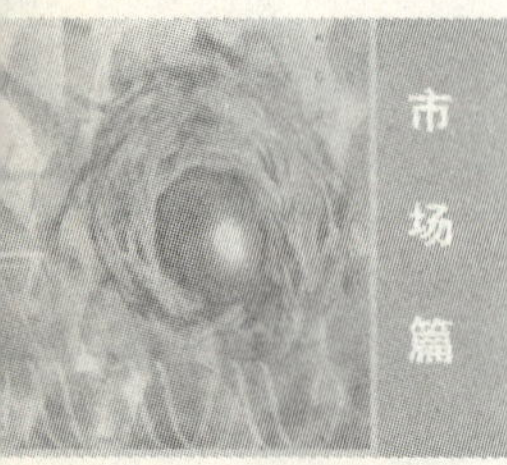

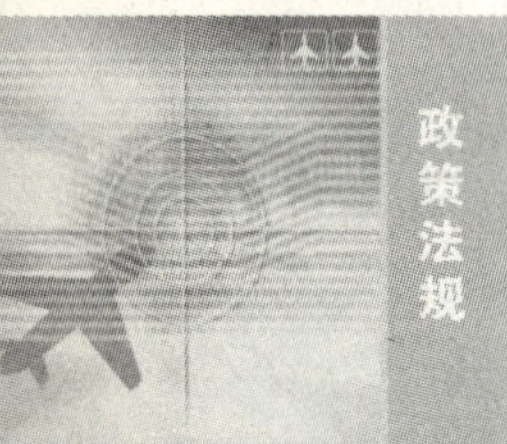

企业篇

2006年中国重型机械工业协会部分会员企业主要经济指标

序号	企业名称	工业总产值（当年价）（亿元）	工业销售产值（当年价）（亿元）	其中：出口交货值（万元）	工业增加值（亿元）	主营业务收入（亿元）	资产总计（亿元）	全员劳动生产率（万元/人）	工业总产值全员劳动生产率（万元/人）	主营业务收入利润总额率（%）
1	中国第一重型机械集团公司	71.23	54.53	10 782	16.48	51.52	94.52	14.39	62.20	6.27
2	太原重型机械集团有限公司	65.04	61.88	36 046	15.23	55.35	92.40	9.54	40.74	3.06
3	大连重工·起重集团有限公司	63.89	64.27	97 759	14.03	65.05	85.34	28.81	131.16	4.01
4	北方重工集团有限公司	61.52	59.24	49 208	11.73	53.36	112.97	10.78	56.55	0.32
5	中信重型机械公司	50.17	49.65	29 092	10.31	51.51	38.84	11.27	54.87	1.76
6	中国第二重型机械集团公司	40.87	36.39	37 330	13.91	43.45	76.80	11.70	34.37	2.92
7	上海重型机器厂有限公司	34.75	32.46	7 124	3.87	25.74	34.94	11.23	100.88	3.69
8	江苏通润机电集团有限公司	20.56	20.39	116 383	3.97	22.64	14.32	19.85	102.84	6.64
9	鞍钢重型机械有限责任公司	18.98	19.03	4 899	3.97	18.88	13.93	6.59	31.48	2.00
10	中钢集团邢台机械轧辊有限公司	16.61	16.68	18 174	6.93	16.87	22.13	14.07	33.74	6.59
11	巨力集团有限公司	12.76	13.10		3.91	13.10	15.73	8.15	26.59	12.01
12	上海建设路桥机械设备有限公司	9.91	9.89	14 795	7.89	10.67	7.42	80.63	101.33	1.72
13	卫华集团有限公司	9.87	9.83		3.55	10.19	7.29	11.96	33.28	4.19
14	中冶陕压重工设备有限公司	8.58	8.25	1 910	7.97	8.24	10.58	27.81	29.94	14.15
15	平顶山煤矿机械厂	6.69	6.69	5 265	1.77	5.99	4.04	14.57	55.14	1.70
16	长沙重型机器厂	6.65	6.65	2 897	2.36	3.17	7.72	11.58	32.60	2.75
17	中钢集团西安重机有限公司	6.01	5.51	3 778	2.35	5.78	13.24	8.38	21.40	3.12
18	唐山冶金矿山机械厂	5.69	5.68	670	0.71	7.06	9.54	2.85	22.78	0.90
19	上海起重运输机械厂有限公司	5.10	5.10	155	1.30	4.36	5.18	19.62	76.93	0.26
20	河南省新乡市矿山起重机有限公司	4.83	4.77		1.70	4.42	2.21	17.21	48.91	2.37
21	南宁广发重工集团有限公司	4.66	3.81	406	1.64	3.39	7.05	6.68	18.96	0.28
22	新乡市起重设备厂有限责任公司	4.54	4.25	76	0.80	3.90	1.86	9.15	51.71	0.73
23	山东山矿机械有限公司	4.53	4.10	1 310	1.19	5.12	4.01	8.67	33.10	1.12
24	河南太行振动机械股份有限公司	4.09	4.00		1.17	3.39	2.64	7.81	27.24	11.59
25	上海冶金矿山机械厂	2.93	2.80	87	0.88	2.82	3.62	12.74	42.47	1.86
26	四川矿山机器(集团)有限责任公司	2.74	2.95		0.85	3.58	7.18	4.26	13.73	2.52
27	江阴凯澄起重机械有限公司	2.71	2.77	2 485	0.68	2.81	2.26	13.53	53.58	14.82
28	新乡市中原起重机械厂	2.65	2.65	2 190	0.93	2.16	1.25	12.85	36.85	3.36
29	石家庄市动力机械厂	2.62	2.28		0.53	2.33	3.79	3.82	19.10	0.71
30	南昌凯马有限公司	2.59	2.41		1.45	2.33	4.82	7.85	14.04	5.91
31	江西起重机械总厂	2.40	2.32		0.73	2.02	1.33	20.41	66.55	7.21
32	昆明力神重工有限公司	2.35	1.83	5 987	0.32	2.64	4.32	2.75	19.86	1.19
33	安徽攀登机械股份有限公司	2.27	2.27	3 390	0.79	2.26	1.40	11.15	31.97	9.73
34	承德输送机集团有限公司	2.15	2.17	53	0.41	2.26	6.26	2.31	12.02	
35	杭州武林机器有限公司	2.15	2.11		0.56	2.10	3.25	3.87	14.85	
36	新乡起重机器有限责任公司	1.98	1.79	2 339	0.80	2.00	1.40	17.85	44.09	11.71
37	河南省矿山起重机有限公司	1.80	1.83		1.70	2.07	1.40	14.05	14.92	4.03
38	河南焦矿有限公司	1.61	1.65		0.48	2.03	3.43	3.04	10.15	3.38

（续）

序号	企业名称	工业总产值（当年价）（亿元）	工业销售产值（当年价）（亿元）	其中：出口交货值（万元）	工业增加值（亿元）	主营业务收入（亿元）	资产总计（亿元）	全员劳动生产率（万元/人）	工业总产值全员劳动生产率（万元/人）	主营业务收入利润总额率（%）
39	浙江众擎起重机械制造有限公司	1.52	1.34		0.27	1.50	1.10	8.40	47.50	6.17
40	江苏三马起重机械制造有限公司	1.50	1.38		0.38	1.04	1.20	6.94	27.45	1.78
41	天津起重设备有限公司	1.50	1.36	766	0.64	1.46	2.91	8.60	20.23	4.63
42	淮南煤矿机械有限公司	1.45	1.22		0.30	1.11	0.63	0.99	4.87	
43	南京起重机械总厂	1.24	1.32	1 300	0.15	1.32	2.50	2.30	19.54	
44	重庆起重机厂	1.01	0.99		0.26	1.30	2.30	3.63	14.28	6.53
45	宁夏银起重型机器股份有限公司	0.98	0.97		0.08		4.46	1.12	13.77	19.08
46	湖北银轮蒲起机械有限责任公司	0.93	0.94		0.29		0.86	7.23	22.90	5.03
47	广东永通起重机械实业有限公司	0.90	0.82		0.52		0.80	20.60	35.96	3.55
48	哈尔滨众鑫重型机器有限责任公司	0.80	0.59		0.10		2.03	1.25	9.97	
49	南阳市起重机械厂	0.60	0.59	1 251	0.21		0.58	5.31	15.61	16.53
50	铜陵蓝天股份有限公司	0.43	0.37	325	0.09		1.05	2.44	11.46	

注：表中数据来源于中国重型机械工业协会统计网年报资料及中国机械工业联合会部分资料（未报送年报资料的企业未列）。

〔供稿人：中国重型机械工业协会李革、臧义成　审稿人：中国重型机械工业协会徐善继〕

2006 年部分企业冶金矿山机械产品产量

（单位：t）

序号	产品或企业名称	产量
	一、矿山机械	
1	沈阳重型机械集团有限公司	63 462
2	上海建设路桥机械设备有限公司	55 918
3	上海重型机器厂	53 686
4	宁夏西北奔牛实业集团有限公司	47 146
5	太原重型机械集团有限公司	41 971
6	沈阳矿山机械（集团）有限责任公司	17 386
7	中信重型机械公司	13 750
8	佳木斯煤矿机械有限公司	10 554
9	杭州山虎机械有限公司	9 610
10	石嘴山市凝力机械设备有限公司	8 953
11	山东山矿机械有限公司	8 130
12	云南锡业机械制造有限责任公司	6 060
13	上海冶金矿山机械厂	4 982
14	昆明力神重工有限公司	2 562
15	西北煤矿机械二厂	2 383
	1. 矿用挖掘机	
1	太原重型机械集团有限公司	41 971
2	佳木斯煤矿机械有限公司	8 585
5	上海建设路桥机械设备有限公司	8 729
6	沈阳重型机械集团有限责任公司	8 475
7	中国第一重型机械集团	6 690
8	陕西重型机器厂	6 244
9	上海彭浦巨力工程机械有限公司	5 302
10	上海冶金矿山机械厂	2 364
11	上海重型机器厂	1 925
12	昆明力神重工有限公司	222
	1. 炼焦设备	
1	太原重型机械集团有限公司	9 704
2	中国第一重型机械集团公司	6 690
3	陕西重型机器厂	6 244
	2. 炼钢设备	
1	上海沪江机械厂	9 157
2	上海建设路桥机械设备有限公司	8 729
3	中信重型机械公司	5 489
4	上海重型机器厂	1 925
	3. 烧结设备	
	沈阳重型机械集团有限责任公司	8 475

（续）

序号	产品或企业名称	产量	序号	产品或企业名称	产量
3	上海冶金矿山机械厂	56		4. 其他冶炼设备	
4	中信重型机械公司	30	1	唐山冶金矿山机械厂	35 617
	2. 矿用提升设备		2	中信重型机械公司	7 287
1	中信重型机械公司	13 091	3	上海彭浦巨力工程机械有限公司	5 302
2	上海冶金矿山机械厂	1 282	4	上海冶金矿山机械厂	2 364
	3. 破碎设备			三、金属轧制设备	
1	上海建设路桥机械设备有限公司	54 380	1	中国第一重型机械集团公司	117 834
2	杭州山虎机械有限公司	9 610	2	中国第二重型机械集团公司	76 723
3	山东山矿机械有限公司	5 377	3	太原重型机械集团有限公司	39 056
4	文山壮族苗族自治县通用机械厂	3 646	4	陕西压延设备厂	25 349
5	宁夏西北奔牛实业集团有限公司	2 374	5	上海重型机器厂	19 805
6	沈阳重型机械集团有限责任公司	2 017	6	沈阳重型机械集团有限责任公司	6 658
7	昆明力神重工有限公司	1 278	7	中信重型机械公司	6 007
6	中信重型机械公司	629	8	昆明力神重工有限公司	4 478
	4. 粉磨设备			四、水泥设备	
1	沈阳重型机械集团有限责任公司	61 445	1	中信重型机械公司	36 990
2	上海重型机器厂	53 686	2	沈阳重型机械集团有限责任公司	18 776
3	上海冶金矿山机械厂	3 644	3	曲靖重型机械制造有限公司	7 541
4	云南锡业机械制造有限责任公司	2 993	4	中国第二重型机械集团公司	1 137
5	山东山矿机械有限公司	895		五、铸钢件	
6	昆明力神重工有限公司	280	1	中信重型机械公司	50 540
	5. 洗选设备		2	中国第二重型机械集团公司	38 151
1	沈阳矿山机械(集团)有限责任公司	17 386	3	中国第一重型机械集团公司	33 603
2	云南锡业机械制造有限责任公司	2 369	4	上海重型机器冶铸厂	26 383
3	上海建设路桥机械设备有限公司	1 538	5	太原重型机械集团有限公司	26 284
4	昆明力神重工有限公司	1 004	6	安徽应流集团	19 182
	6. 综采机械设备		7	陕西压延设备厂	6 017
1	太原重型机械集团有限公司	3 400	8	昆明力神重工有限公司	3 851
2	淮南奔牛机械有限责任公司	2 294	9	沈阳矿山机械(集团)有限责任公司	2 299
	7. 其他矿山设备			六、锻钢件	
1	宁夏西北奔牛实业集团有限公司	44 772	1	中国第一重型机械集团公司	85 027
2	石嘴山市凝力机械设备有限公司	8 953	2	中国第二重型机械集团公司	73 837
3	西北煤矿机械二厂	2 383	3	太原重型机械集团有限公司	45 520
	二、冶炼设备		4	中信重型机械公司	43 119
1	唐山冶金矿山机械厂	35 617	5	上海重型机器锻件厂	42 549
2	中信重型机械公司	12 776	6	陕西压延设备厂	8 653
3	太原重型机械集团有限公司	9 704	7	昆明力神重工有限公司	6 516
4	上海沪江机械厂	9 157	8	沈阳矿山机械(集团)有限责任公司	3 947

注:表中数据来源于中国重型机械工业协会企业报表及中国机械工业联会会年报统计资料等。

〔供稿人:中国重型机械工业协会臧义成　审稿人:中国重型机械工业协会徐善继〕

2006年部分企业物料搬运机械产品产量

序号	产品或企业名称	单位	产量
	一、起重机械		
1	上海振华港口机械(集团)股份有限公司	万t	86.3
2	徐州工程机械集团有限公司	万t	19.3
3	河南卫华集团公司	万t	8.6
4	上海港机重工有限公司	万t	7.1
5	大连重工·起重集团有限公司	万t	4.9
6	新乡市起重设备厂有限公司	万t	4.5
7	太原重型机械集团有限公司	万t	4.2
8	山东起重机厂有限公司	万t	2.7
9	上海起重运输机械厂有限公司	万t	2.5
10	杭州华新机电工程有限公司	万t	2.4
11	河南省新乡市矿山起重机有限公司	万t	2.2
12	浙江临海机械有限公司	万t	1.4
13	江阴凯澄起重机械有限公司	万t	1.4
14	株洲天桥起重机有限公司	万t	1.2
15	大连起重矿山机械有限公司	万t	1.1
16	宁夏银起重型机器股份有限公司	万t	1.0
17	广州广日集团有限公司	万t	0.8
18	西子电梯集团有限公司	万t	0.6
19	杭州武林机器有限公司	万t	0.6
20	天津起重设备有限公司	万t	0.6
	1. 电动双梁桥式起重机		
1	太原重型机械集团有限公司	台/万t	157/4.2
2	上海起重运输机械厂有限公司	台/万t	187/2.3
3	新乡市起重设备厂有限责任公司	台	506
4	杭州华新机电工程有限公司	台	75
5	广州广日集团有限公司	台	166
6	宁夏银起重型机器股份有限公司	台	93
7	重庆起重机厂	台	150
8	天津起重设备有限公司	台	168
9	福建起重运输机械总厂	台	86
10	西子电梯集团有限公司	台	97
11	湖北银轮蒲起机械有限责任公司	台	98
12	昆明力神重工有限公司	台	51
13	杭州电机有限公司	台	59
14	新疆通用机械有限公司	台	28
15	江苏三马起重机械制造有限公司	台	26
	其中:起重量75t以上		
1	太原重型机械集团有限公司	台/万t	157/4.2
2	杭州华新机电工程有限公司	台	57
3	上海起重运输机械厂有限公司	台	45

（续）

序号	产品或企业名称	单位	产量
4	宁夏银起重型机器股份有限公司	台	20
	2.电动单梁起重机		
1	天津起重设备有限公司	台	516
2	重庆起重机厂	台	352
3	广州广日集团有限公司	台	213
4	江苏三马起重机械制造有限公司	台	199
5	湖北银轮蒲起机械有限责任公司	台	193
6	新乡市起重设备厂有限责任公司	台	182
7	西子电梯集团有限公司	台	150
8	福建起重运输机械总厂	台	106
9	银川市起重运输机械厂	台	96
10	杭州电机有限公司	台	67
11	昆明力神重工有限公司	台	35
12	新疆通用机械有限公司	台	30
13	宁夏银起重型机器股份有限公司	台	14
14	上海起重运输机械厂有限公司	台	11
	3.门式起重机		
1	西子电梯集团有限公司	台	43
2	福建起重运输机械总厂	台	28
3	广州广日集团有限公司	台	24
4	上海起重运输机械厂有限公司	台	13
5	新疆通用机械有限公司	台	9
6	新乡市起重设备厂有限责任公司	台	9
7	宁夏银起重型机器股份有限公司	台	7
	4.电动葫芦		
1	江阴凯澄起重机械有限公司	台	24 450
2	江苏三马起重机械制造有限公司	台	8 154
3	杭州武林机器有限公司	台	6 038
4	杭州电机有限公司	台	4 269
5	天津起重设备有限公司	台	2 716
6	湖北银轮蒲起机械有限责任公司	台	2 106
	5.手拉葫芦		
1	杭州武林机器有限公司	万台	26.1
2	南阳市起重机械厂	万台	2.8
	6.千斤顶		
1	江苏通润机电集团有限公司	万台	966.0
2	安徽宁国中鼎密封件有限公司	万台	237.9
3	浙江临海机械有限公司	万台	121.7
4	亚新科噪声与振动技术(安徽)有限公司	万台	116.9
5	嘉兴市大通机械厂	万台	91.0
	7.流动式起重机械		
	其中:汽车起重机		
1	蚌埠振冲安利工程机械公司	台	768
2	北起多田野(北京)起重机有限公司	台	280
3	江麓机械集团有限公司	台	190
4	北京起重机器厂	台	32
	其中:轮胎起重机		
1	哈尔滨工程机械制造厂	台	30
2	北京起重机器厂	台	8

（续）

序号	产品或企业名称	单位	产量
3	北起多田野(北京)起重机有限公司	台	4
	8.塔式起重机		
1	江麓机械集团有限公司	台	107
2	昆明力神重工有限公司	台	44
	二、输送机械		
1	沈阳矿山机械(集团)有限责任公司	万 m/万 t	21.2/7.4
2	山东山矿机械有限公司	万 m/万 t	11.6/4.2
3	承德输送机集团有限责任公司	万 m/万 t	24.1/1.6
4	四川省自贡运输机械有限公司	万 m	11.5
5	淮南舜立机械有限责任公司	万 m	9.8
6	西北煤矿机械二厂	万 m	6.7
7	安徽攀登机械股份有限公司	万 m	6.3
8	芜湖起重运输机器厂	万 m	6.2
9	衡阳起重运输机械有限公司	万 m	3.7
10	淮南市煤矿机械厂	万 m	2.2
11	唐山冶金矿山机械厂	万 m	2.1
12	铜陵蓝天股份有限公司	万 m	2.0
13	许昌永盛达煤矿机械制造有限公司	万 m	1.3
14	安徽省无为神力运输机器有限公司	万 m	1.2
15	广西百矿股份有限公司	万 m	1.0
16	宜昌市宜都机电集团有限责任公司	万 m	0.5
	1.斗式提升机		
1	安徽攀登机械股份有限公司	t	1 290.0
2	宜昌市宜都机电集团有限责任公司	t	536.0
	2.螺旋输送机		
1	安徽攀登机械股份有限公司	m	835.0
2	昆明输送机械有限公司	台	51
3	宜昌市宜都机电集团有限责任公司	台	12
	3.带式输送机		
1	沈阳矿山机械(集团)有限责任公司	万 m/万 t	16.3/6.6
2	山东山矿机械有限公司	万 m/万 t	11.6/4.2
3	淮南舜立机械有限责任公司	万 m	9.8
4	西北煤矿机械二厂	万 m	6.7
5	安徽攀登机械股份有限公司	万 m	6.3
6	衡阳起重运输机械有限公司	万 m	3.7
7	淮南煤矿机械有限公司	万 m	2.2
8	唐山冶金矿山机械厂	万 m	2.1
9	铜陵蓝天股份有限公司	万 m	2.0
10	许昌永盛达煤矿机械制造有限公司	万 m	1.3
	4.板式输送机		
1	宜昌市宜都机电集团有限责任公司	台	155
2	淮南舜立机械有限责任公司	台	132
	5.悬挂输送机		
1	承德输送机集团有限责任公司	万 m/t	24.1/16 110.0
	三、装卸机械		
	1.堆取料机械		
1	沈阳矿山机械(集团)有限责任公司	台/t	127/28 960.0
2	长沙重型机器厂	台/t	91/19 700.0
3	大连重工·起重集团有限公司	台/t	40/18 300.0

（续）

序号	产品或企业名称	单位	产量
4	哈尔滨重型机器厂	台/t	9/2 260.0
5	昆明力神重工有限公司	台/t	2/150.0
	2. 翻车机		
1	大连重工·起重集团有限公司	台/t	27/9 845.0
	四、给料机械		
1	沈阳矿山机械（集团）有限责任公司	台/t	224/16 000.0
2	上海建设路桥机械设备有限公司	台/t	18/1 670.0
3	唐山冶金矿山机械厂	t	410.0
	五、叉车		
1	安徽叉车集团公司	台	29 228
2	浙江杭叉工程机械股份有限公司	台	27 079
3	湖北金茂机械科技有限公司	台	10 966
4	安徽合力叉车公司宝鸡合力叉车厂	台	5 182
5	北京现代京城工程机械有限公司	台	4 398
6	安徽江淮汽车集团有限公司	台	2 908
	1. 内燃叉车		
1	安徽叉车集团公司	台	25 259
2	浙江杭叉工程机械股份有限公司	台	23 070
3	湖北金茂机械科技有限公司	台	10 203
4	安徽合力叉车公司宝鸡合力叉车厂	台	5 051
5	北京现代京城工程机械有限公司	台	3 999
6	安徽江淮汽车集团有限公司	台	2 735
	2. 电动叉车		
1	浙江杭叉工程机械股份有限公司	台	4 009
2	安徽叉车集团公司	台	3 969
3	湖北金茂机械科技有限公司	台	763
4	北京现代京城工程机械有限公司	台	399
5	安徽江淮汽车集团有限公司	台	173
6	安徽合力叉车公司宝鸡合力叉车厂	台	131
	六、减速器		
1	杭州万杰减速机有限公司	万台	32.7
2	杭州减速机厂	万台	21.3
3	江苏国茂国泰减速机集团有限公司	万台	14.3
4	泰星减速机股份有限公司	万台	11.4
5	江苏泰隆机械集团公司	万台	9.5
6	SEW—传动设备（天津）有限公司	万台	9.1
7	杭州禹神减速机有限公司	万台	6.6
8	上海浦南减速器总厂	万台	4.8
9	天津减速机股份有限公司	万台	2.6
10	宁波东力机械制造有限公司	万台	1.9
11	江阴齿轮箱制造有限公司	万台	1.1
12	山西省平遥县减速器厂	万台	0.9
13	荆州市巨鲸传动机械有限公司	万台	0.5
	七、启闭机		
1	云南水利机械有限责任公司	t	1 622.0
2	湖北省咸宁三合机电制业有限责任公司	t	1 399.0

注：表中数据来源中国重机协会企业报表及中国机械工业联合会会年报统计资料等。

〔供稿人：中国重型机械工业协会臧义成 审稿人：中国重型机械工业协会徐善继〕

企 业 介 绍

中国第一重型机械集团公司

一、基本情况

在全球经济一体化进程不断加快、国际竞争日趋激烈的新形势下，企业间的竞争已不仅仅表现为最终产品的竞争，更重要的是技术实力和技术创新能力的竞争。技术创新是企业的生存之本、兴盛之源，只有不断强化技术创新，始终保持技术领先，企业才能适应竞争，实现更快、更好地发展。为此，近些年来，中国第一重型机械集团不断加大技术创新的力度，积极开发和应用先进制造技术、工艺和装备，大幅度利用高新技术改造传统产业，实现了传统产业的技术升级。

同时，以国际、国内市场为导向，大力开发有竞争力的新产品，提高产品的质量档次和技术附加值，取得了良好的效果。“十五”期间，中国第一重型机械集团公司（以下简称一重集团）共开发新产品100多种，其中大型成套产品40多种，这些产品的开发成功，结束了我国大型成套设备长期依赖进口的历史，为国家节约了大量外汇，有效提高了一重集团的竞争实力，企业规模不断壮大，经济效益稳步提高。年实现商品产值已从2001年的7亿元提高到2006年的66亿元，产品的科技贡献率接近80%，实现了历史性的突破和跨越式发展，企业正呈现出蓬勃向上、欣欣向荣的良好局面。

二、市场经营及销售

2006年，一重集团实现工业总产值66亿元，产量16.7万t，销售收入51.5亿元，利润3.2亿元，出口7 620万美元，国有资产保值增值率131%，走上了持续健康发展的快车道。

2006年，一重集团市场开拓成果有：

(1)实现大型冶金成套设备工程总承包。

(2)巩固和扩大现有产品国内市场份额，并进入国际市场。主导产品在国内市场占有率不低于70%，如大型铸锻件、重型容器、核反应堆压力容器和重型锻压设备等。

(3)进入隧道掘进、水电设备、起重设备、大型矿山采掘和运输设备、海上石油钻采平台模块、大型工程钢结构、海水淡化成套设备、大型环保设备和新能源设备等市场，并占有一定份额。

(4)抓住东盟、中东等发展中国家急需实现产业升级，对冶金压延设备、石化设备、大型铸锻件需求旺盛的机遇，先通过开设办事处出口产品，择机在当地投资，利用当地资源生产，力争使国际化经营比重在五年内达总产值的20%以上。

三、科技成果及新产品

(1)完成了由中国机械工业联合会组织的900mm四机架冷连轧机组成果鉴定，鉴定结论为填补国内空白，国内领先，为该项目的技术推广奠定了良好的基础。

(2)获省科学技术特等奖1项：150MN自由锻造水压机及配套设备关键技术研究。

(3)获中国机械工业科学技术奖2项：850mm中宽带钢热连轧机被评为中国机械工业科学技术二等奖，R73连铸机辊子材料及工艺研究项目被评为中国机械工业科学技术三等奖。

(4)获省科学技术二等奖2项，分别为：2 250mm轧机高铬钢离心复合工作辊，R73连铸机辊子材料及工艺研究。

(5)申报成功省国际合作项目——630t/m锻造操作机，省重大科技攻关项目——百万千瓦级核电关键设备国产化研制和超超临界汽轮机缸体研制。

(6)申报国家级新产品奖1项:850mm中宽带钢热连轧机。

(7)申报国家重点火炬计划项目1项:核反应堆压力容器产业化。

(8)完成省科技攻关计划3项,分别是:百万千瓦级核电关键技术研究、超超临界汽轮机大型铸锻件的研制和盾构机国产化研制。

(9)与鞍钢合作的1 780mm大型宽带钢冷轧生产线工艺装备技术国内自主集成与创新项目获得2006年度国家科学技术进步一等奖。

由于产品生产中的难题得到了超前攻关,科研成果直接用于集团公司的生产中,企业竞争力不断增强,经济效益稳步提高。一重集团年产量从2001年的2万t提高到16.7万t,呈现出自主创新、科学发展的良好局面。

2006年,一重集团完成10种典型件图纸的标准化设计和典型工艺制造书的编制,典型工艺已发送相关单位。

四、研发基础设施

一重集团拥有法国产DT1000型高速淬火膨胀仪,美国产RH402型定氢仪、CS—444型碳/硫联合测定仪、TS—500型氮/氧联合测定仪、ICP—2000型离子体发射光谱仪,芬兰产ARC—MET930型便携式光谱仪,以及30T高温电子拉伸试验机、大型电子显微镜、高温高精度热处理模拟炉、9MV电子直线加速器、数控三坐标测量机、齿轮检查仪、便携式超声波探伤仪、落锤实验机等具有国际先进水平的检测设备。

一重集团技术中心的研究开发主要集中在天津重工研发中心和设计研究院、冶金研究所、工艺研究所、焊接研究所。天津重工研发中心承担新材料、新工艺、新刀具、专用辅具、专用机床的研究和开发。设计研究院主要负责民品的设计、研究与开发,通过几代工程技术人员的不懈努力,技术积累和技术创新已进入一个崭新时期,肩负着我国主要重型装备的科研、开发、设计任务,在大型冶金成套设备、锻压设备、矿山设备、大型石化设备、核电设备的设计开发、齿轮传动设计、流体传动及控制设备设计、电力传动设计、自动化系统设计、仪器仪表研制、计算机网络工程及软件技术开发、计算机有限元分析、光弹试验、测试等领域拥有雄厚的技术力量。

一重集团技术中心拥有工艺试验室、金相研究室、焊接试验室、天津研发中心实验基地等,拥有先进的试验、测试手段,以及进行冶炼、锻造、热处理、铸造、化学分析等研究的中心试验场所。焊接试验基地研究、试验压力容器焊接技术和焊接材料,工艺研究所试验室研究、试验主管道材料及制造工艺,热加工试验基地金相研究室研究、试验压力容器母材。天津研发中心实验基地拥有热工实验室、焊材实验室、流体液压实验室及相应配套完善的检测设施。

五、对外合作

1. 国内联合机制

一重集团充分利用高校和研究院所的科技人才设备资源与科技成果,与燕山大学、大连理工大学、哈尔滨工业大学建立了长期稳定的合作关系,将基础性的课题直接委托给大专院校、科研院所。直接引进高等院校、科研院所的科研成果。建立以企业为主的“产学研”联合机制,利用企业的人才综合优势,根据市场需求,在吸收国内外科技成果的基础上与高等院校、科研院所进行有效的技术组合,联合攻关,研究开发出企业需要的、先进适用的新技术、新工艺和有市场竞争力的新产品,提高市场快速反应能力,减少技术开发风险,突破“技术瓶颈”,实现自主创新。通过组建天津重工研发中心,为建立产学研联合机制提供一个长期稳定的运行平台。

一重集团与大连重工·起重集团有限公司、中国船舶重工集团公司等4个公司合资成立了大连华瑞曲轴公司,同鞍钢、武钢、宝钢、中石油、中石化等大型重要骨干企业结成了战略合作伙伴。正是有鞍钢这样的大型国企的信任和全力支持,一重集团才能在重大装备国产化方面取得突破。

2. 国际技术转让方面

积极谋求与跨国公司的技术合作,结成各种形式的技术合作战略联盟,加入全球研发体系,以实现资源共享和优势互补,发挥研发的规模效应。从德国IRLE公司引进了离心复合热轧工作辊制造技术,缩短了技术更新期。通过与意大利阿维迪公司的合作，在短流程连铸连轧技术方面获得快速突破，为进入高端市场、开拓国际市场奠定基础。与意大利EAA公司合资组建了天津一重电气自动化有限公司，提高了冶金设备电气自动化的系统集成能力，提升了冶金成套设备技术总负责、系统集成、项目总承包与工程总承包能力。

六、企业改革与结构调整

1. 形成了独具一重特色的组织机构

2006年，一重集团以将技术中心做实、做强为原则，形成了"一办一研一院一部四所"的组织机构，即技术中心办公室、天津重工研发中心、大连设计研究院、档案管理部、冶金研究所、工艺研究所、焊接研究所、舰炮研究所，由集团公司副总经理任技术中心主任。技术中心已具备了独立核算、业绩考评等自行运营管理能力。

2. 建立了有效的技术创新体系

技术创新体系包括一重集团全部技术活动的组织。技术中心是技术创新体系的归口管理单位，主要职责为：制定技术创新规章制度，技术文件的批准发布；制订科技发展规划；制订产品开发和科技攻关计划，并组织实施；对技术成果引进、消化、吸收、转化、应用的工作进行管理；进行知识产权、专有技术、设计与工艺规范、技术标准的管理等。

构建了"研发层、转化层、执行层、基层创新"4个层次技术创新的组织体系。明确了天津重工研发中心、大连设计院、焊接研究所、工艺研究所、冶金研究所和中国第一重型机械（集团）有限责任公司有限公司、股份公司、大连加氢反应器制造有限公司3个子公司的技术分中心及其分厂的技术组以及科学技术协会的组织定位。

天津重工研发中心、大连设计院承担"研发层"的职能。大连设计院进行成套或首台、首套产品的研究、设计和开发，天津重工研发中心承担新材料、新工艺、新刀具、专用辅具、专用机床的研究和开发。

子公司（加氢、有限、股份）技术分中心承担"转化层"的职能，承接"研发层"的研究成果（作业指导书、工艺规范、标准），根据生产需要及拥有的资源将成果转化为具体制造技术，在效率、质量、能耗等方面提出科技创新。

各生产分厂技术部门（现各分厂的技术科组）承担"执行层"的职能，按照"转化层"提供的制造技术严格执行，以获得低消耗、高效率、高质量的产品，并协调、解决现场中的技术问题。

在基层存在着大量的技术革新问题，发展空间很大，因此由基层单位的技术人员和工人作为基层创新的主体，提出与生产紧密联系的技术革新措施。

3. 健全决策管理体系

健全由决策层、参谋层及实施层组成的科技决策管理体系。

决策层为一重集团总经理办公会，对科技发展规划进行审定。在技术中心内设立专家委员会，吸纳行业专家、高校学者等专业人士参加形成参谋层，根据市场需求及企业发展战略，对科技发展规划提出的科研和科技攻关项目进行可行性分析，对发展目标及关键技术进行论证。开展行业技术发展与市场调研、分析工作。实施层为技术中心，负责组织制定和组织实施科技发展规划，分解目标任务，制定实施计划，行使委托管理职能，协调服务创新活动。

七、企业发展的主要或突出的问题

国家扶持创新的政策要明确，要在体制改革、机制完善、能力建设、财政金融政策扶持等方面加大工作力度，加强鼓励企业技术创新发展政策、法规环境的建设，建立多层次的资本市场体系和融资政策，形成鼓励和支持企业自主创新的良好环境。通过投资、信贷、税收政策优惠，运用财政补贴，政府技术采购、知识产权保护等多种政策措施，发挥政府在科技投入方面的引导作用，形成鼓励企业增加科技投入的激励机制。

〔执笔人：中国第一重型机械集团公司技术中心办公室董大勇　审稿人：中国第一重型机械集团公司技术中心办公室张景利〕

中国第二重型机械集团公司

2006年是实施"十一五"规划的第一年。在国务院国资委及中央国家各部委局、省、市的指导和帮助下，中国第二重型机械集团公司（以下简称中国二重）认真贯彻落实党的十六届五中、六中全会精神，坚持以科学发展观统领全局，以落实"十一五"规划为主线，抓住《国务院关于振兴装备制造业的若干意见》实施的机遇，增强自主创新能力，推进结构调整和经济增长方式的转变，继续加大技改力度，深化改革，加强管理，促进了企业又好又快的发展，确保了"十一五"开好头、起好步。

一、生产发展情况

2006年，中国二重提前14天完成了45亿元的商品产值。其中，完成了以出口波兰2 250mm轧机、太钢不锈钢2 250mm轧机、新疆八一钢厂1 780mm轧机、上海金山石化加氢反应器、神华煤制油加氢反应器等为代表的一批重大技术装备，为三大动力等提供了26 687MW的电站铸锻件，船用锻件产值首次突破1亿元。

出口波兰的2 250mm轧机合同仅用13个月零20天就按期保质完成，实现了外贸工作的大跨越，以业绩和实力在欧洲市场上赢得了广泛的尊敬，开启了我国冶金成套轧机出口欧洲的先河。上海金山石化加氢反应器、神华煤制油加氢反应器的成功研制，结束了中国二重不能生产加氢产品的历史，标志着中国二重产品开发实现了重大突破，全面调整产品结构已经取得了阶段性的重大成果。2006年中国第二重型机械集团公司主要产品生产情况见表1。

表1　2006年中国第二重型机械集团公司主要产品生产情况

产品类别	产量（t）	产值（万元）
成台产品	76 584	288 591
轧制设备	72 718	264 397
锻压设备	1 067	4 756
化工、压容	2 519	18 841
其他设备	279	596

（续）

产品类别	产量（t）	产值（万元）
冶金备件	4 217	20 907
电站产品及加工件	31 391	126 468
船用加工件	3 238	8 857
电站产品	17 806	88 144
其他加工件	10 210	29 069
核电、压容、军工	137	398
铸锻件毛坯	5 909	15 479

二、市场经营及销售

2006年，中国二重经营订货再创新高。面对激烈的市场竞争，全年经营订货实现60亿元，是2005年的125%。主要承揽了邯钢2 250mm热连轧机精轧、攀钢1450mm粗轧改造、天铁1 750mm冷轧、西南铝2 000mm冷轧、大型铸锻件、石化容器等一系列成套和单件订单。不仅订单总量增加，而且结构发生了质的变化，核电容器、传动件、轧辊的订单比重加大，产品多元化布局正在形成。同时，加强了售后服务工作，太钢2250、八钢1750等20套重大装备的现场服务，受到用户的好评。2006年中国第二重型机械集团公司主要产品销售情况见表2。

表2　2006年中国第二重型机械集团公司主要产品销售情况

产品类别	销量（t）	金额（万元）
成台产品	77 515	214 839
轧制设备	62 928	48 192
锻压设备	2 331	6 901
化工、压容	1 732	9 018
其他设备	10 524	150 728
冶金备件	5 010	19 746
电站产品及加工件	29 377	106 146
船用加工件	3 199	7 386
电站产品	18 551	79 708
其他加工件	6 777	16 629
核电、压容、军工	849	2 424
铸锻件毛坯	3 262	4 388

外贸工作也取得了优秀的业绩。全年实现外贸订货2 538万美元，为年计划的126.9%，首次进

入了南亚市场，与印度艾沙签定了5m轧机合同。加强了出口波兰2 250mm轧机交货的协调工作和售后服务工作，中国二重在欧洲市场初步建立起了良好声誉，赢得了尊重。

三、自主创新

2006年，中国二重完成9项技术开发，科研课题20项，宝钢5m宽厚板轧机研制获国家机械行业科技成果一等奖。自主创新的"125"工程进展顺利，与国家开发银行签订了35亿元全面金融合作协议。《第三代核电锻件国产化技术改造可行性研究报告》、《实现大型水电铸锻件国产化技术改造可行性研究报告》、《自主化建设大型热连轧机成套设备可行性研究报告》等获国家发展和改革委员会批复，签定了风电、大水电、核电、立磨、工程中心(实验室)的项目贷款合同，大型阀体管套分模静压成型技术开发等7个项目被纳入2006年省技术创新行列。

新产品开发有了新的进展，完成了风电主轴和11#工程超大钛框材料的研制，风电增速机样机试制进入攻坚阶段，电站超超临界转子试制的各项指标达到了国际先进标准，重型容器逐步成为主导产品。与加拿大罗威特公司合作良好，大型立磨开发项目具备技术总承包能力，800MN模锻压机总体方案通过国家级专家论证。加氢容器焊材国产化、特厚壁筒体研发工作完成阶段目标。技术引进继续扩大，大型锻件塑性成型模拟技术引进合同签订，第三代核电技术引进项目进入商务谈判阶段。

四、技术改造

2006年，中国二重技改工作再接再厉，全年完成投资4亿元，出色地完成了以万吨水压机为代表的大修、维护任务，确保了设备正常运转。以"125"工程中的"5"为主线，有针对性地进行了技改工作。传动件生产线工程齿轮分厂一期，新建30m×168m跨厂房及重型数显卧式车床等设备已经投入使用，二期新建24m×168m跨厂房主体工程已基本完成；炼钢扩建工程，炼钢车间厂房接长、新建浇注坑及真空室、新增40t精炼炉和40t电弧炉改造均已完成；4号水压机新厂房主体完工，基础已浇铸完毕，厂房内行车、新炉窑已达到可启用的状态。大水电工程中，三金工新建36m×96m机加厂房"三通一平"工程基本完工；金结扩建工程新厂房及附属工程已完成施工，新增设备部分已投入使用；新建天然气加气站，使集团公司日转供量由50万m^3增至100万m^3；重容工程一期新增500t辊轮架、窄间隙焊机，二期厂房设计方案、工艺布局工作均已结束，进入设备招标阶段。同时，加强了固定资产、设备维护等环节的基础工作。

〔撰稿人：中国第二重型机械集团公司技术中心办公室严详文　审稿人：中国第二重型机械集团公司技术中心办公室赵玉文〕

大连重工·起重集团有限公司

一、生产经营状况

总体来看，2006年大连重工·起重集团有限公司经济发展和生产经营的主要特点是：①主要经济指标创历史新高；②企业运行质量得到全面提升；③国内外市场拓展成效显著；④新产品和技术开发效果明显；⑤新开发产业项目取得重大突破；⑥产业、产品结构进一步优化。

2006年，大连重工·起重集团有限公司完成机器产品产量227 181t，实现工业总产值638 889万元，工业增加值140 320万元，在消化了各种增支减利因素1.9亿元的情况下，实现利税总额4.2亿元。2005~2006年大连重工·起重集团有限公司生产完成情况见表1。

表1　2005~2006年大连重工·起重集团有限公司生产完成情况

指标名称	单位	2006年	2005年
工业总产值(当年价)	万元	638 889	520 391
其中：出口产品产值	万元	97 759	83 758
新产品产值	万元	257 656	149 618

（续）

指 标 名 称	单位	2006 年	2005 年
商品产值（当年价）	万元	765 993	562 058
工业增加值	万元	140 320	114 788
机器产品产量（总计）	t	227 181	157 260
矿山设备	t	3 822	5 025
起重机械	台/t	279/51 435	228/33 864
冶炼设备	t	62 255	44 278
装卸机械	t	47 451	47 383
轧制设备	t	6 754	7 685
工矿配件	t	31 510	18 182
其他产品	t	23 954	843
铸钢件产量	t	25 328	20 397
备料产量	t	58 134	48 501
其中：外部备料产量	t	1 690	4 739
内部备料产量	t	56 444	43 762

2006 年，企业完成经营总额（商品产值）（含税）765 993 万元，实现销售收入 650 496 万元，产品订货 78.1 亿元，货款回收 70 亿元，出口创汇 1.2 亿美元。2006 年机器产品产量及商品产值构成见表 2。

表 2　2006 年机器产品产量及商品产值构成

产 品 类 别	产量（t）	商品产值（万元）
矿山设备	3 822	6 376
起重机械	51 435	132 967
冶炼设备	62 255	158 338
炼焦设备	26 289	77 780
炼钢设备	3 580	8 557
炼铁设备	356	652
冶金车辆	20 800	40 713
连铸设备	9 003	25 839
轧制设备	6 754	27 440
装卸运输设备	47 451	140 396
堆取料机	19 348	53 729
翻车机自动线	9 845	35 163
装卸船机	6 124	20 208
门式起重机	1 834	2 966
集装箱起重机	10 120	27 866
掘进机（盾构机）		
风力发电设备（风电公司）		25 129
汽轮机		
工矿配件	31 510	78 899
其他产品	23 954	43 420
铸钢件及外售毛坯	27 601	60 713
工业性作业		92 315

2006 年，企业生产销售加快了速度，总量和质量进一步提高了。公司第一次承制的国内首套性能最好、大容积、环保型 7.63m 焦炉机械在太钢一次热试车成功，赢得了客户赞誉，开拓了新的市场。传统产品市场不断延伸，承签了出口澳大利亚 10 000t/h堆料机、12 500t/h 取料机、宝钢浦钢 150t 转炉等合同。与此同时，新产品市场发展很快，全年共签订1 000 余套风电设备、5 000 套重型卡车变速箱齿轮等合同。

2006 年，累计出口合同订货值 41 252 万美元，累计出口合同订货量 102 874t，其中整机出口订货 4 651 万美元。焦炉机械、堆取料机、手提式数控切割机等多种产品出口南非、巴西、智利、澳大利亚、印度、日本、美国、比利时、德国、土耳其等国家。

二、科技成果及新产品

以企业“十一五”规划为指导，不断加大科技研发和新产品开发力度，取得了一定成果。

1. 科技成果

结合生产需求确立研究课题，加速产品核心关键技术攻关研发，完成 62 项科技研发，并展开推广应用，成效显著。

（1）大型焦炉设备制造技术研究：攻克了制造技术关键，积累了大型焦炉的制造技术经验。6m 焦炉机械自动控制系统软件开发一次性直接创效 800 多万元。

（2）大型轧机成套设备研发：扇形段成组制造技术可以提高产品质量和效率，年创效益 200 万元左右；卷取机扇形板热处理工艺优化研究取得成功，并形成了公司独有的技术优势；完成了1 200mm六辊可逆冷轧机和四辊平整机组液压AGC伺服系统的全部设计，掌握了冷、热轧机组液压伺服系统设计、制造技术。

(3)岸桥、起重机等数字化样机设计：与大连理工大学合作完成，设计方法及水平已达到国内外的先进水平，为其他的港口起重设备提供了很好的借鉴作用。

(4)完成铸造起重机行星方案实时监控系统研发，已达到国内先进水平，其可移植性与标准性达到国际水平。

(5)1.5MW风机偏航减速机的开发：完成偏航减速机的加工和加载试验；完成增速机机架螺纹孔加工技术研究，满足风机批量生产需要，提高效率3倍，年降低成本130万元；完成球铁轮毂、底座铸造技术研究，已形成铸造工艺专业化、规模化。

(6)大型水轮机设备研究：完成叶片加工工艺研究，解决了水轮机叶片专业化生产的加工难题，并具备批量生产能力；完成9Cr—12Cr钢种的铸造工艺研究，实现了中高合金钢的制造，完成由低合金耐热钢向中高合金耐热钢的跨越。

(7)依托国家南水北调重大项目与水利部联合开展“TBM总体设计及主机研发”5项课题的研究，2006年3月完成并通过水利部组织的专家验收。

2.新产品开发

2006年完成新产品开发22项，新产品开发具有市场针对性强、技术含量高、提升力度大的特点。

传统领域产品上，设计开发出烟台莱福士2万t桥式起重机、鞍钢7m焦炉机械、山西富嘉5.5m捣固焦炉机械、出口巴西可控装煤(料)无烟装煤车、出口印度新型320t筒型混铁车、ϕ4.81m双护盾隧道掘进机、40MV·A密闭电石炉、900t单主梁造船门式起重机、70t 70m岸边集装箱起重机、超长外伸距超大型2 500t/h抓斗卸船机、具有自主知识产权的秦皇岛三车翻车机卸车系统等一批代表国内领先水平新产品。首次自主设计的南非6.2m焦炉调试成功，并获得用户好评。

同时，国家重大支持的新产业项目风机、曲轴、TBM/盾构机和垃圾处理发电项目的开发取得不同程度的进展。

水电不锈钢铸件上冠下环、百万千瓦超超临界火电机组高中压内缸、百吨以上船用挂舵臂、风电轮毂等4项新产品，均达到国际一流水平。

3.获奖情况

600t×182m造船门式起重机，获机械工业科技进步二等奖；可翻卸解列及不解列铁路敞车翻车机卸车系统，获机械工业科技进步二等奖；龙门式数控切割机，获辽宁省科学技术进步二等奖；DQLK3500/5000.47型斗轮堆取料机、QL6000.55型斗轮取料机，申报大连科技进步奖，并通过了大连市科技局和市经委鉴定。

此外，知识产权保护工作取得新进展。2006年获专利授权43项，其中发明专利申报突破10项大关；国际专利申报取得零的突破。企业被确定为“第三批全国企事业知识产权试点单位”。

三、产品质量及标准

1.产品质量

通过建立体系、完善制度、督导督察、实行岗位津贴等多种办法，进一步加强和改善了质量管理工作，落实了管理责任，达到了管理目的。同时，设计了“质量杯”，把质量管理纳入公司“华锐杯”竞赛考核内容，强化产品质量管理。形成了从组织结构、市场调研、产品开发、生产制造到销售服务全过程完善的质量管理体系，产品质量大幅提升。2006年，“DCW”牌桥、门式起重机获“中国名牌”称号，“大连重工”牌系列钢(铁)包获“大连市名牌产品”称号。2006年，集团公司重大质量事故为零，产品一次交检合格率达96.9%，产品出厂检验合格率为100%。

2.标准工作

截止至2006年底，在标准化信息系统的企业专用标准全文信息系统中共录入国内外标准文本3 473项，企业标准文本290项，法律法规23项等数据、信息资料。在标准化信息平台上安装“制造业信息化技术平台”并组织试用，软件具有原材料、标准件等设计资料的查询、标准件图形库的选用和设计计算等功能。

组织编制、修订完成企业技术标准161项，完成设计“三化”项目共37项，其中公司级评审10项，按上级归口部门的要求，组织完成《回转式翻车机》等7项行业标准修订。完成GB/T3811—×××《起重机设计规范》修订(报批稿)。

四、基本建设及技术改造

2006年,大连重工·起重集团有限公司投资5.75亿元用于基本建设和技术改造,项目均按计划完成,取得了一定效果。

1.旅顺基地建设

建成后的旅顺基地,占地面积约52.5万m^2,拥有3座现代化的联合厂房和3万多m^2的露天装配场地,主要用于起重机、冶炼设备和喷焊辊、结晶器等专项产品专业化、批量化生产和出口。2006年生产起重机204台、钢铁包92台、特种辊1 400多支。

2.风力发电机组产业化

用了不到一年时间,构筑了风机产品五大专业生产线、三大试验台和三级质量保证体系,基本建成了国家兆瓦级风电设备研制基地,2006年整机生产1.5MW、风机135套。

3.船用低速柴油机半组合曲轴国产化

曲轴项目得到国家和省、市的高度关注和大力支持,与一重、中船重工、沪东中华成立了曲轴合资公司,攻克了7个关键工艺技术课题。在公司泉水基地新征地68 840m^2,新建15 840m^2曲轴生产专用厂房,主体工程按计划进行,并从韩国购置立车等设备。

4.全断面硬岩掘进机国产化

在泉水基地建掘进机专业生产车间,增设100t和40t的吊车各一台,具备了生产能力。除大轴承、刀具、电动机、仪表等关键件采用国外进口件外,其余部件及全部钢结构件完全能够自主设计、制造和安装调试。2006年成功签订出口印度2台直径10m的TBM合同。

5.垃圾处理发电项目建设

与市政府达成垃圾处理发电特许权经营协议共识,厂房建设工程已全面铺开。

6.实验室建设

投资近千万元,建成了具有国内先进水平的“三室两所”(机械传动实验室、电气自动化实验室、液压传动实验室、焊接技术研究所、热工技术研究所),提升了企业技术中心研发能力。

7.大型铸钢件技术改造

投资进行大型铸钢件技术改造,具备了世界一流水平的大型铸钢件冶炼设备和独立生产发电配套设备等世界顶级技术;拥有亚洲最大、具有国际先进水平的大型热处理设备,大大提升了高品质大型水电、火电、核电铸钢件的开发研制能力。全年生产大型火电缸体95套,市场占有率达60%。

8.汽车发动机齿轮批量生产技术改造

公司双D港汽车发动机齿轮制造基地具备了批量化生产能力,2006年与广西玉柴安达变速器股份有限公司签订了5 000套重型卡车12种变速箱齿轮生产合同。

五、对外合作情况

与福伊特西门子水电设备有限公司签订战略合作协议。福伊特西门子公司每年将在大连重工·起重集团有限公司采购1 500t以上铸件,双方合作批量生产水轮机上冠、下环、叶片等不锈钢铸件,共同研制风机轮毂、闸门导叶等高技术含量的碳钢铸件。2006年成功研发水电站水轮机上冠、下环和1.5MW风机球铁轮毂。

与日本国株式会社荏原制作所共同投资注册成立大连绿洲能源合资公司,承建大连市城市中心区生活垃圾焚烧处理发电(BOT)项目。公司厂房设施建设正在按计划进行。

结合天津地铁ϕ6.39m盾构机和印度AMR引水工程所需2台ϕ10m双护盾掘进机,分别与德国海瑞克和美国罗宾斯公司合作,有针对性地消化吸收国外先进技术,完成整机设计方案说明。国产化率达到30%以上。

从德国弗尔兰德公司引进了FL1500型1.5MW的双馈式风力发电机组技术;与奥地利温太克公司签订了风机电控系统技术引进协议,开始批量化生产,打造完成国产化产业链。通过引进消化再吸收,公司具备了自主研发兆瓦级以上风电设备的能力,国产化率达85.7%,被国家发展和改革委员会列为风电产业重点扶持的两家企业之一。

与德国夏尔克公司合作制造7.63m焦炉机械,于2006年8月在太原钢铁公司焦化厂试车成功,开创了中国大型、高效、环保和高可靠性焦炉机械的先河。7.63m焦炉机械的制造、安装调试成功,进一步巩固了公司在国内焦炉市场上的领军地位。

六、企业改革与调整

整体改制和铸钢上市进展顺利。按照省、市统一部署，经过反复研究和论证，确定了集团公司“整体改制、择优上市”的工作思路和方案，充分体现了国有资产增值、企业持续发展和保障员工利益等原则，得到上级部门的认可。集团公司直属的铸钢公司上市开始进入实质性操作阶段。

引入战略投资者。经过持续沟通、访谈、调查，截止至2006年12月31日有14个国内外基金公司对集团公司表示出投资意向。

七、主要问题

企业取得持续快速发展的同时，也伴随着一些困难和问题，主要表现在：

1. 缺乏国内一流具备原创型开发能力的领军型专家人才，缺乏多学科集成创新人才，产品技术超前研发能力不足

目前企业各专业设计、工艺尖子人才和研发人员数量、水平与国际化重工企业集团不相适应，技术队伍梯队结构不合理，新入厂年轻技术人员占据了很大比例，中青年技术骨干人才相对缺乏，难以满足企业发展需要。

2. 重大项目产品的科研经费不足

“十一五”期间，企业继续推行主导产品技术优化升级，同时将加速产品结构调整，加大大型船用曲轴、兆瓦级风力发电设备、盾构机/TBM、大型铸锻件等新拓展产品的投资力度，通过直接购买技术、合资合作、技术改造等方式，快速提升企业技术实力。这些战略性重大产品的研发和产业化、国产化运作都需要大量资金作为支持，以目前企业自身经济实力论还难以承受，影响了企业技术创新能力向更高层次的发展。

〔撰稿人：大连重工·起重集团有限公司技术中心邵龙成　审稿人：大连重工·起重集团有限公司副总经理邹胜〕

太原重型机械集团有限公司

太原重型机械集团有限公司（以下简称太重集团），是1950年我国自行设计和建造的第一座重型机械制造企业。1998年创立了重型机械行业第一家上市公司——太原重工股份有限公司。下属企业有太原重工股份有限公司、太原重型机械集团煤机有限公司、榆次液压集团有限公司、太重铸锻有限公司等。太重集团2005年进入了中国制造业500强，在2007年中国机械500强中排名83位，是“全国五一劳动奖状”企业获得者。

太重集团产品门类多、品种全。主要生产起重设备、挖掘设备、轧钢设备、锻压设备、油膜轴承、煤炭机械成套设备、煤化工设备、液压元件和液压系统、铁路轮轴产品、减速机、焦炉设备、航天发射装置、舞台设备、大型和精密铸锻件等产品。近年来，太重集团研制出了神舟六号航天发射塔架、三峡1 200t桥式起重机、480t铸造起重机、20～55m^3矿用挖掘机、ϕ340mm无缝管轧机、西气东输螺旋焊管机组、100MN铝合金挤压机、80MN快锻油压机、900t铁路架桥机、核电用环形起重机、1 800kW电牵引采煤机、SGZ1000/2×700刮板输送机、三峡工程液压启闭机系统、国家大剧院舞台设备等一批达到当代国际先进水平的产品，培育出了起重机、油膜轴承2个“中国名牌”产品。

太重集团拥有国家认定企业技术中心和国家级实验中心，是全国首批103家创新型试点企业之一。太重集团主导产品和主导企业均通过了ISO9001国际质量体系认证，取得了中国CCS和美国ABS船用铸锻件生产许可证，轮轴产品取得了美国AAR质量体系认证。

一、生产发展情况

2006年，太重集团以“提高企业自主创新能力、构筑跨跃式发展平台”为方针，不断加大技术开发和国际国内市场开拓力度，努力克服生产中的不利因素，精心组织扩大生产规模，促进了企业快速发展，主要经济技术指标再创历史新高。2006年太原重型机械集团有限公司主要生产经营指标完成情况见表1。

表1　2006年太原重型机械集团有限公司主要生产经营指标完成情况

指　标	2006年（万元）	比上年增长（%）
工业总产值	650 448	26.40
工业增加值	136 000	20.91
销售收入	552 440	23.58
实现利润	15 869	47.36
实现利税	46 858	59.31

二、市场经营及销售情况

1.产品订货稳步增长

太重集团拥有自主知识产权的大型矿用挖掘机赢得市场的认可，取得数台$20m^3$、$27m^3$、$35m^3$挖掘机的产品订货。签订了首钢450t铸造起重机、武钢开坯机、中钢邢机80MN快速锻造液压机、北方重工360工程等重大制造合同，优势产品的市场份额不断扩大。新开拓了蒙南、乡宁、淮南等市场，实现井下采掘设备订货150多台，比上年增长38%。

2.开拓国际市场取得突破

太重集团全年出口订货近7亿元，创历史最好水平，呈现出产品种类多、技术含量高、分布地域广的特点，国际化战略取得良好开局。与台湾中钢、印度金斗签订了50多台起重机制造合同，起重设备的国际知名度进一步提升。轮轴产品的出口再创新高，取得了订货2亿多元的好成绩。油膜轴承的出口进一步扩大，焦炉产品、挤压机产品相继叩开了国际市场的大门。与英国德士隆签订减速机制造合同，实现了减速机出口零的突破。铸锻产品的出口业务也增长迅猛。

三、科技成果及新产品

2006年，太重集团进入了全国首批103家创新型试点企业名单。获得国家专利12项。ϕ108mm三辊轧管机获“国家重点新产品”荣誉。研制了具有过隧道功能的900t架桥机，标志着起重设备向铁路建设领域延伸取得了成功。研制了国际领先水平的大型挖掘机变频调速控制系统，成功开发了$27m^3$、$35m^3$挖掘机。开发了国内首台1 605kW的大采高电牵引采煤机，达到了国际水平。开发了首套大采高输送设备，保持了产品在技术上的领先地位。液压新产品开发22项，其中5项获液压行业年度优秀新产品奖，填补了国内同类产品的空白。

四、产品质量及标准工作

1.质量管理水平不断提高

太重集团再次荣获“全国用户满意企业”和“山西省质量管理工作先进单位”称号。以创建名牌产品为主线，进一步强化质量监督，产品质量稳步提高，顺利通过了ISO9001和AAR的换证复评。累计生产的26万片钢轮从未发生质量问题，赢得了用户的一致好评。

2.顺利通过了安全质量标准化一级企业认证

太重集团认证工作开展以来，对每道工序、每台设备、每项内容进行检查核实，消除各类安全隐患842项，完善规章制度21项，投入800多万元对作业环境和设备设施进行整改，最终以939.07分通过复评，成为全国重矿行业首家取得安全质量标准化一级认证的企业，建立起自我约束、持续改进的安全生产长效机制。

五、基本建设及技术改造

加大技改投资力度，进一步提高装备水平和制造能力。大型煤化工装备制造技术改造项目中生产厂房的建设已完成并投入使用。起重机第二装配厂房、山西煤机3 600m^2总装车间、4m磨齿机、27m步进炉、ϕ800mm弧齿磨齿机等建设已完成并开始生产。引进了城市煤气，4 500t水压机项目竣工并投入了使用。掘进机项目和采煤机项目的技术改造大力推进，购置了8台大型设备。

六、对外合作

1.“引进来”成绩显著

太重集团积极落实山西省扩大对外开放会议精神，参加了上海、香港、欧洲招商引资项目洽谈会，与英国戴维布朗公司、台湾中钢机械公司签订了战略合作协议，与国际知名公司建立起经常互访和交流机制，国际交流更加活跃。与美国爱斯科公司合资的长锋耐磨件有限公司连续3年被评为“全国外商投资双优企业”，为加强国际合作提供了宝贵经验。

2.“走出去”步伐加快

太重集团起草了《太原重型机械集团有限公司国际化发展规划纲要》，明确了太重国际化的发展目标、发展战略和发展措施。组建了国际营销队伍，积极参加国际博览会和国际投标，国际营销水平日渐提高。德国办事处的职能进一步加强。

七、改革与结构调整

1. 主辅分离、辅业改制取得新进展

太重集团本部整体改制的太重兴业机构调整取得明显成效，管理水平得到全面提升，服务质量大幅度提高，发展能力进一步增强，实现了平稳过渡、较快发展。太重煤机下属太矿集团主辅分离、辅业改制总体方案获得省国资委批准，正在按计划稳步推进各项工作。榆液集团下属榆液公司子弟学校移交社会的工作进入实质性阶段。

2. 抓住市场机遇，大力实施结构调整

煤机成套装备、煤化工装备、齿轮产品、铁路产品等4大新的经济增长点初步形成。结合太矿集团"退城入园"搬迁工作，太重煤机在太原经济开发区建设具有国际水平的煤机成套装备制造基地。新成立的煤化工分公司首战告捷，签订了潞安集团加压气化炉制造合同，取得了国家质检总局颁发的压力容器生产制造许可证。

〔撰稿人:太原重型机械集团有限公司发展规划部乔铁军　审稿人:太原重型机械集团有限公司发展规划部夏梅〕

北方重工集团有限公司

北方重工集团有限公司（简称北方重工）是在沈阳重型机械集团有限责任公司和沈阳矿山机械（集团）有限责任公司合并重组的基础上组建的国有独资公司。北方重工有完整的产品研发和生产服务体系，主要为隧道掘进、冶金、矿山、煤炭、电力、建材、港口、化工、工程、环保等行业提供破碎粉磨、矿物洗选、烧结球团、金属压延和精整剪切、散料输送和装卸、煤矿综采、工程机械、传动机械、人造板、环保、军工等重大技术装备及大型铸锻件的研发、设计、制造和服务。

一、生产发展情况

2006年，北方重工一手抓生产经营，一手抓企业搬迁改造，克服了任务繁重、生产周期紧、能力不足、原材料涨价、资金紧张等多种困难，大部分经济指标保持了两位数的增长，改善了公司的运行质量，提升了公司的整体实力。

2006年，北方重工实现工业总产值650 678万元，产品销售收入569 972万元，工业增加值123 656万元，出口交货值52 381万元，利润总额2 216万元，利税总额12 551万元。2006年北方重工机器产品产量见表1。

表1　2006年北方重工机器产品产量

序号	项　目	单位	产量	产值(万元)
合　计		t	363 021	650 678
		台	1 648	
		万套	94	
1	矿山设备	t	52 257	115 691
2	金属轧制	t	6 065	13 932
3	锻压设备	t	286	707
4	水泥设备	t	6 425	12 039
5	冶炼设备	t	7 050	7 476
6	运输设备	t	95 020	108 805
7	装卸机械	台	145	40 393
8	工程机械	台	1 503	26 725
9	传动机械	t	7 346	11 948
10	军工产品	t	225	1 254
11	汽车开关	万套	94	19 170
12	建筑工程机械	t	2 555	27 874
13	其他	t	185 792	264 664

注:此表合计中，"t"、"台"和"万套"互不包含。

二、市场经营及销售

2006年，在市场竞争激烈的情况下，北方重工采取了有效的营销策略，在产品订货和销售上取得了很大的进展。在稳步提高传统产品市场占有率的基础上，销售系统勇于跳出9大类传统产品的圈子，积极挺进新产品、新领域、新市场，实现了钢渣磨零的突破；大力推广传统产品在新领域的技术应用，签订了首台辽河油田石油焦立磨合同和短应力线轧机项目并同霍林河煤电集团、马钢、宝钢集团，秦皇岛港、日照港等重点用户签订了数额较大的订单。同时成功地打开了锻压产品市场，打破传统产品以区域为界限的单一营销模式，积极进行大型成套和境外项目的跟踪，努力提高中标率。

在努力开拓国内市场的同时，积极拓展国外市场，出口产品结构有了根本改观，成台(套)产品首次向5个国家出口。其中水泥立磨首次实现向越南和哥伦比亚出口，鄂式破碎机首次向俄罗斯出口，双进双出磨煤机首次向美国出口，炉卷轧机首次向伊朗出口。2006年外贸产品订货额16 556万美元，比上年增长144%，其中，成台套出口产品占外贸订货额80%以上的份额，产品市场覆盖了美国、俄罗斯、印度、巴基斯坦、越南等多个国家和地区。

三、科技成果及新产品

2006年，北方重工研制开发了一批国内领先并达到国际先进水平的新产品，这些产品有的已开始大量进入市场。全年共完成矿渣立磨、湿式脱硫系统等新产品19项，新产品预研项目5项，科研项目8项，科技攻关32项。继完成MLK2650立式矿渣磨的开发设计工作后，又完成了6种规格的立式矿渣磨设计；完成了350MN模锻液压机年内项目计划课题和大型稀泥浆泵等产品的国产化转化设计。

在产品研发平台建设上，北方重工在进入国家级企业技术中心后，又获省级工程技术研究中心，为下一步迈入国家级工程技术研究中心奠定了基础。

2006年，北方重工加快了新产品的成果转化和市场推广。MQY5064溢流型球磨机和年产1.5万m^3麦秸秆中密度板生产线分别通过了沈阳市科技局和中国机械工业联合会的鉴定，两项产品均达到了国际先进水平。其中，年产1.5万m^3麦秸秆中密度板生产线5项技术属国际首创。

2006年北方重工重大技术装备研制项目见表2。2006年北方重工获奖项目见表3。

表2　2006年北方重工重大技术装备研制项目

序号	产品名称	项目进展及成果
1	全断面隧道掘进机	替代进口，并以项目总承包的方式签订供货合同
2	MLK矿渣立磨	2006年开发研制成功，并实现订货3台
3	辊盘式磨煤机	100万kW超临界燃煤机组用，研制成功，订货24台，合同额近2亿元
4	MQY5585溢流型球磨机	大型球磨机，订货2台，标志我国已具备研制生产大型球磨机的能力
5	超大型水泥立磨	日产5 000t超大型水泥立磨，具有完全知识产权，成功替代进口
6	MGSS5072双进双出磨煤机	为世界最大规格，国内市场占有率达85%
7	风扇磨煤机	填补国内空白，首批产品订货额达8 000余万元
8	MQS—T2754脱硫湿式球磨机	具有完全自主知识产权
9	1.5~10万m^3中密度纤维板生产线成套设备	获国家科技部“国家重大科技支撑项目”的资金支持
10	连轧精整区成套设备	达到国际先进水平，首次成功出口美国
11	350MN模锻液压机	已完成全部设计工作，并开始试样机的制造及测试工作
12	重型燃气轮机主体机匣及压气机盘的研制	正在研制中
13	大型露天煤矿移动式(半移动式)破碎站	国家发展和改革委员会立项，正在研制中
14	斗轮挖掘机	国家发展和改革委员会立项，正在预研中

表3　2006年北方重工获奖项目

序号	获奖项目名称	奖项名称	获奖等级
1	MPF1713 辊盘式磨煤机	中国机械工业科学技术奖	一等奖
		沈阳市科技进步奖	一等奖
		沈阳市优秀新产品奖	金杯
2	MQS－T2754 脱硫湿式球磨机	中国机械工业科学技术奖	二等奖
		沈阳市科技进步奖	一等奖
		沈阳市优秀新产品奖	金杯
3	30mm×2 400mm 辊(滚)切式定尺剪	中国机械工业科学技术奖	二等奖
		沈阳市科技进步奖	二等奖
4	1 725mm 联合剪切机组	中国机械工业科学技术奖	三等奖
		沈阳市科技进步奖	三等奖
5	磨煤机系列	沈阳市科技振兴奖	一等奖
6	ϕ80m 顶堆侧取堆取料机	中国机械工业科学技术奖	二等奖
		沈阳市科技进步奖	一等奖
7	石灰石料场堆取料机	沈阳市科技进步奖	二等奖
8	大型混匀堆取料机	辽宁省重点科技成果转化项目奖	转化项目奖
		沈阳市科技振兴奖	振兴奖

四、产品质量管理及标准工作

北方重工成立后，进一步加大了对质量工作的管理力度，强化质量管理。针对一些产品存在的质量问题，大力开展质量问题自查自纠和整改活动，着力提高员工的质量意识，规范员工的质量行为。同时，针对质量管理薄弱环节，补充制定了《成台(套)出口产品质量控制规定》，进一步完善了《公司质量考核办法》，强化了对各部门的质量综合评分考核，加大了对产品质量问题的奖惩力度。公司各部门按一体化管理体系文件要求开展质量管理体系活动，产品质量稳定并有所提高。公司的主导产品——各类磨煤机、散状物料设备实物质量在国内同类产品中处于领先地位，达到国际同类产品先进水平，用户满意程度高，具有较强的市场竞争力。2006年，“沈重”牌磨煤机(包括风扇磨煤机、辊盘磨煤机、钢球磨煤机、双进双出磨煤机)由中国名牌战略推进委员会授予“中国名牌产品”称号，并获辽宁省出口名牌称号；5 000t/d 及以下 MPS 立式辊磨机获2006年度“中国著名品牌”称号；散状物料设备连续获省、市名牌产品称号；带式输送机、混匀堆取料机设备获建材行业名牌产品称号；装载机、选矿设备获市名牌产品称号。

2006年4月，公司获得了企业质量检验机构合格证书；2006年6月，公司获得了测量管理体系认证证书；2007年4月5日，公司荣获了“2006年度沈阳市实施卓越绩效模式先进企业”称号。

1. 产品质量监督抽查情况

2006年3月，沈阳市机电产品质量监督监测总站对 MQY5064 钢球磨煤机进行了产品实物量检验，检测结果为合格。

2006年6月，国家木工机械质量监督检验中心对年产 1.5 万 m^3 麦秸中密度板生产线成套设备进行了产品实物质量检验，检测结果为合格。

带式输送机获得国家质检总局颁发的生产许可证。同时，带式输送机、减速机、逆止器、托辊、橡胶滚筒、掘进机获得国家矿用产品安全标志办公室颁发的煤矿矿用产品安全标志证书。

2. 标准化工作

北方重工成立后，以产品研发为切入点，推行全员全过程的标准化管理。现生产的全断面隧道掘进机项目全部采用经翻译转化的法国 NFM 公司的技术标准，同时，参照德国 SN200—2003《加工规范》，制订了《重型机械通用技术条件铸钢件》等3项行业标准，公司生产的带式输送机、混匀堆取料机也都全部采用了国际标准。

五、基本建设及技术改造

2006年，北方重工基本建设和技术改造共分3部分，即设备购置改造工程、企业搬迁改造工程和热加工搬迁改造工程。2006年仍然延续沈阳重型机械集团有限责任公司（以下简称沈重）、沈阳矿山机械（集团）有限责任公司（以下简称沈矿）两个公司的技改项目，其中沈重完成15项，投资7 505万元。对于北方重工来讲，2006年主要的基本建设是关系到企业整体搬迁的冷、热加工搬迁改造工程。热加工搬迁改造工程，全年开工土建工程项目4项，包括铸钢、锻压厂房基础工程等，发生设计费、工程管理费等6项，年度投资额3 240万元，热加工改造工程正在快速的建设中。

冷加工搬迁改造工程地址在沈阳经济技术开发区开发大路16号，占地面积104万m^2，总投资为35.5亿元，建成后北方重工将整体搬迁，并对原两个企业的加工能力进行整合，最大、最有效的发挥企业设备的能力。

六、对外合作

北方重工为了上技术、上水平，尽快缩小与世界先进水平的差距，进一步加强了与世界先进技术的合作。2006年与德国维尔特及法国NFM公司在全断面隧道掘进机技术方面进行合作，为广州地铁及北京直径线项目等提供土压平衡及泥水平衡盾构机，已有3台生产出厂并投入使用，产品国产化率达到30%；与德国西马克公司合作开发定尺剪/双边剪，用于首都钢铁公司秦皇岛板材项目中，通过消化吸收国外先进技术，北方重工在中厚板剪切领域的设计制造技术居国内领先地位；与德国维尔特公司合作开发的大型稀/泥浆泵，包括LKE系列、LK系列、TPK系列，主要用于钻掘工业中；与美国Rainier（瑞尼尔）公司合作开发的大型悬空索道铲，可以广泛地应用在露天矿开采、河道清淤等工程。通过与国际先进国家的合作，寻找国际战略投资伙伴，北方重工的产品质量、产品技术得到了提高，企业管理水平得到了加强，提升了整体水平。

七、企业改革与结构调整

2006年，沈阳市委、市政府做出重大决定，将沈重集团公司和沈矿集团公司重组整合，组建北方重工。北方重工的成立，有利于整合沈重、沈矿的资源优势，快速提升核心竞争力，使企业能够在更高层次的平台上参与国内国际的经济合作，缩短与世界先进国家的差距。

2006年，在产品结构调整中公司不断扩大市场领域，加快产品向大型成套和系统集成方向转变。在盾构机产品的生产和市场开发上取得了突破性进展，先后中标10台套盾构机，合同总金额13亿元，北方重工已成为国内盾构机生产的主要承包方，为公司带来新的经济增长点。同时在矿渣立磨、炉卷轧机和油母页岩等新市场领域都拿到了部分合同订单，进一步优化了公司的产品结构。

八、企业发展的主要问题

一是成本控制效果不理想，盈利空间小；二是产品成套能力不强。

〔撰稿人：北方重工集团有限公司经济运行部吴凤林、王大勇　审稿人：北方重工集团有限公司经济运行部陈元通、姜国强〕

中信重型机械公司

中信重型机械公司（以下简称中信重机）的前身——洛阳矿山机器厂，是我国“一五”期间156项重点工程之一，1954年动工兴建，1958年建成投产，1993年加入中信集团公司。经过多次扩建改造，中信重机已发展成为我国最大的矿山机械与水泥设备制造企业、全国最大的重型机器制造企业之一、中南地区热处理和铸锻中心、机械行业低速重载齿轮加工基地，是国家定点机电产品出口基地企业，具有进出口自营权和对外经济合作经营权。

公司拥有国家级技术中心，下属研究院（洛阳矿山机械工程设计研究院）是国内最大的矿山机械综合性技术研究机构，具有甲级机械工程设计资格。所属的质量检测中心是国家级理化检验和出口商检认可单位、国家一级计量单位。公司整体通过 ISO9001 质量体系认证、ISO14000 环境和职业健康安全体系认证。

如今，公司产品覆盖矿山、冶金、建材、化工、水电、有色、交通、军工、环保等多个领域，远销全国 30 个省、市、自治区和 30 余个国家及地区，已发展成为能够面向国内外市场提供成套设计、成套制造、成套供应、成套服务的重型机械制造企业。

2006 年，中信重机面对国家加大宏观调控力度、市场竞争加剧的严峻形势，坚定不移地贯彻落实科学发展观，以技术创新为先导，以技术改造为支撑，积极调整营销战略，实施由速度效益型向质量水平效益型转变，强力推进企业又好又快发展。

在全体员工的艰苦努力下，公司“转型”效果显著，经济增长方式明显转变，效益增速超过规模增速，经济运行质量快速提高，企业综合实力、行业地位、社会形象日益提升，引起国家和省市政府的高度关注，国家领导吴邦国、温家宝、曾培炎等先后莅临视察，为公司“十一五”发展奠定了良好开局。2006 年主要指标完成情况见表 1。

表 1　2006 年主要经济指标完成情况

指标	实际完成（万元）	比上年增长（%）
工业总产值	501 718.3	20.67
销售收入	515 055.1	23.28
利润总额	9 085.7	434.58
实现利税	22 632.7	93.96
累计已有订货	1 000 108.0	24.75

一、技术创新

2006 年，中信重机共申报专利 47 项，新获专利授权 21 项。19 项重大研发项目全部达到预定目标。公司“LK”牌球磨机获得“中国名牌产品”称号、“LK”牌回转窑获得“河南省名牌产品”称号、“LK”牌提升机获得“河南省优质产品”称号。

2006 年，公司在新产品研发方面硕果累累。公司总包的国内首个具有自主知识产权、装备完全国产化的双压纯低温发电项目在辽源金刚水泥集团一次试车成功，并网发电；具有自主知识产权的活性石灰工程成套进一步完善和拓展，在太钢日产 1 000t基础上，已经着手研发日产 1 200t 活性石灰系统主机设备，并开始向氧化铝、电石及电厂脱硫等领域拓展；磨机领域，研发出国内首台具有自主知识产权的 LMGS4624 水泥矿渣立磨、国内最大的 ϕ6.7m×11.58m 球磨机、ϕ8m×2.8m 自磨机和 ϕ5.5m×8.5m、ϕ5.48m×8.8m 全静压技术大型球磨机；辊磨机领域，研发完成国内首创、用于冶金行业的 GM120—50 高压辊磨机、2BGM—500×140 摆式辊磨机、PCM—1010 锤磨机和具有自主知识产权的国内最大 RP170—110 大型辊压机、国内最大的 2PGC—1000 页岩细碎辊压破碎机；减速机领域，开发完成具有自主知识产权的国内首台用于制糖业的最大的 TGF1550 双分流大型减速机、为国内冶金行业最大的 2×3 150kW 穿孔机配套的大型 CKJ3200 减速机和为大型立磨配套的 MZL60 大型减速机；冶金市场，开发完成了国内冶金行业最大的 LG—250—ZH 系列冷轧管机、世界最大的 ϕ900mm 管材矫直机和国内最大的 ϕ720mm、ϕ600mm 穿孔机，完成大型烧结设备 ϕ4.4m×24.5m圆筒制粒机开发研制；有色领域，开发完成具有自主知识产权、国内最大的、用于氧化铝行业 120m^2 系列盘式过滤机；此外，还完成了具有自主知识产权、国内最大的水泥行业用 VRP1000 选粉机。

二、市场营销

公司坚持三大转移，实施结构调整，市场营销连续取得重大突破，不仅再订货结构更趋优化，订货总量也再创历史新高。2006 年新增订货突破 70 亿元，累计已有订货突破 100 亿元大关。

客户结构上，优质大客户群日益扩展，确保了公司稳定增长，订单质量也明显提高。

市场结构上，积极实施国际化经营战略，不断深化与国际知名公司的合作，建材、矿山、减速机、有色等大类主导产品逐步走向国际市场，国际市场份额不断拓展扩大。积极发展多种出口模式，目前公司已经在韩国、印度尼西亚、南部非洲、南美、中东等国家和地区拥有了主导产品代理商，2006 年，公司与相关国际知名公司签订了区域性独家代理协议，并首次实现了 ϕ4.2m×8.8m 大型球磨机机电液成套出口。同时，大力拓展自主出口和成套出口市场，向欧洲出口了日产 8 000t 水泥回转窑成套设备，为进一步扩大欧洲市场打下良好基础。

行业结构上，基本实现了煤炭、冶金、建材、有色等均衡发展的态势。特别是工程成套初步形成产业化，目前扩展到水泥生产线、粉磨站、活性石灰、余热发电等多个细分领域。

三、技术改造

为支持技术研发和制造水平的快速提升、增强企业核心竞争力、实施从速度效益型向质量水平效益型的转变，公司不断加大技术研发投入和技改建设力度，重点实施了研发中心建设、自动化液压生产基地和扩大大型铸锻件生产基地三大建设项目。

研发中心建设主要包括技术中心大楼建设和试验室建设。中心大楼采用先进的试验手段，是集多功能、智能化、绿色环保具有国际先进水平的研发大楼。试验室建设主要是为提高企业自主创新能力和产业核心竞争力。该项目的建成将大大提高公司在破磨、筛分、焊接等专业的试验、研究手段与能力，改善科研工作环境和科研管理水平。

自动化液压生产基地建设包括新建自动化液压产品制造基地，配备相关数控加工设备，该项目的建成将使公司电控、液压产品制造清洁化、专业化、精细化，在生产上达到国内一流的水准和品质。同时使公司电控、液压产品各自实现流水线作业，大大提高公司产品成套化率和成套化水平。

扩大大型铸锻件生产基地建设。该项目的建成使公司在大型铸锻件市场拥有显著优势，大型铸钢件品质和产能达到国内领先水平，并瞄准国际市场。

四、企业改革

2006 年，公司对营销系统进行整合，将各直属厂的营销职能以及进出口部并入销售总公司，强化“四个统一”，形成一个主渠道、三个辅渠道的大营销格局，进一步明确了职责和权限，规范了营销秩序。同时，成立统一的用户服务部负责为用户提供产品服务，从而强化了大营销、大市场、大服务的经营理念。

为充分发挥重型装备制造基地所拥有的大量高效、高精度、世界一流数控装备的作用，使资源配置进一步得到优化，将原五金工车间划归重型装配厂，使之具备完整系列的、高低档搭配的生产装备，通过职工队伍的内部调配，形成生产制造、产品装配、技术服务、辅助生产等的完整建制，充分发挥重型装备制造基地一流装备的效用，充分起到带头作用。

进一步强化了公司技术创新的整体性、系统性，为公司打造创新型企业奠定基础。

深化分配制度改革，完善和优化了分配结构，强化薪酬激励机制，增加了绩效考核激励，并将员工诚信考评结果纳入员工薪酬考核体系。

五、党建和精神文明建设

2006 年，公司以邓小平理论和“三个代表”重要思想为指导，深入贯彻党的十六大和十六届五中、六中全会精神，坚持科学发展观，坚持党的先进性建设，努力加强和改进思想政治工作，强力构建诚信重机、和谐重机，为公司实现由速度效益型向质量水平效益型的转变提供了有力的思想政治保证。

加强思想理论建设，制定了中心组学习计划。全面加强干部队伍建设，进一步完善了《中信重型机械公司领导班子建设制度汇编》，制定下发了《党员经常性学习制度》等 7 项制度，并落实了民主生活会制度、领导干部联系点制度等，加强调查研究，改进了工作作风。

认真学习贯彻中纪委六次全会精神，切实加强党风廉政建设，加强制度建设，落实《国有企业领导人员廉洁从业若干规定（试行）》等制度，加大效能监察力度，有效促进了各级干部加强管理、廉洁自律、改进工作、提高效率。

公司始终坚持把解决思想问题和解决实际问题结合起来，以良好的生产经营环境促进企业快速发展。坚持以人为本，实现好、维护好、发展好职工群众的根本利益，在企业发展的同时，逐步提高职工群众收入，改善职工群众生活。2006 年，公司组织职工进行了健康休养；为涉及职业危害职工和女职工做了健康体检；向困难职工发放了困难补贴。

〔撰稿人：中信重型机械公司综合计划处冯刚
审稿人：中信重型机械公司综合计划处梁慧〕

上海重型机器厂有限公司

2006年，上海重型机器厂有限公司（以下简称上重公司）贯彻年初提出的“保持总量、提高效益；理顺管理、夯实基础”的指导方针，以经营为龙头，积极保持和拓展了市场；科研力量得到加强，新技术、新产品的开发取得了一定成效；积极调整生产组织，以合同履约为重点加快了产出；大规模的技术改造进展顺利，新形成的生产能力已投入运行；基础管理进一步加强，经济运行质量有了提高，不但实现年度预算目标，而且在经济效益上又有了大幅度的增长，在实现企业“十一五”规划的进程中迈出了坚实的第一步。

一、保持总量水平，运行质量提高

2006年，上重公司保持了总量水平，基本实现了年初目标，更可喜的是，企业的经济效益指标得到了大幅度的提高。2006年上海重型机器厂有限公司主要经济指标完成情况见表1。

表1　2006年上海重型机器厂有限公司主要经济指标完成情况

	预算目标（万元）	实际完成（万元）
销售收入（不含税）	266 270	257 442
工业总产值（当年价）	341 820	347 526
利润总额	12 790	11 753
商品产值	400 000	400 737
当年承接合同	400 000	408 146

二、应对严峻市场，保持合同总量

2006年，因国家加大宏观调控力度，市场形势发生了较大变化，尤其是电站、冶金项目的需求总量减少，市场竞争更为激烈。公司以经营为龙头，全力保持和开拓市场，销售系统的同志主动出击，技术、生产系统的同志积极配合，全力以赴抢合同，全年合同承接量达到了年初40亿元目标的要求，尤其是在上重销售额中占重要比重的碾磨设备，合同承接近10亿元，在全国招标的项目中取得63%的份额，保持了中速磨市场的优势地位。随着热加工改造的逐步完成，自行设计能力的逐步增强，承接的冶金项目合同有了大幅增长，上半年承接的世界钢铁巨头阿赛洛的轧钢项目，第一批已通过验收交货，为承接出口的冶金项目打开了通道。在公司各单位和曲轴公司的共同努力下，自第一根国产曲轴交货以来，至2006年底，已完成20根，初步实现了曲轴一期项目批量化生产的目标，结束了我国船用半组合曲轴依赖进口的历史。同时市场也进一步打开，后两年的交货订单已达50根。最可喜的是实现了从依赖进口到产品出口的根本转变，不但同韩国签订了出口合同，还正在同日本等其他国家洽谈出口事项。

三、加强自主创新，积极开发新产品、新技术

上重公司技术中心积极落实公司“十一五”规划的要求，加强了科技研发队伍的建设，围绕科技创新中的两个重点，一是热加工改造后，工艺技术开发和提升；二是以现有产品为核心，碾磨设备、冶金轧制设备为重点的设计开发能力的形成，制定了77项科技创新、新产品的开发计划，责任到组室、到人，并实行同收入挂钩的考核。在新产品、新技术的研发中，上重公司坚持了产、学、研联合攻关，同时采取了多项鼓励措施，激励科技开发人员的工作，逐步形成一支具有自主创新能力的研发队伍。

通过广大科技人员的努力，已完成72项科技创新及新产品，其中完成阶段性研发工作并转结到2007年25项。这些研发项目的完成，提升了上重公司的技术水平，增强了市场竞争能力。热加工工艺技术的开发已见成效，一些项目已在生产实践中运用。至2006年底，上重公司申报上海市“科教兴市”项目3项，已批准2项；申报“十一五”国家科技支撑计划项目2项，已全部由国家科技部批准立项。

四、调整生产组织，加快有效产出

上重公司在年初根据实际情况，提出了保持总量的要求。虽然生产总量不变，但是生产能力不适应总量生产带来了很大的困难。公司积极平衡全年的生产，以抓合同履约率为重点，加强计划调控，注重产品交货的完整性和成套性，以有效的产出来

保证合同的履行和效益的提高。同时,进一步适应市场的需求,克服困难,不断满足用户的要求,不但保持了总量水平,而且在有效产出上有了突破,销售收入比2005年增长12%。

公司努力加强安全生产和现场管理,结合安全质量标准化二级企业的创建,投入近千万元资金对安全设施进行更新和改造,组织了5个专业条线进行检查和整改,改善了安全生产的条件和环境。

五、技术改造进展顺利,改造成效已经突显。

在上海电气集团的支持下,公司历史上规模最大、难度最高、投资13亿元的热加工改造进展顺利。整个热加工改造包括冶铸、锻造和供电扩容3个子项目,目前供电扩容项目已全部完成。冶铸项目自2005年4月份开始打桩建设,2006年6月完成全部建设和设备安装,8月开始试生产,12月底炼钢100炉,钢水产量10 000t,尤其是已完成了一次钢水量达550t的包钢3800轧机项目的大机架的铸造,改造的成效显现。

锻造项目以2007年底完成改造为目标,加强建设进度,具有9台大型热处理炉的回火炉车间已竣工投入生产;大型热处理车间正在改造建设中;1.65万t压机已投入制造,整个工程进展正常。

投资达6亿元的曲轴二期建设自2005年开工以来,2006年6月已完成厂房建设,开始了设备安装。

六、完善制度规范,夯实管理基础

加强基础管理,夯实管理基础是2006年工作的重点。按上市公司的规范,以财务管理为主线,成本核算为重点,全面开展整改工作,制定了"加强基础管理,改进成本核算"的方案,并成立了由公司主要领导参加的整改工作小组,提出了两大部分14方面共41条整改措施。在工作推进中,整改工作小组建立了半月一次的工作推进会议,通过整改,已按上市公司的规范和要求,建立和修改了相应的制度12个,组织专题培训5次,193人参加;各部门也进行了相应的内部培训。通过加强基础管理工作,上重公司正逐步形成按制度办事、按规范操作的氛围,尽快适应上市公司的要求。

公司加强质量管理工作,从工作质量着手,完善制度和考核,使长期以来一直存在的装箱、外协、外扩的质量损失转移等顽症得到了控制和改进。公司的质量体系运行正常,并顺利通过了ISO9001质保体系的换证审核、军工核锻件质保体系的换证、扩证审核。在公司各部门的通力协作下,国家核安全局已向公司换发了《中华人民共和国民用核承压设备制造资格许可证》,历时一年半的核电换证工作顺利完成,为公司下一步的发展打下了基础。同时,公司的支柱产品中速磨煤机在保持上海市名牌产品称号的基础上,2006年又获得了"中国名牌"的称号,对于电站项目的市场占有和开拓起到更有利的作用。

按照公司"十一五"规划的要求,人力资源部门加大了工作力度。通过建立核心人才库,形成了科技开发的领军力量;通过招聘、引进、培训,加强了各个领域的人才队伍建设。上重公司不断根据实际工作的需要,调整考核分配的项目和方式,使收入分配同工作业绩的考核相贴近,进一步利用分配杠杆调动职工的积极性,提高了工作、生产质量。

2006年,上重公司取得了可喜的成绩,但是企业面临新的发展形势,在各个方面还表现出不适应的状况,发展的基础还是相当脆弱的,尤其是管理上的不适应给经济运行带来了很多的障碍。对此,公司高度重视,清醒地认识到,企业进入一个新的发展时期,就必须从思想理念上、制度规范上、工作方法上都有新的转变,要夯实发展的基础,在2007年的工作中加以改进和提高。

〔撰稿人:上海重型机器厂有限公司总经理办公室陈伟　审稿人:上海重型机器厂有限公司总经理办公室邵智民〕

上海建设路桥机械设备有限公司

2006年,上海建设路桥机械设备有限公司贯彻"坚持在市场最大化的基础上,大力实施做强做优主战略;积极协调员工利益与企业利益;实施以卓越绩效评价准则为抓手,用更高的标准推动企业发展;以全面预算为抓手,用更细的作风加强企业管理,以效能监察为抓手,用更严的制度落实各项工作”的企业工作指导方针,较好完成了2006年度各项工作。

一. 生产发展情况

2006年,上海建设路桥机械设备有限公司生产发展情况特点是:大型装备快速增长,如圆锥破、单段锤破、堆取料机等全面增长,生产反击破350多套,实现大幅增长,特别是1315规格实现了100多套的制造与销售,是2005年的2倍;制造与销售成套设备、企业最大规格的ϕ4.6m磨机、ϕ4.8m×70m垃圾焚烧窑4套;冶金设备方面,完成了国内最大的烧结混料项目5.1×24.5的混料机的制造与销售。新产品快速投产,PYF、PYG、AF等圆锥破生产并实现销售22套;4MRX、5MRX超细摆磨生产并销售24套;2PGS筛分式双辊破碎机产出并交货3套,均实现“零”的突破。2006年,完成产值99 096.3万元,比上年增长8.5%。2006年上海建设路桥机械设备有限公司主要产品产量见表1。

表1 2006年上海建设路桥机械设备有限公司主要产品产量

产品名称	产量(台)	产量(t)	产值(万元)
合计	5 256	91 374	99 096.3
环保设备:垃圾处理设备	1	2	7.7
矿山设备总计	4 849	55 918	60 274.9
其中:破碎设备	4 351	54 380	58 630.4
洗选设备	498	1 538	1 644.5
冶炼设备:炼钢设备	188	8 729	12 412.5
给料机械:板式	218	4 295	1 948.3
工矿配件总计:破碎机配件		22 430	19 398.3
工业性作业			5 054.6

二. 市场经营及销售情况

2006年,实现销售收入10.7亿元,比上年增长6.1%;出口创汇1 826.5万美元;利润1 837万元,比上年增长10.6%。实现出口销售1 826.5万美元,其中自营出口666.7万美元。产品主要出口到印度尼西亚、哈萨克斯坦、智利、印度、孟加拉国、意大利、沙特阿拉伯、澳大利亚、也门、阿拉伯联合酋长国、希腊、日本等国家和地区。在组织自营出口中,企业以市场主体的身份走向世界,参与全球经济,参与国际竞争,加强与国际同行的交流和合作,致力打造中国最大、世界前列的创新型破碎设备制造企业。2006年主要产品销售情况见表2。

表2 主要产品销售情况

项目名称	数量单位	销售量	其中:出口量	销售额(万元)	其中:出口额(万元)
总金额(当年价)				98 107.4	13 429.7
其中:工业性作业				5 054.6	
矿山设备	t	55 588	10 939	59 590.5	12 353.1
其中:破碎设备	t	54 050	10 939	57 946	12 353.1
洗选设备	t	1 538		1 644.5	
工矿配件	t	21 978	1 192	19 093.7	1 076.6
其中:重矿配件	t	21 978	1 192	19 093.7	1 076.6
冶炼设备	台	188/8 729t		12 412.6	
给料机械	台	218		1 948.3	
环保设备	台	1		7.7	

2006 年，承接了鞍钢营口鲅鱼鱼圈烧结项目、首钢京唐曹妃店项目、中冶长天(长沙冶金院)总包的日本和歌山项目等国内外最大的烧结项目。其中鞍钢营口项目合同标的超过 2 亿元，是企业历史上最大的单体订单。

经济全球化趋势加速发展、国内经济快速发展，给企业带来新的商机；国务院振兴装备制造业的规划部署，对装备制造业的发展提出新的要求；市场竞争日趋激烈、竞争形式升级，企业面临新的挑战；顾客群、市场群对品种、质量、交货期、服务提出新的要求，企业要认清形势，积极应对。

三. 科技成果及新产品

1. 重大技术装备研制及重大技术攻关项目情况

2006 年共完成 27 个项目的设计开发、6 个项目的图纸整顿及改型设计，形成一批具有国际先进水平的有影响力的产品。

2. 列入国家、省部级科研项目的完成情况

大型掩护式液压支架是现代化煤矿采掘的必备设备，也是当今世界上少数国家能制造的设备。中国神华集团每年为进口该设备花费近 4 亿美元，因此迫切需要装备国产化。上海市政府将液压支架国产化项目列为上海市重点开发项目。在上海市经委、上海电气(集团)总公司的大力支持下，公司承担了该项目的开发研制工作，确定了以“引进、消化、吸收、改型提高、形成自主知识产权”为开发研制路线的技术路线。2006 年 4 月份完成 ZY8638/25.5/55D 掩护式液压支架样架制造，11 月份按照欧洲标准与国家 MT312 标准，成功进行 36 500次压架试验，已具备小批量生产条件。该项目在实施过程中形成了 8 项专利，提升了我国装备制造业的核心竞争力。该项目的试制成功填补了国内制造该种装备的空白，大幅提高了我国煤炭采掘核心装备的技术含量，是中国装备制造业新的经济增长点。

3. 当年完成的重大科技成果情况

坚持产品开发和依托工程同时抓，推进新产品市场导入工作，一批新产品的销售业绩实现“零”的突破。如：首台中国最大的液压颚破 PEY 1500mm×1800mm 已交马钢；PYF、PYG、AF 等圆锥破批量进入市场，形成销售板块，成为当年攻关、当年进入市场的产品；4MRX、5MRX 超细摆磨批量进入市场，该产品已形成 4MRX、5MRX、6MRX 系列，实现了产品链的延伸；2PGS 筛分式双辊破碎机开发成功，在煤矿机械板块实现“零”的突破，2006 年已交货 3 套。

4. 知识产权成果

2006 年企业提出专利申请超过 50 项，版权在原来的基础上继续增长。企业被批准为“上海市知识产权示范企业”、第三批“全国企事业知识产权工作试点单位”。

四、产品质量及标准工作情况

1. 产品质量情况

PE—400、PEX—250×1000 颚式破碎机通过了 2006 年上海市级产品质量抽查考核，维护了“山宝”牌破碎设备“中国名牌产品”、“上海市名牌产品”的声誉。2006 年产品质量情况见表 3。

表 3　2006 年产品质量情况

质量指标	完成情况率(%)
质量指数	101.3
产品质量等级系数	93.8
质量损失率	0.66
内部损失率	0.01
外部损失率	0.66
机械加工责任废品率	0.08
机械加工综合废品率	0.09

2. 参与制修订国家行业标准和企业标准

独家制订的《双转子单段锤式破碎机》全国机械行业标准(该产品为上海建设路桥机械设备有限公司研发的专利新产品)，以公司为组长单位制订的《冲击式制砂机》、以我司为组长单位修订的《水泥机械涂漆防锈技术条件》全国建材机械行业标准、《水泥工业用回转窑》、《水泥工业用回转烘干机》、《水泥工业用旋风选粉机》、《水泥工业用增湿塔》、《水泥工业用管磨机》等标准获国家发展和改革委员会批准发布。独家制订的公司研发的新产品《MRX 型超细摆式磨粉机》全国机械行业标准上报国家发展和改革委员会审批。

3. 实施 GB/T19580《卓越绩效评价准则》

设计了质量管理、品质控制、服务三个过程管理流程和相应的 KPI 指标，抓好卓越绩效评价基础

工作。公司被评为2006年度“上海市实施卓越绩效管理先进企业”，获“上海市创建卓越品牌特别贡献奖”。

4. 获奖情况

继“山宝”牌商标2005年获得“中国驰名商标”称号后，2006年“山宝”牌产品又获得了“中国名牌产品”的称号，成为制造行业中为数不多、全国破碎粉磨行业内惟一同时获得这两项国家级最高品牌荣誉称号的企业。

五、基本建设及技术改造

上海建设路桥机械设备有限公司地处2010年世博规划区，2007年6月底前必须从现址整体迁往奉贤区金汇镇。企业把世博搬迁作为实现企业新一轮发展的契机，以打造“中国最大、世界前列的创新型破碎设备制造企业”为目标，开始企业新一轮发展。金汇新厂工程占地133 333.33m^2(200亩)，总投资3亿元，一次规划分步实施。2006年5月，金汇新厂一期工程66 666.67m^2(100亩)正式破土动工，一期工程投资近2亿元，建筑总面积3.8万m^2，其中厂房建筑面积2.5万m^2，为现公司总部厂房建筑面积的近2倍，有最大起吊能力100t的新行车13台，新增大型设备、先进设备3 900万元，加上现有的设备，产出能力、制造能力、竞争能力将大大提高。2006年新设备购置情况见表4。2006年自制设备项目完成情况见表5。2006年技术改造项目完成情况见表6。

表4　2006年新设备购置情况

序号	设备名称	型号规格	购置费用（万元）	数量	适用加工范围
	合计		2 486	7	
1	双柱数控立车	DVT400×25	208	1	4 000mm×2 500mm 承重32t
2	数控落地镗床	TK6920	2 200	2	ϕ200mm，X=10 000，Y=4 000
3	滚轮架	300t	40	1	
4	十字滑台	2 000mm×1 000mm	23	2	X=1 000，Z=2 000
5	超声波光整仪	HYUSM30GD	15	1	$\phi\geqslant$1 000mm

表5　2006年自制设备项目完成情况

序号	设备名称	型号规格	复杂系数		费用（万元）	设备类别		
			机	电		重点	大型	一般
合计	4台				207.8			
1	门式镗铣床	ϕ125	37	35	185.0		√	
2	分度式锤盘镗	ϕ2 000	17	8	19.5		√	
3	托辊车床	ϕ2 000	17	8	3.3		√	

表6　2006年技术改造项目完成情况

序号	设备名称	型号规格	复杂系数		费用（万元）	设备类别		
			机	电		重点	大型	一般
合计	5台				416.3			
1	ϕ160镗床加高	5 000mm×2 500mm	18	8	8.0		√	
2	移动镗床	4 000mm×2 000mm	52	45	96.1		√	√
3	移动角尺铣	5 000mm×2 000mm	52	45	96.1		√	
4	专用镗铣床	5 000mm×2 000mm	52	45	96.1		√	
5	ϕ200东德镗床	BFP200	77	56	120.0		√	

〔撰稿人：上海建设路桥机械设备有限公司总经理办公室周守志　审稿人：上海建设路桥机械设备有限公司财务总监张伟民〕

中冶陕压重工设备有限公司

一、公司概况

中冶陕压重工设备有限公司由中国冶金科工集团公司和陕西压延设备厂于2006年4月10日共同出资组建成立。中国冶金科工集团公司是我国集科工贸于一体的大型综合性中央直属国有企业;陕西压延设备厂是国家计委批准,由原一机部组织建设的国有大型骨干企业,是以大型精密板带轧机成套设备和板带处理成套设备为主要产品的重型机器制造厂。中冶陕压重工设备有限公司的成立,充分利用了中国冶金科工集团的资金优势和陕西压延设备厂的人才、技术优势,公司注册资本金2.9亿元。其中:中冶集团占总额的51.2%;陕西压延设备厂以资产评估后的设备加工制造主营业务以及相关技术研发业务的净资产出资,占总额的41.9%;骨干员工持股占总额的6.9%。

公司在陕西省富平县庄里镇建有生产基地,在西安高新产业园区设立了公司总部及设计、销售、研发中心等机构。公司在册职工2 500人左右,其中技术人员600余名(教授级高级工程师8名,高级工程师86名)。现有各种设备2 000多台套,其中“精大稀”设备及数控设备160多台。经中国进出口商品质量认证中心评审,取得了IS09001:1994质量体系注册证书,目前实施2000版质量管理体系标准。公司是国家安全质量标准化一级企业,具有国家批准的进出口贸易经营权,有独立的新产品开发能力,管理体系严格,可以按国家标准、国际标准、欧洲标准和外国公司标准制造设备。

中冶陕压重工设备有限公司“严、实、细”的管理方针被中国机械行业和陕西省政府作为先进经验推广,被陕西省政府授予“重合同、守信用”先进称号;先后获得“陕西省百杰单位”、“十五”陕西著名国企、“陕西省振兴装备制造业工作中做出重要贡献企业”、陕西省安全生产先进单位、环境保护工作先进单位等荣誉称号;被西安开发区管委会评为西安高新区新型工业园区先进单位;西安高新区明星企业等。公司在2006年重型机械行业联赛中获得大二组第二名,取得总资产贡献率、成本费用利润率、工业经济综合效益指数、人均创利税、销售利润率、工伤事故死亡人数等6个单项指标第一名。

二、生产经营情况

2006年完成工业总产值(含税)100 019.07万元,比上年70 136.41万元增长42.61%;完成机器产品产量26 324.24t,比上年20 314.17t增长29.59%;实现利润总额11 656.59万元,比上年9 228.21万元增长26.31%;实现利税总额17 431.88万元,比上年12 126万元增长43.76%;实现工业增加值29 065.76万元,比上年18 020.19万元增长61.3%。全员劳动生产率101 451元/人,比上年67 898元/人,人均提高了33 553元。

三、产品状况

经过近几年加大改革创新步伐,已经形成年生产板带轧制设备和板带处理设备35 000t的生产能力,主要有:各种黑色及有色板带轧机、板带酸洗、退火机组、板带镀锌机组、板带精整设备等。代表产品是:热、冷板带轧机,开卷、卷取机、卷曲芯轴,板带平整分卷机、板带拉伸矫直机、各种板带、板坯飞剪,各种轧辊及冶金备件。企业的产品广泛用于冶金、机械、化工、汽车制造等行业,不仅畅销国内市场,而且不断拓展国际市场。

近年来,向日本、欧洲和美国等市场共出口板带轧制设备和板带处理设备15 000t。

四、公司发展

面对激烈的市场竞争,公司不断深化企业改革,按照“改革、发展、成套、创新”的思路,全面提升公司的综合能力。近年来自筹1.5亿元资金,加大企业技术改造和技术创新步伐。新增数控设备60多台套,其中有ϕ2 000mm数控成型磨齿机、4.5m×14m数控龙门镗铣床、加工中心等一批高精尖大型设备,目前国内钢铁工业已从单纯量的增长为主,进入到品种、质量、数量同时提高并以品种增加为主的发展阶段。为适应这一新的发展变化,中冶陕压重工设备有限公司通过与国内著名钢铁设计院所合作，进行产品开发。不断推动企业具有自主知识产权和成套设备的开发能力，使企业在板带轧机的设计、制造水平上达到国内领先水平，部分产品达到当代国际水平。

〔撰稿人：中冶陕压重工设备有限公司厂办李萍〕

山东山矿机械有限公司

公司始建于1970年，是中国重型机械工业协会常务理事单位，矿山机械分会、破碎粉磨分会、带式输送机分会及中国电器工业协会牵引电气分会副理事长单位，中国重型机械行业重点骨干企业。连续10年被评为省“重合同守信用单位”，荣获“山东省信誉等级AAA企业”、“2006年山东省机械行业十大自主创新品牌企业”荣誉称号，2006年中国机械500强企业。公司拥有各类设备500多台（套），配有托辊、铸胶、粘胶、钢材预处理等专用生产线，现有矿山机械产品年生产能力50 000t。公司主导产品为破碎粉磨机械、带式输送机械、煤炭洗选机械、竖井掘进机械、工矿电机车、建材机械等六大系列300多品种规格。

2006年，山东山矿机械有限公司适时把握国家宏观调控和产业政策，积极快速响应市场，加大了自主开发的力度，不断规范内部管理，企业得以稳定发展。主要经济指标超额完成年度目标计划，经济效益实现了较好的增长。全年完成产值5.3亿元，比上年增长5.82%；产品销售收入5.1亿元，比上年增长7.1%；实现利税2 753万元，比上年增长42.17%；实现利润571万元，比上年增长17.14%；完成工业增加值10 390万元，比上年增长10.6%；实现新产品率15%，优质品率65%。年产皮带机11万m，矿山设备8 130t，与2005年持平。

生产方面：以计划统领全局，提升生产调度水平，使生产调度逐步从原来的工件调度转到产前调度、计划调度、工序间督察和质量问题的协调上来。加大了对计划执行率和指令性计划时间保证情况的考核力度；针对工序不均衡，新产品、大型产品多、用户要求严等特点，抓产品生产的成套性和系统性，加大重点产品项目和示范工程项目生产的调度，以重点带全面，保证生产经营的协调。

销售方面：构建营销网络，加强产品销售渠道建设。根据市场开发的需要，将全国市场划分为7大区域，形成了按行业、区域分类的矩阵式销售网络结构。目前，公司仍以大型电厂、冶金、焦化等行业为重点目标市场，取得了一定的业绩，并积极开发了中国西北、南方省市、地区市场。同时，出口业务也有了一定程度的突破，实现出口订货6 757万元。全年实现订货4.73亿元，完成年度计划的94.7%，与2005年基本持平。

技术创新方面：公司紧紧结合行业发展趋势和用户需要，坚持引进、消化吸收、创新相结合，积极推进了企业技术创新。2006年完成了利用德国先进技术研制的环保脱硫球磨机，以及管状带式输送机，秸杆输送用直线螺旋给料机，大型链板输送机，高效、双通道斗式提升机，大型振动筛，重型环锤和矿用电机车等12项新产品开发及老产品改造，使公司产品结构有了新的改善提高。

产品质量及标准工作：产品修改采用国家、国际先进标准，并取得了省级质量技术监督部门的认可证书，通过了质量体系ISO9001（2000版）、GBT24001—2004 IDT ISO14001：2004环境管理体系认证，质量管理体系覆盖所有产品，是国家计量保证确认合格单位。质量体系的有效运行保证了产品质量稳定，主导产品主要性能检测指标良好，主导产品整机合格品率及主要零部件抽检合格率100%，产品质量较好地满足了用户的需求，深得用户及地方质量监督部门的好评。

在质量体系的运行中，公司能够抓好质量体系建设、抓实质量运行。以外部审核、煤安认证工作为手段，促进体系运行中基础资料、产品技术性能检测、整机测试等的规范提高，严格了外协、外购方面的评审、监控运行程序，强化了责任，加大了质量责任制考核执行力度，让质量体系有效保证产品质量。

2006年公司技术技改投资320万元，购置了部分生产设备，提高了公司的综合生产能力，进一步满足市场用户需求。

企业在稳定发展的同时，也存在一些问题。如，受国家宏观调控及产业政策的影响，部分订货项目被叫停、缓建，企业运营风险增加，生产呈现出不均衡性。

〔撰稿人：山东山矿机械有限公司企管处吴传芹〕

卫华集团有限公司

卫华集团总部座落于全国闻名的起重机之乡——长垣县，创建于1988年，是一家集设计、开发、生产、销售于一体的起重机制造集团企业。经过多年潜心经营，先后获得“中国起重运输设备20强”、“全国质量管理先进企业”、“中国名牌产品”、“中国驰名商标”等220多项殊荣。

卫华集团已迈入了中国顶级品牌的行列，产品覆盖了国内近30个省、市、自治区，产品还远销东南亚、中东、南美及非洲等国家和地区。

卫华集团致力于起重机事业，依托自主的知识产权，凭借强大的技术、管理实力，多年来锐意进取、精益求精，全力推动中国起重机技术的发展。卫华集团已经成为中国起重机市场领先者：在国内起重机行业，卫华已连续4年蝉联单、双梁起重机产销量全国第一，电动葫芦产销量全国第二，200t以下起重机的市场占有率全国第一，综合实力位列全国起重行业前三强，已成为中国起重行业产销量最大、并具有较强竞争力的企业。

一、生产发展情况

2006年，卫华集团已有河南卫华重型机械股份有限公司、郑州卫华钢结构有限公司、纽克伦有限公司等9家控股子公司。公司占地面积82万m^2，资产9.6亿元，各种生产监测设备2 300多台套，员工3 300人，其中中高级专业技术、管理人员567人。公司为多家大型企业和许多国家重点建设项目成功设计、制造了各具特色的专用起重设备及钢结构产品，产品涉及机械、冶金、电力、铁路、水利、港口、码头、造纸、化工、矿山、汽车等行业。集团坚持“精心制造，持续改进，追求卓越，用户满意”的质量文化，“以顾客关注为焦点，推进顾客成功”的营销文化，“产业升级，做大做强”的发展扩张文化，实现了集团产值的又一次突破，完成工业总产值14.59亿元，比上年增长42.5%，销售收入达到14.41亿元。2006年主要产品产量见表1。

表1　2006年主要产品产量

产品种类	年产量（台）	比上年增长（%）
桥门式起重机	10 540	14.54
电动葫芦	21 000	48.94

二、坚持以顾客关注为焦点，推进顾客成功的营销文化，抢抓机遇开拓进取，与时俱进

卫华集团没有满足于已有的殊荣，而是了解客户的需求，不断地改进产品以满足不同客户的需要。为了体现顾客就是上帝的宗旨，卫华集团实行了客户监理制度，让客户监督质量，进而确保了质量同时也满足了客户的需求。

可靠的产品质量，深得广大客户的青睐，也赢得大量的订单。为了给广大客户提供便利及时的服务，公司建立了比较全面的销售服务网络，全国500多网点近6 000余人遍布全国，在24小时内为客户提供服务。

随着市场的拓展，先后有CMEC等知名进出口集团前来寻求合作共同开拓国际市场，2006年双方建立了战略性合作伙伴关系，打开了国际销售通道。

三、产品质量

公司在不断实现规模扩张的同时，狠抓内部管理，建立了规范、完善的企业管理体系。“成功建于诚信，努力终有回报”，公司于1999年通过了ISO9001国际质量体系认证，2003年在全省率先建立健全了ISO14001、OHSAS18001环境/职业健康安全管理体系认证。2002年卫华摘取了中国起重机行业惟一的“全国质量管理先进企业”的桂冠。之后又相继获得“全国创名牌重点企业”、“2004年全国机械五百强”“起重运输设备20强”、“中国驰名品牌”、“河南省名牌产品”、“中国知名起重机十佳品牌、河南省著名商标”、“河南省名牌产品”、“河南省免检产品”等150项殊荣。产品质量一次交检合格率已达到99.2%. 客户满意率达到98.3%。

四、坚持走科技创新路,引领起重行业发展方向

自从2005年公司确立了以科技创新为方向的发展思路,卫华集团不断壮大科技队伍,提高科技创新能力,加大技术交流。一方面与科研院校合作,积极吸收转化科技成果,实现产学研的结合;另一方面加大自主创新,培育集团自己的科研队伍。2006年建立了河南卫华设计院、上海设计研究院,专门负责新产品的开发与研制。产品设计水平达到国际标准。

2006年,卫华集团投入巨资开发新产品,自主开发了多种新型非标起重机:扬高400m的40t门式起重机、200t造船门机、HD欧式单梁起重机等大吨位、高起升、低耗能起重设备,为国家重点工程、重点项目以及国外大型工程提供了大批优质的起重设备,赢得了国内外的高度赞誉。2006年卫华设计院又启动了40t港机轮胎起重机项目。2006年共获得国家级专利4项,2项省级科技进步奖。

五、对外合作

卫华集团在2006年利用已有的品牌效应和项目优势吸引了外资539万美元,注入纽科伦起重机有限公司。该公司按照ISO国际标准和DIN德国标准,研发、生产STI系列AK型欧式电动葫芦,对于拓宽国内外市场有着重要的战略意义。目前,世界著名的起重机生产商——芬兰的科尼起重机国际集团公司,正在与公司积极洽谈合作意向。

“卫华起重,让世界更轻松”这是卫华人的理想,也是卫华人追求的目标。我们将为此奋斗不止。

〔供稿单位:卫华集团有限公司〕

上海港机重工有限公司

上海港机重工有限公司(SPMP)是由上海港口机械制造厂、日本中和物产株式会社和香港AZINGO LIMITED公司共同出资组建的中外合资企业。公司传承了上海港口机械制造厂几十年制造生产装卸机械的丰富经验,拥有国家级技术中心和现代港口装卸机械的核心技术,是中国现代港口装卸机械最著名生产厂商之一。

公司主营业务为设计、制造门座式起重机、散货装船机、散货卸船机、浮式起重机、集装箱起重机及重型桥式、龙门式起重机等六大系列港口起重运输机械产品,以及生产大型桥梁、建筑钢结构、隧道盾构、脱硫装置及轨道交通等重型机械。产品遍及我国沿海和长江沿岸各个主要港口,并参与长江三峡工程、洋山港等国家重点建设工程,在国内港机市场占有率达70%以上,远销美国、加拿大、马耳他、毛里塔尼亚、日本、新加坡、印度尼西亚、泰国、缅甸、越南等10多个国家和中国香港等地区。

一、生产经营情况

2006年完成销售收入222 552万元。2006年产品分类产量见表1。

表1　2006年产品分类产量

产品名称	规格	产量(台)
门座式起重机	40t-45m及以下	64
集装箱岸边桥式起重机	65t-65m及以下	27
集装箱轮胎式起重机	40.5t及以下	20
集装箱轨道式起重机	41t-36.5m及以下	12
装船机	4 200t/h	3
卸船机	1 250t/h及以下	3
斗轮堆取料机	4 200t/h、2 100t/h	4
取料机	1 500t/h	3
堆料机	4 200t/h	2
EPS隧道掘进机		1
高速铁路用900t提梁机		2

二、新产品与科技成果

公司技术中心是集科研、开发、设计、实验于一体的综合性技术创新机构,是国家认定的国家级企业技术中心，拥有一支具有创新精神、开发能力和丰富实践经验的技术队伍。公司已经制定了五年技术研发规划，围绕港机产品“高效、智能”的发展方向，提出了“港机智能化，服务远程化”的研发目标。与此同时，公司在港机产品日臻完善的同时，大力推进和实施产品多元化战略，大踏步进入高速铁路、城市轨道交通和海洋疏浚市场。

上海港机重工一贯注重技术创新和科研开发，投入大量的人力和物力，推进新产品开发项目的研制工作，2006年间共投入科研费用11 973.3万元，申请专利30项，获得专利授权12项。

公司2006年完成了以下几项重大技术装备研制及重大技术攻关项目：

1.800t－160m门式起重机（造船用特大型）

这是继600t－185m门式起重机之后的又一个新机型。它是南通中远川崎船舶工程有限公司扩建项目的重要配套设备，是船坞造船用门式起重机，可用于平台进行船体建造工作。吊梁下最大起重能力800t，并可进行800t船体分段的空中翻身。该起重机共设2台，两机既能单独作业，又能联合作业，联合作业时，可在设定的一台主机上操作控制。

2.ϕ14.88m泥水式隧道掘进机（城市轨道交通建设用）

上海港机为世博会期间浦江两岸交通要道——耀华支路越江隧道量身定置的ϕ14.88m掘进机，是仅次于长江隧桥盾构的新一代产品，结构、性能等都达到一流水平。耀华支路越江隧道采用直径为14.88m的泥水平衡盾构掘进机施工，连续掘进达2.18km，为黄浦江上掘进距离最长的盾构法隧道工程。

3.高速客运专线900吨级提梁机、运梁车、架桥机项目

由上海港机重工有限公司自行研制开发、用于高铁建设的关键专用设备900吨级提、运、架装备技术方案分别于2006年7月28日和10月18日通过了国家铁道部科技司的评审。900吨级提梁机已在郑西客运专线华阴梁场重载试吊获圆满成功，并于11月15日交付用户使用，标志着我国在高铁关键设备的自主研制方面闯出了关键一步。

三、标准

2006年，公司组织编写了《港口起重机设计规范》。该规范填补了我国港机设计的空白，对港口起重机的设计是非常重要的，对于年青的设计人员是一部很好的教材，是对我国港机工业的重大贡献。该规范将于2007年8月份正式出版。

由于公司历史渊源，SPMP不仅是产品的商标，也是港机厂、港机重工的形象标志，据不完全统计，新中国成立以来SPMP产品占全国沿海港口装卸机械总量的2/3，凡是沿海新老港口都能看到SPMP的身影，在国际上也享有一定的知名度。在品牌建设方面注重两手抓：一手抓产品研发和创新、产品质量和售后服务，特别在售后服务方面做到优质高效的产品服务，24小时接受用户对产品质量投诉以及服务、需求信息，紧急故障处理接报后12小时内提供处理意见，根据具体情况和用户的要求，服务人员可在24小时之内到现场；另一手抓品牌的规范和公司的可持续发展，对SPMP商标组合使用，已向工商总局申请注册，对凡涉及SPMP英特网域名全部注册完毕。确立“新、好、强、创建业内最强”的战略目标，实施“1＋3”工程，即：“1”是新、好、强目标，“3”是企业文化建设工程、以项目管理为中心的战略管理工程和数字化制造应用工程。其中数字化制造应用工程，作为提升公司科技水平，推动公司科技发展，将成为公司制造水平的里程碑。公司已通过了ISO9000质量管理体系认证，ISO14001环境管理体系认证，OHSAS职业健康安全管理体系认证。通过建立规范的标准体系和认真的贯标工作，公司的工作质量和产品质量不断提高和完善。

四、对外合作

自2003年起，spmp开始与日本IHI公司合作产生ϕ6.52m×W11.12m双圆地铁盾构。第一阶段，SPMP负责总装和部分结构件的制作、拼装，IHI提供图纸和技术支持。

2004年，SPMP与IHI合作设计生产2台单圆铰接式盾构，SPMP开始逐步接触核心部件的设计、制造，如驱动部分、刀盘及拼装机构。

2005年，SPMP与IHI签下两2台ϕ6.34m一体式盾构，在以前的基础上，SPMP增加了管片搬运系统、

加泥系统与同步注浆及供电设备的设计与制造。

2006 年至今，SPMP 与 IHI 合作的项目中，SPMP 又增加了控制系统、液压系统设计及整机调试，至目前为止，SPMP 所制作的盾构机国产化程度已约 70%。

五、基本建设

上海港机重工配合世博会迁建，将根据生产的发展进行基本建设，生产科研基地主要分为四大块：(1)康桥总部研发大楼：上海康桥总部研发大楼位于上海市康桥工业园区，占地面积约 2 万 m^2，建筑总面积 3 万 m^2，是上海港机的管理、结算中心和国家级技术中心所在地。

(2)长兴岛基地：公司在上海长兴岛新建一基地，该基地有 650m 岸线，46.8 万 m^2 场地，长 76m 宽 50m 的重件码头，16 万 m^2 的生产制造车间及 4.7 万 m^2的辅助车间。总装调试场地上有 450t 起重机、1 000 浮式起重机及辅助设备 80t 起重机。生产车间有八跨，每跨相应配有 100t、75t、50t、32t、20t 和 10t 行车。

(3)张家港基地：江苏张家港建有 20 万 m^2 厂区，拥有长宽各 60m 的重件码头和 8 万 m^2 的总装场地，配有 1 台 250t 和 1 台 80t 门座起重机。

(4)南汇配套基地：上海南汇配套基地位于上海市南汇工业开发园区，拥有 438m 大治河岸线，用地面积约 15 万 m^2，建设一座 300m 的码头，配置各类先进设备约 300 台。

另外，公司拥有承运大型集装箱桥吊的自航船舶两艘(6 万吨级)。

六、未来发展

上海港机重工正面临着前所未有高速发展的历史时期。根据我国 2010 年的发展目标和规划，到 2010 年我国总的港口散货吞吐量将达到 30 亿万 t，港口集装箱吞吐量将达到 1 亿个标准箱，我国发电装机容量将达到 9 亿 kW，钢厂产量要翻一番，造船要达到 2 400 万 t，这些都是十六大以后根据党中央的指示按照实现小康社会的目标制定的。为了实现这个目标我们集装箱的岸桥新增不能少于 400 台，按照 1:2 的配比，堆场集装箱龙门吊不会少于 800 台。为了实现总发电扩容量 9 亿 kW，各地新增火力电厂正在开工的就有 32 个。根据这些预测，公司能涉足的港口、电厂、钢厂、船厂起重运输机械总的市场量不少于 300 亿元，市场前景非常看好。

与此同时，重工市场也是一派兴旺。到 2010 年，仅国内盾构需求量就不少于 10 亿美元，亚洲一带还有更大的需求。“十一五”期间，铁路基础设施重点工程总概算约 350 亿元。

国内铁路建设跨越式发展，导致市场需求和装备提供能力缺口非常巨大，上海港机重工对 900 吨级提、运、架装备研制工作已紧锣密鼓进行，预计今年底出全部样机。

总之，上海港机重工正抓住制造业数量扩张与结构并举的新的发展机遇，科技创新，致力于多品种、高附加值产品的开发和生产。在产品构成、涉及领域、规模总量、发展速度、竞争优势及品牌蕴育等方面形成了良好的产业基础，实现了从传统企业向高新技术企业的迈进。

〔撰稿人：上海港机重工有限公司乔正宝　审稿人：上海港机重工有限公司张振雄、李安芳〕

中国重型机械总公司

2006 年，中国重型机械总公司(以下简称中国重机)在国机集团的领导下，继续坚持“以内贸求生存，以外贸求发展，以服务求信誉，以管理求效益”的经营指导思想，贯彻落实“创新、发展、改革、图强”的战略举措，实施市场开发的“区域滚动”发展战略，大力开发国内外市场，加大项目类型结构调整的力度，做好项目执行，特别是国内外重点项目的执行工作，狠抓重大项目的跟踪和签约，经营工作继续稳步发展，全面超额完成了国机集团下达的各项经营指标，全面实现了中国重型机械总公司《2005 年—2010 年发展规划》中确定的 2006 年奋斗目标。

2006年，中国重机实现经营额10.33亿元，完成集团下达年计划8.3亿元的124.42%；实现主营业务收入7.886亿元，完成集团下达年计划6.2亿元的127%；实现利润总额2 950万元，完成集团下达年计划1 027万元的287%；实现进出口总8 123万美元，完成集团下达年计划6 000万美元的135.38%。

综观中国重机2006年的经营工作，主要呈现出如下几个特点。

一、“区域滚动”发展战略取得实效，市场开拓取得长足进展

2006年缅甸市场发展平稳，近年来先后签约的缅甸糖厂、大桥、燃煤电站、针织厂、露天煤矿、KUN和KABAUNG水电站、输变电等8个项目，签约额1.87亿美元，其中2006年执行的项目5个，合同额1.3亿美元。越南市场先后签约南兆船厂门机共5台套、西贡船厂门机、宣光水泥厂、安平水泥厂、河内供水工程、达门水电站等6个项目，签约额5 539万美元，其中2006年签约4 509万美元，在水泥、供水环保、水电、港口等领域市场的开发均取得了突破，成为了总公司第二个较为成熟的国外市场。孟加拉市场先后签约孟加拉ACI盐厂、Molla盐厂、皇家水泥厂水泥粉磨站和M.I.水泥厂粉磨线等4个项目，签约额802万美元，其中2006年签约587万美元，初步实现了滚动发展。2006年6月，出口伊朗炉卷轧机和加热炉成套设备合同生效，签约额3 538万美元，是中国重机的第一个冶金成套出口项目，成功迈出了进入伊朗市场的第一步。

国内项目的滚动发展同样成效显著。先后签约通钢热轧超薄带钢生产线工程和二期工程以及100万t冷轧薄板及热轧深加工生产线工程，签约额15.35亿元，其中2006年签约4.43亿元；日照港码头工程先后签约氧化铝码头、散粮码头、矿石码头、煤码头、散料码头及流动机械采购等共13个子项目，签约额4.43亿元，其中2006年签约1.2亿元；济钢先后签约板坯连铸机及炉外精炼、120t转炉、冷轧薄板工程、高炉修罐间大修工程、二号、三号转炉工程等，签约额5.88亿元，其中2006年执行项目3.87亿元；广西防城港码头工程先后签约8个子项目，签约额3.845亿元，其中2006年执行项目2.12亿元。

二、传统业务领域市场继续巩固和加强，新兴业务领域市场的拓展成效显著

冶金、建材、港口、电力、城市供水等主要业务领域市场2006年成交11.56亿元，占主合同成交额的74.6%；执行项目合同额为46.73亿元，占执行合同总额的89%。其中冶金、建材、港口是总公司的传统主业领域，2006年成交9.14亿元，占主合同成交额的58.9%；执行项目49个，合同额31.65亿元，占执行合同总额的60.26%，充分显示了总公司传统主业的优势和地位。电力领域近年来得到了长足的发展，也逐步成为了中国重机的支柱领域。2006年成交额1.55亿元，占主合同成交额的10%；执行项目10个，合同额13.3亿元，占执行合同总额的25.33%。越南达门水电站和马来西亚沐胶燃煤电站分包合同的签订，缅甸燃煤电站、KUN、KABAUNG水电站、耶瓦水电站输变电、重庆松藻火力发电、中国原子能实验快堆、刚果(布)英布鲁水电站枢纽工程、印尼北苏风港燃煤电站等项目的执行，都使中国重机的电力领域市场不断稳固和加强。供水环保领域2006年也有所突破，成交8 456万元，占主合同成交额的5.46%；执行项目7个，合同额1.784亿元，占执行合同总额的3.64%。越南河内30万t供水项目、贵州水晶汞污染治理子项目、安哥拉罗安达和万博供水、江苏涟水污水处理厂管网工程服务等项目为中国重机在供水环保领域的开拓、发展带来了更大的机遇。

三、加快实施“走出去”战略，国际市场的培育与多元化发展已初具雏形

2006年中国重机加大力度，积极培育和发展多个稳定成熟的国际市场，积极进行多种经营承包模式和项目类型结构调整的探索和实践，多元化的发展初具雏形。

打破国际市场过于单一的局面，形成几个成熟的、能够获得稳定市场收益、能够体现市场规模的国际市场是中国重机的规划目标。在巩固缅甸、越南市场的基础上，2006年总公司积极推进孟加拉市场的滚动发展，利用执行出口伊朗炉卷轧机和加热炉成套设备项目的机会，继续跟踪吊车、5m厚板轧机、钢厂拆迁等项目，力争进一步打开伊朗市场。

同时，在我国对东盟、中亚等国的政策支持下，借助这些国家加强资源开发和基础设施建设的契机，将开发重点放在了柬埔寨、老挝、印度尼西亚、中亚等新市场，并通过熟悉政治、经济、市场情况，建立了务实有效的代理合作关系，疏通了相关业务渠道，取得了一定的成效，尝试采用多种承包形式和融资方式进行项目运作，也已取得了初步进展。目前中国重机初步搭建起了缅甸、越南、孟加拉、伊朗、柬埔寨、老挝、印度尼西亚、中亚等8个主要市场区域的开拓国际市场框架，希望通过对这些市场区域的有效开发、培育和运作，为中国重机外贸业务的出口运营及可持续发展奠定坚实基础。

中国重机近年也进行了拓宽经营承包模式的探索和实践，主要采用组建联合体的方式进行投标，进一步拓展工程项目综合管理能力，考验大型工程项目管理水平，实现向工程总承包主流趋势的转变。在国外的越南沟发水电站、农山火电站、印尼PLN火电站等3个EPC/交钥匙工程总承包项目上进行了运作和尝试。在国内的木薯干输送系统工程和海南国投水泥有限公司纯低温余热电站技改工程中也进行了EPC总承包/交钥匙工程模式的实践，在设计、采购、土建施工各阶段按照工程项目管理规范的要求和惯例开展工作。以资源性领域项目为进入契机，中国重机也在积极推进BOT、BOOT带资承包工程及投资运营的探索。利用柬埔寨国公省水电站项目，开始了BOT运作的尝试。

配合国际工程承包市场由承包商承担工程所需的融资的主流趋势，中国重机对外承包项目资金来源也从原来的由业主方提供现汇方式逐渐向由中国重机提供出口买方信贷、出口卖方信贷及利用政府间优惠贷款等融资方式转变。2006年生效承揽的缅甸耶瓦输变电项目由中国政府提供优惠贷款，是中国重机的第一个优贷项目；2006年签约的越南安平水泥厂项目由中国重机提供卖方信贷；2006年签约的越南达门水电站采用买方信贷方式承揽，以上3个项目合同金额为8 756万美元，占中国重机近两年对外承包工程总额的52.37%。另外正在重点跟踪的越南沟发水电站、山罗水泥厂、印尼国家电力公司PLN电站等项目也都是采用信贷方式投标的项目。表明中国重机融资项目类型结构调整已取得初步成效。

四、产品种类增多，产品市场不断扩大

2006年实现了出口铸件21 165.258t，出口额1 050万美元，创造自1994年以来的最高纪录，铸件出口的品种、渠道、数量均呈现了逐年递增的态势。

锅炉非标生产线——膜式壁管屏焊机项目先后签约18条膜式壁焊机生产线和4条锅炉蛇形管生产线，合同额8 211万元，其中2006年新签3条线，目前占国内市场份额的40%。同时随着设计能力的增强，中国重机锅炉非标产品的市场竞争力提高，为后续项目的签约及印度等国外市场的开拓以及锅炉非标产品走出国门创造了条件。

一年来，中国重机共成交项47个，执行项82个，累计执行合同额52.52亿元。其中：完成项目30个，正在执行项目52个，重点跟踪开发的项目62个。同时，总公司为扩大业务范围，完善业务链条，增强工程总承包和工程项目管理能力，并为下一步监理工作的开展创造条件，2006年出资入股了北京佳德建设监理有限公司49%的股权。为今后总公司进行投资、并购、重组等进行了有益的尝试和探索。

〔撰稿人：中国重型机械总公司综合管理一部刘东明　审稿人：中国重型机械总公司综合管理一部李军〕

中国重型机械研究院　西安重型机械研究所

西安重型机械研究所（简称西重所），创建于1956年，系我国装备工业较早建立的国家级应用技术开发研究院所之一。1993年国家科委商冶金工业部、机械工业部，西重所跨部门、跨行业、跨地区进入宝钢集团。1999年随国家第一批242个科研院所改制为科技型企业，以资产划转方式加入中国机械工业集团公司，同年8月通过ISO9001质量体系认证。2002年1月，冶金重型机械及环保设备实验室通过中国实验室国家认可委员会认可。2003年1月，国家工商行政管理总局授予西重所"全国守合同重信用企业"公示证牌。2004年7月，经国务院国资委和陕西省批准，陕西省冶金设计研究院整体划入西重所。2006年9月，国家工商行政管理局批准在西安重型机械研究所的基础上组建中国重型机械研究院（简称中国重型院），仍隶属于国资委中国机械工业集团公司管理。2006年中国重型院进入首批国家创新型企业试点单位，荣获全国国有企业创建"四好"领导班子先进集体，并在振兴装备制造业和重大技术装备国产化工作中做出重要贡献受到国家表彰。

中国重型机械研究院下设：装备信息、冶金装备、炉外精炼装备、板带轧制装备、板带精整与处理、管棒型材装备、重型锻压装备、环保与节能装备、机械传动与成套装备、基础件与成套、液压技术与装备、自动化、信息与控制、网络与数据处理等14个研究所，2个加工厂，以及2个子公司、1个监理中心、1个设计研究院。

中国重型院专门从事冶金设备、金属成形设备、工业烟气治理设备及其相关配套基础件、液压、电控系统的开发研制、设计成套、安装调试和工程总包。

一、生产发展情况

2006年，企业经营合同额再创历史新高，全年签订合同总额13.52亿元，是2005年11.75亿元的115%；主营业务收入10.964亿元；净资产收益率28.96%。

二、市场开发情况

面对日益激烈的国内外市场竞争，中国重型院坚持以市场为导向，一方面逐步形成研发体系直接面对市场、激励创新，以保持行业技术的领先地位，并把技术转化为效益；一方面产品生产向市场要效益，保证产品质量及服务到位，为抢占市场赢得口碑。

2006年，签订合同30余项，其中有多台（套）大中型装备项目。如，日照连铸成套设备总包项目，合同总额2.7亿元，创下了建所50年来的新纪录，项目实行总指挥总负责的垂直管理方式，保证了工期；邢台大方坯连铸项目的签约，是大方坯连铸机在技术上逐步成熟并被市场接受的标志；165MN油压驱动锻造机组、120MN油压驱动锻造机组的开发，显示出中国重型院在重型锻压领域的技术领先地位；RH精炼系统的总包，开创了高端精炼技术设备大成套的良好开端；2005年自主研发的热镀锌光整机开发成功后，2006年全面开花，已推广5台（套）；国内第一套31.5MN反向铜挤压机、国产第一套45MN快速锻造液压机、国内最大的16t模锻电液锤项目的签约，为今后承接同类项目打下了坚实基础；承接的ϕ220mm合金钢七辊棒材矫直机，是国内最大规格的棒材矫直机，投产后将再创"中国第一"；签订的3套转炉煤气干法除尘项目，技术含量高，不仅填补国内空白，而且成为中国重型院环保除尘领域新的经济增长点；山东泰钢1 700mm平整机项目，是采用中国重型院自主知识产权、机电液国内成套的规格最大的平整机。

另外，与俄罗斯MERFIN公司签订了1 250t卧式挤压机液压、电气改造项目，并有33 000件火车减震器工业缸远销法国。

三、科技创新成果及新产品

2006年，中国重型院进一步完善科技管理及奖励激励政策，创造自主创新环境，加大研发投入，重视各专业前沿技术，并取得骄人业绩。

（1）技术上有突破性项目2项：上海16 500t油压锻造机组、莱钢RH循环抽气精炼系统总成。

（2）填补国内空白项目5项：舞阳钢厂300mm×2 500mm宽厚板连铸机、攀钢360mm×450mm大方坯连铸机、武钢硅钢并卷焊接机组、大连4 500t快锻机组、大连ϕ200合金钢棒材矫直机。

（3）新产品开发5项：高精度圆盘剪、彩涂板专用压花机技术研究、兆瓦级风电机组传动系统研制、20MN铝材液压拉伸机、唐山贝钢35tLT干法除尘系统。

（4）6项重大装备被评为中国企业新纪录：舞阳钢厂300mm×2 500mm宽厚板连铸机、1 850mm拉弯矫直重卷机组、宝钢非开挖钻杆加厚生产线、ϕ219～2800mm双面埋弧螺旋焊管机、125MN双动铝挤压机、宝钢股份公司炼钢厂300tRH工程。

（5）五项目列入2006年度省机械工业新产品

试制计划：中薄板坯试验连铸机、三烘三涂彩涂板印花机、20MN铝材液压拉伸机、13t全液压模锻电液锤、ϕ426mm钢管平头倒棱机。

2006年还积极申报建设国家发展和改革委员会“高精度带材轧制装备产业化基地”和国家科技部“大型高效挤压/锻压技术国家重点实验基地”；积极申报建设省发展和改革委员会“转炉煤气净化回收干法除尘装备产业化基地”和陕西省科技厅“大型工业铝型材挤压技术与装备工程技术研究中心”。

四、质量和标准化工作

2006年，中国重型院组织完成了质量管理体系内部审核工作，使质量管理体系运行符合ISO9001：2000标准的要求，体系处于有效的运行之中。在对项目质量的监督管理过程中严格按照手册要求，对每个合同实施节点监督检查，对重大项目实施责任人各阶段跟踪，确保合同执行过程中各环节符合体系文件要求；对产品的制造过程实施监督检查，确保原材料、外构件、外协件符合质量要求，保证合格品转序或出场；对产品的终检进行监督检查，确保所有检验记录齐全，符合检验大纲要求；针对大量委托第二方制造的供货合同，由合同管理部门评价的供方经质量管理部审核统一公布；为进一步保证中国重型院供方的质量，按计划由质量管理部对承担重点项目制造任务的供方实施质量管理体系审核。

2006年中国重型院根据《标准化法》和《企业标准管理法》的规定，发布了首批9项企业标准。2006年第一批中国重型院企业标准目录见表1。

表1 2006年第一批中国重型院企业标准目录

序号	标准名称	标准代号	标准类别
1	常规板坯连铸机成套设备设计规定	Q/XZS 1.001—2005	技术标准
2	传动零部件检验技术条件	Q/XZS 1.006—2005	技术标准
3	传动件装配及试车技术条件	Q/XZS 1.007—2005	技术标准
4	AGC液压压下油缸制造规范	Q/XZS 1.008—2005	技术标准
5	AGC液压压下油缸专项检验规范	Q/XZS 1.009—2005	技术标准
6	蒸汽喷射真空泵设备通用检验大纲	Q/XZS 1.010—2005	技术标准
7	蒸汽喷射真空泵制造通用工艺	Q/XZS 1.011—2005	技术标准
8	板带涂覆机	Q/XZS 4.002—2005	产品标准
9	西重所CAD局域网管理规范	Q/XZS 2.005—2005	管理标准

五、技术改造

为提升企业设计开发水平，在完成2D—CAD软件升级的同时，3D—CAD软件经过试点运用效果良好，2006年开始全面推广，并专门制订推广运用3D—CAD的奖励制度。目前西重所连铸设备设计大部分已由3D设计完成。购置各类正版软件80余万元。

六、对外合作

按照国家“以企业为中心，产学研合作的创新体系”的要求，2006年中国重型院结合国家“十一五”发展纲要和重点项目，与上海交大、西南铝业建立了产学研联合开展165MN油压锻造机的研究；与西安交大、陕西工业技术研究院建立了产学研合作开展新型节能墙体生产线的研究；与西北工业大学、西安固米公司建立了产学研合作开展高性能专用摩擦焊机的研究；与中国矿业科技大学、深圳三星赛格建立了产学研合作开展烟气脱硝技术的研究；与西安冶金建筑科技大学、宝钢研究院开展烧结机烟气脱硫技术的研究。

与宝钢研究院开展冶金新技术方面的合作，包括在宝钢梅钢分公司、宝钢不锈钢分公司、宝钢特殊钢分公司、宝钢罗泾搬迁工程、宝钢湛江钢厂以及宝钢兼并八钢、包钢、马钢等项目中进行技术交流。

另外，邀请国内外知名专家来院作技术和学术交流活动。

〔撰稿人：中国重型机械研究院装备信息研究所孟春　审稿人：中国重型机械研究院装备信息研究所孟令忠〕

洛阳矿山机械工程设计研究院

洛阳矿山机械工程设计研究院(以下简称矿研院),原机械工业部洛阳矿山机械研究所,1987 年改制进入洛阳矿山机器厂(现为中国中信集团公司重型机械公司)后建院,是中信重机公司下属的独立法人单位,是原国家经贸委首批批准的国家级企业技术中心。该院沿革可追溯到 1956 年,至今已有 50 年历史。

洛阳矿山机械工程设计研究院是从事建材、冶金、机械行业工程设计和重型与矿山机械产品设计及制造工艺研究的综合性科研开发与设计单位,具有从产品设计—工程设计—设备成套—安装调试直到实现工程总承包交钥匙工程的能力;具有经国家有关部门批准承担相关领域质量、安全等第三方认证的服务权;同时受国家委托负责国家矿山机械标准化技术工作和矿山机械质量监督检验工作和国家一类刊物《矿山机械》的编辑、出版。1997 年通过 ISO9000 质量管理体系认证,2005 年通过 ISO14001 环境管理体系和 GB/T28001 职业健康安全管理体系认证。矿研院的技术中心建设成绩显著,综合实力大幅提高,在国家认定的 332 个企业技术中心综合评价中,排名由 2004 年的第 71 位跃升至 34 位,位居行业第一。

一、市场经营

2006 年,矿研院坚决贯彻“由速度效益型发展企业向质量水平效益型发展企业转型”的经营工作重心,牢固树立“大营销”战略思想,充分发挥矿研院技术优势,在巩固现有市场和客户的同时,大力开发成套项目和新技术产品市场,充分利用公司打造的新平台扩展更广泛的市场领域,为公司的发展作出贡献。新增订货额 62 843 万元,计划完成率 174.6%,比上年增长 40.38%;销售收入 35 722 万元,计划完成率 119.07%,比上年增长 33.45%;货币收入 36 806 万元,计划完成率 122.69%,比上年增长 18.75%;实现利润 2 204 万元。

2006 年,矿研院充分发挥自身优势,除在活性石灰成套项目、大型提升机及提升机改造等优势项目上保持旺盛的订货势头外,在软件订货、冶金轧制、工程钻机、破碎、减速机等方面也取得了新的突破,呈现以下特点:

(1)成套项目占据了订货的主导地位:成套项目订货达到 38 757.8 万元,占总量的 57.84%。签订了山东茌平 800t/d 活性石灰设计、设备、砌筑安装承包;通化圣源 800t/d 活性石灰设计、设备、砌筑安装承包;永钢 600t/d 活性石灰主机成套设备;山西海鑫钢铁集团 2×600t/d 活性石灰主机成套设备;武钢 4×750t/d 活性石灰项目成套项目;宝日希勒煤业公司破碎成套项目以及天华设计院和中冶长天公司球团窑项目。

(2)新产品多:新产品订货达到 9 531.62 万元,占总量的 23.12%。主要有:华煤建设公司 12m 工程钻机、中煤特殊公司的 13m 钻机、内蒙古宝日希勒双齿辊破碎机、上海 704 所军工项目、立盘过滤机、陶瓷球磨机、垃圾焚烧设备等。

(3)软件项目多:软件项目合同额 4 011.2 万元,占总量的 6%,如活性石灰工程设计、人工制砂试验、设备检测监理等。

2006 年矿研院订货产品结构见表 1。

表 1　2006 年矿研院订货产品结构

项目名称	销售额(万元)	占订货比例(%)
合　计	62 843.0	
成套项目		
其中:活性石灰项目	37 207.8	57.8
破碎系统项目	1 550.0	
提升机	6 684.7	10.0
球团烧结	2 311.0	5.6
采掘机械	1 336.1	3.2
过滤机	5 416.7	13.1
软件项目	4 011.2	
其他	4 325.5	

二、科技创新

2006 年,矿研院承担科技部院所专项 5 项、中信重型机械公司研发项目 15 项,自列课题 13 项,资金投入 4 276.6 万元,其中 R&D 投入 2 360.6 万元，包括纯低温余热发电技术研究、活性石灰系统的大型化和拓展领域研究、矿用绞车试验台系统改造升级、大型高效盘式过滤机工艺及设备研究、大型建材磨机技术创新研究、大型矿用磨机技术研究及大型自磨机开发、大型辊压机技术创新研究、大型提升机技术创新等研发项目。

把工程总包作为矿研院的新兴主业抓好抓实，通过工程成套项目的实施，为拉动产值规模，树立样板工程，开拓工程成套市场积累了经验。国内首套双压技术纯低温余热发电项目是矿研院自主研发并承建的，9 月底在辽源金刚水泥厂第一条线成功实现并网投产，当天发电量达到 7 700kW，超过设计要求 5%。这是继活性石灰成套项目之后，在成套领域开发中取得的又一重大成果，其示范作用重大而深远，市场前景极其广阔。广东塔牌余热发电项目的第一条线已开始整条线调试，第二、三条线正在进行技术交流；河南省投资公司余热发电项目的 5 个项目正在进行施工设计；驻马店豫龙同力项目和鹤壁同力项目土建开工。

活性石灰系统的大型化和拓展领域研究：研发完成具有自主知识产权的 1 000t/d 活性石灰（燃煤）工程设计、工艺流程设计和主机设备成套设计（用于太钢）；研发完成具有自主知识产权的 1 000t/d活性石灰（燃气）工程设计、工艺流程设计和主机设备成套设计（用于山西阳泉钢铁公司）；1 200t/d活性石灰系统主机设备正在进行计算，并调研了氧化铝、电石及电厂脱硫等拓展领域。在成套设备和工艺系统开发方面：坚持以单机研发促进成套工艺技术进步，以成套工艺技术带动单机创新，实现了单机产品和工程成套同步发展。活性石灰和纯低温余热发电取得新的突破，已成为我院新的经济增长点。

“矿山用高压辊磨机工艺技术与设备研究”列入科技部院所专项，“大型高效盘式过滤机工艺及设备研究”列入洛阳市科技攻关计划，共获得科技部及洛阳市政府资金支持 127 万元。

2006 年，完成新产品鉴定 4 项，其中 750t/d 活性石灰项目和大型高效立盘过滤机项目达到国际领先水平，为河南省近 20 年来所鉴定机械产品的最高水平；基于虚拟设计制造技术的大型矿井提升装备开发项目（“863”项目）达到国内领先水平。

2006 年，矿研院共申报专利 36 项，为历年之最。其中发明型专利 10 项，实用新型专利 26 项，所有具有自主知识产权的产品均已申请专利保护。

三、信息化建设

2006 年，企业信息化建设有序推进。在已取得的 4CP（CAD、CAE、CAPP、CAM、PDM）集成应用的信息化成效的基础上，在企业编码体系构建、物流采控管理、网络建设和数据加密等方面完成了大量而卓有成效的工作，进一步推进了企业信息化发展的进程。

1. 企业编码体系构建

该编码体系设计了矿研院和中信重型机械公司以下方面的信息分类编码：组织机构编码、生产管理编码、设计工艺编码、物流采控编码、自制产品编码、销售管理编码、设备工具编码、质量管理编码、财务管理编码、人力资源编码。项目已进入收尾阶段，各分类编码规则的讨论稿、送审稿、报批稿均已编写完成并提交审批，相配套的编码器软件也已开发完成并投入运行。

2. 网络建设

新建成的技术中心大楼的网络体系采用标准化综合布线系统，网络架构先进、合理，核心交换机采用千兆三层交换，内外网分离，同时建立可靠的网络管理系统，进行统一的安全管理。此外，对公司网络进行了升级和改造。

3. 数据加密系统

近年来计算机及网络的普及应用给矿研院的产品设计、科研开发工作带来了极大的方便，同时也给数据安全带来了巨大的隐患，因此在院内实施了企业数据加密系统。该系统具有透明加密、强制加密、易于部署、安全性好等特点，对重要的电子图纸和电子文档进行实时无缝加密，有效地保障设计资料和产品数据的安全。

四、管理创新

1. 完善制度，加强管理

一是改革分配制度，使职工收入直接与贡献、业绩挂钩，有效地调动了全院职工的积极性和创造性，促进了各项工作的顺利进行。二是不断完善各项规章制度，制定了《科研项目考核结算办法》、

《费用类资产管理办法》、《2006年薪酬发放办法》、《图纸与技术资料管理规定》以及《技术中心大楼管理规定》等管理制度。

2. 加强技术队伍建设

一是在严格考核的基础上,评选了享受院津贴的技术专家;二是选派有关人员参加了国内有关学术交流及全国冶金产品技术博览会;三是与太原科技大学联合培养在职研究生,8名职工通过入学考试,鼓励更多的同志参加研究生学习。四是组织了2005年入院12名大学生的见习考核和转正答辩,对考核优秀的大学生进行了奖励。

3. 技术中心建设

配合技改装备部和施工单位,全力以赴抓好技术中心建设,确保了技术中心大楼按期竣工、揭牌,向前来公司参加50年庆典活动的各级领导和来宾展示了公司的研发实力。在国际会议中心,澳大利亚工程院院士和清华大学柳百成院士为公司工程技术人员举办了学术报告和讲座。承办了洛阳市创新型企业命名大会暨2006企业自主创新高层论坛。

4. 加强手段建设

投资165余万元购置了17台图形工作站、140台计算机和13台试验室仪器设备,完善了设计、试验手段。

〔审稿人:洛阳矿山机械工程设计研究院科研计划科冯海平　审稿人:洛阳矿山机械工程设计研究院科研计划科潘铭〕

中国中钢集团公司

中国中钢集团公司(简称中钢集团,英文简称SINOSTEEL)是国务院国资委管理的中央企业。所属二级单位76家,其中:境内53家,境外23家。2007年实现主营业务收入1 112.4亿元。主要从事冶金矿产资源开发与加工;冶金原料、产品贸易与物流;相关工程技术服务与设备制造,是一家为钢铁工业和钢铁生产企业提供综合配套、系统集成服务的集资源开发、贸易物流、工程科技、设备制造、专业服务为一体的大型企业集团。

中钢集团是中国最早"走出去"从事经济技术合作的国有大型企业之一,在澳大利亚、南非等地成功建设了铁矿、铬矿资源基地,为国民经济可持续发展储备了丰富的矿产资源。

中钢集团拥有覆盖全球的营销网络和物流服务系统,是中国主要钢铁生产企业的原料供应商和产品代理商,与国内外多家企业建立了长期战略合作关系。铁矿石、铬矿、直接还原铁、萤石、焦炭、锰矿、废钢、钢材、镁砂、稀土等贸易经营居国内前列,在业界具有重要影响。

中钢集团所属科技企业在探矿、选矿、热工、环保、耐火材料、金属制品、工程设计等领域,有较强的科技研发实力;拥有多项自主知识产权;拥有10个国家级研究中心、硕士学位授予机构和博士生培养点;建有几十条科技成果转化生产线,产品畅销国内外市场。

中钢集团具备工程项目总承包和综合配套能力,是国内外多家成套设备和装备技术公司的代理商,曾为国内多个大型钢厂的技术改造和项目引进提供融资、招标等专业服务,拥有钢铁行业惟一一个承担国家发展和改革委员会委托投资咨询评估任务的咨询机构。

中钢集团大力打造具有国际竞争力的重型设备研发、核心产品制造和总成配套一体化的重型冶金设备制造基地,国内最大、综合实力最强、国际一流的耐火材料、炭素、铁合金研发和生产基地,努力提升生产企业的支撑作用,不断提高为钢铁工业和钢铁生产企业提供综合配套服务的能力。

装备制造是中钢集团5大产业之一,目前拥有中钢集团西安重机有限公司、中钢集团邢台机械有限公司、中钢集团吉林机电设备有限公司和中钢集团衡阳重机有限公司4个装备制造企业。截止至2007年底,中钢集团装备制造板块总的钢水生产能力达到26万t,铸造生产能力12.8万t,锻造生产能力4.5万t,热处理生产能力12.7万t,机加工生产能力 16.5 万 t。

一、中钢西安重机有限公司

1. 企业基本情况

中钢集团西安重机有限公司(简称中钢西重)始建于 1958 年,2001 年整体改制,2005 年加入中钢集团。主要从事冶金设备、矿山机械及其他大型机械设备的设计和制造。

2. 生产发展情况

2007 年,中钢西重共完成合同项目 2 743 项,是 2006 年的 133.7%;公司工业总产值 8.5021 亿元,是 2006 年的 121%。

公司自创建以来,经过多次技术改造,现已拥有各类生产设备 1 600 多台(套),总重量约 1.1 万 t,总容量近 10 万 kW,固定资产原值达 1.5 亿元。

3. 生产经营及销售

2007 年,公司销售收入 66 亿元,比上年增长 14%。主导产品包括:炼铁设备——高炉无料钟炉顶、液压泥炮、开铁口机、揭盖机;炼钢设备——铁水双脱预处理,RH、LF、VOD 精炼,测温取样,转炉及钢包倾翻,厚板坯、薄板坯连铸机设备;轧制设备——棒线材轧机、大口径焊管轧机、冷热轧制、卷曲机、开卷机、重卷机组;轧材深加工设备——酸洗、镀锌。目前年产机械加工件和铸锻件各 3.7 万 t,结构件 1.5 万 t。

公司产品遍布国内 30 个省、市、自治区,同时向美国、日本、卢森堡、土耳其、伊朗、马来西亚、新西兰、菲律宾、印度、越南、印度尼西亚等国家和地区出口了近万吨成套冶金设备及备品备件。

4. 科技成果及新产品

公司拥有自己的产品和技术开发机构——冶金设备研究所和中钢集团西安重机有限公司技术中心,有多年研究、设计和制造各种冶金、矿山设备和其他大型成套设备的经验,特别是具备熟悉和掌握钢铁生产工艺的特长。

近年来,中钢西重自主开发和引进国内外技术 20 多项,主要有:引进卢森堡 PW 公司的高炉无钟炉顶装料设备专有技术;与北京科技大学等单位联合开发的液压泥炮设计和制造专利技术,自主开发的高炉无钟炉顶水冷传动齿轮箱设计、制造技术;水平连铸机及其方型、圆型结晶器设计、制造技术;平面二次包络环面蜗杆传动设计、制造技术;大型液压缸缸筒内表面镀硬铬及精加工技术;大型优质铸铜件及耐热钢铸造技术等。

到目前为止,公司共获得各种科技成果和质量奖励近百项次,发明实用新型专利 18 项,并曾获冶金部质量管理奖称号。

5. 产品质量及标准化工作

公司先后获得了一、二类压力容器设计资格和 BR1 级压力容器制造资格,还取得了中国冶金工业质量体系认证中心颁发的 GB/T19001—1994 (ISO9001:1994)质量体系认证证书,并获国际认可论坛多边承认协议(IAF/MLA)集团承认。

6. 基本建设及技术改造

为了实现企业的跨越式发展,中钢西重从 2006 年开始进行易地搬迁改造,在产业配套良好的经济开发区泾渭工业园建设新的生产基地,搬迁项目总投资近 24.8 亿元,其中固定资产投资 15 亿元。项目分两期建设,预计建成后年产量 7.3 万 t,销售收入 25.1 亿元,利税总额 4.8 亿元。中钢西重通过易地搬迁改造,积极引进、消化、吸收国际先进技术,将建设成为冶金设备制造行业内技术领先、装备一流、产品精良、管理高效的骨干企业。

二、中钢集团邢台机械轧辊有限公司

1. 企业基本情况

中钢集团邢台机械轧辊有限公司(简称中钢邢机)始建于 1958 年,原为冶金工业部直属冶金机修企业,2006 年正式加入中钢集团。主要从事冶金轧辊和冶金成套及备件的设计、制造和销售。

2. 生产发展情况

中钢邢机公司装备实力雄厚,拥有冶炼、铸造、锻造、热处理及机械加工等各工序的先进工艺设备,现已形成了完备的铸钢、铸铁、锻钢三大系列的板带轧辊、大型型钢轧辊、线棒轧辊、异型轧辊、小冷轧辊生产线,以及以方坯、板坯连铸机和干熄焦、焦炉设备为代表的冶金设备生产线。

3. 生产经营及销售

2007 年,中钢邢机销售收入 23 亿元,比 2006 年的 16.89 亿元增长 36.34%。公司主导产品为冶金轧辊和冶金成台(套)设备。

轧辊产品年产量10万t，位居世界第一，国内市场占有率30%以上，其中，高端轧辊占50%以上。与宝钢、鞍钢、武钢等国内排名前30位知名钢铁企业建立了长期战略合作关系，轧辊产品远销美国、英国、日本等40多个国家和地区，成功进入安塞勒—米塔尔、新日铁、康力斯、浦项等世界排名前10位的钢铁企业高等级钢材用辊市场，年出口4 200万美元。

冶金成台（套）设备主要有连铸机、焦炉护炉装置、干熄焦设备等。连铸机国内市场占有率30%，6m以上大型焦炉护炉装置达60%，干熄焦设备达40%。

4. 科技成果及新产品

（1）专利。2005年开始系统组织专利申报工作，共申请发明专利2项、实用新型专利3项，公司拥有已授权的实用新型专利1项。

（2）专有技术。公司目前形成多项专有技术，其中包括离心复合铸造轧辊制造技术、锻钢冷轧工作辊制造技术、静态复合铸造支承辊制造技术等。

（3）科技成果。中钢邢机依靠自主研发获得了国家各项成果奖共79项次，其中武钢冷轧工作辊、热连轧用半钢轧辊分别获得国家金质和银质质量奖。现代化冷热带轧机工作辊国产化研制项目获得邢台市科学技术市长特别奖。

我国所有的轧辊技术标准和6m大型焦炉护炉装置的行业制造标准均出自于中钢邢机，我国第一台罗可普方坯连铸机、干熄焦设备、7.63m大型焦炉护炉装置均诞生于中钢邢机。610冷轧工作辊是目前为止国内惟一一块金奖产品。

（4）技术研发。公司建有河北省首批命名的省级技术中心，下设的轧辊研究所是目前国内惟一的轧辊专业研究机构。2003年还建立了国内轧辊行业惟一的博士后科研工作站。

5. 质量与标准工作

1996年，中钢邢机在同行业中率先通过ISO9002:1994标准质量体系认证，2000年和2002年成功通过复评和ISO9001:2000标准换版认证。

6. 技术改造

2006年以来，公司投资23亿元进行了以冷热带锻钢轧辊、热轧板带离心轧辊和国家级技术中心为代表的“三大技改”工程建设，3 150t油压机、8 000t油压机、国内最先进最大的卧式离心机、荒磨机等系列重大关键设备相继投产。到2008年底“三大技改”工程全面完成后，公司轧辊生产能力将达到20万t以上。

三、中钢集团吉林机电设备有限公司

1. 企业基本情况

中钢集团吉林机电设备有限公司（原吉林新冶设备有限责任公司）（简称中钢吉电）始建于1969年，2006年正式加入中钢集团。公司集机械、电气控制、变压器制造为一体，是以矿热炉机电成套设备、炭素行业机电成套设备为主导产品，以钢厂机电成套设备、耐火纤维生产成套设备为战略产品，及生产制造各类标准、非标电控设备的专业设备制造厂。

2. 生产和发展情况

公司现有超过800台（套）生产用设备，拥有数控火焰切割机、数控折弯机、数控液压转塔冲床、数控落地镗床、数控龙门铣床、数控镗铣床、硅钢片数控横剪线、100/20t桥式吊车等大型、精密设备，具备年产品总量1万t的生产能力 。

3. 市场经营及销售情况

2007年，中钢吉电实现销售收入2.2亿元，比上年增长74%。公司产品遍布全国各地，部分产品远销俄罗斯、印度、泰国、马来西亚、巴基斯坦等国家和地区。

4. 科技成果及新产品

（1）科技成果。公司DKY—12金属铠装移动开关柜被吉林省政府命名为“吉林名牌”，低损耗结晶器内置式电磁搅拌装置荣获中国机械工业科学技术三等奖、钢包整体浇注成套设备研制荣获中国冶金科学技术三等奖。

（2）技术研发。公司拥有独立技术研发中心，具有铁合金、电石矿热炉机电成套设备和炭素石墨化整流机电设备及相关工序机电设备的设计能力，冶金矿山、钢厂配套的机电成套设备的设计能力，耐火纤维成套机电设备设计能力等。

5. 产品质量与标准

公司于1997年正式通过了ISO9001质量体系认证，2003年通过了ISO9001:2000版转版审核。

6. 企业下一步发展

中钢吉电未来将立足于机电、矿山设备等主

业，加大装备水平的投入，有效地整合资源，特别是将在冶金炉料机电配套领域加大开发研制力度，发挥设备成套集成服务优势 。

四、中钢集团衡阳重机有限公司

1.企业基本情况

中钢集团衡阳重机有限公司（简称中钢衡重），原衡阳有色冶金机械总厂，2006年加入中钢集团。主要以开发、制造、销售矿山、冶金、有色工业成套装备及备件为主，是我国重型冶矿专业设备制造行业中综合实力雄厚的大型骨干企业。

2.生产发展情况

2007年，中钢衡重工业总产值比2006年增长33%，总产量比上年增长34%。目前有年产钢水10万t，异型铸件2万t，钢结构件1万t，机加工2.5万t的生产能力。

3.市场经营及销售情况

2007年，中钢衡重销售收入超过7亿元，比上年增长58%。公司的主要产品有连铸机、电动挖掘机、井下铲运机、牙轮钻机、卷取机、轧机、破碎机、球磨机、烧结机、冶金炉窑等10大系列产品及大型耐热耐酸铸件。

中钢衡重产品主要客户为金属矿山、钢厂、有色金属冶炼及加工厂、大型水泥厂等，产品远销海内外，性能和质量得到了用户的广泛赞誉。

4.科技成果及新产品

（1）科技成果。中钢衡重先后取得国家授权专利19件，自主开发科技项目20多项，分别获得国家科技进步奖、“九五”国家重点科技攻关计划优秀成果奖、省部级科技进步奖、国家级重点新产品、湖南省优秀技术创新项目、湖南省产品质量奖、湖南省名牌产品等称号。

（2）技术开发。近十年来，在原有主导产品基础上，公司对产品进行了延伸开发和升级换代，先后完成YZ35C、YZ35D牙轮钻机的改型设计、制造工作，炉卷轧机、无头轧制设备的设计、制造，高效合金钢连铸机设计、制造，CY系列铲运机设计和井下运矿车系列设计、制造，热轧带钢地下卷取机卷筒的设计、制造，电动挖掘机系列设计、制造等项目。

5.产品质量与标准

公司拥有现代化的管理手段和完善的质量保证体系，技术力量雄厚，工艺水平先进，员工素质较高，装备实力较强，已通过ISO9001质量认证。

6.装备制造基地建设

为了提升重大装备研发和制造水平，中钢衡重决定在白沙工业园建设重型矿冶装备制造基地。该项目投资近14亿元，一期工程计划2010年建成，形成10万t年生产能力，可实现年产值20亿元。项目建成后，主要以大型电动挖掘机、拉斗铲等大型矿山装备，多钢种中厚板连铸设备等大型冶金装备等为主导产品，同时向大型水泥生产设备、新型环保能源设备制造领域拓展。

〔供稿单位：中国中钢集团公司〕

昆明力神重工有限公司

一、企业概况

昆明力神重工有限公司（简称昆明重工），其历史可追溯到20世纪初的云南造币厂，解放初为云南铁工厂，1958年以云南铁工厂和云南矿山机械厂为基础组建云南重型机器厂。在此基础上组建的昆明重工，是原机械工业部的重点骨干企业，公司占地面积85万m^2，其中生产占地面积46万m^2，现有10个分公司和3个子公司。

昆明重工经过多年的发展与建设，已成为技术力量雄厚、生产能力强、检测手段完备、产品质量优良、集科研开发制造为一体的大型企业，是云南省提供大型成套设备综合能力最强的机械制造企业和铸锻件生产中心，具有年生产机器产品12 000t、商品铸锻件15 000t的生产能力。昆明重工于1998年2月通过了ISO9001质量体系认证，是国家一级计量单位。

二、生产经营

昆明重工主要生产冶金、矿山、起重、化工、水利等重型机械产品和成套成线设备及商品铸锻件。2006年，公司被昆明市政府评为“连续二十年重信用，守合同企业”。

2006年，公司金属轧制设备完成产量4 477t，比上年增长60.99%；矿山设备完成产量2 562t，比上年增长13.82%；起重设备完成产量2 771t。在全国矿山机械行业生产销售前100名企业中，公司以2.35亿元的工业总产值和2.64亿元的主营业务收入分别位居第67位和59位。2007年1～6月，公司生产销售继续高速增长。

三、优势产品

在公司众多品种、规格的产品中，以下几类产品的生产极具优势：以中小型精密轧制设备、各型拉丝成套设备及铝锭、锌锭、铅锭连续铸造机组等为代表的冶金压延机械设备；以各种型号、规格的塔式、门式、桥式起重机为主的起重设备；以有60万t年产能力的磷化工成套设备为代表的化工机械设备；以斗轮挖掘机及配套设备为代表的工程机械设备；以破碎机、球磨机系列产品为代表的矿山机械设备；以闸门及启闭机为主的水利机械设备。公司生产的颚式破碎机系列连续多年被评为省部级名牌产品；2005年以来，“KH”牌精密轧机系列、“KH”牌起重机系列、“KH”牌拉丝机先后被评定为“云南省名牌产品”；公司塔机产品连续4次（12年）获“用户满意产品”称号。

四、企业态势

公司在生产经营过中始终坚持“以人为本、持续发展”的科学发展观，牢固树立客户价值观和持续经营意识，并确立了“内强管理、外抢市场、务实创新、做优做强”的方针，同时不断增加技改投入，提高装备水平。此外，公司还高度重视人才管理与培养工作，加大对经营管理人才、专业技术人才、高技能人才的培育和开发力度，不断完善人才选用、评价、激励机制，为他们创造宽松的工作环境，提供学习和深造机会，关心他们的工作和生活。

在加强生产管理的同时，公司还不断充实完善质量管理体系，提高产品质量，相继取得了9项制造、安装、维修许可证，其中特种设备许可证3项，分别为塔式起重机《特种设备制造许可证》（A级）、桥式起重机《特种设备制造许可证》（A级）、《特种设备安装改造维修许可证》（A级）；水利设备许可证4项，分别为《大型压力钢管生产许可证》、《中型水利闸门生产许可证》、《大型拦污栅生产许可证》和《大型水利启闭机使用许可证》；压力容器许可证2项，分别为《压力容器设计许可证》（D类D1和D2级）和《BR1级压力容器制造许可证》。公司产品通过严格的质量管理，受到广大客户的一致好评。

〔供稿单位：昆明力神重工有限公司〕

以市场为导向　提升自主创新能力　推进技术创新

——山东山矿机械有限公司

技术创新是产品的灵魂，企业只有拥有了核心技术，才可能生产出核心产品，为企业赢得超额利润。一个企业要形成和提高自己的核心竞争力，必须有自己的核心技术，可以说核心技术是核心竞争力的核心。

山东山矿机械有限公司以市场和用户需求为导向，坚持走科技创新发展之路，把握市场发展的趋势，根据市场信息反馈，积极进行技术创新，实施名牌战略，不断推出新产品，完善产品结构，与大专院校、设计院所联合开发生产了一系列高效新型、高技术含量、高附加值的大型成套设备，新产品产值率达到30%以上。

一、产品创新

公司紧紧结合行业发展趋势和用户需要，实施消化、吸收、改造、创新相结合的方针，积极进行技术开发。以大型成套化、机电自动化、环保节能型为发展方向，对公司主导产品组织分类优化设计，不断推进产品技术升级，将产品线向深度和广度延伸，不断在产品品种、结构、效用等诸方面进行创新，使产品更加满足用户需要，为用户创造更多价值，更受用户欢迎和喜爱。产品通过创新实现了四个“转向”：一是由中小型设备向大型设备转向，为适应电厂、钢铁、焦化、港口企业大发展的需求，开发生产了 PCFK 系列、HCSC 系列重型破碎机、四辊破碎机及港口钢结构件等大型产品；二是由单台、单一规格产品向成套化、系列化转向，开发了破碎筛分机组系列成套产品，产品形成系列化，以满足不同层次用户的需要；三是由普通产品向高技术含量、高附加值转向，公司坚持走高端战略，先后开发生产了 PCFK 破碎机、环保脱硫脱硝球磨机、大倾角、管状皮带机、生物质能炉前备料系统等 40 余项高新产品，投入市场后受到好评；四是由通用定型产品向个性化设计转变，技术人员根据用户的特殊需求，提供了适应市场个性化的解决方案，开展了“交钥匙工程”，取得了淮钢跨河管带机“交钥匙工程”项目，公司负责产品设计、产品生产制造、安装调试等全过程。

二、要素创新

企业的运营过程实质在于对资源要素进行合理配置，要素创新包括材料创新、生产工艺与生产过程要素组合创新、科技人员激励创新等。

（1）推行项目负责制。由技术设计人员任项目负责人，负责产品选型、技术资料设计以及与设计院、用户、供应部门、生产部门等单位的技术协调，负责项目洽谈、生产制造、调试等全过程中的技术服务，及时解决生产中存在的技术问题，对发现的技术设计问题进行改正，避免同类问题在以后出现，从而提高了生产现场技术力量，提高了生产效率和产品质量，加速了技术创新成果的转化。

（2）推行技术岗薪制。公司尤其注重自主创新能力的提高，一贯重视对各级人才的培养，积极吸收各类专业技术人才给企业注入新的活力。在收入分配上向科技人员倾斜，推行了科技人员岗薪制；加强对技术人员的知识更新，组织专项技术培训，提高技术人员的业务素质和技能；对在技术创新、工艺改进等活动中为企业创造突出效益的技术创新成果进行奖励，积极营造了“尊重知识、尊重人才”的浓厚氛围。

（3）把握市场发展趋势，根据市场信息反馈，不断采用新技术、新材料、新标准及新工艺。广泛与科研院所联姻，瞄准行业前沿大力开展横向技术交流活动，现在已与多个高等院校、设计院所建立了良好的技术合作关系，充分利用它们的技术优势，促进公司技术进步。还定期组织技术人员外出或公司内部培训学习，学习新技术、新知识，了解行业技术发展趋势，拓宽了技术人员视野，激活了技术人员的创新思维。根据实际情况，不断优化制造加工工艺，提高产品内在性能和制造质量，在满足用户要求和产品质量的基础上，尽量减少加工余量和非接触面加工量，降低制造成本。

（4）设计手段创新。公司建立了现代化的技术开发中心，利用先进的 CAD、CAPP 计算机设计及工艺手段，建立了 PDM（产品数据管理系统），提高了设计效率和设计质量。

正是由于加大了科技投入并采取了有效激励措施，换来了丰硕的成果，通过技术引进和技术改造，近几年开发的 FJD 伞形钻架、变频调速反井钻机专利产品，填补了国内空白，获得了煤炭部科技进步奖；PCFK 系列可逆反击锤式破碎机、4PG 1 200mm × 1 000mm 四辊、2PG1 200mm × 1 000mm 对辊、2PGCQ625mm × 3 000mm 强力双齿辊破碎机、DTⅡ新型托辊还通过了省级新产品鉴定，填补省内空白、达到国内领先水平，2PGCQ625mm × 3 000mm 强力双齿辊还于 2005 年创全国第十届新记录。分体式高强度耐磨复合锤头、悬挂式直线移动螺旋取料机、双向可逆反击锤式破碎机、带式输送机防止跑偏器、带式输送机上移动密封卸货车、带式输送机传递动力陶瓷滚筒、带式输送机槽型托辊组、输送带密闭导料槽装置和螺旋型秸秆输送给料机等 9 项产品已获得国家专利。这些新产品性能优良、附加值较高，技术达到国内领先水平，符合国家产业政策，具有广阔的市场需求，培育了企业核心竞争力，成为企业新的经济增长点，使公司的产品结构有了一个新层次的提高，将使产品结构发生质的变化。

科技创新为企业的腾飞插上了翅膀，推动了企业技术进步，为企业注入了活力，满足了市场需求，提高了企业品牌形象和产品市场占有率。

〔撰稿人：山东山矿机械有限公司胡秀万〕

起重园区　崛起中原

4年多拼搏，一座崭新的特色产业开发区屹立在中原大地，她，就是河南长垣起重工业园区。

一、园区崛起

河南长垣起重工业园区位于长垣县南部，地处开封、郑州、新乡、安阳、濮阳、菏泽等中原城市群中心。北临新菏铁路、济东高速，西靠大广高速、京珠高速。距京广、陇海、京九三大铁路70min车程，至郑州国际机场80min车程。交通便利，区位优越。

起重工业园区是经国家审核、省政府批准的省级特色产业开发区。辖行政村20个，44 315人，规划面积35km²，建成区8km²。4年固定资产投资60亿元，修建道路6纵13横，65km，建成110kV、35kV变电站各1座，铺设各种管线265km，建成车间厂房150万m²，绿地162.5万m²。建成区实现了水、电、气、通信等“九通一平”和亮化、绿化。园区已入驻企业211个、商户近400个，年产起重机20万台、起重机配件160万台（套），年销售额60亿元，利税5亿元。产品不仅畅销全国各地，而且出口伊朗、日本、韩国、印度及东南亚等十几个国家和地区。园区整体通过ISO14001环境管理体系认证，走出了起重产业聚集、科技含量高、经济效益好、资源消耗低、环境污染少的新型工业之路，目前，是全国起重产业科技示范园、河南省中小企业创业基地、河南省首批四家民营科技园区之一，并被商务部确定为“中国自主创新示范基地”，获科技部“全国优秀民营科技创新奖”。园区已是中国开发区协会理事单位、中国民营科技促进会会员单位、中国重型机械工业协会常务理事单位。园区党委书记、管委会主任滑学之被评为2004年“中国改革百名优秀人物”、2005年“河南省十大经济新闻人物”、2006年全国民营科技创新先进工作者。

二、创新机制、服务企业、工农双赢

起重工业园区组建4年多来，在各级党委、政府领导下，发扬“抢抓机遇的开拓精神，勇于探索的创新精神，艰苦奋斗的拼搏精神，一心为民的奉献精神”，打造了起重装备制造业的新天地。园区建设坚持了“创新机制、服务企业、工农双赢”。

建园伊始，管委会就提出科学发展，创新机制，坚持“加快科技创新，实现二次创业”的构想。报请国家发展和改革委员会，聘请中国机械科学研究院、中国机械工业信息研究院的权威专家、学者，制定完成了土地规划、建设规划、产业规划、经济发展规划，聘请北京及全国知名专家、教授、学者24人组成专家指导委员会，形成智力支持体系。

几年来，园区强化区域支持和政府推动，搞好公共服务平台建设：设立了园区行政服务大厅，坚持一个窗口对外、一站式办公、一条龙服务。对企业服务实行“三制”：限时办理制、联合审批制、明确答复制，一般事宜直接办理，上报审批事项陪同办理或代办制。建立了市级高新技术创业服务中心，完善科技创新创业三级孵化体系，即集中孵化初创企业、规模孵化项目企业、增值孵化规模企业。已进入创业服务中心孵化企业38家，发展势头良好。建立了河南省生产力促进中心园区分中心。完善了引导科技成果转化、知识产权保护、企业管理咨询、市场策划等服务，全力为企业营造发展环境，协助企业创造财富，使入园企业家舒心生产、放心发展。引导企业优化产业结构，强化质量意识和诚信品质，争创名牌产品，扶持25个企业抱团申报C—PAPK品牌。已创“中国名牌”1个，“全国著名品牌”9个，“中国知名起重机十佳品牌”1个，9家企业获省名优企业称号。申报专利126件，组织新成果鉴定的2项成果均达到国内先进水平。

园区管委会坚持全方位优化投资环境，以服务引企业，以企业引项目，以项目引资金，以环境聚产业。建立广泛的招商引资网络，搞好完善的多层次、宽领域的项目储备。采用产业引进、项目引资、科技引智等多种形式，争取更多的高科技配套企业到园区兴业发展，入园高新技术企业13个、科技企业68个。南京机电、无锡电机、东泰齿轮、重科减速机、浩翔电缆电器、双桥焊材等项目相继入园，拉长了集群产业链。目前，新建工业项目大量增加，显示出园区起重产业集群的发展后劲。已投入新建的有9项,总投资5.5亿元,主要有河南东风起重机械有限公司项目、河南巨人集团年产5 000台单双梁起重机项目、中原圣起年产300台多功能机械手起重机项目、重工集团年产8 000台减速机项目、山西的智能矿灯项目、南京南开电器公司起重电器项目、新乡市金龙塑胶有限公司煤矿专用输送带项目等。正在谋划中的有9个工业项目,新乡新起机器设备有限公司年产万吨传动轴、纽科伦欧式起重机等,总投资10.65亿元。

"为民"是园区一切工作的出发点和落脚点。园区管委会坚持"依法行事,以民为本,关注民生"方略。在科学发展观、构建和谐社会思想指导下,制定了"农业经济向工业经济过渡,农村向城市过渡,农民向市民过渡"的方针,建立健全失地农民保障机制,先后制定了《关于失地农民就业与社会保障管理办法》、《起重园区失地农民基本生活保障办法》,从就业安置、土地安置、房屋安置,以及社会保险、合作医疗、大病救助、开发式补偿等全方位的认真解决了失地农民的生活生产问题。截至目前,共安置失地农民就业6 000余人、参加医保28 000人、解决农村低保1 600人、就业培训5 000人,确保了社会的和谐与稳定。

三、五大转变

园区的建立,为起重机械及相关联产业搭建了腾飞的平台。以园区为载体,推动了产业集群发展,产业集中度明显提高,产业的集聚力明显增强,产业的核心技术、品牌效应与营销网络优势更加明显。起重产业作为主导产业的带动作用更加有力,产业竞争力和可持续发展能力得到全面提升。各类企业共同享用基础设施和配套服务,企业利益增大、成本下降,整个园区出现了五大变化:

1. 生产条件由陈旧设备向先进设备转变

新型设备替代旧设备、先进的数码控制车床广泛使用、检测手段实现了现代化。巨人公司80t电动葫芦检测平台,被专家定为"中国第一",并作为大吨位电动葫芦测试中心;重工集团配置了高精尖的起重机300t实验平台,在全国也名列前茅;数十家大中型企业使用变频调整技术、PLC控制技术、远程遥控操作技术。

2. 人员素质由土专家向科技型专家转变

长垣起重兴于民间,人员多是土生土长的土专家,现在已大量引进科技人才。园区企业共从外地聘请有职称的科技和管理人员5 716人,其中具有副高以上专业技术职称的856人。这些人员的到来,为企业培养了一批又一批一线技工,而且带动了企业与数十家大专院校、科研机构进行产品研发,瞄准了国内外起重行业高科技的新走向。

3. 管理由家族式向规范化转变

长垣起重行业都是民营企业,过去的管理多为亲情、家族、血缘型。随着园区的建设发展,有的进行了重组、扩建,有的形成大的集团公司,已经和正在应用现代化管理,有的已经完成蜕变。卫华公司、重工集团、中原公司、巨人公司等18个企业已被验收为大中型企业!78家企业取得了ISO9000:2000质量管理体系认证。其中,14个通过了ISO9001:2000、ISO14001:2004、OHSAS18001:1999质量/环保/职业健康三位一体认证。

4. 产品从小吨位向大吨位智能型转变

长垣不仅小吨位起重机占据全国市场60%份额,大吨位、智能型产品也占到了全国市场份额的20%;园区内新型产品已平稳下线,经检测符合国家标准;900t大型架桥机、多功能机械手起重机等高科技智能化产品,QQ75—125t电站专用轻型变频起重机、液压抓斗填补了河南空白。此外,各种型号系列的防爆电动葫芦和防爆起重机系列、环链电动葫芦,都是高科技新产品。

5. 生产环境的转变

过去的起重机械生产企业分散在农村,生产、生活、运输有诸多不便,资源共享度低,园区的开发彻底解决了这些最让企业家关注的问题。现在的园区,拥有宽阔平坦的道路、系统完善的地下管网,天上没有黑烟废气,地上没有污水排放,实现了渠水清澈与噪声控制。

四、展望未来

起重园区今后仍将以起重产业集群为基础,坚持以工为主、以人为本和务实为民的理念,按照"产业园区化、农村工业化、城乡一体化、人居现代化、保障社会化、环境生态化"的设想,发挥"区位、产业、品牌"三大优势,以"工业强区、民主政治、富裕文明”为目标，着力实现城乡互动，工农互补和社会和谐的全面发展。

园区要培育发展一批能参与国内竞争、对中心城市建设、县域经济发展和促进城乡居民收入起带动作用的龙头企业，初步形成功能较为完善的产业公共服务体系，完善起重产业综合配套功能，建立若干个研发中心、检测中心和信息中心。

预计到2010年，入园企业达到220个，年销售收入达到120亿元，其中年销售收入10亿元企业6个，5亿元企业4个；中小吨位起重机生产能力占全国总量的60%，整体技术达到国内领先水平；大吨位、智能型起重机械生产能力占全国总量的25%以上，技术水平接近国际先进水平；力争创建3~6个国内知名品牌，成为国家级起重机械制造生产基地。

回望过去，成绩喜人；瞻望未来，任重道远。园区管委会坚持以人为本，和谐发展，力争尽快把园区建成经济发达、特色鲜明、环境优美、配套齐全、社会和谐、工农一心，集创业、生产、营销、物流、居住、娱乐、生活、发展为一体的现代化综合性特色园区。

〔供稿单位：河南长垣起重工业园区〕

哈尔滨众鑫重型机器有限责任公司

哈尔滨众鑫重型机器有限责任公司是由原哈尔滨重型机器厂经改制注入优良资产重组后成立的国有控股有限责任公司，继承原企业的全部业务及资质。公司位于哈尔滨市高新技术开发区（哈平路集中区）大连北路15号，总投资6亿元，专业生产斗轮堆取料机、装船机、装车机、露天矿采煤机等松散物料装卸机械，年生产能力26 000t。产品遍及电力、冶金、煤炭、建材、化工、港口码头等行业，近销国内30个省、市、自治区，远销亚洲、欧洲等地，国内市场占有率65%以上。

公司是原机械工业部重点骨干企业，国家二级企业，国家一级计量单位，是我国散状物料装卸设备的定点专业生产厂，“国家重大技术装备国产化基地”21户企业之一，同时拥有工业锅炉和压力容器设计、制造许可证，具有自营进出口经营权。

公司技术力量雄厚，设有国内惟一从事斗轮堆取料机系列产品的专业企办研发机构——散料装卸机械研究所，专业从事斗轮堆取料机系列产品的研发，可自行设计和制造额定生产能力100~6 000t/h、回转半径12~80m，轨距5~70m，适合客户不同需求的各种规格、各种型式的散状物料搬运设备，开发研制了7大类、24个系列、85个品种、148个技术规格的斗轮堆取料机产品系列。完成国家级重点新产品研制任务12项，国家重大技术装备攻关项目16项，拥有国家授权的实用新型专利4项，累计为国家研制700余台斗轮堆取料机及派生产品。公司曾获国家级质量管理奖、国家重大技术装备攻关项目示范企业等荣誉称号，2002年被国家科学技术部授予“全国CAD应用工程示范企业”称号。

公司是装备制造业中率先通过ISO9001质量体系认证的企业，主要生产部门有机加工分厂、金属结构分厂、热处理分厂、金工装配分厂、锅炉容器分厂、产品部件试验室、大型结构件试装场地等，冷热加工设备齐全。设有中心实验室、理化基地、无损检测室等，拥有国内外先进的无损检验设备和检测方法，可对大型钢结构及大型铸锻件进行全方位检测。

客户满意是公司追求的质量目标，为客户提供优质产品是公司永远的经营宗旨。哈重人诚邀国内外各界朋友携手合作，共谋发展。

〔供稿单位：哈尔滨众鑫重型机器有限责任公司〕

上海青浦起重运输设备厂有限公司

一、企业发展概况

上海青浦起重运输设备厂有限公司成立于1994年，是青浦本地实业型民营企业，现注册于基础设施完善，投资环境良好的上海青浦工业园区。

公司先后被评为“中国优秀民营科技企业”、“全国重合同、守信用企业”、“上海市高新技术企业”、“上海市职工最满意企业”，并于2001年通过ISO9001:2000国际质量体系认证。公司现有员工435名，大专以上主要技术人员55名，各部门管理人员39人，技术开发能力及生产制造实力均相当雄厚。主要产品为各类桥（门）式起重机及各类高规格带式输送机。

二、市场经营及销售情况

公司产品主要服务于国内各大中型企业，为其产品升级换代及大规模技术改造实施配套生产，如：宝钢集团、煤炭科学研究总院上海分院、上海振华港机公司、陕西秦岭水泥股份有限公司、上海隧道股份有限公司、上海外高桥船厂、江阴兴澄钢厂、沙钢集团、吴泾电厂、闵行电厂等大型钢厂、电厂、码头和煤矿等行业企业。

2006年，公司产值为3.42亿元，上交国家税收1 348万元，2007年预计产值4.2亿元，上交国家税收1 500万元左右。年人均产值86万元，已连续4年在行业内排名全国第一。带式输送机连续4年被评为“上海市名牌产品”。

三、科技成果及新产品

公司申请的国家实用新型专利有5项，其中托辊的密封性结构和鼓形改向滚筒已获国家实用新型专利，另外3项正在审批过程之中。

目前企业已建立区级起重运输设备研发中心，近几年成功开发的山西赵庄STJ1600/3×1850强力带式输送机，技术水平先进，受到顾客的高度评价，此外，承接的神华集团18km（6km×3）超长运距智能化带式输送机刷新了国内自行研究制造带式输送机最长的记录，目前越南国内最大的冶金铸造起重机也由上海青浦起重运输设备厂有限公司自行开发制造。公司又先后承接了罗泾矿石码头二期改造工程，上海外高桥第三发电有限责任公司2×1 000MW超超临界燃煤发电机组工程等市重大项目的配套生产任务，开发的新型高规格皮带机受到顾客的一致好评。

四、产品质量及标准工作

公司开发生产的大吨位智能化起重机、超长运距智能化带式输送机已达到国内先进水平，具备了与国外同类产品竞争的技术水平，部分主要部件的设计制造水平已达国际中上水准，主要产品制造采取的标准为GB/T10595—1989。日常生产工作均严格贯彻ISO9001:2000国际质量体系标准，务必使每一生产环节受到体系的严格控制，确保产品质量符合体系标准。

五、基本建设及技术改造

公司现由两个厂区组成，包括位于园区主干道华青路815号、新业路788号，占地面积29 333m^2（44亩），总建筑面积20 500m^{2}的一期总部，及位于华盈路2288号、总占地面积44 000m^2、建筑面积28 000m^{2}的二期厂区。2007年底将完成总建筑面积3 570m^2，集办公、会务、展示、实验等一体的研发大楼，以及华盈路二期19 333m^2（29亩）扩建工程。2003～2006年，公司先后实施了两次大规模技术改造，包括新增添2套托辊生产线及添置大量的检验、检测、实验设备。

六、对外合作

公司产品远销法国、日本、巴西、澳大利亚、伊朗、越南等国家。在公司五年发展规划中，将进一步开拓国际市场，目标锁定东南亚地区及欧洲市场，争取成为立足长三角、放眼全世界的先进制造业典范。

七、改革与结构调整

从2005年起，公司内部管理及生产队伍进行了重大调整，将起重机与输送机作为两支独立的分支严格划分，分开管理、分开生产、相应的人员也严格区分，分工更为明确，有利于两支队伍更加专业地为客户服务。通过10多年的创新努力，公司已完成了从最初的传统型机械制造企业到科技型实体民营企业的成功转型。目前在生产场地及生产能力上已具备了相当的规模，有实力和能力承担各类型重大项目及工程的研发制造。

〔供稿单位：上海青浦起重运输设备厂有限公司〕

本溪钢铁(集团)起重机制造有限公司

一、企业发展状况

本溪钢铁(集团)起重机制造有限公司是本溪钢铁集团下属的国有企业,是集研发、设计、制造、安装、大中修为一体的起重运输机械专业制造企业。公司成立于1995年4月,注册资本1 519.7万元。2006年,企业实现产值10 439万元,为年度计划的136%;起重机产品销售收入10 347万元;全年上缴税金838.4万元;实现利润87.6万元。

本溪钢铁(集团)起重机制造有限公司开发生产的胶带运输机、大吨位便携式电动单梁起重机、高速公路架桥机、各类板坯和钢卷夹具、大型冶金铸造起重机、塔式起重机、工业环保除尘设备、百吨桅杆起重设备等产品,严格按国家标准设计制造,运行安全、质量可靠,深受广大用户的赞誉。目前,公司已能够设计生产11大类百余种产品,其主导产品大型冶金铸造起重机的起升能力已达260t,成为我国冶金行业惟一一个能够制造大吨位冶金铸造起重机的企业。“本起牌”起重机不仅占领了本溪地区90%以上的市场份额,销售的触角也已经延伸到鞍钢、营口、朝阳、东北地区及朝鲜、奥地利、哈萨克斯坦等国内外市场。

本溪钢铁(集团)起重机制造有限公司始终不渝地坚持科技兴企的发展战略,同大连理工大学有着长期密切的技术合作关系,其技术中心已经进入省级技术中心行列。公司在不断开发高新技术产品同时,逐步将企业管理与计算机技术、网络技术相结合,将当代高新技术应用于业务流程管理与控制,不断完善PLC可编程序控制技术、变频调速技术、遥控技术和调压调速技术,努力打造技术领先的优质产品满足广大用户的需要。

二、科技成果及新产品

1.2006年在技术创新和技术管理方面取得的骄人成绩

2006年,公司被本溪市政府认定为“本溪市高新技术企业”;产品研发部门被授予本溪市技术研究开发中心称号;技术中心被市经委评为“基层管理创新先进单位”;起重机智能平台建设项目获省政府资金支持;公司高级顾问孙国杰教授被评为“十五”期间全国重机行业先进科技工作者,肯定其对全国重机行业的推进作用;自行研制的260/65/15t冶金铸造起重机被评为“辽宁省科技成果转化三等奖”;320t铁水运输车获本钢科技进步二等奖;在省科技厅和省版权局举办的自主创新宣传活动中,被评为“自主创新优秀品牌企业”。

2.不断研发新产品,推进技术创新,企业竞争力不断提升

企业财富的增长和职工生活的改善越来越有赖于知识的积累和创新。当今时代,谁在知识和科技创新方面占据优势,谁就能在发展上掌握主动。至此,公司上下一心,真抓实干,科技创新、把握先机,开发新产品,加快科技成果向现实生产力转化,为今后的发展提供持久动力。

2006年,技术中心开发技术含量较高的研发项目5项,即上回转起重机、冶金吊具、现场总线通信在变频驱动系统中的应用、设计平台电气模块、韩国艾莱玛调压技术应用。以科研小组为单位,承揽公司6项技术攻关课题,即45°剖分式小车架瓦盖制作技术攻关、石油管线钢使用技术攻关、大连港42t吊车卷筒机械加工及表面热处理、吊车制作主梁开平板拼接波浪变形的控制和钻模使用等技术攻关。目前已全部完成。

2006年,公司共设计了57种78台起重设备,主要产品一级品率达到97%以上,特别是为大连港制造的两台港用桥机在制造质量上是公司的优质之作,丝毫不逊于国内名厂。上述产品,均是当年设计当年生产,当年投入使用。

加大新技术的投入,确保本钢重点工程起重机械的技术升级。在已完成的本钢重点工程50台起重机中,特别是一冷工程起重机的研制中,广泛应用了PLC可编程序控制、变频调速、遥控和调压调速技术,开发了现场总线通信应用、变频轻载增速应用、变频器在恒压供水中的应用等国内领先技

术，不仅保证了主导产品的技术升级，而且对本钢主体生产厂矿起重设备的技术升级起到了积极的推动作用。

2006年，实现新产品产值3 178.5万元，占销售总额的31%；高新产品总产值6 266万元，占销售总额的60%。

2006年，公司把提高自主创新能力作为企业战略贯彻到生产经营的各个方面，320t铁水运输车项目有多项自主知识产权，在冶金吊具方面获得两项专利。

三、产品质量及标准工作

拥有国家A级特种设备(起重机械)制造许可和A级特种设备(起重机械)安装改造维修许可及建筑业起重设备安装工程专业承包一级资质，公司于2000年通过ISO9001:2000国际标准质量体系认证。

2005年主要产品全部合格，一级品率达到65%以上；荣获国家、省、市质量技术监督部门颁发的“中国驰名品牌”、“全国用户产品质量满意售后服务满意十佳企业”、“辽宁省名牌产品”、“最佳产品”等称号；公司被本溪市推荐申报“AAA级标准化优良行为企业”。

四、基本建设及技术改造

本钢起重机制造有限公司利用打造以沈阳、鞍山、本溪、抚顺等七城市为中心的装备制造业基地的契机，根据市场需求和技术发展的趋势，把企业新产品的开发生产定位在大吨位起重设备上。为此，公司提出在桥头镇实施大吨位起重设备生产基地改造项目。新厂区占地面积4.1万m^2。一期改造工程进入收尾阶段，完成新厂房建筑面积6 600m^2，二期改造工程业已启动，桥头基地建成后制造起重机的吨位可从200t提升到450t，争取十年规划的前五年企业年制造能力达3亿元产值，后五年企业年制造能力达8亿元产值，成为独立的具有盈利能力的非钢项目支柱产业。

五、对外合作

公司始终不渝地坚持科技兴企的发展战略，同大连理工大学有着长期密切的技术合作关系。1995年双方合作研发10t 94m跨装卸桥为合作之始，1997年大连理工大学机械室副主任、大连工程机械研究所副所长孙国杰教授常年受聘于公司，2001年9月16日公司与大连理工大学签订了长期全面技术协议。2006年，技术合作更加拓宽和深入，新产品开发数量是往年的2倍，技术含量达到国内外先进水平。2007年年初大连理工大学党委林安西书记率专家组再访公司，揭开合作新篇章。

另外中心还与重庆钢铁设计研究院、武汉钢铁设计研究院、北京钢铁设计研究院、冶金自动化设计研究院、本溪钢铁设计研究院、ABB公司等建立了科研项目开发的技术合作关系。

〔供稿单位：本溪钢铁(集团)起重机制造有限公司〕

鞍钢重型机械有限责任公司

鞍钢重型机械有限责任公司(以下简称鞍钢重机公司)，是一家有着74年发展历史的装备制造业大型企业。作为鞍钢首批改制企业之一，自2005年4月28日成功改制以来，在国家政策和鞍钢集团公司的大力扶持下，鞍钢重机公司以全新的运行机制轻装上阵，在设备改造、新产品研发、市场拓展等方面取得了长足的进步，企业经济效益连年递增，实现了跨越式发展。

一、公司概况

鞍钢重机公司改制前是鞍钢集团所属的全资子公司。公司始建于1933年，是我国冶金机修行业历史最长、规模最大的机械生产厂家，原名为鞍钢机修总厂。1984年10月与原冶金工业部的鞍山冶金设备制造公司合并组建成鞍钢机械制造公司，隶属于鞍钢集团公司。1995年11月与鞍钢签订主辅分离协议，成为自主经营的经济实体。1998年6月与鞍钢签订分立协议，成为鞍钢所属的全资子公司。2005年4月改制为有限责任公司。

公司主要业务包括：机械、成套设备及备件、矿山、冶金、化工成套设备及备件的设计、制造、安装和服务；通用设备及备件设计、制造、安装和服务；金属结构制造；金属铸锻件制造；冶金粉末及制品；金属表面处理及热处理；有色金属铸件及制品（不含专营）；钢坯、钢锭，钢材、特种钢深加工，以及汽车运输，房屋、设备出租；物理、化学检验；二类以下机电产品经销；变压器、电机检修；玻璃钢制品；技术开发、转让、培训。

公司下辖 14 个单位，代管 1 个单位。下辖单位有：冶炼设备制造厂、北部机械厂、西部机械厂、灵山机械厂、铸钢厂、锻造厂、金属结构厂、轧辊厂、机电装备厂、冶金粉材厂、汽车运输公司、设计研究院（法人单位）、质量控制管理中心、技工学校（事业法人单位）。代管单位为机械实业总公司（法人单位）。

二、生产经营情况

2006 年各项经济指标实现稳步增长。在生产组织方面，围绕大型成套设备和重点项目，在生产计划安排、工艺方案制定和项目的调度指挥上，公司认真组织、精心策划，保证了各项生产的有序运行。公司生产制造的 5m 球磨机，以一流的产品质量和售后服务，赢得了用户的信任，为进一步拓宽国内矿山设备市场创造了良好业绩；公司生产制造的 2 450mm 轧机、取钢机、矫直机，是公司首次生产制造的大型成套设备，在生产组织过程中，公司集中优势力量，改进设计缺陷，以目前国内最短的工期完成了生产制造任务，实行一次热负荷试车成功，得到了用户的充分肯定。2006 年主要经济指标完成情况见表 1。

表 1　2006 年主要经济指标完成情况

指 标 名 称	单位	数值
工业总产值	万元	189 767.8
销售产值	万元	190 267.6
销售收入	万元	191 304.0
出口交货值	万元	4 899.1
工业增加值	万元	39 737.4
主营业务收入	万元	188 797.0
资产总计	万元	139 313.0
全员劳动生产率（按增加值）	元/人	65 921
全员劳动生产率（按工业总产值）	元/人	314 810
主营业务收入利润总额率	%	2

三、技术装备水平

为了提升公司的装备水平，增强发展后劲，公司从德国引进了 8 000t 自由锻水压机，该设备采用全新的自动控制系统，自动控制水平国内一流。公司还从武汉重型机床厂购置了 5m×18m 数控龙门镗铣床、齐齐哈尔第一机床厂购置了 16m 数控立式车床、齐齐哈尔第二机床厂购置了 ϕ250mm 卧式镗铣床、济南第二机床厂购置了 3m×10m 数控龙门铣床、5m×20m 双龙门五轴联动数控铣床等高精尖设备。

通过搭建信息平台，完善计算机信息系统，公司建立了现代化的生产调度指挥系统，促使企业在生产管理、技术管理、技术开发和市场开拓等方面上台阶，为企业进入国际竞争领域，实现管理现代化、科学化、信息化奠定坚实的基础。公司建立了 CAPP（计算机辅助工艺设计）信息化平台，为企业工艺编制和生产效率的提高，提供了有效的现代化保障。

公司先后通过了 ISO9001：2000 版质量管理体系认证，取得了法国 BVQI 公司授信的质量管理体系认证证书；获得了中国国家实验室认可委员会（CNAL）颁发的国家实验室认可证书，使公司生产制造的产品在理化检测数据上得到 33 个国家的认可。

四、新产品开发

公司以技术创新为先导，以新产品开发为重点，相继在水电产品、大型铸造支承辊、锻造支承辊、冷轧工作辊、船用曲轴等项目上取得新突破和新进展。

公司为三峡电站试制的 70 万 kW 水轮机下环，通过了辽宁省科技厅组织的成果鉴定。该产品的成功制造，表明鞍钢重机公司具备了生产大型先进水轮机转轮部件的能力，改写了我国此类铸件制造依赖进口的历史。目前，“大型水轮机转轮铸件制造技术研究及产业化课题”已列入国家“十一五”支撑项目，公司获得 6 000 万元的国拨资金支持。

公司研发的 6MC60、90 船用复合曲轴曲拐锻制成功。在取得中国船级社颁发的工厂认可证书的基础上，公司获得了丹麦 MAN－B&W 总部颁发的“大型船用柴油机曲轴锻件制造许可证书”，目前，公司已成为国内第一家申请六家船级社认证并且生产缸径范围最广的大型船用柴油机曲轴锻件的企业。

公司生产的大型支承辊是高技术含量、高附加值的产品。公司充分利用现代化的技术手段，严格控制冶炼、铸锭、锻造、热处理等每一个工艺环节，充分发挥计算机模拟技术优势，不断提高产品内在质量，锻造支承辊、铸造支承辊各项技术性能指标达到预期目标。

五、技术改造

按照“高起点，少投入，快产出，高效益”的技改方针，公司完成了灵山机械厂装配车间新厂房扩建工程、粉材厂还原炉生产线、曲轴加工车间厂房基础施工、锻造厂8 000t水压机配套设施和热处理车间等重点技改工程项目，热处理三大作业区（大型热处理区、支承辊热处理区、井式炉热处理区）形成规模。改造后的热处理淬火油槽、水槽、卧式差温加热和喷淬设备工艺、技术居国内领先水平，进一步提高了公司的设备能力和专项产品的生产规模。

〔供稿单位：鞍钢重型机械有限责任公司〕

国茂减速机集团有限公司

一、企业发展情况和企业文化

国茂减速机集团有限公司（以下简称国茂集团）是一家综合型的国家级民营企业集团，创建于1993年，总部位于江苏省常州市武进区，原名江苏国茂国泰减速机集团有限公司，2006年经国家工商行政管理（总）局核准，变更为国茂减速机集团有限公司。14年来，集团公司在徐国忠董事长的领导下，从无到有、从弱到强，始终以“持续发展，争创一流”为企业宗旨，以“追求完美品质，始终满足客户”为质量方针，推进品牌战略，提升品牌内涵，调整经营策略，打造规模经济。集团公司总资产4.5亿元，占地面积25万m^2，毗邻集团公司的国泰工业园区占地面积186 666m^2（280亩），公司拥有员工1 800余名，各类专业技术人员占员工总数的20%，已具备30万台减速机的年生产能力。2004年以来，集团公司生产的产品连续多年被评为“江苏省名牌产品”，“国茂”商标被认定为“江苏省著名商标”，并连续多年被授予“武进区成长型企业”、“江苏省AAA级资信企业”、“信用（合同）AAA级企业”、“武进区工业先进企业”、“纳税先进企业”等荣誉称号，2005年、2006年连续被常州市市政府评为“明星企业”。集团公司现已成为苏南减速机行业的龙头企业，成为中国减速机行业的一颗新星。

国茂集团是伴随着改革开放的步伐成长起来的。创业初期，国茂集团以“踏踏实实做人，认认真真做事”为工作思想，以“客户是衣食父母，要用孝心去对待”为经营理念，以最优的产品、最好的服务满足客户需求，较快地开拓了市场，获得了良好的市场口碑。受传统教育的影响和在朴素愿望的牵引下，早期的创业精神为国茂文化的精髓，即：团结、敬业、拼搏、进取的企业精神。通过14年不断地提炼和培育，创建出了一大批重视国茂文化、欣赏国茂行为的人本资源，再加上逐年增加的忠诚于“国茂”的客户群体和倾力支持“国茂”发展的供应商团队，使国茂事业跨过一个又一个历史高度，更将成为以后不同时期集团公司健康成长的重要动力。国茂集团从谋求生存的朴素愿望到国茂文化底蕴的形成，从管理理念的导入到管理活动的开展，从产品品牌的朦胧意识到品牌建设的具体实施，实现了经营理念的不断提升，逐步奠定了集团公司持续快速发展的基础。

二、坚持持续快速发展，加快生产结构调整，增强技术创新能力

随着品牌知名度的不断提高，市场占有率的不断扩大，国茂集团积极采取有效措施，扩大生产能力，满足市场的迅速增长，提高竞争实力。近年来集团公司每年投入6 000多万元进行设备投资和基础设施建设，引进了Nilse德国成型磨齿机、OKUMA卧式加工中心等一大批国内外先进设备，大大增强了齿轮减速机的加工精度和生产实力。同时，集团公司积极进行生产结构调整。2004年，设计建造了 1.5 万 m^2 的摆线生产标准厂房，从 2 个制造部门调整为 5 个制造部门，并且加快了基础设施建设。2005 年，设计建造了起吊能力达 50t，建筑面积 1.8 万 m^2 的硬齿面标准厂房，扩大了生产厂房面积，为新一轮的发展作好充分准备。

为了保持企业旺盛的生命力，集团公司加大了新产品的开发力度。2002 年，集团公司成立了技术中心，广纳贤才，加快技术开发，不断提高技术管理水平，成功开发了 G 系列斜齿轮减速电动机。产品达到发达国家先进水平，一经投放市场就以优良的品质、合理的价格得到了广大客户的认可，产品供不应求，主要配套于韩国蒲项、包头钢铁、邯郸钢铁、首钢等国内较知名的冶金企业，并有部分减速机配套出口东南亚、欧洲等地，具备了与 SEW 公司、弗兰德公司同台竞争的实力。现在，技术中心已有高级工程师 7 名、工程师 18 名，参与设计开发人员达到了 36 名，具备了较强的新产品开发能力，省级技术中心也在积极申请之中，并和常州市大学城产学研教育基地签订了合作项目，为增强技术中心的整体研发能力打下了坚实的基础。2005 年，集团公司又陆续开发了 PV 系列通用齿轮箱、MBY 边缘传动齿轮减速机等新产品，并积极创新摆线针轮减速机的加工工艺，成功开发了 8 000 系列摆线针轮减速机，现已投入批量生产。这些新产品已经成为集团公司持续发展的后续力量。凭借品牌的市场影响力，企业每年的销售额增长幅度都超过了 60%，创造了减速机行业发展的奇迹。

三、以质量管理体系标准为基础，强化测试手段，增强产品质量控制能力

为给公司的发展带来活力，集团公司不断加强产品质量控制，优化质量管理工作，不断完善质量管理和质量保证体系。2003 年，集团公司建立了理化分析中心，加强对原辅材料的物理性质和化学成分的检测和鉴定，并且每年对供应商进行质量合格评审，提高供应商的质量意识，保证原材料的合格率，从源头控制产品质量。同时，集团公司制定明确的质量目标，层层分解、层层把关，将目标完成情况作为考核指标与绩效工资挂钩，促进各层次人员在思想上、管理上和技术上面对市场和客户的需求变化，不断创新、精益求精，找出公司产品与客户期望的差距，发现公司内部存在的问题，将此作为评价公司质量管理体系和实施持续改进的依据。

近年来，国茂集团不断强化测试手段，引进了三坐标测量机、齿轮检测中心和 37kW、75kW、600kW 型式试验台等检测设备，成立了箱体检测中心、齿轮检测中心和整机测试中心，极大地完善了产品的检测体系，提高了产品整体质量水平。2006 年，集团公司以较高的分数通过了国家矿用产品安全标志认证，并且积极推行卓越绩效管理，获得了“江苏省质量管理先进企业”称号；2007 年又通过了 ISO14001 环境管理体系认证，并且把 5S 管理纳入了管理体系，具备了完善的质量管理保证体系。

四、强化社会责任，树立良好的社会形象和品牌形象。

如果把企业比作一棵长青树，那么经济效益就是这棵树的树冠，社会效益就是树根，企业不能只关注树冠，还应精心培育深植入社会土壤中的根，从而实现企业与社会的双赢。自集团公司创建以来，在大投入、快发展的过程中，不忘回报社会，积极投身慈善事业，先后向区、镇各级贫困生助学基金会和社会慈善捐款近 500 多万元。2006 年，向常州市武进区慈善总会一次捐款 1 000 万元，使集团公司树立了良好的社会形象。

如果说社会形象是企业经济发展的根本，那么树立品牌形象就是企业发展的永恒主题。国茂集团自创建以来，不仅注重内在质量，更加注重外观质量。2004 年集团公司投入 500 多万元建立了 3 条涂装流水线，并且积极改善包装工艺，加强物流运输管理，极大地提高了产品质量档次。同时，集团公司实施精品形象工程，积极进行企业形象视觉识别系统的设计和策划，全国 8 大营销分会 100 多个分公司重新设计装潢店面，逐步统一各分公司的营销形象，规范公司商标、文字图形的使用，进一步扩大了市场影响力，从内到外提升了国茂品牌形象。

历经风雨看彩虹，加快发展创奇迹。国茂集团将进一步理清经营思路，瞄准更高的目标，加大投入、加快发展，提高减速机的研发能力，加快新产品开发，增强企业整体竞争实力。全体“国茂”人必将把满腔热情投入“国茂”事业，为创建民族品牌，振兴减速机工业而顽强拼搏。

〔供稿单位：国茂减速机集团有限公司〕

加强科技创新　实现跨越发展

——中原特钢股份有限公司

一、公司概况

中原特钢股份有限公司（以下简称中原特钢）地处河南省济源市，始建于1970年，1984年建成投产。公司隶属于中国兵器装备集团公司，是中国兵器装备集团公司惟一一家专业特殊钢材料生产企业，曾荣获全国节能先进单位、兵器行业人才培养先进单位和河南省科技开发百强单位称号，是国家统计局认定的全国大型企业之一。截止2006年底公司拥有资产12.48亿元，占地面积365万 m^2，建筑总面积52万 m^2，主要工艺设备3 500台（套）。公司现有员工3 500余人，其中各类专业技术人员约1 200人。

中原特钢现有的主生产线——精密锻造生产线居国内领先地位，拥有从炼钢到锻造、机械加工、热处理所需各种国内先进水平的工艺装备。公司近年来不断加大技改投入，先后完成了连轧管机限动芯棒生产线技术改造、重油改天然气技术改造等项目，建成了瓦楞辊生产线、铸管模精加生产线、石油钻具精加生产线、中频热处理生产线等多条专业化生产线，形成了国内独具特色的长轴类件加工及深孔能力，技术装备水平、民品开发能力、质量保证能力和实际生产能力不断提高。

二、产品构成、市场份额及生产能力

长期以来，中原特钢坚持实施差异化竞争战略和名牌精品战略，不断加快新产品开发和市场开发步伐，形成了自己独特的产品结构，产品除销售国内市场外，还销往东南亚、欧美等国家，拥有自主进出口经营许可权。公司产品主要包括优质特殊钢锻件和机械深加工制品，并已经形成三大系列主导产品：

（1）石油钻具系列。产品包括普通石油钻铤、螺旋石油钻铤、加重石油钻杆、无磁石油钻铤、钻具扶正器等。公司是国内最早开发生产石油钻铤和加重钻杆的企业，产能和市场份额均排国内前列，大规格石油钻具占有国内80%以上的市场份额，无磁钻铤为国内独家生产。

（2）以MPM限动芯棒为代表的工模具产品。限动芯棒为国内独家生产，在该产品的生产制造上拥有自主知识产权，产品性能达到国际先进水平。目前，产品已成功进入天津钢管公司、包头钢铁公司、鞍山钢铁公司、成都大无缝钢、衡阳钢管公司等国内大无缝钢管生产企业。

（3）以机械加工件、轴类件为代表的“专、精、特、新”锻材锻件产品。产品包括冶金轧辊、铸管模、超临界高压锅炉管、瓦楞辊等为代表的轴类、机械加工件毛坯及成品。其中，锻材锻件产品以1 400t精锻机精锻成形，锻件内在及表面质量好、尺寸精度高，拥有稳定的市场需求。铸管模产品通过精良的制造工艺，在国内同类产品中质量最优、使用寿命最长。同时，公司还可根据用户要求提供各种空心、实心和多台阶（或锥形）大型轴类精锻件和自由锻件。

中原特钢主导产品中的无磁钢石油钻具、贝氏体钢、MPM限动芯棒等产品填补国内空白。无磁钢石油钻具荣获国家自然科学发明三等奖，被列入国家级重点新产品。MPM限动芯棒2006年荣获国家重点试制新产品证书。无磁石油钻铤、MPM限动芯棒、铸管模、连铸辊等产品获得河南省高新技术产品证书。石油钻具、铸管模、冶金轧辊、超临界高压锅炉管等产品为目前国内独家具备完整生产线的生产企业，在国内和国际市场上都具有较强的竞争优势。公司目前已形成炼钢15万t、锻造12万t的年综合生产能力和年产石油钻具12 000支、限动芯棒成品2 000t、铸管模成品800支、瓦楞辊毛坯6 000支的机械加工生产能力。

三、产品研发及质量保障

中原特钢多年来承担了多项国家重点科研项目和新材料、新产品试制任务，大批科研成果通过省部级鉴定。公司理化计量中心试验室为兵器行业一级理化检测单位，计量为国家二级计量机构。

1997 年 9 月，公司通过 ISO9002 质量体系认证，并于 2002 年完成由 ISO9002 向 ISO2000 族的过渡转换工作。2006 年公司通过军工产品质量保证体系 GJB9001A 认证审核。除在军工方面取得武器装备科研生产许可证外，公司在民品方面还先后取得了大规格轴承钢、石油钻铤、超临界高压锅炉管、人造水晶高压釜等产品国内生产许可证、美国石油协会（API）钻铤产品会标使用证、A1 级超高压容器设计制造许可证、船用锻件美国船级社 ABS 和德国船级社 GL 等认证。

四、发展战略目标

中原特钢将自己的发展定位于产品专业化程度高、技术难度大，重要性、专用性较强的资本品和中间产品投入行业，瞄准特定市场、特定的用户，坚持差异化竞争战略，打造特色竞争优势，坚持名牌精品战略。

中原特钢"十一五"期间总的战略目标是：以科学发展观统领全局，通过抓好 8 项关键业务，落实 8 项战略措施，实现结构调整的 4 个目标、3 个拓展，保持生产经营的持续快速增长，做到 3 个"提前一年"，3 个"第一"：即以 2003 年为基数，2005 年已经提前一年实现了"622"战略第一步翻番；2008 年争取提前一年实现第二步翻番；到 2009 年争取再提前一年实现"十一五"规划目标，销售收入达到 20 亿元，利润 1 亿元以上。三个"第一"即芯棒世界第一、石油钻具、铸管模国内第一。

中原特钢人将继续秉承"团结实干、创新自强"的企业精神，扎扎实实地做好各项工作，为把公司建设成为"国内一流、行业领先、具有国际竞争力的企业"而不断努力！

〔供稿单位：中原特钢股份有限公司〕

轧制设备及成套技术教育部工程研究中心

一、概况

轧制设备及成套技术教育部工程研究中心（以下简称中心）组建于 2007 年 1 月，依托于燕山大学，中心主任为刘宏民教授。

学校从 20 世纪 60 年代开始从事重型装备，特别是轧制设备及成套技术的开发研究，取得一大批高水平的科研成果，研究成果代表了当前国家最新技术水平；同时，培养了一支学术水平高、素质精良、相关专业和研究方向齐全的队伍，形成了从人才培养、研究开发到产品生产紧密结合的一体化机制，在国内享有较高声誉。

工程研究中心的建立，可以集中和整合燕山大学在轧制设备及成套技术研发方面的科研力量，实现人才队伍和多学科的交叉融合，提升学校在先进轧制设备方面的综合创新能力，形成新技术装备开发——成果转化——产业化的良性循环；它将加速我国轧制装备的研制与开发、成果转化及其产业化进程，促进企业技术改造和创新；在调整产业结构、提高产品质量和市场响应速度方面发挥核心作用。中心的建立，能够缩短我国冶金机械，特别是轧钢机械成套装备技术与国外先进技术之间的差距，实现基础研究和重大技术开发的有机融合，赶超世界先进技术水平，增强我国轧制成套设备及相关技术在国际市场上的竞争能力。

二、研究方向

1. 板带轧机设计和板形控制技术
2. 型钢轧机及产品质量控制
3. 管材轧机及产品质量控制
4. 轧机（CAD/CAE/CAM）数字化技术
5. 连铸连轧核心技术
6. 大锻件成形技术
7. 精密成型工艺与装备
8. 重型机械流体动力传输与控制
9. 轧制机电液综合自动化
10. 摩擦学

三、代表性技术

1. IGC650HCW 冷轧机组

研制的国内首套 IGC650HCW 冷带轧机已在攀枝花市西南精密带钢厂稳定运行了 5 年，关键技术已经成熟，精度已经超过国家标准（GB3526—

1983)高精度级的要求，达到了国际先进水平。

2. 900mm 平整机组

研制的900mm 平整机组，实现了带钢平整核心技术的国产化：开发高精度的平整机轧制力模型；综合运用弯辊和辊型优化技术，板形控制精度达到8～10I；合理设计延伸率和张力制度，避免带钢产生横折纹。

3. 2050CVCS 热轧精轧机

该轧机在德国 SMS 公司制造的2050CVC 热轧精轧机上创新研制而成的，在宝钢热轧厂投入使用半年，运行良好，工作辊组合轴承(SKF 公司产品)原偏载率降低80%，提高轴承承载能力1.6倍，为自由轧制创造了实施条件。

4. 空间自位型轧机

空间自位型高刚度轧机在河北省武安市2672工厂研制并首次投入使用，运行3年，年增效300余万元。为天铁集团轧二公司设计制造600空间自位型半封闭式轧机，运行近一年，轴承使用效果改善明显。

5. 钢管轧制过程仿真技术

本项成果是针对目前国际钢铁工业对无缝钢管连轧、减径系统工艺理论过分依赖经验设计而展开的，目的是应用计算机仿真技术取代传统的样机实验研究，已应用于宝钢现场仿真软件。

6. 分片内孔压磁式板形仪

本项成果关键在于改进了检测辊结构、传感器结构、集流装置以及计算机信号采集处理系统等。其特点是：安装方便，对带钢不产生损伤；实时准确反映板形状况，为真正实现闭环控制服务；实现板形自动控制系统国产化，节约外汇。

7. 型材三维拉弯技术及成套装备

汽车门框、窗框、流水檐、车身外金属铆条是一些零部件生产厂商的主导产品，拉伸弯曲机是生产这类产品的关键设备。中心自1990年开展了拉弯工艺理论及应用研究，取得了一系列研究成果，该项目获2000年国家科技进步二等奖，产品独占国内市场，并远销国外。

8. 电液伺服结晶器非正弦振动技术装备

电液伺服结晶器非正弦振动是发展高效连铸的关键技术之一，国外只有少数国家在生产中采用。中心通过"九五"攻关开发、研制了该项技术装备，填补了国内空白，并在生产中取得了显著效果。

四、中试车间

中试车间可以进行板带、钢管、型钢轧制、连铸连轧及大锻件成形过程控制模型及技术的验证性工业准试验；对轧制过程的工艺参数和设备的特征参数进行测试和识别；对产品性能质量进行检验；实现塑性加工先进制造技术研究与开发的集成化；进行各种结晶器正弦和非正弦振动的试验。中试车间可以对工程研究中心的成果进行准工业性检验，经过试验验证的机组设备和生产技术也可以出售或转让。中试车间将重点新建3个试验平台，即板带轧制综合试验平台(包括控轧控冷装置)，精密成形试验及质量控制试验平台和连铸结晶器振动试验平台。

五、中心人才

为了促进科技交流与学科发展，中心将聘任客座研究人员10～15人，其中包括2～4名博士后研究人员。中心每年招收40～50名研究生，研究生总人数为120～150人。中心优先向企业录取与本中心研究项目有关的工程硕士，使人才的培养与技术的转移有机地结合起来。在大型冶金成套技术装备领域中，通过直接参与研究存在的技术问题，培养并拥有了一支具有的技术创新、研究开发和集成能力的国内外一流水平的人才队伍。同时，为同行业和相关产业培养急需的科技和管理人才。

六、中心企业

中心下辖"秦皇岛燕大轧制设备成套技术工程研究中心"国有企业(独立法人)。公司现有员工40余人，主要经营范围有成套轧制技术装备研究开发、制造、销售、塑性成形产品销售；兼营机电一体化产品，冶金设备自动化工程，计算机工程软件，网络工程，仪器仪表设备的开发、设计、制造、销售，环保设备设计、制造、销售等。

〔供稿单位：轧制设备及成套技术教育部工程研究中心〕

统计资料

客观反映2006年重型机械行业主要经济指标及产品进出口情况

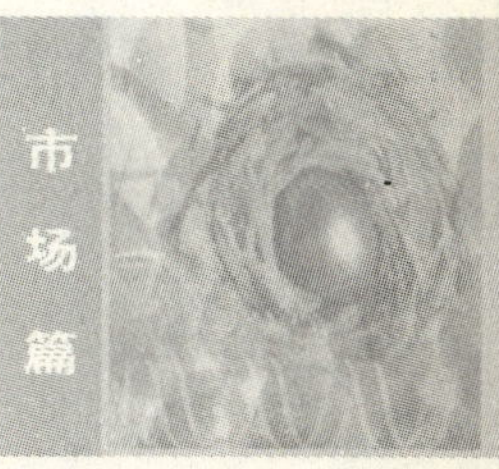

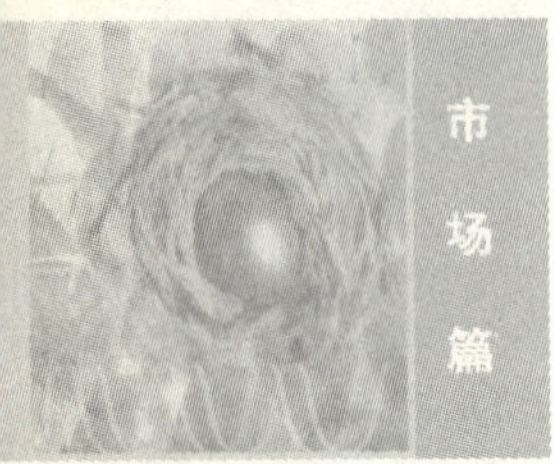

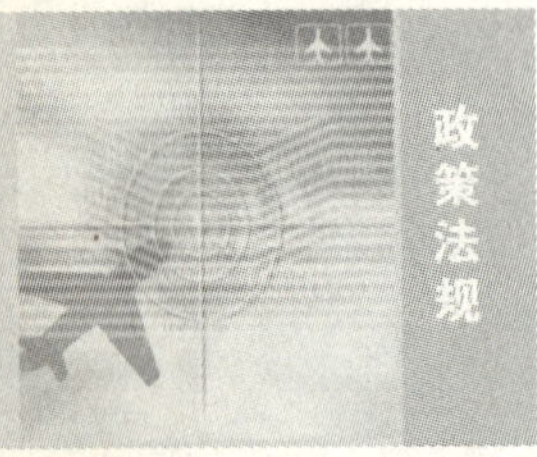

统计资料

2006 年重型机械行业主要经济指标

(单位:亿元)

行业及企业名称	企业数(个)	亏损企业数(个)	工业总产值(当年价)	其中:新产品产值	工业销售产值(当年价)	其中:出口交货值	全部从业人员年平均数(人)
重型机械行业合计	2 494	311	2 771.78	659.00	2 679.22	389.54	607 170
1. 冶金矿山机械行业	1 131	133	1 098.62	211.19	1 042.80	50.37	301 379
占重机行业比重(%)	45.35	42.77	39.64	32.05	38.92	12.93	49.64
2. 物料搬运(起重运输)设备行业	1 336	171	1 654.64	447.62	1 619.72	332.37	298 508
占重机行业比重(%)	53.57	54.98	59.70	67.92	60.46	85.32	49.16
一、冶金矿山机械行业							
1. 按企业规模							
大型企业	22		464.92	159.35	431.67	29.10	100 275
占行业比重(%)	1.95		42.32	75.45	41.39	57.78	33.27
中型企业	109	14	272.71	33.44	260.83	11.22	90 659
占行业比重(%)	9.64	10.53	24.82	15.84	25.01	22.28	30.08
小型企业	1 000	119	360.99	18.40	350.30	10.04	110 445
占行业比重(%)	88.42	89.47	32.86	8.71	33.59	19.94	36.65
2. 按注册类型							
国有企业	128	38	486.26	144.26	451.08	27.46	127 839
占行业比重(%)	11.32	28.57	44.26	68.31	43.26	54.51	42.42
私营企业	527	42	207.47	9.99	200.86	2.89	53 157
占行业比重(%)	46.60	31.58	18.88	4.73	19.26	5.73	17.64
其他内资企业	398	44	311.34	41.31	299.17	6.58	104 090
占行业比重(%)	35.19	33.08	28.34	19.56	28.69	13.07	34.54
三资企业	78	9	93.56	15.63	91.69	13.44	16 293
占行业比重(%)	6.90	6.77	8.52	7.40	8.79	26.68	5.41
3. 按控股类型							
国有控股	173	44	620.65	178.08	578.39	32.88	165 524
占行业比重(%)	15.30	33.08	56.49	84.32	55.47	65.28	54.92
集体控股	140	8	66.72	3.36	64.18	1.27	26 649
占行业比重(%)	12.38	6.02	6.07	1.59	6.15	2.52	8.84
私人控股	754	71	337.14	16.30	327.74	4.70	97 106
占行业比重(%)	66.67	53.38	30.69	7.72	31.43	9.33	32.22
三资控股	64	10	74.12	13.46	72.48	11.52	12 100
占行业比重(%)	5.66	7.52	6.75	6.37	6.95	22.87	4.01
二、物料搬运(起重运输)设备行业							
1. 按企业规模							
大型企业	14		686.08	341.55	677.05	205.89	74 485
占行业比重(%)	1.05		41.46	76.30	41.80	61.95	24.95
中型企业	151	17	532.38	90.16	523.81	97.47	101 361
占行业比重(%)	11.30	9.94	32.18	20.14	32.34	29.33	33.96
小型企业	1 171	154	436.19	15.91	418.87	29.01	122 662
占行业比重(%)	87.65	90.06	26.36	3.56	25.86	8.73	41.09
2. 按注册类型							
国有企业	87	29	249.22	66.67	242.72	20.31	52 844
占行业比重(%)	6.51	16.96	15.06	14.89	14.99	6.11	17.70
私营企业	660	61	293.80	16.32	282.47	14.63	79 004
占行业比重(%)	49.40	35.67	17.76	3.65	17.44	4.40	26.47
其他内资企业	383	49	349.52	53.83	339.48	42.00	89 609
占行业比重(%)	28.67	28.65	21.12	12.03	20.96	12.64	30.02
三资企业	206	32	762.10	310.80	755.05	255.42	77 051
占行业比重(%)	15.42	18.71	46.06	69.43	46.62	76.85	25.81
3. 按控股类型							
国有控股	130	41	554.85	313.75	547.25	188.83	89 591
占行业比重(%)	9.73	23.98	33.53	70.09	33.79	56.81	30.01
集体控股	142	13	134.70	18.01	130.23	8.14	28 438
占行业比重(%)	10.63	7.60	8.14	4.02	8.04	2.45	9.53
私人控股	900	88	499.66	38.38	482.94	49.99	132 893
占行业比重(%)	67.37	51.46	30.20	8.57	29.82	15.04	44.52
三资控股	164	29	465.43	77.49	459.31	85.41	47 586
占行业比重(%)	12.28	16.96	28.13	17.31	28.36	25.70	15.94

（续）

行业及企业名称	工业增加值	流动资产合计	应收账款	流动资产年平均余额	固定资产合计	固定资产原价	固定资产净值年平均余额
重型机械行业合计	738.08	1 743.06	448.76	1 602.44	622.20	830.46	527.38
1. 冶金矿山机械行业	322.79	801.31	198.32	747.32	328.45	437.46	266.48
占重机行业比重(%)	43.73	45.97	44.19	46.64	52.79	52.68	50.53
2. 物料搬运(起重运输)设备行业	409.82	932.22	246.98	845.49	288.74	386.22	255.77
占重机行业比重(%)	55.53	53.48	55.04	52.76	46.41	46.51	48.50
一、冶金矿山机械行业							
1. 按企业规模							
大型企业	110.54	422.15	93.02	398.93	180.42	239.17	139.90
占行业比重(%)	34.24	52.68	46.90	53.38	54.93	54.67	52.50
中型企业	98.78	217.11	54.64	197.71	78.68	109.10	66.40
占行业比重(%)	30.60	27.09	27.55	26.46	23.96	24.94	24.92
小型企业	113.47	162.04	50.66	150.68	69.35	89.19	60.19
占行业比重(%)	35.15	20.22	25.54	20.16	21.11	20.39	22.59
2. 按注册类型							
国有企业	137.22	470.12	94.05	440.15	198.85	269.72	160.29
占行业比重(%)	42.51	58.67	47.43	58.90	60.54	61.66	60.15
私营企业	62.13	71.38	22.20	66.33	39.46	47.24	33.25
占行业比重(%)	19.25	8.91	11.19	8.88	12.02	10.80	12.48
其他内资企业	88.64	195.12	60.94	184.46	74.44	99.06	58.77
占行业比重(%)	27.46	24.35	30.73	24.68	22.66	22.64	22.05
三资企业	34.80	64.70	21.13	56.37	15.69	21.44	14.18
占行业比重(%)	10.78	8.07	10.65	7.54	4.78	4.90	5.32
3. 按控股类型							
国有控股	178.45	577.45	128.34	541.35	240.27	322.51	190.92
占行业比重(%)	55.28	72.06	64.71	72.44	73.15	73.72	71.65
集体控股	19.36	33.21	9.90	31.18	9.35	14.51	8.33
占行业比重(%)	6.00	4.14	4.99	4.17	2.85	3.32	3.13
私人控股	100.48	138.02	43.26	127.69	65.85	83.25	55.79
占行业比重(%)	31.13	17.22	21.81	17.09	20.05	19.03	20.94
三资控股	24.50	52.63	16.82	47.10	12.98	17.20	11.43
占行业比重(%)	7.59	6.57	8.48	6.30	3.95	3.93	4.29
二、物料搬运(起重运输)设备行业							
1. 按企业规模							
大型企业	146.23	386.06	72.00	350.24	107.42	142.68	93.31
占行业比重(%)	35.68	41.41	29.15	41.42	37.20	36.94	36.48
中型企业	137.15	308.05	102.31	275.55	90.22	129.69	83.30
占行业比重(%)	33.46	33.04	41.42	32.59	31.25	33.58	32.57
小型企业	126.44	238.12	72.67	219.70	91.10	113.85	79.16
占行业比重(%)	30.85	25.54	29.42	25.98	31.55	29.48	30.95
2. 按注册类型							
国有企业	51.24	122.87	22.89	112.98	45.55	60.43	38.66
占行业比重(%)	12.50	13.18	9.27	13.36	15.78	15.65	15.11
私营企业	82.77	137.85	42.50	122.54	54.14	67.00	50.20
占行业比重(%)	20.20	14.79	17.21	14.49	18.75	17.35	19.63
其他内资企业	95.55	180.06	47.95	165.54	73.22	94.12	62.53
占行业比重(%)	23.31	19.32	19.42	19.58	25.36	24.37	24.45
三资企业	180.27	491.43	133.64	444.42	115.82	164.67	104.38
占行业比重(%)	43.99	52.72	54.11	52.56	40.11	42.64	40.81
3. 按控股类型							
国有控股	118.03	369.96	68.25	334.95	113.58	154.46	97.48
占行业比重(%)	28.80	39.69	27.63	39.62	39.34	39.99	38.11
集体控股	37.58	56.50	14.02	53.56	18.26	24.84	15.21
占行业比重(%)	9.17	6.06	5.68	6.33	6.33	6.43	5.95
私人控股	138.70	245.79	71.91	221.40	96.96	119.76	89.32
占行业比重(%)	33.84	26.37	29.11	26.19	33.58	31.01	34.92
三资控股	115.51	259.97	92.81	235.59	59.93	87.16	53.76
占行业比重(%)	28.19	27.89	37.58	27.86	20.76	22.57	21.02

（续）

行业及企业名称	资产合计	负债合计	所有者权益合计	其中：实收资本	1. 国家资本	2. 集体资本	3. 法人资本
重型机械行业合计	2 586.78	1 761.47	812.20	504.42	138.54	11.85	153.66
1. 冶金矿山机械行业	1 238.65	898.39	327.16	220.06	91.47	5.41	74.40
占重机行业比重(%)	47.88	51.00	40.28	43.63	66.03	45.65	48.42
2. 物料搬运(起重运输)设备行业	1 333.04	851.32	481.71	280.33	46.48	6.44	77.05
占重机行业比重(%)	51.53	48.33	59.31	55.57	33.55	54.31	50.14
一、冶金矿山机械行业							
1. 按企业规模							
大型企业	640.73	504.50	123.12	82.33	44.94		36.94
占行业比重(%)	51.73	56.16	37.63	37.42	49.13		49.65
中型企业	342.99	233.42	109.57	79.31	39.53	0.22	22.56
占行业比重(%)	27.69	25.98	33.49	36.04	43.22	4.05	30.32
小型企业	254.93	160.47	94.46	58.41	7.00	5.19	14.90
占行业比重(%)	20.58	17.86	28.87	26.54	7.65	95.95	20.03
2. 按注册类型							
国有企业	733.17	575.78	144.29	106.45	85.01	0.02	21.39
占行业比重(%)	59.19	64.09	44.10	48.38	92.94	0.43	28.75
私营企业	120.71	69.63	51.08	27.47	0.04	0.24	8.99
占行业比重(%)	9.74	7.75	15.61	12.48	0.04	4.46	12.08
其他内资企业	301.78	199.69	102.10	67.33	5.28	5.13	40.24
占行业比重(%)	24.36	22.23	31.21	30.60	5.77	94.79	54.08
三资企业	82.99	53.29	29.69	18.79	1.14	0.02	3.79
占行业比重(%)	6.70	5.93	9.08	8.54	1.25	0.31	5.09
3. 按控股类型							
国有控股	897.04	686.57	197.36	145.65	90.63	0.10	53.16
占行业比重(%)	72.42	76.42	60.33	66.19	99.08	1.76	71.45
集体控股	45.14	29.53	15.61	10.01	0.03	4.93	3.76
占行业比重(%)	3.64	3.29	4.77	4.55	0.03	91.15	5.05
私人控股	228.47	139.36	89.11	47.73	0.30	0.37	14.31
占行业比重(%)	18.45	15.51	27.24	21.69	0.32	6.92	19.23
三资控股	68.00	42.93	25.07	16.65	0.51	0.01	3.18
占行业比重(%)	5.49	4.78	7.66	7.57	0.56	0.18	4.27
二、物料搬运(起重运输)设备行业							
1. 按企业规模							
大型企业	541.35	349.31	192.04	76.75	21.86	0.43	28.50
占行业比重(%)	40.61	41.03	39.87	27.38	47.02	6.70	36.98
中型企业	432.36	286.80	145.56	96.70	16.52	1.04	21.80
占行业比重(%)	32.43	33.69	30.22	34.50	35.55	16.22	28.29
小型企业	359.33	215.22	144.11	106.87	8.10	4.96	26.76
占行业比重(%)	26.96	25.28	29.92	38.12	17.42	77.08	34.73
2. 按注册类型							
国有企业	190.59	153.31	37.29	25.39	16.95		8.28
占行业比重(%)	14.30	18.01	7.74	9.06	36.48		10.75
私营企业	208.91	128.74	80.17	51.76	0.13	0.25	13.14
占行业比重(%)	15.67	15.12	16.64	18.46	0.27	3.82	17.05
其他内资企业	286.44	161.04	125.40	67.16	11.90	5.75	19.62
占行业比重(%)	21.49	18.92	26.03	23.96	25.60	89.36	25.46
三资企业	647.09	408.24	238.86	136.02	17.50	0.44	36.01
占行业比重(%)	48.54	47.95	49.59	48.52	37.65	6.83	46.74
3. 按控股类型							
国有控股	537.62	371.55	166.07	92.86	43.72	0.11	38.97
占行业比重(%)	40.33	43.64	34.47	33.13	94.06	1.65	50.58
集体控股	85.84	50.62	35.22	15.64	0.10	5.52	5.45
占行业比重(%)	6.44	5.95	7.31	5.58	0.23	85.82	7.07
私人控股	373.87	220.82	153.04	89.95	0.86	0.53	24.09
占行业比重(%)	28.05	25.94	31.77	32.09	1.85	8.20	31.27
三资控股	335.71	208.33	127.38	81.88	1.79	0.28	8.55
占行业比重(%)	25.18	24.47	26.44	29.21	3.86	4.32	11.09

（续）

行业及企业名称	4. 个人资本	5. 港澳台资本	6. 外商资本	主营业务收入	主营业务利润	营业费用	管理费用
重型机械行业合计	105.11	12.16	83.10	2 634.46	421.72	85.52	156.22
1. 冶金矿山机械行业	35.41	1.76	11.61	1 019.42	162.90	29.51	73.44
占重机行业比重(%)	33.69	14.44	13.97	38.70	38.63	34.51	47.01
2. 物料搬运(起重运输)设备行业	69.46	9.90	71.01	1 599.32	257.07	55.46	81.12
占重机行业比重(%)	66.08	81.37	85.46	60.71	60.96	64.85	51.93
一、冶金矿山机械行业							
1. 按企业规模							
大型企业	0.46			420.34	61.60	9.88	33.56
占行业比重(%)	1.29			41.23	37.81	33.47	45.70
中型企业	9.97	0.44	6.59	255.63	46.53	8.80	22.18
占行业比重(%)	28.15	25.12	56.75	25.08	28.56	29.82	30.21
小型企业	24.99	1.32	5.02	343.46	54.77	10.83	17.69
占行业比重(%)	70.56	74.88	43.25	33.69	33.62	36.70	24.09
2. 按注册类型							
国有企业	0.02		0.01	435.36	63.51	11.28	37.69
占行业比重(%)	0.05		0.10	42.71	38.99	38.22	51.32
私营企业	18.20	0.01		197.37	32.49	5.74	8.05
占行业比重(%)	51.39	0.47		19.36	19.95	19.46	10.96
其他内资企业	16.69			295.38	47.13	8.94	21.69
占行业比重(%)	47.13			28.98	28.93	30.30	29.54
三资企业	0.51	1.75	11.59	91.31	19.77	3.55	6.01
占行业比重(%)	1.43	99.53	99.90	8.96	12.14	12.03	8.18
3. 按控股类型							
国有控股	1.35	0.14	0.28	565.46	85.97	14.82	50.60
占行业比重(%)	3.81	8.20	2.37	55.47	52.78	50.23	68.90
集体控股	1.30			65.50	8.96	1.79	3.59
占行业比重(%)	3.66	0.14		6.43	5.50	6.08	4.89
私人控股	32.59	0.14	0.02	317.06	50.86	9.81	14.47
占行业比重(%)	92.05	8.02	0.18	31.10	31.22	33.23	19.70
三资控股	0.17	1.47	11.31	71.40	17.10	3.09	4.78
占行业比重(%)	0.49	83.64	97.45	7.00	10.50	10.46	6.51
二、物料搬运(起重运输)设备行业							
1. 按企业规模							
大型企业	7.64	0.19	18.13	671.81	112.77	20.12	26.44
占行业比重(%)	11.00	1.93	25.53	42.01	43.87	36.28	32.59
中型企业	20.05	2.96	34.32	518.18	83.33	22.09	31.94
占行业比重(%)	28.87	29.95	48.33	32.40	32.42	39.83	39.37
小型企业	41.76	6.74	18.56	409.33	60.96	13.25	22.74
占行业比重(%)	60.13	68.12	26.13	25.59	23.72	23.89	28.03
2. 按注册类型							
国有企业	0.13	0.02		242.80	29.40	6.44	16.14
占行业比重(%)	0.18	0.21		15.18	11.44	11.61	19.90
私营企业	37.95	0.19	0.11	278.00	39.42	10.36	13.03
占行业比重(%)	54.64	1.93	0.15	17.38	15.33	18.68	16.07
其他内资企业	28.57	0.24	1.08	334.26	51.59	11.24	17.29
占行业比重(%)	41.14	2.45	1.52	20.90	20.07	20.27	21.32
三资企业	2.80	9.44	69.82	744.27	136.66	27.42	34.65
占行业比重(%)	4.04	95.41	98.33	46.54	53.16	49.45	42.72
3. 按控股类型							
国有控股	3.05	0.69	6.33	532.49	79.69	11.11	27.91
占行业比重(%)	4.39	6.95	8.92	33.29	31.00	20.04	34.41
集体控股	3.88	0.03	0.66	126.17	17.40	3.09	6.01
占行业比重(%)	5.58	0.35	0.93	7.89	6.77	5.57	7.41
私人控股	61.77	0.46	2.23	472.87	71.52	18.48	21.86
占行业比重(%)	88.94	4.70	3.14	29.57	27.82	33.33	26.95
三资控股	0.76	8.71	61.79	467.79	88.45	22.77	25.34
占行业比重(%)	1.09	88.01	87.02	29.25	34.41	41.06	31.23

（续）

行业及企业名称	财务费用	利润总额	利税总额	应交所得税	研究开发费	全员劳动生产率（万元/人）	工业总产值全员劳动生产率（万元/人）
重型机械行业合计	22.30	162.95	247.30	26.25	18.55	12.16	45.65
1. 冶金矿山机械行业	10.61	54.51	94.93	8.53	9.98	10.71	36.45
占重机行业比重(%)	47.58	33.45	38.39	32.48	53.79		
2. 物料搬运(起重运输)设备行业	11.59	108.93	152.20	17.67	8.55	13.73	55.43
占重机行业比重(%)	52.00	66.85	61.55	67.32	46.07		
一、冶金矿山机械行业							
1. 按企业规模							
大型企业	5.87	14.70	31.39	2.91	7.72	11.02	46.36
占行业比重(%)	55.35	26.96	33.07	34.11	77.40		
中型企业	2.72	18.51	29.28	2.18	1.84	10.90	30.08
占行业比重(%)	25.60	33.96	30.84	25.58	18.42		
小型企业	2.02	21.30	34.26	3.44	0.42	10.27	32.69
占行业比重(%)	19.05	39.08	36.09	40.31	4.19		
2. 按注册类型							
国有企业	6.30	16.02	33.63	2.69	7.17	10.73	38.04
占行业比重(%)	59.41	29.39	35.43	31.52	71.90		
私营企业	1.23	13.18	20.84	1.84	0.80	11.69	39.03
占行业比重(%)	11.60	24.18	21.95	21.63	7.98		
其他内资企业	2.27	15.63	28.14	2.89	1.90	8.52	29.91
占行业比重(%)	21.36	28.68	29.64	33.85	19.08		
三资企业	0.81	9.67	12.32	1.11	0.10	21.36	57.42
占行业比重(%)	7.62	17.74	12.98	12.99	1.04		
3. 按控股类型							
国有控股	7.50	22.02	45.39	3.85	8.74	10.78	37.50
占行业比重(%)	70.72	40.40	47.82	45.18	87.65		
集体控股	0.24	3.83	6.33	0.65	0.07	7.27	25.03
占行业比重(%)	2.27	7.03	6.67	7.59	0.74		
私人控股	2.27	19.79	32.17	3.04	1.08	10.35	34.72
占行业比重(%)	21.42	36.30	33.89	35.63	10.86		
三资控股	0.59	8.87	11.03	0.99	0.07	20.24	61.25
占行业比重(%)	5.59	16.27	11.62	11.59	0.74		
二、物料搬运(起重运输)设备行业							
1. 按企业规模							
大型企业	5.24	63.43	77.71	9.30	4.48	19.63	92.11
占行业比重(%)	45.17	58.23	51.06	52.61	52.43		
中型企业	3.48	24.73	38.44	4.18	3.49	13.53	52.52
占行业比重(%)	30.03	22.71	25.26	23.65	40.84		
小型企业	2.88	20.77	36.05	4.20	0.58	10.31	35.56
占行业比重(%)	24.80	19.07	23.69	23.74	6.73		
2. 按注册类型							
国有企业	1.72	8.69	14.69	1.93	1.68	9.70	47.16
占行业比重(%)	14.80	7.98	9.65	10.93	19.64		
私营企业	2.30	13.88	24.21	3.13	0.56	10.48	37.19
占行业比重(%)	19.80	12.75	15.91	17.70	6.56		
其他内资企业	2.34	18.19	30.06	4.02	1.30	10.66	39.01
占行业比重(%)	20.22	16.70	19.75	22.77	15.21		
三资企业	5.24	68.17	83.24	8.59	5.01	23.40	98.91
占行业比重(%)	45.18	62.58	54.69	48.61	58.59		
3. 按控股类型							
国有控股	6.24	37.34	47.33	4.59	4.77	13.17	61.93
占行业比重(%)	53.82	34.28	31.10	25.97	55.81		
集体控股	0.78	8.14	12.23	1.71	0.41	13.21	47.37
占行业比重(%)	6.72	7.47	8.04	9.69	4.83		
私人控股	3.67	25.09	42.35	5.21	1.45	10.44	37.60
占行业比重(%)	31.63	23.03	27.82	29.45	17.01		
三资控股	0.91	38.36	50.29	6.16	1.91	24.27	97.81
占行业比重(%)	7.83	35.21	33.04	34.89	22.35		

（续）

行业及企业名称	工业产品销售率（%）	工业增加值率（%）	主营业务收入利润率（%）	主营业务收入利润总额率（%）	成本费用利润率（%）	资产负债率（%）	工业资金利税率（%）
重型机械行业合计	96.66	23.14	16.01	6.19	6.60	68.10	11.61
1. 冶金矿山机械行业	94.92	25.16	15.98	5.35	5.65	72.53	9.36
占重机行业比重（%）							
2. 物料搬运（起重运输）设备行业	97.89	21.71	16.07	6.81	7.33	63.86	13.82
占重机行业比重（%）							
一、冶金矿山机械行业							
1. 按企业规模							
大型企业	92.85	19.79	14.65	3.50	3.62	78.74	5.83
占行业比重（%）							
中型企业	95.64	31.10	18.20	7.24	7.66	68.05	11.09
占行业比重（%）							
小型企业	97.04	27.83	15.95	6.20	6.72	62.95	16.25
占行业比重（%）							
2. 按注册类型							
国有企业	92.76	23.59	14.59	3.68	3.77	78.53	5.60
占行业比重（%）							
私营企业	96.82	26.49	16.46	6.68	7.38	57.69	20.93
占行业比重（%）							
其他内资企业	96.09	24.51	15.96	5.29	5.59	66.17	11.57
占行业比重（%）							
三资企业	98.00	32.80	21.65	10.59	11.82	64.22	17.47
占行业比重（%）							
3. 按控股类型							
国有控股	93.19	24.12	15.20	3.89	4.01	76.54	6.20
占行业比重（%）							
集体控股	96.20	25.38	13.68	5.85	6.19	65.41	16.01
占行业比重（%）							
私人控股	97.21	26.16	16.04	6.24	6.80	61.00	17.54
占行业比重（%）							
三资控股	97.79	29.33	23.95	12.42	14.15	63.13	18.85
占行业比重（%）							
二、物料搬运（起重运输）设备行业							
1. 按企业规模							
大型企业	98.68	18.65	16.79	9.44	10.41	64.53	17.52
占行业比重（%）							
中型企业	98.39	22.68	16.08	4.77	5.04	66.33	10.71
占行业比重（%）							
小型企业	96.03	25.35	14.89	5.07	5.39	59.89	12.06
占行业比重（%）							
2. 按注册类型							
国有企业	97.39	18.11	12.11	3.58	3.66	80.44	9.69
占行业比重（%）							
私营企业	96.14	24.51	14.18	4.99	5.28	61.63	14.02
占行业比重（%）							
其他内资企业	97.13	23.84	15.43	5.44	5.83	56.22	13.18
占行业比重（%）							
三资企业	99.07	20.82	18.36	9.16	10.12	63.09	15.17
占行业比重（%）							
3. 按控股类型							
国有控股	98.63	19.08	14.97	7.01	7.51	69.11	10.95
占行业比重（%）							
集体控股	96.68	24.22	13.79	6.45	6.89	58.97	17.79
占行业比重（%）							
私人控股	96.65	24.28	15.12	5.31	5.66	59.06	13.63
占行业比重（%）							
三资控股	98.68	21.32	18.91	8.20	8.97	62.06	17.38
占行业比重（%）							

（续）

行业及企业名称	工业资金利润率（%）	总资产贡献率（%）	每百元固定资产创利润（元）	每百元固定资产创利税（元）	每百元流动资产创利润（元）
重型机械行业合计	7.65	9.56	30.90	46.89	10.17
1. 冶金矿山机械行业	5.38	7.66	20.46	35.62	7.29
占重机行业比重（%）					
2. 物料搬运（起重运输）设备行业	9.89	11.42	42.59	59.51	12.88
占重机行业比重（%）					
一、冶金矿山机械行业					
1. 按企业规模					
大型企业	2.73	4.90	10.51	22.44	3.68
占行业比重（%）					
中型企业	7.01	8.54	27.88	44.09	9.36
占行业比重（%）					
小型企业	10.10	13.44	35.39	56.93	14.14
占行业比重（%）					
2. 按注册类型					
国有企业	2.67	4.59	10.00	20.98	3.64
占行业比重（%）					
私营企业	13.24	17.26	39.64	62.68	19.87
占行业比重（%）					
其他内资企业	6.43	9.32	26.61	47.88	8.48
占行业比重（%）					
三资企业	13.71	14.85	68.20	86.88	17.16
占行业比重（%）					
3. 按控股类型					
国有控股	3.01	5.06	11.54	23.78	4.07
占行业比重（%）					
集体控股	9.69	14.02	45.96	75.92	12.29
占行业比重（%）					
私人控股	10.78	14.08	35.47	57.67	15.50
占行业比重（%）					
三资控股	15.15	16.23	77.56	96.49	18.83
占行业比重（%）					
二、物料搬运（起重运输）设备行业					
1. 按企业规模					
大型企业	14.30	14.36	67.98	83.28	18.11
占行业比重（%）					
中型企业	6.89	8.89	29.69	46.14	8.98
占行业比重（%）					
小型企业	6.95	10.03	26.24	45.54	9.45
占行业比重（%）					
2. 按注册类型					
国有企业	5.73	7.71	22.48	38.00	7.69
占行业比重（%）					
私营企业	8.04	11.59	27.65	48.23	11.33
占行业比重（%）					
其他内资企业	7.98	10.49	29.09	48.07	10.99
占行业比重（%）					
三资企业	12.42	12.86	65.31	79.75	15.34
占行业比重（%）					
3. 按控股类型					
国有控股	8.64	8.80	38.31	48.55	11.15
占行业比重（%）					
集体控股	11.84	14.25	53.53	80.41	15.20
占行业比重（%）					
私人控股	8.08	11.33	28.09	47.41	11.33
占行业比重（%）					
三资控股	13.26	14.98	71.34	93.54	16.28
占行业比重（%）					

（续）

行业及企业名称	每百元流动资产创利税（元）	流动资产周转率（次）	流动比率	速动比率	亏损企业亏损面（%）
重型机械行业合计	15.43	1.64	1.10	0.74	12.47
1. 冶金矿山机械行业	12.70	1.36	1.00	0.64	11.76
占重机行业比重(%)					
2. 物料搬运(起重运输)设备行业	18.00	1.89	1.19	0.84	12.80
占重机行业比重(%)					
一、冶金矿山机械行业					
1. 按企业规模					
大型企业	7.87	1.05	0.95	0.56	
占行业比重(%)					
中型企业	14.81	1.29	1.05	0.71	12.84
占行业比重(%)					
小型企业	22.74	2.28	1.10	0.79	11.90
占行业比重(%)					
2. 按注册类型					
国有企业	7.64	0.99	0.93	0.56	29.69
占行业比重(%)					
私营企业	31.42	2.98	1.10	0.80	7.97
占行业比重(%)					
其他内资企业	15.25	1.60	1.09	0.75	11.06
占行业比重(%)					
三资企业	21.86	1.62	1.29	0.86	11.54
占行业比重(%)					
3. 按控股类型					
国有控股	8.39	1.04	0.95	0.59	25.43
占行业比重(%)					
集体控股	20.29	2.10	1.22	0.87	5.71
占行业比重(%)					
私人控股	25.20	2.48	1.09	0.77	9.42
占行业比重(%)					
三资控股	23.42	1.52	1.31	0.86	15.63
占行业比重(%)					
二、物料搬运(起重运输)设备行业					
1. 按企业规模					
大型企业	22.19	1.92	1.25	0.89	
占行业比重(%)					
中型企业	13.95	1.88	1.15	0.79	11.26
占行业比重(%)					
小型企业	16.41	1.86	1.17	0.84	13.15
占行业比重(%)					
2. 按注册类型					
国有企业	13.00	2.15	0.96	0.54	33.33
占行业比重(%)					
私营企业	19.76	2.27	1.12	0.80	9.24
占行业比重(%)					
其他内资企业	18.16	2.02	1.24	0.84	12.79
占行业比重(%)					
三资企业	18.73	1.67	1.28	0.96	15.53
占行业比重(%)					
3. 按控股类型					
国有控股	14.13	1.59	1.16	0.83	31.54
占行业比重(%)					
集体控股	22.84	2.36	1.22	0.84	9.15
占行业比重(%)					
私人控股	19.13	2.14	1.17	0.84	9.78
占行业比重(%)					
三资控股	21.35	1.99	1.27	0.87	17.68
占行业比重(%)					

注：表中原始数据来源于国家统计局年报资料，由编者进行整理。

〔供稿人：中国重型机械工业协会李革、臧义成　审稿人：中国重型机械工业协会徐善继〕

2006年矿山、冶金机械行业主要经济指标

（单位：亿元）

行业及企业名称	企业数（个）	亏损企业数（个）	工业总产值（当年价）	其中：新产品产值	工业销售产值（当年价）	其中：出口交货值	全部从业人员年平均数	工业增加值
冶金矿山机械行业	1 131	133	1 098.62	211.19	1 042.80	50.37	301 379	322.79
1. 矿山机械行业	795	92	650.60	109.36	624.03	23.84	198 046	186.33
占行业比重(%)	70.29	69.17	59.22	51.78	59.84	47.33	65.71	57.73
2. 冶金机械行业	336	41	448.02	101.84	418.76	26.53	103 333	136.46
占行业比重(%)	29.71	30.83	40.78	48.22	40.16	52.67	34.29	42.27
一、矿山机械行业								
1. 按企业规模								
大型企业	11		235.02	79.17	224.05	11.27	52 151	51.42
占行业比重(%)	1.38		36.12	72.40	35.90	47.28	26.33	27.60
中型企业	72	8	170.33	23.83	163.41	6.93	64 337	57.70
占行业比重(%)	9.06	8.70	26.18	21.79	26.19	29.07	32.49	30.97
小型企业	712	84	245.25	6.35	236.58	5.64	81 558	77.21
占行业比重(%)	89.56	91.30	37.70	5.81	37.91	23.65	41.18	41.43
2. 按注册类型								
国有企业	92	28	260.69	85.39	248.27	12.28	77 534	63.65
占行业比重(%)	11.57	30.43	40.07	78.08	39.79	51.51	39.15	34.16
私营企业	369	26	141.83	6.23	137.24	2.23	35 578	43.41
占行业比重(%)	46.42	28.26	21.80	5.70	21.99	9.36	17.96	23.30
其他内资企业	286	32	194.17	11.63	186.00	1.80	74 857	55.48
占行业比重(%)	35.97	34.78	29.84	10.64	29.81	7.54	37.80	29.77
三资企业	48	6	53.92	6.11	52.52	7.53	10 077	23.79
占行业比重(%)	6.04	6.52	8.29	5.58	8.42	31.59	5.09	12.77
3. 按控股类型								
国有控股	116	33	326.13	92.38	309.43	14.20	98 430	85.05
占行业比重(%)	14.59	35.87	50.13	84.48	49.58	59.57	49.70	45.65
集体控股	100	5	44.54	0.27	42.18	0.53	22 579	13.05
占行业比重(%)	12.58	5.43	6.85	0.25	6.76	2.23	11.40	7.00
私人控股	535	47	237.62	11.90	231.53	3.34	68 799	72.95
占行业比重(%)	67.30	51.09	36.52	10.88	37.10	14.01	34.74	39.15
三资控股	44	7	42.31	4.80	40.89	5.77	8 238	15.28
占行业比重(%)	5.53	7.61	6.50	4.39	6.55	24.18	4.16	8.20
二、冶金机械行业								
1. 按企业规模								
大型企业	11		229.90	80.18	207.62	17.83	48 124	59.12
占行业比重(%)	3.27		51.31	78.73	49.58	67.23	46.57	43.32
中型企业	37	6	102.38	9.61	97.42	4.29	26 322	41.08
占行业比重(%)	11.01	14.63	22.85	9.44	23.26	16.18	25.47	30.10
小型企业	288	35	115.75	12.05	113.73	4.40	28 887	36.27
占行业比重(%)	85.71	85.37	25.84	11.83	27.16	16.60	27.96	26.58
2. 按注册类型								
国有企业	36	10	225.58	58.88	202.81	15.18	50 305	73.58
占行业比重(%)	10.71	24.39	50.35	57.82	48.43	57.21	48.68	53.92
私营企业	158	16	65.64	3.75	63.62	0.66	17 579	18.71
占行业比重(%)	47.02	39.02	14.65	3.69	15.19	2.47	17.01	13.71
其他内资企业	112	12	117.17	29.68	113.17	4.78	29 233	33.16
占行业比重(%)	33.33	29.27	26.15	29.14	27.02	18.04	28.29	24.30
三资企业	30	3	39.64	9.53	39.17	5.91	6 216	11.01
占行业比重(%)	8.93	7.32	8.85	9.35	9.35	22.28	6.02	8.07
3. 按控股类型								
国有控股	57	11	294.52	85.70	268.97	18.68	67 094	93.40
占行业比重(%)	16.96	26.83	65.74	84.15	64.23	70.40	64.93	68.44
集体控股	40	3	22.17	3.09	22.00	0.74	4 070	6.31
占行业比重(%)	11.90	7.32	4.95	3.03	5.25	2.79	3.94	4.63
私人控股	219	24	99.53	4.40	96.21	1.36	28 307	27.53
占行业比重(%)	65.18	58.54	22.21	4.32	22.98	5.12	27.39	20.18
三资控股	20	3	31.81	8.66	31.59	5.75	3 862	9.21
占行业比重(%)	5.95	7.32	7.10	8.50	7.54	21.69	3.74	6.75

（续）

行业及企业名称	流动资产合计	应收账款	流动资产年平均余额	固定资产合计	固定资产原价	固定资产净值年平均余额	资产总计	负债合计
冶金矿山机械行业	801.31	198.32	747.32	328.45	437.46	266.48	1 238.65	898.39
1. 矿山机械行业	460.28	118.97	420.14	168.64	219.30	140.91	702.38	496.42
占行业比重(%)	57.44	59.99	56.22	51.34	50.13	52.88	56.71	55.26
2. 冶金机械行业	341.03	79.36	327.17	159.81	218.15	125.58	536.27	401.97
占行业比重(%)	42.56	40.01	43.78	48.66	49.87	47.12	43.29	44.74
一、矿山机械行业								
1. 按企业规模								
大型企业	219.32	49.70	202.60	77.67	98.85	63.07	311.36	246.63
占行业比重(%)	47.65	41.78	48.22	46.06	45.08	44.76	44.33	49.68
中型企业	141.71	36.06	124.60	44.88	61.52	36.99	226.72	147.63
占行业比重(%)	30.79	30.31	29.66	26.61	28.05	26.25	32.28	29.74
小型企业	99.25	33.20	92.94	46.09	58.93	40.84	164.30	102.15
占行业比重(%)	21.56	27.91	22.12	27.33	26.87	28.98	23.39	20.58
2. 按注册类型								
国有企业	271.71	56.51	248.33	93.27	123.92	76.34	412.13	312.69
占行业比重(%)	59.03	47.50	59.11	55.31	56.51	54.18	58.68	62.99
私营企业	38.32	13.37	36.36	25.57	28.85	21.76	70.40	37.70
占行业比重(%)	8.33	11.24	8.65	15.16	13.16	15.44	10.02	7.59
其他内资企业	112.63	35.14	102.69	40.14	53.47	33.73	170.81	116.39
占行业比重(%)	24.47	29.53	24.44	23.80	24.38	23.94	24.32	23.45
三资企业	37.63	13.95	32.76	9.66	13.06	9.08	49.06	29.64
占行业比重(%)	8.17	11.73	7.80	5.73	5.95	6.45	6.98	5.97
3. 按控股类型								
国有控股	319.23	71.31	289.98	109.44	143.03	89.36	479.24	362.36
占行业比重(%)	69.36	59.94	69.02	64.90	65.22	63.42	68.23	73.00
集体控股	22.97	7.19	21.33	6.79	11.10	6.31	31.56	20.86
占行业比重(%)	4.99	6.04	5.08	4.03	5.06	4.48	4.49	4.20
私人控股	87.69	29.44	80.84	44.40	54.38	37.82	151.50	89.96
占行业比重(%)	19.05	24.75	19.24	26.33	24.80	26.84	21.57	18.12
三资控股	30.39	11.03	28.00	8.01	10.80	7.41	40.09	23.24
占行业比重(%)	6.60	9.27	6.66	4.75	4.92	5.26	5.71	4.68
二、冶金机械行业								
1. 按企业规模								
大型企业	202.83	43.32	196.32	102.74	140.31	76.82	329.36	257.87
占行业比重(%)	59.48	54.59	60.01	64.29	64.32	61.18	61.42	64.15
中型企业	75.41	18.58	73.11	33.80	47.58	29.41	116.27	85.79
占行业比重(%)	22.11	23.41	22.35	21.15	21.81	23.42	21.68	21.34
小型企业	62.79	17.46	57.74	23.26	30.26	19.35	90.63	58.32
占行业比重(%)	18.41	22.00	17.65	14.56	13.87	15.41	16.90	14.51
2. 按注册类型								
国有企业	198.41	37.55	191.82	105.58	145.79	83.94	321.05	263.08
占行业比重(%)	58.18	47.32	58.63	66.07	66.83	66.85	59.87	65.45
私营企业	33.05	8.83	29.97	13.90	18.39	11.49	50.31	31.93
占行业比重(%)	9.69	11.12	9.16	8.70	8.43	9.15	9.38	7.94
其他内资企业	82.49	25.81	81.77	34.30	45.59	25.04	130.98	83.30
占行业比重(%)	24.19	32.52	24.99	21.46	20.90	19.94	24.42	20.72
三资企业	27.07	7.18	23.60	6.03	8.38	5.10	33.93	23.65
占行业比重(%)	7.94	9.04	7.21	3.77	3.84	4.06	6.33	5.88
3. 按控股类型								
国有控股	258.22	57.04	251.38	130.83	179.48	101.56	417.80	324.21
占行业比重(%)	75.72	71.88	76.83	81.87	82.27	80.87	77.91	80.65
集体控股	10.23	2.71	9.85	2.55	3.41	2.02	13.58	8.66
占行业比重(%)	3.00	3.41	3.01	1.60	1.56	1.61	2.53	2.16
私人控股	50.33	13.81	46.85	21.45	28.87	17.97	76.97	49.40
占行业比重(%)	14.76	17.41	14.32	13.42	13.23	14.31	14.35	12.29
三资控股	22.24	5.79	19.10	4.97	6.40	4.02	27.91	19.70
占行业比重(%)	6.52	7.30	5.84	3.11	2.93	3.20	5.20	4.90

（续）

行业及企业名称	所有者权益合计	其中:实收资本	1.国家资本	2.集体资本	3.法人资本	4.个人资本	5.港澳台资本	6.外商资本
冶金矿山机械行业	327.16	220.06	91.47	5.41	74.40	35.41	1.76	11.61
1.矿山机械行业	192.86	118.33	45.32	4.33	34.28	24.97	1.35	8.07
占行业比重(%)	58.95	53.77	49.54	80.11	46.08	70.51	77.09	69.57
2.冶金机械行业	134.30	101.73	46.16	1.08	40.12	10.44	0.40	3.53
占行业比重(%)	41.05	46.23	50.46	19.89	53.92	29.49	22.91	30.43
一、矿山机械行业								
1.按企业规模								
大型企业	51.63	29.56	16.98		12.49	0.10		
占行业比重(%)	26.77	24.98	37.46		36.42	0.40		
中型企业	79.09	48.48	22.92	0.20	12.41	8.32	0.34	4.30
占行业比重(%)	41.01	40.97	50.58	4.59	36.21	33.30	24.75	53.28
小型企业	62.14	40.28	5.42	4.13	9.38	16.55	1.02	3.77
占行业比重(%)	32.22	34.04	11.96	95.41	27.37	66.30	75.25	46.72
2.按注册类型								
国有企业	86.33	57.40	43.27	0.02	14.07	0.02		0.01
占行业比重(%)	44.76	48.50	95.49	0.50	41.04	0.08		0.14
私营企业	32.70	17.94	0.03	0.24	6.13	11.54	0.01	
占行业比重(%)	16.95	15.16	0.06	5.46	17.89	46.20	0.61	
其他内资企业	54.42	31.08	1.31	4.07	12.50	13.20		
占行业比重(%)	28.22	26.27	2.90	93.96	36.46	52.87		
三资企业	19.42	11.91	0.70	34.8万元	1.58	0.21	1.35	8.06
占行业比重(%)	10.07	10.06	1.55	0.08	4.61	0.85	99.39	99.86
3.按控股类型								
国有控股	103.77	66.86	45.01	0.09	20.61	0.82	0.14	0.19
占行业比重(%)	53.81	56.50	99.32	2.15	60.12	3.27	10.64	2.31
集体控股	10.69	7.37		3.89	2.25	1.23		
占行业比重(%)	5.55	6.23		89.80	6.58	4.91		
私人控股	61.54	33.57	0.13	0.35	10.28	22.80		0.01
占行业比重(%)	31.91	28.37	0.29	7.96	29.98	91.31		0.14
三资控股	16.85	10.54	0.18	34.8万元	1.14	0.13	1.21	7.88
占行业比重(%)	8.74	8.90	0.40	0.08	3.33	0.50	89.36	97.56
二、冶金机械行业								
1.按企业规模								
大型企业	71.50	52.77	27.96		24.45	0.36		
占行业比重(%)	53.24	51.88	60.58		60.95	3.41		
中型企业	30.48	30.83	16.61	0.02	10.15	1.65	0.11	2.28
占行业比重(%)	22.70	30.30	36.00	1.87	25.29	15.84	26.39	64.69
小型企业	32.32	18.13	1.58	1.06	5.52	8.43	0.30	1.25
占行业比重(%)	24.06	17.82	3.42	98.13	13.76	80.75	73.61	35.31
2.按注册类型								
国有企业	57.96	49.06	41.74	18.3万元	7.32			
占行业比重(%)	43.16	48.23	90.43	0.17	18.24			
私营企业	18.38	9.53	0.01		2.86	6.66		
占行业比重(%)	13.69	9.37	0.02	0.42	7.12	63.79		
其他内资企业	47.68	36.25	3.97	1.06	27.74	3.49		
占行业比重(%)	35.50	35.63	8.60	98.15	69.14	33.39		
三资企业	10.28	6.89	0.44	0.01	2.21	0.29	0.40	3.53
占行业比重(%)	7.65	6.77	0.95	1.25	5.50	2.81	100.00	100.00
3.按控股类型								
国有控股	93.59	78.80	45.63	18.3万元	32.55	0.53		0.09
占行业比重(%)	69.69	77.46	98.85	0.17	81.13	5.09		2.52
集体控股	4.92	2.64	0.03	1.04	1.50	0.07		
占行业比重(%)	3.66	2.60	0.06	96.56	3.75	0.67	0.62	
私人控股	27.57	14.17	0.17	0.03	4.03	9.79	0.14	0.01
占行业比重(%)	20.53	13.93	0.36	2.71	10.04	93.80	34.99	0.28
三资控股	8.22	6.12	0.34	0.01	2.04	0.05	0.26	3.43
占行业比重(%)	6.12	6.01	0.73	0.56	5.08	0.44	64.39	97.20

（续）

行业及企业名称	主营业务收入	主营业务利润	营业费用	管理费用	财务费用	利润总额	利税总额	研究开发费
冶金矿山机械行业	1 019.42	162.90	29.51	73.44	10.61	54.51	94.93	9.98
1.矿山机械行业	603.44	97.07	19.41	41.40	5.99	34.51	57.89	5.50
占行业比重(%)	59.19	59.59	65.77	56.37	56.50	63.30	60.98	55.09
2.冶金机械行业	415.99	65.82	10.10	32.04	4.61	20.00	37.04	4.48
占行业比重(%)	40.81	40.41	34.23	43.63	43.50	36.70	39.02	44.91
一、矿山机械行业								
1.按企业规模								
大型企业	209.61	23.16	4.25	13.11	2.58	5.57	12.61	4.18
占行业比重(%)	34.74	23.86	21.92	31.67	43.07	16.14	21.78	75.99
中型企业	161.32	35.07	6.94	15.65	1.90	14.71	22.23	1.13
占行业比重(%)	26.73	36.13	35.74	37.81	31.71	42.63	38.39	20.49
小型企业	232.50	38.85	8.22	12.64	1.51	14.23	23.05	0.19
占行业比重(%)	38.53	40.02	42.34	30.52	25.22	41.23	39.82	3.52
2.按注册类型								
国有企业	234.73	31.52	6.57	20.00	2.84	8.41	17.22	4.39
占行业比重(%)	38.90	32.47	33.85	48.32	47.41	24.38	29.75	79.78
私营企业	135.73	24.67	4.76	5.53	0.87	9.82	15.24	0.63
占行业比重(%)	22.49	25.41	24.51	13.37	14.46	28.46	26.32	11.47
其他内资企业	180.41	28.37	5.83	11.80	1.77	10.10	17.61	0.42
占行业比重(%)	29.90	29.23	30.03	28.49	29.52	29.28	30.43	7.61
三资企业	52.57	12.51	2.25	4.07	0.52	6.17	7.81	0.06
占行业比重(%)	8.71	12.88	11.61	9.82	8.61	17.88	13.49	1.15
3.按控股类型								
国有控股	296.41	40.50	8.22	24.88	3.76	10.95	22.09	4.56
占行业比重(%)	49.12	41.72	42.35	60.09	62.68	31.72	38.16	82.97
集体控股	43.02	6.75	1.43	2.96	0.18	2.42	4.32	0.07
占行业比重(%)	7.13	6.95	7.38	7.15	3.01	7.00	7.46	1.30
私人控股	223.77	38.65	7.64	10.22	1.70	15.31	24.18	0.82
占行业比重(%)	37.08	39.82	39.38	24.69	28.29	44.37	41.77	14.87
三资控股	40.25	11.17	2.12	3.34	0.36	5.83	7.30	0.05
占行业比重(%)	6.67	11.51	10.90	8.06	6.03	16.91	12.61	0.86
二、冶金机械行业								
1.按企业规模								
大型企业	210.72	38.44	5.62	20.45	3.29	9.13	18.78	3.54
占行业比重(%)	50.66	58.40	55.67	63.84	71.29	45.63	50.70	79.12
中型企业	94.30	11.46	1.86	6.53	0.82	3.80	7.05	0.71
占行业比重(%)	22.67	17.41	18.45	20.38	17.66	19.00	19.04	15.87
小型企业	110.96	15.93	2.61	5.06	0.51	7.07	11.21	0.22
占行业比重(%)	26.67	24.19	25.88	15.78	11.05	35.36	30.26	5.01
2.按注册类型								
国有企业	200.63	31.99	4.71	17.68	3.46	7.61	16.41	2.79
占行业比重(%)	48.23	48.59	46.61	55.20	75.00	38.05	44.29	62.24
私营企业	61.64	7.82	0.99	2.51	0.36	3.36	5.60	0.17
占行业比重(%)	14.82	11.88	9.75	7.84	7.89	16.79	15.12	3.70
其他内资企业	114.97	18.76	3.11	9.90	0.50	5.53	10.52	1.49
占行业比重(%)	27.64	28.49	30.82	30.90	10.77	27.65	28.40	33.16
三资企业	38.74	7.26	1.29	1.94	0.29	3.50	4.51	0.04
占行业比重(%)	9.31	11.03	12.82	6.07	6.34	17.51	12.18	0.91
3.按控股类型								
国有控股	269.05	45.48	6.60	25.72	3.75	11.08	23.31	4.18
占行业比重(%)	64.68	69.09	65.37	80.27	81.17	55.38	62.92	93.39
集体控股	22.49	2.21	0.36	0.63	0.06	1.41	2.01	
占行业比重(%)	5.41	3.36	3.59	1.96	1.30	7.07	5.42	0.05
私人控股	93.29	12.21	2.16	4.25	0.58	4.48	7.99	0.27
占行业比重(%)	22.43	18.55	21.43	13.25	12.51	22.38	21.58	5.95
三资控股	31.16	5.92	0.97	1.45	0.23	3.03	3.74	0.03
占行业比重(%)	7.49	9.00	9.61	4.51	5.02	15.17	10.08	0.60

（续）

行业及企业名称	全员劳动生产率（万元/人）	工业总产值全员劳动生产率（万元/人）	工业产品销售率（%）	工业增加值率（%）	主营业务收入利润率（%）	主营业务收入利润总额率（%）	成本费用利润率（%）	资产负债率（%）
冶金矿山机械行业	10.71	36.45	94.92	25.16	15.98	5.35	5.65	72.53
1.矿山机械行业	9.41	32.85	95.92	24.84	16.09	5.72	6.05	70.68
占行业比重（%）								
2.冶金机械行业	13.21	43.36	93.47	25.60	15.82	4.81	5.06	74.96
占行业比重（%）								
一、矿山机械行业								
1.按企业规模								
大型企业	9.86	45.07	95.33	18.63	11.05	2.66	2.71	79.21
占行业比重（%）								
中型企业	8.97	26.47	95.94	29.15	21.74	9.12	9.81	65.12
占行业比重（%）								
小型企业	9.47	30.07	96.46	27.92	16.71	6.12	6.64	62.18
占行业比重（%）								
2.按注册类型								
国有企业	8.21	33.62	95.24	20.91	13.43	3.58	3.63	75.87
占行业比重（%）								
私营企业	12.20	39.86	96.76	27.18	18.18	7.24	8.11	53.55
占行业比重（%）								
其他内资企业	7.41	25.94	95.79	24.63	15.73	5.60	5.93	68.14
占行业比重（%）								
三资企业	23.61	53.50	97.41	38.97	23.79	11.74	13.18	60.42
占行业比重（%）								
3.按控股类型								
国有控股	8.64	33.13	94.88	22.28	13.66	3.69	3.76	75.61
占行业比重（%）								
集体控股	5.78	19.73	94.70	25.52	15.69	5.62	5.95	66.11
占行业比重（%）								
私人控股	10.60	34.54	97.44	27.03	17.27	6.84	7.54	59.38
占行业比重（%）								
三资控股	18.55	51.36	96.65	32.14	27.76	14.50	16.76	57.96
占行业比重（%）								
二、冶金机械行业								
1.按企业规模								
大型企业	12.28	47.77	90.31	20.93	18.24	4.33	4.55	78.29
占行业比重（%）								
中型企业	15.61	38.89	95.16	34.34	12.15	4.03	4.15	73.78
占行业比重（%）								
小型企业	12.56	40.07	98.25	27.63	14.35	6.38	6.88	64.34
占行业比重（%）								
2.按注册类型								
国有企业	14.63	44.84	89.91	26.52	15.94	3.79	3.94	81.95
占行业比重（%）								
私营企业	10.65	37.34	96.93	25.00	12.69	5.45	5.85	63.47
占行业比重（%）								
其他内资企业	11.34	40.08	96.58	24.32	16.31	4.81	5.07	63.60
占行业比重（%）								
三资企业	17.71	63.77	98.81	24.43	18.75	9.04	10.01	69.71
占行业比重（%）								
3.按控股类型								
国有控股	13.92	43.90	91.32	26.09	16.90	4.12	4.29	77.60
占行业比重（%）								
集体控股	15.51	54.47	99.22	25.10	9.84	6.29	6.65	63.78
占行业比重（%）								
私人控股	9.73	35.16	96.67	24.12	13.09	4.80	5.10	64.18
占行业比重（%）								
三资控股	23.86	82.36	99.30	25.63	19.01	9.74	10.89	70.56
占行业比重（%）								

（续）

行业及企业名称	工业资金利税率（%）	工业资金利润率（%）	总资产贡献率（%）	百元固定资产创利润（元）	百元固定资产创利税（元）
冶金矿山机械行业	9.36	5.38	7.66	20.46	35.62
1. 矿山机械行业	10.32	6.15	8.24	24.49	41.08
占行业比重（%）					
2. 冶金机械行业	8.18	4.42	6.91	15.93	29.50
占行业比重（%）					
一、矿山机械行业					
1. 按企业规模					
大型企业	4.75	2.10	4.05	8.83	19.99
占行业比重（%）					
中型企业	13.75	9.10	9.80	39.77	60.08
占行业比重（%）					
小型企业	17.23	10.63	14.03	34.84	56.44
占行业比重（%）					
2. 按注册类型					
国有企业	5.30	2.59	4.18	11.02	22.56
占行业比重（%）					
私营企业	26.22	16.90	21.64	45.14	70.04
占行业比重（%）					
其他内资企业	12.91	7.41	10.31	29.96	52.23
占行业比重（%）					
三资企业	18.67	14.74	15.92	67.94	86.01
占行业比重（%）					
3. 按控股类型					
国有控股	5.82	2.89	4.61	12.25	24.72
占行业比重（%）					
集体控股	15.63	8.74	13.69	38.29	68.45
占行业比重（%）					
私人控股	20.38	12.90	15.96	40.48	63.94
占行业比重（%）					
三资控股	20.61	16.48	18.21	78.71	98.46
占行业比重（%）					
二、冶金机械行业					
1. 按企业规模					
大型企业	6.88	3.34	5.70	11.88	24.45
占行业比重（%）					
中型企业	6.88	3.71	6.07	12.93	23.98
占行业比重（%）					
小型企业	14.54	9.18	12.37	36.56	57.94
占行业比重（%）					
2. 按注册类型					
国有企业	5.95	2.76	5.11	9.07	19.55
占行业比重（%）					
私营企业	13.51	8.10	11.13	29.23	48.74
占行业比重（%）					
其他内资企业	9.85	5.18	8.03	22.09	42.02
占行业比重（%）					
三资企业	15.72	12.20	13.30	68.66	88.44
占行业比重（%）					
3. 按控股类型					
国有控股	6.60	3.14	5.58	10.91	22.95
占行业比重（%）					
集体控股	16.91	11.91	14.78	69.85	99.19
占行业比重（%）					
私人控股	12.33	6.91	10.38	24.91	44.48
占行业比重（%）					
三资控股	16.15	13.12	13.38	75.44	92.87
占行业比重（%）					

（续）

行业及企业名称	百元流动资产创利润（元）	百元流动资产创利税（元）	流动资产周转率（次）	流动比率	速动比率	亏损面（%）
冶金矿山机械行业	7.29	12.70	1.36	1.00	0.64	11.76
1. 矿山机械行业	8.21	13.78	1.44	1.03	0.67	11.57
占行业比重(%)						
2. 冶金机械行业	6.11	11.32	1.27	0.97	0.60	12.20
占行业比重(%)						
一、矿山机械行业						
1. 按企业规模						
大型企业	2.75	6.22	1.03	0.96	0.58	
占行业比重(%)						
中型企业	11.81	17.84	1.29	1.10	0.76	11.11
占行业比重(%)						
小型企业	15.31	24.80	2.50	1.09	0.75	11.80
占行业比重(%)						
2. 按注册类型						
国有企业	3.39	6.94	0.95	0.96	0.60	30.43
占行业比重(%)						
私营企业	27.01	41.91	3.73	1.11	0.78	7.05
占行业比重(%)						
其他内资企业	9.84	17.15	1.76	1.10	0.75	11.19
占行业比重(%)						
三资企业	18.83	23.84	1.60	1.34	0.90	12.50
占行业比重(%)						
3. 按控股类型						
国有控股	3.78	7.62	1.02	0.98	0.62	28.45
占行业比重(%)						
集体控股	11.33	20.25	2.02	1.23	0.82	5.00
占行业比重(%)						
私人控股	18.94	29.91	2.77	1.09	0.76	8.79
占行业比重(%)						
三资控股	20.84	26.06	1.44	1.39	0.91	15.91
占行业比重(%)						
二、冶金机械行业						
1. 按企业规模						
大型企业	4.65	9.57	1.07	0.94	0.53	
占行业比重(%)						
中型企业	5.20	9.65	1.29	0.96	0.62	16.22
占行业比重(%)						
小型企业	12.25	19.41	1.92	1.12	0.86	12.15
占行业比重(%)						
2. 按注册类型						
国有企业	3.97	8.55	1.05	0.90	0.50	27.78
占行业比重(%)						
私营企业	11.21	18.69	2.06	1.09	0.82	10.13
占行业比重(%)						
其他内资企业	6.76	12.87	1.41	1.07	0.75	10.71
占行业比重(%)						
三资企业	14.84	19.11	1.64	1.23	0.81	10.00
占行业比重(%)						
3. 按控股类型						
国有控股	4.41	9.27	1.07	0.93	0.55	19.30
占行业比重(%)						
集体控股	14.36	20.39	2.28	1.19	0.98	7.50
占行业比重(%)						
私人控股	9.56	17.06	1.99	1.09	0.78	10.96
占行业比重(%)						
三资控股	15.88	19.55	1.63	1.22	0.80	15.00
占行业比重(%)						

注：表中原始数据来源于国家统计局年报资料，由编者进行整理。

〔供稿人：中国重型机械工业协会李革、臧义成　审稿人：中国重型机械工业协会徐善继〕

2006 年重型机械产品产量分省市地区情况

省市名称	金属冶炼设备(t)			金属轧制设备(t)			水泥专用设备(t)		
	2006 年	2005 年	比上年增长(%)	2006 年	2005 年	比上年增长(%)	2006 年	2005 年	比上年增长(%)
全　国	368 705	290 393	26.97	403 415	297 519	35.59	351 327	365 179	-3.79
北　京	2 064	5 090	-59.46	474	864	-45.11	3 925		
天　津		4		1 015	406	150.00			
河　北	75 824	60 067	26.23	10 291	12 516	-17.78	31 132	19 222	61.96
山　西	11 989	14 253	-15.88	39 055	27 662	41.18			
内蒙古	21 188	36 613	-42.13						
辽　宁	89 278	63 377	40.87	58 977	30 372	94.19	57 661	48 334	19.30
吉　林	3 332	3 204	4.00						
黑龙江	3 659	3 430	6.68	72 233	42 319	70.69			
上　海	28 128	36 606	-23.16	25 641	33 106	-22.55	9 968	6 088	63.73
江　苏	28 024	21 234	31.98	47 072	25 463	84.87	90 294	73 049	23.61
浙　江	10 583	413	2 462.60	5 953	4 870	22.26	7 269	5 074	43.27
安　徽	315								
福　建									
江　西							5 580	5 040	10.71
山　东	19 978	15 814	26.33	1 578	1 240	27.26	46 146	29 311	57.43
河　南	35 812	2 989	1 098.10	9 293	8 983	3.45	44 961	110 297	-59.24
湖　北	7 601	7 363	3.23					142	
湖　南	3 033	2 453	23.64	8 517	5 433	56.76	2 007	1 512	32.79
广　东				34	96	-64.58	9 350	13 836	-32.42
广　西		738					2 099	2 250	-6.71
海　南									
重　庆									
四　川		169		90 714	81 105	11.85	35 577	27 105	31.26
贵　州									
云　南	9 081	9 079	0.02	4 477	2 781	60.99	26	23	13.04
西　藏									
陕　西	18 815	7 498	150.94	28 091	20 303	38.36	4 911	23 178	-78.81
甘　肃							420	717	-41.42
青　海									
宁　夏									
新　疆									

(续)

省市名称	采矿设备(万 t)			起重设备(万 t)			输送机械(万 m)		
	2006 年	2005 年	比上年增长(%)	2006 年	2005 年	比上年增长(%)	2006 年	2005 年	比上年增长(%)
全　国	198.05	163.46	21.16	269.50	191.65	40.62	182.15	156.56	16.35
北　京	7.24	7.14	1.40	0.92	0.74	24.32	1.67	18.44	-90.94
天　津	0.40	0.30	33.33	0.85	1.28	-33.59	0.05	0.10	-50.00
河　北	13.22	12.45	6.18	1.35	1.12	20.54	26.83	24.76	8.36
山　西	12.30	10.96	12.23	5.03	3.56	41.29	2.88	4.67	-38.33
内蒙古	1.35	0.83	62.65		0.04		2.61	2.01	29.85
辽　宁	13.80	18.55	-25.61	9.89	7.58	30.47	21.31	12.60	69.13
吉　林	4.04	1.81	123.20	2.24	1.48	51.35	11.11	2.65	319.25
黑龙江	1.80	2.26	-20.35	0.48	0.67	-28.36	0.95	0.72	31.94
上　海	15.75	16.19	-2.72	97.71	57.61	69.61			
江　苏	6.37	4.21	51.31	32.78	19.57	67.50	8.82	7.22	22.16
浙　江	4.17	4.38	-4.79	20.66	27.90	-25.95	9.39	3.48	169.83
安　徽	16.71	11.64	43.56	4.75	5.49	-13.48	30.16	18.90	59.58
福　建	0.33	0.30	10.00	0.46	0.41	12.20			
江　西	2.48	1.42	74.65	0.55	0.38	44.74			
山　东	17.25	11.89	45.08	36.27	22.50	61.20	14.81	13.22	12.03
河　南	35.00	27.79	25.94	31.64	23.59	34.12	7.14	13.21	-45.95
湖　北	1.46	1.82	-19.78	1.59	1.49	6.71	3.98	2.14	85.98
湖　南	12.34	6.97	77.04	6.14	2.40	155.83	3.66	4.42	-17.19
广　东	1.30	0.76	71.05	2.31	2.52	-8.33	6.45	1.94	232.47
广　西	2.08	1.63	27.61	3.99	2.56	55.86	1.04	1.18	-11.86
海　南									
重　庆	4.47	4.20	6.43	2.12	2.00	6.00			
四　川	7.22	2.50	188.80	5.63	4.82	16.80	11.58	8.15	42.09
贵　州	1.46	1.13	29.20						
云　南	0.83	0.56	48.21	0.30	0.31	-3.23	0.59	0.90	-34.44
西　藏									
陕　西	7.26	5.36	35.45	0.03	0.05	-40.00	2.78	2.41	15.35
甘　肃	0.07			0.30	0.27	11.11			
青　海									
宁　夏	7.07	6.35	11.34	1.23	1.10	11.82	12.29	12.21	0.66
新　疆	0.28	0.06	366.67	0.28	0.21	33.33	2.05	1.23	66.67

（续）

省市名称	叉车(台)			减速机(万台)		
	2006 年	2005 年	比上年增长(%)	2006 年	2005 年	比上年增长(%)
全　国	106 602	76 073	40.13	229.17	189.23	21.11
北　京	4 398	3 220	36.58	2.76	1.98	39.39
天　津	99	15	560.00	12.95	12.54	3.27
河　北				0.95	0.91	4.40
山　西				1.04	1.11	-6.31
内蒙古				0.66	0.54	22.22
辽　宁	6 073	4 755	27.72	2.15	1.27	69.29
吉　林						
黑龙江				0.01	0.01	
上　海	1 562	1 378	13.35	4.79	4.25	12.71
江　苏	3 689	5 074	-27.30	50.84	49.57	2.56
浙　江	43 254	27 676	56.29	124.31	94.06	32.16
安　徽	28 415	20 303	39.95	0.06	0.08	-25.00
福　建	8 019	6 720	19.33	0.09	0.09	
江　西						
山　东	3 484	1 397	149.39	12.07	10.65	13.33
河　南	975	478	103.97	3.22	2.88	11.81
湖　北	387			3	2.40	25.00
湖　南	152	230	-33.91	4.58	2.32	97.41
广　东				3.68	2.96	24.32
广　西	572	432	32.41	0.17	0.17	
海　南						
重　庆				0.86	0.34	152.94
四　川				0.51	0.58	-12.07
贵　州						
云　南						
西　藏						
陕　西	5 523	4 395	25.67	0.40	0.49	-18.37
甘　肃						
青　海						
宁　夏				0.07	0.02	250.00
新　疆					0.01	

注:表中原始数据来源于国家统计局年报资料。

〔供稿人:中国重型机械工业协会李革、臧义成　审稿人:中国重型机械工业协会徐善继〕

2006年重型机械主要产品进出口量值统计

(单位:万美元)

税号	海关货物名称	数量单位	出口数量	出口额	进口数量	进口额	进出口总额	进出口顺差
	重型机械主要产品合计			577 519		509 550	1 087 068	67 969
	一、冶金矿山机械合计			97 651		224 020	321 671	-126 369
	(一)冶金设备合计			67 278		163 204	230 481	-95 926
	1. 炼焦炉、海绵铁回转窑等小计			6 080		596	6 676	5 485
84178010	炼焦炉	台	16	60	1	526	586	-467
84179010	海绵铁回转窑的零件	kg	2 621 866	745	225	2	747	744
84179020	焦炉零件	kg	11 792 313	5 275	28 845	68	5 343	5 207
	2. 金属冶炼设备及零件小计			27 064		34 149	61 213	-7 085
	金属冶炼设备小计	台	7 888	8 176	449	14 219	22 395	-6 043
84541000	转炉	台	358	1 054	76	1 820	2 874	-766
84542010	炉外精炼设备	台	315	2 183	59	9 317	11 500	-7 135
84542090	其他锭模及浇包	台	6 096	2 413	271	690	3 103	1 722
	连铸机小计	台	1 119	2 527	43	2 392	4 919	136
84543021	其中:方坯连铸机	台	79	940	7	690	1 629	250
84543022	板坯连铸机	台	103	1 434	21	1 633	3 067	-199
84543029	其他钢坯连铸机	台	937	154	15	69	223	85
	金属冶炼设备零件小计	kg	97 223 293	18 888	16 269 196	19 929	38 817	-1 042
84549010	炉外精炼设备的零件	kg	9 891 619	1 838	1 306 099	1 342	3 180	496
84549021	钢坯连铸机用结晶器	kg	709 134	536	486 080	1 743	2 280	-1 207
84549022	钢坯连铸机用振动装置	kg	74 926	21	430 105	1 232	1 253	-1 211
84549029	其他钢坯连铸机用零件	kg	3 779 238	1 539	10 628 694	8 175	9 714	-6 636
84549090	其他转炉、浇包、锭模及铸造机零件	kg	82 768 376	14 953	3 418 218	7 437	22 390	7 516
	3. 金属轧机及零件小计			33 273		119 298	152 572	-86 025
	金属轧机小计	台	4 254	11 213	284	35 382	46 595	-24 169
84551010	热轧管机	台	20	35	8	2 006	2 040	-1 971
84551020	冷轧管机	台	197	1 846	18	720	2 566	1 127
84551030	定、减径轧管机	台	16	115	12	645	759	-530
84551090	其他金属管轧机	台	429	148	36	1 606	1 753	-1 458
84552110	板材热轧机	台	35	1 288	22	13 945	15 234	-12 657
84552120	型钢轧机	台	351	1 583			1 583	1 583
84552130	线材轧机	台	1 319	1 465	17	935	2 400	529
84552190	其他金属热轧机或冷热联合轧机	台	72	518	47	2 558	3 076	-2 039
84552210	板材冷轧机	台	952	2 088	52	11 730	13 818	-9 642

（续）

税号	海关货物名称	数量单位	出口数量	出口额	进口数量	进口额	进出口总额	进出口顺差
84552290	其他金属冷轧机	台	863	2 128	72	1 237	3 365	890
	金属轧机用轧辊及零件小计			22 060		83 917	105 977	-61 856
84553000	金属轧机用轧辊	个	100 490	6 972	14 686	31 433	38 404	-24 461
84559000	其他金属轧机零件	kg	49 997 574	15 089	44 532 194	52 484	67 573	-37 395
	4. 拉拔机、拔丝机等小计	台	774	860	1 313	9 161	10 021	-8 301
84631011	300t 及以下的冷拔管机	台	46	178	47	718	896	-539
84631019	其他冷拔管机	台	6	2	1	2	4	
84631020	拔丝机	台	388	371	986	5 490	5 862	-5 119
84631090	其他金属杆、管、型材、异型材拉拔机	台	334	308	279	2 951	3 260	-2 643
	（二）矿山设备合计			30 373		60 816	91 189	-30 443
	1. 矿山采掘设备、钻机等小计			6 945		23 568	30 513	-16 623
	截煤机、凿岩机及隧道掘进机小计	台	14 424	5 067	161	20 293	25 360	-15 226
84303100	其中：自推进的截煤机、凿岩机及隧道掘进机	台	839	3 255	96	14 906	18 161	-11 650
84303900	非自推进的截煤机、凿岩机及隧道掘进机	台	13 585	1 812	65	5 387	7 199	-3 576
84305020	矿用电铲	台	2	1	6	688	689	-687
84314910	矿用电铲用零件	kg	3 495 995	848	350 422	405	1 253	443
	采矿钻机小计	台	125	63	189	1 908	1 972	-1 845
84305031	其中：牙轮直径在 380mm 及以上的采矿钻机	台	3	10			10	10
84305039	其他采矿钻机	台	122	53	189	1 908	1 962	-1 855
84306911	钻筒直径 3m 以上的非自推进工程钻机	台	16	50			50	50
84306919	其他非自推进工程钻机	台	1 170	833	27	133	966	700
84306920	非自推进铲运机	台	42	82	11	141	223	-58
	2. 筛选、洗涤、破磨机器小计	台	38 761	23 185	3 646	37 142	60 327	-13 957
84741000	矿物分类、筛选、分离或洗涤机器	台	24 649	6 231	2 450	13 795	20 025	-7 564
	矿物破碎或磨粉机器小计	台	14 112	16 954	1 196	23 347	40 301	-6 393
84742010	其中：齿辊式矿物破碎或磨粉机器	台	5 997	1 926	180	4 161	6 087	-2 234
84742020	球磨式矿物破碎或磨粉机器	台	1 254	5 042	154	1 688	6 730	3 355
84742090	其他矿物破碎或磨粉机器	台	6 861	9 985	862	17 499	27 484	-7 514
	3. 矿山卷扬（提升）设备小计	台	1 420	243	20	107	350	136
84252011	圆筒直径在 2m 及以上的矿井卷扬机	台	35	61			61	61
84252019	其他矿井卷扬机	台	253	59	9	76	135	-16
84252090	其他矿井口卷扬装置	台	1 132	123	11	31	154	91
	二、物料搬运设备合计			479 868		285 529	765 397	194 339
	1. 轻小起重设备小计	台	37 043 421	72 557	670 366	30 337	102 894	42 220
	滑车及葫芦小计	台	2 876 528	11 607	65 919	7 428	19 035	4 179
84251100	其中：电动的滑车及葫芦	台	563 342	4 867	45 180	6 655	11 522	-1 788
84251900	非电动的滑车及葫芦	台	2 313 186	6 739	20 739	773	7 513	5 966
	卷扬机及绞盘小计	台	6 635 867	17 685	27 652	16 160	33 845	1 524
84253100	其中：其他电动的卷扬机及绞盘	台	957 873	13 443	20 554	12 561	26 004	882
84253900	其他非电动的卷扬机及绞盘	台	5 677 994	4 241	7 098	3 599	7 841	642

（续）

税号	海关货物名称	数量单位	出口数量	出口额	进口数量	进口额	进出口总额	进出口顺差
	千斤顶小计	台	25 407 839	31 871	575 422	6 112	37 982	25 759
84254100	其中：车库使用的固定千斤顶系统	台	492	1	62	13	14	-12
84254210	其他液压千斤顶	台	18 576 023	24 683	38 441	5 130	29 812	19 553
84254910	未列名千斤顶	台	6 831 324	7 187	536 919	969	8 156	6 218
	汽车提升机（汽车举升机）	台	2 123 187	11 395	1 373	637	12 032	10 758
84254290	其中：汽车液压提升机（汽车举升机）	台	399 560	7 799	1 004	558	8 356	7 241
84254990	未列名汽车提升机（汽车举升机）	台	1 723 627	3 597	369	79	3 675	3 518
	2. 起重机小计	台	14 221	187 475	3 010	53 998	241 474	133 477
	桥式起重机小计	台	1 071	3 124	1 404	5 746	8 870	-2 623
84261120	其中：通用桥式起重机	台	658	2 017	741	3 023	5 041	-1 006
84261190	其他桥式起重机	台	413	1 106	663	2 723	3 830	-1 617
84261200	胶轮移动式吊运架及跨运车	台	1 356	6 667	31	547	7 215	6 120
84261921	抓斗式卸船机	台	6	2 062	5	32	2 094	2 030
84261929	其他卸船机	台	10	1 764	1	7	1 771	1 757
	门式起重机与装卸桥小计	台	1 835	124 056	110	13 912	137 968	110 144
84261930	其中：门式起重机	台	658	27 967	70	2 917	30 884	25 050
84261941	门式装卸桥	台	35	72			72	72
84261942	集装箱装卸桥	台	172	95 744	20	10 817	106 561	84 927
84261943	其他动臂式装卸桥	台	388	261	12	175	436	86
84261949	未列名装卸桥	台	582	12	8	3	15	9
84261990	未列名桥架类起重机和移动式吊运架及跨运车	台	258	144	150	1 520	1 664	-1 376
84262000	塔式起重机	台	1 748	15 091	40	2 246	17 336	12 845
84263000	门座式起重机	台	491	4 564	271	5 625	10 189	-1 061
	流动式起重机小计	台	1 871	25 831	492	21 511	47 343	4 320
84264110	其中：轮胎式自推进起重机	台	88	3 191	71	1 312	4 503	1 879
84264190	带胶轮的其他自推进起重机械	台	32	948	88	3 287	4 235	-2 339
84264910	履带式起重机	台	144	4 211	93	11 910	16 122	-7 699
84264990	不带胶轮的其他自推进起重机械	台	8	71	10	236	307	-164
84269100	供装于公路车辆的其他起重机	台	230	407	180	289	695	118
87051021	最大起重量≤50t 全路面起重车	台	235	2 193	3	118	2 310	2 075
87051022	50t＜最大起重量≤100t 全路面起重车	台	19	640	10	731	1 371	-91
87051023	最大起重量＞100t 全路面起重车	台	1	1	24	3 379	3 380	-3 378
87051091	最大起重量≤50t 其他起重车	台	924	10 130	10	167	10 296	9 963
87051092	50t＜最大起重量≤100t 其他起重车	台	185	3 874	3	83	3 957	3 791
87051093	最大起重量＞100t 其他起重车	台	5	166			166	166
84271010	电动机推进的有轨巷道堆垛机	台	12	305	90	1 449	1 754	-1 145
84269900	未列名起重机	台	5 563	3 867	416	1 402	5 270	2 465
	3. 工业车辆小计	台		47 563		30 919	78 482	16 643
	电动叉车小计		9 422	6 179	7 622	10 403	16 582	-4 224
84271020	其中：电动机推进的无轨巷道堆垛机	台	83	81	111	380	462	-299
84271090	其他电动叉车	台	9 339	6 098	7 511	10 022	16 120	-3 924
	内燃叉车小计		17 153	22 590	3 211	14 977	37 567	7 612
84272010	其中：集装箱叉车	台	38	469	95	1 802	2 271	-1 333

（续）

税号	海关货物名称	数量单位	出口数量	出口额	进口数量	进口额	进出口总额	进出口顺差
84272090	其他机动叉车	台	17 115	22 121	3 116	13 175	35 296	8 946
84279000	未列名叉车等装有升降或搬运装置的工作车	台	1 225 780	16 922	4 015	1 755	18 677	15 167
	牵引车、短距离搬运车辆小计	台	7 829	692	2 215	2 888	3 581	-2 196
87091110	其中：电动牵引车	台	102	38	728	688	726	-649
87091190	其他电动的短距离运货车辆	台	6 249	142	159	117	259	25
87091910	其他机动牵引车	台	88	344	297	1 283	1 628	-939
87091990	其他短距离运货机动车辆	台	1 390	167	1 031	800	967	-633
87099000	短距离运货的机动车辆及站台牵引车的零件	kg	4 512 807	1 179	648 272	896	2 076	283
	4. 电梯、升降机及自动梯小计	台	24 404	63 993	2 958	17 808	81 801	46 185
84281010	载客电梯	台	10 865	26 246	2 136	14 863	41 109	11 383
84281090	其他升降机及倒卸式起重机	台	1 971	1 716	689	1 776	3 492	-59
84284000	自动梯及自动人行道	台	11 568	36 031	133	1 169	37 200	34 861
	5. 连续搬运设备及其他小计	台	916 483	38 816	66 121	120 348	159 164	-81 532
84261910	装船机	台	61	309	33	744	1 053	-435
	提升机及输送机小计	台	31 069	24 525	38 108	80 537	105 062	-56 012
84282000	其中：气压升降机及输送机	台	2 095	1 205	2 034	4 631	5 836	-3 425
84283100	地下专用的连续升降机及输送机	台	111	275	16	547	822	-271
84283200	斗式连续运升降机及输送机	台	941	1 495	252	1 683	3 178	-188
84283300	带式连续升降机及输送机	台	5 325	6 591	7 982	13 080	19 671	-6 488
84283910	链式连续升降机及输送机	台	3 081	1 971	2 592	8 037	10 008	-6 066
84283920	辊式连续升降机及输送机	台	3 484	3 151	3 218	10 300	13 451	-7 150
84283990	未列名连续升降机及输送机	台	16 032	9 837	22 014	42 259	52 096	-32 423
84285000	矿车推动机、铁道机车货车转车台、货车倾卸装置及类似装置	台	395	73	59	155	228	-82
	架空索道及缆车小计	台	2 124	97	59	2 468	2 566	-2 371
84286010	其中：货运架空索道	台			20	108	108	-108
84286021	单线循环式客运架空索道	台			7	1 607	1 607	-1 607
84286029	其他客运架空索道	台			2	680	680	-680
84286090	其他缆车、座式升降机、滑雪拉索;索道牵引机	台	2 124	97	30	74	171	24
84289000	未列名升降、搬运、装卸机械	台	882 834	13 812	27 862	36 444	50 256	-22 633
	6. 物料搬运设备零件小计			69 464		32 119	101 583	37 346
84311000	8425 所列机械的零件	kg	49 558 374	8 175	2 993 710	3 689	11 864	4 486
84312000	8427 所列机械的零件	kg	210 164 093	17 689	11 404 828	7 722	25 411	9 967
84313100	升降机、倒卸式起重机或自动梯零件	kg	205 671 974	29 460	8 072 354	7 658	37 118	21 803
84313900	其他 8428 所列机械的零件	kg	74 425 205	12 661	7 532 585	12 494	25 155	168
84314100	戽斗、铲斗、抓斗及夹斗	个/kg	77 894	1 479	6 042	556	2 035	922
	其他有关产品							
84178030	水泥回转窑	台	31	1 460	4	765	2 226	695
84178040	石灰石分解炉	台	11	383	7	800	1 183	-417
84198910	加氢反应器	台	16	96	52	11 913	12 009	-11 817

注：1. 原始数据来源于国家海关总署 2006 年 1～12 月统计资料，编者按国内外通行的产品名称及分类作了适当调整和处理。

2. 重型机械产品税号共 113 个，其中：冶金机械 30 个，矿山机械 16 个；物料搬运机械 67 个。

〔供稿人：中国重型机械工业协会臧义成　审稿人：中国重型机械工业协会徐善继〕

2006 年我国冶金矿山机械按产品分类进出口国家(地区)量值表

(单位:万美元)

商品税号	商品名称	数量单位	出口数量	出口金额	进口数量	进口金额
84178010	炼焦炉(出口 2 个国家或地区,进口 1 个国家或地区)	台	16	60	1	526
	其中:德国	台			1	526
	土耳其	台	2	45		
84179010	海绵铁回转窑的零件(出口 16 个国家或地区,进口 1 个国家或地区)	kg	2 621 866	745	225	2
	其中:印度	kg	1 091 454	350		
	科威特	kg	551 664	133		
	美国	kg	311 225	89		
	伊朗	kg	298 640	63		
	加拿大	kg	221 077	56		
84179020	焦炉零件(出口 15 个国家或地区,进口 5 个国家或地区)	kg	11 792 313	5 275	28 845	68
	其中:德国	kg	12 312	2	27 677	67
	巴西	kg	7 091 882	3 990		
	哈萨克斯坦	kg	333 380	415		
	土耳其	kg	234 479	226		
	日本	kg	1 052 619	215	18	
	南非	kg	991 787	200		
	印度	kg	1 861 741	181		
84252019	其他矿井卷扬机(出口 11 个国家或地区,进口 1 个国家或地区)	台	253	59	9	76
	其中:澳大利亚	台			9	76
84303100	自推进截煤机、凿岩机及隧道掘进机(出口 36 个国家或地区,进口 11 个国家或地区)	台	839	3 255	96	14 906
	其中:德国	台			10	5 532
	英国	台	2	12	3	1 782
	奥地利	台			6	1 712
	日本	台	1	9	9	1 531
	美国	台	2		8	1 469
	瑞典	台			36	1 430
	芬兰	台			19	1 022
	澳大利亚	台			1	327
	法国	台			3	89
	新加坡	台	7	2 615		

(续)

商品税号	商品名称	数量单位	出口数量	出口金额	进口数量	进口金额
	中国香港	台	13	124		
	俄罗斯联邦	台	11	119		
	墨西哥	台	8	55		
84303900	非自推进截煤机 凿岩机及隧道掘进机(出口68个国家或地区,进口7个国家或地区)	台	13 585	1 812	65	5 387
	其中: 德国	台			15	4 372
	美国	台	144	622	4	859
	乌克兰	台	144	3	2	87
	中国香港	台	1	666		
	也门共和国	台	5 563	143		
	智利	台	2 936	118		
84305020	矿用电铲(出口2个国家或地区,进口2个国家或地区)	台	2	1	6	688
	其中:美国	台			6	688
84305039	其他采矿钻机(出口15个国家或地区,进口10个国家或地区)	台	122	53	189	1 908
	其中:美国	台			12	1 374
	日本	台			122	240
	瑞典	台			15	135
	芬兰	台			20	97
84306919	其他非自推进工程钻机(出口50个国家或地区,进口9个国家或地区)	台	1 170	833	27	133
	其中:阿尔及利亚	台	35	215		
	苏丹	台	4	99		
84306920	非自推进的铲运机(出口11个国家或地区,进口2个国家或地区)	台	43	82	11	141
	其中:德国	台			3	114
84314910	矿用电铲用零件(出口22个国家或地区,进口16个国家或地区)	kg	3 495 995	848	350 422	405
	其中:美国	kg	1 878 984	387	300 655	339
	巴基斯坦	kg	475 871	197		
	智利	kg	530 450	123		
84541000	转炉(出口33个国家或地区,进口9个国家或地区)	台	358	1 054	76	1 820
	其中: 意大利	台			5	535
	奥地利	台			3	363
	日本	台	18	175	34	331
	德国	台			6	240
	美国	台	182	43	9	165
	韩国	台	2	8	7	128
	中国台湾	台			11	55
	哈萨克斯坦	台	15	190		

（续）

商品税号	商品名称	数量单位	出口数量	出口金额	进口数量	进口金额
	俄罗斯联邦	台	6	83		
	越南	台	24	76		
	印度	台	3	73		
	孟加拉国	台	1	66		
	中国香港	台	5	62		
	埃及	台	2	59		
84542010	炉外精炼设备（出口 22 个国家或地区，进口 11 个国家或地区）	台	315	2 183	59	9 317
	其中：奥地利	台			9	4 430
	德国	台			10	2 866
	意大利	台			8	1 008
	日本	台	23	87	13	384
	荷兰	台			2	378
	美国	台	1	23	6	154
	中国台湾	台	27	528	4	61
	印度	台	97	616		
	新加坡	台	22	242		
	土耳其	台	17	213		
	印度尼西亚	台	9	161		
	韩国	台	18	79	2	1
84542090	其他锭模及浇包（出口 35 个国家或地区，进口 11 个国家或地区）	台	6 096	2 413	271	690
	其中：美国	台	570	228	32	404
	韩国	台	431	390	8	118
	瑞士	台			2	81
	日本	台	771	905	76	69
	澳大利亚	台	702	89		
	德国	台	43	89	5	9
	墨西哥	台	12	72		
	印度	台	12	70		
	意大利	台	23	70	2	1
	瑞典	台	4	58	1	1
	泰国	台	35	57		
84543021	方坯连铸机（出口 11 个国家或地区，进口 3 个国家或地区）	台	79	940	7	690
	其中：德国	台			6	672
	印度尼西亚	台	7	205		
	日本	台	49	199	1	18
	朝鲜	台		173		
	尼日利亚	台	1	104		
	哈萨克斯坦	台	2	65		
	伊朗	台	1	57		

(续)

商品税号	商品名称	数量单位	出口数量	出口金额	进口数量	进口金额
84543022	板坯连铸机(出口5个国家或地区,进口3个国家或地区)	台	103	1 434	21	1 633
	其中:奥地利	台			20	1 631
	波兰	台	50	877		
	土耳其	台	28	455		
	俄罗斯联邦	台	20	57		
84543029	其他钢坯连铸机(出口20个国家或地区,进口28个国家或地区)	台	937	154	15	69
	其中:中国台湾	台			8	51
	韩国	台	2	65		
84549010	炉外精炼设备的零件(出口32个国家或地区,进口14个国家或地区)	kg	9 891 619	1 838	1 306 099	1 342
	其中:德国	kg	14 965	6	89 412	423
	奥地利	kg			68 378	335
	美国	kg	3 628 041	478	1 049 980	171
	日本	kg	2 428 162	514	17 692	162
	意大利	kg	45 513	15	22 236	158
	韩国	kg	100		44 913	58
	土耳其	kg	1 346 256	387	8 530	11
	荷兰	kg	1 118 336	220		
84549021	钢坯连铸机用结晶器(出口39个国家或地区,进口8个国家或地区)	kg	709 134	536	486 080	1 743
	其中:德国	kg	88 860	80	196 209	634
	奥地利	kg			123 181	562
	意大利	kg	26 879	34	158 926	441
	英国	kg	1 376	1	5 910	103
	瑞士	kg	83 841	108		
	土耳其	kg	60 981	56		
	印度	kg	33 533	54		
84549022	钢坯连铸机用振动装置(出口8个国家或地区,进口9个国家或地区)	kg	74 926	21	430 105	1 232
	其中:意大利	kg			179 611	383
	奥地利	kg			14 452	267
	英国	kg			90 344	227
	德国	kg			107 614	219
	日本	kg	40 000	10	2 876	35
84549029	其他钢坯连铸机用零件(出口44个国家或地区,进口17个国家或地区)	kg	3 779 238	1 539	10 628 694	8 175
	其中:意大利	kg	363 924	76	1 068 102	2 487
	德国	kg	131 581	143	540 395	1 661
	奥地利	kg			287 670	1 611
	美国	kg	84 982	27	7 399 117	1 128

（续）

商品税号	商品名称	数量单位	出口数量	出口金额	进口数量	进口金额
	韩国	kg	42 306	16	1 197 480	916
	日本	kg	257 557	65	85 511	170
	英国	kg	1 001 522	434	38 563	134
	比利时	kg	253 024	173	3 662	37
	印度	kg	286 824	158		
	乌克兰	kg	515 756	143		
	西班牙	kg	144 556	55		
	荷兰	kg	99 693	52		
84549090	其他转炉 浇包 锭模及铸造机零件（出口73个国家或地区，进口36个国家或地区）	kg	82 768 376	14 953	3 418 218	7 437
	其中：德国	kg	1 641 465	286	989 997	2 385
	日本	kg	23 546 142	3 965	653 412	1 479
	美国	kg	16 586 860	1 883	512 053	1 191
	奥地利	kg	28 441	7	96 400	720
	意大利	kg	1 109 607	199	505 718	555
	中国台湾	kg	842 148	143	203 927	317
	加拿大	kg	978 486	114	92 336	142
	瑞士	kg	383		63 570	134
	韩国	kg	1 664 388	336	35 456	114
	比利时	kg	813 103	179	4 158	80
	捷克	kg	64 186	4	75 516	80
	印度	kg	19 994 911	4 041	4	
	土耳其	kg	2 118 988	914		
	乌克兰	kg	1 715 850	744	3 270	5
	丹麦	kg	1 846 561	353	6 190	27
	越南	kg	841 847	248	60	
	印度尼西亚	kg	1 341 710	157	15	
	利比亚	kg	860 352	157		
	澳大利亚	kg	873 732	149	1 541	3
	英国	kg	767 331	141	32 924	35
	法国	kg	952 398	124	12 406	30
	荷兰	kg	685 827	114	8	
	伊拉克	kg	256 761	68		
	巴西	kg	387 836	65	40 535	40
	巴基斯坦	kg	267 799	61		
	中国香港	kg	451 713	61	4 952	5
	马来西亚	kg	187 554	58	24	1
84551010	热轧管机（出口8个国家或地区，进口6个国家或地区）	台	20	35	8	2 006
	其中：德国	台			3	1 846
	英国	台			1	140

（续）

商品税号	商品名称	数量单位	出口数量	出口金额	进口数量	进口金额
84551020	冷轧管机（出口 29 个国家或地区，进口 7 个国家或地区）	台	197	1 846	18	720
	其中：德国	台			2	238
	中国台湾	台			9	212
	日本	台			2	92
	俄罗斯联邦	台			2	89
	芬兰	台	2		1	64
	美国	台	54	1 308	1	3
	泰国	台	20	106		
	南非	台	2	90		
	印度	台	17	77		
	希腊	台	2	53		
84551030	定、减径轧管机（出口 7 个国家或地区，进口 8 个国家或地区）	台	16	115	12	645
	其中：德国	台			2	533
	日本	台	3	55	1	53
84551090	其他金属管轧机（出口 21 个国家或地区，进口 8 个国家或地区）	台	429	148	36	1 606
	其中：德国	台			4	995
	中国台湾	台	4	6	15	355
	英国	台			10	154
	日本	台	5	2	4	97
	墨西哥	台	15	81		
84552110	板材热轧机（出口 15 个国家或地区，进口 7 个国家或地区）	台	35	1 288	22	13 945
	其中：德国	台	9	168	5	6 732
	英国	台			13	3 854
	日本	台	1	14	2	2 947
	马来西亚	台			1	398
	越南	台	2	921		
	哈萨克斯坦	台	1	116		
84552120	型钢轧机（出口 31 个国家或地区，进口 1 个国家或地区）	台	351	1 583		
	其中：阿曼	台	3	751		
	巴基斯坦	台	216	367		
	意大利	台	30	164		
	苏丹	台	1	108		
84552130	线材轧机（出口 34 个国家或地区，进口 6 个国家或地区）	台	1 319	1 465	17	935
	其中：美国	台	4	1	1	476
	意大利	台	166	137	4	435
	日本	台	1	276	2	6
	马来西亚	台	22	257	3	

（续）

商品税号	商品名称	数量单位	出口数量	出口金额	进口数量	进口金额
	英国	台	489	185		
	巴基斯坦	台	79	135		
	印度尼西亚	台	121	131		
	伊拉克	台	64	62		
84552190	其他金属热轧机或冷热联合轧机（出口16个国家或地区，进口8个国家或地区）	台	72	518	47	2 558
	其中：德国	台			2	1 078
	日本	台			3	535
	意大利	台	2	123	23	491
	罗马尼亚	台			2	262
	美国	台			9	153
	伊朗	台	5	128		
84552210	板材冷轧机（出口73个国家或地区，进口13个国家或地区）	台	952	2 088	52	11 730
	其中：德国	台	7	76	17	8 286
	法国	台			1	1 261
	意大利	台	1	17	3	545
	荷兰	台	29	8	2	422
	美国	台	319	128	3	388
	印度	台	50	282	1	370
	日本	台	2	11	2	214
	韩国	台	15	39	4	173
	中国台湾	台	16	18	13	51
	越南	台	42	253		
	土耳其	台	5	175		
	澳大利亚	台	34	162		
	马来西亚	台	9	104		
	智利	台	11	81		
	沙特阿拉伯	台	74	62		
	芬兰	台	3	56		
	尼日利亚	台	15	52		
84552290	其他金属冷轧机（出口67个国家或地区，进口11个国家或地区）	台	863	2 128	72	1 237
	其中：德国	台	3	8	7	700
	日本	台			17	263
	韩国	台	12	10	33	118
	法国	台	11	65	1	115
	印度	台	40	338		
	越南	台	47	337		
	马来西亚	台	42	334	1	2
	苏丹	台	65	114		
	澳大利亚	台	29	87		

（续）

商品税号	商品名称	数量单位	出口数量	出口金额	进口数量	进口金额
	巴基斯坦	台	15	84		
	印度尼西亚	台	19	58		
84553000	金属轧机用轧辊（出口 82 个国家或地区，进口 28 个国家或地区）	个	100 490	6 972	14 686	31 433
	其中：美国	个	4 373	1 078	1 803	7 488
	日本	个	6 091	309	5 788	6 844
	德国	个	811	130	1 102	4 105
	英国	个	624	100	568	3 088
	韩国	个	857	169	1 258	2 378
	意大利	个	3 721	214	1 611	1 753
	巴西	个	3 067	74	222	1 619
	奥地利	个	2		218	1 143
	法国	个	38	7	268	1 083
	瑞典	个	39	3	212	784
	比利时	个	61	44	63	387
	乌克兰	个			24	207
	中国台湾	个	2 257	742	920	156
	俄罗斯联邦	个	15	15	10	132
	澳大利亚	个	366	79	73	120
	印度	个	3 829	310	28	69
	马来西亚	个	2 746	617	53	1
	墨西哥	个	1 702	372		
	哈萨克斯坦	个	303	270		
	荷兰	个	43 930	243	223	6
	西班牙	个	956	233	4	
	印度尼西亚	个	5 663	232		
	南非	个	1 261	225		
	埃及	个	179	173		
	越南	个	3 235	173		
	加拿大	个	1 158	150	3	2
	泰国	个	938	144	8	4
	巴基斯坦	个	489	86		
	罗马尼亚	个	40	74		
	秘鲁	个	215	60		
	巴林	个	9	59		
	尼日利亚	个	451	51		
84559000	其他金属轧机零件（出口 86 个国家或地区，进口 31 个国家或地区）	kg	49 997 574	15 089	44 532 194	52 484
	其中：德国	kg	1 761 399	888	6 685 955	15 440
	日本	kg	6 527 003	1 995	8 052 920	13 665
	美国	kg	6 970 598	1 493	21 051 201	13 265
	法国	kg	56 929	6	2 303 481	4 148

（续）

商品税号	商品名称	数量单位	出口数量	出口金额	进口数量	进口金额
	意大利	kg	2 556 286	610	1 698 450	2 384
	英国	kg	939 309	310	2 620 174	1 933
	韩国	kg	873 645	264	1 027 118	599
	加拿大	kg	110 798	58	232 183	201
	卢森堡	kg			23 736	172
	瑞典	kg	9 110	5	11 567	142
	奥地利	kg			273 568	122
	巴西	kg	840 659	195	255 007	102
	中国台湾	kg	687 290	233	39 375	80
	中国香港	kg	55 425	38	3 423	70
	比利时	kg	616	2	163 560	70
	波兰	kg	9 079 756	3 276		
	马来西亚	kg	1 385 929	874	1	
	土耳其	kg	1 306 295	582		
	泰国	kg	2 238 550	530		
	越南	kg	1 148 486	496		
	西班牙	kg	1 464 033	394	901	4
	丹麦	kg	454 373	312	5	
	印度尼西亚	kg	1 403 092	269	12	
	墨西哥	kg	781 840	247		
	卡塔尔	kg	1 050 187	243		
	印度	kg	513 793	240	84 500	44
	荷兰	kg	999 166	217	123	5
	巴基斯坦	kg	376 357	157		
	新加坡	kg	769 169	98		
	阿根廷	kg	311 938	85		
	哈萨克斯坦	kg	174 254	82		
	伊拉克	kg	272 166	77		
	澳大利亚	kg	288 829	74		
	南非	kg	66 521	67		
	巴林	kg	146 055	57		
	叙利亚	kg	914 823	52		
84631011	300t 及以下的冷拔管机（出口 9 个国家或地区，进口 12 个国家或地区）	台	46	178	47	718
	其中：意大利	台				270
	英国	台			3	178
	德国	台			6	134
	日本	台			1	91
	印度	台	3	139		
84631020	拔丝机（出口 43 个国家或地区，进口 13 个国家或地区）	台	388	371	900	5 021
	其中：韩国	台	8	2	443	1 983

（续）

商品税号	商品名称	数量单位	出口数量	出口金额	进口数量	进口金额
	意大利	台			64	1 207
	日本	台			204	907
	德国	台			29	465
	美国	台			22	189
	比利时	台	2	6	104	163
	瑞士	台			5	72
	越南	台	34	79		
84631090	其他金属杆、管、型材、异型材等的拉拔机（出口31个国家或地区，进口14个国家或地区）	台	334	308	279	2 951
	其中：意大利	台			21	709
	日本	台			58	658
	比利时	台			44	446
	英国	台			1	354
	德国	台			19	238
	中国台湾	台			51	160
	美国	台	100	1	30	158
	韩国	台	7	94	43	146
	瑞典	台			1	65
	阿拉伯联合酋长国	台	5	48		
84741000	固体矿物质的分类、筛选、分离或洗涤机器（出口109个国家或地区，进口30个国家或地区）	台	24 701	7 132	2 450	13 795
	其中：美国	台	4 489	962	778	4 616
	澳大利亚	台	215	37	181	2 425
	德国	台	163	10	217	2 171
	日本	台	3 099	295	252	961
	英国	台	46	883	46	883
	南非	台	43	66	120	764
	法国	台	28	20	29	559
	意大利	台	7	10	387	400
	中国台湾	台	165	64	244	265
	韩国	台	157	12	96	198
	挪威	台			2	125
	波兰	台	5	15	4	82
	荷兰	台	8	14	9	65
	加拿大	台	25	39	8	52
	哈萨克斯坦	台	214	583		
	越南	台	1 775	430		
	安哥拉	台	52	370		
	朝鲜	台	1 257	340		
	印度尼西亚	台	8 733	289		
	沙特阿拉伯	台	90	288		
	俄罗斯联邦	台	110	282	1	1

（续）

商品税号	商品名称	数量单位	出口数量	出口金额	进口数量	进口金额
	印度	台	202	170		
	巴基斯坦	台	80	165		
	尼日利亚	台	72	156		
	土耳其	台	59	140		
	阿拉伯联合酋长国	台	51	131		
	爱尔兰	台	46	114		
	蒙古国	台	77	107		
	马来西亚	台	402	96	5	22
	秘鲁	台	15	88		
	泰国	台	200	85	4	18
	孟加拉国	台	52	67		
	苏丹	台	1 043	57		
	坦桑尼亚	台	26	52		
84742010	齿辊式固体矿物质破碎或磨粉机器（出口86个国家或地区，进口15个国家或地区）	台	5 997	1 926	180	4 161
	其中：德国	台	9	6	20	1 305
	英国	台	1 743	9	31	927
	日本	台	66	51	10	642
	丹麦	台			2	356
	美国	台	5	8	44	340
	中国台湾	台	1		36	248
	法国	台	19	6	8	169
	南非	台	211	68	4	70
	西班牙	台	342	16	4	51
	安哥拉	台	30	384		
	印度尼西亚	台	1 563	351		
	斯里兰卡	台	603	163		
	越南	台	39	127		
	埃塞俄比亚	台	23	69		
	尼日利亚	台	30	65		
	沙特阿拉伯	台	22	58		
84742020	球磨式固体矿物质破碎或磨粉机器（出口53个国家或地区，进口14个国家或地区）	台	1 254	5 042	154	1 688
	其中：德国	台	5	28	55	1 050
	美国	台	3	1	21	132
	法国	台			2	127
	英国	台			1	110
	奥地利	台			3	92
	日本	台	5	30	11	85
	越南	台	111	970		
	土耳其	台	14	603		
	巴基斯坦	台	158	292		

（续）

商品税号	商品名称	数量单位	出口数量	出口金额	进口数量	进口金额
	阿尔及利亚	台	4	286		
	俄罗斯联邦	台	6	188		
	阿拉伯联合酋长国	台	15	178		
	朝鲜	台	106	167		
	柬埔寨	台	4	145		
	泰国	台	62	100	2	
	毛里塔尼亚	台	1	99		
	孟加拉国	台	24	95		
	老挝	台	4	95		
	伊朗	台	5	88		
	马来西亚	台	170	58		
	哈萨克斯坦	台	10	55		
	中国台湾	台	11	52	35	17
	意大利	台	22	50	14	15
84742090	其他固体矿物质的破碎或磨粉机器(出口126个国家或地区,进口26个国家或地区)	台	6 861	9 985	862	17 499
	其中:德国	台	33	52	238	4 943
	瑞典	台			74	3 181
	丹麦	台	10		14	1 966
	巴西	台	13	38	33	1 323
	日本	台	206	102	85	1 290
	美国	台	321	416	88	1 253
	中国台湾	台	60	56	61	1 124
	法国	台	5	16	47	964
	芬兰	台	77	355	26	488
	英国	台	104	10	17	350
	新西兰	台	18	36	14	147
	印度尼西亚	台	435	508		117
	新加坡	台	69	161	8	116
	韩国	台	105	20	31	66
	印度	台	151	1 747	2	23
	阿拉伯联合酋长国	台	43	1 612		
	哈萨克斯坦	台	108	758		
	沙特阿拉伯	台	84	432		
	朝鲜	台	238	317		
	越南	台	301	301		
	巴基斯坦	台	66	265		
	柬埔寨	台	12	166		
	智利	台	98	156		
	埃塞俄比亚	台	42	146		
	意大利	台	111	144	20	20
	尼日利亚	台	31	140		

（续）

商品税号	商品名称	数量单位	出口数量	出口金额	进口数量	进口金额
	苏丹	台	31	129		
	俄罗斯联邦	台	87	123		
	南非	台	150	116	1	3
	马来西亚	台	230	114		
	孟加拉国	台	117	99		
	斯里兰卡	台	162	99		
	肯尼亚	台	17	95		
	缅甸	台	342	90		
	摩洛哥	台	14	89		
	泰国	台	120	69		
	伊朗	台	48	57		
	蒙古国	台	47	54		
84178030	水泥回转窑(出口13个国家或地区,进口3个国家或地区)	台	31	1 460	4	765
	其中:德国	台			3	702
	意大利	台			1	63
	沙特阿拉伯	台	2	354		
	巴基斯坦	台	5	342		
	越南	台	7	286		
	秘鲁	台	1	150		
	摩洛哥	台	1	95		
	柬埔寨	台	2	89		
84178040	石灰石分解炉(出口5个国家或地区,进口3个国家或地区)	台	11	383	7	800
	其中:瑞士	台			6	665
	意大利	台			1	135
	沙特阿拉伯	台	1	189		
	越南	台	6	159		
84198910	加氢反应器(出口6个国家或地区,进口8个国家或地区)	台	16	96	52	11 913
	其中:日本	台			13	7 603
	意大利	台			10	2 714
	德国	台			1	861
	丹麦	台			1	485
	中国台湾	台			13	143
	美国	台	3		12	99
	印度	台	2	91		

注:表中原始数据来源于国家海关总署2006年1~12月统计资料,仅列进口额或出口额在50万美元以上的国家(地区)。

〔供稿人:中国重型机械工业协会臧义成　审稿人:中国重型机械工业协会徐善继〕

2006年我国冶金矿山机械出口额按国家(地区)汇总表

序号	国家(地区)名称	出口金额(万美元)	占出口金额比重(%)
	合计	98 549	100.00
1	印度	10 219	10.37
2	美国	9 355	9.49
3	日本	9 351	9.49
4	越南	4 751	4.82
5	巴西	4 424	4.49
6	波兰	4 224	4.29
7	土耳其	3 981	4.04
8	新加坡	3 269	3.32
9	马来西亚	2 778	2.82
10	哈萨克斯坦	2 728	2.77
11	印度尼西亚	2 654	2.69
12	阿拉伯联合酋长国	2 166	2.20
13	英国	2 106	2.14
14	德国	2 020	2.05
15	巴基斯坦	2 016	2.05
16	中国台湾	1 937	1.97
17	意大利	1 905	1.93
18	韩国	1 616	1.64
19	泰国	1 401	1.42
20	中国香港	1 192	1.21
21	朝鲜	1 175	1.19
22	乌克兰	1 117	1.13
23	俄罗斯联邦	1 084	1.10
24	沙特阿拉伯	980	0.99
25	南非	978	0.99
26	荷兰	944	0.96
27	墨西哥	923	0.94
28	安哥拉	840	0.85
29	阿曼	814	0.83
30	西班牙	811	0.82
31	尼日利亚	785	0.80
32	澳大利亚	764	0.78
33	丹麦	689	0.70
34	阿尔及利亚	652	0.66
35	智利	639	0.65
36	苏丹	619	0.63
37	伊朗	603	0.61
38	加拿大	566	0.57
39	孟加拉国	509	0.52
40	比利时	486	0.49

（续）

序号	国家（地区）名称	出口金额（万美元）	占出口金额比重（%）
41	芬兰	422	0.43
42	埃及	406	0.41
43	埃塞俄比亚	382	0.39
44	柬埔寨	340	0.35
45	斯里兰卡	334	0.34
46	卡塔尔	310	0.31
47	蒙古国	287	0.29
48	法国	259	0.26
49	利比亚	253	0.26
50	缅甸	247	0.25
51	秘鲁	213	0.22
52	伊拉克	212	0.22
53	阿根廷	206	0.21
54	科威特	197	0.20
55	乌兹别克斯坦	192	0.19
56	加纳	190	0.19
57	也门共和国	188	0.19
58	希腊	179	0.18
59	摩洛哥	172	0.17
60	爱尔兰	167	0.17
61	叙利亚	158	0.16
62	罗马尼亚	158	0.16
63	瑞典	144	0.15
64	老挝	137	0.14
65	坦桑尼亚	134	0.14
66	瑞士	132	0.13
67	菲律宾	125	0.13
68	新西兰	121	0.12
69	巴林	119	0.12
70	赞比亚	110	0.11
71	哥伦比亚	108	0.11
72	毛里塔尼亚	104	0.11
73	委内瑞拉	102	0.10
74	肯尼亚	101	0.10
75	以色列	96	0.10
76	克罗地亚	86	0.09
77	厄瓜多尔	79	0.08
78	塔吉克斯坦	76	0.08
79	约旦	75	0.08
80	刚果	71	0.07
81	吉布提	64	0.06
82	亚美尼亚	56	0.06
83	斯洛文尼亚	52	0.05
84	突尼斯	47	0.05
85	吉尔吉斯斯坦	40	0.04
86	津巴布韦	40	0.04
87	奥地利	40	0.04
88	格鲁吉亚	36	0.04
89	白俄罗斯	36	0.04

（续）

序号	国家(地区)名称	出口金额(万美元)	占出口金额比重(%)
90	特立尼达和多巴哥	36	0.04
91	古巴	34	0.03
92	葡萄牙	31	0.03
93	尼泊尔	24	0.02
94	阿富汗	23	0.02
95	几内亚	23	0.02
96	匈牙利	22	0.02
97	喀麦隆	21	0.02
98	捷克	21	0.02
99	哥斯达黎加	20	0.02
100	危地马拉	20	0.02

注:表中原始数据来源于国家海关总署2006年1～12月统计资料,由编者整理。2006年,我国冶金矿山机械产品共出口153个国家(地区),表中仅列出口额前100名国家(地区)。

〔供稿人:中国重型机械工业协会臧义成　审稿人:中国重型机械工业协会徐善继〕

2006年我国冶金矿山机械进口额按国家(地区)汇总表

序号	国家(地区)名称	进口金额(万美元)	占进口金额比重(%)
	合计	223 543.00	100.00
1	德国	70 029.00	31.33
2	美国	36 562.00	16.36
3	日本	33 846.00	15.14
4	英国	14 332.00	6.41
5	意大利	13 856.00	6.20
6	奥地利	13 021.00	5.82
7	法国	8 586.00	3.84
8	韩国	7 111.00	3.18
9	瑞典	5 805.00	2.60
10	中国台湾	3 224.00	1.44
11	巴西	3 083.00	1.38
12	澳大利亚	3 017.00	1.35
13	丹麦	2 369.00	1.06
14	芬兰	1 718.00	0.77
15	比利时	1 223.00	0.55
16	荷兰	894.00	0.40
17	南非	838.00	0.37
18	瑞士	521.00	0.23
19	印度	509.00	0.23
20	加拿大	435.00	0.19
21	马来西亚	423.00	0.19
22	乌克兰	299.00	0.13

（续）

序号	国家（地区）名称	出口金额（万美元）	占出口金额比重（%）
23	罗马尼亚	262.00	0.12
24	俄罗斯联邦	222.00	0.10
25	新加坡	186.00	0.08
26	卢森堡	181.00	0.08
27	新西兰	159.00	0.07
28	挪威	136.00	0.06
29	印度尼西亚	124.00	0.06
30	捷克	116.00	0.05
31	中华人民共和国	108.00	0.05
32	波兰	90.00	0.04
33	中国香港	87.00	0.04
34	西班牙	63.00	0.03
35	保加利亚	53.00	0.02
36	泰国	29.00	0.01
37	土耳其	11.00	
38	斯洛文尼亚	11.00	
39	匈牙利	2.00	
40	智利	1.00	
41	朝鲜	0.40	
42	菲律宾	0.20	
43	越南	0.10	
44	墨西哥	0.01	

注：表中原始数据来源国家海关总署2006年1～12月统计资料，由编者整理。

〔供稿人：中国重型机械工业协会臧义成　审稿人：中国重型机械工业协会徐善继〕

2006年我国冶金矿山机械出口额超2 000万美元国家（地区）的产品分类统计

国家（地区）名称	商品代码	商品名称	数量单位	出口数量	出口金额（万美元）
印度					10 219
其中：	84549090	其他转炉、浇包、锭模及铸造机的零件	kg	19 994 911	4 041
	84742090	其他固体矿物质的破碎或磨粉机器	台	151	1 747
	84742020	球磨式固体矿物质的破碎或磨粉机器	台	341	1 122
	84542010	炉外精炼设备	台	97	616
	84179010	海绵铁回转窑的零件	kg	1 091 454	350
	84552290	其他金属冷轧机	台	40	338
	84553000	金属轧机用轧辊	个	3 829	310
	84552210	板材冷轧机	台	50	282
	84559000	其他金属轧机零件	kg	513 793	240
	84179020	焦炉零件	kg	1 861 741	181
	84741000	固体矿物质的分类、筛选、分离或洗涤机器	台	202	170
	84549029	其他钢坯连铸机用零件	kg	286 824	158

（续）

国家(地区)名称	商品代码	商品名称	数量单位	出口数量	出口金额（万美元）
	84631011	300t 及以下的冷拔管机	台	3	139
	84306919	其他非自推进工程钻机	台	27	78
	84551020	冷轧管机	台	17	77
	84541000	转炉	台	3	73
	84542090	其他锭模及浇包	台	12	70
	84549021	钢坯连铸机用结晶器	kg	33 533	54
美国					9 355
其中：	84549090	其他转炉、浇包、锭模及铸造机的零件	kg	16 586 860	1 883
	84559000	其他金属轧机零件	kg	6 970 598	1 493
	84551020	冷轧管机	台	54	1 308
	84553000	金属轧机用轧辊	个	4 373	1 078
	84741000	固体矿物质的分类、筛选、分离或洗涤机器	台	4 489	962
	84303900	非自推进的截煤机、凿岩机及隧道掘进机	台	144	622
	84549010	炉外精炼设备的零件	kg	3 628 041	478
	84742090	其他固体矿物质的破碎或磨粉机器	台	321	416
	84314910	矿用电铲用零件	kg	1 878 984	387
	84542090	其他锭模及浇包	台	570	228
	84552210	板材冷轧机	台	319	128
	84179010	海绵铁回转窑的零件	kg	311 225	89
日本					9 351
其中：	84549090	其他转炉、浇包、锭模及铸造机的零件	kg	23 546 142	3 965
	84559000	其他金属轧机零件	kg	6 527 003	1 995
	84542090	其他锭模及浇包	台	771	905
	84549010	炉外精炼设备的零件	kg	2 428 162	514
	84553000	金属轧机用轧辊	个	6 091	309
	84741000	固体矿物质的分类、筛选、分离或洗涤机器	台	3 099	295
	84552130	线材轧机	台	1	276
	84179020	焦炉零件	kg	1 052 619	215
	84543021	方坯连铸机	台	49	199
	84541000	转炉	台	18	175
	84742090	其他固体矿物质的破碎或磨粉机器	台	206	102
	84542010	炉外精炼设备	台	23	87
	84549029	其他钢坯连铸机用零件	kg	257 557	65
	84551030	定、减径轧管机	台	3	55
	84742010	齿辊式固体矿物质的破碎或磨粉机器	台	66	51
越南					4 751
其中：	84742020	球磨式固体矿物质的破碎或磨粉机器	台	111	970
	84552110	板材热轧机	台	2	921
	84559000	其他金属轧机零件	kg	1 148 486	496
	84741000	固体矿物质的分类、筛选、分离或洗涤机器	台	1 775	430
	84552290	其他金属冷轧机	台	47	337
	84742090	其他固体矿物质的破碎或磨粉机器	台	301	301
	84552210	板材冷轧机	台	42	253

（续）

国家（地区）名称	商品代码	商品名称	数量单位	出口数量	出口金额（万美元）
	84549090	其他转炉、浇包、锭模及铸造机的零件	kg	841 847	248
	84553000	金属轧机用轧辊	个	3 235	173
	84742010	齿辊式固体矿物质的破碎或磨粉机器	台	39	127
	84631020	拔丝机	台	34	79
	84541000	转炉	台	24	76
巴西					4 424
其中：	84179020	焦炉零件	kg	7 091 882	3 990
	84559000	其他金属轧机零件	kg	840 659	195
	84553000	金属轧机用轧辊	个	3 067	74
	84549090	其他转炉、浇包、锭模及铸造机的零件	kg	387 836	65
波兰					4 224
其中：	84559000	其他金属轧机零件	kg	9 079 756	3 276
	84543022	板坯连铸机	台	50	877
土耳其					3 981
其中：	84549090	其他转炉、浇包、锭模及铸造机的零件	kg	2 118 988	914
	84742020	球磨式固体矿物质的破碎或磨粉机器	台	14	603
	84559000	其他金属轧机零件	kg	1 306 295	582
	84543022	板坯连铸机	台	28	455
	84549010	炉外精炼设备的零件	kg	1 346 256	387
	84179020	焦炉零件	kg	234 479	226
	84542010	炉外精炼设备	台	17	213
	84552210	板材冷轧机	台	5	175
	84741000	固体矿物质的分类、筛选、分离或洗涤机器	台	59	140
	84549021	钢坯连铸机用结晶器	kg	60 981	56
新加坡					3 269
其中：	84303100	自推进的截煤机、凿岩机及隧道掘进机	台	7	2 615
	84542010	炉外精炼设备	台	22	242
	84742090	其他固体矿物质的破碎或磨粉机器	台	69	161
	84559000	其他金属轧机零件	kg	769 169	98
马来西亚					1 904
其中：	84559000	其他金属轧机零件	kg	1 385 929	874
	84553000	金属轧机用轧辊	个	2 746	617
	84552290	其他金属冷轧机	台	42	334
	84552130	线材轧机	台	22	257
	84742090	其他固体矿物质的破碎或磨粉机器	台	230	114
	84552210	板材冷轧机	台	9	104
	84741000	固体矿物质的分类、筛选、分离或洗涤机器	台	402	96
	84742020	球磨式固体矿物质的破碎或磨粉机器	台	170	58
	84549090	其他转炉、浇包、锭模及铸造机的零件	kg	187 554	58
哈萨克斯坦					2 728
其中：	84742090	其他固体矿物质的破碎或磨粉机器	台	108	758
	84741000	固体矿物质的分类、筛选、分离或洗涤机器	台	214	583
	84179020	焦炉零件	kg	333 380	415

(续)

国家(地区)名称	商品代码	商品名称	数量单位	出口数量	出口金额(万美元)
	84553000	金属轧机用轧辊	个	303	270
	84541000	转炉	台	15	190
	84552110	板材热轧机	台	1	116
	84559000	其他金属轧机零件	kg	174 254	82
	84543021	方坯连铸机	台	2	65
	84742020	球磨式固体矿物质的破碎或磨粉机器	台	10	55
印度尼西亚					2 654
其中:	84742090	其他固体矿物质的破碎或磨粉机器	台	435	508
	84742010	齿辊式固体矿物质的破碎或磨粉机器	台	1 563	351
	84741000	固体矿物质的分类、筛选、分离或洗涤机器	台	8 733	289
	84559000	其他金属轧机零件	kg	1 403 092	269
	84553000	金属轧机用轧辊	个	5 663	232
	84543021	方坯连铸机	台	7	205
	84542010	炉外精炼设备	台	9	161
	84549090	其他转炉、浇包、锭模及铸造机的零件	kg	1 341 710	157
	84552130	线材轧机	台	121	131
	84552290	其他金属冷轧机	台	19	58
阿拉伯联合酋长国					2 166
其中:	84742090	其他固体矿物质的破碎或磨粉机器	台	43	1 612
	84742020	球磨式固体矿物质的破碎或磨粉机器	台	15	178
	84741000	固体矿物质的分类、筛选、分离或洗涤机器	台	51	131
英国					2 106
其中:	84741000	固体矿物质的分类、筛选、分离或洗涤机器	台	46	883
	84549029	其他钢坯连铸机用零件	kg	1 001 522	434
	84559000	其他金属轧机零件	kg	939 309	310
	84552130	线材轧机	台	489	185
	84549090	其他转炉、浇包、锭模及铸造机的零件	kg	767 331	141
	84553000	金属轧机用轧辊	个	624	100
德国					2 020
其中:	84559000	其他金属轧机零件	kg	1 761 399	888
	84549090	其他转炉、浇包、锭模及铸造机的零件	kg	1 641 465	286
	84552110	板材热轧机	台	9	168
	84549029	其他钢坯连铸机用零件	kg	131 581	143
	84553000	金属轧机用轧辊	个	811	130
	84542090	其他锭模及浇包	台	43	89
	84549021	钢坯连铸机用结晶器	kg	88 860	80
	84552210	板材冷轧机	台	7	76
	84742090	其他固体矿物质的破碎或磨粉机器	台	33	52
巴基斯坦					2 016
其中:	84552120	型钢轧机	台	216	367
	84742020	球磨式固体矿物质的破碎或磨粉机器	台	158	292
	84742090	其他固体矿物质的破碎或磨粉机器	台	66	265
	84314910	矿用电铲用零件	kg	475 871	197

（续）

国家（地区）名称	商品代码	商品名称	数量单位	出口数量	出口金额（万美元）
	84741000	固体矿物质的分类、筛选、分离或洗涤机器	台	80	165
	84559000	其他金属轧机零件	kg	376 357	157
	84552130	线材轧机	台	79	135
	84553000	金属轧机用轧辊	个	489	86
	84552290	其他金属冷轧机	台	15	84
	84549090	其他转炉、浇包、锭模及铸造机的零件	kg	267 799	61

注：表中原始数据来源于国家海关总署2006年1～12月统计资料，由编者整理，仅列出口额在50万美元以上的产品。

〔供稿人：中国重型机械工业协会臧义成　审稿人：中国重型机械工业协会徐善继〕

2006年我国冶金矿山机械进口额超2 000万美元国家（地区）的产品分类统计

国家（地区）名称	商品代码	商品名称	数量单位	进口数量	进口金额（万美元）
德国					70 029
其中：	84559000	其他金属轧机零件	kg	6 685 955	15 440
	84552210	板材冷轧机	台	17	8 286
	84552110	板材热轧机	台	5	6 732
	84303100	自推进的截煤机、凿岩机及隧道掘进机	台	10	5 532
	84742090	其他固体矿物质的破碎或磨粉机器	台	238	4 943
	84303900	非自推进的截煤机、凿岩机及隧道掘进机	台	15	4 372
	84553000	金属轧机用轧辊	个	1 102	4 105
	84542010	炉外精炼设备	台	10	2 866
	84549090	其他转炉、浇包、锭模及铸造机的零件	kg	989 997	2 385
	84741000	固体矿物质的分类、筛选、分离或洗涤机器	台	217	2 171
	84551010	热轧管机	台	3	1 846
	84549029	其他钢坯连铸机用零件	kg	540 395	1 661
	84742010	齿辊式固体矿物质的破碎或磨粉机器	台	20	1 305
	84552190	其他金属热轧机或冷热联合轧机	台	2	1 078
	84742020	球磨式固体矿物质的破碎或磨粉机器	台	55	1 050
	84551090	其他金属管轧机	台	4	995
	84552290	其他金属冷轧机	台	7	700
	84543021	方坯连铸机	台	6	672
	84549021	钢坯连铸机用结晶器	kg	196 209	634
	84551030	定、减径轧管机	台	2	533
	84178010	炼焦炉	台	1	526
	84631020	拔丝机	台	29	465

（续）

国家（地区）名称	商品代码	商品名称	数量单位	进口数量	进口金额（万美元）
	84549010	炉外精炼设备的零件	kg	89 412	423
	84541000	转炉	台	6	240
	84631090	其他金属杆、管、型材、异型材等的拉拔机	台	19	238
	84551020	冷轧管机	台	2	238
	84549022	钢坯连铸机用振动装置	kg	107 614	219
	84631011	300t 及以下的冷拔管机	台	6	134
	84306920	非自推进的铲运机	台	3	114
	84179020	焦炉零件	kg	27 677	67
美国					36 562
其中：	84559000	其他金属轧机零件	kg	21 051 201	13 265
	84553000	金属轧机用轧辊	个	1 803	7 488
	84741000	固体矿物质的分类、筛选、分离或洗涤机器	台	778	4 616
	84303100	自推进的截煤机、凿岩机及隧道掘进机	台	8	1 469
	84305039	其他采矿钻机	台	12	1 374
	84742090	其他固体矿物质的破碎或磨粉机器	台	88	1 253
	84549090	其他转炉、浇包、锭模及铸造机的零件	kg	512 053	1 191
	84549029	其他钢坯连铸机用零件	kg	7 399 117	1 128
	84303900	非自推进的截煤机、凿岩机及隧道掘进机	台	4	859
	84305020	矿用电铲	台	6	688
	84552130	线材轧机	台	1	476
	84542090	其他锭模及浇包	台	32	404
	84552210	板材冷轧机	台	3	388
	84742010	齿辊式固体矿物质的破碎或磨粉机器	台	44	340
	84314910	矿用电铲用零件	kg	300 655	339
	84631020	拔丝机	台	22	189
	84549010	炉外精炼设备的零件	kg	1 049 980	171
	84541000	转炉	台	9	165
	84631090	其他金属杆、管、型材、异型材等的拉拔机	台	30	158
	84542010	炉外精炼设备	台	6	154
	84552190	其他金属热轧机或冷热联合轧机	台	9	153
	84742020	球磨式固体矿物质的破碎或磨粉机器	台	21	132
	84306919	其他非自推进工程钻机	台	8	76
日本					33 846
其中：	84559000	其他金属轧机零件	kg	8 052 920	13 665
	84553000	金属轧机用轧辊	个	5 788	6 844
	84552110	板材热轧机	台	2	2 947
	84303100	自推进的截煤机、凿岩机及隧道掘进机	台	9	1 531
	84549090	其他转炉、浇包、锭模及铸造机的零件	kg	653 412	1 479
	84742090	其他固体矿物质的破碎或磨粉机器	台	85	1 290
	84741000	固体矿物质的分类、筛选、分离或洗涤机器	台	252	961
	84631020	拔丝机	台	204	907

（续）

国家(地区)名称	商品代码	商品名称	数量单位	进口数量	进口金额(万美元)
	84631090	其他金属杆、管、型材、异型材等的拉拔机	台	58	658
	84742010	齿辊式固体矿物质的破碎或磨粉机器	台	10	642
	84552190	其他金属热轧机或冷热联合轧机	台	3	535
	84542010	炉外精炼设备	台	13	384
	84541000	转炉	台	34	331
	84552290	其他金属冷轧机	台	17	263
	84305039	其他采矿钻机	台	122	240
	84552210	板材冷轧机	台	2	214
	84549029	其他钢坯连铸机用零件	kg	85 511	170
	84549010	炉外精炼设备的零件	kg	17 692	162
	84551090	其他金属管轧机	台	4	97
	84551020	冷轧管机	台	2	92
	84631011	300t 及以下的冷拔管机	台	1	91
	84742020	球磨式固体矿物质的破碎或磨粉机器	台	11	85
	84542090	其他锭模及浇包	台	76	69
	84551030	定、减径轧管机	台	1	53
英国					14 332
其中：	84552110	板材热轧机	台	13	3 854
	84553000	金属轧机用轧辊	个	568	3 088
	84559000	其他金属轧机零件	kg	2 620 174	1 933
	84303100	自推进的截煤机、凿岩机及隧道掘进机	台	3	1 782
	84742010	齿辊式固体矿物质的破碎或磨粉机器	台	31	927
	84741000	固体矿物质的分类、筛选、分离或洗涤机器	台	46	883
	84631090	其他金属杆、管、型材、异型材等的拉拔机	台	1	354
	84742090	其他固体矿物质的破碎或磨粉机器	台	17	350
	84549022	钢坯连铸机用振动装置	kg	90 344	227
	84631011	300t 及以下的冷拔管机	台	3	178
	84551090	其他金属管轧机	台	10	154
	84551010	热轧管机	台	1	140
	84549029	其他钢坯连铸机用零件	kg	38 563	134
	84742020	球磨式固体矿物质的破碎或磨粉机器	台	1	110
	84549021	钢坯连铸机用结晶器	kg	5 910	103
意大利					13 856
其中：	84549029	其他钢坯连铸机用零件	kg	1 068 102	2 487
	84559000	其他金属轧机零件	kg	1 698 450	2 384
	84553000	金属轧机用轧辊	个	1 611	1 753
	84631020	拔丝机	台	64	1 207
	84542010	炉外精炼设备	台	8	1 008
	84631090	其他金属杆、管、型材、异型材等的拉拔机	台	21	709
	84549090	其他转炉、浇包、锭模及铸造机的零件	kg	505 718	555
	84552210	板材冷轧机	台	3	545

（续）

国家（地区）名称	商品代码	商品名称	数量单位	进口数量	进口金额（万美元）
	84541000	转炉	台	5	535
	84552190	其他金属热轧机或冷热联合轧机	台	23	491
	84549021	钢坯连铸机用结晶器	kg	158 926	441
	84552130	线材轧机	台	4	435
	84741000	固体矿物质的分类、筛选、分离或洗涤机器	台	387	400
	84549022	钢坯连铸机用振动装置	kg	179 611	383
	84631011	300t 及以下的冷拔管机	台		270
	84549010	炉外精炼设备的零件	kg	22 236	158
奥地利					13 021
其中：	84542010	炉外精炼设备	台	9	4 430
	84303100	自推进的截煤机、凿岩机及隧道掘进机	台	6	1 712
	84543022	板坯连铸机	台	20	1 631
	84549029	其他钢坯连铸机用零件	kg	287 670	1 611
	84553000	金属轧机用轧辊	个	218	1 143
	84549090	其他转炉、浇包、锭模及铸造机的零件	kg	96 400	720
	84549021	钢坯连铸机用结晶器	kg	123 181	562
	84541000	转炉	台	3	363
	84549010	炉外精炼设备的零件	kg	68 378	335
	84549022	钢坯连铸机用振动装置	kg	14 452	267
	84559000	其他金属轧机零件	kg	273 568	122
	84742020	球磨式固体矿物质的破碎或磨粉机器	台	3	92
法国					8 586
其中：	84559000	其他金属轧机零件	kg	2 303 481	4 148
	84552210	板材冷轧机	台	1	1 261
	84553000	金属轧机用轧辊	个	268	1 083
	84742090	其他固体矿物质的破碎或磨粉机器	台	47	964
	84741000	固体矿物质的分类、筛选、分离或洗涤机器	台	29	559
	84742010	齿辊式固体矿物质的破碎或磨粉机器	台	8	169
	84742020	球磨式固体矿物质的破碎或磨粉机器	台	2	127
	84552290	其他金属冷轧机	台	1	115
	84303100	自推进的截煤机、凿岩机及隧道掘进机	台	3	89
韩国					7 111
其中：	84553000	金属轧机用轧辊	个	1 258	2 378
	84631020	拔丝机	台	443	1 983
	84549029	其他钢坯连铸机用零件	kg	1 197 480	916
	84559000	其他金属轧机零件	kg	1 027 118	599
	84741000	固体矿物质的分类、筛选、分离或洗涤机器	台	96	198
	84552210	板材冷轧机	台	4	173
	84631090	其他金属杆、管、型材、异型材等的拉拔机	台	43	146
	84541000	转炉	台	7	128
	84542090	其他锭模及浇包	台	8	118

（续）

国家（地区）名称	商品代码	商品名称	数量单位	进口数量	进口金额（万美元）
	84552290	其他金属冷轧机	台	33	118
	84549090	其他转炉、浇包、锭模及铸造机的零件	kg	35 456	114
	84742090	其他固体矿物质的破碎或磨粉机器	台	31	66
	84549010	炉外精炼设备的零件	kg	44 913	58
瑞典					5 805
其中：	84742090	其他固体矿物质的破碎或磨粉机器	台	74	3 181
	84303100	自推进的截煤机、凿岩机及隧道掘进机	台	36	1 430
	84553000	金属轧机用轧辊	个	212	784
	84559000	其他金属轧机零件	kg	11 567	142
	84305039	其他采矿钻机	台	15	135
	84631090	其他金属杆、管、型材、异型材等的拉拔机	台	1	65
中国台湾					3 224
其中：	84742090	其他固体矿物质的破碎或磨粉机器	台	61	1 124
	84551090	其他金属管轧机	台	15	355
	84549090	其他转炉、浇包、锭模及铸造机的零件	kg	203 927	317
	84741000	固体矿物质的分类、筛选、分离或洗涤机器	台	244	265
	84742010	齿辊式固体矿物质的破碎或磨粉机器	台	36	248
	84551020	冷轧管机	台	9	212
	84631090	其他金属杆、管、型材、异型材等的拉拔机	台	51	160
	84553000	金属轧机用轧辊	个	920	156
	84559000	其他金属轧机零件	kg	39 375	80
	84542010	炉外精炼设备	台	4	61
	84541000	转炉	台	11	55
	84543029	其他钢坯连铸机	台	8	51
	84552210	板材冷轧机	台	13	51
巴西					3 083
其中：	84553000	金属轧机用轧辊	个	222	1 619
	84742090	其他固体矿物质的破碎或磨粉机器	台	33	1 323
	84559000	其他金属轧机零件	kg	255 007	102
澳大利亚					3 017
其中：	84741000	固体矿物质的分类、筛选、分离或洗涤机器	台	181	2 425
	84303100	自推进的截煤机、凿岩机及隧道掘进机	台	1	327
	84553000	金属轧机用轧辊	个	73	120
	84252019	其他矿井卷扬机	台	9	76
丹麦					2 369
其中：	84742090	其他固体矿物质的破碎或磨粉机器	台	14	1 966
	84742010	齿辊式固体矿物质的破碎或磨粉机器	台	2	356

注：表中原始数据来源于国家海关总署 2006 年 1～12 月统计资料，由编者整理，仅列进口额在 50 万美元以上的产品。

〔供稿人：中国重型机械工业协会臧义成　审稿人：中国重型机械工业协会徐善继〕

2006年我国物料搬运机械按产品分类进出口国家(地区)量值表

商品代码	商品名称	计量单位	出口数量	出口金额(万美元)	进口数量	进口金额(万美元)
84251100	电动的滑车及提升机(出口109个国家或地区,进口29个国家或地区)	台	475 954	4 517	43 012	3 482
	其中:德国	台	87 388	350	2 168	3 172
	瑞典	台	3 012	15	8	1 525
	韩国	台	1 602	109	486	383
	法国	台	17 256	71	24 498	333
	日本	台	1 418	213	1 327	327
	美国	台	89 629	764	567	205
	意大利	台	82 958	332	14 594	199
	中国台湾	台	267	90	1 192	149
	芬兰	台	6 189	559	102	82
	土耳其	台	35 015	213	2	11
	阿拉伯联合酋长国	台	2 988	193		
	荷兰	台	30 337	132	40	20
	西班牙	台	24 212	123	10	22
	新加坡	台	1 234	116	15	13
	越南	台	7 335	100		
84251900	非电动的滑车及提升机(出口131个国家或地区,进口27个国家或地区)	台	2 313 186	6 739	20 739	773
	其中:韩国	台	35 598	107	8 039	163
	日本	台	137 993	371	7 272	162
	德国	台	94 193	331	2 067	131
	美国	台	503 007	1 716	672	128
	中国台湾	台	42 257	109	1 313	48
	荷兰	台	120 842	352	20	23
	澳大利亚	台	82 518	262	1	
	阿拉伯联合酋长国	台	67 913	219		
	加拿大	台	60 999	188		
	法国	台	92 206	184	420	23
	墨西哥	台	51 992	167	3	2
	俄罗斯联邦	台	49 800	158		
	英国	台	68 650	155	70	14
	印度尼西亚	台	51 440	154		
	印度	台	37 997	148		
	土耳其	台	50 340	130		
	新加坡	台	33 856	127	8	11

（续）

商品代码	商品名称	计量单位	出口数量	出口金额（万美元）	进口数量	进口金额（万美元）
	南非	台	38 816	122		
	西班牙	台	35 431	121	3	5
	意大利	台	52 353	115	195	3
	伊朗	台	46 603	111		
	马来西亚	台	43 968	111	5	
	泰国	台	45 306	110	12	1
	比利时	台	38 146	100	30	
84253100	其他电动的卷扬机及绞盘(出口 130 个国家或地区,进口 31 个国家或地区)	台	957 873	13 443	20 554	12 561
	其中:德国	台	25 495	256	3 667	3 189
	日本	台	18 377	753	3 934	2 374
	法国	台	35 142	1 406	4 982	923
	新加坡	台	2 346	917	483	897
	韩国	台	4 154	1 465	1 701	741
	芬兰	台	7 303	217	1 670	658
	挪威	台	19 884	131	83	636
	土耳其	台	1 039	17	96	495
	意大利	台	3 667	135	470	473
	西班牙	台	10 699	128	1 265	470
	瑞士	台	1 920	7	310	440
	加拿大	台	87 764	332	778	262
	美国	台	543 317	3 908	212	165
	比利时	台	8 578	41	6	150
	马来西亚	台	2 025	204	37	150
	澳大利亚	台	27 694	196	218	148
	荷兰	台	14 760	107	104	135
	瑞典	台	14 414	58	59	109
	中国台湾	台	22 863	645	284	76
	泰国	台	9 021	597	2	1
	英国	台	38 103	339	65	41
	越南	台	654	199	1	
	阿拉伯联合酋长国	台	3 216	179	1	
	印度尼西亚	台	1 313	102		
84253900	其他非电动的卷扬机及绞盘(出口 111 个国家或地区,进口 24 个国家或地区)	台	5 677 994	4 241	7 098	3 599
	其中:新加坡	台	2 629	310	167	954
	德国	台	197 192	140	3 094	745
	日本	台	39 640	731	829	510
	挪威	台	5 287	7	177	361
	马来西亚	台	79 198	141	68	310
	美国	台	2 935 621	1 411	364	292
	韩国	台	36 751	49	1 496	119
	意大利	台	29 444	24	272	111

(续)

商品代码	商品名称	计量单位	出口数量	出口金额(万美元)	进口数量	进口金额(万美元)
	荷兰	台	159 223	77	36	63
	加拿大	台	480 166	231	3	
	澳大利亚	台	105 378	113	149	6
84254100	车库中使用的固定千斤顶系统(出口4个国家或地区,进口8个国家或地区)	台	492	1	62	13
	其中:意大利	台			24	6
84254210	其他液压千斤顶(出口153个国家或地区,进口33个国家或地区)	台	18 576 023	24 683	38 441	5 130
	其中:德国	台	753 674	805	25 937	3 509
	美国	台	6 308 588	10 892	2 258	821
	意大利	台	155 239	199	2 321	259
	英国	台	392 688	644	272	224
	日本	台	547 858	810	1 986	107
	中国台湾	台	65 548	62	3 464	52
	俄罗斯联邦	台	608 023	1 475		
	加拿大	台	509 147	1 030	22	3
	越南	台	159 208	587		
	荷兰	台	524 951	572	205	6
	阿拉伯联合酋长国	台	739 761	525	1	
	墨西哥	台	447 650	464	3	1
	法国	台	333 168	440	212	21
	印度尼西亚	台	470 861	359		
	澳大利亚	台	195 515	344	12	1
	韩国	台	567 822	340	711	46
	瑞典	台	253 326	339	148	16
	比利时	台	177 465	305	7	
	南非	台	337 192	291	1	
	巴西	台	366 452	222		
	波兰	台	290 244	221	5	7
	阿根廷	台	300 804	206		
	芬兰	台	212 658	179	1	2
	委内瑞拉	台	245 616	175		
	智利	台	235 620	171		
	丹麦	台	55 707	164	76	18
	埃及	台	190 002	159		
	土耳其	台	190 345	142	3	
	尼日利亚	台	188 394	133	3	
	马来西亚	台	116 627	128	3	
	泰国	台	149 523	124	258	19
	乌克兰	台	130 211	117		
	伊朗	台	141 156	110		
	菲律宾	台	139 563	104		

（续）

商品代码	商品名称	计量单位	出口数量	出口金额（万美元）	进口数量	进口金额（万美元）
	沙特阿拉伯	台	73 301	102		
84254290	液压提升机（出口 112 个国家或地区，进口 16 个国家或地区）	台	399 560	7 799	1 004	558
	其中：德国	台	19 149	279	671	304
	法国	台	6 226	151	45	67
	美国	台	137 895	4 488	115	28
	荷兰	台	18 576	291	5	7
	加拿大	台	41 747	283	1	3
	澳大利亚	台	25 670	280	2	
	韩国	台	35 384	265	14	4
	英国	台	11 048	131	5	2
	日本	台	16 882	120	28	5
84254910	未列名千斤顶（出口 123 个国家或地区，进口 25 个国家或地区）	台	6 831 324	7 187	536 919	969
	其中：德国	台	147 747	182	88 389	291
	日本	台	1 731 354	645	248 297	281
	西班牙	台	10 035	28	128 399	125
	英国	台	61 045	109	1 463	111
	美国	台	2 896 996	4 613	482	34
	澳大利亚	台	206 347	230	32	2
	韩国	台	469 442	171	9 153	26
	加拿大	台	71 627	167	2	
	瑞典	台	125 131	114	31	1
84254990	未列名提升机（出口 126 个国家或地区，进口 13 个国家或地区）	台	1 723 627	3 597	369	79
	其中：美国	台	1 137 386	1 552	7	2
	日本	台	25 388	191	110	6
	韩国	台	9 003	177	21	5
	英国	台	22 893	143	14	1
	加拿大	台	30 954	133	4	1
	荷兰	台	86 965	104		
84261120	通用桥式起重机（出口 52 个国家或地区，进口 13 个国家或地区）	台	658	2 017	741	3 023
	其中：芬兰	台			192	1 216
	德国	台	1	15	281	807
	日本	台			55	552
	中国台湾	台			114	135
	越南	台	44	424		
	印度尼西亚	台	80	255		
	印度	台	64	227		
	中国香港	台	109	178		
	哈萨克斯坦	台	26	126		
	苏丹	台	16	101		

(续)

商品代码	商品名称	计量单位	出口数量	出口金额（万美元）	进口数量	进口金额（万美元）
84261190	其他固定支架的高架移动式起重机(出口42个国家或地区,进口19个国家或地区)	台	413	1 106	663	2 723
	其中:德国	台	1	46	326	1 303
	日本	台	96	27	96	274
	中国台湾	台			108	264
	奥地利	台			8	262
	丹麦	台			21	160
	芬兰	台			19	129
	沙特阿拉伯	台	7	326		
	巴西	台	34	192	12	8
	美国	台	81	135	18	28
	印度	台	3	123		
84261200	胶轮移动式吊运架及跨运车(出口32个国家或地区,进口10个国家或地区)	台	1 356	6 667	29	547
	其中:中国香港	台	8	345	4	351
	巴拿马	台	21	2 432		
	西班牙	台	52	1 346		
	印度	台	29	833		
	巴基斯坦	台	5	439		
	哥伦比亚	台	48	427		
	澳大利亚	台	7	297		
	泰国	台	6	260		
	苏丹	台	2	100		
84261910	装船机(出口5个国家或地区,进口4个国家或地区)	台	61	309	33	744
	其中:德国	台			30	732
	日本	台	7	120		
84261921	抓斗式卸船机(出口5个国家或地区,进口4个国家或地区)	台	6	2 062	5	32
	其中:法国	台	1	735		
	摩洛哥	台	1	532		
	巴西	台	1	510		
	印度尼西亚	台	2	235		
84261929	其他卸船机(出口4个国家或地区,进口3个国家或地区)	台	10	1 764	1	7
	其中:美国	台	1	721		
	中国台湾	台	2	690		
	日本	台	6	353		
84261930	龙门式起重机(出口45个国家或地区,进口8个国家或地区)	台	658	27 967	70	2 917
	其中:中华人民共和国	台			30	2 634
	日本	台	7	54	4	124
	韩国	台	19	2 051	2	61

（续）

商品代码	商品名称	计量单位	出口数量	出口金额（万美元）	进口数量	进口金额（万美元）
	中国香港	台	51	4 548		
	荷兰	台	20	3 002		
	西班牙	台	20	2 594		
	埃及	台	21	2 546		
	阿拉伯联合酋长国	台	47	2 258		
	巴拿马	台	18	1 638		
	英国	台	14	1 564		
	印度	台	18	1 398		
	约旦	台	8	940		
	泰国	台	9	805		
	巴西	台	7	640		
	巴基斯坦	台	7	632		
	孟加拉国	台	5	465		
	中国台湾	台	4	454	2	6
	沙特阿拉伯	台	14	446		
	美国	台	5	425	1	1
	比利时	台	2	413		
	越南	台	299	331		
	阿曼	台	2	300		
	黎巴嫩	台	2	202		
	安哥拉	台	24	160		
84261942	集装箱装卸桥（出口28个国家或地区，进口1个国家或地区）	台	172	95 744	20	10 817
	其中：中华人民共和国	台			20	10 817
	中国香港	台	28	14 762		
	美国	台	17	11 980		
	荷兰	台	23	9 929		
	埃及	台	9	6 052		
	比利时	台	7	4 308		
	澳大利亚	台	7	4 190		
	印度	台	8	4 173		
	阿拉伯联合酋长国	台	6	3 540		
	阿曼	台	7	3 525		
	巴拿马	台	5	3 227		
	韩国	台	6	3 110		
	泰国	台	5	2 814		
	意大利	台	4	2 798		
	马耳他	台	4	2 521		
	新西兰	台	4	2 286		
	中国台湾	台	5	2 225		
	瑞典	台	3	2 053		
	丹麦	台	2	1 607		
	巴基斯坦	台	3	1 576		

（续）

商品代码	商品名称	计量单位	出口数量	出口金额（万美元）	进口数量	进口金额（万美元）
	德国	台	2	1 500		
	西班牙	台	2	1 360		
	沙特阿拉伯	台	2	1 220		
	智利	台	2	1 167		
	约旦	台	2	1 120		
	巴西	台	2	1 037		
	伊朗	台	2	840		
	黎巴嫩	台	1	653		
	朝鲜	台	1	172		
84261943	其他动臂式装卸桥（出口 9 个国家或地区，进口 8 个国家或地区）	台	388	261	12	175
	其中：日本	台	316	5	6	170
	缅甸	台	5	149		
	阿拉伯联合酋长国	台	52	102		
84261990	未列名桥架类起重机和移动式吊运架及跨运车（出口 33 个国家或地区，进口 17 个国家或地区）	台	258	144	150	1 520
	其中：德国	台			37	512
	中国台湾	台			43	217
	芬兰	台			6	191
	日本	台	126	43	15	133
	韩国	台	33	22	6	120
	挪威	台	6	7	8	116
84262000	塔式起重机（出口 68 个国家或地区，进口 9 个国家或地区）	台	1 748	15 091	40	2 246
	其中：澳大利亚	台	23	404	6	1 010
	德国	台			10	541
	挪威	台			6	221
	美国	台	18	422	3	215
	俄罗斯联邦	台	91	831	1	120
	阿拉伯联合酋长国	台	374	4 774		
	哈萨克斯坦	台	144	1 726		
	印度	台	96	917		
	安哥拉	台	94	622		
	新加坡	台	36	562		
	越南	台	43	520		
	比利时	台	22	338		
	科威特	台	312	337		
	乌克兰	台	26	294		
	中国香港	台	13	284		
	沙特阿拉伯	台	172	276		
	卡塔尔	台	28	260		
	土耳其	台	21	248		

（续）

商品代码	商品名称	计量单位	出口数量	出口金额（万美元）	进口数量	进口金额（万美元）
	韩国	台	12	224		
	巴林	台	9	197		
	泰国	台	9	193		
	巴基斯坦	台	11	177		
	墨西哥	台	7	116		
	巴拿马	台	13	109		
84263000	门座式起重机（出口48个国家或地区，进口16个国家或地区）	台	491	4 564	271	5 625
	其中：奥地利	台			34	1 591
	荷兰	台	4	10	6	1 168
	英国	台			16	908
	德国	台			46	652
	日本	台	76	176	55	549
	挪威	台	28	53	36	283
	美国	台	8	18	10	173
	意大利	台			11	141
	韩国	台	43	212	17	112
	越南	台	47	1 377		
	新加坡	台	112	621	10	19
	泰国	台	7	325		
	苏丹	台	10	276		
	比利时	台	1	258		
	印度	台	13	228		
	印度尼西亚	台	16	208		
	中国香港	台	15	186		
	埃塞俄比亚	台	3	147		
	菲律宾	台	8	104		
84264110	轮胎式自推进起重机（出口21个国家或地区，进口7个国家或地区）	台	88	3 191	71	1 312
	其中：德国	台			12	378
	瑞典	台			10	373
	日本	台	8	380	39	325
	美国	台	29	2 315	5	105
	阿尔及利亚	台	18	215		
84264190	带胶轮的其他自推进起重机械（出口7个国家或地区，进口6个国家或地区）	台	32	948	88	3 287
	其中：瑞典	台			57	2 257
	意大利	台			26	907
	中国香港	台	16	464		
	印度	台	5	155		
	泰国	台	4	131		

（续）

商品代码	商品名称	计量单位	出口数量	出口金额（万美元）	进口数量	进口金额（万美元）
84264910	履带式起重机（出口24个国家或地区，进口6个国家或地区）	台	144	4 211	93	11 910
	其中：德国	台			17	6 589
	美国	台			9	2 745
	日本	台	1	23	65	2 261
	奥地利	台			1	190
	印度	台	40	1 629		
	巴基斯坦	台	2	562		
	新加坡	台	14	302		
	沙特阿拉伯	台	8	300		
	卡塔尔	台	12	260		
	伊朗	台	11	233		
	阿拉伯联合酋长国	台	11	216		
84269900	未列名起重机（出口65个国家或地区，进口22个国家或地区）	台	5 563	3 867	416	1 402
	其中：德国	台	130	143	105	323
	挪威	台	16	35	8	193
	韩国	台	8	21	47	137
	丹麦	台	170	11	13	131
	瑞典	台	9	1	24	128
	印度	台	2 246	2 226		
	俄罗斯联邦	台	14	224		
	南非	台	20	222		
	越南	台	45	210		
	日本	台	539	141	45	40
	泰国	台	14	152		
84271010	电动机推进的有轨巷道堆垛机（出口2个国家或地区，进口6个国家或地区）	台	12	305	90	1 449
	其中：日本	台			32	574
	韩国	台			29	539
	中国台湾	台			21	194
	瑞典	台			6	108
	土耳其	台	10	296		
84271020	电动机推进的无轨巷道堆垛机（出口22个国家或地区，进口10个国家或地区）	台	83	81	111	380
	其中：日本	台			16	218
84271090	其他电动叉车（出口114个国家或地区，进口20个国家或地区）	台	9 339	6 098	7 511	10 022
	其中：日本	台	180	182	2 179	3 678
	德国	台	523	173	1 542	2 149
	英国	台	203	168	909	1 083
	法国	台	513	533	982	709
	意大利	台	261	201	426	503

（续）

商品代码	商品名称	计量单位	出口数量	出口金额（万美元）	进口数量	进口金额（万美元）
	韩国	台	384	251	274	474
	美国	台	1 101	184	217	451
	中华人民共和国	台			257	364
	瑞典	台	204	44	311	347
	中国台湾	台	49	50	389	215
	中国香港	台	792	896	1	2
	西班牙	台	447	396		
	荷兰	台	338	328		
	新加坡	台	277	290	2	
	俄罗斯联邦	台	462	264		
	泰国	台	194	136		
	南非	台	118	119		
84272010	集装箱叉车（出口 14 个国家或地区，进口 7 个国家或地区）	台	38	469	95	1 802
	其中：瑞典	台	1	3	52	1 118
	意大利	台			20	451
	英国	台	4	5	8	100
	中国香港	台	12	230		
	马来西亚	台	6	116		
84272090	其他机动叉车（出口 156 个国家或地区，进口 16 个国家或地区）	台	17 115	22 121	3 116	13 175
	其中：日本	台	8	9	2 221	3 390
	德国	台	550	744	172	3 323
	澳大利亚	台	328	550	30	1 713
	美国	台	685	935	101	1 282
	瑞典	台	13	17	49	984
	韩国	台	45	59	234	880
	加拿大	台	281	378	24	493
	意大利	台	223	283	10	252
	英国	台	532	630	43	248
	中华人民共和国	台			157	244
	荷兰	台	143	205	14	155
	法国	台	852	1 185	14	123
	中国台湾	台	185	177	43	69
	俄罗斯联邦	台	1 621	1 504		
	土耳其	台	1 083	1 428		
	南非	台	941	1 414		
	西班牙	台	602	754		
	波兰	台	672	736		
	阿根廷	台	607	689		
	中国香港	台	398	571	1	2
	比利时	台	447	568		
	阿拉伯联合酋长国	台	259	479		

（续）

商品代码	商品名称	计量单位	出口数量	出口金额（万美元）	进口数量	进口金额（万美元）
	沙特阿拉伯	台	215	390		
	委内瑞拉	台	306	360		
	匈牙利	台	301	359		
	智利	台	269	342		
	葡萄牙	台	221	284		
	巴西	台	195	278		
	丹麦	台	214	275	2	15
	泰国	台	210	257		
	瑞士	台	185	248		
	新加坡	台	174	237		
	伊朗	台	186	229		
	巴基斯坦	台	240	229		
	哈萨克斯坦	台	210	226		
	墨西哥	台	100	223		
	摩洛哥	台	117	207		
	马来西亚	台	153	197		
	希腊	台	162	193		
	乌克兰	台	195	188		
	哥伦比亚	台	107	187		
	捷克	台	150	181		
	厄瓜多尔	台	139	176		
	以色列	台	133	166		
	芬兰	台	100	153		
	白俄罗斯	台	104	130		
	科威特	台	74	127		
	突尼斯	台	88	127		
	巴拿马	台	73	125		
	卡塔尔	台	51	117		
	印度尼西亚	台	96	117		
	越南	台	101	115		
	塞浦路斯	台	85	112		
	新西兰	台	68	103		
84279000	未列名叉车等装有升降或搬运装置的工作车（出口136个国家或地区，进口16个国家或地区）	台	1 225 780	16 922	4 015	1 755
	其中：美国	台	252 738	2 981	232	647
	德国	台	179 264	2 450	56	266
	日本	台	14 820	191	592	222
	韩国	台	37 491	501	136	167
	瑞典	台	27 406	486	221	143
	中国台湾	台	10 234	109	841	112
	芬兰	台	17 804	209	3	68
	俄罗斯联邦	台	47 249	736		

（续）

商品代码	商品名称	计量单位	出口数量	出口金额（万美元）	进口数量	进口金额（万美元）
	意大利	台	53 470	711	33	11
	西班牙	台	41 917	670	1	2
	英国	台	33 017	551	67	10
	法国	台	34 596	524	21	28
	比利时	台	38 769	480	1	1
	荷兰	台	35 119	479	2	
	土耳其	台	31 977	391		
	加拿大	台	35 077	372	2	
	波兰	台	25 073	331		
	泰国	台	14 714	317		
	乌克兰	台	19 360	252		
	澳大利亚	台	16 673	243	3	2
	马来西亚	台	17 570	226		
	阿根廷	台	9 156	208		
	丹麦	台	9 170	205	1 734	49
	南非	台	15 062	198		
	中国香港	台	6 282	181	10	
	墨西哥	台	15 584	178		
	印度	台	13 195	175		
	阿拉伯联合酋长国	台	11 310	147		
	印度尼西亚	台	10 739	137		
	巴西	台	7 401	134		
	新加坡	台	9 034	123	7	5
	希腊	台	9 711	122		
	以色列	台	7 433	118	1	1
	越南	台	8 182	116		
	智利	台	7 053	115		
	罗马尼亚	台	10 146	107		
84281010	载客电梯（出口104个国家或地区，进口14个国家或地区）	台	10 865	26 246	2 136	14 863
	其中：日本	台	77	105	1 458	10 207
	瑞典	台	7	18	98	990
	法国	台			124	875
	瑞士	台			90	784
	德国	台	9	16	79	662
	芬兰	台	58	121	41	379
	泰国	台	708	1 443	60	296
	韩国	台	290	626	36	284
	美国	台	9	17	31	194
	中国香港	台	186	618	4	57
	阿拉伯联合酋长国	台	1 295	3 263		
	澳大利亚	台	804	2 377		
	印度	台	602	1 861		

（续）

商品代码	商品名称	计量单位	出口数量	出口金额（万美元）	进口数量	进口金额（万美元）
	马来西亚	台	793	1 777		
	印度尼西亚	台	707	1 680		
	南非	台	640	1 391		
	科威特	台	339	937		
	俄罗斯联邦	台	357	929		
	新加坡	台	327	866		
	越南	台	313	808		
	卡塔尔	台	314	710		
	菲律宾	台	314	698		
	沙特阿拉伯	台	290	632		
	澳门	台	191	616		
	土耳其	台	122	402		
	巴林	台	168	395		
	孟加拉国	台	193	387		
	中国台湾	台	204	369		
	哈萨克斯坦	台	143	338		
	哥伦比亚	台	232	290		
	新西兰	台	107	261		
	智利	台	95	229		
	巴基斯坦	台	95	200		
	阿曼	台	92	181		
	阿塞拜疆	台	104	117		
84281090	其他升降机及倒卸式起重机(出口72个国家或地区,进口16个国家或地区)	台	1 971	1 716	689	1 776
	其中:中国台湾	台	106	41	208	746
	德国	台	8	3	171	408
	日本	台	3	1	44	275
	韩国	台	20	12	96	102
	美国	台	111	103	94	60
	阿拉伯联合酋长国	台	150	392		
84282000	气压提升机及输送机(出口62个国家或地区,进口25个国家或地区)	台	2 095	1 205	2 034	4 631
	其中:德国	台	11	29	171	1 405
	意大利	台			108	1 315
	日本	台	10	2	730	645
	美国	台	77	6	388	358
	韩国	台	462	22	117	249
	中国台湾	台	232	71	351	245
	瑞士	台			1	102
	沙特阿拉伯	台	127	228		

（续）

商品代码	商品名称	计量单位	出口数量	出口金额（万美元）	进口数量	进口金额（万美元）
	中国香港	台	29	196	1	1
	阿拉伯联合酋长国	台	38	110		
	土耳其	台	22	100		
84283100	地下专用连续提升机及输送机（出口 14 个国家或地区，进口 5 个国家或地区）	台	111	275	16	547
	其中：澳大利亚	台	6	1	1	234
	德国	台			10	125
	英国	台			1	111
84283200	斗式连续提升机及输送机（出口 55 个国家或地区，进口 16 个国家或地区）	台	941	1 495	252	1 683
	其中：卢森堡	台			2	579
	德国	台	81	70	44	553
	日本	台	20	33	39	146
	中国台湾	台	140	23	72	123
	巴西	台	1	359		
	越南	台	113	351		
	澳大利亚	台	38	237	1	2
84283300	带式连续提升机及输送机（出口 96 个国家或地区，进口 30 个国家或地区）	台	5 325	6 591	7 982	13 080
	其中：日本	台	589	372	1 251	2 836
	新加坡	台	261	89	655	2 690
	中国台湾	台	212	130	2 013	2 224
	德国	台	14	56	246	1 113
	美国	台	152	52	486	1 103
	韩国	台	63	56	1 547	875
	法国	台	83	68	32	532
	马来西亚	台	111	509	906	490
	意大利	台	30	23	162	330
	荷兰	台	1	1	15	132
	澳大利亚	台	37	84	115	114
	中华人民共和国	台			344	111
	丹麦	台	2	1	13	110
	中国香港	台	826	371	36	104
	西班牙	台	6	9	19	100
	沙特阿拉伯	台	275	933		
	越南	台	683	699		
	缅甸	台	12	480		
	哈萨克斯坦	台	364	240		
	印度尼西亚	台	146	216		
	印度	台	78	185		

（续）

商品代码	商品名称	计量单位	出口数量	出口金额（万美元）	进口数量	进口金额（万美元）
	阿拉伯联合酋长国	台	55	179		
	巴西	台	8	166	3	6
	摩洛哥	台	44	158		
	巴基斯坦	台	64	136		
	圭亚那	台	8	133		
	俄罗斯联邦	台	96	104	1	0.13
84283910	链式连续提升机及输送机(出口71个国家或地区,进口26个国家或地区)	台	3 081	1 971	2 592	8 037
	其中:德国	台	5	9	257	1 965
	日本	台	544	175	545	1 654
	中国台湾	台	11	21	1 025	1 128
	韩国	台	5	15	386	1 039
	意大利	台	2	1	91	556
	英国	台	2	2	13	551
	美国	台	45	216	49	263
	中华人民共和国	台			66	248
	法国	台	3	5	11	211
	瑞典	台			36	156
	中国香港	台	768	178	23	54
	阿拉伯联合酋长国	台	163	341		
	沙特阿拉伯	台	58	267		
	越南	台	101	203	1	5
84283920	辊式连续提升机及输送机(出口56个国家或地区,进口28个国家或地区)	台	3 484	3 151	3 218	10 300
	其中:韩国	台	95	33	406	2 655
	日本	台	243	153	789	2 414
	中国台湾	台	26	29	1 450	1 695
	德国	台	7	24	102	978
	意大利	台	47	53	52	600
	美国	台	217	86	98	375
	奥地利	台			45	298
	瑞典	台	1	1	3	298
	法国	台			8	290
	印度	台	191	21	7	198
	新加坡	台	519	204	41	55
	中国香港	台	1 033	885	7	41
	越南	台	48	694		
	荷兰	台	148	203	2	32
	沙特阿拉伯	台	32	109		
	印度尼西亚	台	34	105		

（续）

商品代码	商品名称	计量单位	出口数量	出口金额（万美元）	进口数量	进口金额（万美元）
	马来西亚	台	96	104	4	7
84283990	未列名连续提升机及输送机(出口101个国家或地区,进口41个国家或地区)	台	16 032	9 837	22 014	42 259
	其中:日本	台	1 211	1 215	5 527	9 565
	德国	台	355	126	4 753	8 222
	中国台湾	台	203	219	6 138	7 211
	英国	台	18	32	324	3 962
	韩国	台	129	97	1 597	3 615
	美国	台	2 719	275	793	1 582
	瑞典	台	151	4	159	1 463
	意大利	台	26	79	781	1 180
	中国香港	台	1 803	2 593	40	807
	中华人民共和国	台			768	714
	澳大利亚	台	2 571	103	118	639
	新加坡	台	209	130	196	595
	芬兰	台	23	4	99	491
	波兰	台	13	21	5	349
	比利时	台			10	289
	法国	台	98	30	30	275
	奥地利	台	2	1	30	190
	菲律宾	台	41	10	11	187
	丹麦	台	358	15	125	176
	荷兰	台	20	8	84	137
	泰国	台	288	698	3	15
	阿拉伯联合酋长国	台	2 004	698		
	越南	台	385	551	8	21
	巴基斯坦	台	162	478	1	4
	巴西	台	102	324	1	7
	沙特阿拉伯	台	263	298		
	伊朗	台	73	217		
	土耳其	台	35	162	1	1
	印度尼西亚	台	281	130		
	柬埔寨	台	243	121		
	哈萨克斯坦	台	60	112		
84284000	自动梯及自动人行道(出口105个国家或地区,进口7个国家或地区)	台	11 568	36 031	133	1 169
	其中:德国	台	196	714	69	879
	日本	台	209	710	35	160
	捷克	台	30	140	10	61
	韩国	台	1 327	3 508		
	俄罗斯联邦	台	1 054	2 897		

（续）

商品代码	商品名称	计量单位	出口数量	出口金额（万美元）	进口数量	进口金额（万美元）
	英国	台	369	2 443		
	印度	台	850	1 967		
	印度尼西亚	台	914	1 756		
	澳大利亚	台	317	1 563		
	土耳其	台	540	1 474		
	新加坡	台	330	1 224	1	
	美国	台	252	1 197		
	意大利	台	308	1 131	2	5
	马来西亚	台	469	1 014		
	西班牙	台	220	942		
	沙特阿拉伯	台	192	903		
	中国香港	台	224	895		
	澳门	台	168	690		
	阿拉伯联合酋长国	台	186	634		
	巴西	台	198	560		
	泰国	台	191	481	4	17
	芬兰	台	134	455		
	南非	台	153	453		
	菲律宾	台	189	446		
	哥伦比亚	台	150	439		
	伊朗	台	171	430		
	法国	台	91	415		
	波兰	台	101	411		
	智利	台	155	384		
	越南	台	118	369		
	科威特	台	132	359		
	瑞典	台	103	338		
	乌克兰	台	125	333		
	委内瑞拉	台	121	328		
	中国台湾	台	99	314		
	爱尔兰	台	63	288		
	希腊	台	69	285		
	约旦	台	74	247		
	荷兰	台	62	234	12	48
	加拿大	台	32	180		
	孟加拉国	台	75	153		
	墨西哥	台	49	147		
	奥地利	台	35	139		
	新西兰	台	39	138		
	阿根廷	台	48	119		
	哈萨克斯坦	台	46	115		
84285000	矿车推动机、转车台、货车倾卸装置等（出口 15 个国家或地区，进口 5 个国家或地区）	台	395	73	59	155
	其中：德国	台			13	109
84286010	货运架空索道（出口 0 个国家或地区，进口 5 个国家或地区）	台			20	108
	其中：法国	台			2	100

（续）

商品代码	商品名称	计量单位	出口数量	出口金额（万美元）	进口数量	进口金额（万美元）
84286021	单线循环式客运架空索道(出口0个国家或地区,进口3个国家或地区)	台			7	1 607
	其中:奥地利	台			2	1 124
	意大利	台			5	427
84286029	其他客运架空索道(出口0个国家或地区,进口3个国家或地区)	台			2	680
	其中:奥地利	台			1	470
	瑞士	台				208
84289000	未列名升降、搬运、装卸机械(出口135个国家或地区,进口37个国家或地区)	台	882 834	13 812	27 862	36 444
	其中:日本	台	30 737	1 315	8 702	11 601
	德国	台	35 601	315	1 241	4 786
	中国台湾	台	26 012	167	3 157	4 018
	美国	台	299 194	2 788	2 710	3 894
	法国	台	36 848	182	342	3 230
	韩国	台	6 073	185	4 683	1 833
	意大利	台	24 638	155	732	1 337
	瑞典	台	11 117	59	233	633
	瑞士	台	1 311	15	50	587
	丹麦	台	955	25	816	580
	挪威	台	2 633	18	7	520
	马来西亚	台	9 980	299	135	457
	中华人民共和国	台			3 833	427
	新加坡	台	11 641	242	281	376
	芬兰	台	4 077	154	35	326
	荷兰	台	23 415	321	144	320
	奥地利	台	299	15	77	311
	澳大利亚	台	23 844	208	25	221
	匈牙利	台	1 571	36	75	174
	英国	台	20 409	198	138	157
	加拿大	台	144 138	451	108	145
	西班牙	台	16 417	136	34	132
	土耳其	台	2 738	278	23	118
	中国香港	台	10 977	1 091	71	72
	泰国	台	2 224	208	1	50
	阿拉伯联合酋长国	台	2 815	1 531		
	印度尼西亚	台	1 197	494		
	巴拿马	台	2 481	330		
	南非	台	2 030	222		
	沙特阿拉伯	台	824	190		

（续）

商品代码	商品名称	计量单位	出口数量	出口金额（万美元）	进口数量	进口金额（万美元）
	哈萨克斯坦	台	190	183		
	俄罗斯联邦	台	9 668	173	6	3
	越南	台	708	158		
	巴西	台	580	135	16	5
	印度	台	1 150	101	1	1
87051021	最大起重量≤50t 全路面起重车（出口 48 个国家或地区，进口 2 个国家或地区）	辆	235	2 193	3	118
	其中：沙特阿拉伯	辆	19	241		
	哈萨克斯坦	辆	23	233		
	韩国	辆	11	195		
	科威特	辆	20	183		
	苏丹	辆	12	155		
	巴布亚新几内亚	辆	8	121		
	新加坡	辆	9	103		
87051022	50t＜最大起重量≤100t 全路面起重车（出口 6 个国家或地区，进口 2 个国家或地区）	辆	19	640	10	731
	其中：德国	辆			9	696
	沙特阿拉伯	辆	8	263		
	卡塔尔	辆	6	236		
87051023	起重量＞100t 全路面起重车（出口 1 个国家或地区，进口 1 个国家或地区）	辆	1	1	24	3 379
	其中：德国	辆			24	3 379
87051091	最大起重量≤50t 其他起重车（出口 52 个国家或地区，进口 1 个国家或地区）	辆	924	10 130	10	167
	其中：日本	辆			10	167
	沙特阿拉伯	辆	123	2 001		
	哈萨克斯坦	辆	155	1 666		
	卡塔尔	辆	81	827		
	安哥拉	辆	110	646		
	巴西	辆	42	538		
	阿拉伯联合酋长国	辆	53	500		
	印度	辆	40	464		
	新加坡	辆	38	424		
	阿曼	辆	28	342		
	澳大利亚	辆	27	316		
	苏丹	辆	19	285		
	科威特	辆	35	246		
	南非	辆	16	238		
	荷兰	辆	13	181		

（续）

商品代码	商品名称	计量单位	出口数量	出口金额（万美元）	进口数量	进口金额（万美元）
	巴基斯坦	辆	12	147		
	古巴	辆	4	126		
	乌克兰	辆	6	117		
	阿尔及利亚	辆	8	104		
	尼日利亚	辆	15	103		
87051092	50t＜最大起重量≤100t 其他起重车（出口 24 个国家或地区，进口 1 个国家或地区）	辆	185	3 874	3	83
	其中：科威特	辆	49	1 028		
	巴西	辆	28	630		
	阿拉伯联合酋长国	辆	25	449		
	印度	辆	22	364		
	哈萨克斯坦	辆	11	306		
	新加坡	辆	10	198		
	韩国	辆	8	185		
	巴基斯坦	辆	7	140		
87091110	电动牵引车（出口 17 个国家或地区，进口 10 个国家或地区）	辆	102	38	728	688
	其中：英国	辆			194	239
	法国	辆			241	212
87091910	其他机动牵引车（出口 21 个国家或地区，进口 6 个国家或地区）	辆	88	344	297	1 283
	其中：西班牙	辆			14	716
	日本	辆	5	64	260	208
	德国	辆			10	122
	英国	辆			2	100
87091990	其他短距离运货机动车辆（出口 51 个国家或地区，进口 6 个国家或地区）	辆	1 390	167	1 031	800
	其中：德国	辆	3		628	715
87099000	短距离运货的机动车辆及站台牵引车的零件（出口 43 个国家或地区，进口 6 个国家或地区）	kg	4 512 807	1 179	648 272	896
	其中：匈牙利	kg	115		214 858	414
	美国	kg	2 383 340	399	150 460	193
	日本	kg	945 649	138	34 979	62
	澳大利亚	kg	212 729	396	942	2

注：表中原始数据来源于国家海关总署 2006 年 1～12 月统计资料，仅列进口额或出口额在 100 万美元以上的国家（地区）。

〔供稿人：中国重型机械工业协会臧义成　审稿人：中国重型机械工业协会徐善继〕

2006年我国物料搬运机械出口额按国家（地区）汇总表

序号	国家（地区）名称	出口金额（万美元）	占出口金额比重（%）
	合计	479 851	100.00
1	美国	65 646	13.68
2	中国香港	32 305	6.73
3	日本	24 702	5.15
4	阿拉伯联合酋长国	22 303	4.65
5	韩国	22 038	4.59
6	印度	18 973	3.95
7	荷兰	17 519	3.65
8	澳大利亚	14 103	2.94
9	德国	11 935	2.49
10	泰国	10 848	2.26
11	俄罗斯联邦	10 702	2.23
12	沙特阿拉伯	10 332	2.15
13	西班牙	10 036	2.09
14	新加坡	9 389	1.96
15	中国台湾	9 300	1.94
16	埃及	9 254	1.93
17	越南	8 791	1.83
18	英国	8 612	1.79
19	巴拿马	8 325	1.73
20	意大利	8 248	1.72
21	比利时	7 689	1.60
22	印度尼西亚	7 212	1.50
23	法国	6 927	1.44
24	巴西	6 566	1.37
25	马来西亚	6 530	1.36
26	加拿大	6 469	1.35
27	土耳其	5 795	1.21
28	哈萨克斯坦	5 678	1.18
29	巴基斯坦	5 438	1.13

(续)

序号	国家(地区)名称	出口金额 (万美元)	占出口金额比重 (%)
30	瑞典	5 392	1.12
31	南非	5 389	1.12
32	阿曼	4 638	0.97
33	丹麦	3 955	0.82
34	科威特	3 671	0.77
35	新西兰	3 314	0.69
36	伊朗	2 998	0.62
37	卡塔尔	2 991	0.62
38	约旦	2 844	0.59
39	智利	2 757	0.57
40	马尔他	2 571	0.54
41	芬兰	2 513	0.52
42	波兰	2 225	0.46
43	安哥拉	2 072	0.43
44	菲律宾	1 941	0.40
45	墨西哥	1 895	0.39
46	阿根廷	1 845	0.38
47	中国澳门	1 799	0.37
48	哥伦比亚	1 739	0.36
49	乌克兰	1 688	0.35
50	孟加拉国	1 584	0.33
51	苏丹	1 464	0.31
52	摩洛哥	1 339	0.28
53	奥地利	1 225	0.26
54	委内瑞拉	1 212	0.25
55	希腊	1 103	0.23
56	黎巴嫩	1 068	0.22
57	缅甸	936	0.20
58	爱尔兰	920	0.19
59	以色列	877	0.18
60	阿尔及利亚	847	0.18
61	瑞士	834	0.17
62	巴林	816	0.17
63	匈牙利	783	0.16
64	挪威	760	0.16
65	捷克	680	0.14

（续）

序号	国家（地区）名称	出口金额（万美元）	占出口金额比重（%）
66	葡萄牙	678	0.14
67	尼日利亚	651	0.14
68	拉脱维亚	476	0.10
69	古巴	467	0.10
70	蒙古	461	0.10
71	叙利亚	441	0.09
72	柬埔寨	433	0.09
73	秘鲁	409	0.09
74	厄瓜多尔	380	0.08
75	埃塞俄比亚	363	0.08
76	朝鲜	362	0.08
77	白俄罗斯	328	0.07
78	罗马尼亚	305	0.06
79	圭亚那	303	0.06
80	立陶宛	285	0.06
81	坦桑尼亚	274	0.06
82	突尼斯	269	0.06
83	塞浦路斯	268	0.06
84	斯里兰卡	256	0.05
85	刚果	253	0.05
86	肯尼亚	246	0.05
87	赞比亚	244	0.05
88	斯洛文尼亚	244	0.05
89	也门共和国	240	0.05
90	危地马拉	238	0.05
91	克罗地亚	229	0.05
92	乌拉圭	227	0.05
93	爱沙尼亚	223	0.05
94	巴布亚新几内亚	221	0.05
95	乌兹别克斯坦	214	0.04
96	保加利亚	214	0.04
97	加纳	203	0.04
98	阿塞拜疆	198	0.04
99	老挝	156	0.03
100	特立尼达和多巴哥	141	0.03

注：2006年，我国物料搬运机械产品共出口195个国家（地区），表中仅列出口额前100名国家（地区）。

〔供稿人：中国重型机械工业协会臧义成　审稿人：中国重型机械工业协会徐善继〕

2006 年我国物料搬运机械进口额按国家(地区)汇总表

序号	国家(地区)名称	进口额(万美元)	占进口总金额比重(%)
	合计	285 537	100.00
1	日本	65 803	23.05
2	德国	62 777	21.99
3	中国台湾	20 250	7.09
4	美国	18 589	6.51
5	韩国	16 954	5.94
6	中华人民共和国	16 054	5.62
7	瑞典	12 176	4.26
8	意大利	11 314	3.96
9	法国	9 192	3.22
10	英国	8 918	3.12
11	新加坡	6 145	2.15
12	奥地利	5 325	1.86
13	澳大利亚	4 509	1.58
14	芬兰	4 431	1.55
15	西班牙	2 995	1.05
16	瑞士	2 971	1.04
17	荷兰	2 883	1.01
18	挪威	2 601	0.91
19	马来西亚	1 821	0.64
20	中国香港	1 745	0.61
21	丹麦	1 612	0.56
22	加拿大	1 394	0.49
23	土耳其	757	0.27
24	比利时	720	0.25
25	匈牙利	614	0.22
26	卢森堡	593	0.21
27	泰国	510	0.18
28	波兰	411	0.14
29	印度	257	0.09
30	菲律宾	232	0.08
31	捷克	189	0.07
32	墨西哥	178	0.06
33	俄罗斯联邦	124	0.04
34	印度尼西亚	82	0.03

（续）

序号	国家(地区)名称	进口额（万美元）	占进口总金额比重（%）
35	爱沙尼亚	74	0.03
36	新西兰	63	0.02
37	爱尔兰	53	0.02
38	斯洛文尼亚	47	0.02
39	越南	26	0.01
40	巴西	26	0.01
41	罗马尼亚	24	0.01
42	斯洛伐克	19	0.01
43	尼日利亚	15	0.01
44	以色列	14	
45	阿根廷	13	
46	斯里兰卡	9	
47	南非	9	
48	乌克兰	7	
49	巴基斯坦	4	
50	南斯拉夫	3	

注:2006 年,我国物料搬运机械产品进口的国家(地区)有 61 个,表中仅列出口额前 50 名国家(地区)。

〔供稿人:中国重型机械工业协会臧义成　审稿人:中国重型机械工业协会徐善继〕

2006 年我国物料搬运机械出口额超 5 000 万美元国家(地区)的产品分类统计

国家(地区)名称	商品代码	商品名称	数量单位	出口数量	出口金额（万美元）
美国					65 646
其中:	84261942	集装箱装卸桥	台	17	11 980
	84254210	其他液压千斤顶	台	6 308 588	10 892
	84254910	未列名千斤顶	台	2 896 996	4 613
	84254290	液压提升机	台	137 895	4 488
	84253100	其他电动的卷扬机及绞盘	台	543 317	3 908
	84311000	8425 所列机械的零件	kg	20 362 989	3 016
	84279000	未列名叉车等装有升降或搬运装置的工作车	台	252 738	2 981
	84312000	8427 所列机械的零件	kg	22 252 200	2 814
	84289000	未列名升降、搬运、装卸机械	台	299 194	2 788
	84313900	其他 8428 所列机械的零件	kg	20 235 026	2 722
	84264110	轮胎式自推进起重机	台	29	2 315
	84313100	升降机、倒卸式起重机或自动梯的零件	kg	7 501 032	2 182
	84251900	非电动的滑车及提升机	台	503 007	1 716

（续）

国家（地区）名称	商品代码	商品名称	数量单位	出口数量	出口金额（万美元）
	84254990	未列名提升机	台	1 137 386	1 552
	84253900	其他非电动的卷扬机及绞盘	台	2 935 621	1 411
	84284000	自动梯及自动人行道	台	252	1 197
	84272090	其他机动叉车、其他装有升降或搬运装置工作车	台	685	935
	84251100	电动的滑车及提升机	台	89 629	764
	84261929	其他卸船机	台	1	721
	84261930	龙门式起重机	台	5	425
	84262000	塔式起重机	台	18	422
	87099000	短距离运货的机动车辆及站台牵引车的零件	kg	2 383 340	399
	84283990	未列名连续运送货物的升降机及输送机	台	2 719	275
	84283910	链式连续运送货物或材料的升降机及输送机	台	45	216
	84271090	其他电动叉车及装有升降或搬运装置工作车	台	1 101	184
	84261190	其他固定支架的高架移动式起重机	台	81	135
	84314100	戽斗、铲斗、抓斗及夹斗	个/kg	9 625	135
	84281090	其他升降机及倒卸式起重机	台	111	103
	84283920	辊式连续运送货物或材料的升降机及输送机	台	217	86
	87051093	最大起重量＞100t 其他起重车	辆	1	57
	84283300	带式连续运送货物的升降机及输送机	台	152	52
	84261921	抓斗式卸船机	台	1	50
中国香港					32 305
其中：	84261942	集装箱装卸桥	台	28	14 762
	84261930	龙门式起重机	台	51	4 548
	84283990	未列名连续运送货物的升降机及输送机	台	1 803	2 593
	84313100	升降机、倒卸式起重机或自动梯的零件	kg	11 757 241	1 714
	84289000	未列名升降、搬运、装卸机械	台	10 977	1 091
	84271090	其他电动叉车及装有升降或搬运装置工作车	台	792	896
	84284000	自动梯及自动人行道	台	224	895
	84283920	辊式连续运送货物或材料的升降机及输送机	台	1 033	885
	84281010	载客电梯	台	186	618
	84272090	其他机动叉车、其他装有升降或搬运装置工作车	台	398	571
	84264190	带胶轮的其他自推进起重机械	台	16	464
	84283300	带式连续运送货物的升降机及输送机	台	826	371
	84261200	胶轮移动式吊运架及跨运车	台	8	345
	84313900	其他 8428 所列机械的零件	kg	1 890 283	343
	84262000	塔式起重机	台	13	284
	84272010	集装箱叉车	台	12	230
	84282000	气压升降机及输送机	台	29	196
	84263000	门座式起重机及座式旋臂起重机	台	15	186
	84279000	未列名叉车等装有升降或搬运装置的工作车	台	6 282	181
	84261120	通用桥式起重机	台	109	178
	84283910	链式连续运送货物或材料的升降机及输送机	台	768	178
	84311000	8425 所列机械的零件	kg	229 599	121
	84312000	8427 所列机械的零件	kg	612 030	99

（续）

国家（地区）名称	商品代码	商品名称	数量单位	出口数量	出口金额（万美元）
	84283100	地下专用的连续运送货物的升降机及输送机	台	7	90
	84253100	其他电动的卷扬机及绞盘	台	2 449	75
	84251100	电动的滑车及提升机	台	434	57
日本					24 702
其中：	84313100	升降机、倒卸式起重机或自动梯的零件	kg	51 043 577	6 146
	84312000	8427 所列机械的零件	kg	58 475 602	4 569
	84313900	其他 8428 所列机械的零件	kg	13 959 402	2 977
	84289000	未列名升降、搬运、装卸机械	台	30 737	1 315
	84283990	未列名连续运送货物的升降机及输送机	台	1 211	1 215
	84311000	8425 所列机械的零件	kg	4 709 527	947
	84254210	其他液压千斤顶	台	547 858	810
	84253100	其他电动的卷扬机及绞盘	台	18 377	753
	84253900	其他非电动的卷扬机及绞盘	台	39 640	731
	84284000	自动梯及自动人行道	台	209	710
	84254910	未列名千斤顶	台	1 731 354	645
	84264110	轮胎式自推进起重机	台	8	380
	84283300	带式连续运送货物的升降机及输送机	台	589	372
	84251900	非电动的滑车及提升机	台	137 993	371
	84261929	其他卸船机	台	6	353
	84251100	电动的滑车及提升机	台	1 418	213
	84254990	未列名提升机	台	25 388	191
	84279000	未列名叉车等装有升降或搬运装置的工作车	台	14 820	191
	84271090	其他电动叉车及装有升降或搬运装置工作车	台	180	182
	84263000	门座式起重机及座式旋臂起重机	台	76	176
	84283910	链式连续运送货物或材料的升降机及输送机	台	544	175
	84283920	辊式连续运送货物或材料的升降机及输送机	台	243	153
	84314100	戽斗、铲斗、抓斗及夹斗	个/kg	24 927	141
	84269900	未列名起重机	台	539	141
	87099000	短距离运货的机动车辆及站台牵引车的零件	kg	945 649	138
	84261910	装船机	台	7	120
	84254290	液压提升机	台	16 882	120
	84281010	载客电梯	台	77	105
	87091910	其他机动牵引车	辆	5	64
	84261930	龙门式起重机	台	7	54
阿拉伯联合酋长国					22 303
其中：	84262000	塔式起重机	台	374	4 774
	84261942	集装箱装卸桥	台	6	3 540
	84281010	载客电梯	台	1 295	3 263
	84261930	龙门式起重机	台	47	2 258
	84289000	未列名升降、搬运、装卸机械	台	2 815	1 531
	84283990	未列名连续运送货物的升降机及输送机	台	2 004	698
	84284000	自动梯及自动人行道	台	186	634
	84254210	其他液压千斤顶	台	739 761	525

（续）

国家(地区)名称	商品代码	商品名称	数量单位	出口数量	出口金额(万美元)
	87051091	最大起重量≤50t 其他起重车	辆	53	500
	84272090	其他机动叉车、其他装有升降或搬运装置工作车	台	259	479
	87051092	50t＜最大起重量≤100t 其他起重车	辆	25	449
	84313100	升降机、倒卸式起重机或自动梯的零件	kg	1 664 511	444
	84281090	其他升降机及倒卸式起重机	台	150	392
	84283910	链式连续运送货物或材料的升降机及输送机	台	163	341
	84251900	非电动的滑车及提升机	台	67 913	219
	84264910	履带式起重机	台	11	216
	84312000	8427 所列机械的零件	kg	1 700 669	197
	84251100	电动的滑车及提升机	台	2 988	193
	84253100	其他电动的卷扬机及绞盘	台	3 216	179
	84283300	带式连续运送货物的升降机及输送机	台	55	179
	84313900	其他 8428 所列机械的零件	kg	1 192 221	174
	84279000	未列名叉车等装有升降或搬运装置的工作车	台	11 310	147
	84282000	气压升降机及输送机	台	38	110
	84261943	其他动臂式装卸桥	台	52	102
	87051021	最大起重量≤50t 全路面起重车	辆	7	92
	84261120	通用桥式起重机	台	3	90
	84269900	未列名起重机	台	43	75
	84253900	其他非电动的卷扬机及绞盘	台	19 334	68
	84261910	装船机	台	4	66
	84254290	液压提升机	台	3 997	61
	84254910	未列名千斤顶	台	154 320	59
韩国					22 038
其中：	84284000	自动梯及自动人行道	台	1 327	3 508
	84312000	8427 所列机械的零件	kg	57 434 058	3 296
	84261942	集装箱装卸桥	台	6	3 110
	84313100	升降机、倒卸式起重机或自动梯的零件	kg	29 796 379	2 468
	84261930	龙门式起重机	台	19	2 051
	84253100	其他电动的卷扬机及绞盘	台	4 154	1 465
	84311000	8425 所列机械的零件	kg	6 352 052	1 063
	84281010	载客电梯	台	290	626
	84313900	其他 8428 所列机械的零件	kg	6 691 715	602
	84279000	未列名叉车等装有升降或搬运装置的工作车	台	37 491	501
	84254210	其他液压千斤顶	台	567 822	340
	84314100	戽斗、铲斗、抓斗及夹斗	个/kg	17 009	291
	84254290	液压提升机	台	35 384	265
	84271090	其他电动叉车及装有升降或搬运装置工作车	台	384	251
	84262000	塔式起重机	台	12	224
	84263000	门座式起重机及座式旋臂起重机	台	43	212
	87051021	最大起重量≤50t 全路面起重车	辆	11	195
	87051092	50t＜最大起重量≤100t 其他起重车	辆	8	185
	84289000	未列名升降、搬运、装卸机械	台	6 073	185

（续）

国家（地区）名称	商品代码	商品名称	数量单位	出口数量	出口金额（万美元）
	84254990	未列名提升机	台	9 003	177
	84254910	未列名千斤顶	台	469 442	171
	84251100	电动的滑车及提升机	台	1 602	109
	84251900	非电动的滑车及提升机	台	35 598	107
	84261910	装船机	台	41	99
	84283990	未列名连续运送货物的升降机及输送机	台	129	97
	84261190	其他固定支架的高架移动式起重机	台	44	77
	84272090	其他机动叉车、其他装有升降或搬运装置工作车	台	45	59
	84283300	带式连续运送货物的升降机及输送机	台	63	56
印度					18 972
其中：	84261942	集装箱装卸桥	台	8	4 173
	84269900	未列名起重机	台	2 246	2 226
	84284000	自动梯及自动人行道	台	850	1 967
	84281010	载客电梯	台	602	1 861
	84264910	履带式起重机	台	40	1 629
	84261930	龙门式起重机	台	18	1 398
	84262000	塔式起重机	台	96	917
	84261200	胶轮移动式吊运架及跨运车	台	29	833
	84313100	升降机、倒卸式起重机或自动梯的零件	kg	5 067 238	669
	87051091	最大起重量≤50t 其他起重车	辆	40	464
	87051092	50t<最大起重量≤100t 其他起重车	辆	22	364
	84313900	其他 8428 所列机械的零件	kg	1 173 246	336
	84263000	门座式起重机及座式旋臂起重机	台	13	228
	84261120	通用桥式起重机	台	64	227
	84283300	带式连续运送货物的升降机及输送机	台	78	185
	84279000	未列名叉车等装有升降或搬运装置的工作车	台	13 195	175
	84264190	带胶轮的其他自推进起重机械	台	5	155
	84251900	非电动的滑车及提升机	台	37 997	148
	84261190	其他固定支架的高架移动式起重机	台	3	123
	84289000	未列名升降、搬运、装卸机械	台	1 150	101
	84283990	未列名连续运送货物的升降机及输送机	台	422	83
	84272090	其他机动叉车、其他装有升降或搬运装置工作车	台	76	76
	84254990	未列名提升机	台	1 072	74
	84253100	其他电动的卷扬机及绞盘	台	599	68
	84281090	其他升降机及倒卸式起重机	台	27	68
	84254210	其他液压千斤顶	台	70 843	58
	84311000	8425 所列机械的零件	kg	168 473	54
荷兰					17 519
其中：	84261942	集装箱装卸桥	台	23	9 929
	84261930	龙门式起重机	台	20	3 002
	84254210	其他液压千斤顶	台	524 951	572
	84279000	未列名叉车等装有升降或搬运装置的工作车	台	35 119	479
	84251900	非电动的滑车及提升机	台	120 842	352

（续）

国家（地区）名称	商品代码	商品名称	数量单位	出口数量	出口金额（万美元）
	84271090	其他电动叉车及装有升降或搬运装置工作车	台	338	328
	84289000	未列名升降、搬运、装卸机械	台	23 415	321
	84254290	液压提升机	台	18 576	291
	84313100	升降机、倒卸式起重机或自动梯的零件	kg	983 331	237
	84284000	自动梯及自动人行道	台	62	234
	84312000	8427 所列机械的零件	kg	3 266 380	221
	84272090	其他机动叉车、其他装有升降或搬运装置工作车	台	143	205
	84283920	辊式连续运送货物或材料的升降机及输送机	台	148	203
	87051091	最大起重量≤50t 其他起重车	辆	13	181
	84313900	其他 8428 所列机械的零件	kg	974 041	155
	84251100	电动的滑车及提升机	台	30 337	132
	84311000	8425 所列机械的零件	kg	878 608	131
	84253100	其他电动的卷扬机及绞盘	台	14 760	107
	84254990	未列名提升机	台	86 965	104
	84261200	胶轮移动式吊运架及跨运车	台	35	81
	84253900	其他非电动的卷扬机及绞盘	台	159 223	77
	84254910	未列名千斤顶	台	59 783	71
澳大利亚					14 103
其中：	84261942	集装箱装卸桥	台	7	4 190
	84281010	载客电梯	台	804	2 377
	84284000	自动梯及自动人行道	台	317	1 563
	84272090	其他机动叉车、其他装有升降或搬运装置工作车	台	328	550
	84313100	升降机、倒卸式起重机或自动梯的零件	kg	1 227 582	406
	84262000	塔式起重机	台	23	404
	87099000	短距离运货的机动车辆及站台牵引车的零件	kg	212 729	396
	84313900	其他 8428 所列机械的零件	kg	2 132 085	349
	84254210	其他液压千斤顶	台	195 515	344
	87051091	最大起重量≤50t 其他起重车	辆	27	316
	84261200	胶轮移动式吊运架及跨运车	台	7	297
	84254290	液压提升机	台	25 670	280
	84251900	非电动的滑车及提升机	台	82 518	262
	84279000	未列名叉车等装有升降或搬运装置的工作车	台	16 673	243
	84283200	斗式连续运送货物的升降机及输送机	台	38	237
	84254910	未列名千斤顶	台	206 347	230
	84289000	未列名升降、搬运、装卸机械	台	23 844	208
	84253100	其他电动的卷扬机及绞盘	台	27 694	196
	84312000	8427 所列机械的零件	kg	1 419 524	176
	84311000	8425 所列机械的零件	kg	957 158	166
	84253900	其他非电动的卷扬机及绞盘	台	105 378	113
	84283990	未列名连续运送货物的升降机及输送机	台	2 571	103
	84271090	其他电动叉车及装有升降或搬运装置工作车	台	133	99
	84254990	未列名提升机	台	26 316	86
	84283300	带式连续运送货物的升降机及输送机	台	37	84

（续）

国家（地区）名称	商品代码	商品名称	数量单位	出口数量	出口金额（万美元）
	84314100	戽斗、铲斗、抓斗及夹斗	个/kg	1 288	72
	87091990	其他短距离运货机动车辆	辆	320	69
	84251100	电动的滑车及提升机	台	3 772	50
德国					11 935
其中：	84279000	未列名叉车等装有升降或搬运装置的工作车	台	179 264	2 450
	84261942	集装箱装卸桥	台	2	1 500
	84313100	升降机、倒卸式起重机或自动梯的零件	kg	6 829 764	1 160
	84312000	8427 所列机械的零件	kg	8 446 517	1 117
	84254210	其他液压千斤顶	台	753 674	805
	84272090	其他机动叉车、其他装有升降或搬运装置工作车	台	550	744
	84284000	自动梯及自动人行道	台	196	714
	84311000	8425 所列机械的零件	kg	2 032 256	488
	84251100	电动的滑车及提升机	台	87 388	350
	84251900	非电动的滑车及提升机	台	94 193	331
	84289000	未列名升降、搬运、装卸机械	台	35 601	315
	84313900	其他 8428 所列机械的零件	kg	2 052 371	291
	84254290	液压提升机	台	19 149	279
	84253100	其他电动的卷扬机及绞盘	台	25 495	256
	84254910	未列名千斤顶	台	147 747	182
	84271090	其他电动叉车及装有升降或搬运装置工作车	台	523	173
	84269900	未列名起重机	台	130	143
	84253900	其他非电动的卷扬机及绞盘	台	197 192	140
	84283990	未列名连续运送货物的升降机及输送机	台	355	126
	84283200	斗式连续运送货物的升降机及输送机	台	81	70
	84254990	未列名提升机	台	23 353	57
	84283300	带式连续运送货物的升降机及输送机	台	14	56
泰国					10 848
其中：	84261942	集装箱装卸桥	台	5	2 814
	84281010	载客电梯	台	708	1 443
	84313100	升降机、倒卸式起重机或自动梯的零件	kg	12 240 127	1 044
	84261930	龙门式起重机	台	9	805
	84283990	未列名连续运送货物的升降机及输送机	台	288	698
	84253100	其他电动的卷扬机及绞盘	台	9 021	597
	84284000	自动梯及自动人行道	台	191	481
	84263000	门座式起重机及座式旋臂起重机	台	7	325
	84279000	未列名叉车等装有升降或搬运装置的工作车	台	14 714	317
	84261200	胶轮移动式吊运架及跨运车	台	6	260
	84272090	其他机动叉车、其他装有升降或搬运装置工作车	台	210	257
	84289000	未列名升降、搬运、装卸机械	台	2 224	208
	84262000	塔式起重机	台	9	193
	84269900	未列名起重机	台	14	152
	84271090	其他电动叉车及装有升降或搬运装置工作车	台	194	136
	84264190	带胶轮的其他自推进起重机械	台	4	131

（续）

国家（地区）名称	商品代码	商品名称	数量单位	出口数量	出口金额（万美元）
	84254210	其他液压千斤顶	台	149 523	124
	84251900	非电动的滑车及提升机	台	45 306	110
	84283910	链式连续运送货物或材料的升降机及输送机	台	8	84
	84254290	液压提升机	台	1 010	78
	84283300	带式连续运送货物的升降机及输送机	台	59	72
	84281090	其他升降机及倒卸式起重机	台	23	65
	84313900	其他 8428 所列机械的零件	kg	284 254	58
	84271020	电动机推进的无轨巷道堆垛机	台	6	57
	84283920	辊式连续运送货物或材料的升降机及输送机	台	36	51
俄罗斯联邦					10 702
其中：	84284000	自动梯及自动人行道	台	1 054	2 897
	84272090	其他机动叉车、其他装有升降或搬运装置工作车	台	1 621	1 504
	84254210	其他液压千斤顶	台	608 023	1 475
	84281010	载客电梯	台	357	929
	84262000	塔式起重机	台	91	831
	84279000	未列名叉车等装有升降或搬运装置的工作车	台	47 249	736
	84313900	其他 8428 所列机械的零件	kg	724 140	340
	84271090	其他电动叉车及装有升降或搬运装置工作车	台	462	264
	84269900	未列名起重机	台	14	224
	84312000	8427 所列机械的零件	kg	762 323	196
	84289000	未列名升降、搬运、装卸机械	台	9 668	173
	84251900	非电动的滑车及提升机	台	49 800	158
	84283300	带式连续运送货物的升降机及输送机	台	96	104
	84281090	其他升降机及倒卸式起重机	台	800	93
	84254290	液压提升机	台	3 895	86
	84313100	升降机、倒卸式起重机或自动梯的零件	kg	197 606	75
	84254910	未列名千斤顶	台	73 826	64
	84253100	其他电动的卷扬机及绞盘	台	4 782	59
	84283990	未列名连续运送货物的升降机及输送机	台	91	53
	87051091	最大起重量≤50t 其他起重车	辆	8	52
	84254990	未列名提升机	台	4 433	50
沙特阿拉伯					10 332
其中：	87051091	最大起重量≤50t 其他起重车	辆	123	2 001
	84261942	集装箱装卸桥	台	2	1 220
	84283300	带式连续运送货物的升降机及输送机	台	275	933
	84284000	自动梯及自动人行道	台	192	903
	84281010	载客电梯	台	290	632
	84261930	龙门式起重机	台	14	446
	84272090	其他机动叉车、其他装有升降或搬运装置工作车	台	215	390
	84261190	其他固定支架的高架移动式起重机	台	7	326
	84264910	履带式起重机	台	8	300
	84283990	未列名连续运送货物的升降机及输送机	台	263	298
	84262000	塔式起重机	台	172	276

（续）

国家（地区）名称	商品代码	商品名称	数量单位	出口数量	出口金额（万美元）
	84283910	链式连续运送货物或材料的升降机及输送机	台	58	267
	87051022	50t＜最大起重量≤100t 全路面起重车	辆	8	263
	84313100	升降机、倒卸式起重机或自动梯的零件	kg	1 148 017	262
	84313900	其他 8428 所列机械的零件	kg	1 845 382	250
	87051021	最大起重量≤50t 全路面起重车	辆	19	241
	84282000	气压升降机及输送机	台	127	228
	84289000	未列名升降、搬运、装卸机械	台	824	190
	84283920	辊式连续运送货物或材料的升降机及输送机	台	32	109
	84311000	8425 所列机械的零件	kg	637 400	105
	84254210	其他液压千斤顶	台	73 301	102
	84261120	通用桥式起重机	台	30	91
	84251100	电动的滑车及提升机	台	2 480	79
	84283200	斗式连续运送货物的升降机及输送机	台	12	70
	84281090	其他升降机及倒卸式起重机	台	20	65
西班牙					10 036
其中：	84261930	龙门式起重机	台	20	2 594
	84261942	集装箱装卸桥	台	2	1 360
	84261200	胶轮移动式吊运架及跨运车	台	52	1 346
	84284000	自动梯及自动人行道	台	220	942
	84272090	其他机动叉车、其他装有升降或搬运装置工作车	台	602	754
	84279000	未列名叉车等装有升降或搬运装置的工作车	台	41 917	670
	84313100	升降机、倒卸式起重机或自动梯的零件	kg	2 960 905	626
	84271090	其他电动叉车及装有升降或搬运装置工作车	台	447	396
	84312000	8427 所列机械的零件	kg	3 360 125	275
	84313900	其他 8428 所列机械的零件	kg	616 172	208
	84289000	未列名升降、搬运、装卸机械	台	16 417	136
	84253100	其他电动的卷扬机及绞盘	台	10 699	128
	84251100	电动的滑车及提升机	台	24 212	123
	84251900	非电动的滑车及提升机	台	35 431	121
	84254210	其他液压千斤顶	台	89 693	98
新加坡					9 389
其中：	84284000	自动梯及自动人行道	台	330	1 224
	84313100	升降机、倒卸式起重机或自动梯的零件	kg	8 841 814	1 018
	84253100	其他电动的卷扬机及绞盘	台	2 346	917
	84281010	载客电梯	台	327	866
	84263000	门座式起重机及座式旋臂起重机	台	112	621
	84262000	塔式起重机	台	36	562
	87051091	最大起重量≤50t 其他起重车	辆	38	424
	84253900	其他非电动的卷扬机及绞盘	台	2 629	310
	84264910	履带式起重机	台	14	302
	84271090	其他电动叉车及装有升降或搬运装置工作车	台	277	290
	84312000	8427 所列机械的零件	kg	1 490 976	255
	84289000	未列名升降、搬运、装卸机械	台	11 641	242

（续）

国家（地区）名称	商品代码	商品名称	数量单位	出口数量	出口金额（万美元）
	84272090	其他机动叉车、其他装有升降或搬运装置工作车	台	174	237
	84313900	其他 8428 所列机械的零件	kg	1 398 417	231
	84283920	辊式连续运送货物或材料的升降机及输送机	台	519	204
	87051092	50t < 最大起重量 ≤100t 其他起重车	辆	10	198
	84311000	8425 所列机械的零件	kg	625 810	166
	84283990	未列名连续运送货物的升降机及输送机	台	209	130
	84251900	非电动的滑车及提升机	台	33 856	127
	84279000	未列名叉车等装有升降或搬运装置的工作车	台	9 034	123
	84251100	电动的滑车及提升机	台	1 234	116
	87051021	最大起重量≤50t 全路面起重车	辆	9	103
	84269100	供装于公路车辆的其他起重机	台	79	91
	84283300	带式连续运送货物的升降机及输送机	台	261	89
	84264190	带胶轮的其他自推进起重机械	台	3	87
	84281090	其他升降机及倒卸式起重机	台	33	68
	84269900	未列名起重机	台	35	65
中国台湾					9 300
其中：	84261942	集装箱装卸桥	台	5	2 225
	84313100	升降机、倒卸式起重机或自动梯的零件	kg	17 070 682	2 095
	84261929	其他卸船机	台	2	690
	84253100	其他电动的卷扬机及绞盘	台	22 863	645
	84312000	8427 所列机械的零件	kg	7 741 727	562
	84261930	龙门式起重机	台	4	454
	84281010	载客电梯	台	204	369
	84284000	自动梯及自动人行道	台	99	314
	84313900	其他 8428 所列机械的零件	kg	2 082 924	233
	84283990	未列名连续运送货物的升降机及输送机	台	203	219
	84272090	其他机动叉车、其他装有升降或搬运装置工作车	台	185	177
	84289000	未列名升降、搬运、装卸机械	台	26 012	167
	84311000	8425 所列机械的零件	kg	838 497	157
	84283300	带式连续运送货物的升降机及输送机	台	212	130
	84251900	非电动的滑车及提升机	台	42 257	109
	84279000	未列名叉车等装有升降或搬运装置的工作车	台	10 234	109
	84251100	电动的滑车及提升机	台	267	90
	84263000	门座式起重机及座式旋臂起重机	台	2	90
	84282000	气压升降机及输送机	台	232	71
	84254210	其他液压千斤顶	台	65 548	62
	84253900	其他非电动的卷扬机及绞盘	台	127 312	53
	87051091	最大起重量≤50t 其他起重车	辆	5	52
	84271090	其他电动叉车及装有升降或搬运装置工作车	台	49	50
埃及					9 254
其中：	84261942	集装箱装卸桥	台	9	6 052
	84261930	龙门式起重机	台	21	2 546
	84254210	其他液压千斤顶	台	190 002	159

（续）

国家（地区）名称	商品代码	商品名称	数量单位	出口数量	出口金额（万美元）
	84283300	带式连续运送货物的升降机及输送机	台	37	81
	84283990	未列名连续运送货物的升降机及输送机	台	142	71
	84284000	自动梯及自动人行道	台	30	65
越南					9 791
其中：	84263000	门座式起重机及座式旋臂起重机	台	47	1 377
	84281010	载客电梯	台	313	808
	84283300	带式连续运送货物的升降机及输送机	台	683	699
	84283920	辊式连续运送货物或材料的升降机及输送机	台	48	694
	84254210	其他液压千斤顶	台	159 208	587
	84283990	未列名连续运送货物的升降机及输送机	台	385	551
	84262000	塔式起重机	台	43	520
	84261120	通用桥式起重机	台	44	424
	84284000	自动梯及自动人行道	台	118	369
	84283200	斗式连续运送货物的升降机及输送机	台	113	351
	84261930	龙门式起重机	台	299	331
	84313100	升降机、倒卸式起重机或自动梯的零件	kg	1 098 221	228
	84269900	未列名起重机	台	45	210
	84283910	链式连续运送货物或材料的升降机及输送机	台	101	203
	84253100	其他电动的卷扬机及绞盘	台	654	199
	84313900	其他 8428 所列机械的零件	kg	827 209	193
	84289000	未列名升降、搬运、装卸机械	台	708	158
	84279000	未列名叉车等装有升降或搬运装置的工作车	台	8 182	116
	84272090	其他机动叉车、其他装有升降或搬运装置工作车	台	101	115
	84251100	电动的滑车及提升机	台	7 335	100
	84264910	履带式起重机	台	14	95
	84251900	非电动的滑车及提升机	台	29 092	89
	84282000	气压升降机及输送机	台	518	68
	87051021	最大起重量≤50t 全路面起重车	辆	8	68
	84254290	液压提升机	台	657	57
英国					8 612
其中：	84284000	自动梯及自动人行道	台	369	2 443
	84261930	龙门式起重机	台	14	1 564
	84254210	其他液压千斤顶	台	392 688	644
	84272090	其他机动叉车、其他装有升降或搬运装置工作车	台	532	630
	84279000	未列名叉车等装有升降或搬运装置的工作车	台	33 017	551
	84253100	其他电动的卷扬机及绞盘	台	38 103	339
	84313100	升降机、倒卸式起重机或自动梯的零件	kg	2 300 706	335
	84312000	8427 所列机械的零件	kg	5 222 060	331
	84314100	戽斗、铲斗、抓斗及夹斗	个/kg	12 589	216
	84289000	未列名升降、搬运、装卸机械	台	20 409	198
	84313900	其他 8428 所列机械的零件	kg	995 661	192
	84311000	8425 所列机械的零件	kg	1 407 999	173
	84271090	其他电动叉车及装有升降或搬运装置工作车	台	203	168

（续）

国家（地区）名称	商品代码	商品名称	数量单位	出口数量	出口金额（万美元）
	84251900	非电动的滑车及提升机	台	68 650	155
	84254990	未列名提升机	台	22 893	143
	84254290	液压提升机	台	11 048	131
	84254910	未列名千斤顶	台	61 045	109
	84253900	其他非电动的卷扬机及绞盘	台	200 516	68
巴拿马					8 325
其中：	84261942	集装箱装卸桥	台	5	3 227
	84261200	胶轮移动式吊运架及跨运车	台	21	2 432
	84261930	龙门式起重机	台	18	1 638
	84289000	未列名升降、搬运、装卸机械	台	2 481	330
	84272090	其他机动叉车、其他装有升降或搬运装置工作车	台	73	125
	84262000	塔式起重机	台	13	109
	84281010	载客电梯	台	41	79
	84264190	带胶轮的其他自推进起重机械	台	2	75
	84254210	其他液压千斤顶	台	107 093	71
	84284000	自动梯及自动人行道	台	27	68
	84271090	其他电动叉车及装有升降或搬运装置工作车	台	95	58
意大利					8 248
其中：	84261942	集装箱装卸桥	台	4	2 798
	84284000	自动梯及自动人行道	台	308	1 131
	84279000	未列名叉车等装有升降或搬运装置的工作车	台	53 470	711
	84313100	升降机、倒卸式起重机或自动梯的零件	kg	6 513 357	705
	84313900	其他 8428 所列机械的零件	kg	2 607 703	533
	84312000	8427 所列机械的零件	kg	5 275 930	520
	84251100	电动的滑车及提升机	台	82 958	332
	84272090	其他机动叉车、其他装有升降或搬运装置工作车	台	223	283
	84271090	其他电动叉车及装有升降或搬运装置工作车	台	261	201
	84254210	其他液压千斤顶	台	155 239	199
	84289000	未列名升降、搬运、装卸机械	台	24 638	155
	84253100	其他电动的卷扬机及绞盘	台	3 667	135
	84251900	非电动的滑车及提升机	台	52 353	115
	84311000	8425 所列机械的零件	kg	524 280	94
	84283990	未列名连续运送货物的升降机及输送机	台	26	79
	84283920	辊式连续运送货物或材料的升降机及输送机	台	47	53
比利时					7 689
其中：	84261942	集装箱装卸桥	台	7	4 308
	84272090	其他机动叉车、其他装有升降或搬运装置工作车	台	447	568
	84279000	未列名叉车等装有升降或搬运装置的工作车	台	38 769	480
	84261930	龙门式起重机	台	2	413
	84312000	8427 所列机械的零件	kg	3 326 533	360
	84262000	塔式起重机	台	22	338
	84254210	其他液压千斤顶	台	177 465	305
	84263000	门座式起重机及座式旋臂起重机	台	1	258
	84251900	非电动的滑车及提升机	台	38 146	100
	84251100	电动的滑车及提升机	台	18 939	94

（续）

国家(地区)名称	商品代码	商品名称	数量单位	出口数量	出口金额（万美元）
	84289000	未列名升降、搬运、装卸机械	台	31 610	75
	84311000	8425 所列机械的零件	kg	322 288	69
	84313900	其他 8428 所列机械的零件	kg	270 209	53
印度尼西亚					7 212
其中：	84284000	自动梯及自动人行道	台	914	1 756
	84281010	载客电梯	台	707	1 680
	84289000	未列名升降、搬运、装卸机械	台	1 197	494
	84254210	其他液压千斤顶	台	470 861	359
	84261120	通用桥式起重机	台	80	255
	84261921	抓斗式卸船机	台	2	235
	84283300	带式连续运送货物的升降机及输送机	台	146	216
	84313100	升降机、倒卸式起重机或自动梯的零件	kg	1 270 673	210
	84263000	门座式起重机及座式旋臂起重机	台	16	208
	84251900	非电动的滑车及提升机	台	51 440	154
	84279000	未列名叉车等装有升降或搬运装置的工作车	台	10 739	137
	84283990	未列名连续运送货物的升降机及输送机	台	281	130
	84313900	其他 8428 所列机械的零件	kg	544 483	127
	84272090	其他机动叉车、其他装有升降或搬运装置工作车	台	96	117
	84283920	辊式连续运送货物或材料的升降机及输送机	台	34	105
	84253100	其他电动的卷扬机及绞盘	台	1 313	102
	84311000	8425 所列机械的零件	kg	559 906	92
	84262000	塔式起重机	台	6	90
	84261200	胶轮移动式吊运架及跨运车	台	4	89
	84314100	戽斗、铲斗、抓斗及夹斗	个/kg	1 254	75
	84271090	其他电动叉车及装有升降或搬运装置工作车	台	75	66
	87051091	最大起重量≤50t 其他起重车	辆	6	64
	84283200	斗式连续运送货物的升降机及输送机	台	42	51
法国					6 927
其中：	84253100	其他电动的卷扬机及绞盘	台	35 142	1 406
	84272090	其他机动叉车、其他装有升降或搬运装置工作车	台	852	1 185
	84261921	抓斗式卸船机	台	1	735
	84271090	其他电动叉车及装有升降或搬运装置工作车	台	513	533
	84279000	未列名叉车等装有升降或搬运装置的工作车	台	34 596	524
	84254210	其他液压千斤顶	台	333 168	440
	84284000	自动梯及自动人行道	台	91	415
	84312000	8427 所列机械的零件	kg	6 156 051	317
	84251900	非电动的滑车及提升机	台	92 206	184
	84289000	未列名升降、搬运、装卸机械	台	36 848	182
	84313100	升降机、倒卸式起重机或自动梯的零件	kg	440 620	162
	84254290	液压提升机	台	6 226	151
	84311000	8425 所列机械的零件	kg	904 838	138
	84313900	其他 8428 所列机械的零件	kg	555 495	117
	84253900	其他非电动的卷扬机及绞盘	台	149 584	83
	84254910	未列名千斤顶	台	41 868	76
	84251100	电动的滑车及提升机	台	17 256	71

（续）

国家（地区）名称	商品代码	商品名称	数量单位	出口数量	出口金额（万美元）
	84254990	未列名提升机	台	62 449	71
	84283300	带式连续运送货物的升降机及输送机	台	83	68
巴西					6 566
其中：	84261942	集装箱装卸桥	台	2	1 037
	84261930	龙门式起重机	台	7	640
	87051092	50t＜最大起重量≤100t 其他起重车	辆	28	630
	84284000	自动梯及自动人行道	台	198	560
	87051091	最大起重量≤50t 其他起重车	辆	42	538
	84261921	抓斗式卸船机	台	1	510
	84283200	斗式连续运送货物的升降机及输送机	台	1	359
	84283990	未列名连续运送货物的升降机及输送机	台	102	324
	84272090	其他机动叉车、其他装有升降或搬运装置工作车	台	195	278
	84313100	升降机、倒卸式起重机或自动梯的零件	kg	2 217 126	264
	84254210	其他液压千斤顶	台	366 452	222
	84261190	其他固定支架的高架移动式起重机	台	34	192
	84283300	带式连续运送货物的升降机及输送机	台	8	166
	84289000	未列名升降、搬运、装卸机械	台	580	135
	84279000	未列名叉车等装有升降或搬运装置的工作车	台	7 401	134
	87051021	最大起重量≤50t 全路面起重车	辆	4	89
	87051093	最大起重量＞100t 其他起重车	辆	1	74
	84312000	8427 所列机械的零件	kg	505 999	67
	84262000	塔式起重机	台	8	59
马来西亚					6 530
其中：	84281010	载客电梯	台	793	1 777
	84284000	自动梯及自动人行道	台	469	1 014
	84313100	升降机、倒卸式起重机或自动梯的零件	kg	8 096 021	944
	84283300	带式连续运送货物的升降机及输送机	台	111	509
	84289000	未列名升降、搬运、装卸机械	台	9 980	299
	84279000	未列名叉车等装有升降或搬运装置的工作车	台	17 570	226
	84253100	其他电动的卷扬机及绞盘	台	2 025	204
	84272090	其他机动叉车、其他装有升降或搬运装置工作车	台	153	197
	84253900	其他非电动的卷扬机及绞盘	台	79 198	141
	84313900	其他 8428 所列机械的零件	kg	573 551	137
	84254210	其他液压千斤顶	台	116 627	128
	84272010	集装箱叉车	台	6	116
	84251900	非电动的滑车及提升机	台	43 968	111
	84283920	辊式连续运送货物或材料的升降机及输送机	台	96	104
	84312000	8427 所列机械的零件	kg	545 023	88
	84283990	未列名连续运送货物的升降机及输送机	台	151	77
	84254290	液压提升机	台	4 800	67
	84283100	地下专用的连续运送货物的升降机及输送机	台	13	64
	84281090	其他升降机及倒卸式起重机	台	29	55
加拿大					6 469
其中：	84313100	升降机、倒卸式起重机或自动梯的零件	kg	11 500 313	1 033
	84254210	其他液压千斤顶	台	509 147	1 030

（续）

国家(地区)名称	商品代码	商品名称	数量单位	出口数量	出口金额（万美元）
	84313900	其他 8428 所列机械的零件	kg	4 850 571	620
	84289000	未列名升降、搬运、装卸机械	台	144 138	451
	84312000	8427 所列机械的零件	kg	3 303 886	440
	84272090	其他机动叉车、其他装有升降或搬运装置工作车	台	281	378
	84279000	未列名叉车等装有升降或搬运装置的工作车	台	35 077	372
	84253100	其他电动的卷扬机及绞盘	台	87 764	332
	84254290	液压提升机	台	41 747	283
	84253900	其他非电动的卷扬机及绞盘	台	480 166	231
	84311000	8425 所列机械的零件	kg	1 568 782	194
	84251900	非电动的滑车及提升机	台	60 999	188
	84284000	自动梯及自动人行道	台	32	180
	84254910	未列名千斤顶	台	71 627	167
	84254990	未列名提升机	台	30 954	133
	84314100	戽斗、铲斗、抓斗及夹斗	个/kg	1 105	98
	84271090	其他电动叉车及装有升降或搬运装置工作车	台	255	94
	84281090	其他升降机及倒卸式起重机	台	14	81
	84251100	电动的滑车及提升机	台	9 240	57
土耳其					5 795
其中：	84284000	自动梯及自动人行道	台	540	1 474
	84272090	其他机动叉车、其他装有升降或搬运装置工作车	台	1 083	1 428
	84281010	载客电梯	台	122	402
	84279000	未列名叉车等装有升降或搬运装置的工作车	台	31 977	391
	84271010	电动机推进的有轨巷道堆垛机	台	10	296
	84289000	未列名升降、搬运、装卸机械	台	2 738	278
	84262000	塔式起重机	台	21	248
	84313100	升降机、倒卸式起重机或自动梯的零件	kg	619 745	230
	84251100	电动的滑车及提升机	台	35 015	213
	84283990	未列名连续运送货物的升降机及输送机	台	35	162
	84254210	其他液压千斤顶	台	190 345	142
	84251900	非电动的滑车及提升机	台	50 340	130
	84282000	气压升降机及输送机	台	22	100
	84271090	其他电动叉车及装有升降或搬运装置工作车	台	266	89
哈萨克斯坦					5 678
其中：	84262000	塔式起重机	台	144	1 726
	87051091	最大起重量≤50t 其他起重车	辆	155	1 666
	84281010	载客电梯	台	143	338
	87051092	50t＜最大起重量≤100t 其他起重车	辆	11	306
	84283300	带式连续运送货物的升降机及输送机	台	364	240
	87051021	最大起重量≤50t 全路面起重车	辆	23	233
	84272090	其他机动叉车、其他装有升降或搬运装置工作车	台	210	226
	84289000	未列名升降、搬运、装卸机械	台	190	183
	84261120	通用桥式起重机	台	26	126
	84284000	自动梯及自动人行道	台	46	115
	84283990	未列名连续运送货物的升降机及输送机	台	60	112
	84281090	其他升降机及倒卸式起重机	台	45	95

（续）

国家（地区）名称	商品代码	商品名称	数量单位	出口数量	出口金额（万美元）
巴基斯坦					5 440
其中：	84261942	集装箱装卸桥	台	3	1 576
	84261930	龙门式起重机	台	7	632
	84264910	履带式起重机	台	2	562
	84283990	未列名连续运送货物的升降机及输送机	台	162	478
	84261200	胶轮移动式吊运架及跨运车	台	5	439
	84272090	其他机动叉车、其他装有升降或搬运装置工作车	台	240	229
	84281010	载客电梯	台	95	200
	84262000	塔式起重机	台	11	177
	87051091	最大起重量≤50t 其他起重车	辆	12	147
	87051092	50t＜最大起重量≤100t 其他起重车	辆	7	140
	84283300	带式连续运送货物的升降机及输送机	台	64	136
	84284000	自动梯及自动人行道	台	45	81
	84289000	未列名升降、搬运、装卸机械	台	210	67
	84254210	其他液压千斤顶	台	65 398	64
	84313900	其他 8428 所列机械的零件	kg	201 983	60
瑞典					5 392
其中：	84261942	集装箱装卸桥	台	3	2 053
	84312000	8427 所列机械的零件	kg	12 499 843	719
	84279000	未列名叉车等装有升降或搬运装置的工作车	台	27 406	486
	84313100	升降机、倒卸式起重机或自动梯的零件	kg	710 332	475
	84254210	其他液压千斤顶	台	253 326	339
	84284000	自动梯及自动人行道	台	103	338
	84313900	其他 8428 所列机械的零件	kg	659 091	240
	84254910	未列名千斤顶	台	125 131	114
	84254990	未列名提升机	台	18 779	85
	84311000	8425 所列机械的零件	kg	644 056	80
	84253900	其他非电动的卷扬机及绞盘	台	324 660	69
	84314100	戽斗、铲斗、抓斗及夹斗	个/kg	2 216	67
	84251900	非电动的滑车及提升机	台	23 079	62
	84289000	未列名升降、搬运、装卸机械	台	11 117	59
南非					5 389
其中：	84272090	其他机动叉车、其他装有升降或搬运装置工作车	台	941	1 414
	84281010	载客电梯	台	640	1 391
	84284000	自动梯及自动人行道	台	153	453
	84254210	其他液压千斤顶	台	337 192	291
	87051091	最大起重量≤50t 其他起重车	辆	16	238
	84289000	未列名升降、搬运、装卸机械	台	2 030	222
	84269900	未列名起重机	台	20	222
	84279000	未列名叉车等装有升降或搬运装置的工作车	台	15 062	198
	84251900	非电动的滑车及提升机	台	38 816	122
	84271090	其他电动叉车及装有升降或搬运装置工作车	台	118	119
	84254290	液压提升机	台	5 131	97
	84313900	其他 8428 所列机械的零件	kg	404 977	76
	84264910	履带式起重机	台	2	71
	84254910	未列名千斤顶	台	115 563	67
	84253100	其他电动的卷扬机及绞盘	台	6 791	65

注：表中原始数据来源于国家海关总署 2006 年 1～12 月统计资料。表中仅列出口额在 50 万美元以上的产品。

〔供稿人：中国重型机械工业协会臧义成　审稿人：中国重型机械工业协会徐善继〕

2006年我国物料搬运机械进口额超5 000万美元国家(地区)的产品分类统计

国家(地区)名称	商品代码	商品名称	数量单位	进口数量	进口金额(万美元)
日本					65 803
其中:	84289000	未列名升降、搬运、装卸机械	台	8 702	11 601
	84281010	载客电梯	台	1 458	10 207
	84283990	未列名连续运送货物的升降机及输送机	台	5 527	9 565
	84313900	其他8428所列机械的零件	kg	2 300 654	5 419
	84271090	其他电动叉车及装有升降或搬运装置工作车	台	2 179	3 678
	84272090	其他机动叉车、其他装有升降或搬运装置工作车	台	2 221	3 390
	84283300	带式连续运送货物的升降机及输送机	台	1 251	2 836
	84283920	辊式连续运送货物或材料的升降机及输送机	台	789	2 414
	84253100	其他电动的卷扬机及绞盘	台	3 934	2 374
	84264910	履带式起重机	台	65	2 261
	84313100	升降机、倒卸式起重机或自动梯的零件	kg	1 835 221	1 781
	84283910	链式连续运送货物或材料的升降机及输送机	台	545	1 654
	84312000	8427所列机械的零件	kg	2 319 617	1 407
	84282000	气压升降机及输送机	台	730	645
	84271010	电动机推进的有轨巷道堆垛机	台	32	574
	84261120	通用桥式起重机	台	55	552
	84263000	门座式起重机及座式旋臂起重机	台	55	549
	84253900	其他非电动的卷扬机及绞盘	台	829	510
	84311000	8425所列机械的零件	kg	443 552	402
	84251100	电动的滑车及提升机	台	1 327	327
	84264110	轮胎式自推进起重机	台	39	325
	84254910	未列名千斤顶	台	248 297	281
	84281090	其他升降机及倒卸式起重机	台	44	275
	84261190	其他固定支架的高架移动式起重机	台	96	274
	84279000	未列名叉车等装有升降或搬运装置的工作车	台	592	222
	84271020	电动机推进的无轨巷道堆垛机	台	16	218
	87091910	其他机动牵引车	辆	260	208
	84261943	其他动臂式装卸桥	台	6	170
	87051091	最大起重量≤50t其他起重车	辆	10	167
	84251900	非电动的滑车及提升机	台	7 272	162
	84284000	自动梯及自动人行道	台	35	160
	84283200	斗式连续运送货物的升降机及输送机	台	39	146
	84261990	未列名桥架类起重机和移动式吊运架及跨运车	台	15	133
	84261930	龙门式起重机	台	4	124
	84314100	戽斗、铲斗、抓斗及夹斗	个/kg	2 575	107
	84254210	其他液压千斤顶	台	1 986	107
	87091110	电动牵引车	辆	113	100

（续）

国家（地区）名称	商品代码	商品名称	数量单位	进口数量	进口金额（万美元）
	87051092	50t＜最大起重量≤100t 其他起重车	辆	3	83
	84262000	塔式起重机	台	6	73
	87099000	短距离运货的机动车辆及站台牵引车的零件	kg	34 979	62
	84261200	胶轮移动式吊运架及跨运车	台	6	51
德国					62 777
其中：	84283990	未列名连续运送货物的升降机及输送机	台	4 753	8 222
	84264910	履带式起重机	台	17	6 589
	84289000	未列名升降、搬运、装卸机械	台	1 241	4 786
	84254210	其他液压千斤顶	台	25 937	3 509
	87051023	最大起重量＞100t 全路面起重车	辆	24	3 379
	84272090	其他机动叉车、其他装有升降或搬运装置工作车	台	172	3 323
	84253100	其他电动的卷扬机及绞盘	台	3 667	3 189
	84251100	电动的滑车及提升机	台	2 168	3 172
	84312000	8427 所列机械的零件	kg	2 976 645	2 220
	84313900	其他 8428 所列机械的零件	kg	1 915 549	2 165
	84271090	其他电动叉车及装有升降或搬运装置工作车	台	1 542	2 149
	84283910	链式连续运送货物或材料的升降机及输送机	台	257	1 965
	84311000	8425 所列机械的零件	kg	636 110	1 605
	84282000	气压升降机及输送机	台	171	1 405
	84261190	其他固定支架的高架移动式起重机	台	326	1 303
	84313100	升降机、倒卸式起重机或自动梯的零件	kg	628 500	1 121
	84283300	带式连续运送货物的升降机及输送机	台	246	1 113
	84283920	辊式连续运送货物或材料的升降机及输送机	台	102	978
	84284000	自动梯及自动人行道	台	69	879
	84261120	通用桥式起重机	台	281	807
	84253900	其他非电动的卷扬机及绞盘	台	3 094	745
	84261910	装船机	台	30	732
	87091990	其他短距离运货机动车辆	辆	628	715
	87051022	50t＜最大起重量≤100t 全路面起重车	辆	9	696
	84281010	载客电梯	台	79	662
	84263000	门座式起重机及座式旋臂起重机	台	46	652
	84283200	斗式连续运送货物的升降机及输送机	台	44	553
	84262000	塔式起重机	台	10	541
	84261990	未列名桥架类起重机和移动式吊运架及跨运车	台	37	512
	84281090	其他升降机及倒卸式起重机	台	171	408
	84264110	轮胎式自推进起重机	台	12	378
	84269900	未列名起重机	台	105	323
	84254290	液压提升机	台	671	304
	84254910	未列名千斤顶	台	88 389	291
	84279000	未列名叉车等装有升降或搬运装置的工作车	台	56	266
	84314100	戽斗、铲斗、抓斗及夹斗	个/kg	39	224
	84251900	非电动的滑车及提升机	台	2 067	131
	84283100	地下专用的连续运送货物的升降机及输送机	台	10	125
	87091910	其他机动牵引车	辆	10	122
	84285000	矿车推动机、转车台、货车倾卸装置等	台	13	109

（续）

国家（地区）名称	商品代码	商品名称	数量单位	进口数量	进口金额（万美元）
	84271020	电动机推进的无轨巷道堆垛机	台	14	95
	84261930	龙门式起重机	台	30	79
	84286090	其他缆车、座式升降机、滑雪拉索；索道牵引机	台	3	55
中国台湾					20 250
其中：	84283990	未列名连续运送货物的升降机及输送机	台	6 138	7 211
	84289000	未列名升降、搬运、装卸机械	台	3 157	4 018
	84283300	带式连续运送货物的升降机及输送机	台	2 013	2 224
	84283920	辊式连续运送货物或材料的升降机及输送机	台	1 450	1 695
	84283910	链式连续运送货物或材料的升降机及输送机	台	1 025	1 128
	84313900	其他 8428 所列机械的零件	kg	981 042	856
	84281090	其他升降机及倒卸式起重机	台	208	746
	84261190	其他固定支架的高架移动式起重机	台	108	264
	84282000	气压升降机及输送机	台	351	245
	84261990	未列名桥架类起重机和移动式吊运架及跨运车	台	43	217
	84271090	其他电动叉车及装有升降或搬运装置工作车	台	389	215
	84271010	电动机推进的有轨巷道堆垛机	台	21	194
	84313100	升降机、倒卸式起重机或自动梯的零件	kg	201 485	158
	84251100	电动的滑车及提升机	台	1 192	149
	84261120	通用桥式起重机	台	114	135
	84312000	8427 所列机械的零件	kg	372 987	130
	84283200	斗式连续运送货物的升降机及输送机	台	72	123
	84279000	未列名叉车等装有升降或搬运装置的工作车	台	841	112
	84253100	其他电动的卷扬机及绞盘	台	284	76
	84272090	其他机动叉车、其他装有升降或搬运装置工作车	台	43	69
	84283100	地下专用的连续运送货物的升降机及输送机	台	3	62
	84254210	其他液压千斤顶	台	3 464	52
美国					18 589
其中：	84289000	未列名升降、搬运、装卸机械	台	2 710	3 894
	84264910	履带式起重机	台	9	2 745
	84283990	未列名连续运送货物的升降机及输送机	台	793	1 582
	84313900	其他 8428 所列机械的零件	kg	320 540	1 474
	84272090	其他机动叉车、其他装有升降或搬运装置工作车	台	101	1 282
	84283300	带式连续运送货物的升降机及输送机	台	486	1 103
	84254210	其他液压千斤顶	台	2 258	821
	84279000	未列名叉车等装有升降或搬运装置的工作车	台	232	647
	84312000	8427 所列机械的零件	kg	843 822	621
	84311000	8425 所列机械的零件	kg	403 197	484
	84271090	其他电动叉车及装有升降或搬运装置工作车	台	217	451
	84283920	辊式连续运送货物或材料的升降机及输送机	台	98	375
	84282000	气压升降机及输送机	台	388	358
	84253900	其他非电动的卷扬机及绞盘	台	364	292
	84313100	升降机、倒卸式起重机或自动梯的零件	kg	372 653	281
	84283910	链式连续运送货物或材料的升降机及输送机	台	49	263
	84262000	塔式起重机	台	3	215
	84251100	电动的滑车及提升机	台	567	205

（续）

国家（地区）名称	商品代码	商品名称	数量单位	进口数量	进口金额（万美元）
	84281010	载客电梯	台	31	194
	87099000	短距离运货的机动车辆及站台牵引车的零件	kg	150 460	193
	84263000	门座式起重机及座式旋臂起重机	台	10	173
	84253100	其他电动的卷扬机及绞盘	台	212	165
	84251900	非电动的滑车及提升机	台	672	128
	84264110	轮胎式自推进起重机	台	5	105
	84269900	未列名起重机	台	22	81
	84283200	斗式连续运送货物的升降机及输送机	台	8	73
	87091190	其他电动的短距离运货车辆	辆	124	62
	84281090	其他升降机及倒卸式起重机	台	94	60
韩国					16 954
其中：	84283990	未列名连续运送货物的升降机及输送机	台	1 597	3 615
	84283920	辊式连续运送货物或材料的升降机及输送机	台	406	2 655
	84289000	未列名升降、搬运、装卸机械	台	4 683	1 833
	84283910	链式连续运送货物或材料的升降机及输送机	台	386	1 039
	84272090	其他机动叉车、其他装有升降或搬运装置工作车	台	234	880
	84283300	带式连续运送货物的升降机及输送机	台	1 547	875
	84253100	其他电动的卷扬机及绞盘	台	1 701	741
	84313900	其他 8428 所列机械的零件	kg	576 482	554
	84313100	升降机、倒卸式起重机或自动梯的零件	kg	1 427 693	545
	84271010	电动机推进的有轨巷道堆垛机	台	29	539
	84271090	其他电动叉车及装有升降或搬运装置工作车	台	274	474
	84251100	电动的滑车及提升机	台	486	383
	84312000	8427 所列机械的零件	kg	680 037	381
	84281010	载客电梯	台	36	284
	84282000	气压升降机及输送机	台	117	249
	84311000	8425 所列机械的零件	kg	609 933	245
	84279000	未列名叉车等装有升降或搬运装置的工作车	台	136	167
	84251900	非电动的滑车及提升机	台	8 039	163
	84269900	未列名起重机	台	47	137
	84264910	履带式起重机	台	1	125
	84261990	未列名桥架类起重机和移动式吊运架及跨运车	台	6	120
	84253900	其他非电动的卷扬机及绞盘	台	1 496	119
	84263000	门座式起重机及座式旋臂起重机	台	17	112
	84281090	其他升降机及倒卸式起重机	台	96	102
	87091910	其他机动牵引车	辆	1	92
	84261120	通用桥式起重机	台	27	84
	87091110	电动牵引车	辆	92	78
	84261930	龙门式起重机	台	2	61
	84283200	斗式连续运送货物的升降机及输送机	台	45	56
中华人民共和国					16 054
其中：	84261942	集装箱装卸桥	台	20	10 817
	84261930	龙门式起重机	台	30	2 634
	84283990	未列名连续运送货物的升降机及输送机	台	768	714
	84289000	未列名升降、搬运、装卸机械	台	3 833	427

（续）

国家(地区)名称	商品代码	商品名称	数量单位	进口数量	进口金额(万美元)
	84271090	其他电动叉车及装有升降或搬运装置工作车	台	257	364
	84283910	链式连续运送货物或材料的升降机及输送机	台	66	248
	84272090	其他机动叉车、其他装有升降或搬运装置工作车	台	157	244
	84283920	辊式连续运送货物或材料的升降机及输送机	台	102	186
	84283300	带式连续运送货物的升降机及输送机	台	344	111
	84251100	电动的滑车及提升机	台	77	94
瑞典					12 176
其中：	84264190	带胶轮的其他自推进起重机械	台	57	2 257
	84251100	电动的滑车及提升机	台	8	1 525
	84283990	未列名连续运送货物的升降机及输送机	台	159	1 463
	84272010	集装箱叉车	台	52	1 118
	84281010	载客电梯	台	98	990
	84272090	其他机动叉车、其他装有升降或搬运装置工作车	台	49	984
	84312000	8427 所列机械的零件	kg	1 313 516	707
	84289000	未列名升降、搬运、装卸机械	台	233	633
	84264110	轮胎式自推进起重机	台	10	373
	84271090	其他电动叉车及装有升降或搬运装置工作车	台	311	347
	84313900	其他 8428 所列机械的零件	kg	73 640	336
	84283920	辊式连续运送货物或材料的升降机及输送机	台	3	298
	84283910	链式连续运送货物或材料的升降机及输送机	台	36	156
	84279000	未列名叉车等装有升降或搬运装置的工作车	台	221	143
	84269900	未列名起重机	台	24	128
	84253100	其他电动的卷扬机及绞盘	台	59	109
	84271010	电动机推进的有轨巷道堆跺机	台	6	108
	84311000	8425 所列机械的零件	kg	20 103	106
	87051021	最大起重量≤50t 全路面起重车	辆	2	83
	84313100	升降机、倒卸式起重机或自动梯的零件	kg	14 539	81
意大利					11 314
其中：	84289000	未列名升降、搬运、装卸机械	台	732	1 337
	84282000	气压升降机及输送机	台	108	1 315
	84283990	未列名连续运送货物的升降机及输送机	台	781	1 180
	84312000	8427 所列机械的零件	kg	1 196 343	1 001
	84264190	带胶轮的其他自推进起重机械	台	26	907
	84283920	辊式连续运送货物或材料的升降机及输送机	台	52	600
	84283910	链式连续运送货物或材料的升降机及输送机	台	91	556
	84271090	其他电动叉车及装有升降或搬运装置工作车	台	426	503
	84313900	其他 8428 所列机械的零件	kg	520 889	489
	84253100	其他电动的卷扬机及绞盘	台	470	473
	84272010	集装箱叉车	台	20	451
	84286021	单线循环式客运架空索道	台	5	427
	84283300	带式连续运送货物的升降机及输送机	台	162	330
	84254210	其他液压千斤顶	台	2 321	259
	84272090	其他机动叉车、其他装有升降或搬运装置工作车	台	10	252
	84251100	电动的滑车及提升机	台	14 594	199
	84313100	升降机、倒卸式起重机或自动梯的零件	kg	79 124	161

(续)

国家(地区)名称	商品代码	商品名称	数量单位	进口数量	进口金额(万美元)
	84263000	门座式起重机及座式旋臂起重机	台	11	141
	84253900	其他非电动的卷扬机及绞盘	台	272	111
	84269900	未列名起重机	台	31	91
	84262000	塔式起重机	台	6	66
	84261190	其他固定支架的高架移动式起重机	台	4	54
	84264110	轮胎式自推进起重机	台	3	51
法国					9 192
其中:	84289000	未列名升降、搬运、装卸机械	台	342	3 230
	84253100	其他电动的卷扬机及绞盘	台	4 982	923
	84281010	载客电梯	台	124	875
	84271090	其他电动叉车及装有升降或搬运装置工作车	台	982	709
	84283300	带式连续运送货物的升降机及输送机	台	32	532
	84312000	8427 所列机械的零件	kg	508 226	441
	84251100	电动的滑车及提升机	台	24 498	333
	84283920	辊式连续运送货物或材料的升降机及输送机	台	8	290
	84283990	未列名连续运送货物的升降机及输送机	台	30	275
	87091110	电动牵引车	辆	241	212
	84283910	链式连续运送货物或材料的升降机及输送机	台	11	211
	84272090	其他机动叉车、其他装有升降或搬运装置工作车	台	14	123
	84313100	升降机、倒卸式起重机或自动梯的零件	kg	97 263	116
	84286010	货运架空索道	台	2	100
	84269900	未列名起重机	台	27	85
	84261120	通用桥式起重机	台	33	80
	84254290	液压提升机	台	45	67
	84261200	胶轮移动式吊运架及跨运车	台	3	66
	84282000	气压升降机及输送机	台	5	65
	87099000	短距离运货的机动车辆及站台牵引车的零件	kg	39 405	61
	84286021	单线循环式客运架空索道	台		55
英国					8 918
其中:	84283990	未列名连续运送货物的升降机及输送机	台	324	3 962
	84271090	其他电动叉车及装有升降或搬运装置工作车	台	909	1 083
	84263000	门座式起重机及座式旋臂起重机	台	16	908
	84283910	链式连续运送货物或材料的升降机及输送机	台	13	551
	84312000	8427 所列机械的零件	kg	569 404	410
	84272090	其他机动叉车、其他装有升降或搬运装置工作车	台	43	248
	87091110	电动牵引车	辆	194	239
	84254210	其他液压千斤顶	台	272	224
	84289000	未列名升降、搬运、装卸机械	台	138	157
	84313100	升降机、倒卸式起重机或自动梯的零件	kg	56 723	145
	84283100	地下专用的连续运送货物的升降机及输送机	台	1	111
	84254910	未列名千斤顶	台	1 463	111
	84272010	集装箱叉车	台	8	100
	87091910	其他机动牵引车	辆	2	100
	84313900	其他 8428 所列机械的零件	kg	60 921	96
	84264190	带胶轮的其他自推进起重机械	台	3	83

（续）

国家(地区)名称	商品代码	商品名称	数量单位	进口数量	进口金额(万美元)
	84311000	8425 所列机械的零件	kg	24 351	76
	84261190	其他固定支架的高架移动式起重机	台	8	74
	84283920	辊式连续运送货物或材料的升降机及输送机	台	38	74
新加坡					6 145
其中：	84283300	带式连续运送货物的升降机及输送机	台	655	2 690
	84253900	其他非电动的卷扬机及绞盘	台	167	954
	84253100	其他电动的卷扬机及绞盘	台	483	897
	84283990	未列名连续运送货物的升降机及输送机	台	196	595
	84289000	未列名升降、搬运、装卸机械	台	281	376
	84311000	8425 所列机械的零件	kg	171 360	138
	84313100	升降机、倒卸式起重机或自动梯的零件	kg	43 120	120
	84313900	其他 8428 所列机械的零件	kg	13 680	67
	84283920	辊式连续运送货物或材料的升降机及输送机	台	41	55
	84254290	液压提升机	台	9	54
	84282000	气压升降机及输送机	台	13	52
	84269900	未列名起重机	台	15	51
奥地利					5 325
其中：	84263000	门座式起重机及座式旋臂起重机	台	34	1 591
	84286021	单线循环式客运架空索道	台	2	1 124
	84313100	升降机、倒卸式起重机或自动梯的零件	kg	431 909	623
	84286029	其他客运架空索道	台	1	470
	84289000	未列名升降、搬运、装卸机械	台	77	311
	84283920	辊式连续运送货物或材料的升降机及输送机	台	45	298
	84261190	其他固定支架的高架移动式起重机	台	8	262
	84264910	履带式起重机	台	1	190
	84283990	未列名连续运送货物的升降机及输送机	台	30	190
	84313900	其他 8428 所列机械的零件	kg	15 613	56
	84282000	气压升降机及输送机	台	44	56
	84269100	供装于公路车辆的其他起重机	台	34	51
澳大利亚					4 509
其中：	84272090	其他机动叉车、其他装有升降或搬运装置工作车	台	30	1 713
	84262000	塔式起重机	台	6	1 010
	84283990	未列名连续运送货物的升降机及输送机	台	118	639
	84283100	地下专用的连续运送货物的升降机及输送机	台	1	234
	84289000	未列名升降、搬运、装卸机械	台	25	221
	84264990	不带胶轮的其他自推进起重机械	台	8	188
	84253100	其他电动的卷扬机及绞盘	台	218	148
	84283300	带式连续运送货物的升降机及输送机	台	115	114
	84261990	未列名桥架类起重机和移动式吊运架及跨运车	台	1	70
	84313900	其他 8428 所列机械的零件	kg	28 871	52

注：表中原始数据来源于国家海关总署 2006 年 1～12 月统计资料，仅列进口额在 50 万美元以上的产品。

〔供稿人：中国重型机械工业协会臧义成　审稿人：中国重型机械工业协会徐善继〕

重型机械行业标准制修订及质量工作

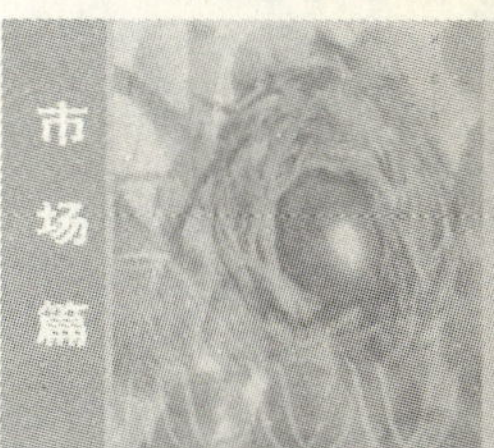

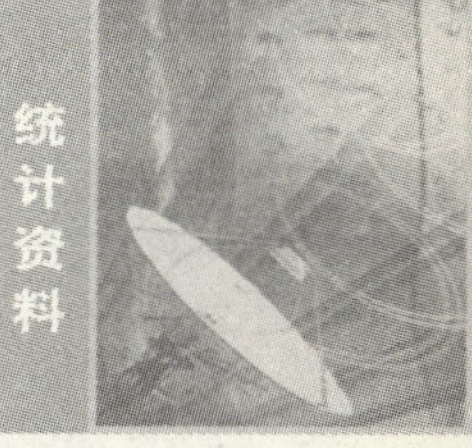

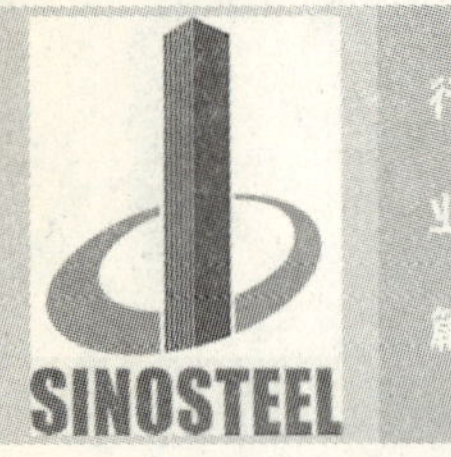

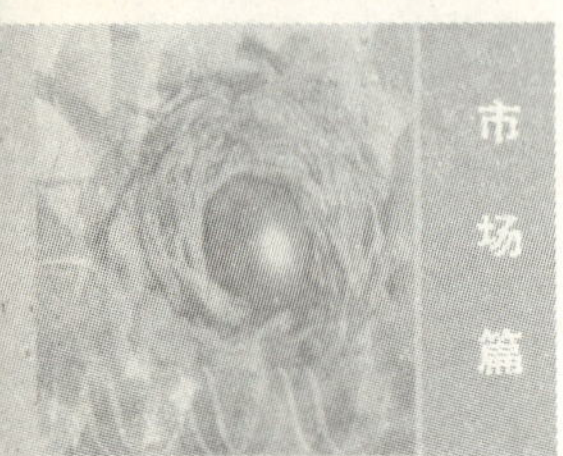

标准与质量

《重型机械标准》(2007版)概况

重型机械广泛应用于国民经济的各个领域,重型机械行业在国家的整个工业系统中占有十分重要的地位。经过半个多世纪的发展,我国重型机械制造业已经形成了自己的产品、技术和标准体系。重型机械标准就是结合重型机械产品大型化、连续化、自动化、成套化的特点而产生的自成体系的成套标准,它是重型机械制造业发展的重要技术支撑,对推动行业的技术进步发挥着重要作用。

《重型机械标准》(以下简称《重标》)自1958年正式发布,至今已历经了4次全面修订,在全国累计发行近50万册。从20世纪80年代起,通过贯彻国家关于积极采用国际标准和国外先进标准的方针政策,这套标准的技术水平有了大幅度的提高。《重标》不仅在重型、冶金及矿山机械行业得到贯彻和应用,在石油、化工、起重运输、轻工等行业的设备制造中也得到了广泛的应用,对推动行业技术进步、提高产品质量、降低成本和改善生产管理起到了重要的作用,得到了广大用户的欢迎和支持。此外,《重标》作为设计、制造与检验的依据,在大型成套设备及技术引进与合作生产中,也得到了国内外的广泛认可,已具有了良好的信誉和知名度。

随着机械工业技术的不断进步,国际上重型机械装备开始向着高效、高自动化、低能耗的方向发展,国内外的相关标准也在不断变化和更新,《重标》(1998版)已不能适应新形势的需要。为了适应国家装备制造业发展规划中对振兴重大装备制造业的要求,跟上国际相关领域的发展步伐,迫切需要对《重标》(1998版)进行修订,以推动重型机械行业技术进步,促进产业技术升级,满足重型机械装备制造业持续发展的要求。为此,由重型机械科研院所、生产企业和设计单位、大专院校及行业技术归口单位的专家、学者组成的《重型机械标准》编写委员会,历时两年,对《重标》(1998版)进行了重新编写和修订。

修订后的《重标》具有以下特点:

(1)按重型机械行业的特点和产品技术要求,《重标》分为18部分,由国内相关标准和重型机械联合企业标准组成,内容齐全、配套性和实用性强。它们是:

第1部分　设计要素;
第2部分　公差与配合、形位公差;
第3部分　通用技术条件;
第4部分　螺纹;
第5部分　紧固件;
第6部分　键联结、无键联结;
第7部分　联轴器、制动器、离合器;
第8部分　齿轮、蜗轮蜗杆、减速器;
第9部分　皮带传动和链传动;
第10部分　液压缸、气动缸、电动缸;
第11部分　管路附件;
第12部分　润滑元件及装置;
第13部分　密封;
第14部分　材料;
第15部分　轴承座及附件;
第16部分　弹簧;
第17部分　操作件、扳手;
第18部分　吊耳、钢丝绳、梯子和栏杆。

(2)新版《重标》内含360项重型机械联合企业标准(JB/ZQ),借鉴了国外工业发达国家和企业的最新现行标准,与国外同类标准同步发展,保持了技术先进性,有利于企业开拓市场、参与竞争。

(3)新版《重标》全面贯彻了相关的国家现行基础标准,最大限度地保持了与国家标准的一致性以及与国际标准的协调性。

(4)针对我国目前部分重型机械基础零部件在可靠性、技术性能指标、质量水准和品种方面与国外相比差距明显的现状,新版《重标》积极推广各企业的科研成果,扩充了通用零部件的品种,并将引进项目中或在国内独资的外商生产的先进基础零部件纳入了重标体系，从而显著地提高了《重标》自身的配套水平和综合技术水平。

新版《重标》的修订和编写，得到了中国重型机械研究院、各大重型机械企业等单位的大力支持，它的出版，将产生重要的技术基础效应，有力地推动我国重型机械装备的技术和质量水平上一个新的台阶，从而产生良好的社会效益和经济效益。

〔撰稿人：中国重型机械研究院苏静、中国重型机械工业协会董丽华　审稿人：中国重型机械工业协会汪建业〕

物料搬运机械（起重运输机械）行业标准化工作情况

物料搬运机械（又称起重运输机械）包括起重机械、连续搬运机械、工业车辆和物流仓储设备。2006 年是我国“十一五”开局的第一年，对物料搬运机械标准化工作来说则是关键性的一年，无论从国内标准的制修订，还是参与国际标准化活动方面都取得了长足的进步。截止到 2006 年 12 月 31 日，物料搬运机械行业已经制定标准 347 项，其中国家标准 112 项（包括强制性标准 11 项，推荐性标准 101 项），行业标准 235 项，这些标准对于提高物料搬运机械产品质量、降低生产成本、规范市场秩序、保障健康和安全及促进贸易发挥了重要作用。

一、国内现行标准情况

1. 起重机械现行标准情况

起重机械主要产品范围包括：①轻小型起重设备：千斤顶、手拉葫芦、电动葫芦、绞车等。②桥架型起重机：梁式起重机、桥式起重机、门式起重机、岸边集装箱起重机等。③臂架型起重机：门座起重机、塔式起重机、流动式起重机、铁路起重机等。④缆索型起重机：缆索起重机、门式缆索起重机等。⑤机械式停车设备：升降横移类机械式停车设备、垂直升降类机械式停车设备、水平循环类机械式停车设备、多层循环类机械式停车设备、平面移动类机械式停车设备、巷道堆垛类机械式停车设备、垂直升降类机械式停车设备、简易升降类机械式停车设备和汽车专用升降机。

起重机械的标准化归口管理工作是由全国起重机械标准化技术委员会负责，全国起重机械标准化技术委员会（以下简称标委会）的秘书处设在北京起重运输机械研究所。截至 2006 年 12 月 31 日，起重机械行业已制定标准 195 项，其中国家标准 75 项（包括强制性标准 9 项，推荐性标准 66 项），行业标准 120 项。起重机械标准构成情况见表 1。

表 1　起重机械标准构成情况

标准类别	基础	产品	安全卫生	管理	方法	总计
数量（项）	31	131	8	6	19	195
占比（%）	15.9	67.2	4.1	3.1	9.7	100

2006 年，共完成国家标准 7 项，行业标准 8 项，并重点完成了以下标准的制修订工作及其他工作：

（1）修订 JB/T 5317—1991《环链电动葫芦》、JB/T 7332—1994《手动单轨小车》、JB/T 7334—1994《手拉葫芦》和 JB/T 7335—1994《环链手扳葫芦》。2006 年，组织行业对 JB/T 5317—1991《环链电动葫芦》、JB/T 7332—1994《手动单轨小车》、JB/T 7334—1994《手拉葫芦》和 JB/T 7335—1994《环链手扳葫芦》进行了修订。在上述 4 项标准的修订过程中，按照《贸易技术壁垒协定（TBT）》的要求，对标准的技术内容作了必要的调整，增加了整机性能、安全等要求，取消了工艺过程等要求，为从生产型标准向贸易型标准过渡做了有益的尝试。修订后的《环链电动葫芦》等 4 项行业标准的主要技术指标（连续动作性能、整机限位强度、起重链条等）采用了国外先进工业国家标准及国际标准，达到了国外同类产品标准的水平。为产品打入国际市场以及规范国内市场的经济秩序奠定了坚实的基础。

（2）制定了国家标准《起重用短环链 验收总则》和《起重用短环链 T级（T、DAT和DT型）高精度起重链》。2006年，由杭州武林机器有限公司和杭州现代起重机械制造厂作为负责起草单位，制定了国家标准《起重用短环链 验收总则》和《起重用短环链 T级（T、DAT和DT型）高精度起重链》。这两项标准等同采用国际标准，符合WTO/TBT协议中的要求，大量的试验验证数据可充分证明我国的起重短圆环链的产品质量完全能够达到国际标准的要求，标志着我国起重链条已经跨入世界先进水平的行列，为今后我国手动葫芦和环链电动葫芦的出口扫除了技术障碍，大大提高了我国产品在国际市场上的竞争力。上述两项国家标准正式批准实施后，原来的机械行业标准JB/T 8018.1—1999《起重用短环链验收总则》和JB/T 8108.2—1999《起重用短环链 用于葫芦和其他起重设备的T(8)级校准链条》将被废止。

（3）修订GB/T 3811—1983《起重机设计规范》。《起重机设计规范》的修订工作是2003年3月在全国起重机械标准化技术委员会第二届一次会议上开始启动的。经过前期准备工作，2003年7月23～25日在北京召开了《起重机设计规范》修订工作第一次会议，共邀请了行业中的27位专家参加。会上确定了《起重机设计规范》修编组人员组成和编写任务分工、配合修订GB/T 3811—1983需进行的专题研究项目及分工，并确定了采用国际标准及国外标准应遵循的原则。2004年7月初，完成了《起重机设计规范》修订版初稿，2004年10月在南京市召开了《起重机设计规范》修订版初稿讨论会。经过修编组成员近两年的努力，2005年3月完成了《起重机设计规范》修订版征求意见稿。标委会秘书处将《起重机设计规范》修订版征求意见稿寄送给标委会各位委员、专家及有关的生产、使用、科研、教学、监督检验单位广泛征求意见，共发出征求意见稿206份。截止至2005年6月底，已收到82个单位及个人的返回意见，共计1 175条。通过对返回意见进行汇总及处理，并通过召开总则组、电气组、机械组、安全组和结构组的分组讨论会议，经过进一步的修改，形成了《起重机设计规范》（送审稿）初稿。2006年10月中旬召开了修编组全体人员会议，会议主要任务是让全体修编组人员统一思想，为即将召开的《起重机设计规范》审查大会做准备。2006年12月22～26日在上海市召开了GB/T 3811《起重机设计规范》修订版（送审稿）审查会议，与会代表一致通过了GB/T 3811修订版（送审稿）的审查。

（4）起重机械标准体系研究。根据国家标准化管理委员会文件国标委工交〔2006〕62号文“关于下达部分装备制造业标准体系研究项目的通知”的要求，由北京起重运输机械研究所作为“物料搬运机械标准体系研究”整个项目的承担单位，按照重点突出、结构合理、适应市场的标准体系建设目标，在2006年5月至2007年5月的一年内要研究提出物料搬运机械（其中包括起重机械）标准体系框图和标准制修订规划表。为了尽快确定起重机械标准体系的初稿，2006年7月13～14日，标委会秘书处在北京市组织召开了“完善起重机械标准体系研讨会”，来自交通、建设、电力、机械等系统的标委会委员和有关专家共13人参加会议。会议中交流和介绍了各自原归口的起重机械标准体系和对今后体系的设想，对各类起重机产品标准体系进行了分工，明确了负责单位。标委会秘书处为做好起重机械标准体系完善工作，向代表们提供了最新收集到的《起重运输机械国际标准和国外先进工业国家标准目录》。与会代表一致认为建立和完善起重机械标准体系十分必要，在标委会的精心组织下一定能按时完成所承担的工作。

（5）起重机械行业标准的复审工作。根据中国机械工业联合会秘书处文件机联秘标〔2006〕52号“关于开展2006年度机械行业标准复审工作的通知”的要求，完成了对起重机械79项2000年以前（含2000年）的机械行业标准的复审，其中，25项标准需要采用加快程序修订，21项标准需要采用正常程序修订。33项标准废止，废止了10项冶金起重机标准，主要原因是20世纪60年代以来，炼钢方法逐渐由平炉演变成转炉，钢材成型方法由浇铸钢锭、初轧开坯再精轧被连铸、连轧取代，工艺流程的改变导致该类起重机的应用也受到影响，趋于淘汰,故相应的标准也需要废止。

(6)起重机械行业标准计划检查。根据中国机械工业联合会机联秘标〔2006〕53 号“关于开展 2005－2006 年机械行业标准项目计划执行情况检查工作的通知”的要求,对起重机械 31 项 2005 年行业标准项目计划和 2006 年行业标准项目计划进行了检查。

2. 连续搬运机械现行标准情况

连续搬运机械主要产品范围包括:①输送机械:带式输送机、板式输送机、刮板输送机、埋刮板输送机、振动输送机、螺旋输送机、悬挂输送机、斗式提升机、气力输送装置、架空索道等。②给料机械:振动给料机、电磁振动给料机、仓壁振动器、圆盘给料机、板式给料机、惯性振动给料机、带式给料机、叶轮给料(粉)机等;③装卸机械:堆取料机、装车机、卸车机、翻车机、装船机、卸船机、堆/码包机等。

连续搬运机械的标准化归口管理工作由北京起重运输机械研究所负责。2006 年 12 月 25 日,国家标准化管理委员会下文,批准组建全国连续搬运机械标准化技术委员会,秘书处设在北京起重运输机械研究所。因此,标委会正式成立后,连续搬运机械的标准化归口管理工作将转由该标委会负责。

截止到 2006 年 12 月 31 日,连续搬运机械行业已经制定标准 100 项,其中国家标准 22 项(包括强制性标准 2 项,推荐性标准 20 项),行业标准 78 项。连续搬运机械标准构成情况见表 2。

表 2　连续搬运机械标准构成情况

标准类别	基础	产品	安全卫生	管理	方法	总计
数量(项)	23	71	5	0	1	100
占比(%)	23	71	5	0	1	100

2006 年,进行了以下标准的制修订工作并完成了其他一些工作:

(1) 正在进行的标准制修订项目。2006 年组织行业修订 JB/T 7337—1994《轴装式减速器》,2008 年底前,将完成整合修订 GB/T 10596.1—1989《埋刮板输送机 型式与基本参数》、GB/T 10596.2—1989《埋刮板输送机 技术条件》、GB/T 10596.3—1989《埋刮板输送机 试验方法》;整合修订 GB/T 10595—1989《带式输送机 技术条件》、GB/T 987—1991《带式输送机 基本参数与尺寸》、GB/T 988—1991《带式输送机 滚筒 基本参数与尺寸》和 GB/T 990—1991《带式输送机 托辊 基本参数与尺寸》及修订 GB/T 14695—1993《臂式斗轮堆取料机 型式与基本参数》的任务。

(2)连续搬运机械标准体系研究。根据国家标准化管理委员会文件国标委工交〔2006〕62 号文“关于下达部分装备制造业标准体系研究项目的通知”的要求,由北京起重运输机械研究所作为“物料搬运机械标准体系研究”整个项目的承担单位,按照重点突出、结构合理、适应市场的标准体系建设目标,在 2006 年 5 月至 2007 年 5 月的一年内,研究提出物料搬运机械(其中包括连续搬运机械)标准体系框图和标准制修订规划表。为保证连续搬运机械标准体系研究成果的实用性和前瞻性,2006 年 6 ~ 7 月,收集了国际标准化组织和国外先进工业国家连续搬运机械方面的标准,同时收集了国内其他行业发布的连续搬运机械方面的标准,并对国际标准和国外标准的标准体系进行了分析对比。

(3)连续搬运机械行业标准的复审工作。根据中国机械工业联合会机联秘标〔2006〕52 号“关于开展 2006 年度机械行业标准复审工作的通知”的要求,完成了对连续搬运机械 47 项 2000 年以前(含 2000 年)的机械行业标准的复审。其中,20 项标准需要采用加快程序修订,27 项标准需要采用正常程序修订。

(4)连续搬运机械行业标准计划检查。根据中国机械工业联合会机联秘标〔2006〕53 号“关于开展 2005－2006 年机械行业标准项目计划执行情况检查工作的通知”的要求,对 20 项连续搬运机械 2005 年行业标准项目计划和 2006 年行业标准项目计划进行了检查。

3. 工业车辆现行标准情况

工业车辆主要产品范围包括:① 机动工业车辆:固定平台搬运车、牵引车、推顶车、平衡重式叉车、前移式叉车、插腿式叉车、托盘堆垛车、平台堆垛车、操作位置可升降的车辆、侧面式叉车、越野叉车、侧向堆垛车、三向堆垛叉车、伸缩臂式叉车和跨车、托盘搬运车、平台搬运车、非堆垛跨车、拣选车等。② 非机动工业车辆:手动托盘搬运车、手动叉车等。③有轨运输车辆:工矿内燃机车、电动平车等。

工业车辆行业的标准化归口管理工作由北京起重运输机械研究所负责。2006 年 12 月 25 日,国家标准化管理委员会下文,批准组建全国工业车辆标准化技术委员会,秘书处设在北京起重运输机械研究所。标委会正式成立后,工业车辆的标准化归口管理工作将转由该标委会负责。

截止到 2006 年 12 月 31 日,工业车辆行业已经制定标准 40 项,其中国家标准 15 项(包括强制性标准 1 项,推荐性标准 14 项),行业标准 25 项。工业车辆标准构成情况见表 3。

表 3　工业车辆标准构成情况

标准类别	基础	产品	安全卫生	管理	方法	总计
数量(项)	10	20	2	1	7	40
占比(%)	25.0	50.0	5.0	2.5	17.5	100

2006 年,重点完成了如下标准的制修订工作及其他工作:

(1)修订 JB/T 2391—1994《0.5—10 吨平衡重式叉车技术条件》。2006 年,由北京起重运输机械研究所和安徽合力股份有限公司作为负责起草单位修订了 JB/T 2391—1994《0.5—10 吨平衡重式叉车技术条件》。修订后的标准,适用范围扩大到了 5000kg 蓄电池平衡重式叉车,并根据欧共体安全指令要求增加了一些技术要求,同时增加了试验方法和检验规则的内容。

(2) 制定机械行业标准《内燃牵引车》和《蓄电池牵引车》。2006 年,组织行业制定了机械行业标准《内燃牵引车》和《蓄电池牵引车》。我国在 20 世纪 80 年代末只有少数企业生产蓄电池牵引车,发展非常缓慢。90 年代末至现在,随着市场需求的增加,生产企业增多,目前约有 20 个左右,年产量不断增加,但一直无统一的标准。这两项标准的制定,填补了我国工业车辆行业无牵引车标准的历史。

(3) 2008 年底前将要完成的标准。2007 年底前完成 JB/T 3300—1992《平衡重式叉车 整机试验方法》和 GB/T 5143—2001《乘驾式高起升车辆护顶架技术要求和试验方法》的修订及 2 项国家标准《工业车辆在门架前倾的特定条件下堆垛作业 附加稳定性试验》和《托盘堆垛车和高起升平台堆垛车 稳定性试验》的制定工作。此外,根据国家标准清理结果的安排,2008 年前,将完成 2 项国家标准 GB/T 5182—1996《叉车 货叉 技术要求和试验》及 GB/T 7593—1987《机动工业车辆 控制符号》的修订工作。

(4)工业车辆标准体系研究。根据国家标准化管理委员会文件国标委工交〔2006〕62 号文“关于下达部分装备制造业标准体系研究项目的通知”的要求,由北京起重运输机械研究所作为“物料搬运机械标准体系研究”整个项目的承担单位,按照重点突出、结构合理、适应市场的标准体系建设目标,在 2006 年 5 月至 2007 年 5 月,研究提出物料搬运机械(其中包括工业车辆)标准体系框图和标准制修订规划表。为保证工业车辆标准体系研究成果的实用性和前瞻性,2006 年 6 ~ 7 月,收集了国际标准化组织和国外先进工业国家工业车辆标准,并对国际标准和国外标准的标准体系进行了分析对比。

(5)工业车辆行业标准的复审工作。根据中国机械工业联合会机联秘标〔2006〕52 号“关于开展 2006 年度机械行业标准复审工作的通知”的要求,完成了对工业车辆 13 项 2000 年以前(含 2000 年)的机械行业标准的复审。其中,1 项标准需要采用加快程序修订,7 项标准需要采用正常程序修订,5 项标准废止。

(6)工业车辆行业标准计划检查。根据中国机械工业联合会机联秘标〔2006〕53 号“关于开展 2005 - 2006 年机械行业标准项目计划执行情况检查工作的通知”的要求,对工业车辆 4 项 2005 年行业标准项目计划和 2006 年行业标准项目计划进行了检查。

4. 物流仓储设备现行标准情况

物流仓储设备主要产品范围包括:巷道堆垛起重机、货架、剪叉式升降台、分类拣选设备、自动导向车、有轨导向车、单元货物拆码垛机、托盘码分机等。

2006 年 9 月 16 ~ 18 日,在北京市召开了“机械工业物流仓储设备标准化技术委员会成立大会暨一届一次会议”。物流仓储设备的标准化归口管理工作是由机械工业物流仓储设备标准化技术委员会负责,机械工业物流仓储设备标准化技术委员会秘书处设在北京起重运输机械研究所。

截止到2005年12月31日,物流仓储设备行业已经制定标准12项,均为行业标准。物流仓储设备标准构成情况见表4。

表4 物流仓储设备标准构成情况

标准类别	基础	产品	安全卫生	管理	方法	总计
数量(项)	2	7	2	0	1	12
占比(%)	16.7	58.3	16.7	0	8.3	100

(1)正在制修订的标准。近两年,物流仓储设备行业正在修订JB/T 5323—1991《立体仓库焊接式钢结构货架技术条件》、JB/T 7016—1993《有轨巷道堆垛起重机 技术条件》、JB/T 5319.2—1991《有轨巷道堆垛起重机 安全规范》、JB/T 9018—1999《有轨巷道式高层货架仓库设计规范》,制定1项行业标准《立体仓库组合式钢结构货架技术条件》。

(2)物流仓储设备标准体系研究。根据国家标准化管理委员会文件国标委工交〔2006〕62号文“关于下达部分装备制造业标准体系研究项目的通知”的要求,由北京起重运输机械研究所作为“物料搬运机械标准体系研究”整个项目的承担单位,按照重点突出、结构合理、适应市场的标准体系建设目标,在2006年5月至2007年5月的一年内,研究提出物料搬运机械(其中包括物流仓储设备)标准体系框图和标准制修订规划表。

(3)物流仓储设备行业标准的复审工作。根据中国机械工业联合会机联秘标〔2006〕52号“关于开展2006年度机械行业标准复审工作的通知”的要求,完成了对物流仓储设备4项2000年以前(含2000年)的机械行业标准的复审。其中,4项标准均需要采用正常程序修订。

(4)物流仓储设备行业标准计划检查。根据中国机械工业联合会机联秘标〔2006〕53号“关于开展2005-2006年机械行业标准项目计划执行情况检查工作的通知”的要求,对8项物流仓储设备2005年行业标准项目计划和2006年行业标准项目计划进行了检查。

二、国际标准化工作情况

1.实质性参与国际标准化组织的活动,加速与国际接轨

(1)文件管理及投票情况。北京起重运输机械研究所日常负责国际标准化组织的4个技术委员会ISO/TC96(起重机技术委员会)、TC101(连续机械搬运设备技术委员会)、TC110(工业车辆技术委员会)和TC111(钢制圆环链、吊链、部件及附件技术委员会)的国际标准文件的登记、存档工作,并负责对国际标准文件的投票。全年共收到ISO/TC96文件57个(其中包括3个正式国际标准),共计420页;收到投票文件8个,实际投票8个。全年共收到ISO/TC110文件40个(其中包括2个正式国际标准),共计438页,收到投票文件16个,实际投票16个。全年共收到ISO/TC111投票文件3个,实际投票3个。

(2)参加ISO/TC96年会情况。全国起重机械标准化技术委员会秘书处于2006年6月12~17日组成17人代表团赴韩国首尔参加了ISO/TC96起重机技术委员会2006年系列会议。中国代表团团长贺汀代表国家标准化管理委员会,向大会作了“关于主办2007年系列会议”的发言及会议期间准备举办“中外技术专家研讨会”的设想,同时还放映了由全国起重机械标准化技术委员会秘书处精心编制的介绍中国的起重机工业和中国风光及北京风光的宣传片。与会代表一致接受了2007年5月28日至6月2日在北京,由中国主办2007年系列会议的邀请。

(3)参加ISO/TC110年会情况。2006年9月25~28日,我国首次组成2人代表团参加了于美国佛罗里达州西棕榈滩召开的ISO/TC110工业车辆技术委员会SC1(通用术语分技术委员会)和SC2(机动工业车辆安全分技术委员会)的年会,受到了与会的世界各国代表的热列欢迎。

(4)2007年ISO/TC96国际会议的筹备。2006年3月15日,国家标准化管理委员会以国标委国际〔2006〕21号文“关于同意全国起重机械标准化

技术委员会承办国际标准化组织/起重机技术委员会(ISO/TC96)系列会议的批复”,正式同意由全国起重机械标准化技术委员会承办2007年ISO/TC96系列会议。

2006年韩国会议后,为迎接2007年在中国北京召开的ISO/TC96系列会议,全国起重机械标准化技术委员会秘书处首先就有关问题向国标委国际部进行了汇报,明确了此次国际会议主办单位是国家标准化管理委员会,承办单位是全国起重机械标准化技术委员会,同时还了解了有关程序的要求。随后,秘书处确定了开会的地点,并将会议地点、会议时间安排、会议注册、宾馆预订、北京介绍等会议信息翻译成英文提供给ISO/TC96秘书处。

在2007年ISO/TC96年会期间,为了让更多的国内企业也能了解国际上起重机械新的设计方法和原则、起重机械安全标准体系等内容,标委会秘书处准备举办“起重机械中外技术专家研讨会”,邀请国际上的专家做专题报告。这个设想也得到了ISO/TC96主席Mr. Jack Wray的支持,他表示愿意帮助寻找国外有关方面的专家。为此,标委会秘书处拟定了3个专题报告的题目在全体标委会委员及起重机行业中广泛征求意见,经过对返回意见的汇总确定了专题报告的题目,并与ISO/TC96主席取得了联系,最后将尽快确定出具体作专题报告的专家。

2. 四个技术委员会简介

(1)ISO/TC96起重机技术委员会。我国起重机械对口的国际标准化组织是ISO/TC96(起重机械技术委员会),ISO/TC96成立于1960年,现任秘书国是英国,下设9个分技术委员会(SC)。ISO/TC96组织结构见表5。

表5 ISO/TC96组织结构

简称	分技术委员会名称	秘书国	P成员	O成员
SC2	术语	俄罗斯	12	14
SC3	钢丝绳的选择	英国	16	15
SC4	试验方法	俄罗斯	15	16
SC5	使用、操作和维护	日本	19	11
SC6	流动式起重机	美国	17	9
SC7	塔式起重机	法国	16	10
SC8	臂架起重机	英国	16	11
SC9	桥式和门式起重机	芬兰	19	8
SC10	设计原则和要求	德国	13	1

截止到2006年12月31日,该技术委员会共有P成员(积极成员)21个,O成员(观察员)26个。ISO/TC96共有正式国际标准84个(不包括技术勘误、修改件、补充件、技术报告和技术规范)。

ISO/TC96的工作范围是:借助于取物装置,用于在空间吊运和移动悬吊载荷的陆地起重机及其相关设备领域的标准化工作,着重于术语、额定载荷、试验、安全、通用设计原则、维护和操作方法等方面。

我国由全国起重机械标准化技术委员会代表国家标准化管理委员会(SAC),以P成员的身份参与该技术委员会的工作,以O成员的身份参与分技术委员会SC2、SC3、SC4、SC5、SC6、SC7、SC8和SC9的工作,以P成员的身份参与SC10分技术委员会的工作。

(2)ISO/TC101连续搬运机械技术委员会。我国连续搬运机械对口的国际标准化组织是ISO/TC101(连续搬运机械技术委员会)。ISO/TC101成立于1961年,现任秘书国是德国,截止到2006年12月31日,该技术委员会共有P成员(积极成员)10个,O成员(观察员)27个。ISO/TC101共有正式国际标准37个,其中包括5个技术报告。

ISO/TC101的主要任务是研究松散物料或成件货物用连续搬运机械领域方面的标准化,包括术语、通用设计和结构、主要尺寸、安全要求和试验及检验方法。ISO/TC101与7个ISO或IEC委员会有联络,与5个国际组织有广泛的技术联络。

近几年,ISO/TC101技术委员会一直未活动,收到的工作文件极少,几乎一年也收不到一份文件,更谈不上召开国际会议或国际文件的投票了。

我国由北京起重运输机械研究所代表国家标准化管理委员会,以O成员的身份参与该技术委员会的工作。

(3)ISO/TC110工业车辆技术委员会。我国工业车辆对口的国际标准化组织是ISO/TC110(工业车辆技术委员会)。ISO/TC110成立于1963年,现任秘书国是德国,下设3个分技术委员会(SC),其中,SC1分技术委员会下设4个工作组(WG),SC2分技术委员会下设7个工作组(WG)。ISO/TC110组织结构见表6。

表6 ISO/TC110 组织结构

代码	分技术委员会（或工作组）名称	秘书国	P成员	O成员
SC1	通用术语	美国	13	9
SC1/WG1	工业车辆总体术语	美国		
SC1/WG2	工业车辆载荷属具术语	加拿大		
SC1/WG3	工业车辆附件/部件术语	美国		
SC1/WG4	工业车辆操作/描述术语	美国		
SC2	机动工业车辆安全	英国	17	9
SC2/WG1	货叉	加拿大		
SC2/WG2	安全规范	美国		
SC2/WG3	高起升拣选车稳定性	德国		
SC2/WG5	视野	美国		
SC2/WG7	安全规范支撑标准	英国		
SC2/WG10	电气要求	美国		
SC2/WG11	稳定性	德国		
SC3	脚轮和车轮	法国	12	8

截止到2006年12月31日，该技术委员会共有P成员（积极成员）17个，O成员（观察员）17个。ISO/TC110共有正式国际标准39个（不包括修改件和技术勘误）。

ISO/TC110的主要任务是：研究机动工业车辆、手动工业车辆（包括堆垛车、手推车、拖车等）、除用于充气轮胎轮辋的充气轮胎和橡胶实芯轮胎外的各种车轮和脚轮方面的标准化，包括术语和定义；与设计和构造、试验和检验方法、操作和维护有关的安全要求，以及与用户和制造厂利益有关的便于互换的主要尺寸。该技术委员会不包括主要设计用于土方机械或道路运输的车辆。

ISO/TC110与15个ISO或IEC委员会有联络，与7个国际组织有广泛的技术联络。

我国由北京起重运输机械研究所代表国家标准化管理委员会，以O成员的身份参加该技术委员会的工作。

（4）ISO/TC111钢制圆环链、吊链、部件及附件技术委员会。ISO/TC111（钢制圆环链、吊链、部件及附件技术委员会）是与我国起重机械对口的另一个技术委员会。ISO/TC111成立于1960年，现任秘书国为英国，下设2个分技术委员会（SC）和1个工作组（WG），SC1下设一个工作组WG1。ISO/TC111组织结构见表7。

表7 ISO/TC111 组织结构

代码	分技术委员会名称	秘书国	P成员	O成员
TC111/WG1	零部件的尺寸兼容性	英国		
SC1	链及吊链	德国	12	11
SC1/WG1	链条韧性试验方法	德国		
SC3	部件和附件	英国	11	9

截止到2006年12月31日，该技术委员会共有P成员（积极成员）13个，O成员（观察员）21个。ISO/TC111共有正式国际标准18个。

ISO/TC111的工作范围是：①钢制圆环链（锚链和矿用链除外）；②吊钩；③卸扣、环眼螺栓、尾环、连接环、和端部固定件及其他附件。分为以下各方面：术语、材料、尺寸和公差、基础设计规范、防护试验、工作载荷、与所要求的机械性能有关的破坏性和非破坏性试验、检验、认证和标志。

ISO/TC111与7个ISO或IEC委员会有联络，与4个国际组织有广泛的技术联络。

我国由全国起重机械标准化技术委员会代表国家标准化管理委员会（SAC），以O成员的身份参与该技术委员会的工作。

三、行业服务和行业培训

由北京起重运输机械研究所标准化室和国家起重运输机械质量监督检验中心联合主办的起重运输机械行业标准资料网，2006年发展网员80余个，为网员单位提供6期《起重运输机械标准信息》网刊和12期《起重运输机械》杂志，并及时提供最新出版的起重机械国家标准和行业标准及其他相关标准，还为网员单位提供查询、代购标准等业务。

为了配合物料搬运机械标准体系研究工作，翻译、整理出版了《起重运输机械国际标准及国外先进工业国家标准目录》。目录中汇集了国际标准、欧洲标准、德国、英国、法国、俄罗斯、美国、日本、澳大利亚等国的国家标准及相关协会标准共1 631条。

2006年3月21～22日，由北京起重运输机械研究所和全国起重机械标准化技术委员会在北京主持召开了标准制修订工作研讨会，参加会议的代表主要来自近三年承担标准制修订任务的单位，共计22名。会议主要内容为：落实标准计划项目进度、宣讲《机械工业行业标准制定工作细则》、讲解标准编写模板的使用方法和有关说明。

2006年10月25～27日，全国起重机械标委会秘书处在山东省济宁市组织召开了机械行业标准JB/T 10559—2006《起重机械无损检测 钢焊缝超声检测》宣贯会，参加宣贯会的代表共86人。会上，由标准主要起草人介绍了标准制定的目的、国内外标准概况、标准主要内容制定的依据和说明、平板对接接头的检测主要过程实例介绍等，并在现场用对比试块和探伤仪器进行了演示。JB/T 10559—2006《起重机械无损检测 钢焊缝超声检测》是我国起重机械行业的第一个无损检测标准，它的制定及宣贯，对于保证钢焊缝的质量、保护用户和制造厂的利益及降低成本具有十分重要的意义。

〔撰稿人：北京起重运输机械研究所赵春晖 审稿人：中国重型机械工业协会徐善继〕

关于起重机械型式试验中型号和规格的说明和探讨

在中国，起重机械型式试验作为一项重要制度，在《特种设备安全监察条例》（国务院令第373号）第十三条有明确规定，即："按照安全技术规范的要求，应当进行型式试验的特种设备产品、部件或者试制特种设备新产品、新部件，必须进行整机或者部件的型式试验"。也就是说，依据规定凡是符合《特种设备安全监察条例》第八十八条起重机械定义并且纳入国务院《特种设备目录》（国质检锅〔2004〕31号）的起重机械（包括安全保护装置）都要进行型式试验，并且起重机械的型式试验是按照其品种（型式）、机型（型号）、规格（主参数）试验的；而起重机械制造许可证（包括起重机械型式试验备案公告）、起重机械制造监督检验证又紧密结合起重机械型式试验结果也都是按照其品种（型式）、机型（型号）、规格（主参数）发证（或备案公告）、出具证明的。

一、起重机械型式试验中的型号与起重机械制造许可证（包括型式试验备案）**、制造监督检验之间的关系**

2003年6月17日，国家质量监督检验检疫总局（以下简称国家质检总局）颁布了《机电类特种设备制造许可规则（试行）》（国质检锅〔2003〕174号），其中明确了起重机械制造许可证的发证范围、形式、条件、程序和有关基本要求等，在程序中提出申请单位在申请受理后，要制造出样机进行型式试验，之后进行制造条件评审，达到要求后审批、发证、公告，制造单位取得制造许可（包括型式试验备案）后即可合法的批量投入生产。为了配合国质检锅〔2003〕174号文件中规定的起重机械型式试验工作要求，2003年9月18日国家质检总局又接着颁布了《起重机械型式试验规程（试行）》（国质检锅〔2003〕305号），其中进一步明确了起重机械型式试验的范围、方式、条件、程序和有关基本要求等，在具体的型式试验中提出以产品型号规格为基本单位进行，并且提出了额定起重量小于320 t（含320 t）的起重机械型式试验和制造许可一并申请，额定起重量大于320t的起重机械（指超大型起重机械）和安全保护装置的型式试验单独提出申请，实际上这是简化了额定起重量小于320t（含320t）的起重机械型式试验和制造许可需要分别提出申请受理的工作，程序上合二为一了。同时，在第六条中又表达出制造许可证（包括型式试验备案公告）中的设备以明细表的形式表述，共同构成许可证证件，明细表的内容与型式试验结果应当是一致的。不难看出，国质检锅〔2003〕305号文不仅是对起重机械型式试验的具体规定和要求，也是对国质检锅〔2003〕174号文的进一步补充和完善，二者相互配套，一并使用，不能分割，只有这样认识和理解方能准确掌握起重机械制造许可证（包括型式试验备案公告）与型式试验之间的密切关系。型式试验规程只是解决了型式试验与制造许可证（包括型式试验备案公告）之间的关系，明确了型式试验从哪里入手去做，基本上属于原则上的要求，还没有解决针对具体产品如何做、做什么等问题，所以，国家质检总局又相继制订了13个类型的型式试验细则（TSG规范），并且已经陆续颁布实施。在细则中更进一步明确了型号和规格的具体含义，进一步解决了具体产品如何做，做什么的问题等，到此，基本上形成了完整的起重机械制造许可（包括型式试验备案）和型式试验的安全技术规范体系。这只是基本上解决了制造许可中的型式试验问题，从理论和实践的角度上，起重机械的型式试验问题仍然还可以继续探讨和深入的研究，使之更加科学、合理、便民。需要说明的是，超大型起重机械的型式试验许可以备案公告形式发布，惟一不同的是参数不能向下覆盖。但是笔者认为，同一型号同一规格首台型式试验结果可以覆盖本型号本规格的产品，原因可从下述的型式试验的基本概念加以论证。

同样，国家质检总局于2006年6月21日颁布，2006年10月1日正式实施的《起重机械制造监督检验规则》（TSG Q7001—2006）规定：监督检验机构所监督检验的产品应当在制造单位制造许可证或者其型式试验备案公告的范围内（境外制造境内使用的起重机械除外）；提供型式试验的起重机械样机，也应当按照本规则的规定进行制造监督检验。也就是说，起重机械制造监督检验最终的落脚点也应当是按照依法取得许可的起重机械的品种（型式）、机型（型号）、规格（主参数）进行。

二、起重机械型式试验和机型（型号）的概念及其具体应用

要弄清起重机械的型式试验问题，只有上述的解释是不够的，根本的问题是要弄清楚什么才是型式试验？型式试验到底应该怎么做？关于前一个问题，经过调研，笔者认为，型式试验相当于新产品批量投产前对其型式的确认，更准确地说应该是对一个新产品新机型的确认。那么，机型又是什么含义呢？应该说，机型最起码与起重机械主要受力结构件有关、与采用的主要材料有关、与选用的主要机构（包括电气系统）的配置有关，就是说，只要上述因素改变了，起重机械的机型就可以认为改变了。如果上述观点成立，那么，型式试验就应当按照机型来做。那么，机型又怎么来表示呢？应该说，一种机型可以用一个型号来表示。接下来的问题是，型式试验到底是按照品种（型式）做呢，还是应该按照机型（型号）来做呢？试想，如果不按照机型（型号）来做而是按照品种（即型式）来做，是否可以达到型式试验的目的？笔者认为，不能，原因：一是在同一品种（型式）中存在多种机型（型号），其中一种机型（型号）通过了型式试验并不能证明另一种机型（型号）就一定能通过型式试验，更不能说明整个品种（型式）就能通过型式试验，这个道理从上面关于机型（型号）的含义上就可以加以论证。二是国务院《特种设备目录》（国质检锅〔2004〕31号）中品种（型式）一层主要是按照起重机械的主要结构形式等因素划分的，没法再往机型（型号）上划分，不然层次太多，再加上现实工作中，出现一个新产品就是一个新机型，就会产生一个新型号，如果把型号固定了，出现新型号怎么办？为了鼓励开发新的产品，型号是不能固定的，应当放开，依据不同情况而设置。基于上述考虑，国家质检总局在国质检锅〔2003〕305号文件中给出了一个型号的含义，并规定起重机械的型式试验以产品型号规格为基本单位进行。之后，为了更加明确型号的含义，在型式试验细则中又把它表述为：型号是指主要结构形式、主要受力结构件材料和关键工艺相同，主要机构符合系列配置要求的一种机型，其代号由产品品种（型式）、结构形式、主要参数组成，并用字母、数字或其组合表示。自此，基本上明确了型号及其表达方法。关于具体产品型式试验的具体试验项目、内容和要求，本文就不展开叙述了。

起重机械制造许可证的许可范围是通过企业制造的最大样机（通过型式试验认定）和制造最大样机的制造条件（通过鉴定评审认定）给予明确界定的，所以，为了真实表达一个制造单位的许可范围，制造许可证只能按照型号发放。为了减轻企业负担，考虑到许多产品企业已经生产过多年，从实际情况出发，规定为，在制造许可证范围内，同一型号的系列产品按照规格（主参数）从高向低覆盖（注意：实际上，规格从高向低覆盖在理论上还是值得进一步深入探讨的，目前只是一种尝试）；并且明确只要符合国质检锅〔2003〕305号文件中第四条的规定，已经通过的型式试验无需重复进行试验，而且在许可证有效期届满换证时，许可证上已经明确的品种、型号亦不再重复进行型式试验，简化了程序，方便了制造单位，对此，绝大部分制造单位表示理解和赞同。另外，目前的起重机械型式试验除上述提及范畴之外，还包括进口起重机械、通过CCC认证的起重机械等，具体做法按照相应的安全技术规范执行。

三、起重机械型式试验中规格表述的方法和建议

理论上讲，规格就是事物大小的数学描述。我们通常所说的起重机械的规格，一般是指起重机械的主要技术参数，由许多数据组成，如额定起重量、额定起重力矩、跨度、幅度、高度、起升速度、工作级别等等。在起重机械制造许可（包括型式试验备案）和型式试验有关规范文件和安全技术规范中提到的规格概念，不同的地方有不同的内涵，一般在试验项目中提到的应当是广义的，但是在制造许可证书（或备案公告）中明示的规格则是指起重机械的主参数。如：桥式起重机和门式起重机主钩的额定起重量，或塔式起重机额定起重力矩等。在证书中简化表述的目的是为了降低型式试验和取证单位的负担，避免参数的稍许变化就要进行型式试验并增项取证。那么，规格在证书中怎么表示呢？尤其是出现双小车，三小车，或更多小车，又有不等高，不等量主钩等等情况时怎么办？一般情况下，标出一个主吊钩的额定起重量就可以了，如果出现上述多小车等复杂情况，实在难以准确表述清楚的，加上许可证或备案公告上一般不对参数进行解释，这种情况下可以标出多钩额定起重量相加得出的总的最大的额定起重量，具体详细的参数在型式试验报告中给予阐明并加以明确。

四、结束语

以上是以特种设备现行法规、规范、标准为基础，对中国起重机械的型式试验的具体做法以及型式试验在制造许可（包括型式试验备案）、制造监督检验中的应用进行了系统性的介绍、探讨、思索，仅代表个人的认识和理解，同时更寄希望在以后的起重机械标准制修订中，结合实际情况和现有法规、规范、标准，在理论、实践上，把起重机械的型号问题彻底予以明晰，完善起重机械型式试验制度，共同推进起重机械的法制化、制度化、规范化、科学化、标准化进程。

〔撰稿人：国家质量监督检验检疫总局特种设备安全监察局尚洪　审稿人：国家质量监督检验检疫总局特种设备安全监察局武津生〕

起重运输机械行业质量工作概况

2007年是“十一五”时期的第二年，起重运输机械行业这一技术装备的基础性产业，伴随着国内经济建设的快速发展、产品需求量的不断增加，取得了令人瞩目的成就，制造企业的数量也随之增加。

一、起重机械行业质量情况

1. 监察部门监管情况

作为纳入特种设备管理的起重机械，国家质检总局特种设备局投入了大量的人力、物力进行管理，建立了一整套法规、规章、安全技术规范和标准体系，建立了遍布全国的31个行政区的安全监察网络，坚持以防止和减少事故为目的，确保设备安全运行；坚持“预防为主”的安全方针，从生产源头、使用登记、定期检验、人员素质和规范管理等环节严格把关；坚持全过程安全监察制度，认真实施行政许可和监督检查，落实监管到位；强化安全责任，在各级政府的统一领导下，全面落实生产使用单位的主体责任、检验机构的技术把关责任和质检部门的依法监管责任，以落实责任的理念促进安全监察工作的开展，各方面工作都取得了新进展。截止至2007年10月底，全国各级质监部门共出动检查人员42.8万人次，检查特种设备生产、使用单位23.4万个，检查特种设备97.7万台，发现存在重大隐患的设备4.7万台，监督整改重大隐患设备3.5万台，处罚违法单位4.7万个，向地方政府报告重大问题2 416项。据统计，无证生产查处率达到99.4%，使用登记率达到96.3%，重点监控设备作业人员持证率达到97.3%，重点监控设备定期检验率达到96.8%，制造安装过程监督检验率达到99.6%，重大隐患整改督察率达到98.0%，较大以上事故结案率达到97.4%。

2. 行政许可情况

国家质检总局和地方局2006年共颁发特种设备相关许可证书5 920个，累计达3.38万个，初步形成了特种设备持证设计、持证制造、持证安装、持证检验的法制环境。同时，严格实施产品安全质量监督检验，依法对特种设备制造、安装过程开展监督检验，确保制造、安装设备安全质量性能合格。

3. 证后监督情况

2007年，监管部门加强了对许可过程和证后的监督。国家质检总局会同地方局结合开展治理商业贿赂工作，采取机构自查、随机检查、监督抽查、举报严查、监检督查等"五查"措施，抽查117个鉴定评审机构和24个检验检测机构的工作质量，通报批评38个。总局组织抽查了80个获证企业，各地抽查企业比例超过本地获证单位的25%，共撤销、暂停许可16个，责令整改300余个。

4. 产品事故情况

截止至2006年底，在用起重机械82.36万台，在用厂内机动车辆27.21万辆，起重机械完成定期检验38.22万台，定检率94%；场(厂)内机动车辆完成定期检验20.97万台，定检率93%；全国产品安全性能监督检验：安全附件8.62万个，起重机械8.41万台；安装安全性能监督检验：起重机械10.83万台，厂内机动车辆1.22万台。

2006年，共发生特种设备严重以上事故299起，其中特大事故1起，重大事故16起，严重事故282起。共死亡334人，受伤349人、直接经济损失3 490.76万元。特种设备万台事故率为0.83，比2005年下降4.6%；特种设备万台死亡率为0.94，比2005年下降3.1%；直接经济损失下降50%。截至2007年10月底，全国累计发生事故219起、死亡239人，分别比上年同期下降13.1%和17.1%。

这些数据表明，起重机械产品事故在逐年下降，但是，产品质量仍然令人担忧。提高产品质量，保障产品使用安全，是起重机械行业从业人员追求的永恒目标，是不懈的努力方向。

5. 存在的主要问题

从型式试验和企业制造条件鉴定评审的情况来看，国内起重机械制造状况存在以下问题：①产品技术含量偏低，突出表现在钢结构件制作材料和电气控制系统水平较低；②企业规模化发展不够，低水平重复性建设严重，造成资源浪费，专业化发展严重滞后；③国际知名品牌寥寥无几，能够打入国际市场并享有一定声誉的知名品牌几乎没有；④恶性竞争严重，合理利润难保，由此造成安全措施投入极少，事故率居高不下；⑤设计审查环节薄弱，造成产品先天不足，特别是架桥机产品的种类千变万化，属于稳定性较差的特种设备，易出现安全事故。

二、运输机械行业质量情况

伴随国内电厂建设和煤炭采掘的不断发展，散料输送机械产品的需求依然旺盛。据不完全统计，目前全国带式输送机生产企业近500个，获得生产许可证的企业近300个。2007年，全国各省市质量技术监督局继续加大查处无证生产企业的力度，促使尚未领取许可证和证书项目不全的生产企业申领生产许可证。2007年，又有近百个带式输送机生产企业申请领取生产许可证，截止至2007年11月底，共有70多个通过了生产许可证条件评审和产品检验。

从产品检验的情况来看，带式输送机托辊检验不能满足标准要求的情况时有发生，主要表现在防尘、旋转阻力、径向跳动等试验项目上。

从2006年10月20日起，港口装卸机械产品实施生产许可证管理，产品包括浮式起重机、斗轮堆取料机、斗式提升机、埋刮板输送机和港口吸粮机。凡是在中华人民共和国境内的任何企业未取得生产许可证不得生产上述产品，任何单位和个人均不得销售或在经营活动中使用该产品。目前行业中的主要大型企业正在积极办理上述产品的生产许可证。

市场竞争决胜于质量，企业的经营运作、经济效益来源于质量，产品能够享誉国内外更是得益于质量。展望未来，质量工作任重道远。国家起重运输机械质量监督检验中心将一如既往地为起重运输机械行业做好技术服务，把好质量关。

〔撰稿人：国家起重运输机械质量监督检验中心阎献军　审稿人：中国重型机械工业协会徐善继〕

与重型机械行业有关的最新政策法规

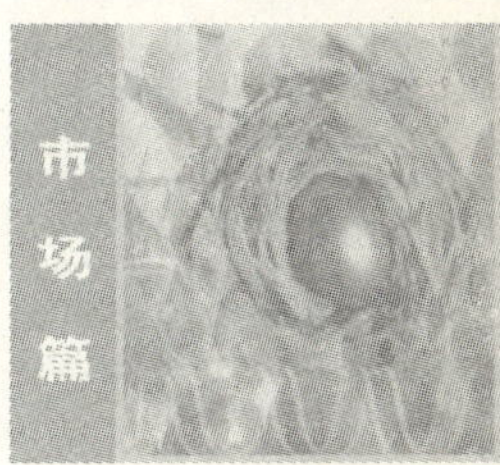

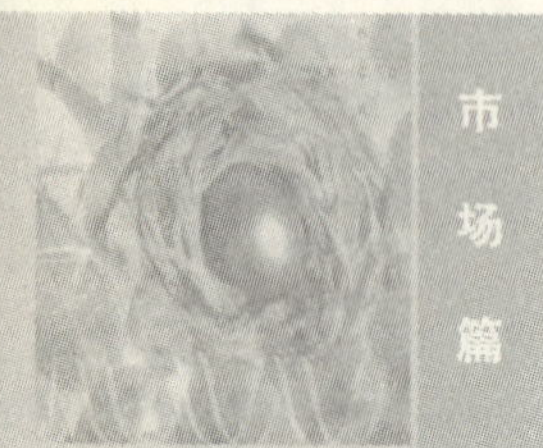

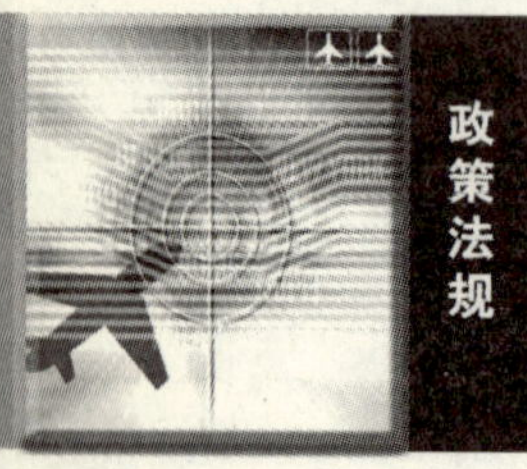

政策法规

特种设备安全监察条例

2003 年 3 月 11 日　中华人民共和国国务院令(第 373 号)

《特种设备安全监察条例》已经 2003 年 2 月 19 日国务院第 68 次常务会议通过,现予公布,自 2003 年 6 月 1 日起施行。

第一章　总　则

第一条　为了加强特种设备的安全监察,防止和减少事故,保障人民群众生命和财产安全,促进经济发展,制定本条例。

第二条　本条例所称特种设备是指涉及生命安全、危险性较大的锅炉、压力容器(含气瓶,下同)、压力管道、电梯、起重机械、客运索道、大型游乐设施。

前款特种设备的目录由国务院负责特种设备安全监督管理的部门(以下简称国务院特种设备安全监督管理部门)制订,报国务院批准后执行。

第三条　特种设备的生产(含设计、制造安装、改造、维修,下同)、使用检验检测及其监督检查,应当遵守本条例,但本条例另有规定的除外。

军事装备、核设施、航空航天器、铁路机车、海上设施和船舶以及煤矿矿井使用的特种设备的安全监察不适用本条例。

房屋建筑工地和市政工程工地用起重机械的安装、使用的监督管理,由建设行政主管部门依照有关法律、法规的规定执行。

第四条　国务院特种设备安全监督管理部门负责全国特种设备的安全监察工作,县以上地方负责特种设备安全监督管理的部门对本行政区域内特种设备实施安全监察(以下统称特种设备安全监督管理部门)。

第五条　特种设备生产、使用单位应当建立健全特种设备安全管理制度和岗位安全责任制度。

特种设备生产、使用单位的主要负责人应当对本单位特种设备的安全全面负责。

特种设备生产、使用单位和特种设备检验检测机构,应当接受特种设备安全监督管理部门依法进行的特种设备安全监察。

第六条　特种设备检验检测机构,应当依照本条例规定,进行检验检测工作,对其检验检测结果、鉴定结论承担法律责任。

第七条　县级以上地方人民政府应当督促、支持特种设备安全监督管理部门依法履行安全监察职责,对特种设备安全监察中存在的重大问题及时予以协调、解决。

第八条　国家鼓励推行科学的管理方法,采用先进技术,提高特种设备安全性能和管理水平,增强特种设备生产、使用单位防范事故的能力,对取得显著成绩的单位和个人,给予奖励。

第九条　任何单位和个人对违反本条例规定的行为,有权向特种设备安全监督管理部门和行政监察等有关部门举报。

特种设备安全监督管理部门应当建立特种设备安全监察举报制度,公布举报电话、信箱或者电子邮件地址,受理对特种设备生产、使用和检验检测违法行为的举报,并及时予以处理。

特种设备安全监督管理部门和行政监察等有关部门应当为举报人保密,并按照国家有关规定给予奖励。

第二章　特种设备的生产

第十条　特种设备生产单位,应当依照本条例规定以及国务院特种设备安全监督管理部门制订并公布的安全技术规范(以下简称安全技术规范)的要求,进行生产活动。

特种设备生产单位对其生产的特种设备的安全性能负责。

第十一条　压力容器的设计单位应当经国务院特种设备安全监督管理部门许可,方可从事压力容器的设计活动。

压力容器的设计单位应当具备下列条件：

（一）有与压力容器设计相适应的设计人员、设计审核人员；

（二）有与压力容器设计相适应的健全的管理制度和责任制度。

第十二条 锅炉、压力容器中的气瓶（以下简称气瓶）、氧舱和客运索道、大型游乐设施的设计文件，应当经国务院特种设备安全监督管理部门核准的检验检测机构鉴定，方可用于制造。

第十三条 按照安全技术规范的要求，应当进行型式试验的特种设备产品、部件或者试制特种设备新产品、新部件，必须进行整机或者部件的型式试验。

第十四条 锅炉、压力容器、电梯、起重机械、客运索道、大型游乐设施及其安全附件、安全保护装置的制造、安装、改造单位，以及压力管道用管子、管件、阀门、法兰、补偿器、安全保护装置等（以下简称压力管道元件）的制造单位，应当经国务院特种设备安全监督管理部门许可，方可从事相应的活动。

前款特种设备的制造、安装、改造单位应当具备下列条件：

（一）有与特种设备制造、安装、改造相适应的专业技术人员和技术工人；

（二）有与特种设备制造、安装、改造相适应的生产条件和检测手段；

（三）有健全的质量管理制度和责任制度。

第十五条 特种设备出厂时，应当附有安全技术规范要求的设计文件、产品质量合格证明、安装及使用维修说明、监督检验证明等文件。

第十六条 锅炉、压力容器、电梯、起重机械、客运索道、大型游乐设施的维修单位，应当有与特种设备维修相适应的专业技术人员和技术工人以及必要的检测手段，并经省、自治区、直辖市特种设备安全监督管理部门许可，方可从事相应的维修活动。

第十七条 锅炉、压力容器、起重机械、客运索道、大型游乐设施的安装、改造、维修，必须由依照本条例取得许可的单位进行。

电梯的安装、改造、维修，必须由电梯制造单位或者其通过合同委托、同意的依照本条例取得许可的单位进行。电梯制造单位对电梯质量以及安全运行涉及的质量问题负责。

特种设备安装、改造、维修的施工单位应当在施工前将拟进行的特种设备安装、改造、维修情况书面告知直辖市或者设区的市的特种设备安全监督管理部门，告知后即可施工。

第十八条 电梯井道的土建工程必须符合建筑工程质量要求。电梯安装施工过程中，电梯安装单位应当遵守施工现场的安全生产要求，落实现场安全防护措施。电梯安装施工过程中，施工现场的安全生产监督，由有关部门依照有关法律、行政法规的规定执行。

电梯安装施工过程中，电梯安装单位应当服从建筑施工总承包单位对施工现场的安全生产管理，并订立合同，明确各自的安全责任。

第十九条 电梯的制造、安装、改造和维修活动，必须严格遵守安全技术规范的要求。电梯制造单位委托或者同意其他单位进行电梯安装、改造、维修活动的，应当对其安装、改造、维修活动进行安全指导和监控。电梯的安装、改造、维修活动结束后，电梯制造单位应当按照安全技术规范的要求对电梯进行校验和调试，并对校验和调试的结果负责。

第二十条 锅炉、压力容器、电梯、起重机械、客运索道、大型游乐设施的安装、改造、维修竣工后，安装、改造、维修的施工单位应当在验收后30日内将有关技术资料移交使用单位。使用单位应当将其存入该特种设备的安全技术档案。

第二十一条 锅炉、压力容器、压力管道元件、起重机械、大型游乐设施的制造过程和锅炉、压力容器、电梯、起重机械、客运索道、大型游乐设施的安装、改造、重大维修过程，必须经国务院特种设备安全监督管理部门核准的检验检测机构按照安全技术规范的要求进行监督检验；未经监督检验合格的不得出厂或者交付使用。

第二十二条 气瓶充装单位应当经省、自治区、直辖市的特种设备安全监督管理部门许可，方可从事充装活动。

气瓶充装单位应当具备下列条件：

（一）有与气瓶充装和管理相适应的管理人员

和技术人员；

（二）有与气瓶充装和管理相适应的充装设备、检测手段、场地厂房、器具、安全设施和一定的气体储存能力，并能够向使用者提供符合安全技术规范要求的气瓶；

（三）有健全的充装安全管理制度、责任制度、紧急处理措施。

气瓶充装单位应当对气瓶使用者安全使用气瓶进行指导，提供服务。

第三章　特种设备的使用

第二十三条　特种设备使用单位，应当严格执行本条例和有关安全生产的法律、行政法规的规定、保证特种设备的安全使用。

第二十四条　特种设备使用单位应当使用符合安全技术规范要求的特种设备。特种设备投入使用前，使用单位应当核对其是否附有本条例第十五条规定的相关文件。

第二十五条　特种设备在投入使用前或者投入使用后 30 日内，特种设备使用单位应当向直辖市或者设区的市的特种设备安全监督管理部门登记。登记标志应当置于或者附着于该特种设备的显著位置。

第二十六条　特种设备使用单位应当建立特种设备安全技术档案。安全技术档案应当包括以下内容：

（一）特种设备的设计文件、制造单位、产品质量合格证明、使用维护说明等文件以及安装技术文件和资料；

（二）特种设备的定期检验和定期自行检查的记录；

（三）特种设备的日常使用状况记录；

（四）特种设备及其安全附件、安全保护装置、测量调控装置及有关附属仪器仪表的日常维护保养记录；

（五）特种设备运行故障和事故记录。

第二十七条　特种设备使用单位应当对用特种设备进行经常性日常维护保养，并定期自行检查。

特种设备使用单位对在用特种设备应当至少每月进行一次自行检查，并作出记录。特种设备使用单位在对在用特种设备进行自行检查和日常维护保养时发现异常情况的，应当及时处理。

特种设备使用单位应当对在用特种设备的安全附件、安全保护装置、测量调控装置及有关附属仪器仪表进行定期校验、检修，并作出记录。

第二十八条　特种设备使用单位应当按照安全技术规范的定期检验要求，在安全检验合格有效期届满前 1 个月向特种设备检验检测机构提出定期检验要求。

检验检测机构接到定期检验要求后，应当按照安全技术规范的要求及时进行检验。

未经定期检验或者检验不合格的特种设备，不得继续使用。

第二十九条　特种设备出现故障或者发生异常情况，使用单位应当对其进行全面检查，消除事故隐患后，方可重新投入使用。

第三十条　特种设备存在严重事故隐患，无改造、维修价值，或者超过安全技术规范规定使用年限，特种设备使用单位应当及时予以报废，并应当向原登记的特种设备安全监督管理部门办理注销。

第三十一条　特种设备使用单位应当制定特种设备的事故应急措施和救援预案。

第三十二条　电梯的日常维护保养必须由依照本条例取得许可的安装、改造、维修单位或者电梯制造单位进行。

电梯应当至少每 15 日进行一次清洁、润滑、调整和检查。

第三十三条　电梯的日常维护保养单位应当在维护保养中严格执行国家安全技术规范的要求，保证其维护保养的电梯的安全技术性能，并负责落实现场安全防护措施，保证施工安全。电梯的日常维护保养单位，应当对其维护保养的电梯的安全性能负责。接到故障通知后，应当立即赶赴现场，并采取必要的应急救援措施。

第三十四条　电梯、客运索道、大型游乐设施等为公众提供服务的特种设备运营使用单位，应当设置特种设备安全管理机构或者配备专职的安全管理人员；其他特种设备使用单位，应当根据情况设置特种设备安全管理机构或者配备专职、兼职的安全管理人员。

特种设备的安全管理人员应当对特种设备使用状况进行经常性检查，发现问题的应当立即处理；情况紧急时，可以决定停止使用特种设备并及时报告本单位有关负责人。

第三十五条 客运索道、大型游乐设施的运营使用单位在客运索道、大型游乐设施每日投入使用前，应当进行试运行和例行安全检查，并对安全装置进行检查确认。

电梯、客运索道、大型游乐设施的运营使用单位应当将电梯、客运索道、大型游乐设施的安全注意事项和警示标志置于易于为乘客注意的显著位置。

第三十六条 客运索道、大型游乐设施的运营使用单位的主要负责人应当熟悉客运索道、大型游乐设施的相关安全知识，并全面负责客运索道、大型游乐设施的安全使用。

客运索道、大型游乐设施的运营使用单位的主要负责人至少应当每月召开一次会议，督促、检查客运索道、大型游乐设施的安全使用工作。

客运索道、大型游乐设施的运营使用单位，应当结合本单位的实际情况，配备相应数量的营救装备和急救物品。

第三十七条 电梯、客运索道、大型游乐设施的乘客应当遵守使用安全注意事项的要求，服从有关工作人员的指挥。

第三十八条 电梯投入使用后，电梯制造单位应当对其制造的电梯的安全运行情况进行跟踪调查和了解，对电梯的日常维护保养单位或者电梯的使用单位在安全运行方面存在的问题，提出改进建议，并提供必要的技术帮助。发现电梯存在严重事故隐患的，应当及时向特种设备安全监督管理部门报告。电梯制造单位对调查和了解的情况，应当作出记录。

第三十九条 锅炉、压力容器、电梯、起重机械、客运索道、大型游乐设施的作业人员及其相关管理人员（以下统称特种设备作业人员），应当按照国家有关规定经特种设备安全监督管理部门考核合格，取得国家统一格式的特种作业人员证书，方可从事相应的作业或者管理工作。

第四十条 特种设备使用单位应当对特种设备作业人员进行特种设备安全教育和培训，保证特种设备作业人员具备必要的特种设备安全作业知识。

特种设备作业人员在作业中应当严格执行特种设备的操作规程和有关的安全规章制度。

第四十一条 特种设备作业人员在作业过程中发现事故隐患或者其他不安全因素，应当立即向现场安全管理人员和单位有关负责人报告。

第四章 检验检测

第四十二条 从事本条例规定的监督检验、定期检验、型式试验检验检测工作的特种设备检验检测机构，应当经国务院特种设备安全监督管理部门核准。

特种设备使用单位设立的特种设备检验检测机构，经国务院特种设备安全监督管理部门核准，负责本单位一定范围内的特种设备定期检验、型式试验工作。

第四十三条 特种设备检验检测机构，应当具备下列条件：

（一）有与所从事的检验检测工作相适应的检验检测人员；

（二）有与所从事的检验检测工作相适应的检验检测仪器和设备；

（三）有健全的检验检测管理制度、检验检测责任制度。

第四十四条 特种设备的监督检验、定期检验和型式试验应当由依照本条例经核准的特种设备检验检测机构进行。

特种设备检验检测工作应当符合安全技术规范的要求。

第四十五条 从事本条例规定的监督检验、定期检验和型式试验的特种设备检验检测人员应当经国务院特种设备安全监督管理部门组织考核合格，取得检验检测人员证书，方可从事检验检测工作。

检验检测人员从事检验检测工作，必须在特种设备检验检测机构执业，但不得同时在两个以上检验检测机构中执业。

第四十六条　特种设备检验检测机构和检验检测人员进行特种设备检验检测，应当遵循诚信原则和方便企业的原则，为特种设备生产、使用单位提供可靠、便捷的检验检测服务。

特种设备检验检测机构和检验检测人员对涉及的被检验检测单位的商业秘密，负有保密义务。

第四十七条　特种设备检验检测机构和检验检测人员应当客观、公正、及时地出具检验检测结果、鉴定结论。检验检测结果、鉴定结论经检验检测人员签字后，由检验检测机构负责人签署。

特种设备检验检测机构和检验检测人员对检验检测结果、鉴定结论负责。

国务院特种设备安全监督管理部门应当组织对特种设备检验检测机构的检验检测结果、鉴定结论进行监督抽查。县以上地方负责特种设备安全监督管理的部门在本行政区域内也可以组织监督抽查，但是要防止重复抽查。监督抽查结果应当向社会公布。

第四十八条　特种设备检验检测机构和检验检测人员不得从事特种设备的生产、销售，不得以其名义推荐或者监制、监销特种设备。

第四十九条　特种设备检验检测机构进行特种设备检验检测，发现严重事故隐患，应当及时告知特种设备使用单位，并立即向特种设备安全监督管理部门报告。

第五十条　特种设备检验检测机构和检验检测人员利用检验检测工作故意刁难特种设备生产、使用单位，特种设备生产、使用单位有权向特种设备安全监督管理部门投诉，接到投诉的特种设备安全监督管理部门应当及时进行调查处理。

第五章　监督检查

第五十一条　特种设备安全监督管理部门依照本条例规定，对特种设备生产、使用单位和检验检测机构实施安全监察。

对学校、幼儿园以及车站、客运码头、商场、体育场馆、展览馆、公园等公众聚集场所的特种设备，特种设备安全监督管理部门应当实施重点安全监察。

第五十二条　特种设备安全监督管理部门根据举报或者取得的涉嫌违法证据，对涉嫌违反本条例规定的行为进行查处时，可以行使下列职权：

（一）向特种设备生产、使用单位和检验检测机构的法定代表人、主要负责人和其他有关人员调查、了解与涉嫌从事违反本条例的生产、使用、检验检测有关的情况；

（二）查阅、复制特种设备生产、使用单位和检验检测机构的有关合同、发票、账簿以及其他有关资料；

（三）对有证据表明不符合安全技术规范要求的或者有其他严重事故隐患的特种设备或者其主要部件，予以查封或者扣押。

第五十三条　依照本条例规定，实施许可、核准、登记的特种设备安全监督管理部门，应当严格依照本条例规定条件和安全技术规范要求对有关事项进行审查；不符合本条例规定条件和安全技术规范要求的，不得许可、核准、登记。

未依法取得许可、核准、登记的单位擅自从事特种设备的生产、使用或者检验检测活动的，特种设备安全监督管理部门应当予以取缔或者依法予以处理。

已经取得许可、核准、登记的特种设备的生产、使用单位和检验检测机构，特种设备安全监督管理部门发现其不再符合本条例规定条件和安全技术规范要求的，应当依法撤销原许可、核准、登记。

第五十四条　特种设备安全监督管理部门在办理本条例规定的有关行政审批事项时，其受理、审查、许可、核准的程序必须公开，并应当自受理申请之日起30日内，作出许可、核准或者不予许可、核准的决定；不予许可、核准的，应当书面向申请人说明理由。

第五十五条　地方各级特种设备安全监督管理部门不得以任何形式进行地方保护和地区封锁，不得对已经依照本条例规定在其他地方取得许可的特种设备生产单位重复进行许可，也不得要求对依照本条例规定在其他地方检验检测合格的特种设备，重复进行检验检测。

第五十六条　特种设备安全监督管理部门的安全监察人员（以下简称特种设备安全监察人员）应当熟悉相关法律、法规、规章和安全技术规范，具有相应的专业知识和工作经验，并经国务院特种设备安全监督管理部门考核，取得特种设备安全监察人员证书。

特种设备安全监察人员应当忠于职守、坚持原则、秉公执法。

第五十七条 特种设备安全监督管理部门对特种设备生产、使用单位和检验检测机构实施安全监察时，应当有两名以上特种设备安全监察人员参加，并出示有效的特种设备安全监察人员证件。

第五十八条 特种设备安全监督管理部门对特种设备生产、使用单位和检验检测机构实施安全监察，应当对每次安全监察的内容、发现的问题及处理情况，作出记录，并由参加安全监察的特种设备安全监察人员和被检查单位的有关负责人签字后归档。被检查单位的有关负责人拒绝签字的，特种设备安全监察人员应当将情况记录在案。

第五十九条 特种设备安全监督管理部门对特种设备生产、使用单位和检验检测机构进行安全监察时，发现有违反本条例和安全技术规范的行为或者在用的特种设备存在事故隐患的，应当以书面形式发出特种设备安全监察指令，责令有关单位及时采取措施，予以改正或者消除事故隐患。紧急情况下需要采取紧急处置措施的，应当随后补发书面通知。

第六十条 特种设备安全监督管理部门对特种设备生产、使用单位和检验检测机构进行安全监察，发现重大违法行为或者严重事故隐患时，应当在采取必要措施的同时，及时向上级特种设备安全监督管理部门报告。接到报告的特种设备安全监督管理部门应当采取必要措施，及时予以处理。

对违法行为或者严重事故隐患的处理需要当地人民政府和有关部门的支持、配合时，特种设备安全监督管理部门应当报告当地人民政府，并通知其他有关部门。当地人民政府和其他有关部门应当采取必要措施，及时予以处理。

第六十一条 国务院特种设备安全监督管理部门和省、自治区、直辖市特种设备安全监督管理部门应当定期向社会公布特种设备安全状况。

公布特种设备安全状况，应当包括下列内容：

（一）在用的特种设备数量；

（二）特种设备事故的情况、特点、原因分析、防范对策；

（三）其他需要公布的情况。

第六十二条 特种设备发生事故，事故发生单位应当迅速采取有效措施，组织抢救，防止事故扩大，减少人员伤亡和财产损失，并按照国家有关规定，及时、如实地向负有安全生产监督管理职责的部门和特种设备安全监督管理部门等有关部门报告。不得隐瞒不报、谎报或者拖延不报。

第六十三条 特种设备发生事故的，按照国家有关规定进行事故调查，追究责任。

第六章 法律责任

第六十四条 未经许可，擅自从事压力容器设计活动的，由特种设备安全监督管理部门予以取缔，处 5 万元以上 20 万元以下罚款；有违法所得的，没收违法所得；触犯刑律的，对负有责任的主管人员和其他直接责任人员依照刑法关于非法经营罪或者其他罪的规定，依法追究刑事责任。

第六十五条 锅炉、气瓶、氧舱和客运索道、大型游乐设施的设计文件，未经国务院特种设备安全监督管理部门核准的检验检测机构鉴定，擅自用于制造的，由特种设备安全监督管理部门责令改正，没收非法制造的产品，处 5 万元以上 20 万元以下罚款；触犯刑律的，对负有责任的主管人员和其他直接责任人员依照刑法关于生产、销售伪劣产品罪、非法经营罪或者其他罪的规定，依法追究刑事责任。

第六十六条 按照安全技术规范的要求应当进行型式试验的特种设备产品、部件或者试制特种设备新产品、新部件，未进行整机或者部件型式试验的，由特种设备安全监督管理部门责令限期改正；逾期未改正的，处 2 万元以上 10 万元以下罚款。

第六十七条 未经许可，擅自从事锅炉、压力容器、电梯、起重机械、客运索道、大型游乐设施及其安全附件、安全保护装置的制造、安装、改造以及压力管道元件的制造活动的，由特种设备安全监督管理部门予以取缔，没收非法制造的产品，已经实施安装、改造的，责令恢复原状或者责令限期由取得许可的单位重新安装、改造，处5万元以上20万元以下罚款；触犯刑律的，对负有责任的主管人员和其他直接责任人员依照刑法关于生产、销售伪劣产品罪、非法经营罪、重大责任事故罪或者其他罪的规定，依法追究刑事责任。

第六十八条 特种设备出厂时，未按照安全技术规范的要求附有设计文件、产品质量合格证明、安装及使用维修说明、监督检验证明等文件的，由特种设备安全监督管理部门责令改正；情节严重的，责令停止生产、销售，处违法生产、销售货值金额30%以下罚款；有违法所得的，没收违法所得。

第六十九条 未经许可，擅自从事锅炉、压力容器、电梯、起重机械、客运索道、大型游乐设施的维修或者日常维护保养的，由特种设备安全监督管理部门予以取缔，处1万元以上5万元以下罚款；有违法所得的，没收违法所得；触犯刑律的，对负有责任的主管人员和其他直接责任人员依照刑法关于非法经营罪、重大责任事故罪或者其他罪的规定，依法追究刑事责任。

第七十条 锅炉、压力容器、电梯、起重机械、客运索道、大型游乐设施的安装、改造、维修的施工单位，在施工前未将拟进行的特种设备安装、改造、维修情况书面告知直辖市或者设区的市的特种设备安全监督管理部门即行施工的，或者在验收后30日内未将有关技术资料移交锅炉、压力容器、电梯、起重机械、客运索道、大型游乐设施的使用单位的，由特种设备安全监督管理部门责令限期改正；逾期未改正的，处2 000元以上1万元以下罚款。

第七十一条 锅炉、压力容器、压力管道元件、起重机械、大型游乐设施的制造过程和锅炉、压力容器、电梯、起重机械、客运索道、大型游乐设施的安装、改造、重大维修过程，未经国务院特种设备安全监督管理部门核准的检验检测机构按照安全技术规范的要求进行监督检验，出厂或者交付使用的，由特种设备安全监督管理部门责令改正，没收违法生产、销售的产品，已经实施安装、改造或者重大维修的，责令限期进行监督检验，处5万元以上20万元以下的罚款；有违法所得的，没收违法所得；情节严重的，撤销制造、安装、改造或者维修单位已经取得的许可，并由工商行政管理部门吊销其营业执照；触犯刑律的，对负有责任的主管人员和其他直接责任人员依照刑法关于生产、销售伪劣产品罪或者其他罪的规定，依法追究刑事责任。

第七十二条 未经许可，擅自从事气瓶充装活动的，由特种设备安全监督管理部门予以取缔，没收违法充装的气瓶，处5万元以上20万元以下罚款；有违法所得的，没收违法所得；触犯刑律的，对负有责任的主管人员和其他直接责任人员依照刑法关于非法经营罪或者其他罪的规定，依法追究刑事责任。

第七十三条 电梯制造单位有下列情形之一的，由特种设备安全监督管理部门责令限期改正；逾期未改正的，予以通报批评：

（一）未依照本条例第十九条的规定对电梯进行校验、调试的；

（二）对电梯的安全运行情况进行跟踪调查和了解时，发现存在严重事故隐患，未及时向特种设备安全监督管理部门报告的。

第七十四条 特种设备使用单位有下列情形之一的，由特种设备安全监督管理部门责令限期改正；逾期未改正的，处2 000元以上2万元以下罚款；情节严重的，责令停止使用或者停产停业整顿：

（一）特种设备投入使用前或者投入使用后30日内，未向特种设备安全监督管理部门登记，擅自将其投入使用的；

（二）未依照本条例第二十六条的规定，建立特种设备安全技术档案的；

（三）未依照本条例第二十七条的规定，对在用特种设备进行经常性日常维护保养和定期自行检查的，或者对在用特种设备的安全附件、安全保护装置、测量调控装置及有关附属仪器仪表进行定期校验、检修，并作出记录的；

（四）未按照安全技术规范的定期检验要求，在安全检验合格有效期届满前1个月向特种设备检验检测机构提出定期检验要求的；

（五）使用未经定期检验或者检验不合格的特种设备的；

（六）特种设备出现故障或者发生异常情况，未对其进行全面检查、消除事故隐患，继续投入使用的；

(七)未制定特种设备的事故应急措施和救援预案的；

(八)未依照本条例第三十二条第二款的规定，对电梯进行清洁、润滑、调整和检查的。

第七十五条 特种设备存在严重事故隐患，无改造、维修价值，或者超过安全技术规范规定的使用年限，特种设备使用单位未予以报废，并向原登记的特种设备安全监督管理部门办理注销的，由特种设备安全监督管理部门责令限期改正；逾期未改正的，处5万元以上20万元以下罚款。

第七十六条 电梯、客运索道、大型游乐设施的运营使用单位有下列情形之一的，由特种设备安全监督管理部门责令限期改正；逾期未改正的，责令停止使用或者停产停业整顿，处1万元以上5万元以下罚款：

(一)客运索道、大型游乐设施每日投入使用前，未进行试运行和例行安全检查，并对安全装置进行检查确认的；

(二)未将电梯、客运索道、大型游乐设施的安全注意事项和警示标志置于易于为乘客注意的显著位置的。

第七十七条 特种设备使用单位有下列情形之一的，由特种设备安全监督管理部门责令限期改正；逾期未改正的，责令停止使用或者停产停业整顿，处2000元以上2万元以下罚款：

(一)未依照本条例规定设置特种设备安全管理机构或者配备专职、兼职的安全管理人员的；

(二)从事特种设备作业的人员，未取得相应特种作业人员证书，上岗作业的；

(三)未对特种设备作业人员进行特种设备安全教育和培训的。

第七十八条 特种设备使用单位的主要负责人在本单位发生重大特种设备事故时，不立即组织抢救或者在事故调查处理期间擅离职守或者逃匿的，给予降职、撤职的处分；触犯刑律的，依照刑法关于重大责任事故罪或者其他罪的规定，依法追究刑事责任。

特种设备使用单位的主要负责人对特种设备事故隐瞒不报、谎报或者拖延不报的，依照前款规定处罚。

第七十九条 特种设备作业人员违反特种设备的操作规程和有关的安全规章制度操作，或者在作业过程中发现事故隐患或者其他不安全因素，未立即向现场安全管理人员和单位有关负责人报告的，由特种设备使用单位给予批评教育、处分；触犯刑律的，依照刑法关于重大责任事故罪或者其他罪的规定，依法追究刑事责任。

第八十条 未经核准，擅自从事本条例所规定的监督检验、定期检验、型式试验等检验检测活动的，由特种设备安全监督管理部门予以取缔，处5万元以上20万元以下罚款；有违法所得的，没收违法所得；触犯刑律的，对负有责任的主管人员和其他直接责任人员依照刑法关于非法经营罪或者其他罪的规定，依法追究刑事责任。

第八十一条 特种设备检验检测机构，有下列情形之一的，由特种设备安全监督管理部门处2万元以上10万元以下罚款；情节严重的，撤销其检验检测资格：

(一)检验检测工作不符合安全技术规范的要求；

(二)聘用未经特种设备安全监督管理部门组织考核合格并取得检验检测人员证书的人员，从事相关检验检测工作的；

(三)在进行特种设备检验检测中，发现严重事故隐患，未及时告知特种设备使用单位，并立即向特种设备安全监督管理部门报告的。

第八十二条 特种设备检验检测机构和检验检测人员，出具虚假的检验检测结果、鉴定结论或者检验检测结果、鉴定结论严重失实的，由特种设备安全监督管理部门对检验检测机构没收违法所得，处5万元以上20万元以下罚款，情节严重的，撤销其检验检测资格；对检验检测人员处5 000元以上5万元以下罚款，情节严重的，撤销其检验检测资格，触犯刑律的，依照刑法关于中介组织人员提供虚假证明文件罪、中介组织人员出具证明文件重大失实罪或者其他罪的规定，依法追究刑事责任。

特种设备检验检测机构和检验检测人员，出具虚假的检验检测结果、鉴定结论或者检验检测结果、鉴定结论严重失实，造成损害的，应当承担赔偿责任。

第八十三条 特种设备检验检测机构或者检验检测人员从事特种设备的生产、销售，或者以其名义推荐或者监制、监销特种设备的，由特种设备安全监督管理部门撤销特种设备检验检测机构和检验检测人员的资格，处5万元以上20万元以下罚款；有违法所得的，没收违法所得。

第八十四条 特种设备检验检测机构和检验检测人员利用检验检测工作故意刁难特种设备生产、使用单位，由特种设备安全监督管理部门责令改正；拒不改正的，撤销其检验检测资格。

第八十五条 检验检测人员，从事检验检测工作，不在特种设备检验检测机构执业或者同时在两个以上检验检测机构中执业的，由特种设备安全监督管理部门责令改正，情节严重的，给予停止执业6个月以上2年以下的处罚；有违法所得的，没收违法所得。

第八十六条 特种设备安全监督管理部门及其特种设备安全监察人员，有下列违法行为之一的，对直接负责的主管人员和其他直接责任人员，依法给予降级或者撤职的行政处分；触犯刑律的，依照刑法关于受贿罪、滥用职权罪、玩忽职守罪或者其他罪的规定，依法追究刑事责任：

（一）不按照本条例规定的条件和安全技术规范要求，实施许可、核准、登记的；

（二）发现未经许可、核准、登记擅自从事特种设备的生产、使用或者检验检测活动不予取缔或者不依法予以处理的；

（三）发现特种设备生产、使用单位不再具备本条例规定的条件而不撤销其原许可，或者发现特种设备生产、使用违法行为不予查处的；

（四）发现特种设备检验检测机构不再具备本条例规定的条件而不撤销其原核准，或者对其出具虚假的检验检测结果、鉴定结论或者检验检测结果、鉴定结论严重失实的行为不予查处的；

（五）对依照本条例规定在其他地方取得许可的特种设备生产单位重复进行许可，或者对依照本条例规定在其他地方检验检测合格的特种设备，重复进行检验检测的；

（六）发现有违反本条例和安全技术规范的行为或者在用的特种设备存在严重事故隐患，不立即处理的；

（七）发现重大的违法行为或者严重事故隐患，未及时向上级特种设备安全监督管理部门报告，或者接到报告的特种设备安全监督管理部门不立即处理的。

第八十七条 特种设备的生产、使用单位或者检验检测机构，拒不接受特种设备安全监督管理部门依法实施的安全监察的，由特种设备安全监督管理部门责令限期改正；逾期未改正的，责令停产停业整顿，处2万元以上10万元以下的罚款；触犯刑律的，依照刑法关于妨害公务罪或者其他罪的规定，依法追究刑事责任。

第七章 附 则

第八十八条 本条例下列用语的含义是：

锅炉，是指利用各种燃料、电或者其他能源，将所盛装的液体加热到一定的参数，并承载一定压力的密闭设备，其范围规定为容积大于或者等于30L的承压蒸汽锅炉；出口水压大于或者等于0.1MPa（表压），且额定功率大于或者等于0.1MW的承压热水锅炉；有机热载体锅炉。

压力容器，是指盛装气体或者液体，承载一定压力的密闭设备，其范围规定为最高工作压力大于或者等于0.1MPa（表压），且压力与容积的乘积大于或者等于2.5MPa·L的气体、液化气体和最高工作温度高于或者等于标准沸点的液体的固定式容器和移动式容器；盛装公称工作压力大于或者等于0.2MPa（表压），且压力与容积的乘积大于或者等于1.0MPa·L的气体、液化气体和标准沸点等于或者低于60℃液体的气瓶；氧舱等。

压力管道，是指利用一定的压力，用于输送气体或者液体的管状设备，其范围规定为最高工作压力大于或者等于0.1MPa（表压）的气体、液化气体、蒸汽介质或者可燃、易爆、有毒、有腐蚀性、最高工作温度高于或者等于标准沸点的液体介质，且公称直径大于25mm的管道。电梯，是指动力驱动，利用沿刚性导轨运行的箱体或者沿固定线路运行的梯级（踏步），进行升降或者平行运送人、货物的机电设备，包括载人（货）电梯、自动扶梯、自动人行道等。

起重机械，是指用于垂直升降或者垂直升降并水平移动重物的机电设备，其范围规定为额定起重量大于或者等于0.5t的升降机；额定起重量大于或者等于1t，且提升高度大于或者等于2m的起重机和承重形式固定的电动葫芦等。

客运索道，是指动力驱动，利用柔性绳索牵引箱体等运载工具运送人员的机电设备，包括客运架空索道、客运缆车、客运拖牵索道等。

大型游乐设施，是指用于经营目的，承载乘客游乐的设施，其范围规定为设计最大运行线速度大于或者等于2m/s，或者运行高度距地面高于或者等于2m的载人大型游乐设施。

特种设备包括其附属的安全附件、安全保护装置和与安全保护装置相关的设施。

第八十九条 压力管道设计、安装、使用的安全监督管理办法由国务院另行制定。

第九十条 特种设备检验检测机构依照本条例规定实施检验检测，收取费用，依照国家有关规定执行。

第九十一条 本条例自2003年6月1日起施行。1982年2月6日国务院发布的《锅炉压力容器安全监察暂行条例》同时废止。

国务院关于加快振兴装备制造业的若干意见

国发〔2006〕8号

各省、自治区、直辖市人民政府，国务院各部委、各直属机构：

装备制造业是为国民经济发展和国防建设提供技术装备的基础性产业。大力振兴装备制造业，是党的十六大提出的一项重要任务，是树立和落实科学发展观，走新型工业化道路，实现国民经济可持续发展的战略举措。我国装备制造业经过50多年的发展，取得了令人瞩目的成就，形成了门类齐全、具有相当规模和一定水平的产业体系，成为我国经济发展的重要支柱产业。但我国装备制造业还存在自主创新能力弱、对外依存度高、产业结构不合理、国际竞争力不强等问题。为加快装备制造业的振兴，现提出以下意见：

一、明确目标原则，加快振兴步伐

(一)振兴目标

到2010年，发展一批有较强竞争力的大型装备制造企业集团，增强具有自主知识产权重大技术装备的制造能力，基本满足能源、交通、原材料等领域及国防建设的需要。依靠区域优势，发挥产业集聚效应，形成若干具有特色和知名品牌的装备制造集中地。建设和完善一批具有国际先进水平的国家级重大技术装备工程中心，初步建立以企业为主体的技术创新体系。逐渐形成重大技术装备、高新技术产业装备、基础装备、一般机械装备等专业化合理分工、相互促进、协调发展的产业格局。

(二)基本原则

1.坚持市场竞争和政策引导相结合。进一步完善促进装备制造业振兴的政策法规和标准体系，营造良好的市场环境，充分发挥市场在资源配置中的基础性作用，促进装备制造企业有序竞争；加强政府的组织领导和宏观调控，发挥行业指导作用，避免低水平重复建设，对关系国民经济和国防安全的重大技术装备制造和关键共性技术研发，给予必要的政策支持。

2.坚持对外开放和自主创新相结合。鼓励企业着眼于前沿领域，积极扩大开放，在引进国外先进技术的基础上，实现消化吸收再创新；建立产、学、研、用相结合的技术创新体系，培养一批创新人才，不断增强自主创新能力，促进装备制造业持续发展。

3. 坚持产业结构调整和深化企业改革相结合。按照走新型工业化道路的要求，结合"十一五"规划和振兴东北地区等老工业基地战略的实施，大力推进产业结构调整；创新管理体制和机制，加快建立现代企业制度，完善公司治理结构，增强企业活力和市场竞争能力。

4. 坚持重点发展和全面提升相结合。依托重点工程，研制一批对国民经济发展和产业升级影响大、关联度高的重点领域的重大技术装备，实现核心技术和系统集成能力的突破；以点带面，通过自主设计和自主制造，带动基础装备和一般机械装备产品及零部件生产制造水平的全面提升。

二、确定主要任务，实现重点突破

（三）选择一批对国家经济安全和国防建设有重要影响，对促进国民经济可持续发展有显著效果，对结构调整、产业升级有积极带动作用，能够尽快扩大自主装备市场占有率的重大技术装备和产品作为重点，加大政策支持和引导力度，实现关键领域的重大突破。

1. 发展大型清洁高效发电装备，包括百万千瓦级核电机组、超超临界火电机组、燃气—蒸汽联合循环机组、整体煤气化燃气—蒸汽联合循环机组、大型循环流化床锅炉、大型水电机组及抽水蓄能水电站机组、大型空冷电站机组及大功率风力发电机等新型能源装备，满足电力建设需要。

2. 开展1 000kV特高压交流和±800kV直流输变电成套设备的研制，全面掌握500kV交直流和750kV交流输变电关键设备制造技术。

3. 以一批大型乙烯项目为国产化依托工程，通过引进关键技术消化吸收再创新和自主开发，实现百万吨级大型乙烯成套设备和对二甲苯（PX）、对苯二甲酸（PTA）、聚脂成套设备国产化。

4. 进行大型煤化工成套设备的研制开发，满足我国能源结构调整的需要。

5. 研制大型薄板冷热连轧成套设备及涂镀层加工成套设备，实现成套设备国产化，满足汽车工业和家电等行业发展需要。

6. 发展大型煤炭井下综合采掘、提升和洗选设备以及大型露天矿设备，实现大型综采、提升和洗选设备国产化。

7. 开发大型海洋石油工程装备、30万t矿石和原油运输船、海上浮动生产储油轮（FPSO）、10 000箱以上集装箱船、LNG运输船等大型高技术、高附加值船舶及大功率柴油机等配套装备。

8. 以铁路客运专线、城市轨道交通等项目为依托，通过引进消化吸收先进技术和自主创新相结合，掌握时速200km以上高速列车、新型地铁车辆等装备核心技术，使我国轨道交通装备制造业在较短时间内达到世界先进水平。

9. 发展大气治理、城市及工业污水处理、固体废弃物处理等大型环保装备，以及海水淡化、报废汽车处理等资源综合利用设备，提高环保设备研发制造水平。

10. 满足铁路、水利工程、城市轨道交通等建设项目的需要，加快大断面岩石掘进机等大型施工机械的研制，尽快掌握关键设备制造技术。

11. 发展重大工程自动化控制系统和关键精密测试仪器，满足重点建设工程及其他重大（成套）技术装备高度自动化和智能化的需要。

12. 发展大型、精密、高速数控装备和数控系统及功能部件，改变大型、高精度数控机床大部分依赖进口的现状，满足机械、航空航天等工业发展的需要。

13. 发展新型纺织机械，重点对日产200t以上涤纶短纤维成套设备、高速粘胶长丝连续纺丝机、高效现代化成套棉纺设备、机电一体化剑杆织机和喷气织机等新型成套关键设备技术攻关和产业化，促进纺织行业技术升级。

14. 发展新型、大马力农业装备，提高大马力拖拉机、半喂入水稻联合收割机、玉米联合收割机、采棉机等国产化水平和技术档次，改变目前91 937W（125hp）以上拖拉机、新型农业装备主要依赖进口的状况。

15. 发展集成电路关键设备、新型平板显示器件生产设备、电子元器件生产设备、无铅工艺的整机装联设备、数字化医疗影像设备、生物工程和医药生产专用设备等，促进装备制造业全面升级。

16. 发展民用飞机及发动机、机载设备。

三、制定振兴措施，明确工作方向

（四）以结构调整为主线，优化装备制造业产品和产业结构。重点发展具有自主知识产权的重大技术装备和重要基础装备，在立足自主研发的基础上，通过引进消化吸收，努力掌握核心技术和关键技术，实现再创新和自主制造；大力发展高新技术产业装备，通过与国外具有先进技术水平的企业合作，广泛开展联合设计、联合制造，逐步实现自主制造的目标；全面提升一般机械装备的制造水平，充分运用市场机制，进一步提高装备的产品质量和技术含量，降低生产成本，增加产品的附加值。积极发展高效、节能、低（零）污染的优势产品及清洁制造技术，逐步淘汰落后产品及制造技术。结合国民经济中长期发展规划，充分整合现有资源，发挥比较优势，合理规划确定我国装备制造产业布局，形成一批特色鲜明、重点突出的产业集群和装备制造集中地。

（五）以科技进步为支撑，大力提高装备制造企业自主创新能力。装备制造企业要以系统设计技术、控制技术与关键总成技术为重点，增加研发投入，加快提高企业的自主创新和研发能力。国家将重点支持自主创新项目，包括原始创新、集成创新和在引进消化吸收基础上再创新的项目。对关系国家全局和战略利益、企业难以独立完成的重大技术装备，有关部门要给予必要的支持，集中力量取得突破。鼓励企业通过自主开发、引进技术消化吸收以及国际合作、并购、参股国外先进的研发、制造企业等方式掌握核心技术。鼓励企业与科研院所、大专院校联合开展研发工作，并加快研究成果的产业化进程，创建一批享誉国内外的知名品牌。

（六）以重点工程为依托，推进重大技术装备自主制造。国家在核准或审批重点建设工程时，要有针对性地安排一批重大技术装备自主化依托工程，并要求项目业主和制造部门联合制定详细的装备自主制造实施方案，有关企业和单位要给予大力支持。工程项目重大技术装备需要引进技术的，承接技术转让的单位必须具有消化吸收、研发创新能力和实施产业化的基本条件。凡属于重点领域的工程项目所需装备，均应纳入统一组织的招标工作范围，国家有关部门对招标工作进行必要的组织、协调和指导。

（七）以市场为导向，发展壮大一批大型装备制造企业和工程公司。装备制造企业要加快建立现代企业制度，深化内部改革，转换经营机制。鼓励社会资金特别是大型国有和国有控股企业以并购、参股等多种方式参与国有装备制造企业的改革和不良资产的处置。对在重大技术装备制造领域具有关键作用的装备制造骨干企业，要在保证国家控制能力和主导权的基础上，支持其进行跨行业、跨区域、跨所有制的重组。大型重点骨干装备制造企业控股权向外资转让时应征求国务院有关部门的意见。鼓励装备制造企业之间、关联企业之间、企业与科研院所之间的联合、重组，通过多种途径培育大型企业集团。发挥市场导向和政策支持的作用，形成一批跨行业、跨地区的集系统设计、系统集成、工程总承包和全程服务为一体的工程公司，参与国家重点工程项目的建设和管理，并积极开拓国外市场。

（八）以装备制造业振兴为契机，带动相关产业协调发展。鼓励重大装备制造企业集团在集中力量加强关键技术开发和系统集成的同时，通过市场化的外包分工和社会化协作，带动配套及零部件生产的中小企业向“专、精、特”方向发展，形成若干各有特色、重点突出的产业链。有计划、有重点地研究开发重大技术装备所需的关键共性制造技术、关键原材料及零部件，逐步提高装备的自主制造比例。加强电子信息技术与装备制造技术的相互融合，以信息技术促进装备制造业的升级。

（九）以专业人才培养为重点，加强技术创新队伍建设。各级、各类教育机构要高度重视基础教育和人才培养，支持国家重大技术装备人才培养基地的建设。具备条件的高等院校要整合相关力量，加强技术创新人才培养；高等院校要与企业、科研院所加强合作，联合培育一批年富力强、具有创造性的中青年科技人才、管理人才和高级技工，特别要培养重大装备研制和系统设计的带头人才。采取持股、技术入股、提高薪酬等更加灵活的政策措施，吸引国内外高水平专业技术人才，为装备制造业长远发展造就雄厚的后备力量。对重大技术装备研制、开发、使用和推广做出突出贡献的人员，各级政府和有关部门要给予表彰和奖励。

四、完善法律法规，强化政策支持

（十）完善相关法律法规和标准。要在全面总结我国装备制造业发展的成功经验，借鉴国外通行做法的基础上，研究制定振兴装备制造业的有关法律法规，为装备制造业发展提供必要的法律保障。要充分发挥标准化在振兴装备制造业中的作用，提高国家标准、行业标准和企业标准的等级，完善我国装备制造业标准体系，为我国装备产品参与国际竞争创造条件。

（十一）制定重点领域装备技术政策。根据国民经济重点领域中长期发展的需要，制定科学合理、先进适用和相对稳定的装备技术政策，为装备制造业制定中长期技术引进和自主创新发展规划奠定基础。装备技术政策由发展改革委组织使用和制造部门及研究设计专家编制，经咨询论证并按程序审定后，作为国家审批和核准重点建设工程项目的依据。要抓紧制定电力工业大容量、高参数的发电和输变电，石油化工工业（含海洋石油工程）的炼油和化纤原料生产，煤炭工业的采掘，冶金工业的冶炼和轧制，建材工业的新型（环保）建筑材料生产，汽车工业的汽车产品关键总成生产，轨道交通运输业的新型轨道交通运输，远洋运输，民用航空航天工程，信息产业通讯工程，生物工程和医疗医药等领域的装备技术政策。

（十二）调整进口税收优惠政策。对列入国家发展重点的重大技术装备和产品，条件成熟时，由财政部会同发展改革委等部门制定专项进口税收政策，对国内生产企业为开发、制造这些装备而进口的部分关键配套部件和原材料，免征进口关税或实行先征后返，进口环节增值税实行先征后返。同时，取消相应整机和成套设备的进口免税政策。对国产装备不能完全满足需求，仍需进口的，作为过渡措施，经财政部会同发展改革委等有关部门严格审核，以逐步降低优惠幅度、缩小免税范围的方式，在一定期限内继续给予进口优惠政策。

（十三）鼓励订购和使用国产首台（套）重大技术装备。对订购和使用首台（套）国产重大技术装备的国家重点工程，可确定为技术进步示范工程，优先予以安排。尽快研究建立由项目业主、装备制造和保险公司风险共担、利益共享的重大技术装备保险机制，引导装备制造企业和项目业主对首台（套）国产重大技术装备投保。

（十四）加大对重大技术装备企业的资金支持力度。国家在年度投资安排中设立专项资金，对国家重点建设工程所需以及对结构调整和产业升级有重大影响的重大技术装备的技术进步项目，给予重点支持。鼓励符合条件的装备制造企业通过上市融资、发行企业债券等方式筹集资金。加大企业研发投入税前扣除等激励政策的力度，鼓励企业增加研发投入。完善重大装备技术研发资金管理，重点支持系统成套技术、自动化控制技术以及关键共性制造技术、基础性技术和原创性技术的研究开发。

（十五）支持企业分离办社会职能。重大技术装备企业要积极组织加快实施分离企业办社会职能，各级人民政府要给予大力帮助，安排一定的资金给予支持，国有资产监督管理等有关部门要积极推进主辅分离，努力减轻企业负担。

（十六）加强设备进口管理。重大成套装备及其技术的引进工作要有制造、研发和使用单位联合参与，对使用带有附加条件的境外资金直接进口国家重点发展的重大技术装备和重点产品要严格审查、论证。新建和改造工程项目不得进口高能耗、高污染、落后的设备。对承担国家重点工程项目的企业，为实现装备国产化需要进口相关设备和产品时，经认定并经海关审核，可以比照高新技术企业给予便捷通关的优惠。

五、加强领导协调，发挥协会作用

（十七）加强对振兴装备制造业的组织领导。在国务院统一领导下，由发展改革委负责振兴装备制造业的组织领导和协调工作，其职能主要是：组织编制国家重大技术装备规划，协调重大相关政策，推进重大技术装备国产化的落实，完成国务院交办的其他任务。

（十八）及时协调解决装备制造业发展中出现的问题。各地区要结合实际，建立促进装备制造业振兴的工作制度和机制，为促进装备制造业发展创造良好条件。装备制造行业主管部门和有关单位要在全面深入调查研究的基础上，制定装备制造业发展的中长期规划，加强宏观调控和政策引导，积极研究制定促进装备制造业振兴的政策措施，及时协调解决出现的问题。各有关部门要按照职责分工，对本意见明确的各项工作任务，抓紧制定具体的配套政策措施。

（十九）发挥行业协会的作用。各行业协会要充分发挥政府和企业之间的桥梁作用，建立市场供求、生产能力、技术经济指标等方面的信息定期发布制度和行业预警制度，向政府行政主管部门及时反映行业动向，提出政策建议，帮助企业协调解决有关问题，引导企业健康发展。同时，行业协会要加强自身建设，完善行业自律机制，努力成为独立、公正、自主运作的行业组织。

（二十）国防科技装备制造业，比照本意见执行。

国内投资项目不予免税的进口商品目录（2006年修订）（摘选）

现将《国内投资项目不予免税的进口商品目录（2006年修订）》予以公布。有关事项公告如下：

一、《国内投资项目不予免税的进口商品目录（2006年修订）》自2007年3月1日起执行，即自2007年3月1日起新批准的国内投资项目进口设备一律按照《国内投资项目不予免税的进口商品目录（2006年修订）》执行。

二、2007年3月1日以前批准的国内投资项目，其设备在2008年1月1日前进口的仍按照《国内投资项目不予免税的进口商品目录（2000年修订）》（2002年调整后的）执行；2008年1月1日以后（含1月1日）进口的一律按《国内投资项目不予免税的进口商品目录（2006年修订）》执行。

国内投资项目不予免税的进口商品目录（2006年修订）

编号	税号	设备名称	技术规格
通用设备			
七		起重机械	
1	84251900	提升机	滚筒直径≤5m
2	84253190	电动葫芦	所有规格
3	84261190	单梁起重机	所有规格
4	84261190	双梁桥式起重机	冶金：起重量≤400t；其他：起重量≤1 200t
5	84261200	带胶轮移动式吊运架及跨运车	所有规格
6	84262000	塔式起重机	起重力矩≤1 000t · m
7	84263000	门座式起重机	所有规格
8	84263000	门座式轮胎起重机	起重量≤50t
9	84264910	履带式起重机	起重量≤300t
10	84283200	斗式提升机	所有规格
11	84253190	水利启闭机	所有规格

（续）

编号	税号	设备名称	技术规格
12	84281090	升船机	所有规格
专用设备			
二十		船舶设备	
（二）		辅机	
1	84262000	船用吊机	起吊重量:单吊≤350t;双吊≤600t
8	84251900	船用救生艇降放装置	绞车工作负荷≤170kN
10	84261910	船用起货绞机	负载≤150kN
	84261921		
	84261929		
二十三		建材设备	
（一）		水泥	
1	84178030	水泥回转窑	所有规格
三十		仓储及停车场设备	
1	84798990	自动化立体仓储成套设备	所有规格
2	84798990	立体停车场设备	所有规格
三十二		矿冶、港口机械	
（一）		露天矿设备	
1	84283300	排土机	出力≤4 500m^3/h
2	84303100	矿用挖掘机	斗容≤23m^3
（二）		洗煤设备	
4	84741000	振动筛	筛面面积≤50m^2
5	84741000	跳汰机	筛面面积≤40m^2
6	84742010	双齿辊破碎机	直径≤1.25m
（三）		选矿设备	
2	84305031	牙轮钻机	钻头直径≤310mm
	84305039		
3	84741000	浮选机	槽容量≤40m^3
4	84741000	磁选机	所有规格
5	84742090	旋回破碎机	腔体直径≤1 600mm
6	84742090	圆锥破碎机	腔体直径≤2 200mm
7	84742020	球磨机	所有规格
（四）		装卸机械	
1	84261910	散料装船机	装卸能力≤6 000t/h
2	84261910	岸边集装箱起重机	起重量≤40.5t
	84261921		
	84261929		
3	84261921	抓斗卸船机	装卸能力≤2 100t/h
4	84261929	链斗式连续卸船机	卸货量≤1 600t/h
5	84261930	集装箱龙门起重机	所有规格
6	84261930	轨道式龙门起重机	起重量≤100t
7	84263000	多用途门座起重机	所有规格

（续）

编号	税号	设备名称	技术规格
8	84283300	装车机、卸车机	所有规格
	84283910		
	84283920		
	84283990		
10	842710	堆取料机	臂式：堆取能力≤4 000t/h；门式：堆取能力≤3 000t/h
	84798990		
（五）		开采设备	
2	84251900	提升机（电控除外）	卷筒直径≤5m
5	84279000	巷道装药器	容量≤700L
6	84303100	采煤机	所有规格
	84303900		
7	84303100	双滚筒采煤机	功率≤1 800kW
（六）		索道及输送机	
1	84283300	固定式带式输送机	带宽≤3m，带速≤7m/s
2	84283300	管状带式输送机	管径≤850mm
3	84283300	移动式带式输送机	输送能力≤2500t/h，单点机头驱动长度≤2 500m
4	84283300	波状挡边带式输送机（大倾角带式输送机）	带宽≤2m
5	84283900	混匀取料机	所有规格
	84283910		
	84283920		
	84283990		
6	84283910	刮板输送机	功率≤1 000kW
7	84283910	埋刮板输送机	槽宽≤1.25m，输送能力≤2 000t/h
8	84283910	悬挂及地面链式输送机	所含设备所有规格
9	84283990	滚道输送机	所有规格
10	84283990	螺旋输送机	所有规格
11	84286010	货运架空索道	运货能力≤600t/h
12	84286021	客运架空索道	所有规格
	84286029		
（七）		破磨设备	
1	84742010	破碎机	所有规格
	84742020		
	84742090		
2	84742010	磨粉机	所有规格
	84742020		
	84742090		
3	84742090	辊压机	所有规格
三十五		冶金设备	
（一）		炼铁设备	
1	84178010	炼焦炉	顶装焦炉碳化室高度<7.63m；侧装焦炉碳化室高度<6m
（二）		炼钢设备	
1	84541000	转炉	炉膛容积≤300t
（三）		连铸设备	
1	84543021	普通钢方坯、圆坯连铸机；合金	所有规格（厚度≥300mm 厚板坯连铸机、厚度≤45mm 薄

（续）

编号	税号	设备名称	技术规格
	84543022 84543029 84543090	钢方坯连铸机；板坯连铸机	带坯连铸机除外）
（四）		轧钢设备	
1	84551010	无缝管轧机	直径≤250mm
2	84552110 84552210	冷、热连轧板带轧机	板宽≤2.2m 热连轧机；板宽≤2m 冷连轧机
3	84552110	中板轧机	板宽≤4m
4	84552120	普通型钢轧机	所有规格
5	84552130	线材轧机	所有规格
6	84552190	初轧开坯机	所有规格
7	84552190	普通中小型棒材轧机（含半连轧、连轧机组）	所有规格

说明：

1. 本目录不含符合《当前国家重点鼓励发展的产业、产品和技术目录》、《产业结构调整指导目录》中鼓励类投资项目按合同随设备进口的技术及配件、备件。

2. 对"生产线"及"成套设备"内含的本目录所列设备，如符合"功能机组"规定的，按《中华人民共和国进出口税则》第16类类注四和第91章章注三的规定归类，否则，应分别归类。本目录列名的"…生产线、…成套设备、…系统"的全部设备，无论成套或单独进口其中某一台，都受本目录限制。

3. 凡本目录中未注明"所有税号"的，即仅指该类中的列名商品。

4. 本目录所列商品的税则号列，如与海关商品归类的原则不一致的，由国务院关税税则委员会办公室商同海关总署关税司调整。

5. 本目录对所列商品的行业分类，主要为查找方便。在实际执行中，进口本目录中的列名商品，一律不予免税。

起重机械制造监督检验规则

（TSG Q7001—2006）

第一条 为了加强对起重机械制造监督检验的管理，规范监督检验行为，保证监督检验工作质量，根据《特种设备安全监察条例》以及《起重机械安全监察规定》的有关规定，制定本规则。

第二条 本规则所称的制造监督检验（以下简称制造监检），是指由国家质量监督检验检疫总局（以下简称国家质检总局）核准的检验检测机构（以下简称监检机构），在起重机械制造现场的制造过程中，在起重机械制造单位（以下简称制造单位）质量检验（以下简称自检）合格的基础上对产品安全性能的监督验证。

制造监检不能代替制造单位的自检。

第三条 对实施制造监检的起重机械产品，必须逐台进行制造监检。

实施制造监检的起重机械目录见附件A。

第四条 监检机构所监检的产品应当在制造单位制造许可证或者其型式试验备案公告的范围内（境外制造境内使用的起重机械除外）。

提供形式试验的起重机械样机，也应当按照本规则的规定进行制造监检。

第五条 制造单位在使用现场制造起重机械时，应当按照有关规定，报请制造现场所在地的省级质量技术监督部门授权的监检机构实施制造监检。

第六条 制造监检工作的技术要求依据GB6067—1985《起重机械安全规程》、GB3811—1983《起重机设计规范》等有关起重机械安全技术规范及所引用的标准和设计图样。

第七条 监检机构应当按照《起重机械制造监督检验项目、类别、内容与要求》(见附件B,以下简称《监检内容与要求》)和《起重机械制造监督检验项目表》(见附件C以下简称《监检项目表》)的要求进行制造监检。

制造监检项目包括以下方面内容:

(一)对制造过程中涉及安全性能的项目,如技术文件、原材料、配套件、外协件、主要受力结构件质量及其质量控制等进行确认核实;

(二)对制造单位质量管理体系运转情况进行检查。

第八条 起重机械的制造监检项目分为A、B两类(见附件B),监检方式如下:

(一)A类制造监检项目,从事制造监检的人员(以下简称监检人员)在对制造单位制造活动现场进行巡查的基础上,必须对其文件资料、实物进行现场检查或者现场监督,确认结果,判断是否符合要求,未经现场监检确认或者监检确认不合格的,该产品不能流转至下一道工序。

(二)B类制造监检项目,监检人员在对制造单位制造活动现场进行巡查的基础上,按照规定或者随机抽查其文件资料、报告、记录表、卡,必要时按照规定抽查实物或者进行现场监督,确认结果,判断是否符合要求。

对制造监检的检查、抽查或者现场监督等,监检人员都应当在制造单位提供的相应工作见证资料(设计文件、检验报告、试验报告、记录表、卡等,以下简称工作见证资料)上签字确认。根据不同的制造监检方式,在工作见证资料上签字确认时,应当注明制造监检确认的方式(资料确认、实物检查、现场监督)、具体内容和签字日期。

第九条 《监检内容与要求》和《监检项目表》所列内容不能满足监检要求时,监检机构可以根据制造单位提供的设计文件、工序、工艺过程资料和检验要求,从有效控制受检产品的安全质量出发,适当调整制造监检项目,在报国家质检总局备案后,通知制造单位。

第十条 监检机构应当根据本规则的规定,制定包括监检程序、监检流程图、监检记录等在内的制造监检工作指导书,并且将制造监检工作指导书报省级质量技术监督部门备案。制造监检记录如果需要另列表格或者附图的,应当由监检机构批准后统一实施。

监检机构应当与制造单位商定在制造单位提供的工作见证资料上签字确认的具体办法,并且对制造监检过程实施严格控制。

第十一条 监检机构应当根据制造单位生产的具体情况,配备相应数量的监检人员,并且结合制造监检工作的需要组成制造监检组。监检人员名单应当由监检机构正式通知制造单位。

监检机构应当为监检人员配备必要的检验和检测工具,对监检人员进行法规、安全技术规范等相关知识的培训和定期考查。

第十二条 监检人员应当根据附件A至附件C的要求从事制造监检工作,及时记录、填写《监检项目表》(必要时附相应工作见证资料),对制造单位提供的技术文件应当予以保密。监检记录应当有监检人员的确认签字。《监检项目表》、监检记录以及工作见证资料应当存档备查,保存期不少于5年。

第十三条 制造监检过程中,发现制造单位违反有关规定,出现被监检项目不合格、产品质量不稳定或者质量管理体系运转不正常等问题时,对一般问题,监检人员应当向制造单位发出《特种设备监督检验工作联络单》(见附件D,以下简称《监检工作联络单》);属于严重问题,监检机构应当向制造单位签发《特种设备监督检验意见通知书》(见附件E,以下简称《监检意见通知书》),同时报告所在地的市(地)级质量技术监督部门、省级质量技术监督部门和制造许可的审批机关。制造单位对提出的监检意见如拒不接受或者不能及时纠正,监检机构应当及时向上级质量技术监督部门报告。

第十四条 经制造监检合格的产品,监检机构应当及时汇总和审核工作见证资料,在10个工作日内向制造单位按台出具《起重机械制造监督检验证书》(见附件F、附件H,以下简称《监检证书》),并且在产品铭牌上打上监检钢印标志(见附件G)。《监检证书》一式三份,一份由制造单位随产品出厂资料交使用单位,另两份分别由监检机构和制造单位存档。

第十五条 监督检验机构每年应当对制造单位质量管理体系至少进行一次检查。

第十六条 制造单位应当确定监检工作的联络人员,在制造起重机械产品前,向当地省级质量技术监督部门授权的监检机构报检,报检时将生产计划一并报上,对A类项目应当及时通知监检机构。

第十七条 制造单位应当在现场向监检机构及监检人员提供必要的工作条件和以下文件、资料:

(一)质量管理体系文件(包括质量管理手册、程序文件、管理制度、责任人员的任免文件、质量信息反馈资料等);

(二)持证焊接人员名单(列出持证项目、有效期等)一览表;

(三)从事起重机械检查、试验人员名单;

(四)从事无损检测人员名单(列出持证项目、级别、有效期等)一览表或者外包有资格的无损检测单位名单;

(五)起重机械的设计文件,工艺文件和检验资料以及焊接工艺评定一览表(仅用于现场见证时查阅);

(六)起重机械的生产计划;

(七)起重机械的生产合同以及技术协议。

上述文件、资料如果有变更,制造单位应当及时通知监检机构。

第十八条 制造单位对监检人员发出的《监检工作联络单》和监检机构发出的《监检意见通知书》,应当在规定的期限内及时处理和回复。

第十九条 制造单位对制造监检结果有异议,应当在15日内书面向监检机构提出复检要求;对复检结果仍有异议的,可以书面向所在地的市(地)级质量技术监督部门或者省级质量技术监督部门提出,必要时,可以直接向国家质检总局提出。受理机关对反映的问题应当及时调查予以处理。

第二十条 本规则由国家质检总局负责解释。

第二十一条 本规则自2006年10月1日起施行。

附件A

实施制造监督检验的起重机械目录

序号	设备类别(类型)	设备品种(型式)	设备基本代码
1	桥式起重机	通用桥式起重机	4110
		电站桥式起重机	4120
		防爆桥式起重机	4130
		绝缘桥式起重机	4140
		冶金桥式起重机	4150
		架桥机	4160
		电动葫芦桥式起重机	4190
		防爆梁式起重机	41A0
2	门式起重机	通用门式起重机	4210
		水电站门式起重机	4220
		轨道式集装箱门式起重机	4230
		万能杆件拼装式龙门起重机	4240

（续）

序号	设备类别（类型）	设备品种（型式）	设备基本代码
		岸边集装箱起重机	4250
		造船门式起重机	4260
		电动葫芦门式起重机	4270
		装卸桥	4280
3	塔式起重机	普通塔式起重机	4310
		电站塔式起重机	4320
		塔式皮带布料机	4330
4	门座起重机	港口门座起重机	4710
		船厂门座起重机	4720
		带斗门座式起重机	4730
		电站门座起重机	4740
5	升降机	曲线施工升降机	4810
		锅炉炉膛检修平台	4820
		钢索式液压提升装置	4830
		电站提滑模装置	4840
		升船机	4850
		施工升降机	4860
		简易升降机	4870

中国重型机械工业年鉴2007

大事记

记载2006年发生的重型机械行业重大事件

大事记

2006 年重型机械行业大事记

1 月

9 日 西安重型机械研究所谢东钢所长出席了在北京隆重开幕的全国科学技术大会，并作为全国约 400 个改制研究院所的代表在 11 日闭幕式上发言。这是重型机械行业的光荣，为行业的自主创新和产品开发赢得了荣誉。

2 月

6～10 日 国务院总理温家宝在中南海主持召开四次座谈会，征求对即将提请全国人大审议的《政府工作报告》和《中华人民共和国国民经济和社会发展第十一个五年规划纲要（草案）》的意见。西安重型机械研究所所长谢东钢作为科技界代表，出席了教育、科技、文化、卫生和体育界代表座谈会，汇报了西重所 6 年来企业化转制和科技创新的成果，并就贯彻全国科学技术大会精神、推进自主创新等问题提出了建议。

4 月

4 日 国务院副总理曾培炎莅临中信重型机械公司视察工作，陪同视察的有河南省委书记徐光春、省长李成玉、省委常委洛阳市委书记孙善武、市长连维良和国家、省市有关部门等主要领导。曾培炎副总理仔细询问了企业的技术创新、产品研发、结构调整、技术改造和国际市场的开发情况，察看了新建的现代化厂房和引进的世界一流装备和大型产品的生产情况。他指出，要走出一条振兴国企的道路，就要大力开展技术创新和技术改造，赶超世界先进水平。他为中信重机这个国有大型企业展现出的良好发展局面感到高兴，希望中信重机为促进中部崛起做出更大的贡献。

6～7 日 中国重型机械工业协会在河南省洛阳市召开了 2006 年度重型机械行业主要科研设计院所和高校等单位主要领导座谈会，对重机行业“十五”期间的科技工作进行了总结，对“十一五”科技工作重点发展方向、新工艺、新产品的创新设想等进行了交流和座谈。汪建业理事长作了《发挥“十五”行业蓄势潜能，推进“十一五”企业自主创新》的发言，国家发展和改革委员会工业司黄鹂处长、高新技术司张力超副处长和经济运行局李镜处长、工程院钟掘院士、原机械工业部赵明生副部长作了重要讲话，与会科研设计院所和高校的领导分别介绍了本单位“十五”科技工作的成绩和经验以及“十一五”科技工作的设想。与会代表认为“十一五”科技工作开发方向要以贯彻《国务院关于加快振兴装备制造业的若干意见》为动力，加强自主创新和产品开发，推动重型机械行业的发展。全行业要团结协作，形成以企业为主体、市场为导向、产学研相结合的技术创新体系。中国重型机械工业协会为促进行业的自主创新，应抓好以下三方面工作：建立行业准入标准，提高行业技术水准；提出和不断修正《限制进口目录》，防止低水平重复引进，以利于企业自主创新能力的提高；研究并向国家有关部门反映各种不利于企业自主创新的机制和体制性障碍，为大力推进企业自主创新创造良好的环境。

17 日 太原重型机械集团有限公司自行研制的我国首台 WK—20 型千万吨级煤矿用挖掘机在神华集团准格尔能源公司黑岱沟特大型露天煤矿正式投入使用。这项成果填补了国内空白，我国 2 000 万吨级以上的煤矿矿用挖掘机结束了长期被国外垄断的历史。WK—20 型矿用挖掘机使用了先进的交流变频控制技术，平稳性、可靠性和工作效率大大提高，核心技术甚至优越于国外同类产品。这标志着我国大型矿用挖掘机研制技术取得了重大突破，将为我国“十一五”期间大型露天煤矿提供稳定的设备来源。

25日 受国家发展和改革委员会委托，中国机械工业联合会副会长孙昌基率专家组到中国第二重型机械集团公司，对“中国二重核电、水电大型铸锻件国产化项目”进行审查，该项目通过了专家组评审。国家发展和改革委员会陈斌副司长说，重点项目的国产化关键是要抓住核心、抓住重点，使核心的东西不进口、不受制于人。核电最核心的是大型锻件，国家已经下决心要把它搞上去，一重、二重等中央企业应该承担起国家的重托。

27日 沈阳重型机械集团有限责任公司“金星—1号”双护盾硬岩掘进机在重装车间隆重剪彩，标志着我国首台自主成套达国际先进水平的盾构机诞生。这台硬岩掘进机用于青海引水工程，盾头直径5.93m、长160m。

5月

11日 由国家发展和改革委员会、中国机械工业联合会、中国重型机械工业协会、国务院三峡办、国家核安全局、清华大学等单位12位专家组成的专家组，到中国第一重型机械集团公司对该公司申报的“核电、水电大型铸锻件国产化项目及关键技术攻关”课题进行审查。该项目通过了专家组评审。

26日 第一重型机械集团公司承制尼日利亚董氏集团900mm五机架冷连轧机组项目签约仪式在北京举行。一重集团公司将为尼日利亚钢铁工业提供非洲第一条也是最先进的冷连轧机组，是一重走进非洲市场的一个关键项目。该机组是一条具有世界先进水平的冷轧生产线，其轧制速度为1 200m/min，带材厚度0.8mm。钢铁工业是尼日利亚的重点发展领域，该项目的建成投产将对董氏集团乃至尼日利亚钢铁工业产生积极影响。

6月

5~7日 中国重型机械工业协会2006年分会秘书长工作会议在江西省鹰潭市召开，出席会议的有重机协会秘书处成员和各分会秘书长或代表。汪建业理事长就当前重机行业的发展形势、推进科技自主创新和协会工作发表了重要的讲话；徐善继秘书长作了《2005年工作总结和2006年工作安排》的报告；代表们就分会工作进行了交流。汪建业理事长、徐善继秘书长再一次强调了分会工作的重要性，分会秘书长肩负重任，要充分发扬社团组织民主协商的精神，把重机协会秘书处与各分会构筑成合作共赢、高效有序的管理网络，进一步促进重机行业的发展。

19日 国务院振兴装备制造业工作会议召开，《国务院关于加快振兴装备制造业的若干意见》正式发布，标志着具有政策背景、代表国家意志的振兴装备制造业工作正式启动。会议还表彰了在重大技术装备国产化工作中作出突出贡献的单位和先进个人，其中重型机械行业受到表彰的单位有：中国第一重型机械集团公司、中国第二重型机械集团公司、西安重型机械研究所、上海振华港口机械（集团）股份有限公司；受到表彰的个人有：中国第一重型机械集团公司总经理吴生富、中国第二重型机械集团公司副总经理曾祥东、太原重型机械集团有限公司董事长高志俊。

29日 沈阳市政府将沈阳重型机械集团有限责任公司和沈阳矿山机械（集团）有限责任公司重组。重组后的北方重工集团有限公司将在2~4年内打造成具有国际先进水平、国内一流的大型装备企业集团，争取2008年实现销售收入100亿元，2010年实现销售收入200亿元。

7月

16日 中共中央政治局常委、国务院总理温家宝莅临中信重型机械公司视察工作。国家发展和改革委员会主任马凯、财政部部长金人庆、农业部部长杜青林、河南省委书记徐光春、省长李成玉等陪同视察。温总理同任沁新总经理在车间里边走边谈，每到一处都向职工们亲切问好，握手交谈。看到公司先进的技术装备，了解到公司雄厚的重大装备制造和研发能力后，温总理看到具有50年历史的老国企的发展现状非常高兴，说这样才有与国外公司竞争的实力，非常好。温总理一行随后前往公司二号社区视察，详细了解了社区的低保办理情况、居民就业情况、职工家属经济状况、文化生活以及综合治理情况，还先后深入到两户人家，同他们亲切交谈。

☆ 大连重工·起重集团公司与烟台来福士海洋工程有限公司签下一笔2万t桥式起重机设计、制造的“超级”合同。这台当今世界提升重量最大的吊机，将从根本上改变传统海上钻井平台的建造方法，在中国乃至世界海工项目建造领域都将产生重大的影响。

这是该集团自主研发、原始创新的新型设备，提升重量达2万t，最大提升高度118m，横梁长129m，可一次将2万t以下的分段提升到70m的高空安装，而钻井平台所有的分段建造、设备安装都将在陆地上完成，每个平台的建造可节省100万个工时，在项目成本控制和总的建造周期控制上具有极其重要的作用。该项目由大连重工·起重集团独立设计、制造、安装、调试。

21日 由中国机械工业企业管理协会主办、机械工业经济管理研究院和世界经理人网站联合承办的2006“中国机械500强”发布会，在北京人民大会堂隆重举行。重型机械行业进入2006“中国机械500强”的企业有：大连重工·起重集团有限公司、太原重型机械集团有限公司、中信重型机械公司、中国第一重型机械集团公司、中国第二重型机械集团公司、沈阳矿山机械（集团）有限责任公司、沈阳重型机械集团有限责任公司、上海建设路桥机械设备有限公司和太原矿山机器集团有限公司。

23日 国家科学技术部、国务院国资委和中华全国总工会联合宣布：创新型企业试点工作全面启动，首批103家企业入选全国首批创新型试点企业，重型机械行业的西安重型机械研究所、太原重型机械集团有限公司名列其中。这项工作的目的是通过政府的引导，探索促进企业成为技术创新主体的有效模式和措施，上榜企业将成为全国创新型企业的表率，以带动全国的企业增强技术创新能力，提高市场竞争力。科技部、国资委和全国总工会三部门将对这些企业在资金、技术、政策上给予支持，并在运营环境上给予优先照顾。三部门将在适当时机组织创新型企业的评估，在试点过程中成效显著并符合相关条件的企业，将被命名为“创新型企业”。

28日 世界单件最重的整体铸钢件鞍钢5.5m宽厚板轧机机架，在中国第一重型机械集团公司通过5个钢包一次合浇成功，钢水总重743t，为目前世界整体铸件浇注所用钢水之最。该机架铸件长15.9m，宽4.67m，立柱厚2.3m。该机架的浇注成功，使一重继2005年11月一次用716t钢水成功浇注鞍钢5m轧机机架之后，再次创造世界整体铸钢件一次浇注新纪录。

8月

2日 西安重型机械研究所研制的ϕ60～200mm七辊棒材矫直机组在大连金牛股份有限公司（原大连特钢）验收投产。通过生产运行和考核，设备的主要技术指标、设备功能和产品质量均达到合同要求，设备结构紧凑、参数合理，其矫直速度、矫直精度和产量等完全符合生产要求，运行稳定、动作流畅到位、操作简捷、维护方便，性价比良好，金牛公司对这个国内最大规格的棒材矫直机非常满意。西安重型机械研究所大规格棒材矫直机技术取得重大突破，又成功地创造了一项矫直最大规格的“中国第一”。

5～7日 2006年重型机械行业科技评审会在山东省青岛市召开。与会专家按专业分组对全行业企业、科研单位、大专院校申报的43项中国机械工业科学技术奖项目进行审查，共有28项成果获得专家好评。重型机械行业2006年度共荣获“中国机械工业科学技术奖”28项，其中一等奖3项（宝钢5 000mm宽厚板轧机研制，由中国第二重型机械集团公司、宝山钢铁股份有限公司完成；连铸机张力板簧导向蜗线齿轮变速非正弦振动技术及装备，由燕山大学、鞍钢新轧钢股份有限公司完成；MPF1713辊盘式磨煤机，由沈阳重型机械集团有限责任公司完成），二等奖12项，三等奖13项。

26日　太重煤机煤矿成套装备有限公司成立暨煤机成套装备制造基地奠基仪式在太原举行。太重煤机煤矿成套装备有限公司是山西省整合山西焦煤集团等7个煤炭企业，由这些企业投资3亿多元作为股东，又组织太重煤机公司、太矿集团公司、平阳重工有限公司、山西防爆电机有限公司和国家煤科研究总院山西分院等9个企业及科研单位所组成的，打破了中央企业同地方企业的隔膜，打破了中央科研院所同地方企业的壁垒，实现了各种有形资产和品牌资产的优化配置，形成一种新的经济实体，是山西装备制造业发展史上的一次大整合。新公司设在太原经济技术开发区，占地43.13万m^2（647亩），总投资9.8亿元，工程建设周期两年，2010年达到产量产值目标，实现销售收入30亿元，利税2亿元。在新的煤机项目建设中，太矿将形成具有国际水平的国家级煤机生产、试验和成套基地。届时，山西的采煤机、转载机、运输机和液压支架组成的"三机一架"综采成套设备，可以为煤矿进行一条龙式地服务。

31日　中国第二重型机械集团公司为波兰米塔尔钢铁公司克拉科夫钢厂生产的2 250热连轧机全线收尾。这是国内首次承担对外出口热连轧机成套机械项目，是二重加强与世界著名大公司——目前世界钢产量最大的米塔尔钢铁公司合作迈出的坚实步伐，合同额高达3 250万欧元，创国内重工行业出口项目合同金额之最。在13个月的时间里，二重成功生产了包括粗轧、立辊、精轧、飞剪、辊道、夹送辊、机架、卷取机、层流装置、保温罩等全线设备，机器产品产量近1万t。该项目对二重大力实施"走出去"战略，提高国际贸易水平和参与国际竞争意义重大。

月内　中信重型机械公司在大型采掘装备领域又获新突破，成功设计制造出具有完全自主知识产权的世界直径最大的竖井钻机，钻孔直径达13m，钻深1 000m，最大起吊能力700t，标志着我国大钻机研发和制造整体水平达到世界一流。

大型竖井钻机涵盖了机械、电气、液压、泥浆循环等多种技术，目前世界上只有美国、日本、德国和我国拥有制造大规格钻机的核心技术，中信重机是我国目前惟一拥有大口径竖井钻机设计和制造技术的厂家。大型竖井钻机的出现，使在不稳定地层地域建设大型煤矿成为可能，中信重机的竖井钻机为中国煤炭工业做出了"特殊贡献"。

9月

1日　中国名牌战略推进委员会公布2006年"中国名牌产品"名单，共有91类556个产品，其中重型机械行业企业产品有2类8个产品，它们是：005桥、门式起重机械"DCW"牌（大连重工·起重集团有限公司）、"TZ"牌（太原重型机械集团有限公司）、"卫华"牌（卫华集团有限公司）；013破碎粉磨设备：磨煤机"沈重"牌（沈阳重型机械集团有限责任公司）、"SEC"牌（上海重型机器厂有限公司）、"济重"牌（济南重工股份有限公司），球磨机"LK"牌（中信重型机械公司），破碎机"山宝"牌（上海建设路桥机械设备有限公司）。

同日，中国名牌战略推进委员会公布2006年度"中国世界名牌产品"名单，共有4个产品，其中重型机械行业企业有1个产品，即"ZPMC"牌集装箱起重机（上海振华港口机械（集团）股份有限公司）。

5~7日　世界上最大的金沙江溪洛渡2×8 000kN固定卷扬式启闭机在中信重机公司制造完成并通过出厂验收。来自三峡总公司溪洛渡工程建设部、检测中心以及中国水电顾问集团成都勘测设计院、长江水利委员会设计院枢纽处等单位的验收专家组认为，中信重机在该产品的设备制造质量上达到了合同要求。

6~8日　2006年全国起重机新技术大会在辽宁省大连市召开，会议由北京起重运输机械研究所、国家起重运输机械质量监督检验中心、全国起重机械标准化技术委员会、中国重机协会物料搬运机械工作委员会、桥式起重机分会、葫芦单梁起重机分会、中国机械工程学会物流工程分会等单位共同主办，来自全国25个省市的170个单位参加了会议，总人数超过300人。这是我国起重机行业一次空前的盛会，其宗旨是跟踪国际起重机发展趋势，展示我国起重机最新技术发展，推进行业科技创新，满足用户需求。大会主题为“技术创新与新技术”。大连重工·起重集团有限公司、太原重型机械集团有限公司、北京起重运输机械研究所、上海三一研究总院、德马格起重机械（上海）有限公司、科尼起重机设备（上海）有限公司、俄罗斯重型机械联合公司等十多位专家围绕起重机创新设计、新技术、新产品作了精彩的专题技术报告。

15日 中国重型机械研究院自主开发研制的5m数控径—轴向轧环机在西南铝业（集团）有限责任公司锻造厂试车成功并通过了验收。这是目前国内最大的轧制铝质环件的设备，其产品主要用于我国的航天和国防工业。该轧环机的研制成功，标志着我国轧环设备从轧制单一的黑色金属环件向轧制多种有色金属环件发展，结束了大型径—轴向轧环设备依赖进口的历史，加速了我国轧环技术的进步。

29日 昆山荣星动力传动有限公司为江苏省沙钢集团5m宽厚板轧机项目主轧机配套的两根ZZJ110/125万向轴顺利通过国外专家验收。5m宽厚板轧机是目前国内轧制力最大的轧机，此前只有上海宝钢建成过一条5m宽厚板轧钢生产线，其配套的万向轴是从德国进口的。

昆山荣星动力传动有限公司研制的万向轴直径1.25m、长度14.395m，每根重量50t，传递最大转矩为3 348t·m，是目前国内也是世界上最大的万向轴，其试制成功是轧钢机装备业关键部件国产化的重大突破。目前世界上只有一两个发达国家能生产此类万向轴，而国产重载万向轴的价格仅为进口价格的1/3。

10月

26日 经国家有关部门批准，中国重型机械研究院在西安重型机械研究所50华诞之际揭牌成立，西安重型机械研究所同时启用中国重型机械研究院名称，在过渡时期西安重型机械研究所名称继续使用。谢东钢任中国重型机械研究院院长兼党委书记。省、市领导及中国机械工业集团公司领导莅临庆祝大会。

11月

8日 大连重工·起重集团有限公司与国际铸件巨头福伊特西门子水电设备有限公司举行签字仪式，正式建立铸钢件长期战略合作伙伴关系。

福伊特西门子水电公司作为当今世界最大的水电设备供应商，不仅具备卓越的大型铸钢件制造技术，而且在质量控制、综合管理等方面也处于国际领先地位。此次合作，双方本着“互惠互利，合作共赢”的原则，福伊特西门子公司每年将在大连重工·起重集团采购不少于1 500t的铸件，合作批量生产70万kW大型水轮机组转轮上冠、下环、叶片等不锈钢铸件。更为重要的是，福伊特西门子公司派专家对大连重工·起重集团铸钢公司的冶炼技术、质量控制以及综合管理进行多方位的指导和培训，使双方关系进入一个从市场到产品、从技术到管理全方位开展长期战略合作的全新阶段。大连重工·起重集团将以此次合作为契机，全面提升制造和管理水平，力争2007年在大型水电、核电和超超临界火电机组关键铸件等国家“十一五”规划重大技术攻关课题上再有所突破，并从技术、管理、人才、装备等方面全方位打造一个国际一流的铸钢企业。

8~9日 中国重型机械工业协会四届三次理事扩大会议在北京召开。出席会议的有：中国机械工业联合会副会长孙昌基、贾成炳，常务副秘书长杨学桐、副秘书长李海燕；国家质检总局特种设备局副局长武津生，副处长尚洪；国家发展和改革委员会经济运行局处长景晓波，调研员李镜；河南省新乡市副市长赵海燕，河南省长垣县委书记刘森，副县长李全中，县质量监督局局长李国胜；中国工程院院士柳百成、胡正寰、陈蕴博、关杰；协会理事、理事代表、特邀代表、各分会秘书长等约120个单位210名代表。

会议议题是：学习贯彻党的十六届六中全会精神，审议协会秘书处的工作报告和财务收支报告；表彰全国重机行业优秀和先进科技工作者及2005~2006年度先进分会、表扬分会；向河南省长垣县授予“中国起重机械之乡”仪式；调整重机协会副理事长、常务理事、理事单位事宜；请有关专家、领导作报告及会员单位交流等。

协会副理事长兼秘书长徐善继作了《深化为行业服务，增强协会的凝聚力，开创协会工作的新局面》的工作报告。汪建业理事长作了《发挥“十五”行业的蓄势潜能，推进“十一五”企业自主创新》的专题发言。

会议表彰了“十五”期间在科技进步方面做出突出贡献的科技工作者：授予包起帆等10名同志“全国重型机械行业优秀科技工作者”称号，授予于兆卿等40名同志“全国重型机械行业先进科技工作者”称号；会议表彰了在2005～2006年度行业工作和活动中有突出成绩的6个“先进分会”和9个“表扬分会”。

根据河南省长垣县人民政府的申请，经过协会四届常务理事会研究决定，大会授予河南省长垣县“中国起重机械之乡”称号。河南省长垣县县委书记刘森对中国重型机械工业协会对该县起重机产业发展的关切和支持表示衷心感谢。

15日 全国人大常委会委员长吴邦国莅临中信重型机械公司视察工作。陪同视察的有全国人大内务司法委员会副主任委员陶驷驹、环境与资源保护委员会副主任委员叶如棠、教科文卫委员会副主任委员吴基传、农业与农村委员会副主任委员王云龙、财经委员会副主任委员石秀诗、全国人大办公厅主任孙伟、河南省委书记徐光春、省长李成玉、省委常委、洛阳市委书记兼市长连维良等。在总经理任沁新、党委书记王欣迪陪同下，吴邦国委员长观看了公司历史成就展，视察了公司技术中心和重装厂，称赞这个50年代的老厂发展成了一个现代化的工厂，可与国外先进企业媲美。

☆ 中国企业联合会与中国企业家协会以中国企联〔2006〕37号文件发布中国企业新记录（第十一批）。经全国性行业协会审核推荐，2006年共有391个企业申报的832项新记录符合规定条件。其中129项为2004年以前创造至今尚未被打破的企业记录。

中国重型机械工业协会收到新记录申报项目25项，审核后推荐22项，获得企业新记录审定委员会认可并给予发布。这些企业新记录是：

（1）深圳中集天达空港设备有限公司2005年研制成功可服务于A380空中巴士上层U1舱门的样桥，获得法国巴黎戴高乐机场8条登机桥（含2条服务A380上层机门的登机桥）的订单，大型机场地面设备进入欧洲中心市场，为国内首创。

（2）西安重型机械研究所2004年为宝钢股份公司钢管分公司钢管厂设计成套的4MN/8MN非开挖钻杆加厚生产线，于2005年8月投产，实现了对ϕ48.26～127mm、壁厚4.85～9.19mm、钻杆成品长2 500～10 000mm的普通钢管的自动运送、加热、加厚、出料，产品涵盖目前所有钢管管端加厚产品，为世界上第一条以非开挖加厚钻杆为主要产品的生产线。

（3）西安重型机械研究所2004年为上海佳方钢管有限公司开发成功的ϕ219～2 800mm双面埋弧螺旋焊管机组，2005年1月投产，机组加工范围ϕ219～2 800mm，产品壁厚可达22mm，材料等级最高可达X70，平均年产量8万t，为国内首创。

（4）西安重型机械研究所2005年12月完成设计并技术总负责的舞阳钢铁股份有限公司新炼钢厂300mm×2 500mm厚板连铸机，采用液压振动、扇形段轻压下液压、动态二冷水模型等新技术，用于工业生产，为国内首创。

（5）西安重型机械研究所2005年为唐山钢铁股份有限公司设计、2006年3月成功投产的1 850mm拉矫重卷机组，最大板宽1 650mm，采用了张力活套装置，保证了在中间分卷时拉伸弯曲矫直机连续运转，并设计了重卷和拉矫重卷两种工作模式，为国内首创。

（6）西安重型机械研究所2005年成套设计、上海重型机器厂制造的125MN双动铝压机，最大挤压能力125MN，设备（主机）重量1 630t，可填补国家急需的航空壁板、高速列车车体的等大型薄壁、宽幅和复杂截面铝合金型材生产的空白，为世界上最大、最先进的双动铝材挤压机。

（7）上海重型机器厂有限公司2005年为上海振华港口机械股份公司制造的4 000t浮吊，打破了只有少数发达国家才能制造该吨级吊钩的局面，为国内首创。

(8)上海重型机器厂有限公司2005年8月为华能玉环电厂4×1 000MW超超临界机组提供的首批6台带动态分离器的HPl163磨煤机，创国产中速磨煤机为百万千瓦机组配套的新纪录。

(9)上海船用曲轴有限公司和上海重型机器有限公司共同开发制造，2005年1月31日成功下线的第一根曲轴，实现了二冲程柴油机半组合曲轴制造从冶炼到精加工出厂全过程的100%国产化，打破了国外垄断，为国内首创。

(10)沈阳重型机械集团有限责任公司2004年研制成功并安装在鞍钢齐大山选矿厂的MQY5064溢流型球磨机，每小时最低处理能力245t，创我国自主研制矿用球磨机最大规格新纪录。

(11)沈阳重型机械集团有限责任公司2005年研制成功并安装在昆明钢铁公司的1 725mm热轧纵横联合剪切机组，将横切机组和重卷机组结合起来，一套生产线同时具备了横切机组和重卷机组的功能，为国内首创。

(12)沈阳重型机械集团有限责任公司2004年研制成功，2005年10月在山东淄博同森木业公司投产的年产1.5万m^3麦秸中密度纤维板生产线成套设备，包括切断、打磨、干燥、施胶、铺装、热压、凉板、齐边、砂光等全部工艺过程，可合理利用农作物秸秆等第二森林资源，为国内首创。

(13)沈阳重型机械集团有限责任公司2005年研制成功并安装在北京京能热电股份公司实施的国家烟气脱硫国产化示范项目上的MQS—T2754脱硫湿式球磨机，是湿法脱硫制浆系统中的关键设备，满足了烟气脱硫达95%以上对制浆系统的要求，为国内首创。

(14)沈阳重型机械集团有限责任公司2005年研制成功并安装在江西新余钢厂的50mm×3 800mm滚切式定尺剪，最大剪切钢板厚度50mm，满足了对中厚板精整工序的定尺剪切要求，实现了机、电、液全部国产化，为国内首创。

(15)大连重工·起重集团有限公司2005年为太原钢铁(集团)有限公司研制成功的7.63m大容积环保型焦炉机械成套设备，机械性能可靠，自动化控制和检测技术水平高，填补了国内7m以上大型焦炉机械设计制造空白，为国内首创。

(16)大连重工·起重集团有限公司2005年为莱芜钢铁集团有限公司研制成功的1 500mm宽带热连轧机组成套项目，总投资12.9亿元，2003年9月开工，2005年6月热试成功，工期21个月，创国内同类宽带轧机投资最少、周期最短新纪录。

(17)太原重型机械集团有限公司2005年研制成功具有自主品牌的WK—20型矿用机械正铲式挖掘机，该产品服务于中国神华能源股份有限公司准格尔能源公司黑岱沟露天煤矿，标准生产斗量20m^3，斗容范围16～34m^3，创亚洲矿用挖掘机规格最大新纪录。

(18)太原重型机械集团有限公司2006年研制成功并安装于马鞍山钢铁股份有限公司新区炼钢厂的480/100t铸造起重机，主起升机构起重量480t，副起升机构起重量100t，创亚洲铸造起重机起重量最大新纪录。

(19)江阴凯澄起重机械有限公司2005年钢丝绳电动葫芦产量20 530台，销量21 538台，实现利税4 102万元，均创国内同行业新纪录。

(20)中信重型机械公司2004年研制成功并在安徽铜都铜业股份有限公司冬瓜山铜矿投入使用的溢流型球磨机，筒体内径5 030mm，筒体工作长度8 300 mm，筒体有效容积152.3m^3，采用半自磨加球磨机、旋流器分级工艺，创国内球磨机规模最大新纪录。

(21)四川省自贡运输机械有限公司2005年为昆钢集团大红山铁矿研制成功的DX型钢绳芯带式输送机，单机提升高度421.4m，钢绳芯胶带带强40 000N/cm，均创国内同类产品新记录。

(22)四川省自贡运输机械有限公司2006年9月为长江三峡公司金沙江向家坝水电站研制成功的31km DTII型带式输送机，输送线总长31.1km，布置高差838m，输送能力3 000t/h，创国内同类型输送机输送线路距离最长新记录。

25日 首届全国大中型工业企业“自主创新能力行业十强”信息发布会在北京人民大会堂召开，中国第一重型机械集团公司、中国第二重型机械集团公司、大连重工·起重集团有限公司、沈阳重型机械集团有限责任公司、上海重型机器厂有限公司等单位荣列全国矿山、冶金、建筑专用设备制造“自主创新能力行业十强”。此次活动，由国家统计局组织有关专家，依据工业企业科技统计年报资料，首次综合评价我国大中型工业企业的自主创新能力，是我国统计部门贯彻落实中共中央、国务院关于“增强自主创新能力，建设创新型国家”战略的一个重要举措。

月内 大连重工·起重集团生产的我国首套7.63m焦炉机械在太原钢铁集团新不锈钢生产线上成功投产，也对其他冶金企业升级改造的国产化起到了示范和推动作用。国家重点工程、总投资240亿元的太钢150万t新不锈钢项目是世界最先进的生产线，它的建成标志着太钢将成为世界上不锈钢生产的龙头老大。作为该生产线的重点项目之一，焦化机械的地位举足轻重，而焦炉机械又是焦化机械中的关键，7.63m焦炉机械在全世界也只有几个国家能够制造。

12月

3日 中国第一重型机械集团公司为鞍山钢铁集团公司研制的代表当今国际先进水平的我国第一套1780型冷连轧机开始启运。1780冷连轧机是钢铁工业制造汽车和特种船舶用钢板的关键设备，大型冷连轧设备只有德国和日本等少数国家能生产，技术水平高、制造难度大，我国仅在宝钢有3套进口设备。2000年7月，中国一重集团公司与鞍山钢铁集团公司联手向国家有关部门提出自己研制1780型冷连轧机，经过近18个月的努力，这套由5台轧机、10片机架组成，总重达3 546t的1780冷连轧机组研制工作圆满完成，制造成本大大低于进口产品，不仅填补了我国重型制造业的空白，也标志着中国重型装备制造业达到了世界先进水平。它推动了重大装备国产化的前进步伐，提升了中国重型装备制造业在世界制造业市场上的竞争力，也将给国家钢铁工业带来巨大的经济效益和社会效益。

4日 中央组织部和国务院国资委党委在北京召开了“全国国有企业创建‘四好’领导班子先进集体表彰暨经验交流会”，全国有117个单位受到大会表彰。重型机械行业的大连重工·起重集团有限公司、中国重型机械研究院被授予“全国国有企业创建‘四好’领导班子先进集体”荣誉称号。

18日 太原重型机械集团有限公司900t大型架桥机、27m^{3}矿用挖掘机试车验收暨煤化工装备制造基地竣工庆典仪式隆重举行。

2006年是太重新一轮产品结构调整和新产品开发高潮之年。煤化工装备制造基地短短半年就完成了主体厂房建设，继成功开发出我国第一台具有完全自主知识产权的20m^{3}矿用挖掘机以来，又开发出27m^{3}矿用挖掘机，这是我国自己制造的最大的挖掘机。大型起重机产品向铁路建设领域延伸，与意大利爱登公司合作制造了世界首台具有过隧道功能的铁路架桥专用设备900t架桥机，是世界上起重量最大、能起重最长件的架桥机。

20日 沈阳矿山机械（集团）有限责任公司研制的YGC2000/120顶堆侧取堆取料机科技成果鉴定会在沈阳召开，沈阳市科学技术局组织的专家组经认真讨论，通过了鉴定。该机是目前我国自主开发的堆取料量最大、技术最先进的应用于煤炭和矿山等散料储运领域最大的装备，实现料堆直径120m、取料能力2 000t/h。该机结构合理，运行高效平稳、安全可靠，达到国际同类产品先进水平，其全自动下实现取料量恒定的控制技术达到国际领先水平，完全可以替代进口，不仅为煤炭行业提供了大型现代化仓储设备，同时还可广泛应用于其他散状物料储运领域，具有广阔的市场前景。

30日 中国第一重型机械集团公司自行设计制造、具有全部自主知识产权的15 000t重型自由锻造水压机试车成功。该机不仅在能力上超过国内现有的水压机，在主机结构和控制系统水平上也有全面提高，是世界上吨位最大、技术最先进的。中共中央政治局委员、国务院副总理曾培炎发来贺信，强调15 000t水压机成功试车和投产，是我国1958年研制成功万吨水压机之后又一重大装备成果，将为生产大型锻件提供重要的硬件条件，极大提升电力、冶金、石化、船舶行业设备制造水平，对加快振兴重大装备制造业具有重大意义。

☆ 中国第一重型机械集团公司为中国广东核电集团公司承制的、拥有自主知识产权的国内首台CPR1000百万千瓦级核反应堆压力容器的签约仪式举行。国家发展和改革委员会副主任、国务院振兴东北办主任张国宝、黑龙江省副省长王利民、齐齐哈尔市委书记杨信等领导同志出席签约仪式。

CPR1000百万千瓦级核反应堆压力容器是辽宁红沿河核电项目1号机组，是首台完全国内制造的百万千瓦级核反应堆压力容器，该项目在国家核电项目中具有承上启下的作用和极其重要的政治意义和经济意义。核反应堆压力容器是核电厂全寿命运行过程中不可维修、不可更换的核心设备，它的建设，将进一步提高我国百万千瓦级核电站的自主化、国产化水平，促进技术积累和装备制造业升级。

月内 由中国第二重型机械集团公司承制的神华煤液化加氢反应器，提前交付用户使用。内蒙古神华煤液化项目是目前世界上首套煤直接液化成油的生产线，该项目的建设对于我国实施能源战略具有十分深远的意义。二重与中石化总公司于2005年8月签订了煤液化加氢反应器制造合同，在完成了厂内的加工工序后，2006年9月底分批发往内蒙古神华生产现场，按要求组焊完成了筒体所有内置件、接管，并对产品进行了现场局部热处理模拟试验等，确保了产品技术要求。

〔撰稿人：中国重型机械工业协会李广孝　审稿人：中国重型机械工业协会徐善继〕

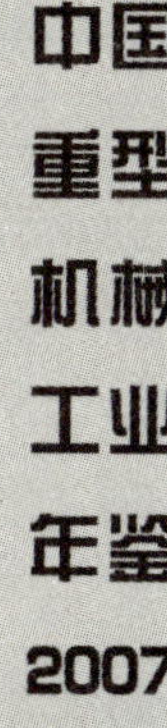

附

录

中国重型机械工业协会介绍、第四届理事会名单及分会会员名录

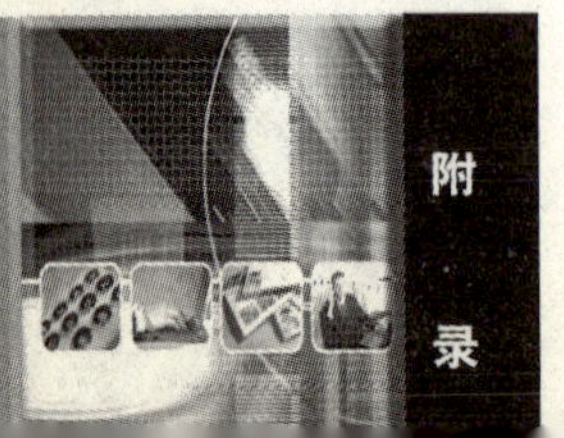

附录

中国重型机械工业协会简介
Brief Introduction of CHMIA

中国重型机械工业协会(CHMIA)是经国家民政部批准,具有社会团体法人资格的全国性社会团体,于1989年10月成立,是从事冶金机械、矿山机械、起重运输机械(物料搬运机械)、重型锻压机械、大型铸锻件行业等重型机械的生产、科研、设计、成套、教育等单位组成的跨地区、跨部门的全国性行业组织,现有会员单位1 100多家。中国重型机械工业协会的常设机构总部、秘书处设在北京,下设22个分会(含专业委员会、工作委员会)。协会以维护全行业的共同利益,促进行业的发展为宗旨,协助政府搞好行业管理,在政府和会员之间起到桥梁与纽带作用。

Established in 1989, China Heavy Machinery Industry Association (CHMIA) is a national organization registered with the Ministry of Civil Affairs. Currently CHMIA has more than 1100 members from companies, research institutes and universities specializing in the metallurgical machinery, mining machinery, materials handling, heavy forging and press machinery as well as large casting and forging components manufacturing in China. CHMIA now has 22 branches with its head office and secretariat in Beijing. CHMIA aims to safeguard the common interests of all its members, to enhance the development of these industry sectors, to provide government with consultations, functioning as a bridge between the government and enterprises, and a tie between the enterprises.

中国重型机械工业协会的主要任务是:

开展行业调查,为政府制定行业产业政策、技术政策、法律法规等重大决策提供建议;配合政府部门制订本行业规划;组织对重大技改项目、技术引进、科技攻关等进行立项前的论证和实施;组织本行业电子信息技术推广和信息网络的建设;编制行业经济运行报告,发布行业技术经济信息;协助政府部门规范市场行为,加强行业价格、质量等方面的管理和协调;组织制订和修订本行业的联合企业标准,协助政府主管部门组织制修订本行业的国家标准和行业标准;组织和推动国内外的技术交流和经济合作,开展技术咨询;组织举办本行业全国和国际性展览会;组织评审本行业的科技成果;组织行业培训,编辑出版行业报刊、书籍、资料等。

The main tasks of CHMIA are as follows:

· to launch investigations within these industries in order to provide consultations and suggestions for government when relevant plans, politics, regulations as well as other major decision – making were made.

· to assist government make plans over these industries, to conduct demonstrations before major technical innovation projects, technical introductions, projects for searching solutions of key technical problems etc. launched.

· to establish a network for collection of technical and economic information and to publish economic operation reports and technical information brochures.

· to held domestic and international product exhibition about these industries.

· to prepare and/or revise joint firm standards within these industries, and assist the state administration of standardization prepare and/or revise related national standards and/or professional standards.

· to coordinate products prices and push forward quality improvement.

中国重型机械工业协会第四届理事会理事长、副理事长、常务理事、理事、秘书长调整名单

序号	单位名称	姓名	单位职务
理事长			
1	中国重型机械工业协会	汪建业	理事长
副理事长(排名不分先后)			
2	中国第一重型机械集团公司	马　克	副总经理
3	中国第二重型机械集团公司	石　柯	总经理
4	太原重型机械集团有限公司	高志俊	董事长
5	大连重工·起重集团有限公司	宋甲晶	董事长
6	中信重型机械公司	任沁新	总经理
7	中国重型机械总公司	陆文俊	总经理
8	沈阳重型机械集团有限责任公司	王铁锋	董事长
9	沈阳矿山机械(集团)有限责任公司	杨广林	董事长
10	上海重型机器厂有限公司	吕亚臣	董事长
11	上海电气临港重型机械装备有限公司	张庆伟	总经理
12	中国重型机械研究院	谢东钢	院长
13	北京起重运输机械研究所	陆大明	所长
14	洛阳矿山机械工程设计研究院	戚天明	院长
15	上海建设路桥机械设备有限公司	程幸之	总经理
16	中钢设备公司	王克齐	总经理
17	中国建材技术装备总公司	方　芳	总经理
18	昆明力神重工有限公司	项佩泽	总经理
19	中国华电工程(集团)公司	杨　勇	总经理
20	中国重型机械工业协会	徐善继	秘书长
秘书长			
21	中国重型机械工业协会	徐善继	副理事长
常务理事(排名不分先后)			
22	国家发展与改革委员会经济运行局	林玉龙	副局长
23	国家质检总局特种设备局	崔　刚	助理巡视员
24	中国机械工业联合会	杨学桐	执行副会长
25	中国机械工业联合会	李海燕	副秘书长
26	中国建材机械工业协会	王玉敏	秘书长
27	中国煤炭机械工业协会	吕金枪	理事长

（续）

序号	单 位 名 称	姓 名	单位职务
28	上海宝钢股份有限公司	赵周礼	副总经理
29	江苏通润机电集团有限公司	顾雄斌	董事长
30	卫华集团有限公司	韩宪保	董事长
31	上海国际港务(集团)有限公司	包起帆	副总裁
32	江阴凯澄起重机械有限公司	黄珑琳	总经理
33	中钢集团衡阳重机有限公司	张耀明	总经理
34	燕山大学	刘宏民	校长
35	吉林大学机械科学与工程学院	张玉萍	党委书记
36	太原科技大学	徐格宁	副校长
37	上海起重运输机械厂有限公司	洪 琛	总经理
38	天津起重设备有限公司	戴行浩	董事长
39	北京首钢机电有限公司	鲍生旭	总经理
40	国家起重运输机械质量监督检测中心	阎献军	常务副主任
41	山西焦煤集团公司机电设备修造管理局	申晋鸣	副总经理
42	太原矿山机器集团有限公司	张克斌	董事长
43	中色科技股份有限公司	张 策	董事长
44	唐山冶金矿山机械厂	王建国	厂长
45	山东山矿机械有限公司	马昭喜	董事长
46	中国重机协会停车设备工作委员会	明艳华	理事长
47	衡阳起重运输机械有限公司	廖纯德	董事长
48	四川矿山机器(集团)有限责任公司	杨 军	董事长
49	上海精星仓储设备工程有限公司	黄国庭	董事长
50	芜湖起重运输机器有限公司	李 静	总经理
51	株洲天桥起重机有限公司	成固平	董事长
52	鞍山矿山机械股份有限公司	刘奎盛	董事长
53	山东莱钢泰达车库有限公司	郭守锦	董事长
54	山西省现代轧制工程技术研究中心	黄庆学	主任
55	北京起重工具厂	苏安田	厂长
56	焦作制动器股份有限公司	樊长录	副总经理
57	张家港长力机械有限公司	张观华	董事长
58	巨力集团有限公司	杨建忠	董事长
59	河南长垣起重机工业园区管委会	滑学之	主任
60	北京清源发机电设备监理有限公司	张家驷	总经理
61	江苏泰星减速机股份有限公司	张国林	董事长
62	常州市华立液压润滑设备有限公司	承洪宇	董事长
63	天津天重重型机器有限公司	孙宝生	董事长

（续）

序号	单 位 名 称	姓 名	单位职务
64	北京冶金设备研究设计总院	孙松奇	院长
65	江苏泰隆减速机股份有限公司	殷根章	董事长
66	焦作起重运输机械有限责任公司	李福光	董事长
理事（排名不分先后）			
67	国家发展与改革委员会经济运行局	李 镜	调研员
68	国家质检总局特种设备局	尚 洪	调研员
69	中国第一重型机械集团公司	周小平	副总工程师
70	中国第二重型机械集团公司	曾祥东	副总经理
71	广州起重机械有限公司	黄海珊	董事长
72	济南重工股份有限公司	王伯之	董事长
73	宜都机电工程股份有限公司	周前银	董事长
74	山东起重机厂有限公司	徐新民	董事长
75	新乡市起重设备厂	赵建国	厂长
76	杭州武林机器有限公司	赵国其	董事长
77	南昌凯马有限公司	林 远	副总经理
78	上海滨海国际物流装备城	徐雪峰	总经理
79	四川省自贡运输机械有限公司	龚欣荣	副总经理
80	四川省自贡水利机械厂	杨万林	厂长
81	德马泰克物流系统苏州有限公司	张建平	总经理
82	天水长城控制电器厂	郑世静	总工程师
83	长沙重型机器厂	张鼎庆	厂长
84	南京起重机械总厂有限公司	陈海涛	董事长
85	哈尔滨重型机器厂	陈建伟	厂长
86	中钢集团西安重机有限公司	周合洲	董事长
87	上海青浦起重运输设备厂有限公司	李 平	董事长
88	河北金马矿山机械集团公司	段志禹	董事长
89	淮北矿山机器制造有限公司	胡善宏	董事长
90	广西百色矿山机械厂	黄国富	厂长
91	新疆通用机械有限公司	马卫国	总经理
92	重庆起重机厂	况 健	厂长
93	江西起重机械总厂	喻连生	厂长
94	郑州机械研究所	王长明	所长
95	上海冶金矿山机械厂	屈年凯	副厂长
96	内蒙古北方重工业集团有限公司特殊钢厂	雷耀明	厂长
97	常州长江客车集团工矿车辆有限公司	李伟雄	董事长
98	江阴齿轮箱制造有限公司	冯国祯	总经理

（续）

序号	单 位 名 称	姓 名	单位职务
99	上海润滑设备厂	杨全国	厂长
100	北京锋必达矿山机械有限公司	张先锋	董事长
101	铜陵蓝天股份有限公司	周世昶	副总经理
102	北京英博隆科技发展有限公司	杨杏茹	总经理
103	河南中原特殊钢厂	刘新民	厂长
104	南宁广发重工集团有限公司	覃 勇	董事长
105	上海三一科技有限公司研究院	李国杰	副院长
106	机科发展科技股份有限公司	曹 磊	副经理
107	上海机电设计研究院	程国良	副院长
108	河南省郑起起重设备有限公司	宋保魁	总经理
109	河南长垣起重机行业协会	赵清林	常务副会长
110	河南省新乡市矿山起重机械有限公司	蔡景新	董事长
111	河南重工起重机集团有限公司	胡国和	总裁
112	新乡市中原起重机械总厂	郝兆庆	厂长
113	中原圣起有限公司	齐景光	董事长
114	河南省矿山起重机械有限公司	崔培军	董事长
115	河南省华东起重机有限公司	韩永章	董事长
116	山东羊流起重机协会	李富宝	会长
117	山东青云起重机械有限公司	冀慎珠	董事长
118	本钢起重机制造有限公司	刘汉礼	总经理
119	浙江东海减速机有限公司、上海特国斯传动设备有限公司	王孙同	总经理
120	上海嘉庆轴承制造有限公司	张彦五	董事长
121	河南省东风起重机械有限公司	张春丽	总经理
122	浙江双鸟机械有限公司	张文忠	董事长
123	浙江八达机电有限公司	杜左海	副总经理
124	无锡宏达重型锻压有限公司	张瑞庆	董事长
125	河南太行振动机械股份有限公司	黄金荣	总经理
126	安徽攀登机械股份有限公司	操文章	董事长
127	常州东吴链传动制造有限公司	吴国平	董事长
128	黄骅市同力滑车有限公司	纪 清	总经理
129	云南省金马矿山机械厂	李钟明	厂长
个人理事（排名不分先后）			
130	中国机械工业集团公司科技部	赵 兵	总经理
131	德马格起重机械（上海）有限公司	须 雷	高级经理
132	太原科技大学	王 鹰	教授

〔撰稿人：中国重型机械工业协会徐善继〕

中国重型机械工业协会组织机构
Organization Frame of CHMIA

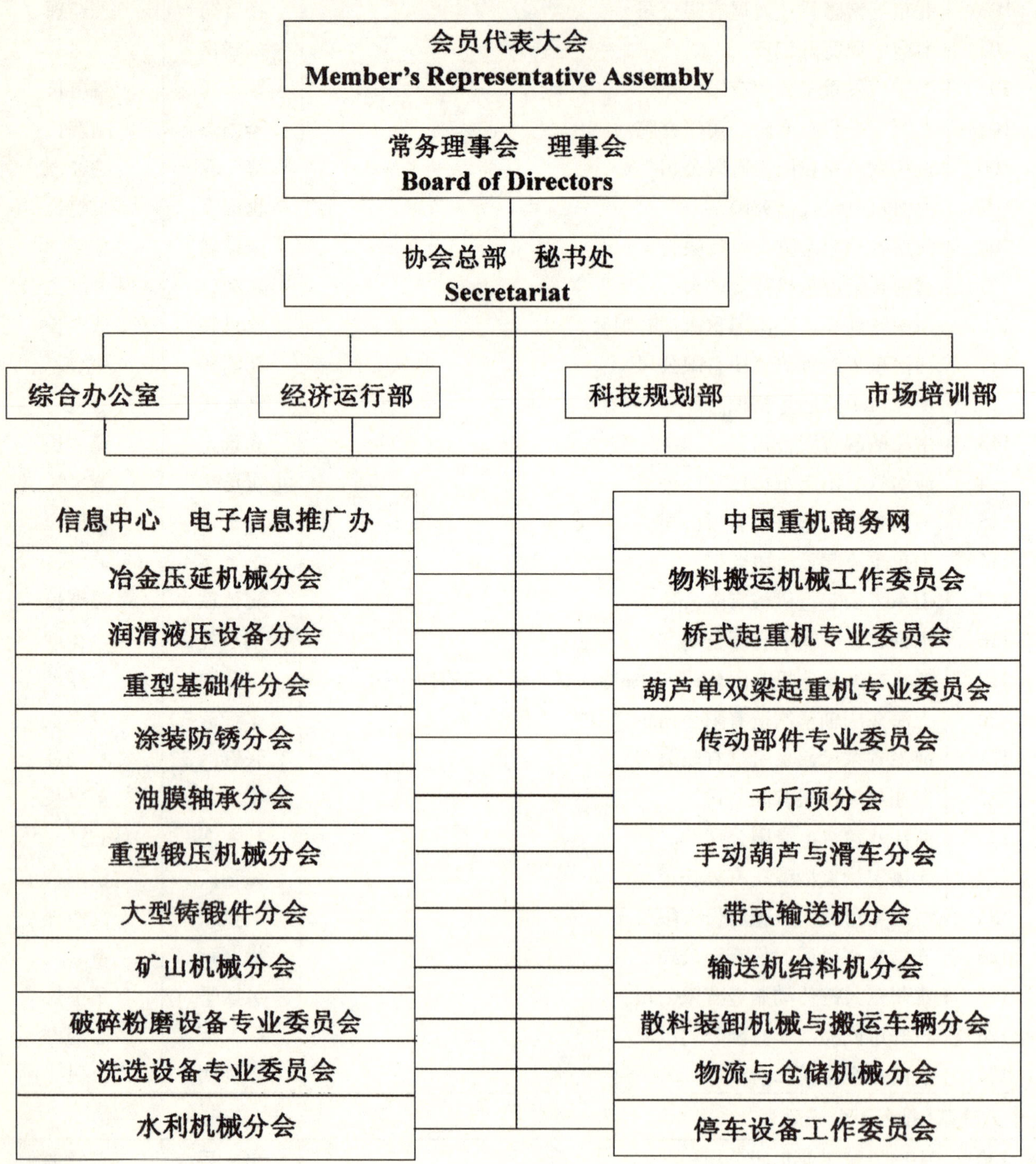

中国重型机械工业协会分会会员名录

矿山机械分会

企业名称:中信重型机械公司
地　　址:河南省洛阳市建设路 206 号
邮　　编:471039
电　　话:(0379)64088001
传　　真:(0379)64214680

企业名称:洛阳矿山机械工程设计研究院
地　　址:河南省洛阳市建设路 206 号
邮　　编:471039
电　　话:(0379)64087722
传　　真:(0379)64221800

企业名称:太原矿山机器集团有限公司
地　　址:山西省太原市解放北路 75 号
邮　　编:030009
电　　话:(0351)3040595
传　　真:(0351)3041942

企业名称:上海建设路桥机械设备有限公司
地　　址:上海市奉贤区金汇镇工业路 188 号
邮　　编:201404
电　　话:(021)51393838
传　　真:(021)51393800

企业名称:太原重型机械集团有限公司技术中心
地　　址:山西省太原市万柏林区玉河街 53 号
邮　　编:030024
电　　话:(0351)6365768
传　　真:(0351)6361133

企业名称:山东山矿机械有限公司
地　　址:山东省济宁市济安桥北路 11 号
邮　　编:272014
电　　话:(0537)2225292
传　　真:(0537)2228529

企业名称:上海冶金矿山机械厂
地　　址:上海市汶水路 210 号
邮　　编:200072
电　　话:(021)56650499
传　　真:(021)56639508

企业名称:南昌凯马有限公司
地　　址:江西省南昌市国家经济技术开发区丁香路凯马工业园
邮　　编:330101
电　　话:(0791)3951388
传　　真:(0791)3951666

企业名称:山西机器制造公司
地　　址:山西省太原市小东门街新开南巷 12 号
邮　　编:030013
电　　话:(0351)3075217
传　　真:(0351)2664710

企业名称:吉林大学机械科学与工程学院
地　　址:吉林省长春市人民大街 5988 号
邮　　编:130025
电　　话:(0431)85094404
传　　真:(0431)85095288

企业名称:济南重工股份有限公司
地　　址:山东省济南市东郊机场路
邮　　编:250109
电　　话:(0531)88991329
传　　真:(0531)88288246

企业名称:淄博大力矿山机械有限公司
地　　址:山东省淄博市周村区东门路北首
邮　　编:255300
电　　话:(0533)6181501
传　　真:(0533)6181392

企业名称:山东省淄博生建机械厂
地　　址:山东省淄博市淄川区昆仑路1号
邮　　编:255129
电　　话:(0533)5787201
传　　真:(0533)5780070

企业名称:中钢集团衡阳重机有限公司
地　　址:湖南省衡阳市江东区东风路
邮　　编:421002
电　　话:(0734)8352311
传　　真:(0734)8352302

企业名称:浙江矿山机械有限公司
地　　址:浙江省义乌市义亭工业区
邮　　编:322005
电　　话:13905796954
传　　真:(0579)85815387

企业名称:太原科技大学材料学院
地　　址:山西省太原市河西瓦流路138号
邮　　编:030024
电　　话:(0351)6998056
传　　真:(0351)6963369

企业名称:杭州重型机械有限公司质保部
地　　址:浙江省杭州市东新路806号
邮　　编:310004
电　　话:(0571)85365501
传　　真:(0571)85374879

企业名称:鞍山市重型矿山机器厂
地　　址:辽宁省鞍山市立山区灵山鞍辽路
邮　　编:114042
电　　话:(0412)6215364
传　　真:(0412)6216900

企业名称:朝阳重型机器有限公司
地　　址:辽宁省朝阳市黄河路三段22号
邮　　编:122000
电　　话:(0421)2811597
传　　真:(0421)2811597

企业名称:徐州矿山设备制造有限公司
地　　址:江苏省徐州市二环北路
邮　　编:221007
电　　话:(0516)87836917
传　　真:(0516)87836922

企业名称:南昌矿山机械有限公司
地　　址:江西省南昌市湾里区盘龙路23号
邮　　编:330004
电　　话:(0791)3798611
传　　真:(0791)3761006

企业名称:四川矿山机器(集团)有限责任公司
地　　址:四川省江油市建设北路888号
邮　　编:621701
电　　话:(0816)3696018
传　　真:(0816)3698888

企业名称:南昌矿山机械研究所
地　　址:江西省南昌市昌北开发区枫林东大道168号
邮　　编:330001

电　　话：(0791)3806998
传　　真：(0791)3805987

企业名称：山东泰山天盾矿山机械有限公司
地　　址：山东省新泰市开发区东区云山路
邮　　编：271200
电　　话：(0538)7069810
传　　真：(0538)7069332

企业名称：鹤壁矿山机械厂
地　　址：河南省鹤壁市汤河街63号
邮　　编：458000
电　　话：(0392)2623417
传　　真：(0392)2623417

企业名称：韶关市韶瑞重工有限公司
地　　址：广东省韶关市西郊武江科技工业园
邮　　编：512029
电　　话：(0751)8136683
传　　真：(0751)8136193

企业名称：铜陵金湘重型机械科技发展有限责任公司
地　　址：安徽省铜陵市金山路有色机械总厂内
邮　　编：244000
电　　话：(0562)5867672
传　　真：(0562)3866618

企业名称：浙江海盐县通惠地质矿山机械有限公司
地　　址：浙江省海盐县西塘桥盐东村
邮　　编：314304
电　　话：(0573)86967307
传　　真：(0573)86850708

企业名称：安徽盛运机械股份有限公司
地　　址：安徽省桐城市同安路265号
邮　　编：231400
电　　话：(0556)6213999
传　　真：(0556)6205280

企业名称：郑州鸿源重型机械有限公司
地　　址：河南省荥阳郑上路石砦
邮　　编：450100
电　　话：13803821613
传　　真：(0371)64602334

企业名称：郑州一帆机械设备有限公司
地　　址：河南省郑州市荥阳开发区演武路东段
邮　　编：450100
电　　话：(0371)64606406
传　　真：(0371)64606468

企业名称：河南平顶山煤矿机械厂
地　　址：河南省平顶山市湛河区南环路西段2号
邮　　编：467001
电　　话：(0375)4978682
传　　真：(0375)4943795

企业名称：安徽永生机械股份有限公司
地　　址：安徽省桐城市北区快活岭
邮　　编：231400
电　　话：(0556)6207577
传　　真：(0556)6205888

企业名称：崇德通用电碳(番禺)有限公司
地　　址：广东省广州市番禺区钟村镇韦涌村
邮　　编：511495
电　　话：(020)34634884
传　　真：(020)34716122

企业名称：如皋昌升建工机械有限责任公司
地　　址：江苏省如皋市如城镇光华村
邮　　编：226553
电　　话：(0513)87283901
传　　真：(0513)87283901

企业名称：浙江武精机器制造有限公司
地　　址：浙江省武义县城青年路106号

邮　　编:321200

电　　话:(0579)87641326

传　　真:(0579)87647558

企业名称:淄博万兴减速机有限公司

地　　址:山东省淄博市博山经济开发区

邮　　编:255213

电　　话:(0533)4651888

传　　真:(0533)4650999

企业名称:钟祥市新宇机电制造有限公司

地　　址:湖北省钟祥市元佑路42号

邮　　编:431900

电　　话:(0724)4223481

传　　真:(0724)4223279

企业名称:洛阳百克特摩擦材料有限公司

地　　址:河南省洛阳市高新开发区孙辛辅路

邮　　编:471003

电　　话:(0379)65112136

传　　真:(0379)64183328

企业名称:重庆泰丰矿山机器有限公司

地　　址:重庆市九龙坡区石坪桥横街66号

邮　　编:400051

电　　话:(023)68822731

传　　真:(023)68822731

企业名称:无锡贝特尔机器制造有限公司

地　　址:江苏省无锡市隐秀路蠡园开发区B2楼

邮　　编:214072

电　　话:(0510)85168022

传　　真:(0510)85165400

企业名称:洛阳大华重型机械有限公司

地　　址:河南省洛阳市洛龙路88号

邮　　编:471022

电　　话:(0379)65520221

传　　真:(0379)65511602

企业名称:徐州博洋高科矿山设备有限公司

地　　址:江苏省徐州市经济开发区

邮　　编:221004

电　　话:(0516)87790807

传　　真:(0516)87790807

企业名称:辽宁工程技术大学

地　　址:辽宁省阜新市中华路47号320信箱

邮　　编:123000

电　　话:(0418)3350504

传　　真:(0418)3350517

企业名称:湖南科技大学机电工程学院

地　　址:湖南省湘潭市桃源路

邮　　编:411201

电　　话:(0732)8290544

传　　真:(0732)8290544

企业名称:江西理工大学机电学院

地　　址:江西省赣州市

邮　　编:341000

电　　话:(0797)8312059

传　　真:(0797)8312059

企业名称:重庆大学机械工程学院

地　　址:重庆市沙坪坝区正街174号

邮　　编:400044

电　　话:(023)65102401

传　　真:(023)65102401

企业名称:安徽铜陵学院机械工程系

地　　址:安徽省铜陵市铜陵学院新区

邮　　编:244000

电　　话:(0562)5881015

传　　真:(0562)2837940

企业名称:平顶山煤业集团八矿
地　　址:河南省平顶山市平煤集团八矿
邮　　编:467012
电　　话:(0375)2738168
传　　真:(0375)2738168

企业名称:徐州市矿务局王庄煤矿
地　　址:江苏省徐州市北郊
邮　　编:221006
电　　话:(0516)85780581
传　　真:(0516)85775253

企业名称:龙岗集团木龙沟铁矿
地　　址:陕西省洛南县石坡镇桑坪木龙沟矿
邮　　编:726104
电　　话:(0914)7264477
传　　真:(0914)7264477

企业名称:山西晋城煤业集团寺河矿
地　　址:山西省晋城市沁水县嘉峰镇
邮　　编:048205
电　　话:(0356)3698075
传　　真:(0356)3698024

企业名称:江西铜业股份公司永平铜矿
地　　址:江西省铅山县永平铜矿机动部
邮　　编:334506
电　　话:(0793)5375524
传　　真:(0793)5375570

企业名称:新光集团淮北刘东煤矿
地　　址:安徽省淮北市专用信箱 A－115 号
邮　　编:235000
电　　话:(0561)3239154
传　　真:(0561)3239154

企业名称:本溪钢铁(集团)公司歪头山铁矿
地　　址:辽宁省本溪钢铁(集团)公司歪头山铁矿
邮　　编:117006
电　　话:(0414)7838012
传　　真:(0414)5610535

企业名称:洛阳正方圆重矿机械检验技术中心
地　　址:河南省洛阳市建设路 206 号
邮　　编:471039
电　　话:(0379)64087838
传　　真:(0379)64279395

破碎粉磨设备专业委员会

企业名称:上海建设路桥机械设备有限公司
地　　址:上海市奉贤区金汇镇工业路 188 号
邮　　编:201404
电　　话:(021)51393838
传　　真:(021)51393800

企业名称:沈阳重型机械集团有限责任公司
地　　址:辽宁省沈阳市铁西区兴华北街 8 号
邮　　编:110025
电　　话:(024)25802815
传　　真:(024)25851610

企业名称:山东山矿机械有限公司
地　　址:山东省济宁市济安桥北路 11 号
邮　　编:272041
电　　话:(0537)2225292
传　　真:(0537)2228529

企业名称:四川矿山机器(集团)有限责任公司
地　　址:四川省江油市建设北路 888 号
邮　　编:621701
电　　话:(0816)3696105
传　　真:(0816)3695353

企业名称:北京锋必达矿山机械有限公司
地　　址:北京市门头沟区中门寺街 69 号

邮　　编:102300
电　　话:(010)61892852
传　　真:(010)61891117

企业名称:上海重型机器厂有限公司
地　　址:上海市闵行区江川路1800号
邮　　编:200240
电　　话:(021)54721051
传　　真:(021)54721132

企业名称:昆明力神重工有限公司矿山设备制造分公司
地　　址:云南省昆明市北郊茨坝路31号
邮　　编:650203
电　　话:(0871)5080091-2610
传　　真:(0871)5224346

企业名称:焦作矿山机器股份有限公司
地　　址:河南省焦作市焦东中路28号
邮　　编:454002
电　　话:(0391)3935801
传　　真:(0391)3933334

企业名称:河北金马矿山机械集团公司
地　　址:河北省遵化市东新庄镇
邮　　编:064209
电　　话:(0315)6999117
传　　真:(0315)6999106

企业名称:浙江矿山机械有限公司
地　　址:浙江省义乌市义亭镇
邮　　编:322005
电　　话:(0579)85815385
传　　真:(0579)85815387

企业名称:松滋市金津矿山机械有限责任公司
地　　址:湖北省松滋市城东工业园永新路2号
邮　　编:434200
电　　话:(0716)6236628
传　　真:(0716)6222339

企业名称:焦作群英机械制造有限公司
地　　址:河南省焦作市解放中路397号
邮　　编:454002
电　　话:(0391)3903021
传　　真:(0391)3911397

企业名称:哈尔滨国海星轮传动有限公司
地　　址:黑龙江省哈尔滨市哈平路工业园区烟台3路8号
邮　　编:150060
电　　话:(0451)86530788
传　　真:(0451)86523288

企业名称:上海嘉庆轴承制造有限公司
地　　址:上海市普善路239弄19号101室
邮　　编:200085
电　　话:(021)63072182
传　　真:(021)63072182

企业名称:南宁广发重工集团有限公司
地　　址:广西南宁市秀安路15号
邮　　编:530001
电　　话:(0771)3132741
传　　真:(0771)3123661

企业名称:洛阳矿山机械工程设计研究院
地　　址:河南省洛阳市涧西区建设路206号
邮　　编:471039
电　　话:(0379)64218711
传　　真:(0379)64913249

企业名称:上海冶金矿山机械厂
地　　址:上海市汶水路210号
邮　　编:200072
电　　话:(021)56650499

传　　真:(021)56639508

企业名称:上海多灵沃森机械设备有限公司
地　　址:上海市石龙路555号
邮　　编:200237
电　　话:(021)64301141
传　　真:(021)64833495

企业名称:常熟仕名重型机械有限公司
地　　址:江苏省常熟市虞山镇北部
邮　　编:215500
电　　话:(0512)52851448
传　　真:(0512)52850414

企业名称:沈阳冶金机械有限公司
地　　址:辽宁省沈阳市铁西区云峰路4号
邮　　编:110025
电　　话:13504055780
传　　真:(024)25372548

企业名称:辽源市重型机器有限公司
地　　址:吉林省辽源市西宁大街273号
邮　　编:136200
电　　话:(0437)3223951
传　　真:(0437)3223959

企业名称:常州长江客车集团矿山起重机械有限公司
地　　址:江苏省常州市横山桥镇
邮　　编:213119
电　　话:(0519)88610785
传　　真:(0519)88610656

企业名称:山东淄博大通矿山机械制造有限公司
地　　址:山东省淄博市博山区良庄
邮　　编:251200
电　　话:(0533)4204666
传　　真:(0533)4200699

企业名称:桂林矿山机械集团有限公司
地　　址:广西桂林市灵川县桂矿路1号
邮　　编:541200
电　　话:(0773)6825035
传　　真:(0773)6812414

企业名称:海门市沪海重型矿山机械有限公司
地　　址:江苏省海门市三厂镇厂洪路10号
邮　　编:226121
电　　话:(0513)82601211
传　　真:(0513)82608081

企业名称:包头冶金矿山机械制造有限公司
地　　址:内蒙古包头市东河区西脑包
邮　　编:014040
电　　话:(0472)4111531
传　　真:(0472)4172310

企业名称:邢台化工机械厂
地　　址:河北省邢台市中兴路
邮　　编:054000
电　　话:(0319)2670848
传　　真:(0319)2670848

企业名称:南昌矿山机械有限公司
地　　址:江西省南昌市湾里区盘龙路23号
邮　　编:330004
电　　话:(0791)3761006
传　　真:(0791)3761006

企业名称:中南大学
地　　址:湖南省长沙市岳麓山
邮　　编:454002
电　　话:(0731)8879541
传　　真:(0731)8851136

企业名称:枝江市峡江矿山机械有限公司
地　　址:湖北省枝江市白杨镇沿江大道1号

邮　　编:443208
电　　话:(0717)7838956
传　　真:(0717)4400017

企业名称:鞍山矿山机械股份有限公司
地　　址:辽宁省鞍山市立山区励工街5号
邮　　编:114032
电　　话:13050004999
传　　真:(0412)6612705

企业名称:邯郸江特电机有限公司
地　　址:河北省邯郸市中华北大街680号
邮　　编:056004
电　　话:(0310)3178296
传　　真:(0310)3178294

企业名称:郑州一帆机械设备有限公司
地　　址:河南省郑州市荥阳开发区演武路东段
邮　　编:450100
电　　话:(0371)64606406
传　　真:(0371)64606468

企业名称:淄博博山益杰机械有限公司
地　　址:山东省淄博市博山区博莱高速公路博山路口
邮　　编:255200
电　　话:(0533)4658626
传　　真:(0533)4658727

企业名称:上海龙阳机械厂
地　　址:上海市浦东新区奚阳路2180号
邮　　编:201201
电　　话:(021)58972200
传　　真:(021)38970007

企业名称:江苏鹏胜矿业机械制造有限公司
地　　址:江苏省淮安市盱眙县工业园区工三路
邮　　编:211700
电　　话:(0517)88293993
传　　真:(0517)88293883

企业名称:江苏溧阳市重型机械厂
地　　址:江苏省溧阳市天目湖镇
邮　　编:213332
电　　话:(0519)87469118
传　　真:(0519)87469088

企业名称:辽宁省朝阳华亿重型机械设备有限公司
地　　址:辽宁省朝阳市双塔区中山大街一段13号
邮　　编:120000
电　　话:(0421)3724205
传　　真:(0421)3724366

企业名称:山东省章丘市东风水泥机械配件厂
地　　址:山东省章丘市相公庄镇相四村
邮　　编:250203
电　　话:(0531)83831130
传　　真:(0531)83831130

洗选设备专业委员会

企业名称:沈阳矿山机械(集团)有限责任公司
地　　址:辽宁省沈阳市大东区大东路178号
邮　　编:110042
电　　话:(024)62164090
传　　真:(024)62164375

企业名称:中信重型机械公司矿山机器厂
地　　址:河南省洛阳市涧西区建设路206号
邮　　编:471039
电　　话:13837977179
传　　真:(0379)64088600

企业名称:鞍山矿山机械股份有限公司
地　　址:辽宁省鞍山市立山区励工街5号

邮　　编:114032

电　　话:13050004999

传　　真:(0412)6612705

企业名称:淮北矿山机器制造有限公司

地　　址:安徽省淮北市濉溪开发区工业园

邮　　编:235005

电　　话:13965876158

传　　真:(0516)3030366

企业名称:鞍山市重型矿山机器厂

地　　址:辽宁省鞍山市立山区灵山鞍辽路

邮　　编:114042

电　　话:(0412)6211845

传　　真:(0412)6211845

企业名称:抚顺隆基磁电设备有限公司

地　　址:辽宁省抚顺市经济开发区顺发路 82 号

邮　　编:113122

电　　话:13904135571

传　　真:(0413)6605768

企业名称:镇江电磁设备厂有限责任公司

地　　址:江苏省镇江市牌湾街二道巷 67 号

邮　　编:212004

电　　话:13805282608

传　　真:(0511)85622591

企业名称:潍坊华特磁电设备有限公司

地　　址:山东省潍坊市临朐经济开发区华特路

邮　　编:262600

电　　话:13791661888

传　　真:(0536)3158777

企业名称:海安县万力振动机械有限公司

地　　址:江苏省海安县城永安北路 69 号

邮　　编:226600

电　　话:(0513)88812611

传　　真:(0513)88814780

企业名称:北京矿冶研究总院机械研究所

地　　址:北京市西直门外文兴街 1 号

邮　　编:100044

电　　话:(010)68333366

传　　真:(010)68336186

企业名称:煤炭科学研究总院唐山分院

地　　址:河北省唐山市新华西道 21 号

邮　　编:063012

电　　话:13703348985

传　　真:(0315)2829275

企业名称:中煤国际工程集团南京设计研究院

地　　址:江苏省南京市浦口区浦东路 20 号

邮　　编:210031

电　　话:(025)85046362

传　　真:(025)85046441

企业名称:洛阳矿山机械工程设计研究院

地　　址:河南省洛阳市涧西区建设路 206 号

邮　　编:471039

电　　话:(0379)64087804

传　　真:(0379)64221800

企业名称:东北大学资源与土木工程学院

地　　址:辽宁省沈阳市东北大学 139 信箱

邮　　编:110006

电　　话:(024)83681461

传　　真:(024)23890448

企业名称:南昌矿山机械有限公司

地　　址:江西省南昌市湾里区盘龙路 23 号

邮　　编:330004

电　　话:13807085540

传　　真:(0791)3761006

企业名称:柳州中特高压电器有限公司
地　　址:广西柳州市柳东路 222 号
邮　　编:545006
电　　话:13707726048
传　　真:(0772)2615882

企业名称:新乡市瑞丰机械设备有限公司
地　　址:河南省新乡市高新技术经济开发区青龙路中段
邮　　编:453731
电　　话:(0373)5586268
传　　真:(0373)5595133

企业名称:钟祥市新宇机电制造有限公司
地　　址:湖北省钟祥市元佑路 42 号
邮　　编:431900
电　　话:(0724)4222928
传　　真:(0724)4223279

企业名称:沈阳鸿翔复合弹性设备有限公司
地　　址:辽宁省沈阳市沈河区北一经街 96 - 1 号
邮　　编:110014
电　　话:13604904882
传　　真:(024)88472546

企业名称:上海嘉庆轴承制造有限公司
地　　址:上海市普善路 239 弄 19 号 101 室
邮　　编:200070
电　　话:(021)56559516
传　　真:(021)56559515

企业名称:辽源市重型机器有限公司
地　　址:吉林省辽源市西宁大街 273 号
邮　　编:136200
电　　话:(0437)3223951
传　　真:(0437)3223959

企业名称:上海盾牌筛网滤器有限公司
地　　址:上海市海宁路鸿波大厦 6F
邮　　编:200070
电　　话:(021)63541358
传　　真:(021)63543856

企业名称:郑州一帆机械设备有限公司
地　　址:河南省郑州市荥阳开发区演武路东段
邮　　编:450000
电　　话:(0371)64619780
传　　真:(0371)64606468

企业名称:大同矿山机械厂
地　　址:山西省大同市王家园
邮　　编:037039
电　　话:(0352)4191172
传　　真:(0352)4191172

企业名称:辽源市重型选矿机械有限公司
地　　址:吉林省辽源市友谊路 17 号
邮　　编:136200
电　　话:(0437)3227060
传　　真:(0437)3227060

企业名称:河南师范大学(新乡)振动机械厂
地　　址:河南省新乡市建设东路 46 号
邮　　编:543007
电　　话:(0373)3325884
传　　真:(0373)3326999

企业名称:唐山汇力振动机械有限公司
地　　址:河北省唐山市路南区唐古街 3 号
邮　　编:063001
电　　话:13503152229
传　　真:(0315)2876709

企业名称:徐州大陆振动机械厂
地　　址:江苏省徐州市铜山新区南

邮　　编:221112
电　　话:13905206272
传　　真:(0516)83530939

企业名称:江苏保龙机电制造有限公司
地　　址:江苏省溧阳市昆仑开发区昆仑北路75号
邮　　编:213300
电　　话:13906143181
传　　真:(0519)87301886

企业名称:江苏省江堰市橡胶制品厂
地　　址:江苏省江堰市广电路29号
邮　　编:225500
电　　话:13901420400
传　　真:(0523)88286079

企业名称:河南省群英机械制造有限责任公司
地　　址:河南省焦作市解放路397号
邮　　编:454002
电　　话:13782713789
传　　真:(0391)3911397

企业名称:辽阳市望水橡胶制品厂
地　　址:辽宁省辽阳市振兴路下王家256号
邮　　编:111004
电　　话:13704196882
传　　真:(0419)3306825

企业名称:江都市金马聚氨酯制品厂
地　　址:江苏省江都镇新都路4号
邮　　编:225200
电　　话:13705250833
传　　真:(0514)86913533

企业名称:湖南新磁机器有限公司
地　　址:湖南省岳阳市奇家岭
邮　　编:414000
电　　话:13973002629
传　　真:(0730)8642915

企业名称:郑州矿山机械厂
地　　址:河南省郑州市崔庙镇
邮　　编:450131
电　　话:13838198558
传　　真:(0371)64822600

企业名称:淮北市协力重型机器有限责任公司
地　　址:安徽省淮北市相山区任井村渠黄路
邮　　编:235000
电　　话:13905612169
传　　真:(0561)4080808

企业名称:淮北市一环矿山机械有限公司
地　　址:安徽省淮北市烈山街宿丁路
邮　　编:235000
电　　话:(0561)3016358
传　　真:(0561)3022804

企业名称:淮北科源矿山机器有限公司
地　　址:安徽省淮北市南黎路西段
邮　　编:335000
电　　话:(0561)3038516
传　　真:(0561)3038516

企业名称:吉林新冶设备有限责任公司
地　　址:吉林省吉林市龙潭区新山路25-2号
邮　　编:132021
电　　话:(0432)3043344
传　　真:(0432)3043313

企业名称:北京有色冶金设计研究总院
地　　址:北京市复兴路12号
邮　　编:100038
电　　话:(010)63936452
传　　真:(010)63963662

企业名称：河南太行振动机械股份有限公司
地　　址：河南省新乡市小冀镇
邮　　编：453731
电　　话：13903800578
传　　真：(0373)5592809

企业名称：沈阳永翔科技有限公司
地　　址：辽宁省沈阳市东陵区泉园路 51 号
邮　　编：110002
电　　话：(024)25443486
传　　真：(024)22722669

企业名称：上海建设路桥机械设备有限公司
地　　址：上海市奉贤区金汇镇工业路 188 号
邮　　编：201404
电　　话：(021)51393838
传　　真：(021)51393836

企业名称：新乡市博恒机械有限公司
地　　址：河南省新乡市经济开发区高新西区中央大道
邮　　编：453731
电　　话：(0373)5582038
传　　真：(0373)5586895

企业名称：镇江市鸿兴磁选设备有限公司
地　　址：江苏省镇江市新马路 100 号
邮　　编：212002
电　　话：(0511)85281388
传　　真：(0511)85287177

企业名称：松滋市金津矿山机械有限责任公司
地　　址：湖北省松滋市城东工业园永兴路 2 号
邮　　编：434200
电　　话：13972364370
传　　真：(0716)5951166

企业名称：辽宁沃尔普机电设备有限公司
地　　址：辽宁省抚顺市望花区辽中街 42 号
邮　　编：113001
电　　话：(0413)6380740
传　　真：(0413)6380540

企业名称：北京煤炭设计研究院
地　　址：北京市东城区安德路 67 号
邮　　编：100011
电　　话：(010)62019922
传　　真：(010)62015776

企业名称：平顶山选煤设计研究院
地　　址：河南省平顶山市建设西路 281 号
邮　　编：467002
电　　话：(0375)4979566
传　　真：(0375)4938459

企业名称：中南大学矿物工程学院
地　　址：湖南省长沙市岳麓山
邮　　编：410012
电　　话：13973113368
传　　真：(0731)8710804

企业名称：中国矿业大学能源利用及化学工程系
地　　址：江苏省徐州市解放南路
邮　　编：221008
电　　话：(0516)83884442
传　　真：(0516)83884442

企业名称：沈阳电力机械厂
地　　址：辽宁省沈阳市铁西区肇工街 1 段 2 号
邮　　编：110026
电　　话：(024)25822321
传　　真：(024)25824602

企业名称：包头冶金矿山机械厂
地　　址：内蒙古包头市东河区巴彦塔拉大街

邮　　编:014040
电　　话:(0472)4172310
传　　真:(0472)4161384

企业名称:上海华焊电磁分离器厂
地　　址:上海市宝山区罗泾宝丰
邮　　编:200947
电　　话:(021)56875213
传　　真:(021)56875213

企业名称:沈阳隆基工程设备有限公司
地　　址:辽宁省沈阳市铁西区重工南街6号
邮　　编:220024
电　　话:(024)25735605
传　　真:(024)25735605

企业名称:江都市聚氨酯厂
地　　址:江苏省江都市引江西闸南首
邮　　编:225200
电　　话:13705250833
传　　真:(0514)86913533

企业名称:柳州地质探矿机械厂
地　　址:广西柳州市飞鹅路55号
邮　　编:545005
电　　话:13607726274
传　　真:(0772)3823294

物料搬运机械工作委员会

企业名称:中国重型机械工业协会
地　　址:北京市公主坟复兴路甲23号
邮　　编:100036
电　　话:(010)68296147
传　　真:(010)68296074

企业名称:上海国际港务(集团)有限公司
地　　址:上海市杨树浦路18号
邮　　编:200082
电　　话:(021)65858328
传　　真:(021)65858328

企业名称:北京起重运输机械研究所
地　　址:北京市雍和宫大街52号
邮　　编:100007
电　　话:(010)64031452
传　　真:(010)64052584

企业名称:大连重工·起重集团有限公司
地　　址:辽宁省大连市西岗区八一路169号
邮　　编:116013
电　　话:(0411)86852166
传　　真:(0411)86852222

企业名称:太原重型机械集团有限公司
地　　址:山西省太原市万柏林区玉河街53号
邮　　编:030024
电　　话:(0351)6361948
传　　真:(0351)6362554

企业名称:中国华电工程(集团)公司物料输送部
地　　址:北京市海淀区西三环北路91号南门
邮　　编:100044
电　　话:(010)51966496
传　　真:(010)68710553

企业名称:上海三一科技有限公司研究院
地　　址:上海市浦东新区川沙经济园区川大路319号
邮　　编:210100
电　　话:(021)58593189
传　　真:(021)58583138

企业名称:承德输送机集团有限责任公司
地　　址:河北省承德市双塔山
邮　　编:067001

电　　话:(0314)4320286
传　　真:(0314)4044530

企业名称:卫华集团有限公司
地　　址:河南省新乡市长垣县文明西路工业园区
邮　　编:453400
电　　话:(0373)8887699
传　　真:(0373)8887646

企业名称:江阴凯澄起重机械有限公司
地　　址:江苏省江阴市澄江东路18号
邮　　编:214429
电　　话:(0510)86199700
传　　真:(0510)86196633

企业名称:衡阳起重运输机械有限公司
地　　址:湖南省衡阳市珠晖区狮山路1号
邮　　编:421002
电　　话:(0734)3172001
传　　真:(0734)8377929

企业名称:株洲天桥起重机有限公司
地　　址:湖南省株洲市田心北门
邮　　编:412001
电　　话:(0733)8462032
传　　真:(0733)8462033

企业名称:浙江双鸟机械有限公司
地　　址:浙江省嵊州市黄泽镇
邮　　编:312455
电　　话:(0575)83055888
传　　真:(0575)83051765

企业名称:中国重机协会物料搬运机械工作委员会
地　　址:北京市雍和宫大街52号
邮　　编:100007
电　　话:(010)64052233
传　　真:(010)84046354

企业名称:太原重型机械集团有限公司技术中心
地　　址:山西省太原市万柏林区玉河街53号
邮　　编:030024
电　　话:(0351)6366048
传　　真:(0351)6361133

企业名称:大连重工·起重集团有限公司研究院
地　　址:辽宁省大连市西岗区八一路169号
邮　　编:116013
电　　话:(0411)86852061
传　　真:(0411)86852099

企业名称:上海起重运输机械厂有限公司
地　　址:上海市民星路191号
邮　　编:200433
电　　话:(021)65561863
传　　真:(021)56639864

企业名称:国家起重运输机械质量监督检测中心
地　　址:北京市雍和宫大街52号
邮　　编:100007
电　　话:(010)64018780
传　　真:(010)64052252

企业名称:全国起重机械标准化技术委员会
地　　址:北京市雍和宫大街52号
邮　　编:100007
电　　话:(010)64053038
传　　真:(010)64052252

企业名称:吉林水工机械有限公司
地　　址:吉林省吉林市吉丰东路86号
邮　　编:132013
电　　话:(0432)4626703
传　　真:(0432)4626703

企业名称:交通部水运科研究所
地　　址:北京市西土城路8号

邮　　编:100088
电　　话:(010)62079449
传　　真:(010)62079447

企业名称:华泰重工制造有限公司
地　　址:湖南省长沙市芙蓉中路二段279号金源大酒店
邮　　编:410007
电　　话:(0731)5169170
传　　真:(0731)5169169

企业名称:广州起重运输机械有限公司
地　　址:广东省广州市花都区北兴镇花都大道北28号
邮　　编:510897
电　　话:(020)86790991
传　　真:(020)86796828

企业名称:长春发电设备有限责任公司
地　　址:吉林省长春市经济技术开展区金川街588号
邮　　编:130031
电　　话:(0431)84603800
传　　真:(0431)84603811

企业名称:中国重机协会桥式起重机专委会
地　　址:上海市平型关路351号209室
邮　　编:200072
电　　话:(021)56778610
传　　真:(021)56778610

企业名称:中国重机协会葫芦单双梁起重机专委会
地　　址:天津市河西区大沽南路946号
邮　　编:300220
电　　话:(022)28317782
传　　真:(022)28221198

企业名称:中国重机协会带式输送机分会
地　　址:辽宁省沈阳市大东区大东路178号
邮　　编:110042
电　　话:(024)24324605
传　　真:(024)62164375

企业名称:中国重机协会散料装卸机械与搬运车辆分会
地　　址:辽宁省大连市西岗区八一路169号
邮　　编:116013
电　　话:(0411)86852019
传　　真:(0411)86852013

企业名称:中国重机协会输送机给料机分会
地　　址:安徽省芜湖市长江路132号
邮　　编:241001
电　　话:(0553)5655088
传　　真:(0553)5852711

企业名称:中国重机协会物流与仓储机械分会
地　　址:北京市雍和宫大街52号
邮　　编:100007
电　　话:(010)84041526
传　　真:(010)64038935

企业名称:北京清源发机电设备工程监理有限公司
地　　址:北京市雍和宫大街52号
邮　　编:100007
电　　话:(010)84044057
传　　真:(010)84043340

企业名称:大连港集团公司技术设备处
地　　址:辽宁省大连市中山区港湾街1号
邮　　编:116004
电　　话:(0411)82626760
传　　真:(0411)82624790

企业名称:秦皇岛港务集团有限公司技术中心
地　　址:河北省秦皇岛市海滨路35 号
邮　　编:066002
电　　话:(0335)3092223
传　　真:(0335)3094331

企业名称:首钢集团公司设备部技术处
地　　址:北京市石景山区古城路
邮　　编:100041
电　　话:(010)68875229
传　　真:(010)88291279

企业名称:太原科技大学
地　　址:山西省太原市万柏林区瓦流路138 号
邮　　编:030024
电　　话:(0351)6221994
传　　真:(0351)6220233

企业名称:大连理工大学机械工程学院
地　　址:辽宁省大连市甘井子区凌工路2 号
邮　　编:116023
电　　话:(0411)84708409－8019
传　　真:(0411)84708425

企业名称:西南交通大学机械工程研究所
地　　址:四川省成都市二环北路111 号
邮　　编:610031
电　　话:(028)87601625
传　　真:(028)87601625

企业名称:吉林大学机械工程学院
地　　址:吉林省长春市西民主大街6 号南岭校区
邮　　编:130026
电　　话:(0431)85095428
传　　真:(0431)85095288

企业名称:中国重型机械工业协会经济运行部
地　　址:北京市公主坟复兴路甲23 号
邮　　编:100036
电　　话:(010)68296155
传　　真:(010)68296074

企业名称:北京起重运输机械研究所起重机械工程部
地　　址:北京市雍和宫大街52 号
邮　　编:100007
电　　话:(010)64053039
传　　真:(010)64052584

企业名称:北京起重运输机械研究所物流仓储工程部
地　　址:北京市雍和宫大街52 号
邮　　编:100007
电　　话:(010)84039035
传　　真:(010)64052584

企业名称:北京起重运输机械研究所物流运输工程部
地　　址:北京市雍和宫大街52 号
邮　　编:100007
电　　话:(010)64052585
传　　真:(010)64052584

企业名称:洛阳起重机厂
地　　址:河南省洛阳市唐宫东路10 号
邮　　编:471009
电　　话:(0379)63453638
传　　真:(0379)63415999

企业名称:山东省淄博生建机械厂
地　　址:山东省淄博市淄川区昆仑镇昆仑路1 号
邮　　编:255129
电　　话:(0533)5787353
传　　真:(0533)5780070

企业名称:武汉港机重工有限公司
地　　址:湖北省武汉市汉阳区鹦鹉大道373 号
邮　　编:430052
电　　话:(027)84525462

传　　真:(027)84524517

企业名称:江西起重机械总厂
地　　址:江西省樟树市共和东路 82 号
邮　　编:331200
电　　话:(0795)7333174
传　　真:(0795)7364566

企业名称:上海电力环保设备总厂有限公司
地　　址:上海市广中路 1001 号
邮　　编:200072
电　　话:(021)56655880
传　　真:(021)56657888

企业名称:焦作制动器股份有限公司
地　　址:河南省焦作市北环路 1 号
邮　　编:454001
电　　话:13603890366
传　　真:(0391)2928045

企业名称:太原科技大学
地　　址:山西省太原市万柏林区瓦流路 138 号
邮　　编:030024
电　　话:(0351)6221994
传　　真:(0351)6220233

企业名称:交通科学研究院
地　　址:北京市海淀区西土城路 8 号
邮　　编:100088
电　　话:(010)62079116
传　　真:(010)62079116

企业名称:北京佳苏鸿源物流技术研究所
地　　址:北京市方家胡同 46 号松梅宾馆 210 室
邮　　编:100007
电　　话:(010)84026658
传　　真:(010)84026658

企业名称:武汉港迪机械工程设计有限公司
地　　址:湖北省武汉市武昌和平大道 1040 号 87 信箱
邮　　编:430063
电　　话:(027)68862958
传　　真:(027)68862904

企业名称:河南重工起重机集团有限公司
地　　址:河南省新乡市长垣县位庄工业区 6 号
邮　　编:453424
电　　话:(0373)8927999
传　　真:(0373)8712958

企业名称:广西百色矿山机械厂
地　　址:广西百色市江凤路 31 号
邮　　编:533000
电　　话:(0776)2770806
传　　真:(0776)2770488

企业名称:河南天隆输送装备有限公司
地　　址:河南省新乡市高新技术开发区科隆工业园内
邮　　编:453000
电　　话:(0373)5066522
传　　真:(0373)5066226

企业名称:合肥迈特机械制造有限责任公司
地　　址:安徽省合肥市望江西路 188 号
邮　　编:230022
电　　话:(0551)5584450
传　　真:(0551)5584453

企业名称:赤壁俊雕起重机电有限责任公司
地　　址:广东省东莞市黄江合路变电站侧 A6 号
邮　　编:523750
电　　话:(0769)87131556
传　　真:(0769)82028793

企业名称:佛山市南海迪华输送设备有限公司
地　　址:广东省佛山市南海区大沥镇谢边
邮　　编:528231
电　　话:(0757)85555554
传　　真:(0757)85552145

企业名称:贵阳黔劲运输机械有限责任公司
地　　址:贵州省贵阳市乌当区新添寨新庄
邮　　编:550018
电　　话:(0851)6461333
传　　真:(0851)6461333

企业名称:秦皇岛市山海关北方博大起重机械有限公司
地　　址:河北省秦皇岛市山海关区关城南路东段
邮　　编:066200
电　　话:(0335)5071178
传　　真:(0335)5059288

企业名称:唐山矿山设备厂
地　　址:河北省唐山市开平区开平东环路13号
邮　　编:063021
电　　话:(0315)3363158
传　　真:(0315)3361264

企业名称:郑州天力起重设备有限公司
地　　址:河南省郑州市京广北路84号附1号
邮　　编:450052
电　　话:(0371)6961464
传　　真:(0371)6988649

企业名称:郑州市华中建筑机械有限公司
地　　址:河南省郑州市上街区工业路114号
邮　　编:450041
电　　话:(0371)68934862
传　　真:(0371)68942180

企业名称:新乡市中原起重电器厂有限公司
地　　址:河南省新乡市长垣县东关工业路
邮　　编:453400
电　　话:(0373)8810889
传　　真:(0373)8812882

企业名称:武汉市志伟输送机械制造有限公司
地　　址:湖北省武汉市黄陂区泡桐开发区护林岗
邮　　编:430347
电　　话:(027)61660613
传　　真:(027)61669074

企业名称:武汉丰凡科技开发有限责任公司
地　　址:湖北省武汉市青山区工业一路6号
邮　　编:430080
电　　话:(027)86879863
传　　真:(027)86879863

企业名称:南京科瑞起重输送机械有限责任公司
地　　址:江苏省南京市浦口经济开发区万寿路1号
邮　　编:211800
电　　话:(025)58194652
传　　真:(025)58194651

企业名称:湖北省宜昌市三峡输送机械制造公司
地　　址:湖北省宜昌市东山村
邮　　编:443000
电　　话:(0717)6445067
传　　真:(0717)6445067

企业名称:深圳市格蓝德工业自动化设备有限公司
地　　址:广东省深圳市南山区南海大道2005号海王大厦
邮　　编:518054
电　　话:(0755)26434006
传　　真:(0755)27434106

企业名称:长沙中圆重工机械有限公司
地　　址:湖南省长沙市宁乡县新城工业发展园
邮　　编:410600
电　　话:(0731)7821958
传　　真:(0731)7823499

企业名称:湖州电动滚筒有限公司
地　　址:浙江省湖州市环城西路 605 号
邮　　编:313000
电　　话:(0572)2031173
传　　真:(0572)2053013

企业名称:阳泉电工机械有限责任公司
地　　址:山西省阳泉市南外路义井段
邮　　编:045000
电　　话:(0353)2033451
传　　真:(0353)2034938

企业名称:吴江市麒麟起重机械有限公司
地　　址:江苏省吴江市铜罗镇人民街 20 号
邮　　编:215237
电　　话:(0512)63881419
传　　真:(0512)63881774

企业名称:河南省东风起重机械有限公司
地　　址:河南省新乡市长垣县工业路 96 号
邮　　编:453400
电　　话:(0373)8810220
传　　真:(0373)8810386

企业名称:上海锋馥输送机械有限公司
地　　址:上海市奉贤区浦卫公路 8208 号
邮　　编:201417
电　　话:(021)57451879
传　　真:(021)57452792

企业名称:西安神力起重运输机械有限公司
地　　址:陕西省西安市新四路高科广场 D 座 1 号楼 18 层
邮　　编:710075
电　　话:(029)84288254
传　　真:(029)84204345

企业名称:无锡石油化工起重机有限公司
地　　址:江苏省无锡市惠山新区长安张村路 9 号
邮　　编:214178
电　　话:(0510)83592637
传　　真:(0510)83591226

企业名称:成都三江起重机制造有限公司
地　　址:四川省成都市金堂县三中园区工业新区西一横路
邮　　编:610400
电　　话:(028)84998583
传　　真:(028)84998582

企业名称:鞍山市起重机械厂
地　　址:辽宁省鞍山市立山区奖工街 1 号
邮　　编:114033
电　　话:(0412)6619166
传　　真:(0412)6600118

企业名称:开封起重机有限公司
地　　址:河南省开封市周天路西段 6 号
邮　　编:475004
电　　话:(0378)2536388
传　　真:(0378)2536387

企业名称:威信自动化设备有限公司
地　　址:江苏省昆山市周市镇新镇金龙路 170 号
邮　　编:215337
电　　话:(0512)57666666
传　　真:(0512)57666777

企业名称：上海大力神悬挂输送机械有限公司
地　　址：上海市北新区江场西路200号甲
邮　　编：200436
电　　话：(021)56652356
传　　真：(021)56652356

企业名称：上海海希工业通讯设备有限公司
地　　址：上海市田林路388号新业大楼1026－1033室
邮　　编：200233
电　　话：(021)54902525
传　　真：(021)54902626

企业名称：上海港能机电技术有限公司
地　　址：上海市浦东新区世纪大道1500号东方大厦820室
邮　　编：200122
电　　话：(021)58357411
传　　真：(021)58357456－24

企业名称：常州市潞城常东塑料五金厂
地　　址：江苏省常州市潞城镇李唐村
邮　　编：213025
电　　话：(0519)88402188
传　　真：(0519)88400668

企业名称：江苏省泰州鑫光机械制造有限公司
地　　址：江苏省泰州凤凰西路79号
邮　　编：225300
电　　话：(0523)86848779
传　　真：(0523)86845688

企业名称：韩国高丽制钢株式会社北京代表处
地　　址：北京市建国门外大街19号国际大厦19－5A
邮　　编：100004
电　　话：(010)65931833
传　　真：(010)65931876

企业名称：长沙第三机床厂
地　　址：湖南省长沙市韶山中路376号
邮　　编：410007
电　　话：(0731)5531529
传　　真：(0731)5538196

企业名称：岳阳强力电磁设备有限公司
地　　址：湖南省岳阳市花板桥137号信箱
邮　　编：414000
电　　话：(0730)8638729
传　　真：(0730)8636523

企业名称：霸州市格林电器有限公司
地　　址：河北省霸州市经济技术开发区迎宾道1号
邮　　编：065700
电　　话：(0316)7950521
传　　真：(0316)7950522

企业名称：大连众益电气工程有限公司
地　　址：辽宁省大连市沙河口区民政街417号B座10－3号
邮　　编：116021
电　　话：(0411)84519311
传　　真：(0411)84518435

企业名称：平凉市荣康实业有限责任公司
地　　址：甘肃省平凉市崆峒区西郊本义经济开发区312国道南
邮　　编：744000
电　　话：(0933)8711841
传　　真：(0933)8718305

企业名称：宁波莱斯特传动设备制造有限公司
地　　址：浙江省宁波市江北区庄桥车站对面
邮　　编：315032
电　　话：(0574)87560766
传　　真：(0574)87560966

企业名称:河南奔宇电机有限公司
地　　址:河南省新乡市长垣县南关工业区
邮　　编:453400
电　　话:(0373)8898200
传　　真:(0373)8856125

企业名称:天津市顺捷机械有限公司
地　　址:天津市河西区解放南路459号增18号
邮　　编:300120
电　　话:(021)28237255
传　　真:(021)23976330

企业名称:深圳市测力佳控测技术有限公司
地　　址:广东省深圳市南山区雨油天安工业区5座8A
邮　　编:518054
电　　话:(0755)26416796
传　　真:(0755)26052242

企业名称:陕西宝鸡第二发电有限责任公司
地　　址:陕西省宝鸡市凤翔县长青镇石头坡
邮　　编:721405
电　　话:(0917)3815051
传　　真:(0917)3815051

企业名称:华能国际电力开发公司北京分公司
地　　址:北京市朝阳区高碑店路
邮　　编:100023
电　　话:(010)87737817
传　　真:(010)87737817

企业名称:南京瑞昌物流有限公司
地　　址:江苏省南京市白下区苜蓿园大街66号15－204
邮　　编:210007
电　　话:(025)84381490
传　　真:(025)84381490

企业名称:深圳赤湾港航股份有限公司港务本部
地　　址:广东省深圳市南山区赤湾二路5号
邮　　编:518068
电　　话:(0755)26817658
传　　真:(0755)26684567

企业名称:中国石化集团上海工程有限公司
地　　址:上海市浦东新区张杨路769号
邮　　编:200120
电　　话:(021)58366600
传　　真:(021)58354176

企业名称:南京港惠宁码头有限责任公司
地　　址:江苏省南京市新生圩1号
邮　　编:210038
电　　话:13809048382
传　　真:(025)85801430

桥式起重机专业委员会

企业名称:上海起重运输机械厂有限公司
地　　址:上海市民星路191号
邮　　编:200433
电　　话:(021)65564735
传　　真:(021)56639864

企业名称:大连重工·起重集团有限公司
地　　址:辽宁省大连市西岗区八一路169号
邮　　编:116013
电　　话:(0411)86852166
传　　真:(0411)86852222

企业名称:株洲天桥起重机有限公司
地　　址:湖南省株洲市田心北门
邮　　编:412001
电　　话:(0733)8462032
传　　真:(0733)8462033

企业名称:宁夏银起重型机器股份有限公司
地　　址:宁夏银川市金凤区上海西路 475 号
邮　　编:750011
电　　话:(0951)3066392
传　　真:(0951)3067126

企业名称:太原重型机械集团有限公司起重机公司
地　　址:山西省太原市万柏林区玉河街 53 号
邮　　编:030024
电　　话:(0351)6365320
传　　真:(0351)6365445

企业名称:卫华集团有限公司
地　　址:河南省新乡市长垣县文明西路工业区
邮　　编:453400
电　　话:(0373)8887699
传　　真:(0373)8887646

企业名称:北京起重运输机械研究所
地　　址:北京市雍和宫大街 52 号
邮　　编:100007
电　　话:(010)64053039
传　　真:(010)84037436

企业名称:广州起重机械有限公司
地　　址:广东省广州市花都区北兴镇花都大道北28 号
邮　　编:510510
电　　话:(020)86790990
传　　真:(020)86855396

企业名称:武汉冶金设备制造公司
地　　址:湖北省武汉市青山区厂前街青王路 9 号
邮　　编:430083
电　　话:(027)86303703
传　　真:(027)86865751

企业名称:重庆起重机厂
地　　址:重庆市九龙坡区中梁山人和场
邮　　编:400053
电　　话:(023)65251087
传　　真:(023)65258916

企业名称:张家口三北动力起重机械有限责任公司
地　　址:河北省张家口市工业路 85 号
邮　　编:075000
电　　话:(0313)2210132
传　　真:(0313)2210221

企业名称:山东起重机厂有限公司
地　　址:山东省青州市青州南路 1757 号
邮　　编:262500
电　　话:(0536)3203038
传　　真:(0536)3203037

企业名称:南京起重机械总厂有限公司
地　　址:江苏省南京市浦口泰冯路 62 号
邮　　编:210011
电　　话:(025)58842388
传　　真:(025)58841693

企业名称:洛阳起重机厂
地　　址:河南省洛阳市唐宫东路 10 号
邮　　编:471009
电　　话:(0379)63415891
传　　真:(0379)63415991

企业名称:常州市常欣电子衡器有限公司
地　　址:江苏省常州市中凉亭
邮　　编:213001
电　　话:(0519)86643942
传　　真:(0519)86640473

企业名称:杭州起重机有限公司
地　　址:浙江省杭州市良渚镇勾运路 19 号

邮　　编:311112

电　　话:(0571)88747563

传　　真:(0571)88747388

企业名称:黑龙江富锦富华起重机有限公司

地　　址:黑龙江省富锦市富福路西段

邮　　编:156101

电　　话:(0454)2350200

传　　真:(0454)2349539

企业名称:柳州起重机器有限公司

地　　址:广西柳州市荣军路226号

邮　　编:545005

电　　话:(0772)3117615

传　　真:(0772)3117615

企业名称:辽宁清原第一缓冲器制造有限公司

地　　址:辽宁省抚顺市146信箱

邮　　编:113103

电　　话:(0413)3022438

传　　真:(0413)3020828

企业名称:昆明力神重工有限公司

地　　址:云南省昆明市茨坝路31号

邮　　编:650203

电　　话:(0871)5150091

传　　真:(0871)5224760

企业名称:德马格起重机械(上海)有限公司

地　　址:上海市奉贤区叶庄公路125号

邮　　编:201415

电　　话:(021)37182205

传　　真:(021)57464558

企业名称:新乡市起重设备厂

地　　址:河南省新乡市南干道111号

邮　　编:453003

电　　话:(0373)3054082

传　　真:(0373)3058094

企业名称:江苏泰隆减速机股份有限公司

地　　址:江苏省泰兴市大庆东路88号

邮　　编:225400

电　　话:(0523)87668088

传　　真:(0523)87665426

企业名称:湖北银轮蒲起机械有限责任公司

地　　址:湖北省赤壁市河北大道170号

邮　　编:437300

电　　话:(0715)5337928

传　　真:(0715)5353382

企业名称:本钢起重机制造有限公司

地　　址:辽宁省本溪市明山区文化路14号

邮　　编:117022

电　　话:(0414)4836008

传　　真:(0414)4836008

企业名称:河南省郑起起重设备有限公司

地　　址:河南省郑州市西四环路与化工路交叉口

邮　　编:450053

电　　话:(0371)63726755

传　　真:(0371)63726755

企业名称:新乡市中原起重电器有限公司

地　　址:河南省新乡市长垣县东关工业区

邮　　编:453400

电　　话:(0373)8810889

传　　真:(0373)8812882

企业名称:河南省东风起重机械有限公司

地　　址:河南省新乡市长垣县工业路96号

邮　　编:453400

电　　话:(0373)8814223

传　　真:(0373)8810386

企业名称:永通起重机械实业有限公司
地　　址:广东省佛山市顺德区陈村镇潭村工业区三路
邮　　编:528313
电　　话:(0757)23311411
传　　真:(0757)23832080

企业名称:石家庄市动力机械厂
地　　址:河北省石家庄市良村经济开发区三峡路23号
邮　　编:052165
电　　话:(0311)86087072
传　　真:(0311)88080711

企业名称:武汉力威起重机制造有限公司
地　　址:湖北省武汉市武昌区张家湾
邮　　编:430065
电　　话:(027)88117256
传　　真:(027)88117256

企业名称:常州长江客车集团矿山起重机械有限公司
地　　址:江苏省常州市横山桥镇
邮　　编:213119
电　　话:(0519)88609206
传　　真:(0519)88609203

企业名称:常州市潞城常东塑料五金厂
地　　址:江苏省常州市潞城镇潞横路中段
邮　　编:213025
电　　话:(0519)88402188
传　　真:(0519)88400668

企业名称:上海市黄渡起重机械厂
地　　址:上海市嘉定区黄渡镇曹安路21号桥东首
邮　　编:201804
电　　话:(021)59596451
传　　真:(021)59595138

企业名称:江西起重机械总厂
地　　址:江西省樟树市共和东路82号
邮　　编:331200
电　　话:(0795)7364266
传　　真:(0795)7364566

企业名称:山东淄博生建机械厂
地　　址:山东省淄博市淄川区大昆仑
邮　　编:255129
电　　话:(0533)5787381
传　　真:(0533)5780070

企业名称:通化市起重运输机械制造有限责任公司
地　　址:吉林省通化市保安路2369号
邮　　编:134000
电　　话:(0435)3621701
传　　真:(0435)3617752

企业名称:福建神力起重机械有限公司
地　　址:福建省福州市闽侯荆溪关口364号
邮　　编:350101
电　　话:(0591)22612486
传　　真:(0591)22612486

企业名称:梧州市梧起起重机械制造有限公司
地　　址:广西梧州市莲花山路8号
邮　　编:543005
电　　话:(0774)5824983
传　　真:(0774)5823988

企业名称:新疆通用机械有限公司
地　　址:新疆米泉市振兴路1号
邮　　编:831400
电　　话:(0991)6868164
传　　真:(0991)6868968

企业名称:西安起重机械厂
地　　址:陕西省西安市西郊红光路72号

邮　　编:710077
电　　话:(029)84241596
传　　真:(029)84251072

企业名称:丹东振安建工机械有限公司
地　　址:辽宁省丹东市振安区鸭绿江村89号
邮　　编:118003
电　　话:(0415)3147945
传　　真:(0415)4188606

企业名称:大连起重矿山机械有限公司
地　　址:辽宁省大连市营城子金龙寺
邮　　编:116036
电　　话:(0411)86690313
传　　真:(0411)86704184

企业名称:上海伯瑞制动器有限公司
地　　址:上海市奉贤奉城镇东街98号
邮　　编:201411
电　　话:(021)57522358
传　　真:(021)57522350

企业名称:四川川起起重设备有限公司
地　　址:四川省成都市金堂县赵镇赵杨路西段666号
邮　　编:610400
电　　话:(028)84932244
传　　真:(028)84932244

企业名称:江西特种电机股份有限公司
地　　址:江西省宜春市东风大街10号
邮　　编:336000
电　　话:(0795)3272270
传　　真:(0795)3263554

企业名称:上海青浦起重运输设备厂有限公司
地　　址:上海市青浦工业园华青路815号
邮　　编:201700
电　　话:(021)69211558
传　　真:(021)69211138

企业名称:上海豪力起重机械有限公司
地　　址:上海市浦东新区凌白公路1128号
邮　　编:201201
电　　话:(021)58971138
传　　真:(021)58971159

企业名称:上海雄风起重设备厂
地　　址:上海市松江佘山开发区
邮　　编:201602
电　　话:(021)57793116
传　　真:(021)57796566

企业名称:杭州宝鼎铸锻有限公司
地　　址:浙江省杭州市郊塘栖镇一号桥南
邮　　编:311106
电　　话:(0571)86380888
传　　真:(0571)86380688

企业名称:常州市海之杰港口起重机设备厂
地　　址:江苏省常州市西门外汤庆桥
邮　　编:213133
电　　话:(0519)83205568
传　　真:(0519)83205568

企业名称:河南省矿山起重机有限公司
地　　址:河南省新乡市长垣县长恼工业区
邮　　编:453400
电　　话:(0373)8735555
传　　真:(0373)8735555

企业名称:天津津起起重设备有限公司
地　　址:天津市津南区葛沽镇
邮　　编:300352
电　　话:(022)28682369
传　　真:(022)28682369

企业名称:浙江扬戈电器有限公司
地　　址:浙江省三门县城关沙田洋经济开发区
邮　　编:317100
电　　话:(0576)83373753
传　　真:(0576)83373755

企业名称:浙江立新起重开关厂
地　　址:浙江省温州市柳西仁宕工业区
邮　　编:325604
电　　话:(0577)62753391
传　　真:(0577)62753391

企业名称:大连辽南起重机器厂
地　　址:辽宁省大连市旅顺水师营
邮　　编:116065
电　　话:(0411)86233046
传　　真:(0411)86233046

企业名称:中外合资无锡天宝电机有限公司
地　　址:江苏省无锡市玉祁镇锡玉路38号
邮　　编:214183
电　　话:(0510)83880261
传　　真:(0510)83889752

企业名称:河南豫中起重集团有限公司
地　　址:河南省新乡市长垣县城南工业区
邮　　编:453424
电　　话:(0373)8791368
传　　真:(0373)8791898

企业名称:河南省中原起重机械总厂
地　　址:河南省新乡市长垣县文明路402号
邮　　编:453400
电　　话:(0373)8810848
传　　真:(0373)8813875

企业名称:河南省新乡市矿山起重机有限公司
地　　址:河南省新乡市长恼工业区
邮　　编:453400
电　　话:(0373)8793165
传　　真:(0373)8793731

企业名称:中原圣起有限公司
地　　址:河南省新乡市长垣县魏庄起重工业园区
邮　　编:453211
电　　话:(0373)8711868
传　　真:(0373)8711808

企业名称:常州武进起重电器有限公司
地　　址:江苏省常州市横林镇崔桥崔西路30号
邮　　编:213103
电　　话:(0519)88501043
传　　真:(0519)88501298

企业名称:河南省飞马起重机械有限公司
地　　址:河南省新乡市长垣县魏庄工业区
邮　　编:453400
电　　话:(0373)8791678
传　　真:(0373)8711976

企业名称:河南省巨人起重机有限公司
地　　址:河南省新乡市长垣县魏庄工业区
邮　　编:453400
电　　话:(0373)8711200
传　　真:(0373)8711500

企业名称:河南重工起重机集团有限公司
地　　址:河南省新乡市长垣县魏庄工业园区6号
邮　　编:453424
电　　话:(0373)8927999
传　　真:(0373)8927999

企业名称:芜湖起重运输机器有限公司
地　　址:安徽省芜湖市长江路132号
邮　　编:241001
电　　话:(0553)5855088

传　　真:(0553)5852711

企业名称:江阴真良机械有限公司
地　　址:江苏省江阴市利港镇
邮　　编:214444
电　　话:(0510)86636637
传　　真:(0510)86636637

企业名称:郑州市大林机械有限公司
地　　址:河南省郑州市荥阳县京城北路7号
邮　　编:450100
电　　话:(0371)64607555
传　　真:(0371)64607555

企业名称:昌乐县东田聚氨酯厂
地　　址:山东省潍坊市昌乐县朱刘镇硝酸盐厂院内
邮　　编:262404
电　　话:(0536)6972333
传　　真:(0536)69733111

企业名称:天水长城控制电器厂起重电气设备厂
地　　址:甘肃省天水市秦城区南廓路11号
邮　　编:741018
电　　话:(0938)8383411
传　　真:(0938)8383411

企业名称:新乡克瑞有限公司
地　　址:河南省新乡市长垣县华垣路西段
邮　　编:453400
电　　话:(0373)8887988
传　　真:(0373)8887999

企业名称:新乡市广增起重设备有限公司
地　　址:河南省新乡市长垣县长恼工业区
邮　　编:453423
电　　话:(0373)8639183
传　　真:(0373)8639488

企业名称:山东烟起起重设备有限公司
地　　址:山东省烟台市福山区福海路141号
邮　　编:265500
电　　话:(0535)6362473
传　　真:(0535)6367663

企业名称:福建起重运输机械总厂
地　　址:福建省福州市仓山城门东塔104号
邮　　编:350018
电　　话:(0591)83499789
传　　真:(0591)83499063

企业名称:大连天元电机有限公司
地　　址:辽宁省大连市金州区光明街道同济路1号
邮　　编:116100
电　　话:(0411)84366158
传　　真:(0411)84362829

企业名称:大连保通工业控制有限公司
地　　址:辽宁省大连市河口工业园区汇贤街19号
邮　　编:116023
电　　话:(0411)84798860
传　　真:(0411)84798611

企业名称:上海神安起重运输机械制造有限公司
地　　址:上海市青浦镇西岑莲西路4398号
邮　　编:201721
电　　话:(021)59294306
传　　真:(021)59295355

企业名称:焦作市长江制动器有限公司
地　　址:河南省焦作市武陟县大封镇大司马村
邮　　编:454981
电　　话:(0391)7515618
传　　真:(0391)7515658

企业名称:焦作市制动器开发有限公司
地　　址:河南省焦作市武陟工业园18号

邮　　编:454950

电　　话:(0391)7262818

传　　真:(0391)7262019

企业名称:无锡新大力电机有限公司

地　　址:江苏省无锡市长安镇

邮　　编:214177

电　　话:(0510)83761037

传　　真:(0510)83621022

企业名称:南京开关厂有限公司

地　　址:江苏省南京市白下区太阳沟 29 号 –1

邮　　编:210007

电　　话:(025)84616297

传　　真:(025)84617840

企业名称:江苏三马起重机械制造有限公司

地　　址:江苏省靖江市横港南路 3 号

邮　　编:214500

电　　话:(0523)84866933

传　　真:(0523)84866284

企业名称:泰兴市华东减速机制造有限公司

地　　址:江苏省泰兴市鑫泰路 318 号

邮　　编:225400

电　　话:(0523)87694282

传　　真:(0523)87694337

企业名称:无锡市宏泰起重电机有限公司

地　　址:江苏省无锡市惠山区前州镇水月浜路 2 号

邮　　编:214181

电　　话:(0510)83391074

传　　真:(0510)83395888

企业名称:新乡市鹏升起重设备有限公司

地　　址:河南省新乡市长垣县位梁工业区

邮　　编:453424

电　　话:(0373)8719619

传　　真:(0373)8719398

企业名称:河南省中州起重机械厂

地　　址:河南省新乡市长垣县位庄工业区

邮　　编:453400

电　　话:(0373)8718717

传　　真:(0373)8717899

企业名称:浙江众擎起重机械制造有限公司

地　　址:浙江省诸暨市城西工业区

邮　　编:311800

电　　话:(0575)87385688

传　　真:(0575)87387610

企业名称:施耐德电气(中国)投资有限公司

地　　址:上海市绥德路 628 号 B1 号楼 2 楼

邮　　编:200331

电　　话:(021)62848800

传　　真:(021)62848800

企业名称:江苏太兴隆减速机有限公司

地　　址:江苏省泰兴市城区科技工业园

邮　　编:225400

电　　话:(0523)87695888

传　　真:(0523)87695999

企业名称:开封起重机有限公司

地　　址:河南省开封市开发区周天路西段 6 号

邮　　编:475004

电　　话:(0378)2536222

传　　真:(0378)2536387

企业名称:泰兴市泰宏减速机制造有限公司

地　　址:江苏省泰兴市姚王镇

邮　　编:225400

电　　话:(0523)87548779

传　　真:(0523)87540655

企业名称:河南奔宇电机有限公司
地　　址:河南省新乡市长垣县南关工业园区
邮　　编:453400
电　　话:(0373)8854669
传　　真:(0373)8856125

企业名称:河南省华东起重机有限公司
地　　址:河南省新乡市长垣县魏庄工业区 68 号
邮　　编:453424
电　　话:(0373)8618888
传　　真:(0373)8618666

企业名称:河南中锐起重设备有限公司
地　　址:河南省新乡市长垣县魏庄起重工业园区经三路中段
邮　　编:453424
电　　话:(0373)8791189
传　　真:(0373)8791189

企业名称:无锡石油化工起重机有限公司
地　　址:江苏省无锡市惠山区长安张村路 9 号
邮　　编:214178
电　　话:(0510)83592637
传　　真:(0510)83592605

企业名称:焦作制动器股份有限公司
地　　址:河南省焦作市北环路 1 号
邮　　编:454000
电　　话:(0391)2931288
传　　真:(0391)2924446

企业名称:新乡市中原起重机械总厂
地　　址:河南省新乡市长垣县东关工业区
邮　　编:453400
电　　话:(0373)8893567
传　　真:(0373)8810258

企业名称:中国长江航运集团电机厂
地　　址:湖北省武汉市洪山区关山路 344 号
邮　　编:430074
电　　话:(027)87801308
传　　真:(027)87405067

企业名称:焦作市虹桥制动器有限公司
地　　址:河南省焦作市武陟县虹桥工业区 18 号
邮　　编:454981
电　　话:(0391)7541888
传　　真:(0391)7541666

企业名称:沈阳冶金机械有限公司
地　　址:辽宁省沈阳市铁西区云峰北街 4 号
邮　　编:110125
电　　话:(024)25372548
传　　真:(024)25372548

企业名称:甘肃省定西起重机厂
地　　址:甘肃省定西市安定区焦家坡新村 3 号
邮　　编:743000
电　　话:(0932)8211984
传　　真:(0932)8227125

企业名称:上海嘉庆轴承制造有限公司
地　　址:上海市普善路 239 弄 19 号
邮　　编:200070
电　　话:(021)56559515
传　　真:(021)56559515

企业名称:郑州凯澄起重设备有限公司
地　　址:河南省郑州市新郑龙湖么河桥南
邮　　编:451191
电　　话:(0371)62575799
传　　真:(0371)62575699

企业名称:河南省远征起重机械有限公司
地　　址:河南省新乡市长垣县位庄工业区南

邮　　编:453400
电　　话:(0373)8611999
传　　真:(0373)8611997

企业名称:河南省盛达起重机械有限公司
地　　址:河南省新乡市长垣县长恼工业区
邮　　编:453423
电　　话:(0373)8731356
传　　真:(0373)8731355

企业名称:泰星减速机股份有限公司
地　　址:江苏省泰兴市姚王镇
邮　　编:225402
电　　话:(0523)87635681
传　　真:(0523)87635683

企业名称:河南起重机器有限公司
地　　址:河南省新乡市新飞大道北段81号
邮　　编:453002
电　　话:(0373)3321888
传　　真:(0373)3321906

企业名称:河南省力源重型起重机公司
地　　址:河南省新乡市长垣县位庄工业园区
邮　　编:453424
电　　话:(0373)8710919
传　　真:(0373)8710919

企业名称:宁波市凹凸起重运输机械总厂
地　　址:浙江省宁波市机场路与鄞州大道立交桥口
邮　　编:315176
电　　话:(0574)88008779
传　　真:(0574)88008779

企业名称:泰兴市锦泰减速机厂
地　　址:江苏省泰兴市鑫泰路316号
邮　　编:225400
电　　话:(0523)87692335
传　　真:(0523)87694775

企业名称:上海宝松重型机械工程有限公司
地　　址:上海市宝山区盘古路732号
邮　　编:201900
电　　话:(021)56698880
传　　真:(021)56690455

企业名称:无锡大力起重机械有限公司
地　　址:江苏省无锡市华清路148号
邮　　编:214124
电　　话:(0510)85628988
传　　真:(0510)85627005

企业名称:山东泰安张氏制动器有限公司
地　　址:山东省泰安市东岳大街西首
邮　　编:271000
电　　话:(0538)6716558
传　　真:(0538)6716958

企业名称:淄博九州润滑科技有限公司
地　　址:山东省淄博市高新区万杰路121号
邮　　编:255000
电　　话:(0533)4548567
传　　真:(0533)4546336

企业名称:淄博博山益杰机械有限公司
地　　址:山东省淄博市经济开发区南邻
邮　　编:255213
电　　话:(0533)4658626
传　　真:(0533)4658727

企业名称:江西飞达电器设备有限公司
地　　址:江西省宜春市工业园区长青大道
邮　　编:336000
电　　话:(0795)3245168
传　　真:(0795)3245168

企业名称:山东泰峰起重设备制造有限公司
地　　址:山东省新泰市羊流工业区
邮　　编:271208
电　　话:(0538)7442272
传　　真:(0538)7442858

企业名称:山东光明起重机械有限公司
地　　址:山东省新泰市羊流工业区
邮　　编:271208
电　　话:(0538)7442429
传　　真:(0538)7442118

企业名称:山东安信起重设备有限公司
地　　址:山东省新泰市羊流工业区
邮　　编:271208
电　　话:(0538)7442116
传　　真:(0538)7444617

企业名称:山东泰山起重机械有限公司
地　　址:山东省新泰市羊流工业区
邮　　编:271208
电　　话:(0538)7442888
传　　真:(0538)7444666

葫芦、单双梁起重机专业委员会

企业名称:天津起重设备有限公司
地　　址:天津市河西区大沽南路946号
邮　　编:300220
电　　话:(022)88322724
传　　真:(022)28331506

企业名称:北京起重运输机械研究所
地　　址:北京市雍和宫大街52号
邮　　编:100007
电　　话:(010)84037438
传　　真:(010)64079406

企业名称:南京起重机械总厂有限公司
地　　址:江苏省南京市浦口区泰冯路62号
邮　　编:210032
电　　话:(025)58749786
传　　真:(025)58841693

企业名称:广州起重机械有限公司
地　　址:广东省广州市花都区北兴镇花都大道北28号
邮　　编:510510
电　　话:(020)86594833
传　　真:(020)87056557

企业名称:江阴凯澄起重机械有限公司
地　　址:江苏省江阴市澄江东路
邮　　编:214431
电　　话:(0510)86199688
传　　真:(0510)86196633

企业名称:重庆起重机厂
地　　址:重庆市九龙坡区中梁山
邮　　编:430052
电　　话:(023)65269349
传　　真:(023)65270015

企业名称:北京起重设备厂
地　　址:北京市怀柔区雁栖工业开发区A区4号厂房
邮　　编:101407
电　　话:(010)61669938
传　　真:(010)61669660

企业名称:开原起重机器有限责任公司
地　　址:辽宁省开原市解放路578号
邮　　编:112300
电　　话:(0410)3622016
传　　真:(0410)3613379

企业名称:定西起重机厂
地　　址:甘肃省定西市安定区焦家坡新村 3 号
邮　　编:743000
电　　话:(0932)8229796
传　　真:(0932)8227125

企业名称:上海雄风起重设备厂
地　　址:上海市松江区佘山工业区
邮　　编:201602
电　　话:(021)57793116
传　　真:(021)57792855

企业名称:江西起重机械总厂
地　　址:江西省樟树市共和东路 82 号
邮　　编:331200
电　　话:(0795)7364266
传　　真:(0795)7364566

企业名称:南京开关厂有限公司
地　　址:江苏省南京市白下区大阳沟 29 号 -1
邮　　编:210007
电　　话:(025)84590223
传　　真:(025)84617840

企业名称:卫华集团有限公司
地　　址:河南省新乡市长垣县文明西路工业园区
邮　　编:453400
电　　话:(0373)8887697
传　　真:(0373)8887695

企业名称:洛阳起重机厂
地　　址:河南省洛阳市唐宫 10 号路
邮　　编:471009
电　　话:(0379)63908222
传　　真:(0379)63908211

企业名称:三马起重机械制造有限公司
地　　址:江苏省靖江市横港南路 3 号
邮　　编:214500
电　　话:(0523)84833933
传　　真:(0523)84832284

企业名称:江苏武进起重电器厂有限公司
地　　址:江苏省常州市东门外崔桥镇
邮　　编:213103
电　　话:(0519)88503118
传　　真:(0519)88501043

企业名称:新乡市起重设备厂
地　　址:河南省新乡市南干道 111 号
邮　　编:453003
电　　话:(0373)3054082
传　　真:(0373)3058094

企业名称:四川川起起重设备有限公司
地　　址:四川省成都市金堂城十里大道 306 号
邮　　编:610400
电　　话:(028)84937143
传　　真:(028)84932244

企业名称:南京特种电机厂有限公司
地　　址:江苏省南京市六合区雄洲东路 289 号
邮　　编:211500
电　　话:(025)57759990
传　　真:(025)57107279

企业名称:南京起重电机厂有限公司
地　　址:江苏省南京市江宁区大街东路 98 号
邮　　编:211100
电　　话:(025)51190002
传　　真:(025)52282496

企业名称:杭州起重机械有限公司
地　　址:浙江省杭州市良渚镇勾运路 8 号
邮　　编:311112
电　　话:(0571)88747588

传　　真:(0571)88747588

企业名称:湖北银轮蒲起起重机械有限公司
地　　址:湖北省蒲圻市河北大道108号
邮　　编:437300
电　　话:(0715)5337928
传　　真:(0715)5353382

企业名称:浙江杭州电机有限公司
地　　址:浙江省杭州市江干区彭埠支路68号
邮　　编:310021
电　　话:(0571)88077935
传　　真:(0571)85040724

企业名称:黑龙江富锦富华起重机有限公司
地　　址:黑龙江省富锦市富福路西段
邮　　编:156101
电　　话:(0454)2349130
传　　真:(0454)2349539

企业名称:湖北咸宁起重电机有限公司
地　　址:湖北省咸宁市永安大道36号
邮　　编:437000
电　　话:(0715)8322268
传　　真:(0715)8322268

企业名称:广东超宇起重设备有限公司
地　　址:广东省梅州市成北福瑞岗
邮　　编:514011
电　　话:(0753)2382063
传　　真:(0753)2382068

企业名称:广西柳州起重机器有限公司
地　　址:广西柳州市荣军路226号
邮　　编:545005
电　　话:(0772)3117615
传　　真:(0772)3667615

企业名称:常州市常欣电子衡器有限公司
地　　址:江苏省常州市兰陵路中凉亭
邮　　编:213001
电　　话:(0519)86655667
传　　真:(0519)86640473

企业名称:无锡宏泰起重电机有限公司
地　　址:江苏省无锡市前州水月浜路2号
邮　　编:2141181
电　　话:(0510)83391074
传　　真:(0510)83395888

企业名称:成都起重机械厂
地　　址:四川省成都市天回镇
邮　　编:610083
电　　话:(028)83572096
传　　真:(028)83572910

企业名称:江阴鼎力起重机械有限公司
地　　址:江苏省江阴市滨江开发区山观镇金山路127号
邮　　编:214437
电　　话:(0510)86135571
传　　真:(0510)86130811

企业名称:河南飞马起重机械有限公司
地　　址:河南省新乡市长垣县魏庄工业区
邮　　编:453424
电　　话:(0373)8712222
传　　真:(0373)8711976

企业名称:上海豪力起重机械有限公司
地　　址:上海市浦东新区东山公路5708号
邮　　编:201201
电　　话:(021)58971159
传　　真:(021)58971159

企业名称:河南豫中起重设备有限公司
地　　址:河南省新乡市长垣县魏庄工业区
邮　　编:453424
电　　话:(0373)8927666
传　　真:(0373)8791898

企业名称:南京江陵机电制造有限责任公司
地　　址:江苏省南京市江宁市民营科技园
邮　　编:211103
电　　话:(025)52163170
传　　真:(025)52163170

企业名称:江阴起重运输机械有限公司
地　　址:江苏省江阴市沈港镇
邮　　编:214443
电　　话:(0510)86621524
传　　真:(0510)86621220

企业名称:南京禄口起重机械有限公司
地　　址:江苏省南京市中华门外禄口镇
邮　　编:211113
电　　话:(025)52770679
传　　真:(025)52770660

企业名称:浙江乐清东方胶朔电器开关有限公司
地　　址:浙江省乐清市苏吕工业区
邮　　编:325604
电　　话:(0577)62790993
传　　真:(0577)62790780

企业名称:浙江众擎起重机械有限公司
地　　址:浙江省诸暨市城西工业开发区
邮　　编:311800
电　　话:(0571)87385688
传　　真:(0571)87216010

企业名称:广东永通起重机实业有限公司
地　　址:广东省佛山市顺德区陈村镇潭村工业三路
邮　　编:528313
电　　话:(0757)23311411
传　　真:(0757)23832088

企业名称:南京翰鹏科技有限公司
地　　址:江苏省南京市秦淮区瞻园路 11 号 5034
邮　　编:210006
电　　话:(025)52207135
传　　真:(025)52308036

企业名称:江苏启东三上机电制造有限公司
地　　址:江苏省启东市经济开发区纬一路 170 号
邮　　编:226200
电　　话:(0513)83356590
传　　真:(0513)83315134

企业名称:天津起重设备四厂
地　　址:天津市津南区白塘口白万路新桥村北
邮　　编:300210
电　　话:(022)28594248
传　　真:(022)28594248

企业名称:大连万春科技发展有限公司
地　　址:辽宁省大连市七贤岭工业园区
邮　　编:113300
电　　话:(0411)84077298
传　　真:(0411)84077398

企业名称:山东烟起起重设备有限公司
地　　址:山东省烟台市福山区福海路 141 号
邮　　编:265500
电　　话:(0535)6362473
传　　真:(0535)6362473

企业名称:河南郑州起重设备厂
地　　址:河南省郑州市西四环路与化工路交口
邮　　编:450053
电　　话:(0371)63726755

传　　真:(0371)63931030

企业名称:江苏真良机械有限公司
地　　址:江苏省江阴市利港镇西利路 101 号
邮　　编:214444
电　　话:(0510)86637806
传　　真:(0510)86633366

企业名称:福州神力起重机械有限公司
地　　址:福建省福州市闽侯关口 364 号
邮　　编:350101
电　　话:(0591)22620802
传　　真:(0591)22612486

企业名称:辽宁锦州特种电机厂
地　　址:辽宁省凌海市师范街
邮　　编:121200
电　　话:(0416)8123300
传　　真:(0416)8122418

企业名称:天津市新杰线缆有限公司
地　　址:天津市西青区扬柳青当城
邮　　编:300380
电　　话:(022)27991788
传　　真:(022)27991788

企业名称:河南省新乡市矿山起重机械有限公司
地　　址:河南省新乡市长恼工业区
邮　　编:453400
电　　话:(0373)8793671
传　　真:(0373)8793731

企业名称:天津紫泉科工贸有限公司
地　　址:天津市东丽区华明镇南坨工业区
邮　　编:300300
电　　话:(022)84814741
传　　真:(022)84814743

企业名称:福州郎仕起重机械有限公司
地　　址:福建省福州市晋安区古六镇六一村
邮　　编:350014
电　　话:(0591)83676778
传　　真:(0591)83339410

企业名称:无锡新大力电机有限公司
地　　址:江苏省无锡市惠山经济技术开发区
邮　　编:214100
电　　话:(0510)83760666
传　　真:(0510)83762288

企业名称:浙江八达机电有限公司
地　　址:浙江省瑞安市林详工业区八达路
邮　　编:325207
电　　话:(0577)65590298
传　　真:(0577)65590601

企业名称:江西华伍起重电器有限公司
地　　址:江西省丰城市第三工业区
邮　　编:331100
电　　话:(0795)6201004
传　　真:(0795)6201216

企业名称:浙江扬戈电器有限公司
地　　址:浙江省台州市三门县城关沙田洋经济开发区
邮　　编:317100
电　　话:(0576)83373752
传　　真:(0576)83373755

企业名称:浙江立新起重开关厂
地　　址:浙江省温州市柳西仁工业区
邮　　编:325604
电　　话:(0577)62753391
传　　真:(0577)62712684

企业名称：沈阳起重机械厂
地　　址：辽宁省沈阳市皇姑区崇山东路 49 号
邮　　编：110032
电　　话：(024)86610263
传　　真：(024)86610840

企业名称：佳木斯防爆电机研究所
地　　址：黑龙江省佳木斯市安庆街 3 号
邮　　编：154005
电　　话：(0454)8322418
传　　真：(0454)8311260

企业名称：国家起重运输机械质量监督检测中心
地　　址：北京市雍和宫大街 52 号
邮　　编：100007
电　　话：(010)64018780
传　　真：(010)64052252

企业名称：湖北咸宁三合机电制业有限责任公司
地　　址：湖北省咸宁市永安大道 59 号
邮　　编：437000
电　　话：(0715)8322725
传　　真：(0715)8322672

企业名称：半岛(天津)起重设备有限公司
地　　址：天津市津南区八里台镇双闸园
邮　　编：300353
电　　话：(022)88527088
传　　真：(022)88525544

企业名称：江苏宇泰电器集团公司
地　　址：江苏省泰兴市分界工业区
邮　　编：225416
电　　话：(0523)87261026
传　　真：(0523)87265338

企业名称：咸宁起重机械有限公司
地　　址：湖北省咸宁市永安大道
邮　　编：437000
电　　话：(0715)8343666
传　　真：(0715)8312668

企业名称：淄博博山益杰机械有限公司
地　　址：山东省淄博市博莱高速博山路口
邮　　编：255200
电　　话：(0533)4658626
传　　真：(0533)4658727

企业名称：昌乐东田聚氨酯厂
地　　址：山东省潍坊市昌乐朱刘镇(原大宅科镇政府)
邮　　编：262404
电　　话：(0536)6973111
传　　真：(0536)6972555

企业名称：西安起重机械厂
地　　址：陕西省西安市西郊红光路西段
邮　　编：710077
电　　话：(029)84243907
传　　真：(029)84241795

传动部件专业委员会

企业名称：大连重工·起重集团有限公司
地　　址：辽宁省大连西岗区八一路 169 号华锐大厦
邮　　编：116013
电　　话：(0411)86852199
传　　真：(0411)86852222

企业名称：焦作制动器股份有限公司
地　　址：河南省焦作市环城北路 1 号
邮　　编：454000
电　　话：(0391)2931216
传　　真：(0391)2924446

企业名称:北京起重运输机械研究所起重工程部
地　　址:北京市东城区雍和宫大街52号
邮　　编:100007
电　　话:(010)64053039
传　　真:(010)84037436

企业名称:大连重工·起重集团有限公司减速机厂
地　　址:辽宁省大连市甘井子区新水泥路8号
邮　　编:116035
电　　话:(0411)86426039
传　　真:(0411)86426041

企业名称:太原科技大学机电学院
地　　址:山西省太原市万柏林区瓦流路138号
邮　　编:030024
电　　话:(0351)6223117
传　　真:(0351)6220233

企业名称:上海冶金矿山机械厂
地　　址:上海市汶水路210号
邮　　编:200072
电　　话:(021)56650499
传　　真:(021)56639508

企业名称:太原重工股份有限公司减速机分公司
地　　址:山西省太原市万柏林区玉河街53号
邮　　编:030024
电　　话:(0351)6363478
传　　真:(0351)6360154

企业名称:嘉兴冶金机械厂减速机分厂
地　　址:浙江省嘉兴市角里街112号
邮　　编:314000
电　　话:(0573)82820184
传　　真:(0573)82814542

企业名称:广州劲草减速机机械有限公司
地　　址:广东省广州市白云区江高镇
邮　　编:510450
电　　话:(020)86601532
传　　真:(020)86601532

企业名称:昆明重工集团有限责任公司减速机公司
地　　址:云南省昆明市茨坝路31号
邮　　编:650203
电　　话:(0871)5150091
传　　真:(0871)5150151

企业名称:天水长城控制电器厂
地　　址:甘肃省天水市秦城区南廓路11号
邮　　编:741018
电　　话:(0938)8371659
传　　真:(0938)8371526

企业名称:荆州市巨鲸传动机械有限公司
地　　址:湖北省荆州市沙市区北京东路157号
邮　　编:434000
电　　话:(0716)8103468
传　　真:(0716)8103147

企业名称:南京起重电器厂
地　　址:江苏省南京市七里岗12号
邮　　编:211123
电　　话:(025)84189099
传　　真:(025)52252014

企业名称:沈阳市起重电器厂
地　　址:辽宁省沈阳市铁西区路宫一街29－1号
邮　　编:110023
电　　话:(024)25922592
传　　真:(024)25922582

企业名称:上海起重运输机械厂有限公司
地　　址:上海市民星路191号
邮　　编:200433
电　　话:(021)65576452

传　　真:(021)56639864

企业名称:江西华伍起重电器有限公司
地　　址:江西省丰城市剑邑大道779号
邮　　编:331100
电　　话:(0795)6201004
传　　真:(0795)6201896

企业名称:焦作长江制动器有限公司
地　　址:河南省焦作市武陟大司马工业区888号
邮　　编:454981
电　　话:(0391)7517111
传　　真:(0391)7515658

企业名称:宁夏银起重型机器股份有限公司
地　　址:宁夏银川市新城区永清东路7号
邮　　编:750011
电　　话:(0951)3061864
传　　真:(0951)3066392

企业名称:西安减速机厂
地　　址:陕西省西安市南效草场坡甲50号
邮　　编:716011
电　　话:(029)85252027
传　　真:(029)85251911

企业名称:唐山冶金矿山机械厂减速机制造有限公司
地　　址:河北省唐山市路北区缸窑路4号
邮　　编:063027
电　　话:(0315)3202616
传　　真:(0315)3271038

企业名称:包头市起重机械有限公司
地　　址:内蒙古包头市东河区西脑乡135号
邮　　编:014040
电　　话:(0472)4874100
传　　真:(0472)4855924

企业名称:内蒙兴华机械制造厂
地　　址:内蒙古呼和浩特市南郊小黑河
邮　　编:010070
电　　话:(0471)5686313
传　　真:(0471)5686313

企业名称:天津理工传动机械厂
地　　址:天津市北辰区引河桥北
邮　　编:300400
电　　话:(022)26972194
传　　真:(022)26972194

企业名称:石家庄科一重工有限公司
地　　址:河北省石家庄市和平西路595号
邮　　编:050071
电　　话:(0311)87796242
传　　真:(0311)87796242

企业名称:山西机器制造公司
地　　址:山西省太原市小东门新开南巷12号
邮　　编:030013
电　　话:(0351)3074892
传　　真:(0351)3074892

企业名称:山西平遥减速机厂
地　　址:山西省平遥市古城南路138号
邮　　编:031100
电　　话:(0354)5622828
传　　真:(0354)5622828

企业名称:沈阳金龟减速机厂
地　　址:辽宁省沈阳市辽中县商业街
邮　　编:110200
电　　话:(024)87880508
传　　真:(024)87881041

企业名称:青岛减速机厂
地　　址:山东省胶州市铺集镇铺集2村

邮　　编:266326

电　　话:(0532)87737569

传　　真:(0532)87738108

企业名称:龙口市减速机机械有限公司

地　　址:山东省龙口市黄城区西市场1号

邮　　编:265701

电　　话:(0535)8519156

传　　真:(0535)8506871

企业名称:重庆减速机厂有限责任公司

地　　址:重庆市壁山县牛角湾

邮　　编:402760

电　　话:(023)41432059

传　　真:(023)41432059

企业名称:张家口市宣化区减速机厂

地　　址:河北省张家口市宣化区按院街11号

邮　　编:075100

电　　话:(0313)3014659

传　　真:(0313)3014659

企业名称:衡阳起重运输机械有限公司

地　　址:湖南省衡阳市珠晖区狮山路1号

邮　　编:421005

电　　话:(0734)3172069

传　　真:(0734)8377929

企业名称:宁波鄞县冶金矿山机械厂

地　　址:浙江省宁波市鄞江镇

邮　　编:315151

电　　话:(0574)88432147

传　　真:(0574)88432147

企业名称:瑞慈马鞍山传动机械有限公司

地　　址:安徽省马鞍山市雨山路10号

邮　　编:243017

电　　话:(0555)2324354

传　　真:(0555)2324354

企业名称:焦作市起重控制电器厂

地　　址:河南省孟州市黄河大道东段

邮　　编:454750

电　　话:(0391)8190687

传　　真:(0391)8190687

企业名称:焦作神箍制动器制造公司

地　　址:河南省焦作市东二环路气象局南200m

邮　　编:454100

电　　话:(0391)3933681

传　　真:(0391)3933052

企业名称:焦作市虹桥制动器有限公司

地　　址:河南省焦作市武陟虹桥工业区18号

邮　　编:454981

电　　话:(0391)7541888

传　　真:(0391)7541666

企业名称:焦作虹发制动器有限公司

地　　址:河南省焦作市武陟虹桥工业区

邮　　编:454981

电　　话:(0391)7541938

传　　真:(0391)7542897

企业名称:江门市起重厂电器有限公司

地　　址:广东省江门市五邑路联星工业区1号

邮　　编:529000

电　　话:(0750)3893637

传　　真:(0750)3823995

企业名称:重庆起重电器厂

地　　址:重庆市九龙坡石坪桥横街6号

邮　　编:400051

电　　话:(023)68660160

传　　真:(023)68660160

企业名称:象山港口制动器有限公司
地　　址:浙江省象山市丹城西耽路 18 号
邮　　编:315700
电　　话:(0574)65723430
传　　真:(0574)65723165

企业名称:宁波凯元电器有限公司
地　　址:浙江省象山市工业示范园区河西路
邮　　编:315700
电　　话:(0574)65723194
传　　真:(0574)65713876

企业名称:上海伯瑞制动器有限公司
地　　址:上海市奉贤区奉城镇东街 98 号
邮　　编:201411
电　　话:(021)57522358
传　　真:(021)57522350

企业名称:长沙市起重机械配件厂
地　　址:湖南省长沙市马栏山开发区工业基地
邮　　编:410003
电　　话:(0731)4257534
传　　真:(0731)4258726

企业名称:大连冶金起重电器厂
地　　址:辽宁省大连市沙河口区西南路 433 号－17 南
邮　　编:116021
电　　话:(0411)84337181
传　　真:(0411)84337181

企业名称:青岛星轮摩擦密封材料有限公司
地　　址:山东省青岛市鞍山东路 108 号
邮　　编:266021
电　　话:(0532)85627315
传　　真:(0532)85624503

企业名称:焦作市制动器开发有限公司
地　　址:河南省焦作市武陟县工业园区
邮　　编:454981
电　　话:(0391)7268868
传　　真:(0391)7268019

企业名称:焦作虹宇制动器有限公司
地　　址:河南省焦作市武陟县虹桥工业区
邮　　编:454981
电　　话:(0391)7542398
传　　真:(0391)7545568

企业名称:焦作市银星制动器有限公司
地　　址:河南省孟州市东韩工业区
邮　　编:454762
电　　话:(0391)8169385
传　　真:(0391)8169385

企业名称:潍坊利达起重机有限公司
地　　址:山东省潍坊市北宫西街万家福超市北 200m
邮　　编:261021
电　　话:(0536)8959718
传　　真:(0536)8957781

企业名称:新乡市瑞星起重设备制造厂
地　　址:河南省新乡市封丘县工业园区
邮　　编:453322
电　　话:(0373)8413198
传　　真:(0373)8411555

企业名称:石家庄三元机电有限公司
地　　址:河北省石家庄市义南路 22 号
邮　　编:050041
电　　话:(0311)86851498
传　　真:(0311)86814291

企业名称:焦作市制动器有限公司
地　　址:河南省焦作市武陟唐郭工业区

邮　　编:454981
电　　话:(0391)7519267
传　　真:(0391)7519599

企业名称:焦作市虹羽制动器有限公司
地　　址:河南省焦作市武陟县虹桥工业区
邮　　编:454981
电　　话:(0391)7548258
传　　真:(0391)7548258

企业名称:焦作市金牛机械制造有限公司
地　　址:河南省焦作市武陟县前牛村工业区
邮　　编:454981
电　　话:(0391)7618368
传　　真:(0391)7618368

企业名称:焦作市江河制动器有限公司
地　　址:河南省焦作市武陟县大虹桥
邮　　编:454981
电　　话:(0391)7541060
传　　真:(0391)7541132

企业名称:焦作市宏升实业有限公司
地　　址:河南省焦作市武陟县前牛工业区
邮　　编:454950
电　　话:(0391)7618960
传　　真:(0391)7618960

企业名称:河南省电力液压制动器有限公司
地　　址:河南省新乡市魏庄工业区
邮　　编:453424
电　　话:(0373)8619222
传　　真:(0373)8619222

企业名称:浙江金安电气有限公司
地　　址:浙江省清柳市新光工业园
邮　　编:325604
电　　话:(0577)62799218
传　　真:(0577)62799218

企业名称:大连通达电器厂
地　　址:辽宁省大连市沙区绿波路52号
邮　　编:116033
电　　话:(0411)84288616
传　　真:(0411)84288616

千斤顶分会

企业名称:江苏通润机电集团有限公司
地　　址:江苏省常熟市枫林路19号
邮　　编:215500
电　　话:(0512)52820788
传　　真:(0512)52822288

企业名称:北京起重运输机械研究所
地　　址:北京市雍和宫大街52号
邮　　编:100007
电　　话:(010)64032277
传　　真:(010)64052584

企业名称:长春一汽四环随车工具厂
地　　址:吉林省长春市吉林大路543号
邮　　编:130031
电　　话:(0431)84842054
传　　真:(0431)84842054

企业名称:上海市千斤顶厂
地　　址:上海市周家嘴路500号
邮　　编:200080
电　　话:(021)65455036
传　　真:(021)65415171

企业名称:上海宝山液压工具厂
地　　址:上海市宝山区宝杨路3052号
邮　　编:201901
电　　话:(021)56805193

传　　真:(021)56800813

企业名称:兖州金顶机械制造有限公司
地　　址:山东省兖州市中山东路243－2号
邮　　编:272000
电　　话:(0537)3412258
传　　真:(0537)3415225

企业名称:成都飞机公司(机电产品工程所)
地　　址:四川省成都市黄田坝660分箱
邮　　编:610092
电　　话:(028)87401435
传　　真:(028)87401435

企业名称:上海宝山千斤顶总厂有限公司
地　　址:上海市宝山区宝杨路3020号
邮　　编:200434
电　　话:(021)56881711
传　　真:(021)56881711

企业名称:承德千斤顶总厂
地　　址:河北省承德市西大街142号
邮　　编:067000
电　　话:(0314)2185487
传　　真:(0314)2185589

企业名称:国家起重运输机械质量监督检测中心
地　　址:北京市雍和宫大街52号
邮　　编:100007
电　　话:(010)64018780
传　　真:(010)64052252

企业名称:黄山市鑫佳橡塑制品有限责任公司
地　　址:安徽省黄山市屯溪区新潭东源口8号
邮　　编:245000
电　　话:(0559)2530950
传　　真:(0559)2557850

企业名称:安徽黄山密封件厂
地　　址:安徽省黄山市屯溪区黎阳街261号
邮　　编:245000
电　　话:(0559)2512084
传　　真:(0559)2519614

企业名称:抚顺南山城螺旋千斤顶厂
地　　址:辽宁省抚顺市清原县南山城镇中街
邮　　编:113308
电　　话:(0413)3555035
传　　真:(0413)3555606

企业名称:上海起重工具厂
地　　址:上海市隆昌路40弄8号
邮　　编:200009
电　　话:(021)65431919
传　　真:(021)65431919

企业名称:上海震达液压工具厂
地　　址:上海市隆昌路40弄8号
邮　　编:200090
电　　话:(021)65431919
传　　真:(021)65431919

企业名称:江苏跃进常随汽车零部件有限公司
地　　址:江苏省常州市东郊直角场
邮　　编:213021
电　　话:(0519)85311783
传　　真:(0519)85311783

企业名称:天津天力联营机械厂
地　　址:天津市静海县唐管屯工业区
邮　　编:301608
电　　话:(022)88772229
传　　真:(022)88772229

企业名称:杭州临安市橡胶有限公司
地　　址:浙江省临安市昌化唐山路64号

邮　　编:311321
电　　话:(0571)63662796
传　　真:(0571)63662796

企业名称:嘉兴市正发机械厂
地　　址:浙江省嘉兴市郊区新篁镇
邮　　编:314008
电　　话:(0573)83144171
传　　真:(0573)83144171

企业名称:嘉兴市大通机械厂
地　　址:浙江省嘉兴市余新镇
邮　　编:314009
电　　话:(0573)83166238
传　　真:(0573)83166238

企业名称:海盐县铸造公司(嘉兴市千斤顶厂)
地　　址:浙江省海盐县城北西路338号
邮　　编:314300
电　　话:(0573)86191271
传　　真:(0573)86191271

企业名称:嘉兴市金腾机械实业公司
地　　址:浙江省海盐县西塘桥镇中乐路6号
邮　　编:314305
电　　话:(0573)86811167
传　　真:(0573)86811167

企业名称:余江县千斤顶厂
地　　址:江西省余江县碱栏桥
邮　　编:335200
电　　话:(0701)5881142
传　　真:(0701)5881142

企业名称:重庆千斤顶厂
地　　址:重庆市北涪路区静宁路44号
邮　　编:400700
电　　话:(023)68862096
传　　真:(023)68862096

企业名称:湖北3611机械厂(千斤顶厂)
地　　址:湖北省丹江口市浪河镇105信箱
邮　　编:441912
电　　话:(0719)5619323
传　　真:(0719)5619323

企业名称:绵阳市金象机械有限公司
地　　址:四川省绵阳市涪城区塘汛镇群丰东街154号
邮　　编:621000
电　　话:(0816)2212022
传　　真:(0816)2212022

企业名称:山东临沂启阳工具有限公司
地　　址:山东省临沂市河东区双桥街东段
邮　　编:276000
电　　话:(0539)8082188
传　　真:(0539)8082929

企业名称:上海沪南千斤顶厂
地　　址:上海市南汇县六灶镇东首
邮　　编:201322
电　　话:(021)58162999
传　　真:(021)58162126

企业名称:上海金星机械实业有限公司
地　　址:上海市奉贤县庄行镇丁宁路28号
邮　　编:201415
电　　话:(021)57469550
传　　真:(021)57469550

企业名称:青岛千斤顶厂
地　　址:山东省胶州市苏州路160号
邮　　编:266300
电　　话:(0532)87236568
传　　真:(0532)87236568

企业名称:宁国宏达塑料厂
地　　址:安徽省芜湖市工业西路83号
邮　　编:242300
电　　话:(0563)4029234
传　　真:(0563)4028305

企业名称:海宁鼎立机械有限公司
地　　址:浙江省海宁市硖石镇大寨桥
邮　　编:314400
电　　话:(0573)87022158
传　　真:(0573)87021265

输送机给料机分会

企业名称:芜湖起重运输机器有限公司
地　　址:安徽省芜湖市长江路132号
邮　　编:241001
电　　话:(0553)5655088
传　　真:(0553)5852711

企业名称:太原科技大学
地　　址:山西省太原市万柏林区瓦流路138号
邮　　编:030024
电　　话:(0351)6221994
传　　真:(0351)6220233

企业名称:北京起重运输机械研究所市场部
地　　址:北京市雍和宫大街52号
邮　　编:100007
电　　话:(010)64052585
传　　真:(010)64047537

企业名称:广西百色矿山机械厂
地　　址:广西百色市右江区江凤路31号
邮　　编:533000
电　　话:(0776)2770807
传　　真:(0776)2770488

企业名称:宜都机电工程股份有限公司
地　　址:湖北省宜昌市猇亭区猇亭大道197号
邮　　编:443007
电　　话:(0717)6917033
传　　真:(0717)6513737

企业名称:朝阳振动机械厂
地　　址:辽宁省朝阳市中山大街二段77号
邮　　编:122000
电　　话:(0421)3813787
传　　真:(0421)3813793

企业名称:甘肃二通机械制造有限公司
地　　址:甘肃省兰州市安宁区安宁中路148号
邮　　编:730070
电　　话:(0931)4938106
传　　真:(0931)4938106

企业名称:鹤壁通用机械股份有限公司
地　　址:河南省鹤壁市北站路1号
邮　　编:458010
电　　话:(0392)2826666
传　　真:(0392)2811546

企业名称:洛阳津华输送机械有限公司
地　　址:河南省洛阳市飞机场工业园区
邮　　编:471132
电　　话:(0379)7899209
传　　真:(0379)7899114

企业名称:江阴齿轮箱制造有限公司
地　　址:江苏省江阴市山观工业园澄山路601号
邮　　编:214437
电　　话:(0510)86993288
传　　真:(0510)86993196

企业名称:诸暨链条总厂
地　　址:浙江省诸暨市牌头镇五一路1号

邮　　编:311825
电　　话:(0575)87051296
传　　真:(0575)87056868

企业名称:天津减速机股份有限公司
地　　址:天津市河东区程林庄路 8 号
邮　　编:300160
电　　话:(022)24410882
传　　真:(022)24328568

企业名称:石家庄科一重工有限公司(石家庄市减速机厂)
地　　址:河北省石家庄市和平西路 595 号
邮　　编:050071
电　　话:(0311)87778394
传　　真:(0311)87725849

企业名称:邯郸市红星机械制造有限公司
地　　址:河北省邯郸市峰峰矿区太行东路 25 号
邮　　编:056200
电　　话:(0310)5167677
传　　真:(0310)5167188

企业名称:大连理工大学
地　　址:辽宁省大连市甘井子区凌工路 2 号
邮　　编:116023
电　　话:(0411)84708409
传　　真:(0411)84707507

企业名称:鹤壁链条有限责任公司
地　　址:河南省鹤壁市中山东路
邮　　编:458020
电　　话:(0392)2921413
传　　真:(0392)2891112

企业名称:焦作市新链条输送设备制造有限公司
地　　址:河南省焦作市解放西路中段 54 号
邮　　编:454191
电　　话:(0391)2947975
传　　真:(0391)2947492

企业名称:昆明市输送机械有限公司
地　　址:云南省昆明市西郊岷山
邮　　编:650106
电　　话:(0871)8181716
传　　真:(0871)8184910

企业名称:自贡运输机械有限公司
地　　址:四川省自贡市自井区大岩洞 1 号
邮　　编:643000
电　　话:(0813)8236016
传　　真:(0813)8236016

企业名称:福州提升机械厂
地　　址:福建省福州市仓山公园路 5 号
邮　　编:050007
电　　话:(0591)83471735
传　　真:(0591)83441278

企业名称:荆州市巨鲸传动机械有限公司
地　　址:湖北省荆州市开发区东方大道 58 号
邮　　编:434001
电　　话:(0716)8303909
传　　真:(0716)8303905

企业名称:宜昌三峡输送机械制造总公司
地　　址:湖北省宜昌市东山村
邮　　编:443000
电　　话:(0717)6445067
传　　真:(0717)6445067

企业名称:上海起重运输机械厂有限公司
地　　址:上海市民星路 191 号
邮　　编:200072
电　　话:(021)65564735
传　　真:(021)56639864

企业名称:启东天地机械制造有限公司
地　　址:江苏省启东市建设南路88号
邮　　编:226200
电　　话:(0513)83312781
传　　真:(0513)83312649

企业名称:上海青浦起重运输设备厂有限公司
地　　址:上海市青浦工业园区华青路815号
邮　　编:201700
电　　话:(021)59757886
传　　真:(021)69211138

企业名称:芜湖可耐胶带有限公司
地　　址:安徽省芜湖市高新开发区火炬2路15号厂房
邮　　编:241000
电　　话:(0553)2245919
传　　真:(0553)2245928

企业名称:巢湖市工矿配件有限公司
地　　址:安徽省巢湖市中镇
邮　　编:238074
电　　话:(0565)8531058
传　　真:(0565)8531246

企业名称:江苏双菱链传动有限公司
地　　址:江苏省常州市武进区湟里镇卜东路1号
邮　　编:213151
电　　话:(0519)83341376
传　　真:(0519)83341127

企业名称:扬州市精固链传动机械制造有限公司
地　　址:江苏省仪征市朴席镇经济开发区
邮　　编:211420
电　　话:(0514)83616999
传　　真:(0514)83615003

企业名称:通化市起重运输机械制造有限责任公司
地　　址:吉林省通化市保安路2369号
邮　　编:134000
电　　话:(0435)3652137
传　　真:(0435)3617752

企业名称:宏兴机械制造有限公司
地　　址:黑龙江省鹤岗市红旗路69号
邮　　编:154101
电　　话:(0468)3353767
传　　真:(0468)3342098

企业名称:沈阳市通用电器研究所
地　　址:辽宁省沈阳市沈河区乐郊路35甲4
邮　　编:110011
电　　话:(024)24804947
传　　真:(024)24804947

企业名称:江阴华东机械有限公司
地　　址:江苏省江阴市澄张公路518号
邮　　编:214429
电　　话:(0510)86196680
传　　真:(0510)86190678

企业名称:江苏泰兴隆减速机有限公司
地　　址:江苏省泰兴市城区科技工业园
邮　　编:225400
电　　话:(0523)87996888
传　　真:(0523)87996999

企业名称:江苏省国茂国泰减速机集团有限公司
地　　址:江苏省常州市南门外湖塘镇
邮　　编:213161
电　　话:(0519)86552810
传　　真:(0519)86551815

企业名称:朝阳东大运输机械有限公司
地　　址:辽宁省朝阳市中山大街二段38号

邮　　编:122000

电　　话:(0421)3853248

传　　真:(0421)3853257

企业名称:长沙起重运输机械厂

地　　址:湖南省长沙市临乡县华夏工业园新康路9号

邮　　编:410005

电　　话:(0731)5555999

传　　真:(0731)5010292

企业名称:常州东吴链传动制造有限公司

地　　址:江苏省常州市东外环路遥观镇

邮　　编:213102

电　　话:(0519)88700517

传　　真:(0519)88700516

企业名称:安徽省无为煤矿机械制造有限公司

地　　址:安徽省无为赫店镇

邮　　编:238367

电　　话:(0565)6200038

传　　真:(0565)6202198

企业名称:芜湖市康德机械制造有限公司

地　　址:安徽省芜湖市经济开发区桥北工业园

邮　　编:241008

电　　话:(0553)5313315

传　　真:(0553)5316579

企业名称:芜湖市通达成套输送设备有限公司

地　　址:安徽省芜湖市清水工业园

邮　　编:241060

电　　话:(0553)8294780

传　　真:(0553)8292361

企业名称:湖州电动滚筒有限公司

地　　址:浙江省湖州市经济开发区西凤路888号

邮　　编:313000

电　　话:(0572)2022263

传　　真:(0572)2059480

企业名称:杭州临安输送机械链条厂

地　　址:浙江省杭州临安青山工业区

邮　　编:311305

电　　话:(0571)63819335

传　　真:(0571)63783450

企业名称:铜陵三佳科技股份有限公司精密制品厂

地　　址:安徽省铜陵市石城路

邮　　编:244000

电　　话:(0562)2627642

传　　真:(0562)2627501

企业名称:芜湖中南轴承实业有限公司

地　　址:安徽省芜湖市五一广场南侧

邮　　编:241001

电　　话:(0553)3883345

传　　真:(0553)3820345

企业名称:安徽省无为运输机器厂

地　　址:安徽省巢湖市无为县苏塘

邮　　编:238366

电　　话:(0565)6285091

传　　真:(0565)6285008

带式输送机分会

企业名称:沈阳矿山机械集团有限责任公司

地　　址:辽宁省沈阳市大东区大东路178号

邮　　编:110042

电　　话:(024)24325768

传　　真:(024)62164375

企业名称:北京起重运输机械研究所

地　　址:北京市雍和宫大街52号

邮　　编:100007

电　　话:(010)64052585

传　　真:(010)64047537

企业名称:山东山矿机械有限公司

地　　址:山东省济宁市济安桥北路11号

邮　　编:272041

电　　话:(0537)2225292

传　　真:(0537)2228529

企业名称:焦作市起重运输机械有限公司

地　　址:河南省焦作市解放中路23号

邮　　编:454150

电　　话:(0391)2906388

传　　真:(0391)2923690

企业名称:衡阳起重运输机械有限公司

地　　址:湖南省衡阳市珠晖区狮山路1号

邮　　编:421002

电　　话:(0734)3172006

传　　真:(0734)8377929

企业名称:四川自贡运输机械有限责任公司

地　　址:四川省自贡市自流井区大岩洞1号

邮　　编:643000

电　　话:(0813)8236964

传　　真:(0813)8236016

企业名称:铜陵蓝天股份有限公司

地　　址:安徽省铜陵市谢家垅

邮　　编:244000

电　　话:(0562)2834289

传　　真:(0562)2832318

企业名称:太原科技大学

地　　址:山西省太原市万柏林区瓦流路138号

邮　　编:030024

电　　话:(0351)6221994

传　　真:(0351)6220233

企业名称:天津市凯劲运输机械有限公司

地　　址:天津市宁河县卢台镇卢汉路26号

邮　　编:301500

电　　话:(022)69592695

传　　真:(022)69592695

企业名称:包头市万里机械有限责任公司

地　　址:内蒙古包头市东河区南二里半

邮　　编:014040

电　　话:(0472)4604508

传　　真:(0472)4607512

企业名称:SEW-传动设备(天津)有限公司

地　　址:天津市经济技术开发区第七大街46号

邮　　编:300457

电　　话:(022)25322612

传　　真:(022)25328795

企业名称:青岛华夏橡胶工业有限公司

地　　址:山东省青岛市城阳区正阳路中段

邮　　编:266228

电　　话:(0532)82519077

传　　真:(0532)82519876

企业名称:唐山开元自动焊接装备有限公司

地　　址:河北省唐山市路北区长宁道10号

邮　　编:063020

电　　话:(0315)3859650

传　　真:(0315)3859644

企业名称:唐山冶金矿山机械厂

地　　址:河北省唐山市缸窑路4号

邮　　编:063027

电　　话:(0315)3100810

传　　真:(0315)3203463

企业名称:东北大学机械工程学院

地　　址:辽宁省沈阳市和平区文化路8号

邮　　编:110004

电　　话:(024)23914102

传　　真:(024)23906969

企业名称:大连液力机械有限公司

地　　址:辽宁省大连市甘井子区东纬路99号

邮　　编:116003

电　　话:(0411)86643187

传　　真:(0411)86642765

企业名称:通化起重运输机械制造有限责任公司

地　　址:吉林省通化市保安路136号

邮　　编:134000

电　　话:(0435)3617315

传　　真:(0435)3617752

企业名称:马鞍山钢铁股份公司运输机械设备制造公司

地　　址:安徽省马鞍山市雨山路东段

邮　　编:243011

电　　话:(0555)2881757

传　　真:(0555)2323110

企业名称:徐州光环钢管有限公司

地　　址:江苏省徐州市东郊杨庄

邮　　编:221004

电　　话:(0516)87773285

传　　真:(0516)87773285

企业名称:浙江双箭橡胶股份有限公司

地　　址:浙江省桐乡市洲泉镇北

邮　　编:314513

电　　话:(0573)88531385

传　　真:(0573)88531385

企业名称:江阴齿轮箱制造有限公司

地　　址:江苏省江阴市山观工业园区澄山路601号

邮　　编:214437

电　　话:(0510)86993222

传　　真:(0510)86993196

企业名称:芜湖起重运输机器有限公司

地　　址:安徽省芜湖市长江路132号

邮　　编:241001

电　　话:(0553)5855007

传　　真:(0553)5852711

企业名称:铜陵三佳科技股份公司精密制品厂

地　　址:安徽省铜陵市石城路电子工业区

邮　　编:244000

电　　话:(0562)2627642

传　　真:(0562)2627501

企业名称:宝鸡杭叉工程机械有限责任公司

地　　址:陕西省宝鸡市十里铺纺西村111号

邮　　编:721004

电　　话:(0917)3432564

传　　真:(0917)3415180

企业名称:河南东联机械制造有限责任公司

地　　址:河南省平顶山市矿山东路11号

邮　　编:467021

电　　话:(0375)2743125

传　　真:(0375)3852647

企业名称:上海青浦起重运输设备厂有限公司

地　　址:上海市青浦工业园华清路815号

邮　　编:201700

电　　话:(021)69211558

传　　真:(021)69211138

企业名称:泰州机械厂有限公司

地　　址:江苏省泰州市海陵工业园区纵四路西侧

邮　　编:225300

电　　话:(0523)86550182

传　　真:(0523)86558037

企业名称:桐乡机械厂有限公司
地　　址:浙江省桐乡崇德镇
邮　　编:341511
电　　话:(0573)8385728
传　　真:(0573)8381709

企业名称:集安佳信通用机械有限公司
地　　址:吉林省集安市建设北街3号
邮　　编:134200
电　　话:(0435)6210718
传　　真:(0435)6225918

企业名称:国家起重运输机械质量监督检测中心
地　　址:北京市雍和宫大街52号
邮　　编:100007
电　　话:(010)64108780
传　　真:(010)64052252

企业名称:首钢东华机械厂
地　　址:辽宁省兴城市南桥路103号
邮　　编:125100
电　　话:(0429)5697952
传　　真:(0429)5691087

企业名称:本溪市运输机械配件厂
地　　址:辽宁省本溪市平山区生源街7号
邮　　编:117021
电　　话:(0414)2372249
传　　真:(0414)2372594

企业名称:鞍钢附企机电安装工程公司
地　　址:辽宁省鞍山市玉山区环山
邮　　编:114021
电　　话:(0412)6314898
传　　真:(0412)6728168

企业名称:阜新橡胶有限责任公司
地　　址:辽宁省阜新市海洲区八一路电工街27号
邮　　编:123000
电　　话:(0418)2901727
传　　真:(0418)2903048

企业名称:鞍钢附属企业公司烧结安装工程公司
地　　址:辽宁省鞍山市鞍钢厂内
邮　　编:114021
电　　话:(0412)6724713
传　　真:(0412)6728698

企业名称:沈阳市三原电器研究所
地　　址:辽宁省沈阳市大东区北顺城路146-2号
邮　　编:110042
电　　话:(024)88513944
传　　真:(024)88513944

企业名称:沈阳市煤机配件厂
地　　址:辽宁省沈阳市于洪区长江北街58号
邮　　编:110034
电　　话:(024)86808280
传　　真:(024)86808506

企业名称:沈阳市通用电器研究所
地　　址:辽宁省沈阳市沈河区乐郊路35号甲4
邮　　编:110011
电　　话:(024)24802891
传　　真:(024)24804947

企业名称:沈阳万捷重工机械有限公司
地　　址:辽宁省沈阳市经济技术开发区沧海路4号
邮　　编:110141
电　　话:(024)62527065
传　　真:(024)25377986

企业名称:沈阳泰丰胶带制造有限公司
地　　址:辽宁省沈阳市东陵区榆树屯55号
邮　　编:110161
电　　话:(024)88421869

传　　真：(024)88485248

企业名称：本溪华隆清扫器制造有限公司
地　　址：辽宁省本溪市明山区大峪
邮　　编：117022
电　　话：(0414)4592675
传　　真：(0414)4592676

企业名称：沈阳泰华电力设备制造有限公司
地　　址：辽宁省沈阳市沈河区天后宫路24号
邮　　编：110041
电　　话：(024)88573693
传　　真：(024)88573617

企业名称：大连营城液力偶合器厂
地　　址：辽宁省大连市甘井子区营城子镇
邮　　编：116036
电　　话：(0411)86690273
传　　真：(0411)86690273

企业名称：沈阳市爱华冶金机械设备制造有限公司
地　　址：辽宁省沈阳市辽中县城郊乡
邮　　编：110200
电　　话：(024)87816588
传　　真：(024)87816988

企业名称：朝阳宏达机械有限公司
地　　址：辽宁省朝阳市经济技术开发区
邮　　编：122005
电　　话：(0421)3931588
传　　真：(0421)3900528

企业名称：青岛银龙特种胶带厂
地　　址：山东省青岛市胶洲石龙镇
邮　　编：266316
电　　话：(0532)88208942
传　　真：(0532)88208243

企业名称：青岛雁山机械设备有限公司
地　　址：山东省青岛市胶洲兰州东路369号
邮　　编：266317
电　　话：(0532)88265938
传　　真：(0532)88265938

企业名称：青岛港(集团)有限公司机械维修中心
地　　址：山东省青岛市黄岛区黄河东路114号
邮　　编：266500
电　　话：(0532)82988190
传　　真：(0532)82988190

企业名称：中国华电工程(集团)公司物料运输部
地　　址：北京市海淀区西三环北路91号
邮　　编：100035
电　　话：(010)51966621
传　　真：(010)68410553

企业名称：天津减速机股份有限公司
地　　址：天津市河东区程林庄路8号
邮　　编：300160
电　　话：(022)24329978
传　　真：(022)24326558

企业名称：石家庄科一重工有限公司
地　　址：河北省石家庄市和平西路595号
邮　　编：050071
电　　话：(0311)87715966
传　　真：(0311)87725249

企业名称：北京新兴超越离合器公司
地　　址：北京市昌平区沙河巩华城大街88号
邮　　编：102206
电　　话：(010)69734231
传　　真：(010)69734231

企业名称：山东淄博生建机械厂
地　　址：山东省淄博市淄洲区大昆仑

邮　　编:255129

电　　话:(0533)5787369

传　　真:(0533)4684287

企业名称:秦皇岛港务集团有限公司机械修造厂

地　　址:河北省秦皇岛市海港区开滦路5号

邮　　编:066012

电　　话:(0335)3093143

传　　真:(0335)3093943

企业名称:内蒙古包钢建机电设备制造有限公司

地　　址:内蒙古包头市昆区包钢厂区北门外三角地

邮　　编:014010

电　　话:(0472)2186528

传　　真:(0472)2188139

企业名称:内蒙古兴华机械制造厂

地　　址:内蒙古呼和浩特市南郊小黑河

邮　　编:010070

电　　话:(0471)2397266

传　　真:(0471)5686313

企业名称:山东邹城东昱机械股份制造有限公司

地　　址:山东省邹城市南屯矿

邮　　编:273515

电　　话:(0537)5446200

传　　真:(0537)5443654

企业名称:唐山市协力胶带运输设备公司

地　　址:河北省唐山市路北区78小区27楼南

邮　　编:063020

电　　话:(0315)3187507

传　　真:(0315)3187508

企业名称:保定华月胶带有限公司

地　　址:河北省保定市博野橡胶工业区

邮　　编:071300

电　　话:(0312)8349999

传　　真:(0312)8348129

企业名称:呼和浩特市强力煤矿机械有限责任公司

地　　址:内蒙古呼和浩特市回民区镇政府西侧

邮　　编:010070

电　　话:(0471)3682146

传　　真:(0471)3682146

企业名称:北京约基同力机械制造有限公司

地　　址:北京市通州区次渠工业区

邮　　编:101111

电　　话:(010)81502083

传　　真:(010)81502082

企业名称:河北省沧州市盐山输送机制造厂

地　　址:河北省盐山县北环西路

邮　　编:061300

电　　话:(0317)6221546

传　　真:(0317)6221546

企业名称:河北鑫源输送机械有限公司

地　　址:河北省衡水市枣强县城南关南路121号

邮　　编:053100

电　　话:(0318)8224553

传　　真:(0318)8225273

企业名称:天津理工传动机械厂

地　　址:天津市北辰区引河桥北

邮　　编:300400

电　　话:(022)26972194

传　　真:(022)26970838

企业名称:唐山瑞祥机械制造有限公司

地　　址:河北省唐山市路北区学府路南端

邮　　编:063001

电　　话:(0315)2961327

传　　真:(0315)2532261

企业名称:河北玉田金利冷拨钢有限责任公司
地　　址:河北省唐山市玉田县城东大街
邮　　编:064100
电　　话:(0315)5052666
传　　真:(0315)6114075

企业名称:邢台市通泰运输机械总厂
地　　址:河北省邢台市建设路 15 号
邮　　编:054000
电　　话:(0319)2023329
传　　真:(0319)2023329

企业名称:淄博博山益杰机械有限公司
地　　址:山东省淄博市博山开发区
邮　　编:255213
电　　话:(0533)4658626
传　　真:(0533)4658727

企业名称:安徽攀登机械股份有限公司
地　　址:安徽省桐城市香铺街
邮　　编:231440
电　　话:(0556)6131226
传　　真:(0556)6127222

企业名称:浙江上虞工程塑料厂
地　　址:浙江省上虞市驿亭镇
邮　　编:315105
电　　话:(0575)82415928
传　　真:(0575)82415818

企业名称:上海一钢南翔传动设备厂
地　　址:上海市沪宜公路 1389 号
邮　　编:201802
电　　话:(021)59123997
传　　真:(021)59129910

企业名称:上海梅山新产业开发总公司运输设备有限公司
地　　址:江苏省南京市中华门外新建
邮　　编:210039
电　　话:(025)86707834
传　　真:(025)86707834

企业名称:江阴天祥塑化制带有限公司
地　　址:江苏省江阴市西横街 63 号
邮　　编:214432
电　　话:(0510)86884390
传　　真:(0510)86271878

企业名称:宁波华达起重运输设备有限公司
地　　址:浙江省宁波市鄞州下应镇王家弄
邮　　编:315105
电　　话:(0574)88234913
传　　真:(0574)88237782

企业名称:浙江象山光明输送机有限公司
地　　址:浙江省宁波市象山县石浦光明路
邮　　编:315731
电　　话:(0574)65983991
传　　真:(0574)65977491

企业名称:淮南煤矿机械有限公司
地　　址:安徽省淮南市蔡家岗
邮　　编:232058
电　　话:(0554)5727529
传　　真:(0554)5717383

企业名称:江西省萍乡市永固冶金矿山机械厂
地　　址:江西省萍乡市高坑镇铁桥背
邮　　编:337042
电　　话:(0799)6374249
传　　真:(0799)6374249

企业名称:浙江宇龙机械有限公司
地　　址:浙江省瑞安市塘下鲍四工业区商业大街 212 号

邮　　编:325204
电　　话:(0577)65205101
传　　真:(0577)65211889

企业名称:安徽盛运机械股份有限公司
地　　址:安徽省桐城市同安路259号
邮　　编:231400
电　　话:(0556)6211056
传　　真:(0556)6205280

企业名称:南京三户机械制造有限公司
地　　址:江苏省南京市大厂区南村271号
邮　　编:210044
电　　话:(025)57791473
传　　真:(025)57791473

企业名称:铜陵飞特汽车运输有限责任公司
地　　址:安徽省铜陵市西湖开发区
邮　　编:244000
电　　话:(0562)6866013
传　　真:(0562)6866011

企业名称:滁州市橡塑制品厂
地　　址:安徽省滁州市明光西路37号
邮　　编:239000
电　　话:(0550)3023965
传　　真:(0550)3034157

企业名称:无锡天龙钢管有限公司
地　　址:江苏省无锡市锡山经济开发区新民东路14号
邮　　编:214101
电　　话:(0510)88700126
传　　真:(0510)88203442

企业名称:南京夏元机械设备制造有限公司
地　　址:江苏省南京市六合区冶山镇
邮　　编:211523
电　　话:(025)57571755
传　　真:(025)57570570

企业名称:上海富运运输机械有限公司
地　　址:上海市东余杭路1168号
邮　　编:200082
电　　话:(021)65590898
传　　真:(021)65418294

企业名称:安徽省无为煤矿机械制造有限公司
地　　址:安徽省巢湖市无为县赫店镇
邮　　编:238367
电　　话:(0565)6200038
传　　真:(0565)6202198

企业名称:南京宏力输送带厂
地　　址:江苏省南京市江宁区土桥工业园内
邮　　编:211124
电　　话:(025)84150840
传　　真:(025)84153082

企业名称:无锡高嘉钢管有限公司
地　　址:江苏省无锡市钱桥镇锡陆路366号
邮　　编:214151
电　　话:(0510)83208666
传　　真:(0510)83208666

企业名称:安徽无为神力运输机械制造有限公司
地　　址:安徽省巢湖市无为县赫店苏塘
邮　　编:238366
电　　话:(0565)6285091
传　　真:(0565)6285008

企业名称:杭州雄鹰机械有限公司
地　　址:浙江省杭州市萧山区南阳南北路
邮　　编:311227
电　　话:(0571)82186828
传　　真:(0571)82180111

企业名称:无锡华嘉精密钢管有限公司
地　　址:江苏省无锡市新区场前工业集中园锡义路 88 号
邮　　编:214111
电　　话:(0510)88279439
传　　真:(0510)88272545

企业名称:芜湖市爱德运输机械有限公司
地　　址:安徽省芜湖市赫山东路汽车部件工业园
邮　　编:241000
电　　话:(0553)2877268
传　　真:(0553)2877168

企业名称:巢湖第 7410 机械厂
地　　址:安徽省巢湖巢湖北路 369 号
邮　　编:238013
电　　话:(0565)2350479
传　　真:(0565)2393229

企业名称:上海起重运输机械厂有限公司
地　　址:上海市民星路 191 号
邮　　编:200433
电　　话:(021)65564735
传　　真:(021)56639864

企业名称:江阴市特种运输机械有限公司
地　　址:江苏省江阴市通运路 59 号
邮　　编:214432
电　　话:(0510)86272216
传　　真:(0510)86890116

企业名称:江阴市鹏泰特种运输机械有限公司
地　　址:江苏省江阴市花山路 155 号
邮　　编:214432
电　　话:(0510)86271858
传　　真:(0510)86271878

企业名称:无锡市新区双龙托辊制造公司
地　　址:江苏省无锡市新区红旗新村涂料厂宿舍 D 门 302 宅
邮　　编:214028
电　　话:(0510)85214117
传　　真:(0510)85214117

企业名称:镇江通宇传动机械有限公司
地　　址:江苏省镇江市矿机路 5 号
邮　　编:212003
电　　话:(0511)84433403
传　　真:(0511)84422078

企业名称:江苏国茂国泰减速机集团有限公司
地　　址:江苏省常州市武进区湖塘镇人民西路 21 号
邮　　编:213161
电　　话:(0519)86588878
传　　真:(0519)86583315

企业名称:江苏牧羊集团输送设备分公司
地　　址:江苏省扬州市邗江工业园牧羊路 1 号
邮　　编:225127
电　　话:(0514)87848801
传　　真:(0514)87848802

企业名称:安徽扬帆机电设备制造有限公司
地　　址:安徽省桐城市西环线西南工业区
邮　　编:231404
电　　话:(0566)6138888
传　　真:(0566)6127788

企业名称:徐州光环皮带机托辊有限公司
地　　址:江苏省徐州市三环东路金骆驼工业园
邮　　编:221004
电　　话:(0516)83876199
传　　真:(0516)83876098

企业名称:广西百色矿山机械厂
地　　址:广西百色市江风路31号
邮　　编:533000
电　　话:(0776)2770802
传　　真:(0776)2771488

企业名称:长沙第三机床厂
地　　址:湖南省长沙市韶山中路376号
邮　　编:410208
电　　话:(0731)8539158
传　　真:(0731)8539158

企业名称:昆明输送机械有限公司
地　　址:云南省昆明市人民西路684号
邮　　编:650106
电　　话:(0871)8184910
传　　真:(0871)8184910

企业名称:武汉泛达机电有限公司
地　　址:湖北省武汉市青山区厂前龚家岭
邮　　编:430083
电　　话:(027)86465086
传　　真:(027)86465872

企业名称:武汉市志伟运输机械有限公司
地　　址:湖北省武汉市黄陂区泡桐开发区
邮　　编:430327
电　　话:(027)86160613
传　　真:(027)86169074

企业名称:武汉武钢北湖机械制造有限公司
地　　址:湖北省武汉市青山区武钢北湖家场39号
邮　　编:430085
电　　话:(027)86468933
传　　真:(027)86469165

企业名称:武汉第7011机械厂
地　　址:湖北省武汉市武昌南湖汽校
邮　　编:430064
电　　话:(027)88035450
传　　真:(027)88035451

企业名称:武汉丰凡科技开发有限责任公司
地　　址:湖北省武汉市青山工业路6号五层
邮　　编:430080
电　　话:(027)86879863
传　　真:(027)86879863

企业名称:衡阳市通用机械厂
地　　址:湖南省衡阳县三塔镇振兴路1号
邮　　编:421101
电　　话:(0734)8723976
传　　真:(0734)8726412

企业名称:重庆市天鹰起重运输设备有限公司
地　　址:重庆市九龙坡区中梁山人和场
邮　　编:400052
电　　话:(023)65258624
传　　真:(023)65266720

企业名称:东莞龙泰实业有限公司
地　　址:广东省东莞市石碣镇民丰路421号
邮　　编:523291
电　　话:(0769)86623390
传　　真:(0769)86623390

企业名称:福州鑫广盛机电有限公司
地　　址:福建省福州市五一南路186号和平大厦
邮　　编:350009
电　　话:(0591)83284295
传　　真:(0591)83284291

企业名称:葛洲坝筛分运输机械厂
地　　址:湖北省宜昌市西坎建设路46号

邮　　编:443002
电　　话:(0717)6713585
传　　真:(0717)6271553

企业名称:东莞市奥能实业有限公司
地　　址:广东省东莞市万江区龙屋基
邮　　编:523639
电　　话:(0769)22278244
传　　真:(0769)22189485

企业名称:许昌煤矿机械制造有限公司
地　　址:河南省许昌市五一路17号
邮　　编:461000
电　　话:(0374)2788682
传　　真:(0374)3314613

企业名称:河南鹤壁市起重运输机械总厂
地　　址:河南省鹤壁市长风路北段
邮　　编:458020
电　　话:(0392)2897069
传　　真:(0392)2897342

企业名称:大同市煤矿机械修造厂
地　　址:山西省大同市同云路2号
邮　　编:037034
电　　话:(0352)2190562
传　　真:(0352)2190670

企业名称:长治市潞安合力机械有限责任公司
地　　址:山西省长治市襄恒候堡矿区
邮　　编:046204
电　　话:(0355)5923977
传　　真:(0355)5926071

企业名称:焦作李封工业有限责任公司
地　　址:河南省焦作市中站区跃进路113号
邮　　编:454191
电　　话:(0391)2974049
传　　真:(0391)2947049

企业名称:新乡中新环保输送设备有限责任公司
地　　址:河南省新乡市辖区428信箱
邮　　编:453000
电　　话:(0373)2682193
传　　真:(0373)5466125

企业名称:新乡市天隆输送设备有限责任公司
地　　址:河南省新乡市高新技术开发区科隆工业园
邮　　编:453003
电　　话:(0373)5066522
传　　真:(0373)5066226

企业名称:开封市达昌起重运输设备有限公司
地　　址:河南省开封市宋城路南段99号
邮　　编:475004
电　　话:(0378)3860009
传　　真:(0378)3862188

企业名称:鹤壁煤业机械设备制造有限责任公司
地　　址:河南省鹤壁市车站路3号
邮　　编:458000
电　　话:(0392)2911418
传　　真:(0392)2911690

企业名称:太原市环远机械有限公司
地　　址:山西省太原市解放北路202号
邮　　编:030003
电　　话:(0351)3132050
传　　真:(0351)3134952

企业名称:太原向明科工贸有限公司
地　　址:山西省太原市学府路街375号
邮　　编:030006
电　　话:(0351)7022727
传　　真:(0351)7022722

企业名称:淄博电动滚筒厂有限公司
地　　址:山东省淄博市博山岭西
邮　　编:255213
电　　话:(0533)4140099
传　　真:(0533)4140088

企业名称:镇江金钟机械制造厂
地　　址:江苏省镇江市东吴路 120 号
邮　　编:212003
电　　话:(0511)88801307
传　　真:(0511)88830936

企业名称:天津中外建输送机械公司
地　　址:天津市河东区津塘路二号桥
邮　　编:300180
电　　话:(022)24978724
传　　真:(022)24977477

企业名称:天津市电动滚筒厂
地　　址:天津市津塘公路 7 号桥
邮　　编:300300
电　　话:(022)24991119
传　　真:(022)24995599

企业名称:南宁市劲源电机有限责任公司
地　　址:广西南宁市北湖南路 30 号
邮　　编:530001
电　　话:(0771)3323390
传　　真:(0771)3323089

企业名称:湖州电动滚筒有限公司
地　　址:浙江省湖州市环城西路 91 号
邮　　编:313000
电　　话:(0572)2022227
传　　真:(0572)2059480

企业名称:泰州市三星通用机械制造有限公司
地　　址:江苏省泰州市江洲南路 105 号
邮　　编:225300
电　　话:(0523)86311345
传　　真:(0523)86341503

企业名称:江苏环宇起重运输机械有限责任公司
地　　址:江苏省扬州市宝应县运西工业园
邮　　编:225805
电　　话:(0514)88356868
传　　真:(0514)88351351

企业名称:焦作市鑫恒起重运输机械有限公司
地　　址:河南省焦作市解放东路 827 号
邮　　编:454003
电　　话:(0391)3955005
传　　真:(0391)3955000

企业名称:甘肃升业物质有限责任公司钢构分公司
地　　址:甘肃省兰州市西津西路 955 号
邮　　编:730000
电　　话:(0931)2567072
传　　真:(0931)2563656

企业名称:沈阳市胶带输送机厂
地　　址:辽宁省沈阳市经济开发区、南区开发商26 路 7 号
邮　　编:110000
电　　话:13840533891
传　　真:(024)23318321

水利机械分会

企业名称:上海重型机器厂有限公司
地　　址:上海市闵行区江川路 1800 号
邮　　编:200245
电　　话:(021)54721132
传　　真:(021)54721051

企业名称:黄骅市五一机械有限公司
地　　址:河北省黄骅市勃海路北街 14 号
邮　　编:061100
电　　话:(0317)5216633
传　　真:(0317)5222323

企业名称:太原重型机械集团有限公司
地　　址:山西省太原市万柏林区玉河街 53 号
邮　　编:030024
电　　话:(0351)6360028
传　　真:(0351)6360527

企业名称:长春水利机械厂
地　　址:吉林省长春市辑安路 5 号
邮　　编:130012
电　　话:(0431)85959993
传　　真:(0431)85953636

企业名称:安徽省郎溪县龙泉水利机械有限责任公司
地　　址:安徽省郎溪县宁芜路 9 号
邮　　编:242100
电　　话:(0563)7021116
传　　真:(0563)7021116

企业名称:福建省惠安水工机械厂
地　　址:福建省惠安洛阳工业区福厦路 178km 处
邮　　编:362121
电　　话:(0595)87485555
传　　真:(0595)87486899

企业名称:咸宁三合机电制业有限公司
地　　址:湖北省咸宁市永安大道 59 号
邮　　编:437000
电　　话:(0715)8322725
传　　真:(0715)8322725

企业名称:四川省自贡水利机械厂
地　　址:四川省自贡市露水湾 112 号
邮　　编:643000
电　　话:(0813)2602361
传　　真:(0813)2602361

企业名称:自贡市电站锅炉辅机厂
地　　址:四川省自贡市马吃水马桑沟工业园区
邮　　编:643020
电　　话:(0813)2626127
传　　真:(0813)2626127

企业名称:二重集团金属结构厂
地　　址:四川省德阳市珠江西路 1 号
邮　　编:618013
电　　话:(0838)2342314
传　　真:(0838)2203477

企业名称:云南水利机械厂
地　　址:云南省昆明市东郊马山 26 号
邮　　编:650213
电　　话:(0871)7357696
传　　真:(0871)7357007

冶金压延机械分会

企业名称:中国第一重型机械集团公司
地　　址:黑龙江省齐齐哈尔市富拉尔基厂前路 9 号
邮　　编:161042
电　　话:(0452)6810186
传　　真:(0452)6810111

企业名称:中国重型机械研究院
地　　址:陕西省西安市北郊辛家庙
邮　　编:710032
电　　话:(029)86322669
传　　真:(029)86713965

企业名称：大连重工·起重集团有限公司
地　　址：辽宁省大连市西岗区八一路 169 号
邮　　编：116013
电　　话：(0411)86852288
传　　真：(0411)86852283

企业名称：昆明力神重工有限公司
地　　址：云南省昆明市茨坝路 31 号
邮　　编：650203
电　　话：(0871)6085010
传　　真：(0871)6085085

企业名称：上海市机电设计研究院
地　　址：上海市北京西路 1287 号
邮　　编：200040
电　　话：(021)62479741
传　　真：(021)62479741

企业名称：中国第二重型机械集团公司
地　　址：四川省德阳市珠江路 1 号
邮　　编：618013
电　　话：(0838)2341817
传　　真：(0838)2201998

企业名称：上海重型机器厂有限公司
地　　址：上海市闵行区江川路 1800 号
邮　　编：200245
电　　话：(021)54721141 -2110
传　　真：(021)54722933

企业名称：沈阳重型机械集团有限责任公司
地　　址：辽宁省沈阳市铁西区兴华北街 8 号
邮　　编：110025
电　　话：(024)25802672
传　　真：(024)25802416

企业名称：天津天重重型机器有限公司
地　　址：天津市北辰区高峰路
邮　　编：300400
电　　话：(022)26341079
传　　真：(022)26340718

企业名称：燕山大学机械学院
地　　址：河北省秦皇岛市河北大街 169 号
邮　　编：066044
电　　话：(0335)8057040
传　　真：(0335)8050148

企业名称：浙江省宁波凯特机械有限公司
地　　址：浙江省宁海县越龙街道西郊路 55 号
邮　　编：315600
电　　话：(0574)65210558
传　　真：(0574)65562620

企业名称：包头市冶金矿山机械制造有限公司
地　　址：内蒙古包头市东河区巴彦塔拉大街 15 号
邮　　编：014040
电　　话：(0472)4111538
传　　真：(0472)4172310

企业名称：昆明力神重工有限公司拉丝设备分公司
地　　址：云南省昆明市茨坝路 31 号
邮　　编：650203
电　　话：(0871)5150091 -2241
传　　真：(0871)5150151

企业名称：中国重型机械总公司
地　　址：北京市公主坟复兴路甲 23 号
邮　　编：100036
电　　话：(010)68296017
传　　真：(010)68217772

企业名称：一重集团大连设计研究院冷轧部
地　　址：辽宁省大连市经济技术开发区东北大街 96 号
邮　　编：116600

电　　话:(0411)87646168－6310
传　　真:(0411)87623627

企业名称:中冶京诚工程技术有限公司
地　　址:北京市经济技术开发区建安街7号
邮　　编:100176
电　　话:(010)83587839
传　　真:(010)83587998

企业名称:北京科技大学机械工程学院
地　　址:北京市学院路30号
邮　　编:100083
电　　话:(010)62334723
传　　真:(010)62329145

企业名称:北京有色冶金设计研究院
地　　址:北京市复兴路12号
邮　　编:100038
电　　话:(010)63936451
传　　真:(010)63936618

企业名称:邢台冶金机械轧辊厂
地　　址:河北省邢台市新兴西大街1号
邮　　编:054025
电　　话:(0319)2116090
传　　真:(0319)2022061

企业名称:哈尔滨环保制氢设备工业公司
地　　址:黑龙江省哈尔滨市南岗区哈西大街107号
邮　　编:150080
电　　话:(0451)86662954
传　　真:(0451)86662954

企业名称:沈阳冶金机械有限公司
地　　址:辽宁省沈阳市技术开发区沈辽路2号
邮　　编:110141
电　　话:(024)25810645
传　　真:(024)25810645

企业名称:太原重型机械集团有限公司
地　　址:山西省太原市万柏林区玉河街53号
邮　　编:030024
电　　话:(0351)6362594－8018
传　　真:(0351)6365903

企业名称:太原矿山机器集团有限公司
地　　址:山西省太原市解放北路75号
邮　　编:030009
电　　话:(0351)3041086
传　　真:(0351)3041086

企业名称:太原科技大学冶金机械学院
地　　址:山西省太原市万柏林区瓦流路66号
邮　　编:030024
电　　话:(0351)6963332
传　　真:(0351)6963332

企业名称:鞍山矿山机械股份有限公司
地　　址:辽宁省鞍山市立山区励工街5号
邮　　编:114032
电　　话:(0412)6612676
传　　真:(0412)6612313

企业名称:上海冶金矿山机械厂
地　　址:上海市汶水路210号
邮　　编:200072
电　　话:(021)56771254
传　　真:(021)56639508

企业名称:洛阳矿山机械工程设计研究院
地　　址:河南省洛阳市涧西区建设路206号
邮　　编:471039
电　　话:(0379)64087777
传　　真:(0379)64087818

企业名称:杭州拉丝机制造厂
地　　址:浙江省杭州市桐庐县富春江镇子陵路10号

邮　　编:311504
电　　话:(0571)64653908
传　　真:(0571)64653411

企业名称:西安忠义金属制品设备总厂
地　　址:陕西省西安市未央宫乡小白杨路20号
邮　　编:710016
电　　话:(029)86312404
传　　真:(029)86312404

企业名称:锡山大象机械制造有限公司
地　　址:江苏省无锡市锡山区荡口镇人民路63号
邮　　编:214116
电　　话:(0510)88741471
传　　真:(0510)88741471

润滑液压设备分会

企业名称:太原矿山机器润滑液压设备有限公司
地　　址:山西省太原市解放北路75号
邮　　编:030009
电　　话:(0351)3045918
传　　真:(0351)3049016

企业名称:中国重型机械研究院
地　　址:陕西省西安市辛家庙
邮　　编:710032
电　　话:(029)86322543
传　　真:(029)86322543

企业名称:常州市华立液压润滑设备有限公司
地　　址:江苏省常州市东门外三河口
邮　　编:213115
电　　话:(0519)88675056
传　　真:(0519)88675343

企业名称:启东润滑设备有限公司
地　　址:江苏省启东市和平中路306号
邮　　编:226200
电　　话:(0513)83327743
传　　真:(0513)83312646

企业名称:太原重型机械集团有限公司设计中心
地　　址:山西省太原市万柏林区玉河街53号
邮　　编:030024
电　　话:(0351)6360904
传　　真:(0351)6361133

企业名称:上海润滑设备厂
地　　址:上海市双阳路201号
邮　　编:200090
电　　话:(021)65435660
传　　真:(021)65431871

企业名称:西安润滑设备厂
地　　址:陕西省西安市北郊张家堡
邮　　编:710021
电　　话:(029)86526473
传　　真:(029)86517041

企业名称:沈阳润滑设备厂
地　　址:辽宁省沈阳市沈河区南二经街24号
邮　　编:110014
电　　话:(024)86373035
传　　真:(024)86373409

企业名称:北京科技大学
地　　址:北京市海淀区学院路30号
邮　　编:100083
电　　话:(010)62332916
传　　真:(010)62332916

企业名称:辽宁省机械研究院有限公司
地　　址:辽宁省沈阳市北陵大街56号
邮　　编:110032
电　　话:(024)86890291

传　　真:(024)86890291

企业名称:一重集团大连设计研究院
地　　址:辽宁省大连市大连开发区东北大街96号
邮　　编:116600
电　　话:(0411)87646168
传　　真:(0411)87536357

企业名称:四平维克斯换热设备有限公司
地　　址:吉林省四平市铁东区南一马路38号
邮　　编:136001
电　　话:(0434)3334783
传　　真:(0434)3335115

企业名称:启东市南方润滑液压设备有限公司
地　　址:江苏省启东市惠平镇工业园区
邮　　编:226255
电　　话:(0513)83792888
传　　真:(0513)83791000

企业名称:上海澳瑞特润滑设备有限公司
地　　址:上海市丰镇路788号
邮　　编:200434
电　　话:(021)65929538
传　　真:(021)65297832

企业名称:燕山大学
地　　址:河北省秦皇岛市河北大街甲38号
邮　　编:066004
电　　话:(0335)8051166
传　　真:(0335)8074498

企业名称:太原科技大学
地　　址:山西省太原市万柏林区窊流路66号
邮　　编:030024
电　　话:(0351)6963399
传　　真:(0351)6998027

企业名称:中冶京诚工程技术有限公司冶金设备所
地　　址:北京市亦庄经济技术开发区建安街7号
邮　　编:100176
电　　话:(010)67835773
传　　真:(010)67835770

企业名称:北京冶金设备研究设计总院
地　　址:北京市安定门外胜古庄2号
邮　　编:100029
电　　话:(010)64428432
传　　真:(010)64418694

企业名称:中色科技股份有限公司装备所
地　　址:河南省洛阳市西苑路1号
邮　　编:471039
电　　话:(0379)64872373
传　　真:(0379)64872352

企业名称:二重集团重型机械设计研究院
地　　址:四川省德阳市珠江路1号
邮　　编:618013
电　　话:(0838)2342292
传　　真:(0838)2204416

企业名称:沈阳重型机械集团有限责任公司设计院
地　　址:辽宁省沈阳市铁西区兴华北街8号
邮　　编:110025
电　　话:(024)25802826
传　　真:(024)25802416

企业名称:大连重工·起重集团有限公司液压装备厂
地　　址:辽宁省大连市甘井子区中革新水泥路8号
邮　　编:116035
电　　话:(0411)86428353
传　　真:(0411)86427852

企业名称:宁波盛发液压有限公司
地　　址:浙江省宁波市鄞洲区望春宋家漕

邮　　编:315175

电　　话:(0574)88449050

传　　真:(0574)88055152

企业名称:启东江海液压润滑设备厂

地　　址:江苏省启东市江夏工业区 1 号

邮　　编:226259

电　　话:(0513)83778990

传　　真:(0513)83777536

企业名称:启东澳瑞思液压润滑设备厂

地　　址:江苏省启东市汇龙工业区杨沙路 2 号

邮　　编:226200

电　　话:(0513)83637418

传　　真:(0513)83637448

企业名称:沈阳市北方润滑设备制造厂

地　　址:辽宁省沈阳市东陵区文化东路 99 号

邮　　编:110015

电　　话:(024)24824187

传　　真:(024)24824187

企业名称:博山润滑设备厂

地　　址:山东省淄博市博山区北博山

邮　　编:255207

电　　话:(0533)4548567

传　　真:(0533)4546336

企业名称:温州润滑设备厂

地　　址:浙江省温州市鹿城工业区三开路 26 号

邮　　编:325007

电　　话:(0577)88770516

传　　真:(0577)88781270

企业名称:温州市龙湾润滑液压设备厂

地　　址:浙江省温州市飞鹏巷 6 号(新 14 号)

邮　　编:325000

电　　话:(0577)88290271

传　　真:(0577)88295568

企业名称:温州市三丰润滑设备制造有限公司

地　　址:浙江省温州市双屿嵇师新街 11 号

邮　　编:325007

电　　话:(0577)88895569

传　　真:(0577)88895869

企业名称:沈阳市大金润滑设备厂

地　　址:辽宁省沈阳市沈河区沈洲路 185－2 号

邮　　编:110014

电　　话:(024)22907338

传　　真:(024)22940938

企业名称:南通市南方润滑液压设备有限公司

地　　址:江苏省启东市纬二路 238 号

邮　　编:226200

电　　话:(0513)83110190

传　　真:(0513)83110290

企业名称:启东安升润液设备有限公司

地　　址:江苏省启东市经济开发区精工路 5 号

邮　　编:226223

电　　话:(0513)83852798

传　　真:(0513)83852108

企业名称:苏州博诚液压设备制造有限公司

地　　址:江苏省太仓市浏河镇北工业园区

邮　　编:215431

电　　话:(0512)53601818

传　　真:(0512)53601155

企业名称:沈阳市北方润华冷却设备有限公司

地　　址:辽宁省沈阳市东陵区泉园二路 15－4－212 号

邮　　编:110015

电　　话:(024)24206239

传　　真:(024)24206239

企业名称:启东中冶润滑设备有限公司
地　　址:江苏省启东市台角工业园区跃龙路 16 号
邮　　编:226200
电　　话:(0513)83250239
传　　真:(0513)83250310

企业名称:四川川润股份有限公司
地　　址:四川省自贡市大安街 30 号
邮　　编:643010
电　　话:(0813)2629231
传　　真:(0813)5115108

企业名称:四平市隆百洲机电科技有限公司
地　　址:吉林省四平市铁东区环城路 4 号
邮　　编:136001
电　　话:(0434)3304355
传　　真:(0434)3304766

企业名称:启东丰汇润滑设备有限公司
地　　址:江苏省启东市经济开发区南苑西路 999 号
邮　　编:226200
电　　话:(0513)83690000
传　　真:(0513)83349800

企业名称:沈阳三丰液压润滑设备有限公司
地　　址:辽宁省沈阳市于洪区平罗镇陆家村
邮　　编:110048
电　　话:(029)89286889
传　　真:(029)89286889

企业名称:启东恒泰自动化润滑设备有限公司
地　　址:江苏省启东市南苑工业园区恒丰路 28 号
邮　　编:226200
电　　话:(0513)80286900
传　　真:(0513)83307018

重型基础件分会

企业名称:中国重型机械研究院
地　　址:陕西省西安市北郊辛家庙
邮　　编:710032
电　　话:(029)86322699
传　　真:(029)86322699

企业名称:洛阳中重齿轮箱有限责任公司
地　　址:河南省洛阳市涧西区建设路 206 号
邮　　编:471039
电　　话:(0379)64088608
传　　真:(0379)64211297

企业名称:昆山荣星动力传动有限公司
地　　址:江苏省昆山市城北高科技工业园环庆路
邮　　编:215316
电　　话:(0512)57791869
传　　真:(0512)57797398

企业名称:天津万新减速机厂
地　　址:天津市河东区天山路口
邮　　编:300162
电　　话:(022)24373395
传　　真:(022)24372062

企业名称:燕山大学
地　　址:河北省秦皇岛市河北大街 169 号
邮　　编:066004
电　　话:(0335)8055732
传　　真:(0335)8055732

企业名称:冀州市联轴器厂
地　　址:河北省冀州市刘杨 180 号
邮　　编:053200
电　　话:(0318)8693695
传　　真:(0318)8691484

企业名称:内蒙兴华机械厂
地　　址:内蒙古呼和浩特市南郊小黑河
邮　　编:010070

电　　话:(0471)2397262

传　　真:(0471)5686313

企业名称:江阴齿轮箱制造有限公司

地　　址:江苏省江阴市山观工业园区澄山路601号

邮　　编:214437

电　　话:(0510)86993103

传　　真:(0510)86993103

企业名称:中国人民解放军第7410厂

地　　址:安徽省巢湖市北郊

邮　　编:238013

电　　话:(0565)2393587

传　　真:(0565)2317765

企业名称:重庆齿轮箱有限公司

地　　址:重庆市江津德感镇东方红大街

邮　　编:402263

电　　话:(023)47211101

传　　真:(023)47211011

企业名称:南京高精齿轮股份有限公司

地　　址:江苏省南京市中华门外小行

邮　　编:210012

电　　话:(025)52415583

传　　真:(025)52412731

企业名称:泰兴减速机厂质检处

地　　址:江苏省泰兴市姚王镇

邮　　编:225402

电　　话:(0523)87541045

传　　真:(0523)87635683

企业名称:乐清重型机械配件厂

地　　址:浙江省乐清市城关宁康西路157号

邮　　编:325600

电　　话:(0577)62522038

传　　真:(0577)62522038

企业名称:西安理工大学

地　　址:陕西省西安市金花南路

邮　　编:710048

电　　话:(029)82319700

传　　真:(029)83230026

企业名称:上海港机齿轮箱厂

地　　址:上海市浦东南路3500号

邮　　编:200125

电　　话:(021)58709950

传　　真:(021)58709950

企业名称:石家庄科一重工有限公司

地　　址:河北省石家庄市和平西路595号

邮　　编:050071

电　　话:(0311)87796242

传　　真:(0311)87783772

企业名称:山西平遥减速机厂

地　　址:山西省平遥市环城南路

邮　　编:031100

电　　话:(0354)5650684

传　　真:(0354)5650268

企业名称:沈矿减速机制造总公司

地　　址:辽宁省沈阳市大东区大东路178号

邮　　编:110042

电　　话:(024)24326326

传　　真:(024)24834188

企业名称:上海化工机械二厂

地　　址:上海市虹口区北宝兴路

邮　　编:200083

电　　话:(021)56382456

传　　真:(021)56381732

企业名称:上海浦江减速机械有限公司

地　　址:上海市浦东新区川北路2669号

邮　　编:201204
电　　话:(021)58912233
传　　真:(021)58443434

企业名称:江苏省金象减速机有限公司技术部
地　　址:江苏省淮安市淮海西路242号
邮　　编:223001
电　　话:(0517)86993222
传　　真:(0517)86993196

企业名称:杭州减速机厂
地　　址:浙江省杭州市萧山经济技术开发区鸿达路8号
邮　　编:311215
电　　话:(0571)82181888
传　　真:(0571)82605888

企业名称:镇江减速机厂
地　　址:江苏省镇江市矿机路5号
邮　　编:212003
电　　话:(0511)84422042
传　　真:(0511)84422078

企业名称:镇江市东方万向轴厂
地　　址:江苏省镇江辛丰镇
邮　　编:212141
电　　话:(0511)83321074
传　　真:(0511)83322338

企业名称:扬中市金星联轴器制造有限公司
地　　址:江苏省扬中市丰裕工业区
邮　　编:212213
电　　话:(0511)88433602
传　　真:(0511)88436976

企业名称:温州长城减速机有限公司
地　　址:浙江省温州市高新路30号
邮　　编:325028
电　　话:(0577)88628670
传　　真:(0577)88628622

企业名称:杭州万杰减速机有限公司
地　　址:浙江省杭州市萧山靖江
邮　　编:311223
电　　话:(0571)82995678
传　　真:(0571)82993333

企业名称:上海茂德企业发展发限公司
地　　址:上海市南汇工业园区沪南公路9408号茂德工业园
邮　　编:201300
电　　话:(021)68016659
传　　真:(021)68016458

企业名称:浙江省乐清市联轴器厂
地　　址:浙江省乐清市柳市镇
邮　　编:325604
电　　话:(0577)62725326
传　　真:(0577)62728326

企业名称:宁波东力传动设备有限公司
地　　址:浙江省宁波市江北区洪塘金山路58号
邮　　编:315033
电　　话:(0574)87907624
传　　真:(0574)87905822

企业名称:马鞍山泰尔重工有限公司
地　　址:安徽省马鞍山开发区红旗南路18号
邮　　编:243000
电　　话:(0555)2219898
传　　真:(0555)2219898

企业名称:乐清虹桥万向轴有限公司
地　　址:浙江省乐清市虹桥镇
邮　　编:325608
电　　话:(0577)62311811

传　　真:(0577)62322180

企业名称:常州市武进第二传动机械有限公司
地　　址:江苏省常州市武进区漕桥镇运村
邮　　编:213175
电　　话:(0519)86131020
传　　真:(0519)86133108

企业名称:常州减速机总厂
地　　址:江苏省常州市西郊隔湖镇
邮　　编:213149
电　　话:(0519)86361800
传　　真:(0519)86361355

企业名称:焦作市液压机械制造有限公司
地　　址:河南省焦作市解放中路 11 号
邮　　编:454150
电　　话:(0391)2923824 - 378
传　　真:(0391)2922653

企业名称:山东博山减速机厂
地　　址:山东省淄博市博山区水河路中段
邮　　编:255200
电　　话:(0533)4264888
传　　真:(0533)4184888

企业名称:西安航空发动机公司民品经营处
地　　址:陕西省西安市徐家湾
邮　　编:710015
电　　话:(029)86624427
传　　真:(029)86624427

企业名称:荆州市巨鲸传动机械有限公司
地　　址:湖北省荆州市沙市区东方大道 58 号
邮　　编:434000
电　　话:(0716)8303900
传　　真:(0716)8303905

企业名称:盐城华兴液压机械有限公司
地　　址:江苏省盐城市建湖县严桥
邮　　编:224700
电　　话:(0515)86291728
传　　真:(0515)86291052

企业名称:中南传动机械厂
地　　址:湖南省长沙市望城(湖南省长沙市 521 信箱)
邮　　编:410200
电　　话:(0731)8862508
传　　真:(0731)8062355

企业名称:宁波市无级变速器厂
地　　址:浙江省宁波市镇海车站路 57 号
邮　　编:315200
电　　话:(0574)86261192
传　　真:(0574)86264428

企业名称:宁波市镇海减速机制造有限公司
地　　址:浙江省宁波市镇海经济开发区 A 区银凤路
邮　　编:315200
电　　话:(0574)86302258
传　　真:(0574)86302358

企业名称:德阳二重立达传动机械厂
地　　址:四川省德阳市岷江路
邮　　编:618000
电　　话:(0838)2203909
传　　真:(0838)2201998

企业名称:温州市江南减速机厂
地　　址:浙江省温州市鹿城区高科技产业园
邮　　编:325028
电　　话:(0577)88626587
传　　真:(0577)88620938

企业名称:乐清机械厂
地　　址:浙江省乐清市城西路55号
邮　　编:325600
电　　话:(0577)62522885
传　　真:(0577)62522885

企业名称:焦作减速机厂
地　　址:河南省焦作市站南路
邮　　编:454152
电　　话:(0391)2913577
传　　真:(0391)2913577

企业名称:第二重型机械集团公司设计院五室
地　　址:四川省德阳市珠江路1号
邮　　编:618013
电　　话:(0838)2341615
传　　真:(0838)2204416

企业名称:泰顺轴承厂
地　　址:浙江省泰顺县泰寿路7号
邮　　编:325500
电　　话:(0577)67582921
传　　真:(0577)67582921

企业名称:宁波天元压缩机有限公司技术科
地　　址:浙江省宁波市长春路35号
邮　　编:315010
电　　话:(0574)87294520
传　　真:(0574)87294520

企业名称:象山兴池液压润滑有限公司技术科
地　　址:浙江省宁波市象山东港
邮　　编:315704
电　　话:(0574)62080961
传　　真:(0574)62080901

企业名称:西安减速机厂
地　　址:陕西省西安市南郊草场坡甲50号
邮　　编:710061
电　　话:(029)82517051
传　　真:(029)82517000

企业名称:象山县重型机械基础件厂
地　　址:浙江省宁波市象山县石铺
邮　　编:315731
电　　话:(0574)65982886
传　　真:(0574)65982888

企业名称:沈阳重型机械集团有限责任公司
地　　址:辽宁省沈阳市铁西区兴华北街8号
邮　　编:110025
电　　话:(024)25802298
传　　真:(024)25851610

企业名称:兰州减速机厂
地　　址:甘肃省兰州市天水路80号
邮　　编:730000
电　　话:(0931)8618094
传　　真:(0931)8618094

企业名称:唐山冶金矿山机械厂
地　　址:河北省唐山市缸窑路
邮　　编:063027
电　　话:(0315)3202248
传　　真:(0315)3202240

企业名称:文成力生机械有限公司
地　　址:浙江省文成栖云路86号
邮　　编:315300
电　　话:(0577)67862981
传　　真:(0577)67862982

企业名称:福州传动机械厂技术科
地　　址:福建省福州市工业路中段
邮　　编:350002
电　　话:(0591)83711639

传　　真:(0591)83712332

企业名称:象山港口制动器有限公司
地　　址:浙江省宁波市象山市天安路 194 号
邮　　编:315700
电　　话:(0574)65723430
传　　真:(0574)65723165

企业名称:太原重型机械集团有限公司
地　　址:山西省太原市万柏林区玉河街 53 号
邮　　编:030024
电　　话:(0351)6362458
传　　真:(0351)6047133

企业名称:大连重工·起重集团有限公司通用减速机厂
地　　址:辽宁省大连市甘井子区新水泥路 8 号
邮　　编:116035
电　　话:(0411)86426178
传　　真:(0411)86426041

企业名称:苏州苏万万向节有限公司
地　　址:江苏省吴江市松陵镇
邮　　编:215200
电　　话:(0512)63451010
传　　真:(0512)63454482

企业名称:象山机械厂
地　　址:浙江省象山城西路 58 号
邮　　编:315700
电　　话:(0574)65725710
传　　真:(0574)65714615

企业名称:德阳立达基础件有限公司
地　　址:四川省德阳市庐山南路三段 32 号
邮　　编:618013
电　　话:(0838)2342114
传　　真:(0838)2650270

涂装防锈分会

企业名称:沈阳重型机械集团有限责任公司
地　　址:辽宁省沈阳市铁西区兴华北街 8 号
邮　　编:110025
电　　话:(024)25802599
传　　真:(024)25851610

企业名称:武汉大学资源与环境学院
地　　址:湖北省武汉市武昌区珞珈山
邮　　编:430079
电　　话:(027)67802483
传　　真:(027)68775869

企业名称:中信重型机械设计院
地　　址:河南省洛阳市涧西区建设路 206 号
邮　　编:471039
电　　话:(0379)64912711
传　　真:(0379)64912711

企业名称:中国第一重型机械集团公司
地　　址:黑龙江省齐齐哈尔市富拉尔基厂前路 9 号
邮　　编:161042
电　　话:(0452)6882784
传　　真:(0452)6805071

企业名称:上海广成涂装技术工程有限公司
地　　址:上海市浦东新区茂兴路 88 号仁恒广场 4 座 5B
邮　　编:200127
电　　话:(021)58396218
传　　真:(021)58898652

企业名称:武汉材料保护研究所
地　　址:湖北省武汉市汉口宝丰二路 126 号
邮　　编:430030
电　　话:(027)83637786

传　　真:(027)83637647

企业名称:厦门工程机械股份有限公司
地　　址:福建省厦门市夏乐路668号
邮　　编:361004
电　　话:(0592)5061477
传　　真:(0592)2038915

企业名称:苏州特种油品厂研究所
地　　址:江苏省苏州市平门外苏虞路1号
邮　　编:215001
电　　话:(0512)67527122
传　　真:(0512)67534562

企业名称:大连重工·起重集团有限公司涂装公司
地　　址:辽宁省大连市西岗区八一路169号
邮　　编:116013
电　　话:(0411)84644201
传　　真:(0411)84604760

企业名称:西安冶金机械厂
地　　址:陕西省西安市西郊北路
邮　　编:710077
电　　话:(029)84261154
传　　真:(029)84261418

企业名称:中国第二重型机械集团公司大铸锻所
地　　址:四川省德阳市珠江路1号
邮　　编:618013
电　　话:(0838)2204416
传　　真:(0838)2203919

企业名称:沈阳矿山机械(集团)有限责任公司
地　　址:辽宁省沈阳市大东区大东路178号
邮　　编:110042
电　　话:(024)84832210
传　　真:(024)62164375

企业名称:太原重型机械集团有限公司
地　　址:山西省太原市万柏林区玉河街53号
邮　　编:030024
电　　话:(0351)6066921
传　　真:(0351)6362554

企业名称:昆明力神重工有限公司
地　　址:云南省昆明市北郊茨坝路31号
邮　　编:650203
电　　话:(0871)5150091
传　　真:(0871)5150151

企业名称:中信重型机械公司
地　　址:河南省洛阳市涧西区建设路206号
邮　　编:471039
电　　话:(0379)64218711
传　　真:(0379)64218711

企业名称:沈阳重型机械集团有限责任公司
地　　址:辽宁省沈阳市铁西区兴华北街8号
邮　　编:110025
电　　话:(024)25802796
传　　真:(024)25851610

油膜轴承分会

企业名称:太原重型机械集团有限公司
地　　址:山西省太原市万柏林区玉河街53号
邮　　编:030024
电　　话:(0351)6364048
传　　真:(0351)6362554

企业名称:上海宝钢股份有限公司
地　　址:上海市宝山区
邮　　编:200941
电　　话:(021)26647859
传　　真:(021)26649173

企业名称:太原科技大学
地　　址:山西省太原市万柏林区瓦流路 138 号
邮　　编:030024
电　　话:(0351)6222510
传　　真:(0351)6223381

企业名称:太原重工油膜轴承分公司
地　　址:山西省太原市万柏林区瓦流路 138 号
邮　　编:030024
电　　话:(0351)6362546
传　　真:(0351)6360514

企业名称:宝钢集团上钢一厂
地　　址:上海市长江路 735 号
邮　　编:200431
电　　话:(021)56821978
传　　真:(021)23604364

企业名称:武钢热轧厂
地　　址:湖北省武汉市青山区
邮　　编:430083
电　　话:(027)86891156
传　　真:(027)86891525

企业名称:首钢中厚板轧钢厂
地　　址:北京市石景山区
邮　　编:100041
电　　话:(010)88295156
传　　真:(010)68875794

企业名称:珠江钢铁有限公司
地　　址:广东省广州市经济开发区西基工业区
邮　　编:510730
电　　话:(020)82222394
传　　真:(020)82222400

企业名称:酒钢有限责任公司
地　　址:甘肃省嘉峪关市
邮　　编:735100
电　　话:(0937)6712605
传　　真:(0937)6711302

企业名称:宝鸡有色宽板分厂
地　　址:陕西省宝鸡市 71 信箱
邮　　编:721014
电　　话:(0917)3382908
传　　真:(0917)3382000

企业名称:天津轧一制钢有限公司
地　　址:天津市河西区太湖南路 928 号
邮　　编:300220
电　　话:(022)28306393
传　　真:(022)28306557

企业名称:柳钢中板厂
地　　址:广西省柳州市北雀路 117 号
邮　　编:545001
电　　话:(0772)2592789
传　　真:(0772)2592684

企业名称:本钢热轧厂
地　　址:辽宁省本溪市南地
邮　　编:117000
电　　话:(0414)7825118
传　　真:(0414)7825049

企业名称:宝钢梅山热轧板厂
地　　址:江苏省南京市中华门外
邮　　编:210039
电　　话:(025)86701885
传　　真:(025)86702446

企业名称:鞍钢新钢铁热轧厂
地　　址:辽宁省鞍山市
邮　　编:114021
电　　话:(0412)6752461

传　　真:(0412)6753575

企业名称:太钢机械厂
地　　址:山西省太原市尖草坪
邮　　编:030003
电　　话:(0351)3010634
传　　真:(0351)3134859

企业名称:首钢高线厂
地　　址:北京市石景山区
邮　　编:100041
电　　话:(010)88295301
传　　真:(010)88294510

企业名称:安阳钢厂二轧钢厂
地　　址:河南省安阳市梅园庄
邮　　编:455004
电　　话:(0372)3123012
传　　真:(0372)3123417

企业名称:上海大学轴承研究室
地　　址:上海市延长路 149 号
邮　　编:200072
电　　话:(021)56331386
传　　真:(021)56331937

企业名称:铁岭橡胶所
地　　址:辽宁省铁岭市
邮　　编:112002
电　　话:(0410)4564226
传　　真:(0410)4501500

企业名称:瓦房店轴承厂非标分厂
地　　址:辽宁省瓦房店市
邮　　编:116300
电　　话:(0411)85500110
传　　真:(0411)85614863

企业名称:上海海联润滑所
地　　址:上海市钦州路
邮　　编:200235
电　　话:(021)64837815
传　　真:(021)64837197

企业名称:广州机械科学院
地　　址:广东省广州市黄埔区
邮　　编:510700
电　　话:(020)32388050
传　　真:(020)32389135

企业名称:山西三明重工
地　　址:山西省太原市千峰南路
邮　　编:030024
电　　话:(0351)6582051
传　　真:(0351)6585395

企业名称:舞阳钢铁公司轧钢厂
地　　址:河南省舞阳市
邮　　编:462500
电　　话:(0375)8111752
传　　真:(0375)8111752

企业名称:济钢设计院
地　　址:山东省济南市工业北路
邮　　编:250101
电　　话:(0531)88868084
传　　真:(0531)88868077

企业名称:邯钢连铸连轧厂
地　　址:河北省邯郸市复兴路
邮　　编:056015
电　　话:(0310)6075267
传　　真:(0310)6073759

企业名称:武钢设计研究院
地　　址:湖北省武汉市青山区

邮　　编:430080

电　　话:(027)86863356

传　　真:(027)86863356－8318

企业名称:武钢二热轧厂

地　　址:湖北省武汉市青山区

邮　　编:430080

电　　话:(027)86894589

传　　真:(027)86891525

企业名称:唐钢热轧薄板厂

地　　址:河北省唐山市滨河路

邮　　编:063016

电　　话:(0315)2703992

传　　真:(0315)2702784

企业名称:秦皇岛首钢板材公司

地　　址:河北省秦皇岛市建设大街

邮　　编:066003

电　　话:(0335)3011421

传　　真:(0335)3014693

企业名称:酒钢中板厂

地　　址:甘肃省嘉峪关市雄关东路

邮　　编:735100

电　　话:(0937)6711970

传　　真:(0937)6711970

企业名称:攀钢热轧厂

地　　址:四川省攀枝花市

邮　　编:617062

电　　话:(0812)3392577

传　　真:(0812)3392167

重型锻压机械分会

企业名称:中国重型机械总公司

地　　址:北京市公主坟复兴路甲23号

邮　　编:100036

电　　话:(010)68221576

传　　真:(010)68217772

企业名称:西安重型机械研究所

地　　址:陕西省西安市辛家庙

邮　　编:710032

电　　话:(029)86713411－2327

传　　真:(029)86713965

企业名称:太原重型机械集团有限公司

地　　址:山西省太原市河西区和平北路

邮　　编:030024

电　　话:(0351)6045384

传　　真:(0351)6064467

企业名称:清华大学机械系

地　　址:北京市海淀区清华园

邮　　编:100084

电　　话:(010)62771476

传　　真:(010)62783387

企业名称:沈阳重型机械集团有限责任公司

地　　址:辽宁省沈阳市铁西区兴华北街8号

邮　　编:110025

电　　话:(024)25802599

传　　真:(024)25851610

企业名称:中国第一重型机械集团公司

地　　址:辽宁省大连市开发区东北大街96号

邮　　编:116600

电　　话:(0411)87646168－9700

传　　真:(0411)87536357

企业名称:上海重型机械厂锻件厂

地　　址:上海市闵行区江川路1800号

邮　　编:200240

电　　话:(021)54721141－2651

传　　真:(021)64300132

企业名称:中国第二重型机械集团公司技术中心
地　　址:四川省德阳市珠江西路1号
邮　　编:618013
电　　话:(0838)2342868
传　　真:(0838)2227489

企业名称:中国重型机械总公司锻压部
地　　址:北京市公主坟复兴路甲23号
邮　　编:100036
电　　话:(010)68221585
传　　真:(010)68217772

大型铸锻件分会

企业名称:中国第二重型机械集团公司
地　　址:四川省德阳市珠江路1号
邮　　编:618013
电　　话:(0838)2239221
传　　真:(0838)2201998

企业名称:中国第一重型机械集团公司
地　　址:黑龙江省齐齐哈尔市富拉尔基厂前路9号
邮　　编:161042
电　　话:(0452)6810700
传　　真:(0452)6810700

企业名称:上海重型机器厂有限公司
地　　址:上海市闵行区江川路1800号
邮　　编:200245
电　　话:(021)54726101
传　　真:(021)54726508

企业名称:沈阳重型机械集团有限责任公司
地　　址:辽宁省沈阳市铁西区兴华北街8号
邮　　编:110025
电　　话:(024)25802597

传　　真:(024)25873253

企业名称:中原特殊钢厂
地　　址:河南省济源市9号信箱
邮　　编:454685
电　　话:(0391)6099030
传　　真:(0391)6099019

企业名称:武汉重工铸锻有限责任公司
地　　址:湖北省武汉市青山区武东路1号
邮　　编:430084
电　　话:(027)68861998
传　　真:(027)68861907

企业名称:太原科技大学材料科学与工程分院
地　　址:山西省太原市万柏林区瓦流路138号
邮　　编:030024
电　　话:(0351)6221456
传　　真:(0351)6221456

企业名称:中国一重集团公司(铸锻股份公司)
地　　址:黑龙江省齐齐哈尔市富拉尔基
邮　　编:161042
电　　话:(0452)6810058
传　　真:(0452)6809435

企业名称:一重冶金所(齐齐哈尔铸锻焊研究所)
地　　址:黑龙江省齐齐哈尔市富拉尔基
邮　　编:161042
电　　话:(0452)6811098
传　　真:(0452)6810754

企业名称:沈阳重型机械集团有限责任公司(锻冶处)
地　　址:辽宁省沈阳市铁西区兴华北街8号
邮　　编:110025
电　　话:(024)25802834
传　　真:(024)25873253

企业名称:中国重型机械总公司
地　　址:北京市公主坟复兴路甲 23 号
邮　　编:100036
电　　话:(010)68296096
传　　真:(010)68217772

企业名称:沈阳铸造研究所
地　　址:辽宁省沈阳市铁西区云峰南街 17 号
邮　　编:110025
电　　话:(024)25872249
传　　真:(024)25851306

企业名称:太原重型机械集团有限公司铸锻分公司
地　　址:山西省太原市万柏林区玉河街 53 号
邮　　编:030024
电　　话:(0351)6364112
传　　真:(0351)6366751

企业名称:昆明力神重工有限公司
地　　址:云南省昆明市茨坝路 31 号
邮　　编:650203
电　　话:(0871)5150091 -2234
传　　真:(0871)5150151

企业名称:广重铸轧钢有限公司
地　　址:广东省中山市黄圃镇鲤鱼嘴工业开发区
邮　　编:528429
电　　话:(0760)3213333
传　　真:(0760)3212227

企业名称:内蒙古北方重工业集团有限公司
地　　址:内蒙古包头市青山区
邮　　编:014033
电　　话:(0472)3386880
传　　真:(0472)3335641

企业名称:北满特钢锻钢公司
地　　址:黑龙江省齐齐哈尔市
邮　　编:161041
电　　话:(0452)6801148
传　　真:(0452)6801148

企业名称:南宁广发重工集团有限公司
地　　址:广西南宁市秀安路 15 号
邮　　编:530001
电　　话:(0771)3932002
传　　真:(0771)3123661

企业名称:中国南车集团资阳机车厂
地　　址:四川省资阳市
邮　　编:641301
电　　话:(0832)6282650
传　　真:(0832)6653416

企业名称:中国中元兴华工程公司工艺工程所
地　　址:北京市西三环北路 5 号
邮　　编:100089
电　　话:(010)68732555
传　　真:(010)68715543

企业名称:清华大学机械工程系
地　　址:北京市海淀区清华园
邮　　编:100084
电　　话:(010)62785854
传　　真:(010)62773637

企业名称:燕山大学材料科学与工程学院
地　　址:河北省秦皇岛市河北大街西段 438 号
邮　　编:066004
电　　话:(0335)8074727
传　　真:(0335)8074545

企业名称:北京科技大学材料科学与工程学院
地　　址:北京市海淀区学院路 30 号
邮　　编:100083
电　　话:(010)62332572

传　　真：(010)62332572

企业名称：燕山大学知识创新研究所
地　　址：河北省秦皇岛市河北大街西段438号
邮　　编：066004
电　　话：(0335)8074716
传　　真：(0335)8051148

企业名称：上海汽轮机有限公司锻冶处
地　　址：上海市闵行区江川路333号
邮　　编：200240
电　　话：(021)64358331
传　　真：(021)64355046

企业名称：哈尔滨汽轮机厂有限责任公司
地　　址：黑龙江省哈尔滨市动力区大庆路
邮　　编：150046
电　　话：(0451)82953194
传　　真：(0451)82681364

企业名称：武汉汽轮发电机厂锻冶处
地　　址：湖北省武汉市关山
邮　　编：430074
电　　话：(027)87422076
传　　真：(027)87801455

企业名称：东方汽轮机厂
地　　址：四川省德阳市
邮　　编：618000
电　　话：(0838)6354422
传　　真：(0838)6302335

企业名称：无锡宏达重型锻压有限公司
地　　址：江苏省无锡市南泉壬港
邮　　编：214128
电　　话：(0510)85952557
传　　真：(0510)85953536

企业名称：泰安市山口锻压有限公司
地　　址：山东省泰安市
邮　　编：271000
电　　话：(0538)8611782
传　　真：(0538)8611866

企业名称：重庆焱炼锻造厂
地　　址：重庆市大渡口区双山工业园区
邮　　编：400084
电　　话：(023)68611119
传　　真：(023)68838505

企业名称：邢台冶金轧辊有限公司
地　　址：河北省邢台市新兴西路1号
邮　　编：054025
电　　话：(0319)2116230
传　　真：(0319)2022061

企业名称：大连理工大学材料工程系
地　　址：辽宁省大连市甘井子区凌工路2号
邮　　编：116024
电　　话：(0411)84708434
传　　真：(0411)84709284

企业名称：中信重型机械公司
地　　址：河南省洛阳市涧西区建设路206号
邮　　编：471039
电　　话：(0379)4088686
传　　真：(0379)4214305

企业名称：陕西重型机器厂
地　　址：陕西省西安市辛家庙
邮　　编：710032
电　　话：(029)82155499
传　　真：(029)82155499

企业名称：中国第二重型机械集团公司
地　　址：四川省德阳市珠江路1号

邮　　编:618013

电　　话:(0838)2341055

传　　真:(0838)2201998

企业名称:中国第二重型机械集团公司大锻所

地　　址:四川省德阳市珠江路1号

邮　　编:618013

电　　话:(0838)2341625

传　　真:(0838)2203449

企业名称:郑州机械研究所

地　　址:河南省郑州市嵩山南路81号

邮　　编:450052

电　　话:(0371)67710746

传　　真:(0371)67710746

企业名称:中国第二重型机械集团公司铸造分厂

地　　址:四川省德阳市珠江路1号

邮　　编:618013

电　　话:(0838)2340008

传　　真:(0838)2201574

企业名称:中国第二重型机械集团公司锻造分厂

地　　址:四川省德阳市珠江路1号

邮　　编:618013

电　　话:(0838)2341685

传　　真:(0838)2201742

企业名称:中国第二重型机械集团公司万航模锻厂

地　　址:四川省德阳市珠江路1号

邮　　编:618013

电　　话:(0838)2342304

传　　真:(0838)2201552

企业名称:中国第一重型机械集团公司冶金分公司

地　　址:黑龙江省齐齐哈尔市富拉尔基

邮　　编:161042

电　　话:(0452)6810774

传　　真:(0452)6807232

企业名称:上海重型机器厂有限公司大锻所

地　　址:上海市闵行区江川路1800号

邮　　编:200245

电　　话:(021)54721921

传　　真:(021)54721921

企业名称:上海重型机器厂有限公司特种钢公司

地　　址:上海市闵行区江川路1800号

邮　　编:200245

电　　话:(021)54721651

传　　真:(021)54721651

企业名称:上海重型机器厂有限公司冶铸厂

地　　址:上海市闵行区江川路1800号

邮　　编:200245

电　　话:(021)54721141-2752

传　　真:(021)54722840

企业名称:上海重型机器厂有限公司锻件厂

地　　址:上海市闵行区江川路1800号

邮　　编:200245

电　　话:(021)54721141-2651

传　　真:(021)54720453

企业名称:沈阳重型机械集团有限责任公司锻造厂

地　　址:辽宁省沈阳市铁西区兴华北街8号

邮　　编:110025

电　　话:(024)25615372

传　　真:(024)25615373

企业名称:昆明力神重工有限公司锻造分公司

地　　址:云南省昆明茨坝路31号

邮　　编:650203

电　　话:(0871)5150091-2342

传　　真:(0871)5150151

企业名称:天津天重车轴制造有限公司
地　　址:天津市北辰区高峰路马庄
邮　　编:300400
电　　话:13902055874
传　　真:(022)26623351

企业名称:大连重工铸钢有限公司
地　　址:辽宁省大连市甘井子区中革镇堡新水泥路8号
邮　　编:116035
电　　话:(0411)86426217
传　　真:(0411)86428210

企业名称:武汉重工铸锻有限责任公司锤锻厂
地　　址:湖北省武汉市青山区武东路1号
邮　　编:430084
电　　话:(027)68861640
传　　真:(027)68861682

企业名称:内蒙一机集团科技部
地　　址:内蒙古包头市青山区
邮　　编:014033
电　　话:(0472)3116589
传　　真:(0472)3117580

企业名称:内蒙古北方重工特钢厂
地　　址:内蒙古包头市
邮　　编:014033
电　　话:(0472)3385950
传　　真:(0472)3322346

企业名称:中原特殊钢厂热处理分厂
地　　址:河南省济源市九号信箱
邮　　编:454685
电　　话:(0391)6099448
传　　真:(0391)6099449

企业名称:鞍钢集团机械制造公司灵山锻造厂
地　　址:辽宁省鞍山市
邮　　编:114042
电　　话:(0412)6761494
传　　真:(0412)6212394

企业名称:邢台冶金机械轧辊有限公司锻压分厂
地　　址:河北省邢台市新兴西路1号
邮　　编:054025
电　　话:(0319)2116506
传　　真:(0319)2022061

企业名称:南京博大重型锻造有限公司(无锡宏达集团)
地　　址:江苏省南京市大厂区姜桥路500号(南化机厂内)
邮　　编:210048
电　　话:(025)57793561
传　　真:(025)57793561

企业名称:天津市天重曲轴锻造厂营销部
地　　址:天津市北辰区高峰路马庄
邮　　编:300400
电　　话:(022)26344007
传　　真:(022)26630208

企业名称:山西大同机车厂技术中心工艺开发部
地　　址:山西省大同市前进街1号
邮　　编:037038
电　　话:(0352)7163354
传　　真:(0352)7162440

企业名称:杭州宝鼎铸锻有限公司
地　　址:浙江省杭州市余杭区塘栖镇一号桥南
邮　　编:311106
电　　话:(0571)86380788
传　　真:(0571)86380688

企业名称:秦南重工机械有限公司
地　　址:四川省德阳广汉市小汉镇
邮　　编:618000
电　　话:(0838)2204470
传　　真:(0838)2202266

企业名称:上海德润宝特种润滑剂有限公司
地　　址:上海市南京西路580号南证大厦1005~1006室
邮　　编:200020
电　　话:(021)52341131
传　　真:(021)32170138

企业名称:上海交大申模计算机系统集成有限公司
地　　址:上海市华山路1954号
邮　　编:200030
电　　话:(021)32260288
传　　真:(021)62946388

手动葫芦与滑车分会

企业名称:北京起重工具厂
地　　址:北京市朝外红庙首都经贸大学院内
邮　　编:100026
电　　话:(010)85381227
传　　真:(010)85993839

企业名称:杭州武林机器有限公司
地　　址:浙江省杭州市余杭区临平丘山大街1号
邮　　编:311100
电　　话:(0571)86249871
传　　真:(0571)86249831

企业名称:浙江五一机械有限公司
地　　址:浙江省衢州市闹桥
邮　　编:324000
电　　话:13505700345
传　　真:(0570)3830188

企业名称:南阳市起重机械厂
地　　址:河南省南阳市光武中路1615号
邮　　编:473008
电　　话:(0377)63381700
传　　真:(0377)63380410

企业名称:重庆凯荣机械有限责任公司
地　　址:重庆市九龙坡区中梁山人和场175号
邮　　编:400052
电　　话:(023)65263122
传　　真:(023)65260180

企业名称:上海浦东明昌起重机械制造有限公司
地　　址:上海市浦东新区川沙镇六公路1851号
邮　　编:201202
电　　话:(021)58590038
传　　真:(021)58590038

企业名称:慈溪市华表机械有限公司
地　　址:浙江省慈溪市庵东镇北路78号
邮　　编:315327
电　　话:13805816722
传　　真:(0574)63473688

企业名称:衡水起重机械配件厂
地　　址:河北省衡水市肖屯新区60号
邮　　编:053000
电　　话:(0318)7901328
传　　真:(0318)2328038

企业名称:北京起重运输机械研究所
地　　址:北京市雍和宫大街52号
邮　　编:100007
电　　话:(010)64053039
传　　真:(010)64052584

企业名称:广州起重设备厂
地　　址:广东省广州市芳村罗中岗1号

邮　　编:510380

电　　话:(020)81500913

传　　真:(020)81500913

企业名称:南京起重机械总厂有限公司手动葫芦分厂

地　　址:江苏省南京市下关区二板桥 246 号

邮　　编:210011

电　　话:13705180900

传　　真:(025)58806417

企业名称:山西潞城公建机械厂

地　　址:山西省潞城市公建路 1 号

邮　　编:047500

电　　话:(0355)5688738

传　　真:(0355)5688760

企业名称:慈溪市勤丰机械有限公司

地　　址:浙江省慈溪市庵东镇七二三大街 11 弄

邮　　编:315327

电　　话:13906743871

传　　真:(0574)63479188

企业名称:慈溪市庵东镇勤丰机械厂

地　　址:浙江省慈溪市庵东镇四二三大街北段

邮　　编:315327

电　　话:(0574)63471095

传　　真:(0574)63479188

企业名称:山东省泰安市起重工具厂

地　　址:山东省泰安市岱宗大街 326 号

邮　　编:271000

电　　话:(0538)8221737

传　　真:(0538)8221737

企业名称:聊城市东昌区森达机械有限公司

地　　址:山东省聊城市东昌府凤凰工业园

邮　　编:252000

电　　话:(0635)8578888

传　　真:(0635)8579988

企业名称:无锡市永昌起重机械厂

地　　址:江苏省无锡市锡山区东港镇

邮　　编:214199

电　　话:(0510)88761910

传　　真:(0510)88760121

企业名称:常州市沪力起重机械有限公司

地　　址:江苏省常州市纺织工业园华严村委

邮　　编:213028

电　　话:13901500238

传　　真:(0519)85503356

企业名称:浙江省慈溪市庵东镇红光滚柱厂

地　　址:浙江省慈溪市庵东镇庵余路 24 号

邮　　编:315327

电　　话:13906745562

传　　真:(0574)63472963

企业名称:慈溪市动力机械配件厂

地　　址:浙江省慈溪市坎墩镇 3 号

邮　　编:315303

电　　话:(0574)63273010

传　　真:(0574)63273010

企业名称:杭州余杭人和机械有限公司

地　　址:浙江省余杭市临平镇东湖北路

邮　　编:311100

电　　话:(0571)86204757

传　　真:(0571)86204867

企业名称:慈溪市庵东建兴机械厂

地　　址:浙江省慈溪市庵东镇元祥村

邮　　编:315307

电　　话:13968223061

传　　真:(0574)63472822

企业名称:慈溪市腾达滚子有限公司
地　　址:浙江省慈溪市庵东镇庵余路66号
邮　　编:315327
电　　话:(0574)63472021
传　　真:(0574)63472822

企业名称:慈溪市航林机械有限公司
地　　址:浙江省慈溪市坎墩二灶市
邮　　编:315303
电　　话:(0574)63289316
传　　真:(0574)63289316

企业名称:慈溪市兴迪机械配件有限公司
地　　址:浙江省慈溪市坎墩镇街42号
邮　　编:315303
电　　话:(0574)63288032
传　　真:(0574)63288032

企业名称:慈溪市金鑫机械有限公司
地　　址:浙江省慈溪市庵东镇工业园区南侧
邮　　编:315327
电　　话:(0574)63471402
传　　真:(0574)63471402

企业名称:青岛城阳鲁东起重机械厂
地　　址:山东省青岛市城阳区城阳街道城阳村委会
邮　　编:266109
电　　话:13808989191
传　　真:(0532)87763795

企业名称:山东聊城伯阳铸业有限公司
地　　址:山东省聊城市东昌府凤凰工业园
邮　　编:252000
电　　话:(0635)8578998
传　　真:(0635)8578998

企业名称:慈溪市金祥机械有限公司
地　　址:浙江省慈溪市坎墩大道606号
邮　　编:315303
电　　话:(0574)63288363
传　　真:(0574)63288363

企业名称:广州广鸽起重设备有限公司
地　　址:广东省广州市芳村罗中岗1号
邮　　编:510380
电　　话:(020)81500913
传　　真:(020)81507649

企业名称:安徽省池洲市手动葫芦厂
地　　址:安徽省池州市齐云路1号
邮　　编:247100
电　　话:(0566)2220981
传　　真:(0566)2221641

企业名称:慈溪市神州机电实业有限公司
地　　址:浙江省慈溪市坎墩办事处镇中路
邮　　编:315303
电　　话:(0574)62386681
传　　真:(0574)63288238

企业名称:慈溪市平浪有限公司
地　　址:浙江省慈溪市坎墩镇潮塘开发区
邮　　编:315303
电　　话:13906746784
传　　真:(0574)63288217

企业名称:慈溪市海祥机械有限公司
地　　址:浙江省慈溪市坎墩街道坎中路
邮　　编:315303
电　　话:(0574)63283488
传　　真:(0574)63283488

企业名称:山东省聊城市隆达实业有限公司
地　　址:山东省聊城市柳园陈口
邮　　编:252000
电　　话:(0635)8530449

传　　真:(0635)6531701

企业名称:河北省鹿泉市兴达冷拨钢厂
地　　址:河北省鹿泉市龙泉路兴达宾馆后院
邮　　编:050300
电　　话:13603312763
传　　真:(0311)2103594

企业名称:慈溪市华表五金厂
地　　址:浙江省慈溪市庵东镇北路
邮　　编:315327
电　　话:(0574)63474222
传　　真:(0574)63471848

企业名称:慈溪市春华机械配件厂
地　　址:浙江省慈溪市坎墩镇坎中村
邮　　编:315327
电　　话:13606882349
传　　真:(0574)86336349

企业名称:杭州四达机械电子有限公司
地　　址:浙江省杭州市宇杭区瓶窑工业园区
邮　　编:310000
电　　话:13606703362
传　　真:(0571)88531629

企业名称:浙江双鸟机械有限公司
地　　址:浙江省嵊州市黄洋三王工业园
邮　　编:312455
电　　话:(0575)83055888
传　　真:(0575)83051765

企业名称:上海冠威工具有限公司
地　　址:上海市共康路726号
邮　　编:200443
电　　话:13701773412
传　　真:(021)56405418

企业名称:陕西友联机械有限公司
地　　址:陕西省西安市幸福南路等驾坡工业园3号
邮　　编:710043
电　　话:(029)82357383
传　　真:(029)82357380

企业名称:慈溪市通发电器总公司
地　　址:浙江省慈溪市坎墩镇
邮　　编:315303
电　　话:13805819528
传　　真:(0574)63275628

企业名称:上海劲祥起重机械有限公司
地　　址:上海市彭江路177号
邮　　编:200072
电　　话:(021)56775509
传　　真:(021)56775509

企业名称:山东聊城五环机械有限公司
地　　址:山东省聊城市建设东路84号
邮　　编:252000
电　　话:(0635)8321150
传　　真:(0635)8321152

企业名称:长春恒久起重机械有限公司
地　　址:吉林省长春市开发区东环路5号
邮　　编:130031
电　　话:(0431)84842106
传　　真:(0431)84842106

物流与仓储机械分会

企业名称:北京起重运输机械研究所
地　　址:北京市东城区雍和宫大街52号
邮　　编:100007
电　　话:(010)64031452
传　　真:(010)64052584

企业名称:上海精星仓储设备工程有限公司
地　　址:上海市闵行区莘庄工业区申南路505号
邮　　编:201108
电　　话:(021)64897202
传　　真:(021)64892100

企业名称:德马泰克物流系统苏州有限公司
地　　址:江苏省苏州市越湖路横泾工业园尧南小区
邮　　编:215103
电　　话:(0512)66302031
传　　真:(0512)66209538

企业名称:山西太原索斯沃斯升降台有限公司
地　　址:山西省太原市东岗路310号
邮　　编:030012
电　　话:(0351)7074493
传　　真:(0351)7040699

企业名称:昆明昆船物流信息产业有限公司
地　　址:云南省昆明市人民中路6号昆船大厦
邮　　编:650051
电　　话:(0871)3172279
传　　真:(0871)3173600

企业名称:北京机械工业自动化研究所
地　　址:北京市德胜门外教场口1号
邮　　编:100011
电　　话:(010)82285588
传　　真:(010)62050838

企业名称:辽宁国能集团铁岭精工机械有限公司
地　　址:辽宁省铁岭市银州区汇工街98号
邮　　编:112002
电　　话:(0410)4501502
传　　真:(0410)4562484

企业名称:湖州德马物流系统工程有限公司
地　　址:浙江省湖州市埭溪上强工业园区
邮　　编:313023
电　　话:(0572)2686000
传　　真:(0572)2686028

企业名称:北京科技大学物流研究所
地　　址:北京市海淀区学院路30号方兴大厦716室
邮　　编:100083
电　　话:(010)82384142
传　　真:(010)82384140

企业名称:太原刚玉物流工程有限公司
地　　址:山西省太原市东岗路310号
邮　　编:030012
电　　话:(0351)7683088
传　　真:(0351)7683072

企业名称:国家邮政局上海研究院
地　　址:上海市中山北路3185号
邮　　编:200062
电　　话:(021)62970498
传　　真:(021)62437035

企业名称:上海高惠物流技术工程有限公司
地　　址:上海市真南路500号(同济大学西区综合楼)
邮　　编:200331
电　　话:(021)62504239
传　　真:(021)62504239

企业名称:北方交大物流研究院
地　　址:北京市西直门外上园村3号
邮　　编:100044
电　　话:(010)51683854
传　　真:(010)51688649

企业名称:山东济阳机械厂
地　　址:山东省济阳县经二路45号
邮　　编:251400

电　　话:(0531)4211081
传　　真:(0531)4211081

企业名称:南通安泰机械有限公司
地　　址:江苏省如皋市袁桥工业园
邮　　编:226575
电　　话:(0513)87512997
传　　真:(0513)87385886

企业名称:机械工业部第四设计研究院
地　　址:河南省洛阳市西苑路
邮　　编:471039
电　　话:(0379)64818295
传　　真:(0379)64818201

企业名称:常州长江客车集团矿山起重机械有限公司
地　　址:江苏省常州市横山桥镇
邮　　编:213119
电　　话:(0519)88609202
传　　真:(0519)88609203

企业名称:苏州市苏立液压升降机有限公司
地　　址:江苏省苏州市相城区望亭镇问渡路54号
邮　　编:215155
电　　话:(0512)65388851
传　　真:(0512)65384732

企业名称:常州市东方仓储设备厂
地　　址:江苏省常州市横山桥镇
邮　　编:213119
电　　话:(0519)88604129
传　　真:(0519)88601654

企业名称:北京百利铭泰仓储设备有限公司
地　　址:北京市海淀区首体南路20号国兴家园5号楼
邮　　编:100044

电　　话:(010)88355058
传　　真:(010)88355056

企业名称:苏州康博特液压升降机械有限公司
地　　址:江苏省苏州市相城区望亭镇问渡路50号
邮　　编:215155
电　　话:(0512)66700119
传　　真:(0512)65381996

企业名称:南京新众亚货架有限责任公司
地　　址:江苏省南京市江东北路200号7楼
邮　　编:210029
电　　话:(025)86668857
传　　真:(025)86538483

企业名称:吴江市九天升降机厂
地　　址:江苏省吴江市金家坝工业区
邮　　编:215215
电　　话:(0512)63202711
传　　真:(0512)63201405

企业名称:北京兰龙物流仓储设备厂
地　　址:北京市门头沟区滨河路37号
邮　　编:102300
电　　话:(010)69845984
传　　真:(010)69843791

企业名称:北京博瑞智德技术有限公司
地　　址:北京市朝阳区南新园西路6号
邮　　编:100021
电　　话:(010)87326925
传　　真:(010)87680485

企业名称:苏州市南方升降机厂
地　　址:江苏省苏州市相城区望亭镇宅基村
邮　　编:215155
电　　话:(0512)65389379
传　　真:(0512)65387786

企业名称:镇江东联仓储设备有限公司
地　　址:江苏省镇江市丁卯开发区纬三路
邮　　编:212009
电　　话:(0511)88886548
传　　真:(0511)88883008

企业名称:上海鸿安展升物流系统技术有限公司
地　　址:上海市长宁区仙霞路322号1803室
邮　　编:200336
电　　话:(021)62085257
传　　真:(021)52570087

企业名称:苏州市同创液压升降机械有限公司
地　　址:江苏省苏州市相城区望亭镇问渡路47号
邮　　编:215155
电　　话:(0512)66702088
传　　真:(0512)65382537

散料装卸机械与搬运车辆分会

企业名称:大连重工·起重集团有限公司
地　　址:辽宁省大连市西岗区八一路169号
邮　　编:116013
电　　话:(0411)86852166
传　　真:(0411)86852222

企业名称:哈尔滨众鑫重型机器有限责任公司
地　　址:黑龙江省哈尔滨市香坊区三辅街1号
邮　　编:150040
电　　话:(0451)55658938
传　　真:(0451)55658938

企业名称:长沙重型机器厂
地　　址:湖南省长沙市东二环一段56号
邮　　编:410014
电　　话:(0731)5317082
传　　真:(0731)5317247

企业名称:上海港机重工有限公司
地　　址:上海市浦东南路3500号
邮　　编:200125
电　　话:(021)58395139
传　　真:(021)58398836

企业名称:常熟电动平车厂
地　　址:江苏省常熟市梅李镇聚沙路5号
邮　　编:215511
电　　话:(0512)52661892
传　　真:(0512)52661886

企业名称:北京起重运输机械研究所
地　　址:北京市雍和宫大街52号
邮　　编:100007
电　　话:(010)64032277
传　　真:(010)64052584

企业名称:秦皇岛冶金机械有限公司
地　　址:河北省秦皇岛市海港区海洋路299号
邮　　编:066004
电　　话:(0335)3864391
传　　真:(0335)3840036

企业名称:丹东振安建工机械有限公司
地　　址:辽宁省丹东市振安区鸭绿江村89号
邮　　编:118003
电　　话:(0415)4188608
传　　真:(0415)4188606

企业名称:岳阳强力电磁设备有限公司
地　　址:湖南省岳阳市137信箱
邮　　编:414000
电　　话:(0730)8799598
传　　真:(0730)8799009

企业名称:长春发电设备有限责任公司
地　　址:吉林省长春市经济技术开发区金川街

588 号
邮　　编:130033
电　　话:(0431)84603806
传　　真:(0431)84603811

企业名称:江阴市万事达液压机械有限公司
地　　址:江苏省江阴市周庄镇周西工业园区
邮　　编:214423
电　　话:(0510)86221271
传　　真:(0510)86903068

企业名称:嵊州嘉隆特种电器有限公司
地　　址:浙江省嵊州市戴望路 5 号
邮　　编:312400
电　　话:(0575)83036592
传　　真:(0575)83036573

企业名称:上海电力环保设备总厂有限公司
地　　址:上海市广中路 1001 号
邮　　编:200072
电　　话:(021)56650752
传　　真:(021)56657888

企业名称:浙江双鸟机械有限公司
地　　址:浙江省嵊州市黄泽镇
邮　　编:312455
电　　话:(0575)83055888
传　　真:(0575)83051765

企业名称:常州市常开港口电气设备有限公司
地　　址:江苏省常州市常新路 142 号
邮　　编:213002
电　　话:(0519)86756831
传　　真:(0519)86756563

企业名称:上海公茂起重设备有限公司
地　　址:上海市浦东新区云台路 145 号云台大厦 13 楼
邮　　编:200126
电　　话:(021)50871759
传　　真:(021)50871665

企业名称:沈阳嘉信电缆卷筒制造有限公司
地　　址:辽宁省沈阳大东区大东路 178 号
邮　　编:110042
电　　话:(024)24320833
传　　真:(024)24320833

企业名称:华泰重工制造有限公司
地　　址:湖南省长沙市国家高新技术产业开发区麓谷工业园
邮　　编:410205
电　　话:(0731)8998369
传　　真:(0731)8998365

企业名称:常熟亿安电动平车有限公司
地　　址:江苏省常熟市虞山镇慕城管理区安定村
邮　　编:215556
电　　话:(0512)52496081
传　　真:(0512)52496082

企业名称:稳孚勒机械(上海)有限公司
地　　址:上海市浦东新区世纪大道 1500 号东方大厦 925 室
邮　　编:200122
电　　话:(021)68407060
传　　真:(021)68968310

停车设备工作委员会

企业名称:中国重型机械工业协会停车设备工作委员会
地　　址:北京市西城区月坛南街 26 号院 1 号楼 4076 室
邮　　编:100825
电　　话:(010)68584668

传　　真:(010)68584667

企业名称:北京起重运输机械研究所
地　　址:北京市东城区雍和宫大街52号
邮　　编:100007
电　　话:(010)64032277
传　　真:(010)64052584

企业名称:北京恩菲科技产业集团
地　　址:北京市海淀区复兴路12号
邮　　编:100038
电　　话:(010)63989131
传　　真:(010)63962898

企业名称:杭州西子石川岛停车设备有限公司
地　　址:浙江省杭州市石桥路288号
邮　　编:310022
电　　话:(0571)88155130
传　　真:(0571)88139678

企业名称:许昌许继澳特活停车设备有限公司
地　　址:河南省许昌市瑞金路5号
邮　　编:461000
电　　话:(0374)3219091
传　　真:(0374)3219091

企业名称:江苏双良停车设备有限公司
地　　址:江苏省江阴市利港镇
邮　　编:214444
电　　话:(0510)86633136
传　　真:(0510)86635855

企业名称:承德华一机械车库集团有限公司
地　　址:河北省承德市高新技术产业开发区东区
邮　　编:067000
电　　话:(0314)2121419
传　　真:(0314)2121795

企业名称:山东莱钢泰达车库有限公司
地　　址:山东省莱芜市钢城经济开发区
邮　　编:271129
电　　话:(0634)6899999
传　　真:(0634)6894958

企业名称:北京鸿安停车库制造有限公司
地　　址:北京市西坝河西里28号英特国际公寓A4－1608
邮　　编:100029
电　　话:(010)64476950
传　　真:(010)64476959

企业名称:机科发展科技股份有限公司
地　　址:北京市海淀区首体南路2号
邮　　编:100044
电　　话:(010)88301416
传　　真:(010)68313185

企业名称:杭州友佳精密机械有限公司
地　　址:浙江省萧山市经济技术开发区市心北路120号
邮　　编:311215
电　　话:(0571)82831393
传　　真:(0571)82831353

企业名称:上海远东立体停车装备有限公司
地　　址:上海市浦东新区东川公路7447号
邮　　编:201201
电　　话:(021)68907170
传　　真:(021)68901921

企业名称:中国船舶重工集团第713研究所
地　　址:河南省郑州市京广中路126号
邮　　编:450052
电　　话:(0371)68717574
传　　真:(0371)68733635

企业名称:上海万强机械车库制造有限公司
地　　址:上海市金山区张堰镇金张支路84号
邮　　编:201514
电　　话:(021)57213927
传　　真:(021)57213333

企业名称:敬稳(北京)机电设备有限公司
地　　址:北京市建外大街19号国际大厦B座2-02室
邮　　编:100004
电　　话:(010)85261141
传　　真:(010)85261145

企业名称:怡锋工业设备(深圳)有限公司
地　　址:广东省深圳市龙岗区龙城大道龙西路口龙岗高科技园
邮　　编:518116
电　　话:(0755)84879829
传　　真:(0755)84879397

企业名称:北京韩中停车设备有限公司
地　　址:北京市经济技术开发区中和街20号
邮　　编:100176
电　　话:(010)67886600
传　　真:(010)67874871

企业名称:广州广日电梯工业有限公司
地　　址:广东省广州市天河区广州大道北920号
邮　　编:510510
电　　话:(020)87705706
传　　真:(020)87792182

企业名称:北京北方江山自动立体车库有限公司
地　　址:北京2413信箱50分箱
邮　　编:100081
电　　话:(010)68964390
传　　真:(010)68964391

企业名称:北京鑫华源机械制造有限责任公司
地　　址:北京市门头沟区门头沟路47号
邮　　编:102300
电　　话:(010)61814331
传　　真:(010)61815320

企业名称:北京金地停车场管理有限公司
地　　址:北京市阜成路北3街6号轻苑大厦12层
邮　　编:100037
电　　话:(010)68986975
传　　真:(010)68986985

企业名称:北京万源天骅自动化工程有限公司
地　　址:北京市丰台区万源南里甲43号
邮　　编:100076
电　　话:(010)68383531
传　　真:(010)68757274

企业名称:三联停车设备有限公司
地　　址:北京市朝外小庄6号中国第一商城B座26D
邮　　编:100020
电　　话:(010)85623427
传　　真:(010)85623428

企业名称:北京北辰机械厂
地　　址:北京市海淀区西三旗东
邮　　编:100096
电　　话:(010)82915119
传　　真:(010)82913998

企业名称:北京加迅迈凯交通安全科技发展有限责任公司
地　　址:北京市丰台区科学城星火路10号B-317
邮　　编:100025
电　　话:(010)85521570
传　　真:(010)85521570

企业名称:北京华北天源停车设备有限公司
地　　址:北京市朝阳区东三环中路18号2号楼1单元901室
邮　　编:100022
电　　话:(010)87751137
传　　真:(010)87751126

企业名称:北京白唇鹿停车设备制造有限公司
地　　址:北京市通州区永顺镇小潞邑村北(京东驾校)
邮　　编:101100
电　　话:(010)89597815
传　　真:(010)89598888

企业名称:北京大兆新元停车设备有限公司
地　　址:北京市海淀区北小马厂6号华天大厦12层13-16
邮　　编:100038
电　　话:(010)63319787
传　　真:(010)63319786

企业名称:天津福瑞机电设备有限公司
地　　址:天津市东丽区程林街工业区澄州路三村
邮　　编:300163
电　　话:(022)24710769
传　　真:(022)28238902

企业名称:上海机械设备成套集团物流工程有限公司
地　　址:上海市四川北路1851号18楼
邮　　编:200081
电　　话:(021)51053306
传　　真:(021)51053309

企业名称:上海天地岛川停车设备制造有限公司
地　　址:上海市东宝兴路157号17A、D
邮　　编:200080
电　　话:(021)63245759
传　　真:(021)63243057

企业名称:上海西飞三精机械有限公司
地　　址:上海市外高桥保税区华申路221号
邮　　编:200131
电　　话:(021)58660159
传　　真:(021)58665105

企业名称:上海咏信汽车工程发展有限公司
地　　址:上海市洛川中路1061号新民大酒店4号楼
邮　　编:200072
电　　话:(021)56536600
传　　真:(021)56520357

企业名称:天津空港设备制造有限公司
地　　址:天津市北辰科技工业园汾河南道
邮　　编:300400
电　　话:(022)26738710
传　　真:(022)26737189

企业名称:长治清华机械厂
地　　址:山西省屯留县康庄高新工业园
邮　　编:046012
电　　话:(0355)3912174
传　　真:(0355)3911152

企业名称:山西华博科技有限公司
地　　址:山西省太原市长治路249号403室
邮　　编:030006
电　　话:(0351)7024987
传　　真:(0351)7024987

企业名称:石家庄天同停车设备有限公司
地　　址:河北省石家庄市中山东路457号
邮　　编:050031
电　　话:(0311)85050670
传　　真:(0311)85056112

企业名称:阿城继电器股份有限公司
地　　址:黑龙江省阿城市河东街
邮　　编:100022
电　　话:(0451)53709928
传　　真:(0451)53709928

企业名称:北京车得所停车设施技术开发有限公司
地　　址:北京市小铁营10号恒松园小区6号楼5层东区
邮　　编:110044
电　　话:(010)67646191
传　　真:(010)67646576

企业名称:沈阳腾升机械制造有限公司
地　　址:辽宁省沈阳市东陵区榆树屯街17-1号
邮　　编:110161
电　　话:(024)88428312
传　　真:(024)88423105

企业名称:沈阳幸元停车设备有限公司
地　　址:辽宁省沈阳市铁西区北滑翔路21号慈善总会楼509室
邮　　编:110022
电　　话:(024)25963937
传　　真:(024)25910357

企业名称:南京熊猫技术装备有限公司
地　　址:江苏省南京市海福巷118号
邮　　编:210007
电　　话:(025)84236873
传　　真:(025)84236878

企业名称:苏州江南思莫特停车设备有限公司
地　　址:江苏省苏州市工业园区娄江路88号
邮　　编:215122
电　　话:(0512)62888645
传　　真:(0512)62516373

企业名称:兰州远达工程设备有限责任公司
地　　址:甘肃省兰州市西固西路59号
邮　　编:730060
电　　话:(0931)7981190
传　　真:(0931)7961566

企业名称:济南天辰立体停车设备有限公司
地　　址:山东省济南市高新区天辰大街天辰工业园
邮　　编:250101
电　　话:(0531)88878888
传　　真:(0531)88877018

企业名称:山东万斯达集团有限公司
地　　址:山东省济南市历下区解放东路27号万斯达大厦
邮　　编:250014
电　　话:(0531)82315339
传　　真:(0531)82315388

企业名称:潍坊大洋自动泊车设备有限公司
地　　址:山东省潍坊市高新开发区东明路北首806号
邮　　编:261031
电　　话:(0536)8791528
传　　真:(0536)8791526

企业名称:烟台奔腾汽车检测维修设备有限公司
地　　址:山东省烟台市经济技术开发区五指山路1号
邮　　编:264006
电　　话:(0535)6105079
传　　真:(0535)6105089

企业名称:杭州福瑞科技有限公司
地　　址:浙江省杭州市文三路康新花园A座704室
邮　　编:310013
电　　话:(0571)85025060
传　　真:(0571)85123228

企业名称:国家建筑城建机械质量监督检验中心
地　　址:湖南省长沙市银盆南路 361 号
邮　　编:410013
电　　话:(0731)8923869
传　　真:(0731)8910912

企业名称:广州番禺金马自动化停车设备有限公司
地　　址:广东省广州市番禺区石碁镇官涌 76 开发区
邮　　编:511450
电　　话:(020)84855063
传　　真:(020)84859598

企业名称:日东电子发展(深圳)有限公司
地　　址:深圳市福永镇白石厦工业东区安全路日东工业园
邮　　编:518103
电　　话:(0755)27332000
传　　真:(0755)27384440

企业名称:深圳一和实业公司
地　　址:深圳市福田区滨河大道 5022 号联合广场 A 座 2711 室
邮　　编:518067
电　　话:(0755)82901386
传　　真:(0755)82940090

企业名称:深圳中集天达空港设备有限公司
地　　址:广东省深圳市蛇口工业区工业四路 4 号
邮　　编:518067
电　　话:(0755)26688488
传　　真:(0755)26671643

企业名称:成都东风停车设备制造有限公司
地　　址:四川省成都市外东沙河堡大观堰 1 号
邮　　编:610066
电　　话:(028)84674641
传　　真:(028)84785619

企业名称:昆明泊乐(风动)机械制造有限公司
地　　址:云南省昆明市高新技术开发区科泰路
邮　　编:650101
电　　话:(0871)8325207
传　　真:(0871)8325183

企业名称:杭州中信机电设备有限公司
地　　址:浙江省杭州市北三路 78 号香格里拉饭店小丁庄
邮　　编:310007
电　　话:(0571)87978333
传　　真:(0571)87978333

企业名称:上海市机械停车设备质量检测站
地　　址:上海市曹杨路 500 号
邮　　编:200063
电　　话:(021)62570443
传　　真:(021)62576935

企业名称:成都泰屹停车设备有限公司
地　　址:四川省成都市武侯区晋阳三社 20 号
邮　　编:610045
电　　话:(028)87440781
传　　真:(028)87431876

企业名称:大信停车设备(深圳)有限公司
地　　址:广东省深圳市福田区新闻路 76 号华泰综合楼 505 室
邮　　编:518005
电　　话:(0755)83730660
传　　真:(0755)82213022

企业名称:大连泽全机械车库设备有限公司
地　　址:辽宁省大连市沙河口区西安路 86 号行政大厦 1804 室
邮　　编:116021
电　　话:(0411)84251936
传　　真:(0411)84251936

企业名称:上海鸥翔钢结构有限公司
地　　址:上海市浦东合庆前哨路469号
邮　　编:201201
电　　话:(021)58976348
传　　真:(021)58978993

企业名称:福州康驰自控停车设备有限公司
地　　址:福建省福州市六一北路615号长城广场A栋19层C单元
邮　　编:350011
电　　话:(0591)83322072
传　　真:(0591)83379011

企业名称:苏州工业园区生泉金属制品有限公司
地　　址:江苏省苏州市葑门路25号东欣大厦408室
邮　　编:215006
电　　话:(0512)67425188
传　　真:(0512)67421262

企业名称:杭州双雄机电技术有限公司
地　　址:浙江省杭州市庆隆村庆隆横路4号
邮　　编:310011
电　　话:(0571)88185827
传　　真:(0571)88185917

企业名称:浙江美洲豹特种设备有限公司
地　　址:浙江省台州市路桥区机场路432号
邮　　编:318050
电　　话:(0576)82557666
传　　真:(0576)82511998

企业名称:上海涌源自动化系统有限公司
地　　址:上海市宜山路520号中华门大厦11楼B座
邮　　编:200235
电　　话:(021)64288695
传　　真:(021)64288693

企业名称:大圆精机(深圳)有限公司
地　　址:广东省深圳市罗湖区人民北路物资大厦1089室
邮　　编:518001
电　　话:(0755)82288820
传　　真:(0755)82285406

企业名称:广州绿都停车设备有限公司
地　　址:广东省广州市天河区建工路12号502室
邮　　编:510665
电　　话:(020)85541709
传　　真:(020)85541822

企业名称:浙江艾耐特机械有限公司
地　　址:浙江省绍兴市袍江工业区桑港村
邮　　编:312071
电　　话:(0575)88132625
传　　真:(0575)88037566

企业名称:唐山通宝停车设备有限公司
地　　址:河北省唐山市丰润区公园道138号
邮　　编:063030
电　　话:(0315)3080599
传　　真:(0315)3080690

企业名称:天津鑫基机械停车设备有限公司
地　　址:天津市南开区长实道长实别墅3栋4门
邮　　编:300191
电　　话:(022)23657318
传　　真:(022)23657319

企业名称:中兴爱尔思精密机械有限公司
地　　址:上海市徐汇区虹漕路461号56栋软件大楼5楼
邮　　编:200233
电　　话:(021)54262611
传　　真:(021)54262310

企业名称:江苏瑞安特机械有限公司
地　　址:江苏省南通市海安县海安镇永安北路58号
邮　　编:226600
电　　话:(0513)88832103
传　　真:(0513)88835262

企业名称:无锡许继自动化停车设备有限公司
地　　址:江苏省无锡市惠河路65号
邮　　编:214062
电　　话:(0510)85807568
传　　真:(0510)85868947

企业名称:济南重工股份有限公司
地　　址:山东省济南市东郊机场路
邮　　编:250109
电　　话:(0531)88591691
传　　真:(0531)88591691

企业名称:山东新世纪钢结构工程有限公司
地　　址:山东省淄博市高新技术开发区桓台新区
邮　　编:256410
电　　话:(0533)8407988
传　　真:(0533)8407688

企业名称:上海远急国际贸易有限公司
地　　址:上海市铜仁路258号九安广场金6B
邮　　编:200040
电　　话:(021)62890790
传　　真:(021)62890788

企业名称:山东齐星铁塔有限公司
地　　址:山东省邹平开发区会仙二路齐星大厦
邮　　编:256200
电　　话:(0543)4305286
传　　真:(0543)4305212

企业名称:安徽马钢吉顺智能停车设备有限公司
地　　址:安徽省马鞍山市经济技术开发区汇林路588号
邮　　编:243061
电　　话:(0555)2252789
传　　真:(0555)2108553

企业名称:世驻停车设备(上海)有限公司
地　　址:上海市静安区江宁路495号博鸿大厦2006室
邮　　编:200041
电　　话:(021)51155441
传　　真:(021)51155495

企业名称:上海人本旭川自动化机械有限公司
地　　址:上海市漕宝路70号2706室
邮　　编:200235
电　　话:(021)64325780
传　　真:(021)64325802

企业名称:浙江新亚太机电集团有限公司
地　　址:浙江省杭州市萧山区亚太路1399号
邮　　编:311203
电　　话:(0571)82761978
传　　真:(0571)82763177

企业名称:佛山市南海高达建筑机械有限公司
地　　址:广东省佛山市南海区平洲五斗桥北侧
邮　　编:528251
电　　话:(0757)86795328
传　　真:(0757)86708612

企业名称:北京京电安合机电设备有限公司
地　　址:北京市朝阳区安慧北里逸园甲16号龙都国际公寓2106
邮　　编:100101
电　　话:(010)64892146
传　　真:(010)64895334

企业名称:欧姆龙(中国)有限公司
地　　址:北京市朝阳区东三环中路39号建外SOHO B座32层
邮　　编:100031
电　　话:(010)58693030
传　　真:(010)58693815

企业名称:禾麦电子(上海)有限公司
地　　址:上海市闵行区华漕镇吴翟路368号
邮　　编:201106
电　　话:(021)52275130
传　　真:(021)64593913

企业名称:江苏双菱链传动有限公司
地　　址:江苏省常州市武进区湟里镇卜东路1号
邮　　编:213151
电　　话:(0519)83341135
传　　真:(0519)83341135

企业名称:苏州环球链传动有限公司
地　　址:江苏省苏州市苏浒路47号
邮　　编:215008
电　　话:(0512)66955388
传　　真:(0512)66235388

企业名称:无锡市三爱电器厂
地　　址:江苏省无锡市东绛开发区苏锡公路553号
邮　　编:214121
电　　话:(0510)85072580
传　　真:(0510)85072581

企业名称:杭州东华链条总厂
地　　址:浙江省杭州市机场路218号
邮　　编:310021
电　　话:(0571)85041448
传　　真:(0571)85040765

企业名称:浙江东海减速机有限公司
地　　址:浙江省平阳经济开发区(东海工业园区)
邮　　编:325401
电　　话:(0577)63631862
传　　真:(0577)63635393

企业名称:浙江诸暨链条总厂
地　　址:浙江省诸暨市牌头五一路1号
邮　　编:311825
电　　话:(0575)87051296
传　　真:(0575)87056868

企业名称:诸暨市滚子链条制造有限公司
地　　址:浙江省诸暨市丰南路8号
邮　　编:311800
电　　话:(0575)87181152
传　　真:(0575)87185255

企业名称:浙江恒久机械集团诸暨特种链条厂
地　　址:浙江省诸暨城西开发区
邮　　编:311800
电　　话:(0575)87213808
传　　真:(0575)87214388

企业名称:杭州万杰减速机有限公司
地　　址:浙江省杭州市萧山·靖江工业园区
邮　　编:311223
电　　话:(0571)82993168
传　　真:(0571)82993333

企业名称:无锡市明达电器有限公司
地　　址:江苏省无锡市金星路5号(中桥)
邮　　编:214073
电　　话:(0510)85629938
传　　真:(0510)88661936

企业名称:常州莱克斯诺传动设备有限公司
地　　址:江苏省常州市武进区南夏墅镇88号

邮　　编:213166

电　　话:(0519)86480500

传　　真:(0519)86480506

企业名称:扬州市精固链传动机械制造有限公司

地　　址:江苏省仪征市朴席经济开发区

邮　　编:211426

电　　话:(0514)83641588

传　　真:(0514)83641288

企业名称:日立(上海)贸易有限公司

地　　址:上海市茂名南路205号瑞金大厦18楼

邮　　编:200020

电　　话:(021)64721002

传　　真:(021)64724990

企业名称:浙江诸暨金盾链条制造有限公司

地　　址:浙江省诸暨市王家井镇

邮　　编:311813

电　　话:(0575)87573530

传　　真:(0575)87571331

企业名称:北京金堂吉达机电设备有限公司

地　　址:北京市东城区新中街68号8号楼409室

邮　　编:100027

电　　话:(010)65532710

传　　真:(010)65532710

企业名称:北京海康星机电设备有限公司

地　　址:北京市朝阳区惠忠北里310栋天创世缘A座604室

邮　　编:100101

电　　话:(010)64802408

传　　真:(010)64802411

企业名称:明椿电气机械股份有限公司

地　　址:上海市闵行区华漕镇吴翟路368号

邮　　编:201105

电　　话:(021)52276107

传　　真:(021)52276113

〔供稿人:中国重型机械工业协会张艳君、徐善继〕

大连重工·起重集团有限公司

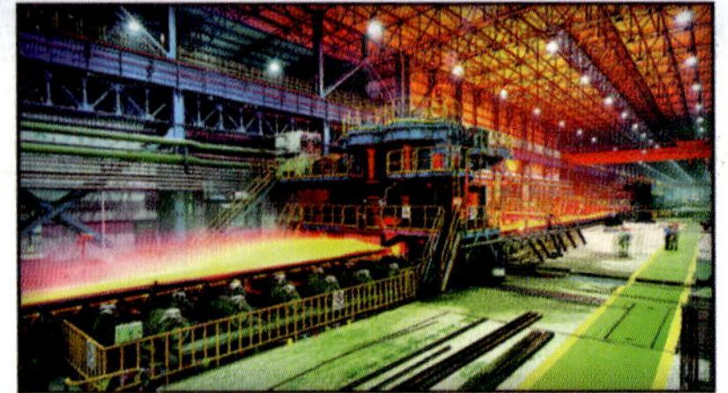

1500mm宽带热连轧机组

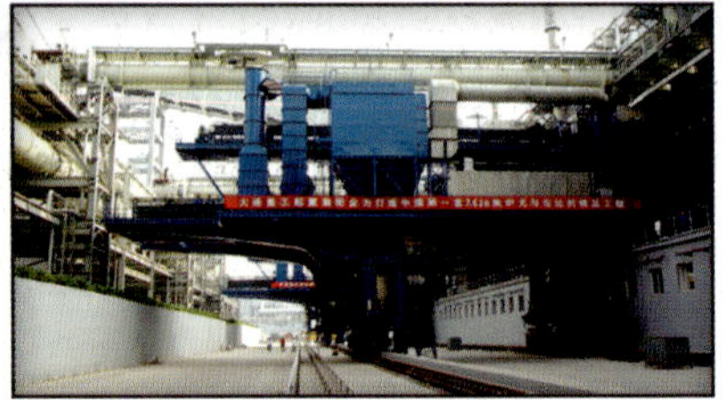

7.63m焦炉机械设备

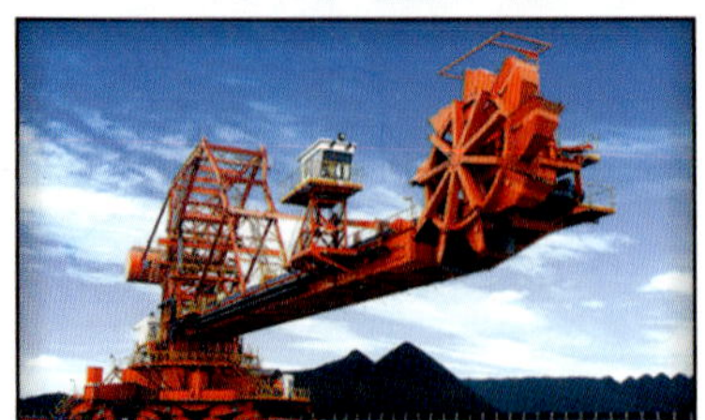

QL6000·55型斗轮取料机

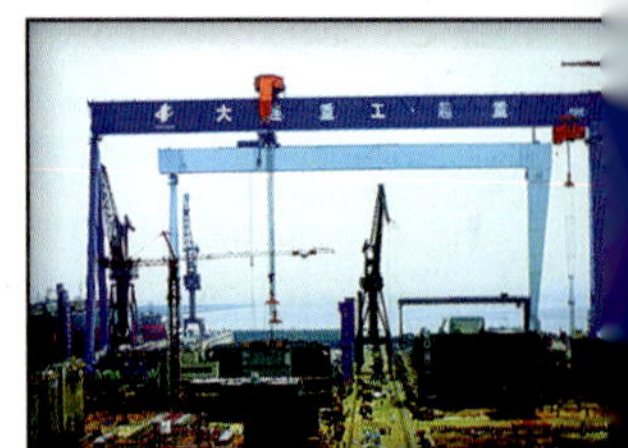

600t×182m单梁造船门式起

Φ8m敞开式无护盾硬岩隧道掘进机

1.5MW风力发电机组

船用大型半组合曲轴

地址：大连市西岗区八一路169号华锐大厦
邮编：116013
电话：0411-86427779(总机)　86852126(营销部)
传真：0411-86852222
http://www.dhidcw.com.cn
E-mail:dhidcw@dhidcw.com

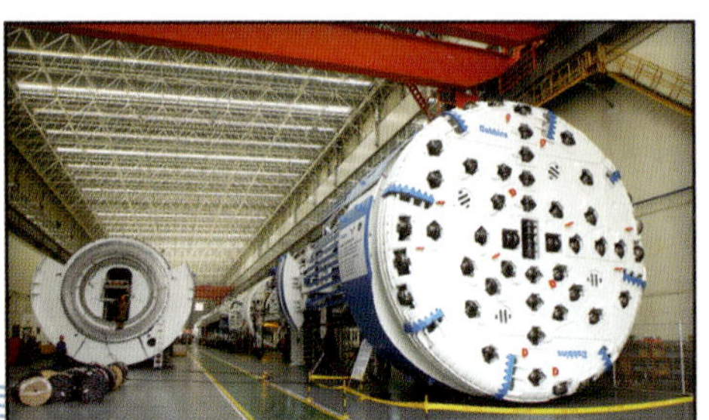

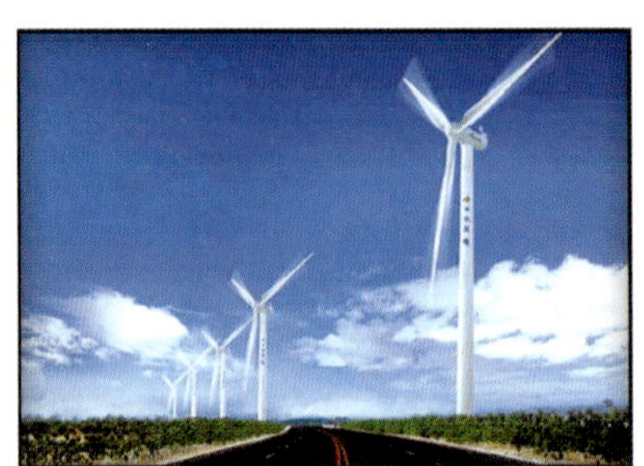

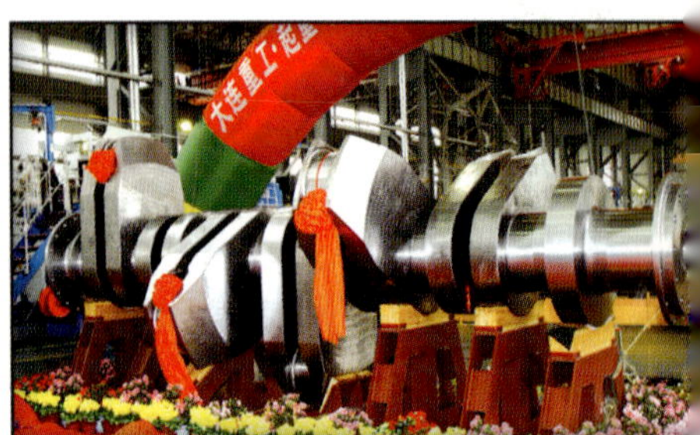